中国历代图书总目

艺术卷 23

李致忠 主编

北京国图书店有限责任公司
北京广臻文化艺术有限公司 编纂

 文物出版社

书名索引

W

书名	编号
"王冠"的风波	5883
"王掌柜"的故事	5081
"为人民利益而死，就比泰山还重"	3152，3153
"卫星"歌选	11416，11599
"瘟神"现形记	3407，4936
"文武之道，一张一弛"	2745，2750，2762
"我的目的是使人们高尚起来"	10874
"我是海燕"	2745
"乌贼"现形记	5336
"巫医"的女儿	6574
"无畏号"宇宙战舰	6309
"无限的痛苦在折磨着我"	10863
"五·七"道路宽又广 永葆青春斗志昂	3216
"五·七"道路育新人	3178
"五·七"路上炼红心 继续革命永向前	3178
"五·七"指示育新人	3867
"五爱"宣传教育图片	3381
"五反"歌曲	11569
"五讲""四美"	3328，3345
"五讲""四美"花盛开	3328
"五讲四美"歌曲选	11700
"五七"路上炼红心 焕发精神干革命	3203
"五四"时代的周恩来同志	3026
"五四"以来电影歌曲选	11893
"五四"以来电影歌曲选集	11914
"五心"教育	3384
"五一"推荐歌曲	11599
《万紫千红》照	9346
《为人民服务》(摘录)大楷字帖	7253
《为人民服务》大楷字帖	8138
《为人民服务》小楷字帖	7253
《五·七指示》万岁！	3178
《五朵金花的女儿》	13135
《五讲 四美 三热爱》挂图	3355
《五讲、四美、三热爱》挂图	3364
《五一》歌选	11402
《武当》陈雪娇饰演者：林泉	9558
《舞恋》中的曲木阿芝	9539
[晚清画报]	1596
[王洪范碑]	7776
[王季烈友朋书札]	8108
[王晋卿挑耳图题词]	7948
[王氏画苑]补益	725
[王氏书苑]补益	7197
[王羲之快雪时晴帖照片]	7777
[王烟客晴岚暖翠图]	1616
[魏高贞碑]	7774
[文房器具]	1023
[文明茶园开支册]	12836
[翁方纲石刻帖]	8036

[翁同龢遗墨]	8108	娃娃欢乐	4410, 4565
[吴大澂等书札]	8015	娃娃会开车	9369
[吴待秋画稿]	1700	娃娃健壮兔灯红	4565
[吴山涛画册]	1559	娃娃接福	4644
[五知堂家藏两牍]	7663	娃娃看新图	4038
莞儿一笑	9616	娃娃乐	3544, 4224, 9646, 9726, 9741
挖汧河	5756	娃娃胖小鸡壮	3544
挖参遇仙记	6136	娃娃胖鱼儿肥	4091
挖潜支农	3897	娃娃让梨	4309
挖去千年老穷根	11568	娃娃入宝山古画博览会	1521
挖山不让	1829	娃娃狮凤图	4410
哇哈哈	12033	娃娃世界	7086
蛙	2586	娃娃属相图	4565
蛙女	6233, 6234	娃娃送宝 幸福吉祥	4867
娃好不须多	4153	娃娃跳水	4410
娃娃	4153, 9530, 9594	娃娃玩小虎	3605, 4038
娃娃	2157	娃娃嬉彩灯	4309
娃娃爱大海	4309	娃娃嬉鹦鹉	4410
娃娃爱莲	4409	娃娃嬉鱼	1948, 4091, 4092, 4488
娃娃爱清洁	4410	娃娃嬉鱼	2099
娃娃爱卫生	3342	娃娃喜猫	4309
娃娃爱小鸡	4224	娃娃喜余图	4853
娃娃爱小兔	3605	娃娃喜鱼图	4728
娃娃爱鱼	4224, 4565	娃娃戏	4309, 4410, 4565, 4728, 4798, 4853
娃娃百福图	4565	娃娃戏——济公	2384
娃娃百喜图	4565	娃娃戏——龙虎斗	4644
娃娃得余图	4565, 4852	娃娃戏——西游记	4644
娃娃店	8850	娃娃戏——岳云出山	4761
娃娃逗猫	1948	娃娃戏彩灯	2157
娃娃福	4488	娃娃戏水	9746
娃娃福余图	4728, 4852	娃娃戏鱼	4565
娃娃好	9006	娃娃献寿	4644
娃娃滑早冰	4309	娃娃幸福鲜果香	4224
娃娃画花	9594	娃娃学画	1252
娃娃画四季	1261	娃娃学琴	11284

书名索引

娃娃学舞	12636	外国插画选	7059
娃娃与小鹿	9352	外国插图	7062
娃娃怎样画速写	1252	外国插图精选	7059
娃娃怎样画想象画	1252	外国插图选	7059, 7063
娃娃怎样画写生画	1253	外国插图选粹	7063
娃娃祝寿图	2157	外国长笛曲选	12457
娃娃壮	1925, 1948, 2029, 9623	外国城市雕塑选	8670
娃娃自己的画	1326	外国城市风光	10528
瓦当汇编	408	外国大、中、小学生健美舞	12654
瓦都	6899	外国大提琴奏鸣曲选	12474
瓦尔法脱	12460	外国典故选	6369
瓦尔拉夫一里夏茨美术馆	6835	外国电影丛刊	13308, 13309
瓦尔特保卫萨拉热窝	5327, 5366, 5421, 7031	外国电影歌曲选	12419
瓦岗军	5327	外国电影歌曲选集	12419
瓦岗军开仓分粮	1751	外国电影鉴赏辞典	13134
瓦岗军开仓散粮	3849	外国电影近况	13313
瓦岗英雄	4644	外国电影精品	13167
瓦岗寨	5596, 5709, 5987	外国电影理论文选	13065
瓦格纳	10869, 10887, 10893	外国电影史	13191
瓦格斯少女肖像画集	6928	外国电影艺术百年	13193
瓦吉和帕吉	6661	外国雕饰艺术 1000 例	8672
瓦洛通	6800	外国雕塑撷英	8605
瓦洛寨	1837, 5262	外国动画精选	7075
瓦萨列里的艺术与设计	129	外国儿童	9623, 9675
瓦翁书顾炎武复庵记 俞樾曲园记	8227	外国儿童电影画册	13300
瓦西亚和老乌龟	4929	外国儿童钢琴曲选	12211
瓦夏一家	5421	外国儿童歌曲 100 首	12444
佤族景颇族舞蹈	12623	外国儿童歌曲选	12444
佤族女拖拉机手	2753	外国儿童歌舞选	12658
歪唇男人	6541	外国儿童民歌选	12411
歪医正传	3447	外国儿童生活明信片	10512
外宾游西湖	2720	外国儿童书籍封面插图选	7061
外国八路	6136	外国儿童幽默画集	6945
外国百唱不厌歌曲	12407, 12409	外国发明漫画	6949
外国版画百图	6923	外国纺织纹样	10305

中国历代图书总目·艺术卷

外国风光	2793, 9102, 10513, 10521	外国建筑白描图选	2880
外国风光集锦	9125, 9825	外国建筑装饰画	618
外国风光人物	10157	外国近代汽车	3389
外国风景画精选集	6867	外国近现代音乐作品选	12353
外国讽刺幽默漫画精选	6945	外国经典幽默漫画集萃	7024
外国钢琴联弹曲集	12538	外国卡通图案 1500 幅	7066
外国钢琴曲 100 首	12518	外国科学家	2784, 5506
外国钢琴曲精萃	12528, 12529	外国科学普及电影论文选译	13293
外国钢琴曲选	12496, 12497	外国老照片	10151
外国钢琴四手联弹曲选	12504	外国连环画精选	7035
外国钢琴音乐及演奏	11264	外国连环幽默画	6940
外国歌剧曲选	12423, 12424	外国连环幽默画 300 幅	6942
外国歌剧欣赏	11156	外国马戏·杂技	4772
外国歌剧选曲集	12423	外国漫画大王	7015
外国歌曲	12374, 12391	外国漫画概况	1231
外国歌曲集	12374	外国漫画精选	6938
外国歌曲选	12374, 12375	外国漫画人物造型选	6938
外国工艺美术百图	10746	外国漫画人像选集	6942
外国工艺美术史	10204	外国漫画形象精选	7030
外国工艺美术图典	10770	外国漫画选	6940
外国古代文化艺术	190	外国美术集	6800
外国古典建筑艺术	9301	外国美术家简介	514
外国广告摄影	10137	外国美术简史	176, 184, 191, 192
外国广告摄影 350 例	10137	外国美术鉴赏	517, 519
外国广告招贴画精选	10743	外国美术名词浅释	026
外国国歌史话	10925	外国美术名作欣赏	514, 516
外国贺年片选	7144	外国美术史	177, 186, 191, 192
外国黑白画小品集	7062	外国美术史纲要	187, 188
外国黑白木刻	6920	外国美术史话丛书	194
外国黑白木刻选集	6920, 6923	外国美术史及作品鉴赏	191
外国黑白装饰画	10280	外国美术史教程	188
外国花边纹样集	10728	外国美术史图释	186
外国绘画大师人体画风	6866	外国美术图典	205
外国绘画选集	6787	外国美术欣赏	516
外国剪纸集	10766	外国美术选集	199, 200

书名索引

外国美术与名作赏析	121	外国浅易钢琴小奏鸣曲集	12511
外国美术资料译编	6782	外国轻音乐曲集	12548
外国美术字欣赏与设计	8596	外国轻音乐曲选	12549
外国民歌	12413	外国情调钢琴曲	12529
外国民歌·近现代创作歌曲	12413	外国人体雕塑百图	8674
外国民歌 100 首	12412	外国人体绘画百图	6864
外国民歌艺术欣赏	10915	外国人体美术名作欣赏	522
外国民间故事	7535	外国人体摄影艺术	10142
外国民间乐曲选	12558	外国人体素描百图	6903
外国民间玩具集	10777	外国人物形象 2800 例	2893
外国民族音乐	10913	外国商标	10728
外国名歌	12378	外国商标图案	10729
外国名歌 100 首	12408	外国商标与标志	10738
外国名歌 200 首	12367	外国少年儿童歌曲 100 首	12444
外国名歌 200 首续编	12369	外国少年儿童歌曲集	12444
外国名歌 201 首	12377	外国少年儿童歌曲选	12444
外国名歌 201 首续编	12383	外国摄影名家名作	10135
外国名歌 222 首	12412	外国摄影十大名家	8690
外国名歌大全	12389	外国摄影艺术作品集锦：1986	10135
外国名歌改编的通俗钢琴曲	12523	外国生活漫画	6946
外国名歌经典	12392	外国声乐作品选	12431
外国名歌精华	12390	外国时装	9025
外国名歌选	12374, 12375	外国实用饰纹精选	10738
外国名画名雕塑背景故事	592	外国视幻美术 500 图	10735
外国名画赏析	537	外国视幻美术图案	10732
外国名曲彩图故事	10878	外国室内装饰选	10736
外国名曲欣赏	10867	外国室内装饰与家具图集	10732
外国名曲轶事	10927	外国手风琴名曲选	12518
外国名曲逸话	10924	外国手风琴曲集	12523
外国名言钢笔字帖	7535	外国手风琴曲选	12497
外国名作曲家研究	10858	外国书刊插画装饰精粹	7064
外国女郎	9675	外国抒情歌曲	12430, 12432
外国朋友观看革命现代样板戏	9265	外国抒情歌曲选	12429
外国朋友赞扬我国革命样板戏	9266	外国抒情名歌选	12429
外国器乐小品欣赏	11165	外国抒情诗硬笔书法	7622

中国历代图书总目·艺术卷

外国抒情小提琴名曲选	12472	外国新魔术	13006
外国水彩	6911	外国学者论中国画	689
外国水彩画选	6910	外国样本宣传卡装帧设计艺术	10738
外国素描参考资料	6897	外国艺术歌曲·歌剧选曲	12432
外国素描选集(二)	6906	外国艺术名家论演员的姿态美	12818
外国素描选集(三)	6906	外国艺术人像封面	10162
外国素描选集(一)	6906	外国艺术人像之三	10162
外国素描艺术	6897, 6900	外国艺术人像之十一	10162
外国探险故事	6723	外国艺术小百科	168
外国陶瓷艺术图典	10778	外国艺术形象辞典	087
外国体育明星	10161	外国音乐表演用语词典	10805
外国体育幽默画选	6949	外国音乐参考资料	10798
外国通俗电子琴曲选	12555	外国音乐辞典	10816
外国通俗名曲欣赏词典	10869	外国音乐简史	10925
外国铜版石版画集	6920	外国音乐漫话	10883
外国童装贴花	10290	外国音乐名家名曲	10873
外国图案选	10727	外国音乐名作	10855
外国图案资料	10728	外国音乐曲名词典	12353
外国文化	181	外国音乐曲名辞典	12353
外国文化与文学	190	外国音乐史	10926
外国文学名著连环画	6369	外国音乐史题解	10927
外国文学名著中的人体画欣赏	6861	外国音乐欣赏	10873
外国文学艺术家的故事	5842	外国音乐资料	10797
外国现代插图	7061	外国音乐作品欣赏	10872
外国现代插图艺术	7062	外国音乐作品欣赏与教学	10875
外国现代长笛曲集	12458	外国影视歌曲	12424
外国现代商标设计	10728	外国影视歌曲选	12422
外国现代设计艺术	10726	外国影星	10169, 13218
外国肖像	6888	外国优秀广告选	10738
外国肖像漫画	6942	外国幽默画	6942, 6950
外国小朋友	9530, 9573, 9594	外国幽默画 300 幅	6940
外国小提琴曲选	12464	外国幽默画集锦	6950
外国小提琴奏鸣曲荟萃	12476	外国幽默画精选	6946
外国笑话	5987	外国幽默漫画	6934
外国笑话精选 100 篇	6397	外国幽默配画 365	6950

书名索引

外国幽默笑话	5709	外星人	5709, 6234, 6568
外国油画风景作品选	6879	外星人历险记	6693
外国寓言	6271, 6302	外星人马特奇遇记	6669
外国寓言故事精选连环画	6338	外星人之谜	6397
外国寓言画	7144	外星人追捕恐龙	6647
外国寓言选	5987	外语推广歌曲30首	12387
外国著名抒情诗钢笔字帖	7424	外族音乐流传中国史	10853
外国著名音乐主题改编儿童钢琴曲选	12529	弯弯的金竹塘	5987
外国装潢	10726	弯弯的石径	5842
外国装饰画	10740	弯弯的小河	11516
外国装饰画选	10732	豌豆公主	6712
外国装饰集锦	10770	豌豆花	12148
外国装饰人物·图案选	10738	纨扇清风怀情思	8833
外国装饰图案	10732	纨扇仕女图	1574, 4488
外国装饰图案集	10729	完白山民手札	8041
外国装饰纹样	10759	完白山人印谱	8533
外国装饰纹样集	10727	完白山人篆刻偶存	8525
外国装饰艺术选	10732	完璧归赵	3653, 3703, 4876, 5596
外国作曲家及其音乐名作	10897	完成作业再游戏	3703
外来文化与卫星外片频道的经营策略及产品特		完达山林区的早晨	2996
性研究	13284	完全北野武	13167
外面的世界	11712	完全彻底为人民	3162, 3176
外戚揽权	5987	玩蝈蝈三才	3569
外滩傍晚	3003	玩好了, 我们来放放好	3653, 3703
外滩初晴	2944	玩花灯	3605, 4224
外滩今昔	9136	玩会跳船	8817
外文变体字母	8595	玩具	8993, 10104
外文美术字	8594, 8595, 8596, 8597, 8600	玩具大起义	6339
外文美术字参考	8596	玩具店里的战斗	5842
外文美术字绘写手册	8595	玩具盒子	12502, 12503
外文美术字及图案资料	7636	玩具花果屏	3654
外文字体1000例	8596	玩具与科学	10750
外文字体创意设计	8599	玩空竹	3569
外文组合字体	8599	玩龙灯	4410
外星飞来的公主	6669	玩鸟	3570

中国历代图书总目·艺术卷

玩偶之家	5843	晚香堂原石旧拓苏帖	7945
玩牌高手	12999	晚笑堂画传	1593
玩气球	3654	晚笑堂画传图	1593
玩夏蜻蜓	3605	晚笑堂明太祖功臣图	1679
玩友十年	12948	晚笑堂竹庄画传	1593
玩月草堂印存	8517	晚宴	12906
顽皮儿国王历险记	6542	晚钟	6858
顽童	9675	皖光画刊	3394
宛丘题跋	7684, 7685	皖林之路	8895
晚登南禅寺三清殿	8156	皖南风光	4092
晚归	2737, 2925, 3003, 3007, 4038	皖南花鼓戏一百年	12934
晚归	2714	碗碗腔选曲	12115
晚会	12057	碗碗腔移植《红色娘子军》选场	12125
晚会, 森吉德马	12222	碗碗腔音乐	12101
晚会, 森吉德马管弦乐曲	12222	曈香小筑藏印	8455
晚会唱歌游戏	12363	万宝岛上的灯火	5018
晚会集体舞	12654	万船渔虾万船歌	4489
晚会森吉德马	12229	万鼎 1997	2480
晚会舞	12652, 12653	万鼎山水画技法	916
晚婚计划生育好	3897	万端思绪对月谈	9954
晚婚节育 幸福花开	4038	万吨巨轮	2721
晚娘教子	6234	万吨水压机的诞生	3743
晚清八大名臣手札	8104	万朵红花一根藤	3570
晚清民初水墨画集	1691	万朵花开四月八	6542
晚清名人墨迹	7218	万帆待发	3013
晚清谴责小说连环画	6590	万峰阁指法	11324
晚清社会风俗百图	1688	万峰阁指法阐笺	11324
晚清四大谴责小说连环画	6432	万福 万寿 万象新	4728
晚清中国外销画	2784	万福字谱	8363
晚晴书法诗	7287	万古长青	1773, 2013, 4224, 9409
晚秋	1773	万古楼丛画	1701
晚霞	5709	万贵妃	6542
晚霞集	312	万国歌曲大全	11370
晚霞录	2311	万国图案	10738
晚香堂苏帖	7989, 8001	万国笑画	6201

书名索引

万壑灵风	8833	万里江山放红光	11605
万壑松风图	2431, 2480	万里千担一亩田	2748
万壑松云图	2029	万里芜塘	8955
万壑争流	9352	万里送马	5327
万壑争流图	1925	万里寻母记	5988, 6137
万壑争流图	2099	万里寻亲图	2643
万户一家春满城	3090	万里征程诗不尽	2769, 2778
万户渔歌	4489	万历版画集	2981
万花灯	12320	万柳夫人墨迹总目	8112
万花山斗魔	6136	万柳迎春图	2653
万花吐艳海天舒 百鸟争鸣春意闹	4038	万六千古玺斋印壤	8532
万火生	5152	万绿丛中	9797, 9825, 9848
万家灯火	5421	万马奔腾	4092
万斤丰产	4917	万马奔腾	2099, 2559, 2568, 2571, 2579, 2583
万今声画文集	2809	万马奔腾新歌 100 首	11494
万珂新国画集	2239	万马齐奔	2099
万里长城	2791, 2793, 2799, 9044, 9049, 9050,	万马腾飞福寿来	2099
	9102, 9118, 9132, 9134, 9138, 9785	万民奔腾	8996
万里长城山海关古建复原图	2013	万民同庆	2394
万里长城印谱	8592	万亩海滩披锦绣	3942
万里长城友谊歌	2753	万木草堂藏书目	7659
万里长江第一桥	3544, 3545	万木草堂藏中国画目	1475
万里长江横渡	3897, 3898, 9249	万能的信息	3514
万里长江——"雷锋"	6397	万能脑袋侦破记	5710
万里长空且为忠魂舞	1861, 3988	万能脑侦破记	5843
万里长征第一桥	11081	万能杀手	6302
万里朝阳	4728	万年红	12264
万里春光	2671	万年欢	12299
万里浮云卷碧山	9813	万年青	5263, 12585
万里复仇记	5709	万年人参果	5710
万里海疆画展	1298	万盘根画集	2225
万里寒光生积雪	9813	万炮轰金门	5843
万里行踪	2888	万炮齐发轰"瘟神"	3090
万里河山万里歌	11677	万千英雄战震灾 重建家园创新业	3898
万里江流图	4729	万倾良田驾飞舟	1821

中国历代图书总目·艺术卷

万泉河畔传史歌	3766	万岁！毛主席	11660, 11665, 12334
万泉书长恨歌	8390	万岁！伟大的社会主义祖国	3211, 3308
万泉书法选	8240	万岁！伟大的中国共产党	3342, 11677
万人高唱"跃进"歌	11609	万岁！伟大的祖国	3308, 3322
万荣花鼓	12611	万岁，毛主席！	12630
万山红遍 3743, 3898, 5421, 5843, 11963		万岁，红色的祖国	11447
万山红遍层林尽染	2599	万岁，亲爱的祖国！	11441
万石山房印草	8504	万岁共产党	11609
万世勤速写集	2897	万岁光照幸福花	1761
万事如意 2843, 4565, 4566, 4799, 4827, 8842,		万岁毛主席	11648, 11666
9457, 9468, 9484		万岁毛主席，万岁共产党	11962
万事如意	2099, 2157	万岁伟大的祖国	3308
万事腾飞图	2013, 2029	万徒勒里	6788
万寿公主	2367	万徒勒里画选	6790
万寿山,昆明湖	9836	万徒勒里绘画和版画艺术	6789
万寿山昆明湖记	8078	万维生记事手绘封	2311
万寿山夕照	9825	万维生邮票作品选	10532
万寿寺音乐本	12350	万无一失	5843
万寿图	8320	万物生长靠太阳	1223, 3849, 3850
万寿无疆	3570, 3606	万象长春	4310
万寿仙境	9848	万象春回早	4038
万寿祥开	12897	万象春开新世纪 千花红舞好江山	8135
万树梅花传喜讯 千犁烟雨报丰年	8135	万象更新 445, 2029, 3360, 3545, 3606, 4038,
万水千山 3942, 4929, 4982, 5075, 5327, 5421,		4092, 4153, 4309, 4310, 4410, 4489, 4566,
6467, 9054, 9262, 9283		4645, 4729, 4799
万水千山	2443, 2726	万象更新	2099, 2157
万水千山不怕难	4930	万象更新 百事如意	4489
万水千山长征颂	2274	万象更新 年年有余	4489
万水千山屏	3570, 3571	万象更新 五谷丰登	4410
万水千山途纪	2876	万象更新 喜庆同乐	4410
万水千山只等闲	3022, 3026	万象更新 连年有余	3988
万水千山总是情	4645, 6137, 9894, 11706	万象更新 年年有余	4853
万斯历险记	6467	万象更新富有余	4566
万松心画	8112	万象更新乐有余	2157
万岁！伟大、光荣、正确的中国共产党	11651	万象更新庆有余	4489, 4566, 4645

书名索引

万象更新五业兴旺	4310	万紫千红总是春 1751, 1880, 1996, 3606, 3850,
万象更新喜迎春	4153	3989, 4982
万象更新迎春乐	2099	万紫千红总是春	2591
万象回春	4411, 4566	万紫千红总是春图	1784
万象回春 五谷丰登	3654	汪采白画集	1713
万象集	3398	汪巢林花卉画册	1645
万象清平	12055	汪巢林梅花册	1624
万象之根	862	汪澄山水画集	2476
万一工笔花鸟画集	2554	汪大伟画集	2288
万影图苑	488	汪道全书赤壁赋	8074
万载花鼓灯概貌	12933	汪峰画集	2337
万载县戏曲普查资料汇编	12934	汪关印谱	8540
万盏花灯连北京	3850	汪观清画集	2257
万丈河山万里歌	11682	汪观清画牛	999
万众奔腾	9248	汪国新画集	2337
万众欢呼华主席	12206	汪国真爱情诗钢笔字帖	7599
万众欢腾	3898, 8948	汪国真爱情诗卡	10532
万众心相随	2769	汪国真寄语钢笔字帖	7506
万众一心	8905, 9260	汪国真诗歌散文钢笔书法	7479
万众一心 实现四化	4153	汪国真诗精选钢笔字帖	7480
万众一心奔向前	11909, 11910	汪国真抒情诗钢笔字帖	7480, 7506
万众一心奔向四个现代化	3322	汪国真抒情诗精选钢笔字帖	7480
万众一心同心同德奔向四化	3352	汪国真抒情诗硬笔书法字帖	7480
万珠什·米奥画集	6845	汪国真哲理诗钢笔字帖	7599
万子成长	2157	汪国真哲思短语钢笔字帖	7480
万紫千红	1837, 1861, 1948, 1996,	汪海云山水卷	1571
	3654, 3988, 3989, 4566, 9083, 9345,	汪宏钰画集	2824
	9359, 9409, 9439, 10088, 10108, 10478	汪淮一书法选	8297
万紫千红	2157, 2288, 2671	汪蕙珍花卉水粉画	2955
万紫千红才是春	4982	汪济诚先生书画集	311
万紫千红处处春	8807	汪稼华画选	1977
万紫千红的文艺舞台	12686	汪稼华南极画集	2225
万紫千红的张家宅	4982	汪洁花鸟画选	2515
万紫千红满园春	4038	汪近人梅花册	1624
万紫千红展春华	4566	汪刘郑鲍诸家所锲版画集	2981

中国历代图书总目·艺术卷

汪苗国画作品选	2257	王安石	5843
汪明荃演唱歌曲选	11979	王安石变法	6137
汪逆精卫之丑态	3392	王安石的故事	5843
汪鸥客先生画册	1703	王白纯书法篆刻选集	7165
汪刃锋画集	2210	王百谷题定武兰亭帖	7843
汪慎生画辑	1948	王板哉画辑	2029
汪士慎	795	王邦德	12648
汪氏鉴古斋墨薮	1050, 1051	王宝钏	4982
汪氏墨薮	1051	王宝钏与薛平贵	4310, 4566, 4853
汪氏珊瑚网法书题跋	7697	王宝钏赠金	4310
汪氏珊瑚网画法	675	王宝纯书法集	8309
汪氏珊瑚网画继	675	王宝洛行书	8427
汪氏珊瑚网画据	675	王宝洛隶书字帖	8369
汪氏珊瑚网名画题跋	767, 768	王本诚画选	2099
汪氏书画记	661	王冰如国画作品选	2538
汪天亮漆画作品选	2816	王冰铁印存	8537
汪天亮现代水墨画	2257	王炳龙画选	2520
汪同琪画集	2586	王伯当盗马	5710
汪汪	10057, 10080	王伯敏美术文选	108
汪西邦书画集	2337	王勃写序	6137
汪新林 杨阳画集	2311	王勃作序图	1977
汪兴益书法选	8320	王彩池	9726
汪煜庐先生各体法书	8112	王昌娥	9761
汪亚尘的艺术世界	048	王昌杰画集	1996
汪亚尘画集	1420	王昌林书法集	8297
汪亚尘艺术文集	037	王长富画集	2476
汪亚尘油画集	2712	王长水书画艺术	8256
汪伊虹画集	2337	王超尘书法选集	8297
汪由敦临多宝塔楷书	8041	王超画选	1948
汪虞卿梅史	925	王超研究	829
汪兆申作品集	2157	王朝宾书法集	8335
王艾冰	9675	王朝覆灭记	6201
王安安书画集	2311	王朝马汉	4799
王安节、王宓草诗画合册	1642	王朝闻美术谈	527
王安节山水册	1628, 1629, 1630	王朝闻学术思想论集	101

书名索引

王朝雅集	2274	王德威法国意大利写生	2789
王潮安国画选	2274	王德威画集	1397
王尘无电影评论选集	13152	王德威油画写生	2784
王茞芗小楷	8113	王邛书法作品选	8321
王成	5988	王吊钟	9369
王成喜画梅集	2513, 2520, 2527	王东庄仿古山水十帧	1642
王成喜画梅选	2530	王东庄先生六法心传	7225
王成喜书画辑	2534	王冬龄草书唐诗卅首	8423
王承仕写真集	8987	王冬龄书画集	2239
王承水书法选	8227	王铎	8098
王承颜竹笔书法	7506	王铎《拟山园帖》行书大字谱	7371
王澄诗文书法集	8335	王铎《设色山水图册》	1584
王崇伦的故事	4900	王铎报寇葵裹书	8085
王宠行草诗卷	8072	王铎草书诗卷	8068, 8090
王宠行草瞻眺诗帖	8208	王铎行草杜甫诗	8081
王宠墨迹大观	8090	王铎行草诗卷	8091
王宠诗文稿墨迹书法选	8094	王铎行书技法要诀	7400
王宠书法选	8101	王铎行书卷	8104
王宠小楷	8088	王铎行书临帖指导	7371
王传峰画集	2288	王铎行书诗二首	8106
王船山先生墨宝四种	8057	王铎行书五言诗	8101
王纯祥画集	2586	王铎行书习字帖	7384
王聪儿	6137	王铎枯兰复花赋	8439
王大彪	5187	王铎墨迹大观	8091
王大德画集	2543	王铎墨迹二种	8101, 8104
王大令鸭头丸帖真迹	7790	王铎诗稿	8070
王大鹏山水画集	2472	王铎手书残稿	8018
王大同油画选	2793	王铎书法集	8104
王大万	4983	王铎书法精选	8091
王丹篆刻选集	8588	王铎书法墨迹汇编	8281
王道中画辑	1996	王铎书法选	8066, 8085, 8098, 8101
王德娟油画选	2791	王铎书法字典	8085
王德亮画集	1408	王铎书画全集	1488
王德龙画集	2476	王铎赠汤若望诗	8106
王德舜魏鸿蕴画集	2527	王铎自书诗轴真迹	8088

中国历代图书总目·艺术卷

王恩科师生书法集	8335	王光祈音乐论文选	10805
王尔烈传奇	4566, 5988	王光祈音乐论著选集	10825
王二小	6661	王光新油画艺术	2825
王二小接闺女	5102	王广华工笔花鸟画集	2543
王二找痛快	6137	王贵 汤怀	4411
王非彩墨	2311	王贵吉青	4645
王坟剑影	6137	王贵与李香香	4876, 4879, 5710
王凤年画选	1977	王桂庵	5843
王奉常仿古山水册	1630	王国栋画集	2415
王奉常书画题跋	779	王国福	5152
王扶林电视剧导演艺术论	13212	王国福的故事	5327
王绂	791	王国梁水彩画选	2957
王福庵隶书千字文	8377	王国年摄影作品集	8980
王福庵书说文部目	8148	王国维治学三意境说	8179
王福庵篆书临习技法	7385	王海书法篆刻作品集	8227
王福庵篆书千字文	8191	王海书法作品选	8256
王福厂篆书咏怀诗	8179	王海翔人物速写	2891
王府刀客	13139	王海云百花谱	2488
王府怪影	5596	王憨山画集	2048
王府鬼影	5596	王汉藻人物山水	1624
王复羊漫画选	3439	王贺良书法集	8281
王富作品	2549	王恒德	5153
王馥荔	9675	王红篆刻集	8583
王纲行书	8269	王宏剑油画作品选	2825
王个簃画集	1908	王洪增画集	2288
王个簃书法选集	8297	王鸿风景素描	2913
王个簃印集	8559	王鸿太行风情画集	2048
王耕烟画西皖六景册	1630	王鸿炭笔风景写生	2872
王耕烟西皖六景册	1630	王鸿玉篆隶作品集	8240
王官福司鼓艺术	11161	王后的怪病	7057
王冠的秘密	5421	王后复仇记	5988
王冠奇案	5843	王华南画集	2465
王冠群歌曲选	11505	王华祥说素描	1161
王瑾临西狭颂	8367	王化斌画集	2099
王光祈文集	10823	王化成手书选集	8309

书名索引

王怀庆插图选	6608	王杰歌集	11984
王怀庆画集	1421	王杰歌曲选	11511
王焕波画集	2476	王杰日记字帖	8380
王晖画集	1405	王杰颂画选	1274
王翚仿古山水册	1691, 1692	王杰张雨生演唱歌曲	11722
王翚画集	1688, 1692, 1695	王杰之歌	12096
王翚精品集	1697	王洁实 谢莉斯二重唱歌曲选	11973
王翚山水卷	6790	王洁实 谢莉斯男女声二重唱	11973
王翚作品	1695	王洁实, 谢莉斯	9595
王基残石	7774	王今胜书法集	8297
王发甫先生画钟进士像题记	7147	王金岭画集	2311
王际欣书毛泽东诗词	8256	王金满大闹台州府	4930
王季迁山水图	1949	王金旭版画集	3061
王济远个人绑画展览会出品图目	1375	王锦清画集	2832
王济远欧游作品展览会集	2712	王晋元画集	2239
王济远油画集	2712	王晋元画选	1977
王佳楠蔡小丽画集	2225	王景鲁书法篆刻选集	8240
王家黄杨木雕艺术	8647	王景恩与哑剧艺术	12979
王家民画集	1417	王靖国油画集	2819
王家庄	4872	王静莹写真(马尔地夫之恋)	8980
王建墓石刻艺术	8651	王菊明画集	2239
王建中钢琴作品集	12217	王巨贤速写选	2913
王剑黑白艺术	6770	王觉斯草书墨迹	8058
王健绑画作品	6770	王觉斯草书诗卷	8416
王健摄影集	8981	王觉斯分书八关斋会记	8054
王健武色彩画集	2957	王觉斯行书诗两首	8018
王健作词歌曲选集	11530	王觉斯楷书八关斋	8054
王鉴《山水册》	1673	王觉斯诗册墨宝	8052
王鉴仿古山水画册	1651	王觉斯诗册墨迹	8046
王鉴画集	1687, 1688	王君钢笔书法	7609
王鉴精品集	1697	王俊画选	2099
王鉴作品	1695	王俊作品集	2225
王椒畦先生诗画	1634	王康乐山水画集	2456
王杰	5121, 5139	王康乐题画诗文墨迹本	8321
王杰的枪我们扛	11642	王可庄书千字文	8054

中国历代图书总目·艺术卷

王可庄太府小楷习字帖	8042	王六郎	5710, 5988, 6397
王克勤带兵	5237	王履祥画集	2472
王克庆作品集	8638	王陆勇救神帝江	6712
王克印画集	2549	王鹿公人物真迹	1634
王壁驹诗书画集	8270	王路油画选	2806
王琨油画集	2832	王麓台仿古山水册	1635
王兰若画集	1996	王麓台仿古山水册二种	1638
王兰亭画梅集	2554	王麓台仿宋元山水册	1632, 1633
王兰作品集	1405	王麓台山水册	1624
王老虎抢亲	4224, 9241	王麓台山水画册	1608
王老妈妈	4917	王麓台山水卷	1612, 1648
王老赏的窗花艺术	10664	王麓台山水扇集	1637
王老五当兵打日本	4870	王麓台山水扇面	1631
王老五当兵杀敌	4868	王麓台扇册	1612
王老五融资外传	6542	王麓台王蓬心题画诗跋	775
王乐天漫画选	3416	王洛宾歌曲选	11526
王乐同楷书滕王阁序	8270	王洛古爷爷	5141, 5166
王立宝报刊美术作品集	10305	王曼硕印存	8558
王立画集	2157	王曼硕作品选	305
王立美术评论集	533	王莽篡位	5988
王立堂画集	2258	王莽篡汉	5843
王立志水墨画选集	2239	王莽赶刘秀	5988
王丽娟工笔花鸟画	2517	王茂彬山水画集	2485
王利锁画集	2468	王梅花馆印赏	8505
王莲	9544, 9573	王蒙 倪瓒画集	1550
王莲芬诗书画	2210	王蒙青卞隐居图真迹	1761
王廉生翰苑名郑	8022	王蒙书法艺术百种	8297
王廉州仿古山水精册	1630	王猛埋雷	5166
王廉州仿古山水十二帧	1650	王孟奇画集	2099, 2399
王廉州山水册	1624	王孟潇行草选集	8165
王良常书正草千字文	8058	王梦白画选	1741
王良常篆书千字文	8022, 8023	王梦飞作品集	2480
王了望书法研究	8282	王梦楼行书	8028
王临乙王合内作品选集	2894	王梦楼行书寿屏十二轴合册	8047
王翎徽画集	2410	王梦楼诗册	8018

书名索引

王梦楼先生尺牍	8042	王七到此一游	5710
王梦楼先生墨迹	8025	王其华花鸟画	2534
王米漫画集	3495	王其华花鸟画集	2549
王冕	793	王琦版画集	3037
王冕画荷	4153, 4310	王琦粉画选	2952
王冕画荷	2099	王企华画选	1977
王冕盛梅诗一首	8165	王企华画选	2157
王冕学画	4153, 5421	王千声乐作品选集	11530
王妙如女士遗墨	1708	王桥公社农民画选	6755
王敏剪纸	10699	王翘草虫花卉册	1570
王酩歌曲选	11472	王庆淮画辑	1908
王母仙果	4772	王庆杰画集	2239
王乃栋书法集	8297	王庆隆编配中外口琴名曲80首	12505
王乃壮白描写生集	2258	王庆明画集	2402
王乃壮画集	2029	王庆升画集	2543
王乃壮画集	2211	王庆先书法艺术集	8270
王乃壮书画集	2258	王琼儒国画集	2288
王念慈山水画谱	1703	王蘧常	8297
王念慈先生山水画谱	1701	王蘧常书法集	8208
王念慈先生山水画谱	2437	王蘧常章草选	8160
王宁书法篆刻集	8282	王仁定的江南	9145
王农画集	2211, 2311	王任书画选集	2527
王农画马作品集	2288	王荣画集	2809
王欧颜柳赵书集联	7667	王如柏诗词书法集	8191
王牌军的覆灭	6137	王如岱书法选	8256
王牌舰长的覆灭	6137	王瑞璧先生墨宝选集	8270
王培昌画集	2836	王润民水彩画集	2951
王培珍	5018	王润民水彩画选	1278
王蓬心仿宋元诸家山水册	1639	王若飞在狱中	5076, 5102, 5506
王蓬心父子合璧	1624	王箬林先生题跋	7701
王蓬心山水册	1640	王三发横财	4983
王鹏飞国画集	2337	王三和依依	4983
王平书画集	2225	王三姐赶集	11799
王平现代雕塑作品选	8633	王森然画集	2211
王婆骂鸡	12131	王森然画辑	1977

王山洪书法选	8309	王石谷重江叠嶂图卷	1684
王少安赶船	4224	王石平篆刻印论作品集	8467
王少丰现代纸刻画选	10228	王时敏 王鉴 王翚 王原祁山水画风	1686
王少卿牡丹写生集	2523	王时敏画集	1679, 1687, 1688
王洗	792	王时敏作品	1692
王洗玉楼春思	1539	王士杰书黄鹤楼诗	8172
王莘歌曲选集	11477	王氏画苑	738
王生访道	5506	王氏家藏研史拓本	1054
王盛烈画集	2226	王氏书画苑	738, 739
王石谷	788	王氏书苑	7198
王石谷仿古山水	1636	王氏印谱	8491
王石谷仿古山水册	1615, 1616	王世铿先生翰墨	8126
王石谷仿巨然长江万里图	1624	王式廓画集	1385
王石谷仿李营丘古木寒山卷	1636	王式廓素描集	2856, 2913
王石谷仿唐宋元明山水册	1628	王式廓素描选	2863
王石谷仿燕文贵江岸图	1625	王式廓艺术研究	524
王石谷画册	1625	王守志画集	2258
王石谷画集	1653, 1685	王书平花鸟画选	2538
王石谷画南巡回銮图	1625	王叔晖	1449
王石谷画王梦楼题合册	1605	王叔晖画辑	1893
王石谷黟山晴霭卷	1650	王树忱漫画选	3448
王石谷江山纵览图	1625	王树春书画集	1393
王石谷临安山色图卷	1616	王树人书法集	8298
王石谷庐山白云图卷	1605	王树声大将	6369
王石谷山水册	1608	王树艺花鸟画选	2511
王石谷山水画册	1608	王树艺木刻选集	3033
王石谷山水十二幅	1625	王树忠作品	2311
王石谷田居图长卷	1612	王澍画册	2312
王石谷溪山雾雪卷	1625	王澍真草千字文	8091
王石谷溪山雾雪图卷	1625	王双宽四十年经典创作画集	1406
王石谷溪山晴霭图卷	1630	王双有歌曲选	12047
王石谷溪山无画图卷	1641	王舜来画集	2239, 2337
王石谷溪山无尽图卷	1625	王舜来画竹集	2538
王石谷写王石丞诗意山水册	1636	王司农题画录	781
王石谷栽竹图卷	1639	王四海画集	2226

书名索引

王颂余书法艺术	8227	王维宝山水画选	2435, 2439
王颂余书画选	2013	王维德书法集	8218
王素	1513	王维山水论	890
王孙·逸士·薄心畲	817	王伟画选	1893
王锁崖	5843	王伟画选	2048
王汤元打倒王	5710	王伟平小楷唐诗百首	8256
王涛人物画	1391	王伟庆画集	2966
王涛支队	5988	王伟雄书法作品选	8309
王提豪书治家格言	8358	王伟硬笔书法作品集	7480
王天池画选	1978	王伟中画集	1413
王天存	5076	王炜版画世界	3065
王天禾画集	2211	王文成公墨迹	8054
王天任画集	1421	王文成公书郭景纯梦示诗	8052
王天一花鸟画	2530	王文芳画集	2312
王天一筝曲选讲	11342	王文芳山水画选	2431
王铁城作品选	2289	王文芳山水画艺术	2459
王铁锤笛子曲集	12270	王文杰画集	2410
王铁夫先生书简	8019	王文娟	9954
王铁人的故事	5327	王文懿与李子丹太史书	8030
王铁珊先生墨宝	8113	王文松根雕暨书法作品集	8647
王廷风书法集	8270	王文郁百梅画集	2543
王同君中国画集	2258	王文郁画集	2258
王同仁画集	2099	王文治行书	8070
王同仁速写	2891	王屋山下新愚公	3766
王同顺行书宋词	8430	王屋山下迎客来	4038
王彤轩书法篆刻绘画选集	2211	王西京画集	2158, 2258
王统照作品选	3058	王西林画集	2289
王图炳行书对	8070	王希尧书法	8282
王团庄之战	5843	王锡麒画集	2399
王薇嘉画集	3063	王锡麒人物画选集	2410
王为民的故事	6568	王锡仁歌曲选	11511
王为政画选	2013	王熙凤	4729, 4761, 5710, 5843, 9675, 13127
王维	790	王熙凤大闹宁国府	5596
王维宝访日写生	2029	王熹画集	2289
王维宝画集	1949	王羲之 王献之书法集	7822

中国历代图书总目·艺术卷

书名	编号	书名	编号
王羲之 王献之选集	7825	王羲之行书技法	7400
王羲之 颜真卿 米芾 黄庭坚四体对照行书		王羲之行书间架结构九十二法	7400
自学字帖	8435	王羲之行书结构习字帖	7807
王羲之《兰亭序》	7806	王羲之行书描红本	8438
王羲之《兰亭序》行书大字谱	7822	王羲之行书名帖钢笔临本	7506
王羲之《兰亭序》临摹解析	7400	王羲之行书入门	7818
王羲之《乐毅论》楷书大字谱	7819	王羲之行书圣教序分解字帖	7812
王羲之笔阵图	7218	王羲之行书圣教序解析字帖	7819
王羲之草诀百韵歌	7807	王羲之行书帖	8436
王羲之草诀歌	7809	王羲之行书习字帖	7810, 7812, 7816, 7818
王羲之草诀歌赏析	7385	王羲之行书选字	8430
王羲之草书传本墨迹选	7809	王羲之行书用笔习字帖	7808
王羲之草书集字格言	7809	王羲之行书章法习字帖	7812
王羲之草书诀字帖	7807	王羲之行书字典	7799, 7804, 7819
王羲之草书入门	8420	王羲之行书字帖	7808, 7819
王羲之草书十七帖解析字帖	7822	王羲之和王献之	5988
王羲之草书习字帖	7809, 7810	王羲之汇帖大观	7788
王羲之草书至宝	7802	王羲之教子	2049
王羲之尺牍四种	7825	王羲之楷摹临帖	7799
王羲之传本墨迹选	7793	王羲之楷书帖	7371
王羲之传世名迹	7822	王羲之楷书习字帖	7813
王羲之等小楷五种解析字帖	7385	王羲之快雪时晴帖	7782
王羲之的传说	5506	王羲之快雪时晴帖墨迹	7782
王羲之的故事	5858	王羲之兰亭帖	7793
王羲之的书法艺术	7361	王羲之兰亭习字帖	7385
王羲之法书珍品集	7819	王羲之兰亭序	7782, 7818, 7825
王羲之法帖	7815	王羲之兰亭序 怀仁集王书圣教序	7825
王羲之法帖两种	7825	王羲之兰亭序笔法图解	7332
王羲之故居诗碑	8298	王羲之兰亭序及其笔法	7279
王羲之行书	7600, 7810	王羲之兰亭序技法要诀	7320
王羲之行书《兰亭序》笔法举要	8434	王羲之兰亭序临习指南	7361
王羲之行书《唐集王圣教序》笔法举要	7815	王羲之兰亭序临写法	7350
王羲之行书草书汇编	7807	王羲之兰亭序描红本	7815
王羲之行书钢笔书法教程	7506	王羲之兰亭序全本字帖	7818
王羲之行书规范习字帖	8432	王羲之兰亭序三种	7934

书名索引

书名	页码	书名	页码
王羲之兰亭序书法入门	7302	王羲之万岁通天帖	7820
王羲之兰亭序帖三种	7822	王羲之王献之全集	7816
王羲之兰亭叙	7793, 7802, 7822	王羲之王献之书法集成	7805, 7806
王羲之兰亭叙及其笔法	7802	王羲之小楷	7813
王羲之琅琊帖	7807	王羲之小楷习字帖	7807, 7813
王羲之临钟繇千字文钢笔临本	7535	王羲之小楷字帖	7792, 7798
王羲之圣教序	7810, 7813	王羲之写字秘诀	7244
王羲之圣教序碑字精选水写字帖	7825	王羲之研究论文集	7813
王羲之圣教序钢笔临本	7535	王羲之与《兰亭序》	7167
王羲之圣教序及其笔法	7815	王羲之与王献之	7320
王羲之圣教序精选	7825	王羲之赵孟頫心经合册	8428
王羲之十七帖	7793, 7805, 7815, 7819	王羲之真书习字帖	7811
王羲之书曹娥碑 黄庭经	7815	王喜庆画集	2274
王羲之书草诀歌	7822	王系松画集	2337
王羲之书澄清堂帖	7804	王遐举隶书李白诗	8369
王羲之书法	7248	王遐举隶书陶诗	8199
王羲之书法大观	7811	王遐举书法作品集	2258
王羲之书法精华	7813, 7822	王霞油画	2816
王羲之书法精品选	7822	王霞宙画集	1908
王羲之书法精选	7813, 7819	王仙圃画集	2226
王羲之书法录名言帖	7815	王先生和小陈	3422, 3502, 3503
王羲之书法论注	7302	王先生新集	4870
王羲之书法秘诀	7320	王先生与小陈	3503
王羲之书法全集	7811, 7815, 7822, 7825	王闲影画集	1707
王羲之书法选	7811, 7819	王显诏山水册	1706
王羲之书法珍品	7815	王宪张旭怀义书法作品集	8218
王羲之书法字典	7805, 7811	王献之草书习字帖	7811, 7813
王羲之书法作品集	7808	王献之行书技法要诀	7385
王羲之书佛遗教经	7815	王献之行书间架结构九十二法	7400
王羲之书行草字典	8432	王献之行书习字帖	7813, 7814
王羲之书兰亭序	7820	王献之名帖精选	7822
王羲之书乐毅论 东方朔画赞	7816	王献之书法精选	7816
王羲之书圣教序	7792, 7816	王献之书法全集	7811, 7816, 7823
王羲之体书法字典	7805	王献之书法选	7814, 7820
王羲之帖	7431	王献之小楷习字帖	7808

中国历代图书总目·艺术卷

王献之真迹	7797	王学才国画集	2226
王献之中秋帖墨迹	7782	王学明画集	2211
王祥之插图题图选	6616	王学曾画鹰	2583
王祥之隶书诗联声律	8335	王学仲美术论集	533
王祥之隶书元曲精选	8374	王学仲书法论集	7341
王翔白描荷花	2520, 2534	王学仲书法选	8191
王翔花鸟画集	2520	王学仲书画旧体诗文选	2185
王小波, 李顺起义	5303	王学仲自书诗词文	8309
王小古画集	2259	王雪樵墨迹选	8209
王小憨作品选	8637	王雪涛	1449
王小梅百美画谱	880	王雪涛花鸟草虫画选	2512
王小梅人物册	1612, 1625	王雪涛花鸟画集	1719
王小梅人物册神品	1612	王雪涛花鸟画选	1925
王小梅山水册	1634	王雪涛画册	1773
王小梅写景人物册	1646	王雪涛画法与研究	809
王小青	3403	王雪涛画集	2502, 2504, 2512
王小燕作品	2554	王雪涛画辑	1380
王晓彤作品	2966	王雪涛画选	2500, 2510
王孝和	4917, 5046, 5076, 5988	王雪涛纪念馆藏画集	2543
王新衡先生遗赠书画展目录	1482	王雪涛教学画稿	2530
王新华报头图案集	10300	王雪涛作品	2554
王新林钢笔书法作品选	7556	王训月版画集	3063
王新泉书法集	8256	王雅平画集	2259
王新泉书法作品集	8321	王亚妮的画	6757
王信水彩画辑	2947	王烟客仿古山水册	1649
王信水彩画选集	2939	王烟客仿宋元山水真迹神品	1640
王星军摄影作品集	8862	王烟客临元人八家卷册	1625
王星泉画集	2312	王烟客山水册	1608, 1625, 1650
王秀窝	4877	王岩章画集	2100
王虚舟隶书千字文	8048	王岩章山水画	10505
王虚舟临唐宋各种	8042	王炎林画集	2402, 2412
王虚舟书法良模	8018, 8042	王偃墓志	7825
王虚舟先生墨迹	8057	王砚辉书古文四篇	8438
王仙珠画集	2828	王砚辉书兰亭序	8321
王仙珠油画选集	2816	王阳明法书集	8098

书名索引

王瑶卿艺术评论集	12880	王右军三帖墨迹	7788
王耀华画集	2274	王右军书洛神赋古帖	7801
王野翔画集	2410	王右军真迹帖	7782
王一亭画册	1699	王右军正草十七帖	7787, 7811
王一亭居士画集	1699	王渔父花鸟画选集	2498
王一亭人物册	2397	王愚书法作品选	8310
王一亭十八应真像	1700	王宇漫画选	3455
王一亭书画集	1393	王玉辉画集	3054
王一新摹颜真卿画赞碑选字帖	8392	王玉杰国画选	2274
王一新书法选	8282	王玉宽楷书千字文	8282
王沂东油画	2809	王玉良水墨造像	2240
王沂甫扬琴独奏曲选	12323	王玉良线描	2289
王以敬书法集	8309	王玉萍油画作品选	2825
王英钢画集	2337	王玉琦油画作品选	2825
王镛山水册	2463	王玉磬唱腔选萃	11876
王镛书法集	8240	王玉西歌曲选	11494
王镛书画篆刻集	2049	王玉玺书法选	8310
王镛篆刻选	8568	王玉玺书七体千字文	8335, 8336
王永亮山水画选	2476	王裕祖临东方画赞	8113
王永钦水彩画集	2955	王渊华竹片书法艺术	8321
王涌静物水彩临本	1193	王元良画虎专集	2571
王有政画集	2402, 2412	王元章梅花卷	1569
王有政作品	2337	王元珍油画作品选	2825
王有志作品选	2274	王原祁	795
王有宗工笔花鸟画集	2549	王原祁的山水画艺术	797
王西室仿宋人山水写生册	1468	王原祁仿古山水	1646
王右丞画学秘诀	672	王原祁仿古山水册	1646
王右军草诀百韵	7782	王原祁画集	1688
王右军祖暑感怀书墨宝	7789	王原祁山水画册	1650
王右军奉橘帖	7788	王原祁作品	1692
王右军奉橘帖墨迹	7788	王圆照仿古山水册	1625, 1645, 1650
王右军感怀帖真迹	7774	王圆照仿云林小景册	1608
王右军快雪时晴帖	7775	王圆照山水册	1650
王右军乐毅论	7782	王源祁仿古山水册	1692
王右军千字文尺牍墨迹合册	7787	王悦之画集	1389

中国历代图书总目·艺术卷

王云鹤水彩画集	2952	王中年画集	2448, 2463
王云阶摄影集	8981	王中年山水画谱	922
王云林木笔绘画技法研究	1133	王中仁写意花鸟画	2543
王云缦荧屏艺术文集	13077	王中王	6138
王云书法篆刻选	8227	王中王歌曲精选	11746
王允昌格言帖	8256	王忠义画选	2158
王允昌书帖	8172	王仲初仿宋元山水真迹	1625
王悻合册	1612	王仲清画集	2226
王泽夫画选	1411	王仲山水墨画册	1570
王昭君 4038, 4092, 4224, 4310, 5506, 5507, 5596,		王仲武书五体千字文	8270
5710, 6137, 8810, 8833, 9530, 10448		王壮为书法集	8336
王昭君	2357, 2358, 2606	王卓声乐作品选	11489
王昭君 蔡文姬 文成公主 宁国公主	4092	王子的表弟·赛丽斯的歌声	7099
王昭君蔡文姬	4225	王子复仇记	5596, 5710, 6542
王昭荣摄影作品选	8992	王子淦剪纸选	10678
王肇民画辑	2938	王子和贫儿	6138
王肇民水彩画	2966	王子和书画集	2185
王肇民水彩画作品集	2945	王子历险	5844
王肇民素描集	2891	王子若篆刻研史手牍	8649
王者	5596, 5844	王子若先生篆刻砚史手牍	1054
王者之风	10558, 13152	王子武国画人物	2355
王者之剑漫画珍藏集	7066	王子武画集	2014
王振山水画选	2476	王子猷看竹图	10459
王振中画选	2185	王子与白天鹅	9595
王征远书画印选	320	王子与公主	9536, 9574
王正良钢笔书法	7535	王子与贫儿	5597, 5844, 5988, 5989, 6271, 7055
王正良书法选	8336	王子与神鱼	6234
王正良书沁园春	8240	王子与天鹅	9544
王正宇副教授德教医方碑帖	8389	王子裕山水合卷	1570
王之涣诗登鹳雀楼	8148	王子斩妖记	5844
王之江水彩画临本	2948	王自容	4957
王之镌书法集	8310	王自修画集	2259
王直国画集	2240	王宗鹏诗书词集	7622
王志明山水画集	2472	王祖贤小姐	9706
王中年瓷器绘画作品选	10660	王佐断臂	5046, 5597, 5844, 6138

书名索引

王作宝装饰图案集	10316	望庐山瀑布	8180, 8218
任立凡抚古山水册	1626	望娘滩	5597, 5710
网点剖空特技摄影	8764	望日莲	5422, 5507, 5844
网格构成	10210	望世	9409
网师园	9092, 10513	望天台	5076
网师园春色	9799	望仙台	9395
网纹报头图案集	10295	望乡	4799, 5422
往日，故乡的情话	3503	望星山寻宝	6138
往日情怀	12432	望益居印稿	8505
往事·流景·春去也	8973	望云峰	5294, 5366
往事歌谣	11101	望云轩印集	8533
往事回眸	8974	望子成龙	2049
往事历历	1837	危机	5597
辋川画诀	778	危急时刻	5844
辋川图	1529	危险的道路	2994
辋冈上遨画册	1593	危险的较量	5597
忘不了的歌	11987	危险的路	5711, 6234
忘恩负义的鳄鱼	6397	危险关系	7003
忘忧草	5989	危险区域	6138
忘斋书法集	8336	威逼咸阳	5989
旺忘望作品集	10338	威尔第	10897
望北京更使我增添力量	3850	威尔第纪念图片	10858
望长城	13248	威尔第书信选	10860
望长城内外	9290	威尔历险记	5844, 6138
望穿碧海千层浪	3898	威风锣鼓	11349
望穿秋水	5844, 5989	威伏拳王	5989
望帝化鹃	6467	威海公园	9328
望都汉墓壁画	6618	威撼山岳	4411
望夫石	5844, 6138, 9225	威廉·布什	6950
望夫云	5597, 9226	威廉·布什漫画	7006
望古遥集	8491	威廉·退尔	5046
望果节	9409	威露比	6885
望华楼印谱	8498	威蒙德海湾	6888
望江楼	9992	威猛泰山	7127
望江亭	4892, 5710, 6138, 12086, 13233	威猛战舰	7030

中国历代图书总目·艺术卷

威尼斯风光	10498, 10513	威震山河	2158
威尼斯风景	6885	威震狮子岭	6201
威尼斯画派	586	威震四方	4566, 4729
威尼斯进行式	10154	威震四方	2158
威尼斯狂欢节	12211	威震四海	4827, 4844
威尼斯面包师的儿子	5989	威震五洲	4827
威尼斯商人	5507, 5597, 5711, 5844, 6370, 7055	威震峡谷	6234
威尼斯水港	10155	威震峡谷七勇士	5507
威武不屈 忠心报国	6467	威震邪魔	4827
威武二将	4827	威震爷台山	5237
威武将军	4729	威震中原	1978
威武神将	4827	威镇八方	2100
威武双将	4865	威镇华容道	4567
威武雄壮	4566	威镇群敌——贺龙同志在湘鄂西的故事	5422
威武雄壮：门神	2394	威镇群山	4310
威严正气	4799	威镇群山	2581
威仪华表惊百兽	4225	威镇群雄	6139
威震长坂坡	5989	威镇三关	5845
威震长空	3743	威镇山川	4799
威震敌胆	5263, 6201	威镇四方	2100
威震东海	4983	威镇邪魔	4645
威震东洋武士	6138	威镇紫竹林	6139
威震海疆	4489, 6138	偎依	13152
威震海疆	2100	微湖游击队	5845
威震寰宇	2029	微妙世界	10154
威震疆场	2158	微妙微俏	9395
威震京华	5844	微妙音	2337
威震平州	5844	微弱光摄影	8757
威震群峰	4092	微神	6139
威震群交山	2226	微笑	9359, 9370, 9382, 9439, 9457, 9595
威震群山	2029, 4225, 4839	微笑的春姑娘	12038
威震群山	2100, 2568, 2572	微笑的时代	2049
威震山岗	1949, 4489	微笑中的阴影	5597
威震山谷	1925	微型干插花艺术	10740
威震山河	2014	微型盆景	10626

书名索引

微型油画	2837	准备者	3308
微云草堂画存	1704	为保卫祖国加紧训练	8875
薇薇	9382, 9395	为超额完成国家计划而奋斗	3091
薇薇歌选	11539	为创建十来个"大庆"油田而斗争	3308
巍峨长城	9102, 9876	为夺取1961年农业丰收而战	3106
巍峨雪山	9092	为反动派服务的音乐	10791
巍然天地间	8653	为改革开放保驾护航	9290
巍巍长城	9996	为钢而战	1742
巍巍井冈山	9793	为钢铁持续"跃进"而战	3091
巍巍昆仑	5711	为钢铁而战	11432, 11595
巍巍太岳山	1949	为高速度发展社会主义经济作贡献	3308
巍巍泰山	9825	为革命……	5146
巍巍中华	9110	为革命大养其猪	3261
魏云硬笔字帖	7584	为革命读书	5152
韦拔群	5366	为革命锻炼身体	3211, 3243
韦拔群街头谈革命	2726	为革命多快好省打深井	3186
韦伯第一单簧管协奏曲	12457	为革命而学	3144, 5128
韦江凡画集	1402	为革命而学　把毛泽东思想真正学到手	3144
韦江凡画马	2572	为革命而学习	3155
韦江琼国画	2185	为革命敢超世界先进水平	3144
韦康橡皮笔绘画艺术	1408	为革命搞好安全生产	3199
韦克义书法	8336	为革命搞好科研为祖国多作贡献	3287
韦立荣书法集	8321	为革命刻苦学习	3211
韦瑞霖诗书画选集	2240	为革命练好身体	3942
韦瓦第	10883	为革命没有克服不了的困难	5152
韦义长书法选	8310	为革命攀登世界体育高峰	3199
韦自强花鸟画集	2543	为革命勤劳工作	3211
为"公社"培养技术人员	3759	为革命勤奋学习	3199, 12028
为1980年基本实现农业机械化而奋斗	3243	为革命勤学苦练	3211
为把我国建成伟大的社会主义现代化强国而奋		为革命认真读书　用理论指导实践	3199
斗	3308	为革命实行计划生育	3226, 3243
为把我国建设成为社会主义的现代化强国而努		为革命实行晚婚	3287
力	3243	为革命我们要顶半边天	5152
为把我国建设成为社会主义强国而奋斗	3261	为革命献出最后一滴血	5152
为把祖国建设成为四个现代化的伟大强国时刻		为革命学文化	3942

中国历代图书总目·艺术卷

为革命学务农	3898	二十八周年	9266
为革命学习文化	3287	为加快社会主义建设步伐大干苦干	3227
为革命养蚕	3898	为加速我军的革命化现代化建设而奋斗	3287
为革命养猪	3805，3898	为建设社会主义的大农业而奋斗！	3120
为革命造就一代新人	3176，5152，9266	为建设社会主义的新中国奋勇前进	3120
为革命战斗不息	5183	为建设社会主义物质文明贡献力量	3343
为革命种田 保红色江山	3781	为建设社会主义新农村贡献力量	3227
为革命种田 用科学种田	3155，3176	为建设十来个大庆油田而斗争	3287
为革命钻研技术	3211	为建设团结富裕文明的内蒙古而奋斗	3372
为工农兵服务，同工农兵结合！	3199，3200	为建设伟大的社会主义祖国而锻炼	3243
为工农兵服务的音乐艺术	10795	为科学服务的苏联电影	13173
为工农兵服务向工农兵学习	3261	为科学技术现代化贡献才华	3309
为工农兵演出	3898	为科学技术现代化贡献力量	3309
为工业学大庆、农业学大寨当好先行	3261	为粮而战	5018
为巩固无产阶级专政奋斗终生的好干部	5153	为粮而战为钢而战	3091
为巩固无产限级专政奋斗终生的好干部王恒德		为了61个阶级弟兄	4983
	5153	为了把艺术介绍给人民	014
为共产主义事业奋斗终身	1880	为了残疾人	3372
为古人传心声	11524	为了独立，自由！	3113
为国防现代化而奋斗	3308	为了丰收	1285
为国家培养工业建设人才	8870	为了革命来种田	11642
为国民经济的高速度发展贡献力量	3309	为了更灿烂的明天	2778
为国增光	4411	为了共和国的利益	3378
为国争光 3343，4092，4310，4411，4489，4729，		为了孩子	9291
10468，13112		为了孩子的手	5214
为国争光 振兴中华	4411	为了花香果又甜	11415
为国争光——英雄的中国女子排球队	9554	为了歼灭侵略者	3227
为国争光振兴中华	4310	为了六十一个阶级弟兄 2996，4983，4984，5018，	
为和平而斗争	4892	5046，11946	
为和平而斗争的东欧漫画选	6931	为了美好的未来	8912
为和平幸福而劳动	8869	为了明天	4092，4153
为河北添光彩 为祖国立新功	3352	为了您和他人的幸福	3343
为极大地提高整个中华民族的科学文化水平而		为了您和他人的幸福请注意交通安全	3369
奋斗	3309	为了人民幸福	8850
为纪念《在延安文艺座谈会上的讲话》发表		为了生命	5018

书名索引

为了下一代生活更美好	3327	为农业机械化提供更多更好的装备	3091
为了新闻纪录片的更大跃进	13292	为农业生产服务	3129
为了幸福生活	11578	为农业现代化多做贡献	4092
为了寻求美	11712	为奴隶的母亲	5507, 5845
为了一个共同的目标	3898	为女民兵题照	11958
为了展出你的作品	1076	为贫农下中农子女办学	3144
为了争取更大的丰收	3805	为贫下中农背一辈子药箱	9274
为了争取特大丰收	3091	为普及大庆式企业而奋斗	3287
为了制定党对电影的政策和方针	13308	为普及大寨县而奋斗	3898
为了周总理的嘱托	5422	为普及大寨县，实现农业机械化而奋斗！	3243
为了子孙生活美好	3322	为普及大寨县而奋斗	3243, 3261, 3287, 3899,
为了祖国，为了孩子们	8869		11966
为了祖国的明天勤奋学习	3343	为普及大寨县贡献力量	3261
为了祖国的未来	3309, 3322	为普及大寨县贡献青春	3287
为了祖国明天珍惜美好的时光	3372	为普及大寨县贡献自己的青春	3244
为了祖国为了明天	3373	为普及大寨县加油	3287
为六亿人民站岗	3129	为普及大寨县做出新贡献	3850
为毛主席词二首谱曲	11686	为全面开创社会主义现代化建设的新局面而奋	
为毛主席词谱曲《水调歌头·重上井冈山》《念		斗	3343
奴娇·鸟儿问答》	11463	为人处世必读良言	7506
为毛主席词谱曲二首	11464	为人类求解放奋斗终身	12125
为毛主席诗词谱曲五首	11965	为人民当好后勤	4038
为毛主席争光 为社会主义祖国争光	3186	为人民服务	3200, 5141, 8218
为毛主席最新指示谱曲	11651	为人民服务是无限的	3850
为民除害	5237	为人民服务一辈子 学一辈子毛主席著作	3743
为民主自由而战	11554	为人民服务最光荣	3211
为你喝彩	12041	为人民鞠躬尽瘁	3170, 5153
为你倾情	11741	为人民立新功	3165, 9770
为你心折	10714	为人民利益而死，就比泰山还重	3165
为您服务	1949	为人民战胜烈火的英雄连	5146
为扭转北煤南运而斗争	3200	为人师表	8209
为农业服务的一面旗帜	5141	为社会主义工业化奋斗的中国工人	9146
为农业机械化多作贡献	3211	为社会主义建设大干快上	3227
为农业机械化而奋斗	3261	为社会主义建设多贡献力量	3120
为农业机械化贡献力量	3211	为社会主义建设多炼钢铁	3244

中国历代图书总目·艺术卷

为社会主义建设增光	3227	为四化勤奋学习	3322
为社会主义现代化大干快上	3322	为四化探求更多的未知数	3322
为社会主义现实主义而斗争	091	为四化争当红旗手	3322
为社会主义祖国站岗	3212	为提高戏曲的思想性艺术性而奋斗	12680
为什么	5422	为提高新闻记录电影的思想性艺术性而奋斗	
为什么不？+生活马盖先	3455		13033
为生产服务为群众服务	3091	为提高音乐创作水平及广泛开展群众歌咏运动	
为胜利完成党的十三大提出的各项任务而奋斗		而斗争	10954
	3374	为提前两三年实现全国农业发展纲要而奋斗	
为实现"十大"提出的战斗任务而奋斗！	3212		3091
为实现党的十一大提出的战斗任务而奋斗		为完成十年规划的战斗任务而奋斗！	3311
	3287	为伟大领袖毛主席争光 为社会主义祖国争光	
为实现第七个五年计划而努力奋斗	3369		3170
为实现科技现代化而奋斗！	3309	为伟大领袖毛主席争光，为伟大社会主义祖国	
为实现毛主席的宏伟规划而奋斗！	3288	争光	3176
为实现农业电气化而奋斗	3091，3200	为伟大祖国纵声歌唱	3311
为实现农业机械化多作贡献	3309	为我们伟大祖国站岗	497，2758，2840，3850
为实现农业机械化而奋斗	3091	为五亿农民服务	3144
为实现农业水利化而奋斗	3091	为现代化建设培养人才	3322
为实现农业现代化贡献力量	3743	为宣传毛泽东思想战斗到最后一分钟	5166
为实现七五计划再展宏图	3369	为艺谋不为稻梁谋	13212
为实现十二大制定的宏伟目标努力奋斗	3352	为银幕写作	13085
为实现四个现代化的宏伟规划而奋斗	3309	为粤剧唱赞歌	12950
为实现四个现代化而奋斗	3309，3322	为在1980年基本实现农业机械化而奋斗	
为实现四个现代化而刻苦学习	3309		3244，3261
为实现四届人大提出的战斗任务而努力	3244	为在1985年实现粮食年产8000亿斤而奋斗	
为实现新时期的总任务而奋斗	3310，3322		3322
为实现新时期的总任务而奋斗！	3310	为早日实现四个现代化贡献力量	3288
为实现新时期的总任务贡献青春！	3311	为造型艺术进一步繁荣而斗争	361
为实现新时期总任务而奋斗	3311	为振兴中华而努力学习	3366
为实现抓纲治国的战略决策而奋斗	3288	为振兴中华贡献自己的青春	3352
为世界革命人民服务	3186	为支援农业贡献力量	3120
为四把大提琴而作的乐曲	12236	为中国和全世界人民服务	3227
为四个现代化贡献青春	3311	为中华崛起而读书	3369，5422
为四个现代化做贡献	1861	为中华崛起而奋斗	3360

书名索引

为中华之崛起而读书	3382	维纳斯	1150, 6859, 8671, 8675
为祖国的科学技术现代化作出新贡献	3311	维纳斯的诞生	2802, 6864
为祖国多炼钢炼好钢	3261	维纳斯的复仇	6201
为祖国而锻炼	10434, 11682	维纳斯的化妆	6861
为祖国而战	13258	维纳斯的历程	075
为祖国效力 为四化发光	3360	维纳斯和战神玛斯	6867
为祖国学习	4567	维纳斯面面观	099
为祖国寻找更多的矿源	1728	维纳斯起晨	2158
围捕	6339	维纳斯三千年	6798
围常州	5989	维纳斯像	8669
围城内外	13139	维纳斯与爱神	2802, 2803
围灯舞 莲花灯	12607	维纳斯与钟馗	516
围海造田为人民	3186	维生素在畜牧业中	13256
围困敌堡	6139	维瓦尔迪	10897
围裙与饰物	10359	维瓦尔地协奏曲	12553
枪灯	5422	维维和海豚	5711
唯美人像摄影	8730	维吾尔刺绣图案集	10362
唯物史观艺术论	007, 037	维吾尔多郎木卡姆	12318
唯有热能超越温柔	8833	维吾尔歌剧学习移植革命现代京剧《红灯记》	
帷幕升起	13009		12098
惟楚有材	8637	维吾尔哈萨克族图案选集	10246
维德曲选	11383	维吾尔建筑艺术图案集	10290
维俄当第四协奏曲第五协奏曲	12468	维吾尔民歌	11772
维尔娜斯梦游阳朔	5845	维吾尔民间图案集	10300
维格兰德公园雕塑摄影集	8679	维吾尔民间图案纹样集	10286
维和女兵	9033	维吾尔民间印花布图案集	10352
维护妇女儿童合法权益	3360	维吾尔民族乐器演奏法	11293
维护集体利益 珍惜集体荣誉	3366	维吾尔木卡姆研究	10915
维护交通设施保障公路畅通	3369	维吾尔十二木卡姆	11813, 11819
维拉米耳·法复尔斯基选集	6914	维吾尔族儿童	9574
维罗皮小姐	6885	维吾尔族儿童在课堂上	9544
维梅尔	6835	维吾尔族风情速写	2894
维美杯全国硬笔书法新秀大赛获奖作品集	7506	维吾尔族姑娘	9675
维米尔与荷兰小画派	6858	维吾尔族哈萨克族图案选集	10246
维摩诘经	6591	维吾尔族乐器	11295

中国历代图书总目·艺术卷

维吾尔族乐器演奏法	11293	伟大的榜样	3989
维吾尔族民间舞蹈	12612	伟大的北京	11677, 12174, 12336
维吾尔族女孩	9536, 9537	伟大的长城	4729
维吾尔族少女	9544	伟大的传统	095
维吾尔族小姑娘	9554, 9574	伟大的创举	3261, 3288, 3899
维吾尔族装饰图案	10311	伟大的党 光辉的事业	3343
维新琴谱	12151, 12152	伟大的党领导我们继续长征	3311
维亚尔	6789	伟大的导师 伟大的领袖 伟大的统帅 伟大
维扬优伶	12794	的舵手 毛主席万岁	3162
维也纳古典的乐圣	10990	伟大的导师 伟大的领袖 伟大的统帅 伟大
维也纳古典乐派	10981	的舵手 毛主席万岁！万岁！万万岁！
维也纳古典乐曲赏析	10990		8805
维也纳森林的早晨	6890	伟大的导师 伟大的领袖 伟大的统帅 伟大
维也纳艺术史博物馆	213	的舵手毛主席万岁	3162
潍坊	9804	伟大的导师 伟大的领袖 伟大的统帅 伟大
潍坊民间孤本年画	4867	的舵手毛主席万岁！	2738, 3156, 3166
潍坊民间艺术史话	10681	伟大的导师 伟大的领袖 伟大的统帅 伟
潍坊年画研究	1235	大的舵手毛主席万岁！万岁！万万岁！
潍坊十笏园	9848, 10104		3166
潍坊市庆祝香港回归祖国书画作品集	2289	伟大的导师毛主席万岁	3186
潍坊杨家埠年画全集	4859	伟大的导师伟大的领袖伟大的统帅伟大的舵手
潍河仙女	4984	毛主席万岁！	10672
伟大、光荣、正确的中国共产党万岁！	3212	伟大的雕刻艺术——云冈	8657
伟大、光荣、正确的中国共产党万岁！	10673	伟大的革命家、思想家、文学家	6749
伟大导师	3024, 3026	伟大的革命家、思想家、文学家鲁迅	2770
伟大导师 伟大领袖 伟大统帅 伟大舵手毛		伟大的共产主义战士——雷锋 3352, 9001, 9283
主席万岁！	3170	伟大的共产主义战士雷锋	3288
伟大导师毛主席	2841	伟大的共产主义战士李定国	5076
伟大的、光荣的、正确的中国共产党万岁	3186	伟大的共产主义战士吕祥璧	5145
伟大的、光荣的、正确的中国共产党万岁	3186	伟大的共产主义战士王士栋	5145
伟大的、光荣的、正确的中国共产党万岁！		伟大的关怀	2748, 2758
	3166, 3170, 3176, 3186	伟大的光荣的正确的中国共产党万岁	3212
伟大的、光荣的、正确的中国共产党万岁！ ……		伟大的国际主义战士——白求恩	3743
	3170	伟大的国际主义战士白求恩	5214, 9002
伟大的巴黎公社革命传统万岁！	3166	伟大的国际主义战士白求恩同志	2737

书名索引

书名	编号	书名	编号
伟大的国际主义战士白求恩同志	2733	伟大的社会主义祖国到处莺歌燕舞	3262
伟大的国家 灿烂的前程	3227	伟大的社会主义祖国万年红	3227
伟大的国家,伟大的党	11717,11962	伟大的社会主义祖国万岁	3227,3228,3288
伟大的航程	1288,5366	伟大的社会主义祖国万岁！	3228
伟大的教导	2770	伟大的社会主义祖国欣欣向荣	9269
伟大的进军	2770,2779	伟大的社会主义祖国在前进	11666
伟大的荆江分洪工程图片集	8868	伟大的胜利 人民的节日	3288
伟大的军队 光辉的历程	3288	伟大的时代光辉的形象	2779
伟大的开始——鞍山的基本建设	8869	伟大的曙光	13254
伟大的劳动者	3352	伟大的文学家、思想家、革命家鲁迅	9283
伟大的历程	5422	伟大的无产阶级革命导师马克思和恩格斯	6601
伟大的历史性胜利	3262	伟大的五一国际劳动节万岁	3113
伟大的列宁	7144	伟大的西方绘画艺术	596
伟大的领袖 英雄的人民	3743	伟大的先驱	5989
伟大的领袖 光辉的历程	3170	伟大的艺术传统图录	276,277
伟大的领袖 亲密的战友	8630	伟大的英雄的越南人民必胜！	3144
伟大的领袖和导师毛泽东主席	1276	伟大的友谊和平的保障	3091
伟大的领袖和导师毛主席	2770,8630	伟大的友谊和平的理想	3091
伟大的领袖和导师毛主席永远活在我们心中		伟大的战斗	13233
	3288	伟大的战略决策	2770
伟大的领袖毛泽东	11642,11648	伟大的战士	13252
伟大的领袖毛主席	2737,2738	伟大的战士——雷锋	8997
伟大的领袖毛主席万岁	3170,3227,9000	伟大的战士雷锋	11620
伟大的领袖毛主席万岁！万岁！万万岁！	3170,	伟大的战士邱少云	5215
3187		伟大的战无不胜的毛泽东思想万岁！	3170
伟大的马克思列宁主义者——毛泽东、周恩来		伟大的中国共产党万岁	3091,3106,3228,3336,
	2770	3343	
伟大的马克思列宁主义者——毛泽东,周恩来		伟大的中国人民解放军万岁	3187
	2770	伟大的中国人民解放军万岁！	3200
伟大的马克思主义、列宁主义、毛泽东思想万		伟大的壮举 最后的征服	8890
岁！	3170,3187	伟大的祖国	8872,11963
伟大的毛泽东思想开创了……	3162	伟大的祖国万寿无疆	3120
伟大的起点	13233	伟大的祖国万岁	3343
伟大的人民共和国万岁	3227	伟大的祖国蒸蒸日上	3352
伟大的人民领袖毛主席	8998	伟大古典吉他独奏集	12479

中国历代图书总目·艺术卷

伟大光荣正确的中国共产党万岁	3288	伟大战士雷锋	8998, 8999
伟大国际主义战士白求恩	2349	伟大祖国 前程似锦	4092
伟大教导	2755	伟大祖国 欣欣向荣	3360
伟大领袖毛泽东	4844, 4853	伟大祖国 欣欣向荣	3244
伟大领袖毛主席	2743, 3942	伟大祖国百花吐艳	3323, 11966
伟大领袖毛主席的家乡——韶山	9046	伟大祖国到处都在胜利前进	11682
伟大领袖毛主席和敬爱的周总理和各族人民在一起	2771	伟大祖国的首都北京	9064
伟大领袖毛主席和敬爱的周总理在一起	3943	伟大祖国的尊严不可辱	3176
伟大领袖毛主席和马钢工人在一起	2743	伟大祖国万寿无疆	3113
伟大领袖毛主席和周总理1950年视察哈尔滨车辆厂	3989	伟大祖国万岁	3360
伟大领袖毛主席和周总理1950年视察桦林橡胶厂	3989	伟大祖国伟大党	3144
伟大领袖毛主席和周总理接见铁人王进喜	3989	伟大祖国伟大党 英雄人民英雄军	3743
伟大领袖毛主席和周总理一九五〇年视察哈尔滨车辆厂	2779	伟大祖国欣欣向荣	3228, 11677
伟大领袖毛主席和周总理一九五〇年视察桦林橡胶厂	2771	伟哥笑话	3527
伟大领袖毛主席亲临黑龙江省视察并题词	3187	伟人名言	4799
伟大领袖毛主席视察哈尔滨车辆工厂	2748	伟人名言钢笔书法	7535
伟大领袖毛主席万岁	9000	伟人诗文屏	4865
伟大领袖毛主席万岁！万岁！万万岁！	9000	伟人幽默	3477
伟大领袖毛主席永远活在我们心中	2761, 9001, 9283	伟伟	9347
伟大领袖毛主席永远活在我们心中	11692	伟伟的生日	5845
伟大领袖毛主席在军舰上	2743	伟业千秋	4859
伟大毛泽东思想的凯歌	5141	伟业与江山同寿	4799
伟大毛泽东思想的又一曲凯歌	5141	伪币梦	6432
伟大社会主义祖国欣欣向荣	2755, 9269	伪金币	13252
伟大时代的英雄形象	279	伪君子	5711, 5989, 6139, 6591
伟大属于罗马	194	伪装的狐狸	4893
伟大统帅指方向	2744	苇间老人题画集	781
伟大音乐之旅	10875, 10876	苇青河上	4893
伟大战士	12593	尾巴比赛	6591
		尾花集	10305
		尾花集粹	10305
		尾花精选 6000 例	10326
		尾花图案	10316
		委拉士开兹	6845
		委拉斯贵兹	6857

书名索引

委拉斯开兹	505, 6861	卫星之歌	4984
委拉斯凯兹	6849	卫阳看鸡	5263
委拉斯凯兹和十七世纪西班牙肖像画	103	卫仲乐琵琶演奏曲集	12317
娓娓动听	8842	未待擂拿皆破胆	2653
卫兵钢笔书法字帖	7600	未婚的父母	6201
卫夫人笔阵图	7201	未寄出的信	13262
卫国功臣	4729	未结束的战斗	5845, 6201
卫俊秀碑帖札记辑注	7704	未来	8631, 8833, 9342
卫俊秀书法	8310	未来不是梦	3527
卫俊秀书历代名贤诗文选	8270	未来超级火箭	3389
卫门书派研究文集	7162	未来的飞行员	4039
卫青 霍去病	4411, 4645	未来的航海家	3091
卫青霍去病	4225, 4310	未来的间谍战	5711
卫生板报与橱窗设计	10305	未来的建筑师	4225
卫生长寿	3571	未来的名将	2364
卫生常识儿歌集	12038	未来的食物	7136
卫生大娘	4984	未来的拖拉机手	3654
卫生工作为生产服务	3091	未来的武器	3514
卫生挂图	3113	未来的小骑兵	4729
卫生间的魔影	6542	未来的小武警	2397
卫生刊头选集	10246	未来的战士	3850, 5366
卫生刊头装饰画集	10276	未来电影的新形式	13078
卫生科普宣传图案集	10264	未来更美好	4567
卫生模范王小兰	4883	未来科学的主人	3378
卫生为生产 生产讲卫生	3129	未来摩托车·汽车	10528
卫生宣传刊头集	10252	未来球星	9468
卫生宣传美术资料	10252	未来摄影家小丛书	8697, 8698
卫生之家	3943	未来世纪历险记 OK！阿丽莎	6693
卫士	4799	未来世界	10521
卫斯理传奇	3488	未来世界的勇士	7142, 7143
卫天霖画集	2792	未来世界属于我	11499
卫天霖油画集	2832	未来太空任我们游	4039
卫我中华	11759	未来学	6613
卫星飞上天红旗代代传	3311	未来在等待着我们	4093
卫星歌选	11605	未来在召唤	5507

中国历代图书总目·艺术卷

未堂论画	799	渭水之战	5989
未完成的杰作	5845	蔚蓝青春	7506
未完成交响曲总谱	12540	蔚蓝色的天空	9848
未完成交响曲总谱	12540	蔚然成风	3899
未完成音乐美学	10849	慰劳新姑姑	3654
未虚室印赏	8517	慰劳新娘	2721
未央宫	5845	慰亲人	4225, 10466
位置·时间和点	10770	慰问	3850
味尘轩书厨图说	768	慰问军属	3943
味佛谛庵尺牍	7664	慰问烈军属	3703
味古堂印存	8520	慰问亲人解放军	4093
味秋吟馆红书	8531	慰问爷爷和奶奶	3545
味筍轩藏顾画录	1466	慰问英雄战士 喜到光荣人家	3130
尉凤英	5136	慰问驻旅大苏军	13240
尉缭子	3455	慰英雄庆佳节	4310
尉天池书法选集	8227	魏百官劝进碑	7774
喂	2843, 9382	魏碑	7400
喂！步子再快一点	3323	魏碑·郑文公碑	7826
喂！您好	9359	魏碑《始平公造像记》技法	7350
喂，您好！	9370	魏碑大观	7806
喂，你好	9746	魏碑大观二集	7782
喂雏	10434	魏碑的笔法与碑志	7279
喂得猪儿肥油油	12017	魏碑钢笔书法	7506
喂鸽子	9595	魏碑钢笔字帖	7535
喂果汁	9409, 9488	魏碑黑女志铭	7802
喂鸡	1761, 2843, 2930, 3606, 3654, 3744,	魏碑基础入门	7341
	4225, 12334	魏碑集粹	7806
喂军马	3899	魏碑技法	7350
喂食	6847	魏碑临习字帖	7814
喂小白兔	4039	魏碑启蒙	7361
喂小鸡	3654, 4154, 4310	魏碑入门	7321, 7350, 8270
喂养牲口的经验	8875	魏碑三种	7792, 7818
渭南地区戏曲志	12775	魏碑十种	7801
渭南翰墨	8227	魏碑石门铭一百天	7814
渭水访贤	3606	魏碑书法选	7818

书名索引

魏碑水写字帖	8228	魏廉书画集	2289
魏碑选字帖	7793	魏刘懿墓志铭初拓本	7783
魏碑造像墓志习字帖	7361	魏墓志铭七品	7826
魏碑张猛龙碑 张黑女墓志	7826	魏墓志三种	7787
魏碑张猛龙碑一百天	7814	魏墓志三种合册	7790
魏碑自学教程	7350, 7351	魏齐造像二十品	7783
魏碑字帖	8399	魏齐造像精华	7808
魏传统诗选	8321	魏启后书法选	8191
魏传统书法精品选	8310	魏启后书画集	1318
魏传义艺术	1408	魏启铭作品选	2828
魏刁遵墓志铭初拓本	7782	魏群独唱歌曲选	11971
魏定国 单廷珪	4567	魏师傅带班	5215
魏定国·单廷珪	2394	魏石经室古玺印景	8544
魏高盛碑	7804	魏受禅表碑	7800
魏高孝宣碑	7782	魏书西湖诗抄	8381
魏公题跋	7688	魏司马昞墓志	7777
魏故怀令李君墓志铭	7787	魏司马景和妻墓志铭	7783
魏故南阳张府君墓志	7783	魏司马悦墓志	7801
魏建功先生手书毛主席诗词	8282	魏斯	541
魏杰治印	8566	魏斯、萨金特画风	6806
魏晋墓砖壁画	10555	魏太傅钟繇草书道德经下篇	7663
魏晋南北朝文学故事	6302, 6370	魏体千字文	8385
魏晋南北朝音乐史料	10963	魏体字基本方法与结构	7341
魏晋四大家书法墨宝	7816	魏体字库	7644
魏晋唐小楷集	7820	魏王基断碑	7787
魏晋钟王正书字典	7814	魏文伯书法选	8172
魏敬使君碑	7801	魏文侯	5597
魏敬先水彩画	2954	魏香庭和魏派艺术	12957
魏敬先水彩画选	2953	魏写经残卷一种	7807
魏开泰画册	1378	魏扬画集	2460, 2477
魏乐唐书甲骨文集联	8358	魏扬山水画集	2480
魏李宪墓志铭	7774	魏扬州长史南梁郡太守宜阳子司马景和妻墓志	
魏力群画集	2554	铭	7787
魏立刚书法篆刻集	8228	魏玉松画集	2534
魏莲陆先生遗墨	8019	魏张黑女志	7801

中国历代图书总目·艺术卷

魏张猛龙碑书法入门	7808	温馨爱意	13152
魏照涛山水画集	2480	温馨典雅	9440
魏振宝素描集	2888	温馨歌曲精选212首	11511
魏振皆书法艺术	8160	温馨寄语	7536
魏郑文公碑	7807	温馨之梦	9726
魏郑文公下碑	7799	温治邦版画选	3052
魏徵和唐太宗	5507	温州大全	8957
魏徵斩龙王	5711	温州进步戏剧史料集	12787
魏志刚油画作品选	2837	温州市图书馆建馆八十周年纪念集	341
魏志远油画	2832	文板十二曲线谱	12308
魏紫熙画集	2030	文本化趋势	197
魏紫熙画集	2211	文笔精华	7424
魏紫熙人物画选	2412	文博断想	118
魏紫熙山水画集	2465	文茶灯	12606
魏紫熙山水画技法解析	922	文昌帝君阴骘文印谱	8496, 8500
魏字中山先生史略	8120	文昌桥	2932
温德姆姐妹	6888	文臣	4876
温德斯论电影	13062	文成公主 3571, 3654, 4093, 5046, 5076, 5507,	
温读耕画集	2211	5508, 5597, 5989, 8808, 8810, 8814, 9554,	
温岭风光	9145	9943, 9944	
温六恩画集	2158	文成公主	2346, 2347, 2355
温暖	2771, 3899, 4490	文成公主过日月山	1925
温沛	9370	文成公主入藏	4093
温钦夫镇魔记	5711, 5845	文成公主入藏图	3571
温情	9471, 9706	文成公主舞剧	4310
温情的迷茫	2212	文成公主与松赞干布	4310
温情洋溢的展能艺术节	345	文待诏书落花唱和诗	8034
温泉别墅	9999	文待诏滕王阁序真迹	8048, 8074
温泉乡吉他歌集	12181	文待诏题跋	7703
温同春书法集	8256	文待诏拙政园图	1563
温香阁	6139	文帝耕田	5845
温象拴	4873, 4875	文端公墨宝	1280
温馨 8865, 9440, 9471, 9478, 9484, 9488, 9498,		文房器具笺	1018, 1019
9675		文房清事	1026
温馨·袭人	10633	文房十二友	1027

书名索引

文房四宝图	4411	文化生活小百科·书法	7162
文房四谱	1019, 1020, 1044	文化是个无价宝	4984
文房肆考图说	1044, 1045	文化室的新节目	3850
文房图赞	1020	文化下乡	3703
文房图赞续	1020, 1021	文化小百科钢笔字帖	7506
文房约	1045	文化信仰传说	6370
文凤翰墨	2240	文化学习老模范	4930
文公家训	8019	文化园地	445
文浩雕塑选	8630	"文化战线上的一个大革命"	12685
文衡山阿房宫赤壁赋真迹	8025	文化转型中的中国近代戏剧	12794
文衡山姑苏写景山水册	1570	文画缘	3527
文衡山行书律诗真迹	8042	文话/文化音乐	10839
文衡山行王雅宜草北山移文合璧	8025, 8026	文姬	10448
文衡山山水册	1569	文姬辨琴	4225
文衡山山水花鸟册	1563	文姬辨琴图	1893, 10448
文衡山先生高士传真迹	8050	文姬归汉	3092, 3654, 4039, 9148
文衡山先生三绝卷	8050	文姬归汉	2355
文衡山潇湘八景册	1569	文姬归汉图	3545, 4039
文衡山写景山水册	1569	文集金石书画集	8209
文衡山竹林高士图卷	1563	文集书艺	7158
文衡山拙政园图真迹	768	文佳和马艳红	9554
文厚画集	2240	文家市	3017
文湖州竹派	850	文教卫生事业蓬勃发展	3360
文华楼唤醒票中子弟文	12736	文津阁传奇	6139
文化车	3606	文景明书法	8310
文化大进军	4883	文静	9409
文化的魅力	13156	文具·乐器	1150
文化宫灯	10678	文具考	1056
文化馆长训练班讲稿选编	093	文具雅编	1052, 1053
文化还家	4886	文君当垆	4154
文化名胜——扬州	9139	文君行书字帖	8427
文化批判与电影意识型态研究	13050	文君书法艺术	8270
文化批评与华语电影	13157	文君舒怀	8851
文化人物：大型电视系列片解说词及拍摄散记		文君听琴	4154, 4225, 4412, 10448
	13296	文君听琴	2359

中国历代图书总目·艺术卷

文君夜奔	2375	文坛繁星谱	8886
文俊画集	2289	文韬武略	2100
文龙中状元	4311	文天祥	4412, 4870, 5598, 6139, 6507
文楼的艺术	307	文天祥蒙难	6139
文盲变状元	5018	文天祥正气歌印谱	8571
文贸盛会异彩纷呈六大活动蔚为壮观	3384	文亭二集印字	8491
文美斋百花诗笺谱	1626	文同画竹	5712
文美斋画谱	1597	文同与苏轼	790
文美斋诗笺谱	1604, 1626	文王回岐山	5712
文秘档案钢笔规范字帖	7536	文王遭劫	6139
文秘阁印稿	8506	文文	9457
文庙乐编	11352	文武财神献宝图	4865
文明村里奏新乐	4490	文武香球	4490, 8817, 8824, 9239
文明的脚印	175	文武绣球	8824
文明服务用语规范字帖	7571	文物精华	1288
文明公约报头图案集	10338	文物史话	251
文明健康书法集	8180	文物图注	312
文明结婚	11542	文物之美	8750
文明礼貌	4311	文献纪录片抗美援朝第二部	13236
文明礼貌 热情为顾客服务	3336	文心万象	829
文明礼貌绿化美化	3343	文信国公正气歌	8270
文明之花处处开	4645	文雄堂印谱	8495
文农讽刺画集	3391	文学·诗词·书画	794
文秋山临赵文敏公自雪斋诗句	8042	文学家的故事	6140
文人画的趣味、图式与价值	809	文学家艺术家肖像选	9021
文人画与南北宗论文汇编	852	文学事业的起点	2715
文人画之复兴	781	文学书籍插图选集	6598
文人画之价值	781	文学遗产与电影	13032
文人情趣的智慧	531	文学与电影	13031
文三桥先生印谱	8491	文学与象征中的女性	6863
文三桥印谱	8511	文学作品插图辑	7059
文殊般若经	7783	文学作品插图选	6601
文殊般若经碑	7816	文雅堂宋元古印辑	8548
文殊菩萨	6591	文醜王奉命归故里	2989
文殊师利	6766	文艺·戏剧·生活	12680, 12681

书名索引

文艺百花撷英	034	文艺新苗	9524
文艺必须为无产阶级政治服务、必为社会主		文艺宣传材料	11405
义经济基础服务	13015	文艺宣传资料	12964
文艺创作电影评论报刊资料索引	13094	文艺学习资料	11083
文艺创作奖	308, 11981	文艺演唱材料	12965
文艺大趋势	026	文艺演出手册	12798
文艺的春天	4039	文艺战线今胜昔!	3262
文艺的群众路线	12900	文艺哲学新论	016
文艺复兴 群星灿烂	3327	文艺志资料	10969, 13184
文艺复兴的三杰	6778	文艺宗教论集	438
文艺复兴绘画	597	文艺作品选	11456
文艺复兴欧洲艺术	365	文娱和体育	9247
文艺复兴三杰	6874	文娱幻术	12984, 12985
文艺复兴盛期	184	文娱题花装饰	10280
文艺复兴时期的美术	172, 177	文与画	2312
文艺复兴时期美术	582	文与可琴学	11324
文艺复兴时期名家素描	6897, 6899	文苑四史	1029
文艺复兴艺术鉴赏	181	文苑溢彩	7506
文艺干部学习材料	013	文昭关	12074
文艺革命	11677	文祯非画集	2966
文艺革命通讯	11145	文微明	790
文艺工作队在农村	3703	文微明《滕王阁序》行书大字谱	7371
文艺工作者必须到工农兵中去	3212	文微明行草卷	8081
文艺鉴赏大成	030	文微明行草书西苑诗解析字帖	8104
文艺节目	12155	文微明行楷两体小字帖	8081
文艺漫画	3429	文微明行书	8085
文艺美学教程	075	文微明行书怀归出京诗	8031
文艺美学论丛	065	文微明行书技法要诀	7385
文艺轻骑	3943	文微明行书离骚	8076
文艺轻骑兵	3851	文微明行书临习与创作	7371
文艺轻骑到渔村	3781	文微明行书律诗真迹	8079
文艺为工农兵服务	3200, 3288	文微明行书千字文	8079
文艺问题论集	081	文微明行书千字文墨迹	8050
文艺舞台百花盛开	13016	文微明行书手卷	8101
文艺舞台万紫千红 艺术园地百花争艳	4093	文微明行书习字帖	8085, 8098

文微明行书咏花诗卷	8101	文字造形与文字编排	7635
文微明行书游虎丘诗卷	8063	文字志	7241
文微明行书字帖	8081, 8102	纹饰艺术	10326
文微明画风	1586	纹样集	10242
文微明画集	1588	纹样设计	10211, 10222
文微明精品集	1588	纹样资料	10247
文微明楷书	7609	闻歌述忆	12750
文微明山水卷	6790	闻鸡起舞	4412, 4490, 8218
文微明扇面双绝神品	1564	闻立鹏油画选集	2832
文微明诗书画三绝卷	1584	闻妙香室书画目	1460
文微明诗书真迹	8079	闻山百诗书画展作品选	8256
文微明手迹十八种	8098	闻韶轩墨缘	8310
文微明书赤壁赋	8104	闻太师	6415
文微明书法精选	8091, 8102	闻太师西岐大战	3606
文微明书法全集	8091	闻太师西征	5989
文微明书法选	8085, 8098	闻香识女人	9035
文微明书画简表	1582	闻一多	6201
文微明书怀归诗	8042	闻一多印选	8544
文微明书千字文	8042	雯庐印谱	8494
文微明书前后赤壁赋	8098	吻	9423, 9762
文微明书滕王阁序	8085	问苍茫大地谁主沉浮	2771
文微明滕王阁序	8106	问计	1773
文微明西苑诗三首	8068	问经堂印谱	8541
文微明潇湘八景册	1564	问路	11386
文微明小楷楚辞精品册	8088	问奇亭印谱	8491
文微明小楷离骚经	8059	问问鸡	12144
文微明小楷七种	8068	问仙记	4984
文微明小楷习字帖	8081, 8088	汶莱宋碑与判院	7973
文微明小字帖	8074	翁常熟扇集	8054
文微明小字字帖	8074	翁方纲书汉隶四碑帖	8074
文微仲著潘半岩小传	8076	翁方纲书金刚经	8085
文忠武义	4800	翁伏深书魏碑唐人诗	8270
文字设计	7651	翁阁学分书白莲女史墓表	7218
文字与书法	7371	翁何宝真斋法书赞评校	7242
文字造形	7631, 7634	翁开恩画集	2259

书名索引

翁开恩写生	2901	瓮中捉鳖	6140
翁闿运行书唐诗	8228	倭瓜花蝈蝈	1736
翁刻天冠山题咏	778, 779	倭文端公家书墨迹	8042
翁立涛插图艺术	6616	我爱百老汇	13009
翁良飞画集	2100	我爱百鸟	4311
翁偶虹编剧生涯	12768	我爱北京	4567
翁偶虹戏曲论文集	12880	我爱北京天安门	1810, 1821, 2753, 3019, 3781,
翁山翰墨	1324		3851, 3899, 11666, 12171, 12202, 12204
翁氏钢琴弹奏法	11215	我爱北京天安门我爱中国共产党	4311
翁松禅家书	8053	我爱边疆	2753, 8922
翁松禅楷书顾亭林诗	8034	我爱边疆山河美	11511
翁松禅临书谱墨迹	8046	我爱布娃娃	9359
翁松禅墨迹	8046	我爱草原	9338
翁松禅人物山水册	1626	我爱长江——一往无前的精神	3361
翁松禅扇集	8051	我爱长征突击手 长大也为四化飞	3323
翁松禅写书谱墨迹	8036	我爱春天	9352, 9423
翁松禅遗画	1649	我爱大白兔	9359
翁松禅致张蒲庐手书	8056	我爱大公鸡	4225
翁松禅致张菁庐手书	8056	我爱大熊猫	9423, 10082
翁覃溪楷书金刚经	8042	我爱风车	9352
翁覃溪手钩化度寺碑	7839	我爱钢枪——时刻准备上战场	3336
翁覃溪手钩宋拓化度寺碑墨迹	7851	我爱"公社"小白兔	1844
翁覃溪手札	8042	我爱广东	7610
翁覃溪手札墨宝	8049	我爱国旗——火样的鲜红	3361
翁覃溪书月山诗序	8034	我爱海军	1880
翁同龢临篆书石鼓文	7829	我爱和平	3545
翁文炜白描汉中兴名将画像集	1908	我爱河山	2653
翁相国手临汉隶三种	8031	我爱红杜鹃	9352
翁相国手临汉隶三种合册	8031	我爱红星	3899
翁相国手札	8032	我爱呼伦贝尔	11505
翁小海草虫	1601, 1626	我爱蝴蝶	4311
翁小海花草虫鱼册	1612	我爱花朵	4093
翁小海花鸟草虫册	1612	我爱画画	5598
翁学士翁相国小楷合册	8032	我爱环境美	1949
翁振新画集	2407	我爱黄河——五千年灿烂的文化	3361

中国历代图书总目·艺术卷

我爱吉林歌曲集	11722	我爱五指山,我爱万泉河	12159
我爱家乡美	4490	我爱仙鹤	4412
我爱金丽花	9359	我爱仙鹤	2049
我爱爵士乐	10989	我爱鲜花	9370
我爱军旗红	9471	我爱小白兔	4039, 4490
我爱卡通	1240, 1241	我爱小红花	9370
我爱科学	4039	我爱小红马	4154
我爱科学——建设现代化国防	3336	我爱小花	9370
我爱蓝天	9457	我爱小花狗	9370
我爱劳动	4490	我爱小花猫	4154
我爱老师	3369	我爱小鸡	4311
我爱漓江山水美	4730	我爱小孔雀	4730
我爱妈妈	1978	我爱小鹿	1978, 9370
我爱毛主席我爱党	5183	我爱小猫	4225
我爱美丽的校园	3378	我爱小猫咪	4412, 9359, 10050
我爱美人鱼	10147	我爱小鸟	9382
我爱米老鼠	9440	我爱小手鼓	9002, 9341
我爱你	3495	我爱小提琴	9343
我爱你，塞北的雪	11978	我爱小熊猫	4311, 4730
我爱你，中国	11480	我爱小羊羔	2582
我爱你,中国	11971, 11973, 11977, 11990	我爱新书	4093
我爱你中国	3366	我爱熊宝宝	9021
我爱您 祖国	3361	我爱熊猫	9352, 9359
我爱清洁	4093, 4828	我爱学习	4311
我爱山村	1821	我爱阳光	9353, 9423
我爱山丹花	4311	我爱摇滚	10887
我爱社会主义	3378	我爱爷爷大红花	3943
我爱社会主义事业	4567	我爱益鸟	1978
我爱书	4154	我爱银河	12049
我爱天安门	10002	我爱英雄——以英雄为榜样	3336
我爱天鹅	4225	我爱迎春花	9370
我爱伟大的祖国	4490, 9498	我爱这蓝色的海洋	11677
我爱我的车床	11962	我爱这一行	3851, 12639
我爱我的小吉他	4154	我爱中国	9370
我爱我的祖国	4412, 4567, 11939	我爱中华	3378

书名索引

书名	编号	书名	编号
我爱周爷爷	2936	我的"自白"书	11958
我爱自然	9359	我的爱永远年轻	11511
我爱祖国	4645, 4730	我的宝宝爱学习	4412
我爱祖国——为伟大祖国站岗	3336	我的布老虎	10720
我爱祖国, 我爱党	11717	我的布娃娃	9382
我爱祖国大家庭	2415	我的忏悔	6912, 6918, 6927
我爱祖国大油田	12206	我的窗	121
我爱祖国的大草原	1837, 3228	我的创作经验	495
我爱祖国的大海	4226	我的大西北	9141
我爱祖国的大自然	4412	我的大学	5102, 5183, 5215, 5598, 13252
我爱祖国的蓝天	3989, 4412, 4828, 11990	我的第一个上级	4984
我爱祖国风光美	4311	我的电影梦	13161
我爱祖国红彤彤	3851	我的电影生活	13178
我爱祖国山河美	4412, 9906	我的电影思维	13147
我爱祖国我爱党	4568	我的儿子	5598, 6302
我按照"五讲""四美"做了吗?	3336	我的飞行梦	6761
我暗恋的桃花源	13203	我的父亲邓小平	6568
我把心留给了你	11484	我的歌	11797
我帮阿姨来拍照	9574	我的故事	6911
我帮奶奶引针线	4226	我的好朋友	6533
我帮爷爷搞革新	3805	我的花儿	11787
我比花儿美	4412, 9595	我的画	1405
我不么	5990	我的会演戏的鸟兽	12977
我不是猎人	5845	我的伙伴	9359
我擦大炮打射狼	3989	我的家	10600
我猜到了	9530	我的家乡	12175
我长大了	5423	我的家乡尽是宝	3989
我长大了也要当冠军	9574	我的快骏马	11958
我唱你唱大家唱	11746	我的老师	091, 3434
我吃西瓜馋坏了布娃娃	4154	我的乐园	8819
我川书画记	1471	我的理想多美好	12030
我川寓赏编	1460	我的力气大	1978
我戴上了红领巾	1949, 4311	我的梅花小鹿	12039
我当上了光荣的国防战士	8875	我的美术生产化、生活美术化主张	080
我当杨子荣	3781	我的女儿	4984

中国历代图书总目·艺术卷

我的朋友	9370	我的祖国3375，7536，9141，11926，11929，12224，	
我的前半生	5712	12238，12371	
我的轻骑	9395	我的祖国在非洲	11115
我的入党介绍人	4930	我读石涛画语录	919
我的身体我的艺术	454	我对导演艺术的追求	13209，13210
我的生日	9409	我给阿姨照张像	1949
我的叔叔于勒	5508	我给布娃做新衣	1949
我的算盘好伙计	11626	我给党来唱支歌	12041
我的探索和追求	13208	我给鹅儿洗个澡	4412
我的天	3514	我给军属送鲜菜	1949
我的图画书论	1243	我给妈妈打电话	4311，9706
我的未来不是梦	11722	我给全家画童年	3899
我的舞台艺术	12878	我给娃娃打电话	4311
我的小怪物	6647，6661	我给娃娃弹新曲	9382
我的小伙伴	9395，9409	我给娃娃洗衣裳	3606
我的小囡囡	9537	我给娃娃做新衣	8803
我的小鸟	2579	我给新书穿衣裳	4490
我的小钱鼓	9359	我给星星打电话	4093，4312，4490
我的小提琴演奏教学法	11183	我跟阿姨学英语	4039
我的小天地	10003	我跟爸爸当红军	5047
我的小屋	10003	我跟哥哥去割草	3409
我的血泪史	3703	我跟爷爷学打虎	5215，5327
我的新老师	5263	我光荣地当上了铁道兵	12266
我的眼睛	8906	我国的保尔	5018
我的摇篮	11984	我国的传统戏曲	12731
我的一票选总统	13157	我国的领土决不许侵犯	3228
我的一生	7055	我国的杂技艺术	9274
我的艺术生活	12681，12888	我国的珍贵动物	5508
我的艺术生涯	13084	我国第一个铁道工程师	5990
我的音乐道路	10878	我国第一颗人造地球卫星发射成功是毛泽东思	
我的影剧生涯	13222	想的伟大胜利	3176
我的丈夫是英雄	11408	我国电影工业新成就	9266
我的职业	13005	我国工艺美术新作	10226
我的纸雕世界	10714	我国工艺美术新作品	10226
我的中国心	11480，11925，11978	我国古代科学家	5422

书名索引

我国古代四大发明	3366	我很丑，可是我很温柔	12385
我国历史文化名城	8814	我画你写	3495
我国民间的家具艺术	10616	我画叔叔栽棵忙	3851
我国十大名胜	9093	我画我们的大油田	3899
我国送给联合国总部的两项礼品	10231	我画我说	813
我国舞坛百花开	9262	我还要	9353
我国新建的宝成铁路	8876	我会剪	10703
我国原始时期音乐试探	10956	我家菜园	4413
我国珍贵动物熊猫	2591	我家的表叔数不清	1844
我国之教育电影运动	13022	我家的鸡鸭多	4312
我国卓越的科学家李四光	1861	我家的小猫	10064
我国自制的小轿车	3545	我家的小羊羔	4154
我国最北部地区的一面红旗	3144	我家发大财	4844
我和班长	11626	我家飞来金凤凰	4413
我和表弟	5366	我家瓜儿甜又大	1978
我和动物做朋友	4730	我家进来大元宝	4839
我和海迪姐姐在一起	4412	我家买了大金牛	4413
我和轮胎比高低	3781	我家买了新嘟嘟	1978
我和妈妈去参战	3943	我家女子民兵班	11963
我和妈妈去旅游	4490	我家三口人	4413
我和妈妈学外语	4039	我家喜事多	2100
我和奶奶齐上场	3851	我家有个小阿哥	12035
我和奶奶齐战斗	3851	我家鱼儿大	4568
我和奶奶上夜校	3899	我家鱼儿大又多	4568
我和书记来竞赛	3851	我家鱼儿肥又大	4645
我和叔叔过新年	4491	我家祖国的蓝天	3262
我和汪汪	8818	我驾铁牛插春秧	3943
我和我的创作	13209	我见到了毛主席	3805
我和小花	9370	我叫"红小兵"	3805
我和小花狗	5422	我叫小虎	9395
我和小猫	9370	我教你	9382
我和小苗一起长	9574	我教你唱歌	11109
我和小树一起成长	4413	我教你描画	600
我和新星打电话	4093	我教你写字	7246
我和爷爷数第一	12019	我教你演戏	12796

中国历代图书总目·艺术卷

我接爸爸来新家	3899	我们从小学礼貌	4226
我就是工人代表	4984	我们从小做起养成"七不"习惯	3385
我看冰儿	1236	我们村里的年轻人3703，4984，4985，5047，5128，	
我看京剧	12890	5422，5423	
我看美国	8984	我们大队培育的细毛羊	3805
我肯嫁给他	5598	我们党胜利了 无产阶级胜利了 人民胜利了	
我控诉	2981		3262
我拉提琴给你听	4226	我们登上了天安门	2100
我老汉七十九	11945	我们的白大夫	3943
我两岁	9440	我们的边防是搞政治边防	3187
我俩好	9395	我们的兵舰下水了	3654，3703
我了解他	4984，13262	我们的大学生回来了	3805，3851，3899
我美丽的故乡	11958	我们的代表回来了	3744
我们"公社"五枝花	11609	我们的斗争需要马克思主义	2771，3289
我们爱大海	4154，4312	我们的斗争需要马克思主义(一九三六年毛主	
我们爱大寨	9338	席在保安红军大学)	2771
我们爱读革命书	3781	我们的队伍向太阳	3990，11753
我们爱和平	3545，4730	我们的辅导员	9025
我们爱红书	3744	我们的歌	11550
我们爱科学	1880，3311，3989，3990，4039，	我们的革新成功了	3744
	4093，5018，5845，9341，10434，12028	我们的故事	3448，3514
我们爱农村	12022	我们的好阿姨	4491
我们爱清洁	3990，4312	我们的好队长	3703
我们爱天鹅	4312	我们的好老师	1950，3744
我们爱朱总司令	4094	我们的好朋友	5098
我们爱祖国	4491，12035	我们的好营业员	3744
我们班里好事多	1837，1844	我们的好总理	2771，2772，2779
我们保卫祖国的天空	11939	我们的花房	3606
我们比一比	12009	我们的画	4312，6756
我们参观长江大桥	12014	我们的节目	12009
我们长大也要上山下乡	3805	我们的节日	12012
我们从小爱科学	3311，3323	我们的军长	5712
我们从小爱劳动	3851	我们的老师	3759
我们从小爱学习	4039	我们的理想	3900
我们从小就学农	12632	我们的理想	2158

书名索引

我们的力大无穷	278	我们的朱总司令	2772
我们的领袖华主席	3943	我们的足迹	13292, 13297
我们的刘志丹	3654	我们的祖国	12001
我们的朋友遍天下	1810, 1821, 2748, 2934, 3130,	我们的祖国在前进	11463
	3289, 3704, 9269, 10778, 11666	我们的最高理想是共产主义	3361
我们的旗帜不能放下	12933	我们的尊敬的老师	9035
我们的旗帜到处飘扬	11383	我们都经历过的日子	13212
我们的旗帜是共产主义	3343	我们都是好朋友	4312
我们的旗帜是共产主义！	3344	我们都是解放军	8862
我们的山	12450	我们都是神枪手	1978, 2758, 3851, 3852
我们的山歌唱不完	11766	我们都是为人民服务的	1821
我们的生活比蜜甜	4491	我们都是向阳花	9341
我们的生活充满阳光	9574, 11698, 11757	我们都是小闯将	3900
我们的胜利是马克思列宁主义在中国的胜利		我们队里的发明家	3990
	3106	我们队里的好会计	3704
我们的世界	016	我们队里的好饲养员	3704
我们的事业就是学习再学习，努力积累更多的		我们队里的事上了报	3704
知识，……	3372	我们多健美	2049
我们的书画	2212	我们多么幸福	11757, 12030
我们的树木和森林	7136	我们感谢谁	4888
我们的饲养小组	1950	我们告诉世界	11926
我们的田野	5990, 12036, 12037	我们歌唱	12003
我们的贴心人	3943	我们工人的肩膀是铁打的	3852
我们的拖拉机手	3704	我们工人的肩膀是铁打的——上海第二焊接厂	
我们的物产真多	4883	的战斗景象	9276
我们的小白兔	3545	我们工人有力量	11391
我们的小军舰	12628	我们工人志气高	11686
我们的校园多美丽	4312	我们果果多	3654
我们的心永远向着党	3378	我们和工人叔叔在一起	3744
我们的心愿	11530	我们和老师	3943
我们的凶脸朋友	10714	我们画四个现代化	1862
我们的医生喊得应	3943	我们见到了毛主席	2758, 2840, 11626
我们的友谊	4226	我们敬爱的老师和辅导员	4865
我们的愿望	1950	我们敬爱的领袖毛主席	6748
我们的愿望——友谊·和平	3369	我们敬爱的毛主席	3571, 3572

中国历代图书总目·艺术卷

我们敬爱的周总理	9001	我们是共产主义的接班人	3106
我们决不辜负革命前辈的希望	3130	我们是共产主义接班人	3744, 4413, 12019,
我们跨上千里马向前飞驰	12372		12028
我们快乐地歌唱	12012, 12031	我们是光荣的兵团战士	3805
我们来唱一只歌	11945	我们是光荣的人民教师	11682
我们来到美丽的山谷	12036	我们是红色的战士	12401
我们来折纸	10664	我们是红色女英雄	11947
我们美化环境 环境美化我们	3361	我们是红色少年	3744
我们那里的民兵	4930	我们是"红小兵"	11682
我们热爱共产党 我们热爱华主席	3990	我们是华主席的好孩子	3990
我们热爱和平	3545, 4645	我们是建设社会主义的突击手	3092
我们热爱华主席 1880, 3289, 3311, 3943, 3944,		我们是明天的共青团员	3092
3990, 5366, 9283		我们是朋友	13086
我们热爱华主席	2351	我们是人民的解放军	11564
我们热爱解放军	8862	我们是人民的军队，共和国的卫士	3378
我们热爱劳动	3572	我们是社里的年青人	11642
我们热爱毛主席	3546, 3547, 10409	我们是身体康强朝气蓬勃的建设者	3106
我们热爱彭爷爷	4094	我们是未来的宇航员	3366
我们热爱周伯伯	3990	我们是小骑兵	12632
我们热爱周总理	4039	我们是新长征的小红军	12030
我们山乡宝真多	4226	我们是学大寨的青年突击队	12174
我们社里的女青年	3704	我们是要选择战	2976
我们社里喜事多	3744	我们是这样做农村电影宣传工作的	13279
我们生活多么美好	4094	我们是中国共产党领导下的工农子弟兵	3244
我们生活在幸福的毛泽东时代	3092	我们是祖国的花朵	12030
我们胜利了	1950, 3944	我们所需要的造型	126
我们时代的人	4985	我们谈挖啦	3744
我们是"公社"小社员	3212	我们为你高声歌唱	11880, 11881
我们是保卫和平的战士	11605	我们为祖国纵情歌唱	11444
我们是大地的主人	3944	我们伟大的社会主义祖国万岁	3171
我们是革命的后一代	11626	我们伟大的社会主义祖国万岁！	3361
我们是革命的新一代	3244	我们文化室成立了	3744
我们是革命新一代	11682	我们无限热爱华主席	3944
我们是工农子弟兵	3766	我们喜爱新书画	3852
我们是工人阶级	11962	我们心中的太阳	3144

书名索引

书名	编号	书名	编号
我们心中最红最红的红太阳毛主席万岁！	2739	我们怎样演戏	12812
我们心中最红最红的红太阳毛主席万岁！万万岁！	3162	我们怎样增产节约	4886
我们要革命"风庆"要远航	3900	我们战斗在云南	11700
我们要和时间赛跑	3092	我们这一家	7024
我们要做红色的革命接班人	3130	我们正是好年华	11925
我们要做雷锋式的好少年	12019	我们衷心爱戴领袖华主席	8806
我们要做明天的银翼机械师	3092	我们祝贺英雄们的新成就	3547
我们也开拖拉机	3654	我们自己洗手绢	4226
我们也来管天	1950	我们自己写的书	3900
我们也来造军舰	4154	我们走的是金光道	3900
我们也来做广播操	3547	我们走在大路上	3744, 11626, 11757, 11958, 11963, 12599
我们也去战斗	3944	我们走在大路上 三八作风歌	12170
我们也修水电站	4154	我们走在大路上	11620
我们也要参战	3900, 3944	我们祖国多富饶	4491
我们也要储蓄	3092	我们祖国象花园	4491
我们也云打靶	3852	我们最爱北京城	12025
我们一定要高举毛主席树立的大庆红旗	3289	我那丫头	5263
我们一定要实现国民经济的继续"跃进"也一定能实现国民经济的继续"跃进"	3092	我能算	4226
我们一定要消灭血吸虫病 我们一定能够消灭血吸虫病	3144	我胖吗?	9370
我们一家、我们的房子和农场	6835	我骑着马儿过草原	11958
我们一起长大	12012	我牵油龙过大江	3900
我们一生的道路要象焦叔叔那样跟党走	12023	我去台湾接外婆	1950
我们永远跟着党	3106	我让祖国来挑选	1862, 1880
我们永远怀念敬爱的周总理	9001	我热恋的故乡	12384
我们永远热爱伟大祖国	3361	我如何演奏如何教学	11184
我们在春天里歌唱	12030	我上学了	4312
我们在党的阳光照耀下成长！	3092	我是"公社"小牧民	3806
我们在队旗下成长	12019	我是"公社小社员"	2349, 2351, 3781, 3806, 3852, 11677
我们在华主席身边茁壮成长	12028	我是11-17号	4985
我们在毛主席身边歌唱	11609	我是鹅	4930
我们怎样演出法西斯细菌	12752	我是风	12407
		我是高原向阳花	12025
		我是工地点炮手	10434

中国历代图书总目·艺术卷

我是光荣的少先队员	4226	我听党的话 枪听我的话	3145
我是火车小司机	4312	我听听	4312
我是连队的歌唱家	11951	我同鱼儿乐	9423
我是妈妈小助手	4094	我娃上学了	3744
我是男子汉	9646	我王万岁	13287
我是汽车小司机	9530	我为"公社"绘新图	3852
我是少先队员	4226	我为大庆唱赞歌	11692
我是铁路工	1978	我为革命多炼钢	3244
我是小巴郎	9370	我为革命开铲车	3852
我是小红花	4730, 9370	我为革命写歌	10850
我是小武松	4413	我为革命学文化	3990
我是小悟空	2397	我为共产主义把青春贡献	11968
我是小小歌唱家	12003, 12009	我为来宾唱支歌	4413
我是小小艺术家	3366	我为你歌唱	11757
我是小小音乐家	12009	我为农业送骏马	3289
我是幸福的新一代	12024	我为亲人选骏马	3990
我是一个兵 3852, 4226, 4312, 4413, 4568, 11958,		我为泉城添光华	11480
12264		我为人民走山川	11963
我是一个小画家	5047	我为人人，人人为我	3378
我是一个小民兵	3900	我为人人最光荣	3092
我是一个幽灵	13268	我为四化建设忙	4094
我是园中一朵花	12031	我为托尔斯泰的小说"战争与和平"所作的插图	
我是怎样画画的	495		1220
我是怎样拍电影的	13208	我为伟大祖国站岗	11964
我是真的爱上了你	11752	我为战备献石雷	3852
我是中国人	317	我为祖国采油忙	12593
我是中华好儿童	12042	我为祖国放骏马	2758
我是忠于祖国的士兵	11595	我为祖国绘新图	1810
我是祖国的一朵花	12030	我为祖国守大门	4413
我送奶奶上夜校	3852	我为祖国守大桥	12204
我送你一首小诗	11707, 11709	我为祖国献宝藏	3244, 3323
我送卫星飞上天	4491	我为祖国献石油	2753, 3262, 11958
我算得对吗?	4312	我为祖国养骏马	2755, 2756
我所敬仰的电影人物	13152	我为祖国育新苗	2100
我太饿了，我能吃掉一棵树	7136	我为祖国争光荣	4568

书名索引

我喂大公鸡	1978	我也是三好	1862
我喜欢	9382	我也想四化	9530
我想当个小司机	9440	我也要把边防保	2101
我想再活七十三	11959	我也要当冠军	4313
我想知道长笛为什么有小孔	10839	我也要当侦察兵	9033
我向党来唱支歌	11499	我也要干	8627
我心依旧	12221	我也要为国争光	4313
我心中的版画	1217	我也要学雷锋叔叔	10460
我心中的歌	12177	我也要游泳	9371
我心中的歌	2185	我也要做赤脚医生	2351
我心中的歌献给解放军	11677	我一定要紧紧依靠党，依靠群众……	3312
我心中的江	11516	我有苹果	9371
我心中的太阳	13055	我又大一岁	9554
我心中最美的歌	12385	我又积了一分钱	4154
我绣卫星飞北京	4039	我娱斋篆印	8499
我需要的一点现实	13062	我与电视	13134
我学阿姨打排球	4413	我与话剧	12914
我学师傅管油田	3900	我与京剧艺术	12894
我学习音乐的经过	10850	我与昆仑	13285
我学做针线	3704	我与木刻	586
我演昆丑	12898	我与孙悟空	13295
我要唱	12044	我与写意戏剧观	12694
我要当冠军	5845	我愿意	11541
我要读书	4917，5076，5215，5327	我愿做个小海军	4313
我要飞	4568	我在花中舞	4413
我要你的一切	11541	我在他们中间	5846
我要泡泡	10460	我在造工厂	3654
我要上学	8905	我在这儿	9371，9440
我要这一张	4094	我在这儿！	9353
我要做三好学生	4491	我在这里	9423
我也得了奖	4039	我怎么舍得你	11541
我也盖高楼	4312	我怎样唱	11119
我也光荣	4646	我怎样画工笔花鸟画	935
我也去	9382	我怎样画工笔牡丹	937
我也是民兵	1862	我怎样画翎毛	987

中国历代图书总目·艺术卷

我怎样画山水画	901	卧龙胜境	2158
我怎样想和怎样画漫画	1222	卧龙松	2440, 2443
我怎样演"习窗"	12919	卧牛岭歼敌	5990
我站在光荣的岗位上	11416	卧室	10593
我站在铁索桥上	11959	卧室布艺	10778
我这三十年	6140	卧室与书房	10621
我知道	9371	卧楣轩藏黄朗村诗品印谱	8534
我最爱唱的歌	11722, 11723	卧薪尝胆	1773, 5019, 5598, 5990
我最爱读的音乐故事	10867	卧游一览纵山晓	2675
我最爱清洁	4094	卧云楼琴谱	12302
我最后的叹息	13142	握紧手中枪	11642
我坐飞船上月亮	4094	乌白旗	5508
我坐月亮奏新曲	4491	乌发珠光	8824
沃地无垠	1793	乌菲齐美术馆	6835
沃恩·威廉斯 交响曲	11278	乌菲兹美术馆	213
沃尔的小狗	6950	乌鸡国	5712, 5990
沃尔法特小提琴练习曲 60 首	12478	乌鸡国擒魔	6271
沃尔法特小提琴练习曲 60 首, 作品 45	12471	乌鸡葵花	1925
沃尔法特小提琴练习曲选	12476	乌坚与小园	5183
沃尔夫 歌曲	10893	乌江东去	5508
沃尔森林	6874	乌江渡口	2603
沃尔塔瓦河	12544	乌江渡口学红军	3900
沃特豪斯画风	6869	乌江恨	5846, 12338
沃土硝烟育我她	13219	乌江情	8701
沃兴华书画集	2312	乌江新貌	1880
卧庵藏书画目	1460	乌江自刎	5846
卧佛	448	乌柏白老	1736
卧虎令	5598	乌克兰、白俄罗斯民间舞蹈	12656
卧虎山招亲	5990	乌克兰美术学院素描	6907
卧龙出山	6140	乌克兰美术学院油画	6879
卧龙吊孝	12085	乌克兰青年画家作品选	6826
卧龙风光	9799	乌克兰苏维埃社会主义共和国	10131
卧龙湖	13233	乌克兰舞	12651
卧龙求凤	1978, 4730, 9241	乌克兰现代油画艺术作品集	6881
卧龙山除妖	5598	乌拉尔舞	12652

书名索引

乌拉圭版画家安内罗·埃尔南代斯作品选	6919	邬继德作品选	3054
乌兰巴托——北京	13234	邬烈炎静物画集	2952
乌兰哈达	5366	邬旻摄影作品集	8992
乌兰花开	5294	邬志豪电视新闻摄影作品选	8906
乌兰牧骑	8888	巫、舞、八卦	12571
乌里扬诺夫的一家	13258	巫成金画集	2185
乌力格尔曲调300首	12972	巫山高秋图	4313
乌龙山剿匪记	6234	巫山恋	9945
乌龙院	3455, 3456, 3457	巫山神女	4155, 4646, 5423, 6140, 13109
乌鲁木齐新景	8920	巫山神女喜人间	4313
乌蒙春晓	2591	巫山小三峡	8955, 8967
乌蒙放歌	11820	巫山玉笛	4985
乌蒙红医	5166	巫峡清秋图	2620
乌蒙欢歌	12621	巫峡烟云	1880
乌蒙苗歌	11819	诬陷伸冤	5990
乌密风画集	2945	屋顶花园	4730
乌面将军一马信	6140	屋顶上的小飞人	6669, 6670
乌木马	6201	屋檐下的革命	10569
乌目山人画册	1597	无伴奏合唱曲五首	11946
乌丘海域阻击战	5846	无伴奏奏鸣曲及组曲	12464
乌纱梦	13116	无笔画艺术台历	10498
乌石将军	6140	无标题音乐没有阶级性吗	10859
乌石彭将军	5846	无标题音乐没有阶级性吗?	10859
乌丝栏指法释	11333	无彩缤纷	10321
乌丝阑卷子琴谱	12299	无产阶级必须牢固占领农村思想文化阵地	9276
乌苏里船歌	11801	无产阶级的歌	5237
乌鸦喝水	5712	无产阶级的先锋战士 三大革命运动的闯将	
乌鸦唤来五谷祭	6542		3176
乌鸦面包店	7042	无产阶级的艺术明珠	12870
乌孜别克舞——拉莱	9971	无产阶级的英雄李玉和	1275
乌兹别克民间舞蹈	12657	无产阶级革命的伟大导师	6747
乌兹别克苏维埃社会主义共和国	10131	无产阶级革命派的坚强战士	5144
乌兹别克舞	12655	无产阶级革命派的坚强战士郭嘉宏	5144
邬飞霞刺梁	3606	无产阶级革命事业接班人的好榜样 沈秀芹	
邬海青画集	2289		5183

无产阶级革命事业接班人的好榜样沈秀芹	5153	无脚英雄	4985
无产阶级革命事业接班人的好榜样沈秀芹		无答题跋	7688
	5215	无可奉告	3434
无产阶级革命文艺的新品种钢琴协奏曲《黄河》		无愧的伴奏家	11166
在北京公演	9266	无面人	13290
无产阶级国际主义战士白求恩	5166	无名岛	5102
无产阶级国际主义战士白求恩的故事	5166	无名岛歼敌	5366
无产阶级文艺创作的光辉样板	12872	无名高地打坦克	5263
无产阶级文艺革命的红灯	12872	无名花	11704
无产阶级先锋战士	5153	无名鸟	13234
无产阶级硬骨头	5141, 5153	无名女郎	6874, 6882, 6883, 6888
无产阶级优秀战士王国福	1810, 5153	无名七杰	6140
无产阶级专政胜利万岁	11682	无名三侠客	13152
无产者一生奋战求解放	11855	无名信件	5215
无词歌	12491	无名义士	5846
无敌	5238	无名英雄	13234
无敌的战士	5598	无匹侠士	6140
无敌金刚	7086	无情的情人	6202
无敌列车	5047	无穷的潜力	13238
无敌神豹	6670	无穷的水源	5076
无敌于天下	9371	无声的对话	130
无敌鸳鸯腿	4761, 13130	无声的森林	6202
无敌鸳鸯腿	2158	无声的语	10528
无底洞	5598, 5712, 5990, 6202	无声的战斗	5294
无底洞大战耗子精	6370	无声落叶谱	12306
无定河	8888	无声落叶谱例	12299
无独有偶	6939	无声诗史	567, 568
无法执行的死刑	6507	无师自通吉他谱	11204
无反馈快速跟踪	6140	无事生非	5846, 5991
无辜的罪人	5712	无手英雄谭长桥	5047
无故事的叙述	829	无数次的甜蜜接触	6591
无痕	3495	无双传	4900, 5712, 9244
无花果	5508	无双谱	2973
无花生蜜饯	9328	无双谱, 又名, 南陵无双谱	2973
无胶包装设计	10387	无水草原喷银泉	9791

书名索引

无私才能无畏	3166	无锡锡山之春	9826
无私无畏的好战士赵春华	5366	无锡小景	1736
无私无畏干革命	5183	无锡鼋头渚	9125
无梭织布	13246	无锡之夏	9826
无题	9395	无瑕	9488
无头骑士	5991, 6140	无限风光	2780, 3852, 3900, 3990
无土育花香满园	4094	无限风光	2452
无畏的战士	5238	无限风光在险峰	3262
无畏的战士罗木命	4985	无限信任	1851
无畏将军	5846	无限忠于毛主席	3166, 5146
无锡	9353, 9360	无限忠于毛主席 无限忠于毛泽东思想……	
无锡·蠡园	9457		3166, 3171
无锡碧山吟社	9102	无限忠于毛主席的川藏运输线上十英雄	5153
无锡长春桥樱花	9111	无限忠于毛主席的好党员	5153, 5167
无锡创作歌曲选	11441	无限忠于毛主席的好党员李全洲	5167
无锡道教科仪音乐研究	10920	无限忠于毛主席的好社员赵国智	5167
无锡杜鹃花	9308	无限忠于毛主席革命路线的好干部	5145, 5146,
无锡风光	8932, 9334, 9371, 9409		5153
无锡古运河游	9965	无限忠于毛主席革命路线的好干部门合同志英	
无锡惠山彩塑	8658	雄事迹	5146
无锡寄畅园	10110	无限忠于人民 无限忠于党……	3166
无锡近郊的残雪	2714	无限忠于伟大的领袖毛主席……	3171
无锡蠡园	4772, 8938, 8942, 8945, 8948, 8950,	无限忠于伟大的领袖毛主席！……	10672
	8959, 9371	无线电操纵飞机模型	3092
无锡蠡园春景	9102	无形的波浪	13252
无锡蠡园春秋阁	9110	无形魔掌	6339
无锡蠡园春色	9110	无形窃贼	5712
无锡蠡园灯会	9118	无言的温柔：通俗歌曲108首	12386
无锡美景	9129	无言的想象	10763
无锡美术专门学校第一届毕业纪念刊	240	无言歌	12169
无锡泥塑	8660	无言倾诉	10778
无锡市民间歌曲集	11780	无益有益斋论画诗	779
无锡市书画院作品选	2158	无因、无由、无果——人生梦	8906
无锡书法作品选	8336	无音之乐	6768
无锡太湖游	9965	无隐室剧论选	12725

中国历代图书总目·艺术卷

无影灯下的战斗	5294	吴昌硕画牡丹梅花	984
无影灯下颂银针	5238，13099	吴昌硕画桃	1710
无雨山常润	1996	吴昌硕画选	1710
无语心声	8647	吴昌硕精品集	1717
无欲则刚	8240	吴昌硕菊花	1710
无悔的青春	9706	吴昌硕临石鼓文	8106，8131
无中生有	5712	吴昌硕临石鼓文及其笔法	8132
无字的诗——音乐	10846	吴昌硕临石鼓文精品选	8129
无罪的逃犯	6141	吴昌硕临石鼓文墨迹	8126
毋忘团结奋斗 致力振兴中华	3352	吴昌硕流派印风	8554
吾如仪书画集	2240	吴昌硕屏条画册	1703
吾竹轩印谱	8503	吴昌硕扇面画选	1712
吴伯滔画册	1601	吴昌硕石鼓文墨迹	8124
吴伯滔山水册	1643	吴昌硕石交集校补	8547
吴彩鸾跨虎入山	2101	吴昌硕书法字典	8125，8128
吴彩鸾跨虎入山图	4413	吴昌硕书画选	1715
吴仓石印谱	8531	吴昌硕书画用印谱	8548
吴昌明书画集	2186	吴昌硕书石鼓文精品	8127
吴昌硕	793	吴昌硕书札	8132
吴昌硕 齐白石 黄宾虹 潘天寿四大家研究		吴昌硕书札选粹	8129
	808	吴昌硕谈艺录	704
吴昌硕 齐白石 徐悲鸿 傅抱石四大名家款		吴昌硕先生花卉画册	1700
印	8460	吴昌硕印谱	8542
吴昌硕、王福庵书《西泠印社记》	8129	吴昌硕印影	8547
吴昌硕彩墨精选	1715	吴昌硕早期诗稿手迹两种	8129
吴昌硕册页	1716	吴昌硕篆刻及其刀法	8478
吴昌硕行书字帖	8124	吴昌硕篆刻及其章法	8479
吴昌硕花果册	1703，1710，1715	吴昌硕篆刻选集	8538
吴昌硕花卉	1714	吴昌硕篆刻艺术研究	8549
吴昌硕花卉屏	1712，1713	吴昌硕篆刻字典	8547
吴昌硕花卉十二帧	1700	吴昌硕篆书修震泽许塘记	8126，8129
吴昌硕画宝	1702	吴昌硕篆西泠印社记	8114
吴昌硕画集	1709，1714，1715	吴昌硕作品	1716
吴昌硕画辑	1710	吴昌硕作品集	1712，1713，1714，8125
吴昌硕画菊	1716	吴长江画人体	2880

书名索引

吴长江人体素描	2907	吴馥余书画集	311
吴长江人体素描选	2876	吴馥徐书画集	1393
吴长江素描集	2913	吴刚伐桂	6467
吴膨之画选	1925	吴谷人手书有正味斋续集之九未刊稿	7833
吴传麟山水画选	2435	吴毂祥山水册	1692
吴纯强画集	2457	吴冠南花鸟画集	2555
吴大澂等书札	8018	吴冠南画集	2259
吴大澂衡岳纪游	1651	吴冠玉钢笔行书字帖	7536
吴大澂临金文三种	8091	吴冠玉钢笔正楷字帖	7584
吴大澂书说文解字建首	7667	吴冠玉行书琼诗四十八首	8256
吴大澂书嵩台铭	8078	吴冠玉小楷荀子劝学	8228
吴大澂书钟鼎文	8085	吴冠中	2289
吴大澂篆书夏小正墨迹	8072	吴冠中彩画素描选	2865
吴大澂篆文孝经	8026	吴冠中国画选	1925, 1978, 1996, 1997, 2030
吴待秋花卉册	1704	吴冠中画册	2014
吴丹画集	2555	吴冠中画集	1387
吴道子	788	吴冠中画论	484
吴道子事辑	806	吴冠中画选	1387, 1388
吴迪生红楼梦七十二钗画笺	1700	吴冠中师生作品选	1316
吴底木与鸟敏曲	4985	吴冠中素描选	2873
吴地刺绣文化	10364	吴冠中速写集	2882
吴地林美术作品选集	1411	吴冠中谈艺集	537
吴地民间偶像艺术	8637	吴冠中文集	498
吴地三百六十行泥塑	8663	吴冠中线描	2289
吴地音乐戏曲	10972	吴冠中油画写生	2780
吴定山水画谱	901	吴冠中作品	2290
吴东源书法展专辑	8298	吴冠中作品小辑	1388
吴凡版画选	3039	吴鹤南花鸟画集	2523
吴凡歌曲九十九首	11520	吴光宇古装人物	2345
吴凡作品选集	3008	吴国亭画集	2520
吴芳谷水彩画选	2944	吴国王室玉器	422
吴凤之 吴凤缘兄妹书画集	2226	吴海燕	9595
吴凤之书法作品选	8199	吴汉山水画集	2465
吴弗之画集	2289	吴汉书法选集	8336
吴弗之画选	1925	吴汉姚期	4646

吴蕰铜刻选	8653	吴历	793
吴湖帆画集	2030	吴历画集	1688
吴湖帆画辑	1773	吴丽珠画集	2212
吴湖帆临石涛烂石堆云图卷冯超然临文待诏山		吴莲英	5128
水卷合册	1719	吴良珠	6584
吴湖帆佞宋词痕册	8336	吴梅村画中九友画笺	1650
吴湖帆山水图	2435	吴门画派	851
吴湖帆扇面选	2186	吴门画派研究	853
吴华现代书法	8199	吴门画史	572
吴家华版画选集	3046	吴门琴谱	12319
吴建贤行书宋人七绝百首	8429	吴门秋	5991
吴建贤书历代山水诗帖	8387	吴门十二景	3037
吴健作品集	2832	吴门五侠	6234
吴江春画集	2468	吴门秀润	1589
吴江史刻天际乌云帖	7957	吴墨井仿宋元山水影本	1636
吴江史氏刻天际乌云帖	7953	吴墨井画王石谷小影留耕图卷	1606
吴金狮无笔画集	6766	吴墨井山水册	1637
吴金印的故事	6591	吴墨林画集	2259
吴进贤隶书千字文	8298	吴墨冶印谱	8497
吴经缘书法集	8282	吴派画九十年展	851
吴敬恒篆书碑刻	8282	吴派绘画研究	853
吴静山书画集	317	吴平昌吴迪雄吴子吴三代家庭作品选	323
吴镜汀山水画册	1720	吴七章速写画集	2907
吴镜汀作品选集	1784	吴齐墨迹	8337
吴俊发水墨画集	2337	吴齐摄影作品选	8990
吴郡丹青志	846	吴奇画集	2212
吴愙斋所藏历代玉印章	8491	吴强年版画选	3039
吴愙斋先生楷书李仙女庙碑	8048	吴强水墨画集	2290
吴愙斋先生隶书三关口蕃道记	8048	吴桥——中国的杂技之乡	12991
吴愙斋先生篆书李公庙碑	8048	吴桥杂技老照片	12999
吴愙斋先生篆书陶公庙碑	8048	吴青霞	2312
吴愙斋先生篆书铜柱铭	8048	吴青霞画集	1950
吴愙斋先生篆书周真人庙碑	8048	吴青霞画集	2274
吴愙斋中丞写定石鼓文	8050	吴清卿古文孝经	8026
吴变画集	1405	吴清卿摹彝器款识真迹	8074

书名索引

吴清卿中丞赵撝叔大令墨剩合璧	8023	吴圣俞先生印谱	8531
吴秋农人物山水精品	1646	吴盛源画集	2480
吴秋农任伯年山水花鸟合册	1640	吴诗妍小朋友书画集	6770
吴燃版画选集	3037	吴石仙画集	1751
吴燃书法作品集	2212	吴石渔画集	2477
吴燃书画集	2226	吴氏墨纪	1023
吴让之	8098	吴氏书画集	1650
吴让之临天发神谶碑	8074	吴氏印谱	8491
吴让之书庾信诗	8081	吴世平画选	1391
吴让之印存	8540	吴守明画集	2312
吴让之印谱	8531, 8541	吴守箴书法作品选集	8337
吴让之篆刻及其刀法	8479	吴寿谷虎画集	2585
吴让之篆书《吴均帖》及其笔法	8091	吴蜀夷陵之战	5713
吴让之篆书二种	8064, 8072	吴淞血战	6141
吴让之篆书墨迹	8091	吴孙英中国画	2338
吴让之篆书四种	8360	吴涛国画集	2555
吴让之篆书唐诗	8072	吴天发神谶碑	7800, 7802
吴让之篆书字帖	8064	吴廷富书法集	8256
吴荣光行书	8070	吴廷富书兰亭修褉图赏析	7362
吴荣康钱晴碧花鸟画选集	2520	吴团良画集	2212
吴荣文山水画选集	2466	吴为山雕塑	8638
吴三大书画集	2186	吴卫鸣速写集	2883
吴山明国画人物选	2362	吴未淳草书百家姓	8422
吴山明画集	2397, 2415	吴未淳钢笔书法例话	7424
吴山明画选	1978	吴未淳行书百家姓	8438
吴山明水黄舞墨人物速写	1925	吴文环钢笔字	7480
吴山明水墨人物画	2410	吴文蜀书法集	8199
吴山明水墨人物速写	2359	吴锡泽书画选	1893
吴山明意笔线描人物画集	2398	吴熙载集	8106
吴山明作品	2415	吴熙曾	2485
吴山涛画册	1597	吴宪生画集	2399
吴善璋书法作品	8321	吴宪生画人体	2882
吴身元钢笔书法	7536	吴宪生人体素描	2882
吴声画集	2290	吴宪生水墨人体画选	2371
吴声人物画技法	876	吴宪斋词北宋拓本石鼓文	8356

中国历代图书总目·艺术卷

吴香舟画集	2312	吴友如画宝	1386，1612
吴向必画册	1398	吴友如绑图平长毛书	1604
吴小如戏曲文录	12697	吴友如人物仕女画集	1671
吴晓邦美学思想论稿	12571	吴友如仕女百图	1681
吴晓邦谈艺录	12586	吴友如真迹画集	1645
吴晓邦舞蹈艺术思想研究论文集	12569	吴渔山仿方方壶山水卷	1643
吴晓明油画集	2828	吴渔山仿古山水册	1636
吴孝三儿童漫画选	3515	吴渔山山水册	1641
吴燮勋画集	2837	吴渔山上洋留别图卷王石谷石亭图卷合册	1641
吴兴春	5103		1641
吴兴墨宝	8113	吴渔山石谷小像补图	1636
吴兴张氏松管斋藏联	8115	吴渔山石谷小像补图册	1636
吴秀月画辑	2101	吴渔山雪山图卷	1626
吴学敏 张宏旺风景线描集	2901	吴愉萃雅	3044
吴雅明画集	2468	吴语亭画集	2312
吴砚耕画集	2520	吴玉芳	9623
吴雁泽演唱歌曲选	11971	吴玉梅	2549
吴燕玲玉女情画写真集	8905	吴玉梅画集	2527
吴野洲画集	2338	吴玉民国外风光摄影作品集	9141
吴业斌画集	2544	吴玉如行书千字文	8427
吴一峰国画选	1950	吴玉如临《乐毅论》遗墨	8199
吴颐人汉简书法	8257	吴玉如书法集	8191
吴颐人印存	8573	吴玉如先生行书册	8228
吴毅 林珠荆 檀俊灶写生作品选	2913	吴玉章	3378
吴毅画集	2212	吴远度人物山水册	1643
吴毅山水画	2435	吴悦石画集	1979
吴印咸摄影工作六十年影展作品集	8889	吴越春秋	5599，5991
吴印咸摄影集	8976	吴越恩仇记	5991
吴印咸摄影著作集	8728	吴越风云	5991
吴印咸摄影作品选	8984	吴越所见书画录	768
吴印咸摄影作品珍藏	8984	吴越之争	5846
吴永良画集	1997	吴云华油画作品选	2825
吴永良画集	2158，2290	吴耘美术作品选	1383
吴友如百美画谱	1640	吴运铎和他的小伙伴	4985
吴友如百鸟花草画集	1671	吴增义画集	2290

书名索引

吴丈蜀书法辑	8218	梧冈琴谱	12290
吴丈蜀书兰亭序	8199	梧桐凤凰	4985
吴钊洪画集	2443	梧桐栗鼠图轴	10460
吴祯岚画集	2338	梧桐树	12055, 12325
吴祯祥画集	2274	五·七道路宽又广 继续革命永向前	3900
吴振中书法作品选	8337	五·七红校育新人	3944
吴镇	788	五·七路上炼红心	3806
吴志俭画集	2338	五爱(爱祖国、爱人民、爱集体、爱党、爱社会	
吴中丞说文部首墨迹	8027	主义)	4155
吴中风光	2485	五爱之歌	12046
吴中行摄影艺术选辑	8879	五白新声	12982
吴中行艺术摄影集	8975	五百个	4900
吴中揽胜	8916	五百罗汉图	456, 459
吴中名画集册	1271	五百罗汉图卷	449, 457
吴忠翰版画选	3044	五百年后孙悟空	5846
吴仲圭渔父图卷	1535	五胞胎	5423
吴子兵法钢笔字帖	7536	五彩·斗彩	434
吴子复隶书册	8152	五彩缤纷	9118, 9125, 9912
吴子复书好太王碑字	8191	五彩缤纷的影视窗口	13320
吴子复艺谭	109	五彩带	5991
吴子建印集	8567	五彩的河	11702
吴祖光论剧	12716	五彩纷呈	9468
吴作人、萧淑芳画选	1926, 1997	五彩活用广告画	10367
吴作人、萧淑芳画选	2290	五彩流离	2186
吴作人的艺术	1390	五彩路	5019
吴作人画集	1379	五彩名瓷	423
吴作人画辑	1379	五彩人生	7571
吴作人画选	2049	五彩十竹斋书画谱	1559
吴作人速写	2888	五彩世界	10184
吴作人速写集	2852	五彩云铺黄金路金丝鸟唱幸福歌	4226
吴作人文选	520	五岔口	12080
吴作人艺术馆藏品集	1379	五朝墨迹	7659
吴作人作品集	1379	五大洲图案集	10743
吴作人作品小辑	1379	五代北宋的绘画	1526
浯溪	9863	五代北宋画集	1528

中国历代图书总目·艺术卷

五代董北苑夏山图真迹神品	1525	五谷丰登	1773, 3654, 4094, 4226, 4313, 4414,
五代顾闳中画韩熙载夜宴图	1525		4491, 4568, 10409
五代名画补遗	835, 1522	五谷丰登 百业兴旺	4040
五代杨凝式神仙起居法	7872	五谷丰登 连年有余	4094, 4227
五代杨凝式书神仙起居法墨迹	7847	五谷丰登 六畜兴旺	4094, 4414, 4491
五代杨凝式夏热帖	7872	五谷丰登 四季长青	4094
五代周文矩重屏会棋图卷	1526	五谷丰登 花果满园	3573
五灯精舍印话	8459	五谷丰登 六畜兴旺	3573, 3606, 3655
五朵红云	5103, 12648	五谷丰登 六畜兴旺	2049
五朵金花	4413, 4985, 5047, 5076, 8842	五谷丰登 畜牧兴旺	3573
五朵金花的故乡	8964	五谷丰登·连年有余	1926
五朵小红花	12627	五谷丰登, 吉庆有余	4491
五方佛	6591	五谷丰登; 百业兴旺	2030
五分钟连环画故事	6397, 6398	五谷丰登春回大地	4313
五分钟人体速写	1104	五谷丰登连年有余	4313
五风十雨农家福; 万紫千红大地春	2014	五谷丰登六畜兴旺	3547, 4227
五服异同汇考	10344	五谷丰登庆有余	4414, 4491
五福斗方	2101	五谷丰登万户喜	4646
五福临门	3573, 4313, 4491, 4646, 4761, 4828	五谷丰登猪牛壮	3573
五福临门	2101	五谷之神	6398
五福临门 八方进财	4853	五官	1161
五福临门新年好	2159	五官石膏素描	1161
五福满堂	4731	五光十色的艺术世界	105
五福满堂	2159	五桂山房用印藏印集	8549
五福捧寿	4313, 4853	五行山	5991
五福献宝	4155	五豪杰巧截黄金车	6302
五福献寿	2159	五好红花寄回家	11959
五福盈门·四季平安	2101	五好红旗食堂	3092
五福祝寿 年年有余	3606	五好花	12278
五个炊事兵	11959	五好花开 遍地皆春	3704
五个回合	5154	五好花开处处红	3704
五个水兵	5019	五好家庭	1950, 4313, 4414
五个小怪物	6542	五好社员	3704
五钩神枪俏罗成	13153	五好社员 模范夫妻	3655
五姑娘	5047, 5713, 6202	五好社员家	3704, 3745

书名索引

五好社员人人夸	3704	五老峰下育新苗	2596
五好战士	3705	五老诗词	8172
五好战士个个赞扬 模范军属人人尊敬	3705	五粒蝴蝶扣	6271, 6272
五好战士人人尊敬 模范民兵个个赞扬	3705	五连冠——中国女排	9253
五好之家	3705	五柳先生传	8385
五鹤堂印谱	8511	五龙二虎锁彦章	3655
五鹤图	2101	五龙风云	5991, 6468
五湖四海有余	4646	五马江儿水	12055
五湖渔庄图题词	1269	五马图	1761
五虎岛	5047, 5846	五猫图	10045
五虎绳苍龙	6202	五猫图	2565
五虎将	4414, 4568, 8814, 9242	五木摇篮曲	12207
五虎将	2101	五幕歌剧《白毛女》公演说明	12901
五虎上将	4828	五闹焦帕记	3044
五虎上将	2101	五年后之中国	3402
五虎上将关羽张飞	4828	五年计划二年完成	4985
五虎图	4568, 4731	五牛图·步辇图	1527
五虎图	2567, 2568, 2572, 2574, 2653	五女拜寿	4568, 5991, 9234, 13116
五虎闻濠	2573	五坡岭	5846
五虎兴汉图	2159	五千吨海轮乘风破浪	12590, 12598
五虎雄风	2186	五千通用汉字楷、行、隶三体字帖	7584
五花海的传说	6141	五千应用汉字钢笔字帖	7610
五华公安民警美术书法摄影作品选	341	五清图	2653
五级乐理试题分析	11055	五泉山秀	1926
五讲·四美	3344	五人歌曲选	11480
五讲四美	3336, 3361	五人篆刻选	8565
五讲四美标语挂图	3344	五色梅	4731
五讲四美花万朵	4313	五色牡丹	3745
五讲四美开新花	4227, 4313	五色牡丹图	2620
五讲四美三字经	5713	五色土	10654
五金工人职业病	8869	五声二变旋宫起调图谱	11001
五康书画	2159	五声琴谱	12290
五块大洋	5103	五声性调式分析	11038
五郎八卦棍	13153	五声性调式及和声手法	11053
五郎八卦阵	4828	五声音调钢琴指法练习	11223

中国历代图书总目·艺术卷

五声音阶的钢琴教本	12486	五体对照楷书自学字帖	7321
五声音阶及其和声	11038, 11039	五体钢笔书对联集锦	7457
五声音阶练习	12169	五体钢笔字宋诗百首	7457
五十步	3429	五体钢笔字帖	7457
五十块钱	12093	五体回文诗帖	8067
五十六朵花钢琴曲	12211	五体集字翰墨辞汇便览	7666
五十六种书法	7218, 7219	五体金刚经	8341
五十年来北平戏剧史材	12746	五体临池指要	7293
五十年来的国剧	12869	五体千家诗钢笔字帖	7431
五十年来的中国电影	13179	五体千字文	7671, 7674
五十天的回顾和反思	13248	五体书飚风七月诗	8024
五石山房盆梅景	1633	五体书法字典	8349, 8351
五世请缨	4414	五体书鲁迅《蜕龛印存》序	8172
五鼠闹东京	5713	五体书正气歌	8343
五四时期歌曲选集	11698	五体硬笔佳联字帖	7536
五四文学漫画	3439	五体硬笔千家诗字帖	7480
五四以来电影歌曲选集	11904	五天五夜	4930, 5508
五岁大寿	3465	五童献寿	4828
五台会兄	12275	五喜登海	1926
五台秋色	9848	五喜图	4731
五台山	9073, 12075	五线谱·简谱对照速成	11058
五台山搬师	6202	五线谱 ABC	11060
五台山的枪声	6202	五线谱本	11066
五台山风光	9093, 9837	五线谱的看法	11032
五台山菩萨顶	9848	五线谱的学习	11032
五台山奇情	4772	五线谱读法	11033
五台山秋色	9826	五线谱读谱法	11041
五台山胜景	9044	五线谱教学挂图	11043
五台山诗百家书法撷英	7727	五线谱乐理基础	11052
五台山台怀镇	9068	五线谱乐理知识	11047
五台山图案	10276	五线谱六线谱对照古典吉它曲	12183
五台山侦察	6202	五线谱入门	11056, 11062, 11063
五台山镇海寺	4492	五线谱识谱基础	11048
五台胜境	9077	五线谱首调视唱	11064
五台寻仇	6141	五线谱速成	11060

书名索引

五线谱音乐讲话	11058	五月端阳	2631
五线谱与简谱	11066	五月血泪史	1717
五线谱知识	11048, 11063	五月与东方	587
五项建设画刊	2982	五岳风光	9125
五星红旗插上托木尔峰	9250	五岳三山·今古风情	1997
五星红旗朝阳	4844	五岳同辉	2452
五星红旗迎朝阳	4414	五岳图	4314
五雄闹花灯	5713	五岳约	12242
五雄图	1979	五张羊皮	5076
五言对联	7556	五张照片	6272
五言对联行书字帖	8270	五丈原	4917, 4985, 5423
五言对联书法 1000 条	8240	五只小螺丝	4917
五言绝句钢笔字帖	7481	五知斋梦蝶谱	12307
五言唐诗	7556	五知斋琴谱	12299, 12308, 12319
五颜六色的童话	6468	五指练习曲	12489
五羊恩仇	6339	五指山传奇	5991
五羊吉庆	4492	五指山之歌	11499
五羊皮	6591	五指山组曲	12196
五羊塑像	8633	五指位置手风琴小曲集	12217
五羊仙	4227	五指岩晨曦	9093
五业丰收 全面"跃进"	3606	五指岩瀑布	9093
五业兴旺 1979, 3806, 4094, 4313, 4414, 10471		五种曲句印谱	8508
五业兴旺 连年丰收	4095	五洲的歌	12483
五业兴旺齐发展 加速农业现代化	3323	五洲齐唱毛泽东	11651
五业兴旺娃娃壮	4646	五洲神韵	213
五业兴旺幸福多	4414	五洲友谊一线连	3852
五一劳动节万岁!	3092	五庄观	5713
五一推广歌曲	11595	五子爱莲	2989
五音六律变宫说	11028	五子爱清洁	3573, 3607
五音琴谱	12292	五子进财	4828
五音戏音乐研究	11148	五子嬉鱼	4731
五用书法字典	7163	五子戏龙	4731, 4800
五有三勤好处多	5183	五子献寿	4828
五月的鲜花	11470	五子祝寿	4800
五月端午插艾束	6141	午间小憩	6857

中国历代图书总目·艺术卷

午日钟馗画特展	2407	武当儿女	4492
午夜独白	7622	武当剑谱	5992
伍必端画集	1388	武当拳	5992, 6141
伍必端作品集	1324	武当拳与剑	5847
伍必端作品选	317	武当山	4568, 9863
伍步云画集	2786	武当山传奇	4568, 5992, 6141, 6142
伍参献策	5599	武当山道教音乐研究	10918
伍纯道书法作品选	8270	武当山风光	8942
伍大斧蜉	5599	武当山学艺	4414
伍鼎宏怀旧艺术摄影	8912	武当胜境	1908
伍建章驾殿	5713	武当仙袍	13124
伍渴长列仙酒牌	1479	武当英豪	9574
伍蠡甫山水画辑	2431	武当英杰	5992
伍蠡甫艺术美学文集	066	武德祖油画选	2797
伍霖生画集	2435, 2472	武帝尚贤	5847
伍秋月冥府还生	6302	武钢画选	1365
伍嫂子	4985	武钢职工业余美术作品选集	1358
伍瘦梅国画选	2440	武汉	8919, 8921, 8942, 8955, 9334
伍天锡 雄阔海	4800	武汉长江大桥	3745, 9044, 9052, 9784
伍蔚繁摄影集	8906	武汉长江大桥	2731
伍揖青工笔画集	1979, 2030	武汉长江大桥和黄鹤楼	3655
伍揖青工笔画集	2226	武汉东湖	8919, 9409
伍员鞭尸	5713	武汉风光	9083
伍中一书历代名人咏峨眉	8218	武汉黄鹤楼	4492, 9083, 9093, 9118, 9863, 9909
作凤龄狠砸"乌龟壳"	5183	武汉黄鹤楼公园	9876
妩媚	9382, 9383, 9409, 9440, 9675, 9766	武汉旅行手册	4930
妩媚 夏日少女	9746	武汉市工人美术创作选	1355
妩媚多姿	9646	武汉市汉乐剧场光明楚剧团演出	13013
妩媚争艳	9574	武汉市和平剧场节目表	13013
武昌黄鹤楼	9077	武汉市美术作品小辑	1361
武昌起义	5713, 10478	武汉铁路分局美术书法摄影作品选集	341
武昌张裕钊书	8032	武汉新貌	4414
武旦四条屏	2364	武汉杂技	9249
武旦条屏	2364	武汉杂技团访问牙买加	13016
武当	4414, 5991, 5992, 9139, 9141	武汉杂技团在越南举行首次演出	13016

书名索引

武汉职工业余美术作品选集	1358	武林新秀	4415, 9015, 9574, 9595
武侯祠	9998	武林新秀	2368
武后临朝	5992	武林新芽	9646
武花争妍	4772	武林新姿	4415
武技	5713	武林英豪	5847, 5992, 6143, 9012, 9015, 9706
武家坡	12075	武林英华	4314
武将	4314, 4415, 4492, 4569, 4646, 4731, 4732	武林英杰	9010
武将	2375, 2385, 2394	武林英杰	2394
武将门神	4569, 4646, 4732, 4853	武林英杰李连杰	9554
武将镇宅 四季平安	4732	武林英姿	4492
武杰奇冤	6202, 6203	武林英姿	2394, 2398
武进馆藏书画	1488	武林幼苗	9554
武进孙氏元鳌斋十三行九字未损本	7783	武林志	4415, 5713, 5847, 5992, 5993, 13116
武进勇歌曲选	11511	武陵风光	9837
武经七书	6432	武陵佛光	9876
武磊钢笔行书临古帖	7556	武陵山下	5599
武林插图选集	6605	武陵天子山	9886
武林传奇	6142	武陵秀色	2101
武林春早	9093	武陵源	8858
武林掇英	6234	武陵源秀色	9125
武林高手陈凤萍	9253	武漫宜国画工笔集	2240
武林豪杰	6142	武母郭夫人墓表	8113
武林姐妹	2385	武穆真迹	7991
武林精英访遍世界	9252	武宁采茶戏音乐	12119
武林精英张宏梅	9623	武宁县戏曲志	12756
武林名山	4646	武僧复仇	6234
武林女杰	2376	武胜颂	4985
武林奇女	5992	武石画集	1393
武林奇缘	6142, 6143	武士	2385
武林三姐妹	4647	武术	4314, 4415, 4492, 9251, 9254, 9959, 11893
武林少年为国争光	9255	武术《单刀进双枪》	9969
武林双玉	2186	武术《南拳》	9969
武林五家印选	8513	武术表演	4040
武林侠女	6143	武术大师霍元甲	4492
武林新苗	9252	武术集锦	8814

中国历代图书总目·艺术卷

武术新花	3944, 4040, 4492, 9249, 9524, 9959,	武坛女杰	9253
	9979	武坛小将	4773
武术新花	2355	武坛小星星	4773
武术新花放异彩	4040	武坛新苗	9252
武术新花向阳红	9249	武坛新星	9030
武术新蕾	2355	武坛新秀	4415, 4773
武术新苗	9960, 9965, 9979	武王伐纣	5847, 5993
武术新苗	2362	武王灭纣	5714, 5993
武术新星	9021	武威汉代木雕	8645
武术新秀	9980	武伟慰画集	2240
武术新秀	2371	武戏屏	1950
武术新秀张宏梅	9253	武侠会天都	6143
武术英姿	4314	武乡墨宝	2312
武术运动员黄秋燕	9574	武小松小虎	6468
武术运动员李海燕	9574	武晓历教你画白描菊花	984
武术运动员李亦非	9574	武星——施瑞芬	9015
武术运动员张宏梅	9574	武星李连杰	6235, 9554
武术运动员赵长军	9574	武星影星黄秋燕	9022
武松	3607, 4314, 4415, 4492, 4893, 5599, 5713,	武星影星张小燕	9010, 9015
	5847, 6143, 6339, 6370, 6542, 9222	武星影星钟巧珍	4732
武松	2364	武星张宏梅	9025
武松 李逵	4415	武训先生画传	4873
武松打店	4314, 4569	武夷晨雾	1979
武松打店	2360	武夷晨曦	2014
武松打虎	3607, 4040, 4155, 4314, 4800, 5423,	武夷春汛	1979
	6143, 6542, 10448	武夷风光	9791
武松打虎	2355, 2362, 2394	武夷歌声	11466
武松打虎鲁达除害	4227	武夷九曲	2030
武松打虎哪吒闹海	4227	武夷情	2913
武松林冲	4314, 4492	武夷山	1364, 9118, 9145, 10521
武松系列连环画	6272	武夷山风光	9826
武松醉打蒋门神	3547, 4314	武夷山天游胜景	9863
武松醉打蒋门神	2362	武夷山鹰咀岩	9788
武坛精英	4773	武夷胜景	1979
武坛精英李连杰	9554	武夷云海	9068

书名索引

武夷之春	1893	舞蹈《小孔雀》	9952
武英高手张宏梅	9252	舞蹈《小天鹅》	9952
武则天 3573, 4569, 4853, 4869, 6143, 6144, 6543,		舞蹈《鱼美人》	9952
9958		舞蹈《啄木鸟》	9952
武则天初恋	13139	舞蹈 ABC	12572
武则天催花	2667	舞蹈保健手册	12823
武则天的恋情	13153	舞蹈编导知识	12583
武则天升仙太子碑	7918	舞蹈创编法	12584
武则天演义	6203	舞蹈创作心理学	12572
武之舞	13301	舞蹈创作艺术	12570
武陟县戏曲志	12773	舞蹈创作之研究	12568
武中奇书法集	8240	舞蹈丛刊	12562
武中奇书法选集	8172	舞蹈大辞典	12572
武装斗争的壮丽颂歌	12872	舞蹈的基本训练	12583
武装直升机	9289	舞蹈的排练与表演	12582
舞 9944, 9955, 9956, 9957, 9958, 10521, 12654		舞蹈电影《丝路花雨》剧照	13114
舞	2653	舞蹈动作选	12582
舞伴之歌	11541	舞蹈概论	12572, 12585
舞场春色	12641	舞蹈挂历	10440
舞刀健儿	9555	舞蹈和舞剧书信集	12568
舞蹈	4040, 4095,	舞蹈基本功教材	12582
	9146, 9945, 9949, 9951, 9954, 9955, 9958,	舞蹈基本技术训练课教学法	12584
	9979, 12571, 12572, 12574, 12575, 12587,	舞蹈基本训练	12581, 12582, 12583
	12588, 12590, 12591, 12593, 12634,	舞蹈基本知识	12562
	12635, 12636, 12637	舞蹈基础	12570, 12575
舞蹈	2355, 2603	舞蹈基础训练	12584
舞蹈——敦煌彩塑	9954	舞蹈基础知识	12562, 12569
舞蹈《半屏山》	9951	舞蹈集	12587
舞蹈《报春》	9951	舞蹈集锦	9222
舞蹈《奔月》	9951	舞蹈纪程	12614
舞蹈《蝶双飞》	9954	舞蹈家陈爱莲	12582
舞蹈《敦煌彩塑》	9952	舞蹈家的遗产	12658
舞蹈《凤鸣岐山》	9952	舞蹈家杨丽萍	9706
舞蹈《海情》	9234	舞蹈讲义	12562
舞蹈《送水》	9937	舞蹈讲座	12562

中国历代图书总目·艺术卷

舞蹈教材	12560	舞蹈学习资料	12561
舞蹈教程 ABC	12572	舞蹈学研究	12586
舞蹈教学心理	12569	舞蹈演员	9530, 9544, 9575, 9676
舞蹈教育学	12572	舞蹈演员常识	12581
舞蹈解剖学初探	12563	舞蹈演员耿涛	9595
舞蹈解剖学教程	12573	舞蹈演员王莉	9623
舞蹈剧照	9954	舞蹈演员杨丽萍	9623
舞蹈来历	12612	舞蹈艺术	12564, 12565, 12566, 12567, 12578
舞蹈理论基本知识	12562	舞蹈艺术概论	12574
舞蹈论丛	12563, 12570	舞蹈艺术论	12572
舞蹈论文选	12562, 12568	舞蹈艺术浅谈	12569
舞蹈美	12571	舞蹈艺术欣赏	12573
舞蹈美学	12574	舞蹈音乐创作集	12148
舞蹈名词	12574	舞蹈音乐视唱教程	11064
舞蹈女神	12569	舞蹈应用生理解剖学	12575
舞蹈评论教程	12573	舞蹈游戏	12560
舞蹈曲谱	12145, 12146	舞蹈与族群	12624
舞蹈曲选	12146	舞蹈者的医疗	12582
舞蹈人	1761	舞蹈知识手册	12575
舞蹈人物装饰	10291	舞蹈资料文献集	12571
舞蹈入门	12560, 12574	舞蹈作品简介	12592
舞蹈三潭印月	9961	舞道	12587
舞蹈散论	12563	舞丰年	4155
舞蹈生态学导论	12571	舞国乐园	12641
舞蹈速写	2851, 2855	舞过群山	12578
舞蹈条屏	3655, 4040, 4155	舞会伴唱歌曲集锦	12387
舞蹈舞剧创作经验文集	12568	舞姬	9949
舞蹈欣赏	12569, 12573	舞剑	4227
舞蹈新论	12568	舞剑	2351
舞蹈新秀	9676	舞剑图	2643
舞蹈新秀——毛小春	9575	舞剧·乌兰诺娃	12670
舞蹈形态学	12574	舞剧《奔月》剧照	9954
舞蹈选材与训练科学	12584	舞剧《嫦娥奔月》	9952
舞蹈选集	12585	舞剧《蝶恋花》	9938
舞蹈学习	12563	舞剧《林黛玉》	9977

书名索引

舞剧《丝路花雨》——反弹琵琶	9222	舞书	12586
舞剧《丝路花雨》——盘上舞	9222	舞台、歌舞厅、演播室灯光与音响	12830
舞剧《珍珠》演员——李卫红	9575	舞台布景初程	12825
舞剧版《蔓萝花》中的蔓萝姑娘跳竹枝舞	13091	舞台布景绘制方法	12826
舞剧编导艺术	12582	舞台导演初程	13205
舞剧论文集	12585	舞台道具	12827
舞剧片"小刀会"镜头之一	13090	舞台灯光	12828
舞剧片《蔓萝花》的蔓萝姑娘竹枝舞	13094	舞台灯光使用技巧	12831
舞剧史上的革命创举	12650	舞台的倾斜	12910
舞剧鱼美人选曲	12198	舞台电视照明基础	12829
舞剧与古典舞蹈	12563	舞台服装	12832
舞乐图	4492	舞台行脚	12730
舞恋	5714	舞台化妆常识	12833
舞龙 80 招	12622	舞台化妆基础	12834
舞龙灯	4315	舞台化妆技法	12834
舞龙戏凤	4415	舞台化妆术	12832
舞论	12587	舞台化装	12832
舞论集	12568, 12587	舞台化装初程	12833
舞论续集	12570	舞台幻灯和特技	13303
舞美新探	12827	舞台幻灯艺术	12830
舞梦录	12570	舞台绘景知识	12827
舞男与舞女	5508, 6235	舞台机械	12830
舞翩翩	9969	舞台技术	12827
舞谱残	12585	舞台技术基础	12825
舞曲	12145	舞台建筑问题的研究	12826
舞曲集	12146, 12148	舞台姐妹	9623, 13109, 13247
舞人	12580	舞台剧照的拍摄	8750
舞诗	12178	舞台美	12829
舞狮	4155	舞台美术：幻觉与非幻觉的诱惑	12831
舞狮技艺	12625	舞台美术的研究	12826
舞狮庆丰年	4416	舞台美术工作经验简介	12826
舞狮庆新年	4155	舞台美术入门	12825
舞狮人传奇	6144, 6203	舞台美术设计概说	12828
舞狮图	4227, 4416, 4493	舞台美术史概要	12827
舞狮迎四化 龙灯庆丰年	4416	舞台美术文集	12828

中国历代图书总目·艺术卷

舞台美术选集	12828	舞厅交谊舞入门	12666
舞台美术研究	12826, 12829	舞厅金曲	12151
舞台美术与技术	12827	舞厅名曲荟萃	12452
舞台美术知识	12797	舞星艳影	12641
舞台美术资料索引	12828	舞雄千里	2030
舞台美术作品选	12828	舞艺	12643
舞台枪声	5599	舞艺·舞理	12625
舞台人物	2857	舞艺传深情	4155
舞台色彩学	12824	舞艺交流	4155
舞台设计	12825	舞苑花香	4227
舞台设计创作论	12831	舞云童跳花灯	4227
舞台设计提要	12824	舞中之王：现代探戈舞	12644
舞台生活四十年	12875, 12876	舞姿	9955, 9956, 9957, 9958
舞台生涯	5599	舞姿婀娜	9980
舞台实用锁呐曲牌谱	12069	舞姿轻盈	1880
舞台实用效果	12826	舞姿拾零	2870
舞台速度节奏	12803	勿失良机	6302
舞台速写选	2869	勿忘国耻 振兴中华	9371
舞台舞蹈头饰造型艺术	12574	勿忘我	5848
舞台新歌	9937	戊辰印存	8534
舞台艺术	1384, 12795, 12798	戊戌变法	6144
舞台艺术的真实感	12828	戊戌变法图画故事	6339
舞台艺术论	12825	戊戌喋血记	5714, 5848
舞台艺术摄影	8718	务歼入侵之敌	3177, 3244
舞台姻缘集锦	9234, 9236, 9244	务歼一切入侵之敌	3244
舞台与银幕的化装术	12832	务敏庐山水画宝	1702
舞台语法讲话	12808	务农青年好榜样	5154
舞台语言外部技巧初探	12908	物阜民康	2049
舞台照明	12824, 12827	物阜年丰	4416
舞台装置	12825	物富年丰	4569
舞坛新蕾	9226	物理学与音乐	10995
舞坛新秀	9676	物生物	127
舞坛新秀陆颖	9707	物体艺术	104
舞厅电声乐队演奏系列	12150, 12151	物我两忘	817
舞厅歌厅常用歌曲集	11741	误笔成蝇	5993

书名索引

误打铁胆庄	6203	婺剧《铁灵关》	9955
误入白虎堂	5423	婺剧简史	12768
误入鬼圈套	5848	婺剧艺术	12934
误入小雷音	6272	婺剧音乐	12117
误杀蔡九	6144	婺源行中国画作品集	2338
误失街亭	5993	婺源徽剧唱腔选编	11869
误陷虎穴	5848	婺源县民间歌曲集	11801
悟空 哪吒	4155	雾·秋天莫斯科的红池塘	6874
悟空八戒喜得子	6633	雾霭双峰	9826
悟空拜师	5599	雾岛尖兵	5263
悟空搬兵	6144	雾都报童	5423, 5508
悟空除三怪	5848	雾都谍影	5600
悟空大破双魔洞	5599, 5993	雾都十三夜	5993
悟空大战百变雄狮	6693	雾海观潮	9826
悟空大战二郎神	4732	雾江帆影	5715
悟空斗法	5848	雾里看花	121
悟空斗哪吒	2385	雾漫杜湖岭	6235
悟空斗狮精	5714	雾社事件	3439
悟空独闯麒麟山	5848, 5993	雾锁奇峰：广西桂林	9922
悟空计缚红孩妖	5714	雾雨	6712
悟空降服犀牛怪	5993	犀斋铁笔	8528
悟空救娃娃·取经返大唐	6339		
悟空巧胜三仙师	5714, 5993	X	
悟空擒玉兔	5599	"西原"主题弦乐四重奏	12542
悟空求雨	6144	"响尾蛇"落网记	6211
悟空戏八戒	4732	"橡树，十万火急"	5377
悟空战三妖	4761	"小八路"和解放军战士	13091
悟空智擒天王女	5715, 5993	"小白狐"之死	6211
悟人丹青	593	"小茶碗"变成"大脸盆"	5023
悟芗亭画稿	1595, 1596	"小呼啦"夺枪记	5528
悟芗亭全集	1596	"小花园"作品选	6756
悟香亭画稿	1596	"小马虎"历险"疏忽国"	5445
悟雪山房琴谱	12299	"小马虎"历险记	5527
塘堂行东图题咏	771	"小球迷"与大西瓜	5377
婺剧《三请梨花》	9232	"小伞兵"和"小刺猬"	5445

中国历代图书总目·艺术卷

"小羲之"少儿书法班作品	8324	[续墨池编]	7196
"新三字经"六体钢笔字帖	7561	[续书谱]	7237
"新三字经"四体毛笔字帖	8273	[薛丁山征西图]	1590
"新世纪的希望"城市雕塑设计方案选	8625	[薛仁贵征东图]	1590
"新艺术"设计	10760	X光与伦琴	5741
"醒狮行动"的覆灭	5883	行草	8426
"幸福城"	5337	行草大字典	8426
"幸福城"的猩猩	5337	行草对照硬笔书写训练	7594
《西泠印社首届全国篆刻作品评展》作品选	8564	行草集成	8121
《西厢记》——张生、莺莺	9652	行草解析	7366
《西厢记》中的崔莺莺	13107	行草临帖十八诀	7390
《西厢记》中的红娘与莺莺	13110	行草墨迹	8204
《西厢记》中的莺莺	13110	行草千字文	8419
《西游记》大观	13165	行草千字文汇编	7992
《西游记》故事画库	5884	行草入门	7247
《西游记》卡通画册	6677	行草书法百例	8316
《西游记》人物和故事	6349,6350	行草四季诗	8276
《下乡》《赶脚》曲谱	11835	行草宋词六十首	8248
《鲜卑岩祭火》导演计划	12914	行草唐诗六十首	8157
《小国王呼呼》丛书	6309	行草通书	7246
《小女婿》又到咱们村	4005	行草章法	8176
《小小动画家》——动手做	10718	行草章法举要	8428,8434
《小学生日常行为规范》三字歌大字帖	8211	行草字帖	8428
《小学生守则》图册	5528	行动队	6285,6286
《小宴》剧照	9222	行动艺术	455
《新华字典》检字表钢笔字帖	7488	行进法详解	12560
《新疆工人》画册	8845	行进在草原上	12224
《新三字经》宣传画	3384	行军歌	12543
《幸福的生活》电影歌集	12414	行军路上	2751
(新编)大众魔术	12987	行军路上(舞蹈)	12585
[戏园开支册]	12836	行楷字帖	8425
[心经印谱]	8455	行书	7344,7391,8066,8117
[新罗山人尺页]	1647	行书·草书技法及书法章法	7296
[绣谱]	10343	行书百日通	7354
[徐花农画册]	1608	行书备要	8116,8119

书名索引

行书笔法概述	7366	行书临范	8213
行书笔法与《兰亭序》帖	7277	行书米芾《蜀素帖》临写法	7391
行书笔法与章法要典	8436	行书描摹标准快写法	7617
行书编	8434	行书闽南童谣百首	8316
行书草书多种写法小字典	8349	行书名帖精品集成	8436
行书常用字 3500 例	7522	行书七言千家诗	8248
行书单字笔法字帖	8431	行书启蒙	8436
行书概论	7282	行书千字文	8248, 8438
行书概论与技法	7325	行书入门	7277, 7306, 7312, 7325, 7366, 8248
行书钢笔字快写法	7522	行书入门与提高	7312
行书古文十篇	8433	行书入门字谱	7325
行书和草书	7391	行书实用对联精选	8222
行书怀仁圣教序一百天	7812	行书实用指导	7325
行书基础	7391, 7428	行书书写门径	7271
行书基础教程	8437	行书书写入门	8436
行书基础理论	7391	行书速成	7335
行书基础入门	8433	行书孙过庭书谱	7296
行书基础与创新	7305	行书探讨	7282
行书基础知识	7305	行书唐诗八十首	8222
行书技法	7325, 7344, 7354	行书题画诗	8061
行书技法百日通	8437	行书五十种	8438
行书技法入门	7391	行书五言千家诗	8248
行书技法与赏析	7305	行书习字帖	8428
行书技法指南	8436	行书习字与解析	7289
行书佳联选	8233	行书学习与欣赏	7325
行书教程	7335, 7366	行书学习指南	8437
行书结构 100 法	8436	行书要法	7271, 7354
行书结构入门字谱	8436	行书指要	7391
行书精萃总览	8431	行书自学大字帖	7325
行书精练示范	7354	行书自学教程	7344
行书楷书对照规范钢笔字帖	7417	行书字范	8222, 8263
行书兰亭序	8176	行书字帖	8139, 8141, 8146, 8248
行书兰亭序一百天	8432	行为美	3347, 3348
行书隶书钢笔字帖	7472	行云流水	1731, 9872
行书练习本	8425	行者盗铃	5775

行者武松	6487	夕	4732
行知歌曲集	11388, 11476	夕峰古刹	6203
行走的都市	2327	夕归 天鹅湖	9813
降伏柳拐子	6187	夕阳	2030, 8640
降服水妖	6673	夕阳聚焦	8961
降龙伏虎	3538, 4130, 4537, 4787, 4849	夕阳情	8834
降龙伏虎	2133, 2718	夕阳曲	9508
降龙记	5790	夕阳驼影	9848
降龙罗汉	6584	夕阳箫鼓	12309
降龙如意	2134	夕照	1794
降魔除邪	4787	西安 8921, 8923, 8930, 8932, 8942, 9353, 9395,	
降妖追宝	5659	9423	
浚县泥咕咕	8626	西安碑林百图集赏	7720
浚县衙斋二十四咏印章	8522	西安碑林名碑	7720, 7721
晌妹子	3601, 12106	西安碑林书法艺术	7721
厦门彩塑	8661	西安碑石书法荟萃	7666
厦门风光	4633	西安宾馆	9999
厦门鼓浪屿	9100, 9132, 9875	西安道派乐器社乐谱	12350
厦门旧影	8915	西安道上	1784
厦门码头	10003	西安电影志	13188
厦门美术专门学校十周年纪念刊	570	西安动物园	10022, 10057
厦门三儿童	2979	西安风光	9060
厦门少儿防灾减灾书画作品选集	6764	西安风景	9044
厦门书画	2027	西安古都	9093
厦门菽庄花园	9077, 9861	西安鼓乐曲选	12324
厦门菽庄园之夏	9885	西安国际书法理论研讨会文论汇编	7351
厦门同安农民画作品选	1374	西安何家营乐器社鼓乐谱	12320
厦门万石岩公园	10110	西安红旗电机厂艰苦创业记	5187
厦门文艺	281	西安华清池	9073, 9093, 9826, 9876, 9894
厦门戏曲	12955	西安美术学院 50 周年院庆美术学论文集	136
厦门植物园	9258	西安美术学院附中学生习作	354
宿骆氏亭寄怀崔雍崔衮	8172	西安美术学院美术作品集	356
宿英扬琴作品选	12323	西安美术学院中青年教师素描作品集	2920
宿悦篆刻	8567	西安美术作品选	1361
宿云轩诗书画选集	2106	西安名胜	9039, 9043, 9052, 9060

书名索引

西安名胜古迹介绍	9038	西班牙素描新选	6909
西安市工农兵演出节目汇编	11356	西班牙随想曲	12547
西安市火灾案例挂图	3366	西班牙舞	4227, 9795, 9813, 9837
西安市私立晓钟戏剧学校一周纪念特刊	12753	西班牙舞蹈	4155
西安事变	5423, 5424, 5508, 5600, 5715, 5848,	西北二届美展作品选集	278
9222		西北风光照片展览目录	9037
西安戏曲史料集	12775	西北风流行歌曲	11712
西安易俗社七十周年资料汇编	12927	西北歌声	11539
西安园林风光	9792	西北行	1979
西柏坡	9876	西北花儿精选	11121
西柏坡	2422	西北回族民歌选	11764
西柏坡颂	3990	西北剪纸	10665
西柏坡题词书法选	8310	西北剪纸集	10662
西班牙的苦难	6843	西北民歌集	11760, 11792
西班牙的曙光	6895	西北民歌选集	11782
西班牙的血	6894, 6895	西北民族歌曲集	11765
西班牙雕刻	8677	西北三届美展作品选集	1355
西班牙斗牛记	10126	西北少数民族图案选集	10245
西班牙斗牛舞	12451	西北一瞥	8867
西班牙歌曲选	12383	西贝尔36首初步练声曲	12442
西班牙广告设计	10778	西贝尔36首初步练声曲, 作品970	11119
西班牙吉他独奏曲及练习曲	12181	西贝柳斯	10858, 10887
西班牙吉他基础及进阶	11201	西贝柳斯小提琴协奏曲	12178
西班牙吉他匹克演奏法	11200	西波涅	12371
西班牙吉他曲集	12479	西部大回响	11712
西班牙吉他弹唱法	11211	西部风	2240
西班牙吉他演奏初步	11192	西部歌曲	11487
西班牙吉他演奏法	11192, 11193	西部奇路	9111
西班牙吉他演奏及伴奏编配法	11195	西部情韵	8916
西班牙吉他自学教程	11206	西部摄影作品集	8910
西班牙吉他自学演奏法	11203	西部神韵	8955
西班牙吉他奏法	11192, 11193	西部写真	9119
西班牙交响曲	12467	西部性格	8984
西班牙交响曲, 作品21号	12546	西藏	8930, 8932, 8936, 8950, 8955, 8964
西班牙素描精品	6907	西藏察隅换新天	9054

中国历代图书总目·艺术卷

西藏传统手工艺——江孜地毯	10350	西藏唐卡	449
西藏传统音乐精粹	11818	西藏脱模泥塑	8663
西藏创作歌曲选	11807	西藏舞	2346
西藏大地	8953	西藏舞蹈概说	12618
西藏大昭寺释迦牟尼像	450	西藏舞蹈通史	12623
西藏当代美术选辑	8858	西藏写生	2870
西藏当代美术作品选	1316	西藏写生画集	2856
西藏风光	8964, 8974, 9363	西藏写生集	2865
西藏风马旗	10703	西藏新歌	11692
西藏佛教彩绘彩塑艺术	460	西藏艺术	313, 8858
西藏佛教密宗艺术	448	西藏艺术集萃	458
西藏佛教寺院壁画艺术	6626	西藏音诗	12164
西藏佛教唐噶艺术	450	西藏原始艺术	272
西藏佛教艺术	438	西藏在前进	8876
西藏服饰	10528	西藏之春	3547, 3655
西藏概况	8942	西藏之春	2418
西藏革命歌曲选	11666	西藏自治区画集	8925
西藏古典歌舞	12148	西藏宗教艺术	460
西藏古典歌舞——囊玛	12639	西昌行	5848
西藏古格壁画	6624	西潮下的中国现代戏剧	12727
西藏行	8887	西城歌声	11441
西藏好	11909	西出阳关	5508
西藏绘画	614	西楚霸王	4986
西藏活佛	9746	西陲吟痕	9247
西藏经卷插图精选	459	西德风光	9863, 9886
西藏历代藏印	8546	西德活力小姐玛丽亚	10164
西藏面具	10703	西德尼·哈里斯系列漫画	7030
西藏面具艺术	10685	西德纽伦堡	9813
西藏民间歌舞	12148	西德少女	9623
西藏农牧学院	9996	西德乡村小景	9863
西藏普通人家	8964	西尔克·莱韦尔屈纳	6870
西藏山南·雅著	9135	西法肖像学	621
西藏神舞戏剧及面具艺术	12670	西方爱情诗选钢笔行书字帖	7536
西藏石刻	8652	西方八十年代艺术	529
西藏寺庙艺术	462	西方插花	10778

书名索引

西方传统装饰图形	10778	西方美术史学中的中国山水画	194
西方当代美术	369	西方美术史要	371
西方当代美术：从抽象表现主义到超级写实主义	187	西方美学家论美和美感	062
		西方美学艺术学撷英	078
西方道琴十二首	12051	西方名导演论导演与表演	12804
西方的乐器	11167	西方名音乐家传奇	10924
西方电影史概论	13180	西方人笔下的中国风情画	6829
西方电影史话	13191, 13193	西方人看中国戏剧	12851
西方电影艺术史略	13198	西方人体艺术风格流变史略	452
西方电影中的性问题	13071	西方人物卡通造型	6630
西方雕刻欣赏	8604	西方摄影流派及其大师们	8705
西方雕塑	8609	西方摄影流派与大师作品	8712
西方雕塑史话	8611, 8612	西方摄影纵览	8705
西方服饰大全	10750	西方十句话	3489
西方古典歌曲集	12443	西方书法指南	8596
西方后现代绘画	593	西方素描艺术图典	1161
西方画廊	201	西方文化艺术巡礼	375
西方画论辑要	479, 483	西方舞蹈鉴赏	12573
西方绘画故事	597	西方舞蹈史	12579
西方绘画史话	591, 592	西方舞蹈文化史	12579
西方交响音乐发展纲要	11273	西方戏剧·剧场史	12794
西方近现代通俗钢琴曲	12511	西方戏剧史话	12787
西方流行音乐	10988	西方现代绘画雕塑百图	6802
西方裸体艺术鉴赏	520, 537	西方现代家具与室内设计	10743
西方美术东渐史	170	西方现代美术流派介绍	367
西方美术发展史	369	西方现代美术思潮	369
西方美术风格演变史	370	西方现代派美术	198
西方美术理论文选	130	西方现代戏剧艺术论	12733
西方美术名作鉴赏辞典	522	西方现代艺术	369
西方美术赏析	522	西方现代艺术词典	166
西方美术史	368	西方现代艺术精粹	205
西方美术史丛书	377	西方现代艺术批判	118
西方美术史纲	173	西方现代艺术史	177
西方美术史话	175	西方现代艺术史·80年代	187
西方美术史略	582	西方现代艺术诸流派与中外美术交流	197

中国历代图书总目·艺术卷

西方现代音乐概述	10925	西瓜弟兄	4876
西方新艺术发展史	188	西瓜计	5077, 5238
西方形式美学	078	西瓜炮	5367, 5424
西方演剧史论稿	12775	西瓜田中歇歇凉	3607, 3705
西方艺术大观	368	西瓜心里甜	4930
西方艺术风格词典	375	西瓜战	5367, 5424
西方艺术简史	177	西国乐法启蒙	11030
西方艺术理论中的方法论探索	034	西海	9083
西方艺术批评史	180	西海春色	1926
西方艺术史	170, 180	西海落日	9837
西方艺术史图解辞典	184	西海乐论	10911
西方艺术事典	184	西海牌坊峰	9837
西方音乐的观念	10987	西海秋晴	1881
西方音乐的历史与审美	10987	西海云涌	9826, 9837
西方音乐及其流派	10988	西汉吊画	10349
西方音乐家的故事	10926	西汉南越王墓文物珍品	405, 406
西方音乐简史	10926	西汉文学故事	6302
西方音乐漫话	10985	西行画记	2869
西方音乐赏析	10893	西行画纪	2869
西方音乐史	10984, 10985, 10986, 10987	西行漫画	3395, 3406
西方音乐史话	10986	西行奇遇	6203
西方音乐史简编	10987	西行写真	8951
西方音乐史教程	10925	西河边上	9886
西方音乐史略	10924, 10925, 10927	西河村书画集	1720
西方音乐文化	10987	西河大鼓	12137
西方音乐欣赏	10869	西河大鼓史话	12972
西方哲理漫画	3515	西湖	2924, 2989, 9038, 9050, 9052, 9060, 9064,
西方哲学画廊	6507		9073, 9083, 9119, 9788, 9813, 9826, 9837,
西方哲学家、文学家、音乐家论音乐	10804		9863, 10412
西方中世纪艺术史	186	西湖	2424
西方装饰插图选	10741	西湖(中国 杭州)	9050
西房身	3177	西湖 2000 年	2950
西风残照故中国	10134	西湖初冬	9894
西风独自凉	6340	西湖春光	9804
西瓜的故事	5019, 5077	西湖春浓	9837

书名索引

西湖春色	9042, 9826, 9848	西湖梦寻	8970
西湖春色	2452	西湖民间故事	4315, 4416
西湖春晓	9814	西湖名胜	9042, 9784
西湖春意浓	9102	西湖倩影	9826
西湖春早	9093, 9788, 9804	西湖情	4733
西湖春姿	2435, 2653	西湖情	2448
西湖大比武	6144	西湖秋色	9068, 9848
西湖灯会	4416, 4493	西湖秋色	2448
西湖堤畔	1728	西湖秋爽	9093
西湖的春天	8641	西湖全景图	4315
西湖电子琴原理及演奏技法	11288	西湖胜迹	6766
西湖断桥	9119, 9826	西湖胜景	9135
西湖泛舟	9093, 9826	西湖盛夏	9826
西湖放鹤亭	9125, 9826	西湖诗词楹联精选书法欣赏	8240
西湖风光	4416, 4647, 9059, 9064, 9077	西湖诗景	10498
西湖风光	2429	西湖诗印集	8559
西湖风光——苏堤晚晴	9848	西湖十八景图	1601
西湖风光(春、夏、秋、冬)	3655	西湖十二景	9077
西湖风光好	4227	西湖十景	3027
西湖风景画	9037	西湖十景币型章墨迹	2101
西湖风景明信片	10418	西湖石窟艺术	8648
西湖公园	9912	西湖四季	9111, 9119
西湖公主	5600, 5994	西湖四景	2443
西湖古代爱情故事丛书	6370	西湖天下景	4416, 4733, 9111
西湖荷花	10012	西湖天下景：春·夏·秋·冬	4733
西湖花港	9894	西湖卧游图题跋	776
西湖画寻：历代西湖胜迹画录	1327	西湖夕照	9827
西湖佳景	9906	西湖西泠桥	3003
西湖景色	9902	西湖夏荷	9073, 9906
西湖旧影	9141	西湖夏游	9111
西湖览胜	4732	西湖小景	9837
西湖丽人行	2014	西湖小瀛州	9837
西湖柳艇图	2832	西湖小瀛洲	9073, 9083, 9093, 9132, 9797, 9814,
西湖论艺	121		9863, 9876
西湖美景	9876	西湖新十景	9083, 9093, 9863

中国历代图书总目·艺术卷

西湖薛静	9786	西泠印社古铜印选	8554
西湖雪景	9814	西泠印社国际印学研讨会论文集	8467
西湖一八艺社第六届展览会特刊	241	西泠印社建社九十周年国际篆刻书画邀请展作	
西湖月夜	4647	品集	6841
西湖湛碧亭	9922	西泠印社九十年	264
西湖之春	4416, 9083, 9132, 9800, 9886, 9894,	西泠印社社员印集	8542
9909		西泠印社社员作品集	2312
西湖之春	2452, 2453	西泠印社首届国际书法篆刻大展图录	8321
西湖主	5600, 5848	西楼苏帖选	7995
西华县戏曲志	12773	西路评剧初探	12851
西画常识	600	西门豹	5129, 5238, 5263, 5294, 9084
西画概要	599	西门豹除巫	5294
西画论丛	472	西门豹除巫治邺	5263
西画论丛续集	600	西门豹大破神权	6600
西江潮	5367	西门豹治邺	5263, 5367
西晋陆机平复帖	7790	西盟佤族民歌	11807
西晋陆士衡平复帖真迹	7789	西孟的爸爸	5994
西京金石书画集	1473	西南大动脉	9128
西京职官印录	8499	西南儿童图画选集	6745
西丽湖远眺	9849	西南高原的春天	13234
西凉《十诵比丘诫本》	7826	西南交通大学	10105
西梁国	5600	西南剧展	12759
西泠八家尺牍	8042	西南民歌	11763
西泠八家印选	8546	西南民族画集	1355
西泠后四家印谱	8541, 8551	西南区歌曲创作选	11405
西泠六家印存	8454	西南区话剧、地方戏观摩演出大会演出剧目	
西泠暮韵	1794		12907
西泠四家印存	8519	西南人民胜利大歌舞	12092
西泠四家印谱	8517, 8539, 8542, 8551	西南少数民族图案集	10242
西泠四家印谱附存四家	8511	西南少数民族织绣图案	10347
西泠五家印谱	8527	西南师范学院	9993
西泠艺丛	229, 230, 231, 232	西南丝绸之路	8955
西泠印社第二届全国篆刻作品评展作品选	8573	西南写生画集	2848
西泠印社第三届篆刻作品评展作品选	8573	西南游踪速写	2886
西泠印社法帖丛编	7744	西宁风光	10499

书名索引

西欧 50 艺术大师传略	510	西山名胜	9863
西欧风光	9119	西山题跋	7239, 7697
西欧古典装饰资料集	10763	西山义旗	5047
西欧近代画家	576	西山逸士画集	1720
西欧人体绘画选	6798	西山战斗	2721
西欧十大名歌剧欣赏	13005	西施	3607, 4416, 4493, 4647, 4773,
西欧戏剧理论	12689		5600, 6144, 8814, 9004, 9226, 9537, 9555,
西欧戏剧史	12757		10448, 13112
西欧音乐名作	10854	西施	2358
西欧造型艺术参考资料	8668	西施扮演者——董智芝	9595
西欧作曲家肖像	10985	西施范蠡	4569
西皮二黄音乐概论	11154	西施和范蠡	13112
西皮二黄	12272	西施和浣纱女	4493
西片宣传百科	13281	西施浣纱	3607, 4095, 4227, 4416, 4569, 4733,
西圃题画诗	672		8817, 9239, 10448, 10449, 10485
西樵揽胜	1894	西施浣纱	2357, 2395, 2612
西樵瀑花阁	1773	西施浣纱 贵妃醉酒 貂蝉拜月 昭君出塞	4155
西樵山	9798	西施浣纱 贵妃出浴	9239
西樵胜迹	1997	西施浣纱图	4095
西清古鉴	408, 409	西施泪	5600
西清砚谱	1045	西施巧妆	9595
西清札记	664, 775	西施赏月	4647
西沙的故事	3853	西施与范蠡	4227, 4773
西沙儿女	5263, 5264, 5294	西施与范蠡	2368
西沙海战	5848	西式美术字设计	8594
西沙行	5367	西寿图印存	8511
西沙民兵	9000	西双版纳	10513, 10551
西沙女民兵	2759, 9001	西双版纳白描写生集	2865
西沙雄鹰	8806, 9335	西双版纳传奇故事	6507, 6712, 6713
西沙战歌	3806	西双版纳的故事	5238, 5367
西沙之战	5238	西双版纳飞龙白塔	9998
西沙自卫反击战	2759	西双版纳风光	9423, 9457
西山圆联碑刻辑注	7669	西双版纳风情	8938
西山朝阳亭	9992	西双版纳热带植物园	9125
西山红叶	2606	西斯顿夫人像	6888

中国历代图书总目·艺术卷

西斯莱	6850, 6855, 6861	西厢佳景照丽影	9526
西太后篡权记	5848, 5849	西厢丽影集	6617
西特小提琴练习曲	12472	西厢偶影集	1280
西天的回声	464	西厢巧遇	4040
西天取经	5600	西厢廌政	1594
西天取经	2101	西厢述评	12720
西天王·东天王	2102	西厢听琴	4417
西亭十二客印纪	8498	西厢篆草	8498
西王母献寿	4315	西轩印谱	8497
西魏《大比丘尼揭磨经》	7826	西轩篆要	8503
西魏《东都发愿文》	7826	西匽刻竹	1061
西屋闲话	507	西崖装饰画集	10562
西西里的风光	6909	西洋"迷你"魔术	12994
西西里计划	6145	西洋百首名曲详解	10867
西狭颂	7762	西洋插花设计	10770
西夏的故事	6568	西洋唱歌法译丛	11110, 11111
西夏辽金音乐史稿	10976	西洋雕刻简史	8601
西线轶事	5849	西洋雕塑百讲	8603
西厢传束	4156	西洋雕塑百图	8669
西厢待月	9423	西洋风景画百图	524
西厢画传	4873	西洋风景油画	2832
西厢会真记	1565	西洋歌剧名作解说	13007
西厢记 3044, 3515, 3607, 4040, 4095, 4156,		西洋歌剧选曲	12413, 12424
4228, 4315, 4416, 4493, 4569, 4828, 4869,		西洋歌剧与美声唱法	13009
4908, 4917, 5424, 6398, 8842, 9146, 9222,		西洋古代美术史	171
9226, 9229, 9247, 9287, 9944, 9949, 9957,		西洋古典歌剧选曲	12415
10449, 12131		西洋古典歌曲选	12443
西厢记 2102, 2159, 2345, 2356, 2358		西洋古典合唱曲集	12427
西厢记——红娘与莺莺	4095	西洋古典近代现代画巨匠	537, 542
西厢记合册	1564	西洋古典图案大全	10726
西厢记谱	12055	西洋古典舞蹈应用语法	12660
西厢记曲谱	12131	西洋古典音乐及轻音乐口琴独奏曲集	12491
西厢记人物画选	1582	西洋古典音乐及轻音乐口琴独奏曲集三编	
西厢记四种乐谱选曲	12058		12493
西厢记图	3049	西洋鼓号队	11264

书名索引

西洋花大全	10729	西洋美术史入门图本	171
西洋花艺	10741	西洋美术史提要	169
西洋画法纲要	599	西洋美术史之旅	377
西洋画概论	471	西洋美术图史	368
西洋画派解说	571	西洋美术选集	2981
西洋画派十二讲	569	西洋名画故事	522
西洋画欣赏	521	西洋名画故事选	514
西洋画研究	600	西洋名画家	537, 538, 551
西洋画苑	6771	西洋名画家绘画技法	1072
西洋徽饰图案集	10208	西洋名画精品总览	6847
西洋绘画百讲	602	西洋名画十二讲	513
西洋绘画百图	6783	西洋名画欣赏	507
西洋绘画名作选集	6806	西洋名画巡礼	500
西洋绘画实用词典	488	西洋名曲解说	10853
西洋绘画史	572, 575, 576, 592, 597	西洋名曲赏析	10870
西洋绘画史话	574, 577	西洋名作曲家研究	10855
西洋绘画艺术殿堂·奥塞美术馆	6869	西洋魔术	12992
西洋绘画艺术殿堂·列宁美术馆	6869	西洋木刻选集	6914
西洋绘画艺术殿堂·罗浮宫	6869	西洋女性曲线美	10126
西洋交响音乐入门	11271	西洋人体艺术精品欣赏	541
西洋近代美术史	171	西洋社会艺术进化史	173, 180
西洋静物画	6795	西洋声乐发展概略	11135
西洋镜	6959	西洋手风琴独奏曲集	12493
西洋巨匠美术丛书	545, 546, 547	西洋淑女画	6879
西洋乐器提要	11163	西洋素描百图	6900
西洋乐器图说	11164	西洋素描选	6902
西洋流行摇滚	12404	西洋戏剧简史	12753
西洋流行音乐辞典	10986	西洋戏剧史	12752
西洋美术辞典	165, 174	西洋戏剧与戏剧家	12794
西洋美术大纲	170	西洋肖像画百图	6795
西洋美术概论	570	西洋演剧史	12743
西洋美术史	168, 169, 171, 172, 173, 194	西洋艺术史	174
西洋美术史纲要	169, 170, 173	西洋艺术史话	170
西洋美术史入门	171	西洋音乐	10785, 10987
西洋美术史入门画本	168	西洋音乐百科全书	10828, 10829

中国历代图书总目·艺术卷

西洋音乐的风格与流派	10988	西游记故事精粹	6415
西洋音乐风格的演变	10983	西游记精选本	6370
西洋音乐故事	10924	西游记连环画	6235, 6341
西洋音乐简史	10923	西游记盘丝洞特刊	13288
西洋音乐名作故事	10883	西游记人物故事	6468
西洋音乐浅说	10784	西游记三笑合刊	13289
西洋音乐史	10922, 10923, 10924	西游记绣像	6608
西洋音乐史纲	10921	西游记杂剧三折	12117
西洋音乐史纲要	10921, 10922	西游记之二	6468
西洋音乐史教程	10922	西游记之三	6468
西洋音乐史入门	10987	西游记之一	6469
西洋音乐史问答	10924	西游漫记	3406
西洋音乐史与风格	10923	西游群仙	13130
西洋音乐通史	10923	西游新记	5849, 6272
西洋音乐小史	10921	西域画	1498
西洋音乐楔子	10785	西域画(上辑)说明	1468
西洋音乐欣赏	10853	西域文化与敦煌艺术	257
西洋音乐研究	10985	西域戏剧与戏剧的发生	12945
西洋音乐与诗歌	10783	西域装饰艺术	10203
西洋音乐与戏剧	13000	西园翰墨	7745
西洋音乐知识	10789	西园记 4156, 4228, 4315, 5508, 9219, 9229, 9944	
西洋之神剧及歌剧	12745	西园佳色	9814
西洋制谱学提要	11067	西园秋色	9814
西影30年	13281	西园雅集	2643
西游故事屏	4315	西苑秋色	9827
西游记 3457, 3489, 4156, 4493, 4647, 4733,		西岳华山	9064, 9849, 9863
4800, 5715, 5994, 6203, 6272, 6302, 6340,		西岳华山碑	7754
6341, 6370, 6398, 6432, 6468, 6507, 6543,		西岳华山庙碑	7754
6568, 6591, 6740, 6741, 10521, 13130		西岳华山图	4733
西游记	2102	西畴寓目编	1460
西游记——错坠盘丝洞	13109	西周金文五种解析字帖	7385
西游记——坎途逢三难	13109	西周末日	5715
西游记——巧过女儿国	13109	西周青铜器铭文分代史征器影集	413
西游记动画故事精选	6723, 6724	西周书法	7674
西游记故事	6203	西椎山	9863

书名索引

西子姑娘	5994	希吕印存	8520
西子湖泛舟	9876	希曼	6341
西子湖畔	9837, 9906	希曼诺夫斯基	10898
西子花好	4733	希区柯克论电影	13127
西子鸟瞰	9252	希区柯克与悬念	13214
西子瑞雪	9074	希瑞	6641, 6648
西子夏荷	9084	希瑞——非凡的公主	7077
吸血鬼	6568	希瑞公主	6661
吸烟有害	3352	希韶阁琴瑟合谱	12307
吸引	9371	希韶阁琴学津梁	11329
希恩古鲁本	5264	希施金集	6874
希尔薇亚	9383	希特勒与艺术	372
希光复仇记	5600	希特勒之死	6235
希腊雕刻	8669	希望	1979, 2945, 4315, 4647, 5367, 5424, 7556,
希腊雕刻简史	8601		8241, 9360, 9371, 9409, 9457, 9488, 9595,
希腊古代雕刻	8605		9676
希腊古典雕刻	8603	希望的花	4917
希腊罗马美术	175	希望的田野	11499
希腊罗马美术史话	194	希望的摇篮	056
希腊罗马神话	6811	希望寄托在你们身上	3106, 3262, 3323
希腊罗马神话艺术欣赏	096	希望奖文集	13130
希腊罗马艺术	176	希望之歌	11511
希腊母亲	6861, 6890	希望之光	9383
希腊女船王婚变记	5849	希望之路	2888
希腊瓶画	10736	希望之声	11287
希腊神话传说	6469	昔日瀚海葡萄甜	9338
希腊神话故事	7031	昔日黄沙滚滚 今天麦浪翻腾	9263
希腊神话精选	6543	昔日奴隶	3944
希腊神话全集	6592	昔日血泪	6599
希腊速写	6895	昔阳大寨团结沟渡槽	9986
希腊雅典	10154	昔阳东冶头稻田	9986
希腊艺术	363	昔阳河山展新容	3900
希腊艺术鉴赏	099	昔阳农民画	6755
希腊艺术手册	368	昔阳农民画选	6755
希腊音乐史	10981	昔阳群众歌曲选	11686

昔阳山河重安排	9276	药茵	4315
昔阳盛开大寨花	6600	惜阴楼印存	8497
昔阳速写	2860	惜余轩琴话	11305
昔阳县农民画	6755	锡伯族民间美术概论	10708
郗士格书法集	8337	锡伯族民间图案集	10311
郗士格书法作品集	8321	锡城的故事	4986
牺盟大合唱,作品第九号	11977	锡德拉湾三月烽火	6592
息庵印存	8538	锡惠公园	9125
息柯杂著	469	锡惠之春	9125
息县戏曲志	12774	锡剧《嫦娥奔月》	9222
息影轩画谱	1558	锡剧《红花曲》选曲	12121
奚耿虎沪剧音乐作品选	12135	锡剧《孟丽君》	9232
奚蒙泉诗书画册	1634	锡剧常用曲调	12122
奚铁生画册	1612	锡剧曲调介绍	12918, 12919
奚铁生山水集册	1645	锡剧小戏考	12920
奚铁生山水自题册	1613	锡剧艺术文集	12955
奚铁生手札	8042	锡兰绘画展览会	6780
奚铁生树木山石画法	899	锡山林敬堂印谱	8514
奚铁生树木山石画法册	899	溪	2809
奚铁生树木山石水画法册	1647	溪村舞	12653
奚铁先生印谱	8491	溪阁观泉	1574
奚啸伯艺术生涯	12886	溪谷幽居	10460
奚秀兰演唱歌曲选	11979	溪口千丈岩瀑布	2733
悉尼歌剧院	9993	溪畔	9814
悉尼之光	4733	溪畔纳凉	1661
淅川县戏曲志	12774	溪桥策杖图	1666
惜抱轩法帖题跋	7701, 7702	溪桥雨烟	1951
惜抱轩手札	8055	溪色棹声图	2620
惜别赠言硬笔书法	7507	溪山风雨图册	1550
惜春	9488	溪山行旅图	922
惜春描园	9239	溪山行旅图	2448
惜春禽·爱鸟诗词歌集	11499	溪山琴况	11325, 11326
惜春作画	4095, 4156, 4569, 8657	溪山勤读图	2653
惜春作画	2102, 2606	溪山清远图	829
惜春作画 宝钗扑蝶 黛玉葬花 湘云醉卧 芍		溪山晴霭图卷	1695

书名索引

溪山晴云	2049	羲之换鹅图	4493
溪山万里图	2014	蟋蟀	5601
溪山卧游录	667	蟋蟀·秋菊画法	970
溪水	9886	蟋蟀的故事	6507
溪水潺潺	4570, 9837	曦	9457
溪水凉凉	9119	习草通则	7310
溪水清淳	9894	习楷问渡	7287
溪水新歌	3944	习苦斋画絮	778
熙凤弄权	5601	习书留痕	8228
熙坤速写	2869	习武	9229, 13116
熙宁新定时服式	10343	习武强身，保家卫国	4493
嬉	9440	习武强身健康长寿	4570
嬉春灯	3705	习武之余	9396
嬉春图	3344, 3607, 4228, 4315, 4417	习篆要诀	8473
嬉灯图	3607	习篆一径	8359
嬉燕图	4417	习字范本四种	7712
嬉浪	4493	习字门径	7243
嬉浪	2675	习字秘诀	7293, 7294
嬉乐图	4570	习字启蒙	7401
嬉猫	10037	习字入门	7239
嬉猫图	1951	习字速成法	7711
嬉耍	9440	习字帖	8058, 8134
嬉耍丰收桃	4315	习字要诀	7332
嬉水	9371, 9440, 9457	席德进书简	513
嬉戏	8817, 9468, 10551	席方平	5715, 5850, 5994
嬉戏图	2102	席方平——聊斋志异故事选	5601
嬉戏小鸡	4228	席方平三进阴曹	6302
嬉雪	9410	席绢妙语硬笔书法	7584
嬉鸭	4156	席里柯	6784
嬉游曲	12455	席明真戏剧文选	12942
嬉鱼	1951, 4095, 4228, 10449	席慕蓉 汪国真诗词钢笔字帖	7536
嬉鱼	2631	席慕蓉爱情诗钢笔字帖	7457
嬉鱼图	4156, 4228, 4417, 4828, 9423	席慕蓉诗词精品	7536
嬉浴图	4315	席慕蓉诗钢笔字帖	7457
羲皇故里	8988	席慕蓉诗歌行书钢笔字帖	7457

中国历代图书总目·艺术卷

席慕蓉诗文钢笔字帖	7457	喜报吉庆	4228
席慕蓉诗文硬笔书法字帖	7458	喜报平安	2159
席慕蓉书信集	7481	喜报三多	3548
席慕蓉抒情诗钢笔字帖	7481, 7600	喜报写不完	10671
席殊 3SFM 实用硬笔字 60 小时训练	7556	喜报早春	3608
席殊实用硬笔字字帖	7584	喜背新娘	9555
席子园画石册	1593	喜采并蒂莲	4156
袭击九枫寨	5850	喜禅墨竹	977
袭击弹药库	5850	喜尝丰收果	4228, 4417
媳妇好	4315	喜唱丰收	12280
洗犁	2591	喜唱祖国日日新	4040
洗染匠和理发师	5850, 5994	喜成双	8824
洗洗手 吃苹果	4228	喜春光谱	12326
洗衍庐	2049	喜春图	4095, 4570, 4647, 4733
洗衣	2930	喜到人间	4853
洗衣妇	5994	喜得双鱼	3655
洗衣歌	11642, 11643, 12599	喜得真情妻	8851
洗衣舞	12599	喜灯会	3608
洗冤怨悉	6145	喜钓金鱼	4648
洗澡	1762	喜读《西厢》	4095
洗猪	1752	喜读西厢	4494, 4648, 9946
玺印	429	喜多财旺	2159
玺印集林	8546	喜多川歌麿麿作品	6927
玺印鉴赏与收藏	8466	喜夺丰收	3745
喜	4493, 4494, 4647, 4800, 9440	喜儿	13094
喜	2102	喜分超产粮	3608
喜报春晖	4733	喜丰年	4228, 4417, 12199
喜报春来	1951, 2014, 2030	喜丰收 1762, 3900, 4040, 4041, 4095, 4316, 4494,	
喜报大丰收	3782	4570, 9337, 10409	
喜报丰年	3607, 3655, 4315	喜丰收	2102
喜报丰年大有余	2102	喜丰收 迎新春	3655
喜报丰收	3548	喜富贺春 福寿增财	4828
喜报丰收 连年有余	2102	喜富图	4316
喜报富裕年	4647, 4733	喜盖新仓广积粮	3228
喜报花开	3608	喜哥	6145

书名索引

喜哥流浪记	6145	喜看拔身不弯腰	3901
喜购铁牛	3853	喜看拔秧不变腰	3853
喜过"长江"	3806	喜看产品日日新	3806
喜贺新春	4494	喜看稻菽从"天"降	3853
喜欢钓鱼的鸭子	7058	喜看稻菽千重浪	3901
喜欢看鲜奶运四方	3017	喜看队里的新"牛栏"	3853
喜绘图	3573	喜看队里的新牛栏	3853
喜驾铁牛	3945	喜看河水上高山	3806
喜见蓓蕾满枝头	1862	喜看荷花上山顶	1862
喜见草原添新彩	3901	喜看黄水今又来	3853
喜见光明	3945	喜看今日六盘山	3901
喜见新苗	3745	喜看麦乡千重浪	3901
喜见新人出新钢	2934	喜看女儿多健壮	3806
喜降春雨	3945	喜看群山多一峰	3853, 3901
喜降人工雨	3901	喜看群山多一峰	2421
喜交爱国粮	3853	喜看人间	4041, 4648
喜叫蝈蝈	3655	喜看人间寿星多	4773
喜接新机建边疆	3853	喜看人间添新彩	4417
喜结良缘	2159, 4494, 4570, 4648, 4733, 4800,	喜看孙儿学文化	3705
	4845, 8824, 8834, 8842, 9236, 9242, 9244	喜看铁牛满山坡	3991
喜结良缘	2050, 2102, 2159	喜看新车	3945
喜结同心	4156, 4316, 4417, 4733, 4800, 8820,	喜看新雏	3991
	9236, 9396	喜看新年画	4156
喜结鸳鸯	4733	喜看新星天外归	3945
喜酒	12168	喜看装仓不用扛	3901
喜酒公主	8824	喜乐的山窝	5103
喜剧电影理论在当代世界	13301	喜乐于主	12437
喜剧理论在当代世界	12703	喜量新田	2759
喜剧美学初探	12703	喜临门 1862, 1979, 4041, 4156, 4228, 4316, 4417,	
喜剧美学论纲	12693, 12704	4494, 4570, 4734, 4800, 8814, 8820, 8834,	
喜剧明星	13153	9410, 9440, 10460, 12096	
喜剧心理学	12693	喜临门	2102, 2103, 2160
喜剧研究与喜剧表演	12824	喜临门庆丰收	3573
喜开丰收镰	2753	喜临英雄门第 春到光荣人家	4494
喜开镰	12344	喜录我家金鸡唱	4648

中国历代图书总目·艺术卷

喜脉案	9242, 9246	喜庆丰收大有余	4418
喜忙年	1979	喜庆丰收大有余	2160
喜猫图	4417	喜庆丰收乐	4157
喜梅图	4801	喜庆丰收连年有余	4316
喜闹花灯庆丰收	4417	喜庆丰收年	4316, 4734
喜盼佳期待西厢	9383	喜庆丰收年	2160
喜评新瓷	3853	喜庆丰收娃娃壮	4495
喜气和美福寿来	4801	喜庆封收	12264
喜气临门	3608	喜庆福丰年	4418
喜气临门	2103	喜庆富裕年	4571
喜气满堂	4648, 4734, 4845	喜庆高寿	4648
喜气满堂	2103, 2160	喜庆吉祥	4317, 4418
喜气千家 春光万里	4156, 4157	喜庆佳节	4734
喜气洋洋	3573, 8824	喜庆乐	12329
喜气洋洋福满门	4648	喜庆临门	9484
喜气迎春	4316, 4570	喜庆龙年	4648
喜气盈门	4157, 4418, 4761	喜庆美满	2103
喜庆	9371, 12263	喜庆门联精选	8282
喜庆长寿	2160	喜庆农业丰收 保卫革命果实	3705
喜庆春满园	4095	喜庆齐来	4571
喜庆灯笼	4095	喜庆同乐	4317, 4495
喜庆丰年 3655, 3705, 4157, 4316, 4418, 4494,		喜庆同寿	9440
4734, 10409, 10412		喜庆图	4229
喜庆丰年	2160	喜庆团圆	9242
喜庆丰年 花果满园	4157	喜庆五谷得丰收	4495
喜庆丰年 万家同乐	4418	喜庆新春	4418
喜庆丰年 欢度春节	3656	喜庆盈门	4801
喜庆丰年"四化"在望	4229	喜庆楹联钢笔字帖	7458
喜庆丰年福满人间	4229	喜庆有余 3608, 3656, 4317, 4418, 4648, 4845,	
喜庆丰年人寿长春	4229	8842	
喜庆丰年图	10434	喜庆有余	2160
喜庆丰收 1979, 3573, 3608, 3656,		喜庆有余 幸福快乐	4853
3705, 3806, 3853, 3991, 4095, 4096,		喜庆有余百业兴旺	4229
4229, 4418, 4494, 4570, 4734, 10409		喜庆有余福盈门	2160
喜庆丰收(窗顶)	4157	喜庆有余鹤鹿同春	4317

书名索引

喜庆有余连年好	4317	喜收新茧	4041
喜庆有余幸福来	4418	喜收新棉	3705
喜庆有鱼	2103	喜寿乐	2103
喜庆赠言	7536	喜寿满堂	8851
喜鹊登梅	2014, 4096, 4157, 4495	喜寿图	1951
喜鹊登梅	2050, 2490, 2653	喜售丰收果	3745, 3991, 4317
喜鹊登梅图	1979	喜送爱国粮	2753, 3745
喜鹊姑娘	5327, 5994	喜送爱国棉	2748
喜鹊红棉	3573	喜送春联	3901
喜鹊岭茶歌	5994	喜送丰收粮	12158
喜鹊梅花	2497, 2653	喜送公粮	12279
喜鹊牡丹	4096	喜送良种	3901
喜鹊闹梅	4317, 4418, 4734, 5715	喜送粮	12593
喜鹊闹梅	2660	喜送苹果	9353
喜荣归	4908, 9226	喜送亲	4096
喜晒战备粮	3806, 12600	喜送亲人上大学	3766
喜上加喜	4495	喜送铁牛	3945
喜上加喜交好运	4829	喜送万家	4801
喜上眉梢	1909, 1926, 1980, 2014, 3656, 4317,	喜送展品	3901
	4418, 4419, 4734, 4829, 8810, 9457, 9676,	喜送战备粮	3806
	10460	喜送子女务农	3806
喜上眉梢春满人间对屏	4419	喜算丰收粮	3853
喜上眉梢富贵荣华	4571	喜堂花烛	4229
喜上梅梢	1980, 4041, 4419, 4571, 4734, 10085	喜堂偷看如意郎	8814
喜上添喜	2103	喜糖	4571
喜上喜	2160	喜听富裕歌	4734
喜上有余人增寿	2160	喜听原油滚滚	2594
喜事	3656	喜听原油滚滚流	1829, 1837, 12258
喜事多	4419	喜听原油滚滚流	2594
喜事难办	5850	喜望高原日日新	3854
喜事新办	1951	喜闻乐见	091, 4041
喜事新风	3901	喜相逢	3573, 4571, 4845, 8814, 12095, 12169,
喜事盈门	4495		12262, 13124, 13125
喜试新装	9383	喜相逢	2643
喜收水稻	9523	喜笑颜开	4419, 9575

中国历代图书总目·艺术卷

喜新婚	12247	喜迎新春 欢庆丰年	4096
喜信	3705	喜迎新春 换庆丰年	4419
喜学英雄	3656, 3705	喜迎新春 连年有余	4419
喜讯	3854	喜迎新年愿您健康快乐事业大进	8825
喜讯传到瑶山寨	12160	喜迎新社员	3782, 3902
喜讯传到瑶山寨 农村就是俺的家	12160	喜迎新学员	3902
喜讯传给台湾小朋友	1951	喜迎新战友	2351
喜讯传来	3945, 4229	喜盈门 4229, 4230, 4317, 4495, 4735, 4801, 4854,
喜讯传万家	4419	4986, 5601, 5994, 13114
喜讯带给毛主席	3806	喜盈门	2160
喜讯东风温天来	3854	喜盈门·福满堂	2161
喜讯寄给毛主席	3745	喜盈门福满堂	4649
喜讯频传	3854	喜盈余	4230
喜讯捎给华主席	3945	喜咏轩丛书	3033, 3034, 3035
喜宴	13147	喜游人间蟠桃园	4318
喜洋洋	4041, 9508, 11620, 12332	喜游水晶宫	4157
喜洋洋	2050	喜游太空	4041
喜姻缘	9239	喜有余	4419, 4571
喜印农民画	3854	喜鱼	4419, 4495
喜迎春 1881, 1980, 3003, 3745, 4041, 4096, 4229,		喜雨	1862
4317, 4419, 4495, 4571, 4735, 4845, 9340,		喜雨江南	3010
9353, 11445, 11465		喜遇牡丹仙	4318
喜迎春	2591	喜悦 3806, 4230, 9353, 9371, 9383, 9396, 9410,
喜迎党的十一大	11691	9423, 9457, 9468, 9471, 9530, 9537, 9707,
喜迎丰收	3706, 3854, 3901	9754, 10460
喜迎丰收年	4096	喜跃新春	4230
喜迎花堂	4829	喜在心间	3807
喜迎佳节	4419	喜在心头	4318
喜迎佳节慰亲人	1821, 1837, 3901	喜赞新一代	3854
喜迎门）	10469	喜摘井冈茶	9340
喜迎铁牛进山村	3902	喜摘木耳	4041
喜迎下乡又一春	3902	喜摘仙桃	4649
喜迎新春 3706, 3766, 3991, 4041, 4157, 4419,		喜摘新棉	1821, 3706, 6753
4801, 4829		喜中缘	5715
喜迎新春	2103	喜子	2673

书名索引

喜字斗方	4773	戏画老安	3495
喜字荷花鸳鸯	4230	戏画戏话	12873
喜字鸳鸯	4419	戏话连篇	3477
喜坐革新车	3945	戏假情真	13131
喜做千家饭 巧缝万人衣	3706	戏金龙	4649
禧福	4801	戏金鱼	4230
禧迎新春	4854	戏剧	12699, 12702
囍 3608, 3656, 4158, 4230, 4318, 4420, 4571, 4735		戏剧·影视	12699
		戏剧 ABC	12674
囍临门	4420	戏剧本质论	12693
戏	13011	戏剧笔记	12696
戏班	12836	戏剧表现论	12696
戏比天大	12942	戏剧表演基础	12809
戏彩凤岁岁吉祥	4649	戏剧表演艺术集锦	12818
戏场闲话	12858	戏剧表演艺术简明教程	12824
戏唱火车通贯阳	11441	戏剧参考资料之二	12679
戏痴说戏	12733	戏剧参考资料之一	12676
戏出年画	1234	戏剧常识	12677, 12679
戏春图	4158	戏剧常识讲话	12679
戏春图	2103	戏剧初程	12680
戏词释典	12819	戏剧春秋	12729
戏的念词与诗的朗诵	12809, 12810	戏剧丛刊	12839
戏蝶	4230, 4318, 10449	戏剧丛谭	12711
戏蝶图	4230	戏剧大观	12744
戏鹅	10025	戏剧大众化之实验	12904
戏鹅图	10406	戏剧导演	12799, 12805
戏法大观	12983	戏剧导演表演美学研究	12805
戏法秘传	12984	戏剧导演的初步知识	12799
戏法人人会变	12986	戏剧导演的艺术与技术	12802
戏改参考资料	13012, 13013	戏剧导演基础	12799
戏鸽图	3548	戏剧导演手册	12800
戏蛤蟆	3656	戏剧导演术	12798
戏海探艺	12853	戏剧的奥秘	12695
戏鸿堂法书	7709	戏剧的方法和表演	12675
戏鸿堂法帖	7709	戏剧的化妆术	12832

中国历代图书总目·艺术卷

戏剧的困惑与探索	12727	戏剧结构	12686
戏剧的世界	12694	戏剧理论史稿	12687
戏剧的现实主义问题	12712	戏剧理论文集	12692
戏剧的欣赏和创作	12712	戏剧理论译文集	12682, 12683
戏剧的自我诘难	12914	戏剧论	12674
戏剧电影电视研究	12690, 12691	戏剧论丛	12712, 12713
戏剧电影美术资料	12829	戏剧论集	12710
戏剧电影问题	12680	戏剧论选	12838
戏剧短论	12700	戏剧论著索引	12685
戏剧概论	12675, 12687	戏剧美	12703
戏剧概要	12699	戏剧美学	12703
戏剧工作文献资料汇编	13017	戏剧美学论集	12701
戏剧工作经验选辑	13015	戏剧美学思维	12702
戏剧观摩	13014	戏剧梦断录	12697
戏剧观争鸣集	12691	戏剧名画妙说	809
戏剧管理学	13019	戏剧屏	4495
戏剧和电影中的音响效果	12826	戏剧剖析	12686
戏剧化妆	12835	戏剧人类学论稿	12696
戏剧化妆常识	12833	戏剧人生	12916
戏剧化装术	12832	戏剧人物——关羽张飞	4230
戏剧集	2014	戏剧人物选	4096
戏剧集成	11828	戏剧入门	12862
戏剧集锦	4096, 9226, 9941	戏剧散篇	12711
戏剧集锦	2103	戏剧审美心理学	12689
戏剧技法讲话	12675	戏剧生活杂录	12812
戏剧技巧	12708	戏剧手册	12680
戏剧家的新生活	12707	戏剧思维	12706
戏剧剪报	12839	戏剧思维辨识	12691
戏剧鉴赏入门	12728	戏剧四条屏	9015
戏剧交响	12731	戏剧条屏	2030, 4158, 9015
戏剧脚色名词考	12864	戏剧通讯	12848
戏剧教学	13020	戏剧舞台奥秘与自由	12701
戏剧教育行政	12753	戏剧舞台上的日本美学观	12831
戏剧教育之理论与实际	13012	戏剧欣赏	12729
戏剧节奏	12695	戏剧欣赏法	12711

书名索引

戏剧性歌声训练教程	11125	戏剧纵横谈	12714
戏剧学基础教程	12676	戏乐剧韵	11160
戏剧学习资料	12687	戏里乾坤大——平剧世界	12895
戏剧学习资料汇编	12683	戏林拾薪	12729
戏剧研究	12843	戏驴图	3608
戏剧研究资料	12845, 12846, 12847	戏鹿图	4571
戏剧演出符号学引论	12821	戏猫	4158
戏剧演出教程	12795, 12796	戏猫图	4158, 4420
戏剧演员登记之经过	12745	戏猫图	2567
戏剧演员李炳淑	9595	戏梦人生	13248
戏剧艺术	12674, 12686, 12687, 12692	戏迷大观园	12776
戏剧艺术的特性	12691	戏迷手册	12724
戏剧艺术概论	12698	戏迷说戏	12790
戏剧艺术讲话	12680	戏迷夜话	12895
戏剧艺术讲座	12688	戏曲"拉奥孔"	12727
戏剧艺术论丛	12714	戏曲：现状与未来	12727
戏剧艺术引论	12678	戏曲把子功	12818
戏剧艺术之发展及其原理	12785	戏曲编剧概论	12709
戏剧艺术资料	12681, 12842, 12843, 12848	戏曲编剧理论与技巧	12708
戏剧音乐工作常识	11137	戏曲表导演浅谈	12817
戏剧音乐论集	11150	戏曲表导演知识谈	12957
戏剧音乐论文集	11138	戏曲表演把子功教材	12880
戏剧与电影的剧作理论与技巧	12708	戏曲表演的十要技巧	12815
戏剧与戏剧美学	12706	戏曲表演的四功五法	12866
戏剧与小调	12679	戏曲表演概论	12822, 12823
戏剧语言	12819	戏曲表演规律再探	12821
戏剧鸳鸯谱	9245	戏曲表演论集	12816
戏剧原理	12678	戏曲表演美学探索	12819
戏剧杂考	12741	戏曲表演身段基本功教材	12818
戏剧杂录	12741	戏曲表演毯子功教材	12818
戏剧哲学	12698	戏曲表演问题	12813
戏剧之变迁	12857	戏曲表演研究	12822
戏剧之政治社会化功能	12687	戏曲表演艺术	12817
戏剧资料	12847	戏曲表演知识三讲	12821
戏剧资料汇集	12847	戏曲表演做功十技	12824

中国历代图书总目·艺术卷

戏曲唱词浅谈	11091	戏曲乐队发展中的几个问题	11141
戏曲唱法漫谈	11156	戏曲乐队工作经验和问题	11144
戏曲唱工讲话	12815	戏曲乐谭	11159
戏曲传统表演方法与现代生活	12814	戏曲理论史述要	12697
戏曲传统声乐艺术	11151	戏曲流派艺术研究丛书	12779
戏曲窗花刻纸集锦	10675	戏曲龙套教材	12816
戏曲创腔研究	10993	戏曲龙套艺术	12819
戏曲创新新探	12709	戏曲论	12838, 12839
戏曲词语汇释	12844	戏曲论丛	12770, 12775
戏曲丛谈	12675	戏曲论汇	12844
戏曲打击乐基础训练	11348	戏曲漫笔	12728
戏曲导演概论	12805	戏曲漫谈	12847
戏曲导演技法	12804	戏曲美学	12705
戏曲导演技法谈	12805	戏曲美学论文集	12701
戏曲导演学概论	12802	戏曲美学散论	12704
戏曲导演艺术论	12805	戏曲美学特征的凝聚变幻	12702
戏曲的唱念和形体锻炼	12816	戏曲念唱	12821
戏曲的美学品格	12706	戏曲片"百岁挂帅"中的穆桂英	13090
戏曲的体认与超越	12725	戏曲片《还魂记》(赣剧)中的杜丽娘和柳梦梅	
戏曲电视剧艺术论	13298		13091
戏曲电影唱腔曲谱选集	11832	戏曲屏	1951, 3608
戏曲电影唱腔曲谱选辑	11832	戏曲切末与舞台装置	12826
戏曲服装图案参考资料	10348	戏曲群星	12757, 12758, 12759
戏曲服装图案资料	10349	戏曲人类学初探	12854
戏曲工作参考资料	13013	戏曲人情	12853
戏曲工作手册	12840	戏曲人物	4158, 4649
戏曲故事屏	4801, 9242	戏曲身段表演基础训练	12817
戏曲集锦	4230, 4649, 9242	戏曲身段初探	12818
戏曲集锦	2368	戏曲声乐教学谈	11155
戏曲教育论集	13017	戏曲声腔剧种研究	11155
戏曲筋斗练习方法	12815	戏曲史简编	12777
戏曲景物造型概论	12830	戏曲四条屏	4495, 4735
戏曲剧目论集	12716	戏曲体验论	12855
戏曲诀谚通俗注释	12848	戏曲文物丛考	12770
戏曲乐队的改革问题	11350	戏曲文物研究散论	12791

书名索引

戏曲武功教材	12815	戏曲意象论	12697
戏曲武功教程	12817	戏曲音乐	11138, 11144
戏曲武功特技选	12889	戏曲音乐创作教程	10993
戏曲舞蹈美学理论资料	062	戏曲音乐概论	11161, 11162
戏曲舞蹈艺术	12821	戏曲音乐工作讨论集	11143
戏曲现代戏导演表演艺术论文集	12820	戏曲音乐简谱视唱教程	11155
戏曲现代戏音乐中的几个问题	10993	戏曲音乐论集	10993
戏曲新论	12723	戏曲音乐论文选	11142, 11149, 11150
戏曲新题	12132	戏曲音乐论文选编	11151
戏曲选段介绍	11840	戏曲音乐散论	11152
戏曲研究	12710, 12714, 12715, 12716, 12717,	戏曲音乐史概述	10969
	12718, 12719, 12720	戏曲音乐研究	11143, 11151
戏曲演唱论著辑释	12816	戏曲音乐资料汇编	12852
戏曲演员创造角色论	12822	戏曲音韵	11146
戏曲演员的角色创造问题	12813	戏曲优伶史	12787
戏曲演员技巧	12822	戏曲与浙江	12779
戏曲演员学习资料	12818	戏曲语言漫论	12817
戏曲演员演唱及创腔经验	12816	戏曲韵编	11146
戏曲演员印象录	12820	戏曲之乡	12853
戏曲要籍解题	12724	戏曲指南	11822
戏曲艺术管理纵横	13018	戏曲志	12791
戏曲艺术讲座	12841, 12842	戏曲资料汇编	12933
戏曲艺术节奏论	12852	戏曲作曲	11154
戏曲艺术论	12715	戏史辨	12794
戏曲艺术论集	12720	戏要秦丞相	6145, 6648
戏曲艺术论文选	12729	戏水	4773, 9360, 9371, 9440, 9441, 9457
戏曲艺术片《百岁挂帅》选曲	12115	戏水	2631
戏曲艺术片《百岁挂帅》中佘太君庆寿的镜头		戏水图	4318
	13091	戏台明灭	12955
戏曲艺术片《朝阳沟》唱腔集	11839	戏谭	12957
戏曲艺术片的理论与实践	13296	戏文锣鼓	12730
戏曲艺术时空论	12692	戏学大全	12744
戏曲艺术欣赏	12723	戏学顾问	12862
戏曲艺术一百例	12802	戏学全书	12853
戏曲艺术资料	12847	戏学指南	11823

戏谑人生	3489	瞎子阿炳曲集	12245
戏言	12744	瞎子波亚	5850
戏谚赏析	12723	侠盗鲁平	4773
戏谚一千条	12689	侠盗罗宾汉	5850, 13287
戏鹦图	4231, 4420	侠盗燕飞	6303
戏鹦图	2631	侠风奇缘号	13289
戏鹦鹉	4318	侠骨丹心	2103
戏鱼荷香	9441	侠骨杜心五	5995
戏鱼堂法帖	8005	侠侣同心	6145
戏鱼堂帖	7951	侠女	2386
戏鱼图	4571	侠女传	4735
戏鱼图	2567	侠女罗晚妹	6398
戏苑奇葩	12730	侠女涉险	6145
戏月	1752	侠女十三妹	4649, 6145, 6543, 13125
戏韵	12794	侠女十三妹	2386
戏中邮	12896	侠女识奇男	6145
系红丝带的小鸽子	12045	侠女杨娥	6203
系列卡通辣椒娃	6724	侠士·奇案	6146
系上一束阳光	12045	侠士白玉堂	6341
系统论	6613	侠士出边关	6146
系烟图	3706	侠士奇案	6146
细颈龙进城	6592	侠探寒羽良	6959, 6960, 6961, 6962, 6963
细柳	5715, 5994	峡谷晨雾	1773
细曲集成	11162	峡谷的秘密	5850
细说电影	13120	峡谷夺枪	5995
细说粤剧	12945	峡谷烽烟	5995
细雨育新苗	1810	峡谷红梅	5294
稀帖综闻	7219	峡谷劫囚车	6146
稀帖绪余	7226	峡谷秋色	2457
虾	2556, 2557, 2567, 2586, 2609, 2653, 2673	峡谷秋艳	2457
虾球传	5715, 5716, 5994	峡谷新曲	3991
虾与蟹	1002	峡谷新颜	2772
瞎操心	3495	峡谷战歌	3945
瞎牛庵题画诗	7147	峡江朝晖	2030
瞎眼爷爷的一生	4986	峡江春晓	2103

书名索引

峡江晴云	1997	下苦功夫 学巧本领	3145
峡江秋色	1980	下里巴人	5850
峡江秋艳	1980	下龙风光	9876
峡江图	2643	下龙湾的烈火	5129
峡江霞色	2104	下米千斤 不丢一粒	3228
峡江疑影	4571	下山虎	12336
峡山猿踪	5601	下山虎	2563, 2573
峡诗品鉴	341	下五洋探宝	4649
峡中钻探	3008	下乡裁衣	12591
狭路相逢	6146	下乡访问	12588
退庵谈艺录	091	下乡上山大联唱	11626
遐思	9410, 9423	下乡上山歌曲集	11432
遐想 8819, 8842, 8851, 9353, 9372, 9396, 9410,		下乡演出	1762, 3574
9423, 9441, 9458, 9468, 9508, 7726		下乡演剧的实践	12905
遐想中的少女	10485	下乡与赶脚	13234
暇游	9372	下雪的冬天	6713
霞岛	5367	下战表	1762
霞飞	9478	夏 2844, 3008, 4773, 4829, 9383, 9396, 9410,	
霞光	9827	9441, 9458, 9864, 9876, 9902, 10460	
霞光曲	5294, 5328	夏宝森创作歌曲选	11516
霞光万里松鹤延年	1909, 4231, 4420	夏葆元绘画作品选	1389
霞光映翠	4571	夏倍上校	5995
霞敞珠光	2030	夏碧泉作品集	1402
霞如之画	3392	夏伯阳	5103, 5424
霞映梅林	1714	夏伯阳之歌	6919
霞庄烽火	5424	夏朝的兴衰	5716
下班后	1881	夏橙丰收	4158
下边庭	5850	夏淳	12915
下陈州	5716	夏达尔 摩希娜	8672
下次开船港	6370	夏的倩影	9726
下次开船港历险记	5509	夏的旋律	8842
下地之前	3766	夏敦林画集	2240
下丁家创业园	5142	夏尔丹	6857
下岗茂	10778	夏凡纳 莫罗	6795
下岗茂的设计世界	10778	夏风	9441, 9458

中国历代图书总目·艺术卷

夏风画集	1390	夏日漓江	9788, 9790
夏珪长江万里图	1534	夏日丽人	9707
夏河晨曦	1774	夏日情	9458
夏河之夏	1728	夏日西湖	9864
夏荷溢香	10065	夏日阳光	9441
夏卉	10075	夏日伊人	9676
夏季摄影	8800	夏日颐和园	9119
夏加尔	533, 6835	夏日园林	9077, 9119
夏加尔画风	6806	夏日之梦	10741
夏家骏书法	8283	夏山烟雨图卷	1695
夏菁	9424, 9575, 9646, 9707	夏声戏剧学校旅行公演特刊	12753
夏景山水画特展图录	1517	夏时雨百种论书墨迹	8209
夏君继室左淑人墓志铭	8113	夏时雨书法启蒙丛书	7362
夏俊发歌曲选	11524	夏收之前	6749
夏卡尔	6870	夏塘清趣	2631
夏练之余	9345	夏天的冒险	5850
夏恋	4231	夏天来了	4930
夏令营	3003, 4096, 4158	夏天旅行之歌	11408
夏令营的早晨	3706, 4096, 4420, 4495	夏天最后一朵玫瑰	12380
夏梦	9383, 9478	夏娃·莎塔娜写真集	10147
夏明翰	5995	夏娃的膜拜	547
夏木垂荫	1800	夏完淳	5047
夏纳之夏	4773	夏完淳的故事	5716
夏念长摄影作品选	8990	夏威夷采风	8701
夏培耀油画选	2793	夏威夷风光	9864, 10155
夏日 1762, 4158, 9372, 9396, 9410, 9424, 9441,		夏威夷海滨	9849, 9913
9458, 9484, 9876, 9886, 9900, 9902, 9912,		夏威夷吉他独奏曲	12479
9913		夏威夷吉他独奏曲集	12479
夏日北海飘荷香	9093	夏威夷吉他名曲集	12483
夏日滨海	9886	夏威夷吉他名曲选	12182
夏日的田园、欢乐之歌	12551	夏威夷吉他曲集	12181, 12183
夏日的田园、欢乐之歌	12549	夏威夷吉他入门	11201
夏日风采	9478, 9900	夏威夷吉他演奏法	11192
夏日风情	9484	夏威夷吉他奏法	11191, 11192
夏日公园	9119	夏威夷市内广场	9922

书名索引

夏文彪山水画集	2477	仙吉颂	2620
夏溪探幽	2161	仙境	12210
夏肖敏雕塑作品选	8632	仙境	2457
夏小希摄影作品集	8983	仙境桂林	4318
夏小正印谱	8502	仙境楼阁	4801
夏衍的电影道路	8889	仙居蓬莱	2161
夏衍访谈录	13147	仙客来	10014, 10037, 10050
夏衍剧作艺术论	12709	仙鹿回头珠还合浦	4318
夏衍谈电影	13147	仙鹿送宝人增寿	4829
夏衍珍藏书画选集	1483	仙鹿送贵子	2104
夏夜	1752, 3656, 4986, 5047	仙露	4420
夏夜圆舞曲	11947	仙奶泉	5995
夏茵	2030	仙女峰	5851
夏吟百咏	7507	仙女鸟	4829
夏影	2104	仙女屏	2364
夏韵	9901	仙女山之子	5995
夏之浪	9906	仙女赏花	9345
夏仲昭坡石幽篁	1784	仙女思凡	10440
仙峰山人画集	2212	仙女送宝	4801
仙佛图像画谱	1424	仙女图	4096
仙罐	5995	仙女图	2673
仙鹤	1736, 10037	仙女下凡	4420, 8851, 9726
仙鹤	2563, 2653	仙女下凡来	4420, 4495
仙鹤对屏	2104	仙女祝寿图	2161
仙鹤画法	993	仙人鞭	10037
仙鹤牡丹	4318	仙人岛	5509
仙鹤栖息图	2587	仙人岛——聊斋志异故事选	5601
仙鹤四季	4649	仙人湖	5716
仙鹤四条屏	2576	仙人花	10071
仙鹤图	2161	仙人球	10022, 10030, 10045
仙鹤戏水	10045	仙人球花	10016, 10019, 10037
仙鹤迎春	2212	仙人洗药池	6235
仙鹤祝寿	2161	仙人裁豆与九连环	12986
仙猴献寿	4801	仙乳泉	5601
仙花美酒洒人间	4735	仙山碧影	9084

中国历代图书总目·艺术卷

仙山古寺	4865	先秦礼乐文化	10975
仙山楼阁	1661	先秦文学故事	6303, 6371
仙山楼阁	2104	先秦音乐美学思想论稿	10845
仙山楼阁图	4420, 4649, 4801	先秦音乐史	10972
仙山楼阁图	2050	先秦印风	8554
仙山琼阁	2951, 4571, 4649	先秦寓言	6543
仙山琼阁	2104	先秦至宋绘画美学	494
仙山琼阁图	2437	先生和弟子	5601
仙山瑶台	4735	先生小姐别露怯	3457
仙石阁雕刻篆刻选	8578	先事后先事后　尤者乐傲者尤	8283
仙桃树	5509	先天下之忧而忧　后天下之乐而乐	8209
仙桃延寿	1894	先贤名言钢笔字帖	7537
仙童虎趣图	9747	先兆	6829
仙童祝福图	2161	先祖资政公手泽	7663
仙翁操	12299	掀开铁山取宝藏	3902
仙翁祝福	2104	掀帘战	3766
仙崖景色	9042	掀起革命大竞赛	11595
仙逸学校援黑筹款演剧特刊	12745	掀起农田基本建设新高潮	9285
仙游画家	1997	掀起学习马列著作和毛主席著作的新高潮	
仙姿	9396		3262, 3263
仙子献宝喜有余	4829	掀起学习毛主席著作的新高潮	3289
先把新书送亲人	3745	掀起学习毛主席著作新高潮	3289
先朝议公墨宝	8023	鲜果	9326, 10103, 10107, 10112, 10115
先睹为快	1774	鲜果对屏	4231
先锋号	5367	鲜花	10045, 10065, 10076, 10080
先府君家传	8030	鲜花、少女、汽车	9707
先富帮后富共同走富裕的道路	3372	鲜花报喜	4231, 4318
先给奶奶吃	4318	鲜花遍地喜丰年	3656
先给爷爷吃	4231	鲜花博古屏	2653
先汉乐律初探	11027	鲜花传友谊	4158
先行官	5295	鲜花朵朵	4420
先画一个蛋	601	鲜花朵朵颂英雄	3608
先进集体 五好社员	3706	鲜花朵朵迎春开	3548
先秦法家人物故事选	5238	鲜花敬亲人	9441, 9754
先秦礼乐	10971	鲜花开五洲 友谊传四海	3945

书名索引

鲜花满篮	4158	鲜于枢书楷帖周驰题跋	7956
鲜花美酒	9458	闲窗论画	776
鲜花女	9676	闲花房	3061
鲜花怒放	10037	闲话京戏	12894
鲜花盛开	4231, 4496	闲话闲画集	522
鲜花盛开天安门	9258, 9260	闲乐集	8044
鲜花送模范 3312, 3993, 4041, 4158, 4231, 4420,		闲情	9485, 9488
4421, 9410		闲情偶寄——艺术生活的结晶	12731
鲜花送英雄	2363	闲情偶寄	097
鲜花献给光荣家	3706	闲趣	9396
鲜花献给华主席	3993	闲适	9424
鲜花献给解放军	4829, 4854, 9372	闲邪公家传	7951
鲜花献给亲人解放军	4572	闲叙幽音琵琶谱	12300
鲜花献给英雄	2609	闲斋书法二十四种	8115
鲜花献模范	4231, 4318	闲者轩帖考	7697, 7698
鲜花献模范颂歌赞英雄	4231	闲中弄笔	8499
鲜花献亲人	9762	贤德功高	4829
鲜花献卫士	9458	贤明带来和平与丰收	6852, 6891
鲜花献英雄 3945, 4096, 4318, 4421, 4649, 4650,		贤谋写意	2530
9441, 9747, 10551		贤孝杜鹃文	13120
鲜花凶宅	6469	弦	11749
鲜花迎宾	2620	弦板腔音乐	12128
鲜花迎亲	2620	弦高救国	5019
鲜花与少女	8842, 9726	弦歌必读	12339
鲜花赠英雄 颂歌献模范	4097	弦歌古乐谱	11324
鲜丽 夏日少女	9747	弦歌中西合谱	12162
鲜莓	9316	弦徽宣秘	11016
鲜桃如蜜	4159	弦乐器定音计述略	11163
鲜血凝成友谊花	5077	弦乐手体操手册	11187
鲜艳的红领巾	3361	弦乐四重奏	12542, 12554
鲜于氏临兰亭叙	7951	弦乐四重奏, 作品 96	12547
鲜于枢草书	7957	弦乐四重奏曲集	12553
鲜于枢草书进学解	7975	弦乐四重奏曲选	12236
鲜于枢书法精选	8005	弦乐四重奏小品三首	12233
鲜于枢书法选	7995, 8007	弦乐小夜曲	12551

中国历代图书总目·艺术卷

弦谱集成	11352	显色纸水写习字帖	8257
弦索备考	12325	显影	8683
弦索辨讹	12734, 12735	险峰激浪	5264
弦索调时剧新谱	12302	险滩飞渡	5424
弦索十三套	12326, 12327, 12336	险遇重爪龙	6568, 6592
弦索十三套琵琶谱	12305	险之定格	10521
弦索十三套三弦谱	12325	爨馀所见录	1460
弦外音	12251	县长探妻	5047
弦外之弦	10880	县令智断无头案	6303
弦外之音	3515, 6946	县太爷	3400
弦韵古典吉他大教本	11192	县太爷挨打	5509
弦之楼集	10853	县委会议	3902
弦子记	10939	县委书记	4930, 13244
咸亨酒店	5716	县委委员	2749
咸阳皮影	12978	县县高唱大寨歌	11692
娴静	4773, 9441, 9458, 9468, 9754, 9766	现场光摄影	8772
娴静少女	9676	现场批判会	3807
娴淑	9441, 9442	现存元明清南北曲全折(出)乐谱目录	12061
娴雅	9762	现代	9471
嫌疑犯	6272	现代 132 名中国画画家	579
冼小前油画作品集	2837	现代芭蕾	12659, 12660
冼星海	5715, 5716	现代芭蕾——20 世纪的弥撒	12660
冼星海《牺盟大合唱》, 作品第九号	11977	现代芭蕾舞	9965
冼星海独唱曲集	11948	现代百古兽装饰画	10276
冼星海歌曲选	11697	现代百国人物装饰画	10276
冼星海歌曲选集	11451	现代百花装饰画	10272
冼星海合唱曲集	11947	现代百家姓五体硬笔字帖	7610
冼星海合唱曲选	11947	现代百鸟装饰图案精粹	10311
冼星海画传	8996	现代百兽装饰画	10272
冼星海纪念图片(1905—1945)	8998	现代板报常用图案集	10316
冼星海聂耳独唱曲选	11942	现代板报实用美术字	7648
冼星海全集	11359, 11360	现代版画	2975
冼星海选集	11405, 11408	现代包装·广告设计	10375
冼星海在巴黎	5851	现代包装设计	10397
冼星海专辑	11475	现代包装设计集锦	10376

书名索引

现代报刊实用图案	10286	现代电影史	13193
现代报刊图案	10316	现代电影思潮	13055
现代报头刊尾图案集锦	10300	现代电影现代人	13100
现代报头图案精选	10305, 10321	现代电影学	13062
现代报头装饰图案	10300	现代电影艺术	13055
现代壁挂设计	10600	现代电子琴教程	11289
现代壁挂设计艺术	10598	现代电子琴综合教程	11290
现代变形装饰	10300	现代雕塑简史	8606
现代标识符号创意图典	10759	现代雕塑史	8603
现代标志设计	10759, 10770	现代动物装饰图案	10316
现代标志设计指南	10770	现代对位及其和声	11089
现代标志图案设计	10391	现代多变图案集	10286
现代兵器	4839	现代多功能居室装潢	10602
现代兵器图	4735	现代儿童画	6764
现代材料艺术	10753	现代儿童摄影技巧	8781, 8800
现代插花艺术	10587	现代儿童线条画	6762
现代插画	1230	现代法国绘画材料	1076
现代插画精选	7059	现代纺织品设计表现技法	10364
现代插画专集	7061	现代风光摄影技巧	8745
现代常用美术字绘写与设计	7647	现代风劲歌金曲绝唱	11512
现代超视图形创意图典	10759	现代佛教学术丛刊	446
现代抽象装饰画	10338	现代服饰图案	10312, 10331
现代橱窗广告技法	7635	现代钢笔书法字典	7507
现代传媒设计教程	10402	现代钢琴教程	11227
现代传世名画鉴赏	551	现代钢琴曲24首	12516
现代大师线描选	6901	现代钢琴艺术与钢琴教学论	11250
现代大提琴演奏	11188	现代高级名片设计	10532
现代德国插图	7061, 7063	现代歌曲选	11468
现代的日本画	582	现代歌舞集	12587
现代电影表演艺术论	13219	现代歌舞厅灯光 音响 视频设计	12831
现代电影风貌	13127	现代工笔花鸟画艺术	977
现代电影论	13169	现代工笔画	2015
现代电影美学导论	13075	现代工笔画精选	2241
现代电影美学基础	13080	现代工业设计表现图技法	10185
现代电影美学论集	13076	现代工艺概论	10178

中国历代图书总目·艺术卷

现代工艺图案构成法	10238	现代黑白插图	7065
现代构成图案选	10276	现代黑白抽象艺术图案 700 例	10331
现代构形艺术	10235	现代黑白挂盘艺术	10219
现代管弦乐队	11271	现代黑白画	6759
现代广告编排设计	10384	现代黑白图象设计	10338
现代广告策划、设计与制作	10387	现代黑白装饰画	10316
现代广告策划与设计	10391	现代黑白装饰画 280 例	10326
现代广告创意	10397	现代黑白装饰画集	10321
现代广告创意设计	10385	现代黑白装饰画精选	10286
现代广告美术标准字体查考	7647	现代黑白装饰画设计	10312
现代广告美术林	10387	现代黑板报装饰	10321
现代广告平面设计	10397	现代花鸟画库	2517
现代广告设计	10373, 10387	现代花鸟画选	2491
现代广告摄影	8750	现代花艺设计	10604
现代广告学	10397	现代画家素描选	6896
现代广告艺术	10373, 10374	现代画家谈绘画与技法	877
现代国画	1721, 1723, 1762, 1774, 1784, 1800	现代画扇选集	2241
现代国画选	1800	现代画是什么?	510
现代国画选辑	1728	现代环境保护创意图案	10338
现代国际标准交际舞	12666	现代环境雕塑设计	8620
现代国际标准舞厅舞	12665	现代幻术	13001
现代国际乐坛	10867	现代幻象画	2886
现代国际临书大展作品选	8191	现代绘画	583, 6881
现代国际流行交谊舞入门	12667	现代绘画辞典	488
现代国际流行舞厅舞	12668	现代绘画概观	570
现代国外橱窗设计	10771	现代绘画概论	570
现代国外家庭室内装饰设计	10746	现代绘画简史	576
现代国外小家庭装潢	10741	现代绘画理论	474, 475
现代汉语常用字钢笔字帖	7440	现代绘画论	571
现代汉语硬笔书法大辞典	7622	现代绘画史	577
现代汉字草书汇编	8424	现代绘画形式与技巧	479, 480
现代汉字钢笔字快写艺术	7507	现代绘画之父：塞尚	6870
现代航空	1881	现代基础图案设计教程	10222
现代合唱曲集	11934	现代几何形图案	10272
现代和声与中国作品研究	11093	现代家电系列画	9328

书名索引

现代家居	10589	现代居室创意设计	10590
现代家居布艺装饰丛书	10778	现代居室装饰画技法	10598
现代家居与居室布置 300 例	10582	现代居室装饰与布置	10595
现代家具和装饰	10621	现代剧场艺术	12829
现代家具与居室布置	10619	现代剧化装常识	12833
现代家具与居室布置 300 例	10618	现代爵士钢琴	11225
现代家具与室内陈设	10618	现代爵士钢琴奏法	11231
现代家具资料	10617	现代爵士鼓教程	11265
现代家庭绿化装饰	10580	现代爵士鼓流行技法	11266
现代家庭巧艺	10617	现代军歌集	11371
现代家庭摄影	8781	现代卡通画技法与创作	1249
现代家庭摄影指南	8791	现代刊头设计	10305
现代家庭室内设计	10580	现代刊图装饰设计手册	10305
现代家庭室内设计图集	10590	现代抗敌军歌	11373
现代家庭室内装饰设计	10590	现代科技图案选	10256
现代家庭装饰	10572, 10593	现代孔雀装饰图集	10326
现代剪纸	10690	现代拉丁美洲艺术	375
现代建筑室内设计	10563	现代浪漫吉他曲集	12183
现代交际舞	12643, 12644	现代老年人摄影技巧	8800
现代交际舞大全	12643	现代乐队乐器演奏技法教学大全	11167
现代交际舞范本	12644	现代乐理	11048
现代交际舞教程	12645	现代乐器学	11079
现代交际舞术	12660	现代连环画寻踪	6416
现代交际舞速成	12667	现代流行歌曲	11752
现代交谊舞	12662	现代流行歌曲集锦	11717
现代交谊舞花样集锦	12644	现代流行曲	12401
现代交谊舞精粹集锦	12667	现代流行世界音乐谱	12449
现代交谊舞速成	12643	现代流行抒情歌曲精选大观	12405
现代京剧《红灯记》	9933	现代流行舞	12646
现代京剧《智取威虎山》	2588	现代流行舞新花样	12659
现代京剧名段选	11878	现代毛笔画	1721, 1728
现代京剧音乐创作经验介绍	11159	现代美国绘画与雕塑	506
现代精选英汉影像技术词库	13068	现代美国戏剧史	12790
现代居室	10006	现代美术家陈抱一	521
现代居室布置	10578, 10593	现代美术家画论·作品·生平	478, 513

中国历代图书总目·艺术卷

现代美术家画论·作品·生平	497	现代欧洲艺术思潮	359
现代美术家画论 作品 生平	477, 478	现代派管弦乐曲解说	11164
现代美术鉴赏和理念	551	现代派美术浅议	196
现代美术教育理论与教学法	132	现代派美术作品集	200
现代美术理论丛刊	030	现代派书法三步	7321
现代美术设计广告摄影艺术专辑	8736	现代派艺术心理	197
现代美术设计精选	10374	现代喷绘设计表现技法	1091
现代美术设计指南	10736	现代平面构成图集	10268
现代美术设计专集	10373	现代平面广告设计	10756
现代美术新潮	520	现代平面设计表现图技法	10220
现代美术与设计基础	129	现代平面设计巨匠田中一光的设计世界	
现代美术字	7626, 7640, 7644, 7647		10771
现代美术字百体	7640	现代平面图案	10316
现代美术字设计	7641	现代漆画技法	1091
现代美术作品欣赏	506	现代奇异法术	13004
现代门面设计 200 例	10614	现代企业形象创意图典	10759
现代面饰图案	10321	现代签名艺术	7294
现代民谣吉他弹唱入门	12182	现代切花与插花	10596
现代民谣吉他演唱入门	11201	现代青年舞	12661
现代民族歌曲集	11760	现代情调吉他曲集	12483
现代名歌三百首	12355	现代情调居室	10596
现代名歌三百选	11544	现代情侣摄影技巧	8784
现代名画集	6773	现代情诗	7537
现代名伶平剧歌谱	11826	现代人的幻想	2782
现代名片设计	10383	现代人的艺术系统	026
现代模特儿	9747	现代人体素描	6901
现代魔术大观	12992	现代人体素描新概念	1117
现代魔术入门	13006	现代人体艺术摄影鉴赏	10142
现代女郎	9754	现代人体装饰画	10286, 10305
现代女性服饰品制作大全	10360	现代人物画创作选	6899
现代女性装饰图集	10312	现代人物画库	2400
现代欧美名家图形设计	10771	现代人物画选	2348
现代欧美戏剧史	12785	现代人物装饰画	1278
现代欧洲橱窗展示	10778	现代日本画	517
现代欧洲的艺术	357, 358	现代日本画选	6790

书名索引

现代入墙式家具	10619	现代设计喷绘	1091
现代萨克管独奏曲集	12458	现代设计透视	144
现代三版版画的发展和技法	1213	现代设计艺术	10181
现代三大师	2313	现代设计与构成	10182
现代散文钢笔正楷字帖	7537	现代摄影	8692
现代散文名篇钢笔字帖	7458	现代摄影百科	8800
现代色彩构成表现技法	157	现代摄影百问百答	8741
现代色彩设计	149	现代摄影构图	8708
现代色典	159	现代摄影观念探求	8692
现代山水画库	2443, 2468	现代摄影基础与技巧	8770
现代山水画论	914	现代摄影技法	8757
现代山水画选	2419	现代摄影技术	8757
现代扇画选集	2015	现代摄影技艺 150 问	8750, 8751
现代商标标志创意图典	10759	现代摄影进阶	8791
现代商标标志设计	10750	现代摄影滤镜的使用	8751
现代商标符号选	10732	现代摄影沙龙'88展	8893
现代商标徽记图例 1500	10743	现代摄影艺术	8693
现代商标徽志	10741	现代生活实用百科	10587
现代商场设计入门	10611	现代声乐论著选	11112
现代商店美术设计	10750	现代时装	9646
现代商业标志图例 1500	10370	现代实用报头尾花设计集锦	10305
现代商业插画创意图典	7066	现代实用广告创意设计	10387
现代商业广告图形集	10756	现代实用广告画	10367
现代商业广告字体集	7651	现代实用广告平面设计	10374, 10402
现代商业美术设计实用手册	10753	现代实用美术标色谱	159
现代商业展示设计：店面设计、店内设计、展览		现代实用美术丛书	10227
设计	10613	现代实用商业美术	10188
现代商用美术字体设计	7654	现代实用摄影技术	8764
现代少女写意画法	877	现代实用书法	7351
现代设计	10729, 10730, 10731	现代实用书法训练指导	7321
现代设计表现技法	10184, 10188	现代实用图案画	10239
现代设计的特殊技巧	10184	现代世界金奖金唱片通俗歌曲选	12405
现代设计黑白图案精选	10338	现代世界名画集	6772
现代设计家创意图典	10756	现代世界十人雕塑集	8673
现代设计美学	10193	现代视幻图案集锦	10280

中国历代图书总目·艺术卷

现代视觉美术设计	10590	现代宋体	7638
现代室内布置集锦	10593	现代苏联雕塑	8673
现代室内纺织品艺术设计	10608	现代素描	2897, 2905, 2907, 2908, 2913, 2914,
现代室内家具陈设 300 例	10617		6904
现代室内设计艺术	10590	现代素描技法	1114, 1117, 1124, 1133
现代室内设计与施工	10580	现代素描教程	1150
现代室内装饰	10590, 10593	现代素描进阶	2914
现代室内装饰画集	10295	现代素描肖像	1127
现代室内装饰设计	10582	现代台湾书画大观	1354
现代室内装饰艺术	10580	现代陶	10652
现代手风琴技巧	11231	现代陶瓷工艺	10640
现代手风琴演奏教程	11256	现代陶瓷器皿造型与陶艺	10779
现代书法	8180	现代陶瓷艺术	10651
现代书法构成	7279	现代题图题画创意图典	10771
现代书法论文选	7258, 7266	现代通俗钢琴曲选	12511
现代书法名家作品鉴赏	7371	现代通俗歌曲观念与技法	11127
现代书法三步	7303	现代铜版(凹版)画艺术	1215
现代书法十周年文献汇编	7385	现代童装图案集	10317
现代书法字库	8337	现代图案变化技巧	10216
现代书法作品选	8321	现代图案构成技巧	10216
现代书画集	1281	现代图案教学	10223
现代书画家批评	7401	现代图案框架与建构	10321
现代书画撷英	2212	现代图案设计	10225
现代书家书唐人咏长安诗	8199	现代图案设计表现技法	10223
现代书斋名印赏	8571	现代图案造型技巧	10216
现代抒情散文钢笔字帖	7458	现代图案字画大全	7626
现代抒情诗名篇钢笔字帖	7458	现代图形	10750
现代水彩画	2923	现代图形设计	10210, 10220
现代水彩画法研究	1164	现代图形设计的创意与表现	129
现代水彩画帖	2922	现代外文字体	8599
现代水彩技法	1165	现代文学插图艺术精品	7065
现代水墨画	2161	现代文学作品插图选	6610
现代水墨画家探索	804	现代文字 图形设计大系	8598
现代水印版画	2998, 3003	现代文字标志创意图典	7648
现代丝绸图案选	10355	现代文字设计手册	7638

书名索引

现代舞	12660	现代新魏书字帖	7371
现代舞蹈	12659	现代形式构图原理	137
现代舞蹈动作基本原理的探讨与实例	12583	现代袖珍歌选	11889
现代舞蹈选	12637	现代学生唱歌集	11366
现代舞的理论与实践	12660	现代摇滚电贝士演奏教程	11284
现代舞会舞	12640	现代摇滚电吉它演奏技巧	11201
现代舞会音乐集锦	12150	现代摇滚电吉它演奏教程	11201
现代舞剧《白毛女》	2588	现代摇滚吉他演奏曲集	12483
现代舞厅交际舞曲大全	12151	现代仪式	12731
现代舞厅舞	12662, 12667	现代艺术	377
现代舞欣赏法	12660	现代艺术辞典	034
现代西班牙吉他	12479	现代艺术大参考	201, 202
现代西方名画家及其技巧	1077	现代艺术大师论艺术	037
现代西方设计概论	10195	现代艺术的美学奥蕴	068
现代西方素描鉴赏与研究	1139	现代艺术的意义	103
现代西方艺术美学文选	070, 071	现代艺术观念	478
现代西画图案雕刻集	8627	现代艺术和现代主义	197
现代西欧名派名家设计	10763	现代艺术画丛	6801
现代西洋绘画的空间表现	523	现代艺术鉴赏辞典	034
现代西洋生活花艺	10771	现代艺术理论	020
现代戏唱腔选集	11835	现代艺术论	009
现代戏唱腔音乐会节目选辑	11839	现代艺术评论集	005, 040
现代戏剧的理论与实践	12691	现代艺术十二讲	004
现代戏剧的追寻	12699	现代艺术学导论	040, 049
现代戏剧理论与实践	12698	现代艺术与文化批判	105
现代戏曲唱腔选	11840	现代艺术哲学	017, 055, 057
现代戏曲音乐创作浅谈	11144	现代艺术中的原始主义	198
现代戏优秀唱腔选	11871	现代艺术装饰画	10280
现代线绣图案集	10346	现代艺用汉字	7641
现代香港室内设计	10602	现代音感训练法	10993
现代小家庭装饰 98 款	10596	现代音感训练法研究	11051
现代小汽车钢笔表现图集锦	2898	现代音乐的焦点	10865
现代写意人物画法	877	现代音乐概论及欣赏	10819
现代新歌	11375	现代音乐鉴赏	10872
现代新科技图案集	10276	现代音乐欣赏	10860

中国历代图书总目·艺术卷

现代音乐欣赏辞典	10887	现代中国画选集	1742
现代音响科学	10993	现代中国画作品集	2161
现代印染图案设计	10360	现代中国绘画中的自然	551
现代印选	8571	现代中国木刻选	2975
现代印章选集	8558	现代中国书法史	7163
现代英国绘画史略	569	现代中国水墨画新作展	2186
现代英国水彩画选集	6909	现代中国戏剧考察录	12781
现代英汉摄影词典	8698	现代中国音乐史纲	10966
现代影视技术辞典	13204	现代中外流行歌曲	12403
现代影视批评艺术	13167	现代中外装潢美术字	7341
现代影视旋律钢琴曲	12507	现代中外装璜美术字	7647
现代优秀广告作品选	10753	现代中西书法	7280
现代油画	2797, 2803, 2806, 2809, 2833, 6869	现代重彩画	2338
现代油画技法	1070	现代主义，评论，现实主义	197
现代油画技法奥秘	1087	现代主义摄影名家名作	8698
现代游乐场	9327	现代主义失败了吗？	040
现代游乐园	4572	现代主义诸流派分析与批评	585
现代与后现代	192	现代住房装潢图说	10565
现代豫剧《朝阳沟内传》唱腔选集	11871	现代篆刻	8555
现代扎染女装与家庭扎染技法	10360	现代篆刻选辑	8557, 8558, 8559, 8560, 8565
现代造型	10228	现代篆刻选辑	8559
现代造型艺术社模型目录	8627	现代装潢艺术	10562
现代展览设计	10779	现代装潢与室内设计	10562
现代展览与陈列	10612	现代装饰	10276
现代招贴	6929	现代装饰动物技法	10317
现代中国工商业美术选集	10367	现代装饰动物图案	10331
现代中国画	1752, 1802	现代装饰风景图案	10339
现代中国画分类作品精选	2186	现代装饰花卉图案	10326
现代中国画集	1926	现代装饰画集	10567
现代中国画集粹	1909	现代装饰色彩	10567
现代中国画集粹	2259	现代装饰设计	10570
现代中国画家册页选集	2161	现代装饰图案	10277
现代中国画论集	708	现代装饰图案集	10272
现代中国画选	1862, 1881	现代装饰图案设计	10569
现代中国画选粹	2031	现代装饰线描集	10567, 10568

书名索引

现代装饰线描选集	10331	线描人物画	2363
现代装饰小品	10272	线描人物画指南	877
现代装饰艺术	10568	线描人物写生	884
现代装饰艺术作品集	10305	线描新概念	1346
现代装饰装潢美学	10568	线描艺术概论	721
现代资产阶级反动艺术与美学主要流派的批判		线描装饰画画法	10225
	195	线谱活页凯歌选	11383
现代字体设计事典	7649	线绳小魔术50套	12995
现代字体设计艺术	7641	线条的魅力	2889
现代作家艺术家印集	8583	线条的艺术	1099
现代作曲家及其名曲	10862, 10867	线韵	2920
现行规范汉字四体书法速成	7571	线韵画情	2920
现阶段戏剧问题	12839	陷巢州	4159
现实	088	陷阱	6204
现实关怀与语言变革	270	陷阱里的姑娘	6146
现实中和艺术中的审美	065	献宝	10449
现实主义·浪漫主义	183	献宝图	4097, 4421, 4572
现实主义的胜利	13164	献福堂前	4802
现实主义艺术论	195	献福献寿	4829
现世活宝	13139	献福献寿连年有余	4496
现世前尘	454	献给草原的歌	11696
现在：与12位媒介人的对话	13167	献给党的赞歌	11499
现在什么最流行	11717	献给儿童的伟大艺术	13299
现状与思考	8694	献给孩子们	12492, 12534
限制与拓展	713	献给孩子们的歌	12049
线长情深	3902	献给教师的歌	11480
线的魅力	2412	献给敬爱的老师	3378, 4572, 4735, 9770
线的散步	2914	献给敬爱的毛主席	6748
线的艺术	1134	献给敬爱的周总理	11693
线的韵律	2481	献给老师	2360
线描	1151, 1161	献给毛主席	3656, 10409
线描花卉	2498, 2550	献给毛主席纪念堂的礼物	4041
线描花卉技法	977	献给你的旋律	11717
线描画	1151, 2920	献给您，凯旋归来的英雄	4318
线描画法	1254	献给时代的一束鲜花	11475

中国历代图书总目·艺术卷

献给五好家庭	1951	乡村幼儿园	4421
献给辛勤的园丁	4097	乡村诊所	2920
献给勇于攀登科学高峰的同志们	3993	乡间别墅	2803
献给周总理的歌	11693	乡间的小路	9372
献给祖国	4496	乡恋	9458
献给祖国的歌	11697, 11757	乡农唱歌集	11370
献给祖国好妈妈	12635	乡情	1997, 5716, 6766, 8953, 9458
献给祖国万担粮	3902	乡情书画集	2226
献给最可爱的人	4097	乡思	9383
献花	3706	乡土的回忆	2966
献计战王爷	5716	乡土的民族艺术	082
献金救国	4868	乡土瑰宝	10681
献礼	5295, 12597	乡土节令诗	12214
献礼去	3548	乡土情	8916
献瑞图	4159	乡土情怀	6763
献上边疆人民一片心	11605	乡土情深	4319
献身	5424	乡土情义重	4496
献身现代化 攀登新高峰	3323	乡土中国	1350
献身于世界革命, 奋斗终身	1275	乡音	5995, 11505, 11810, 12287, 13127
献寿	4572	乡音寄怀	12237
献寿桃	3608	乡饮诗乐谱	11000
献寿图 1909, 1980, 2015, 3608, 4041, 4159, 4231,		乡邮员	4041
4319, 4421, 4496, 4572, 4650, 4735, 4736,		乡邮员李虎天	4986
4829, 4865, 10537		乡园·彩笔·李泽藩	109
献寿图	2050, 2104, 2161, 2162	乡韵悠悠	10915
献桃舞	12629	乡镇	1193
献之书释文	7776	芗城	8948
献忠人川	5601	芗剧传统曲调选	12132
乡场上	5602	芗剧音乐	10801
乡村的节日	12199	芗曲选集	12114
乡村的早晨	4900	相爱	9229
乡村女教师	3706	相伴到天边	11926
乡村小路	2809	相对论趣谈	3515
乡村小学	3011	相法不准	5851
乡村雪霜	9084	相逢在车上	5995

书名索引

相逢在匈牙利	12426	香港澳门	9864
相国汪文瑞公墨迹	8018	香港百年	13297
相机跑天下	8723	香港沧桑录	8936
相机与镜头	8800	香港藏书票协会会员作品集	3065
相聚在北京	9255	香港插花	10600
相聚在良辰	2828	香港的木偶皮影戏及其源流	12979
相聚在龙年	11487	香港的童年	8967
相亲	5019	香港电影八六	13120
相亲相爱	6146	香港电影八十年	13195
相声表演漫谈	12965	香港电影的中国脉络	13134
相声的表演	12962	香港电影海报选录	13143
相声基础知识	12965	香港电影回顾	13193
相声史杂谈	12970	香港电影类型论	13068
相声艺术的奥秘	12972	香港电影民俗学	13062
相声艺术论	12973	香港电影史话	13193
相声艺术论集	12966	香港电影图志	13196
相声艺术漫谈	12965	香港电影演员	9623
相声艺术与笑	12969	香港电影演员陈思思	9595
相思江传奇	6146	香港电影掌故	13182
相思奈何天	9239	香港儿童美术展览	345
相思鸟	10016	香港风光	8936, 8948, 8951, 8953, 9383, 9410
相思苹果树	11757	香港歌星王造时	9623
相思曲	12300	香港功夫王	5851
相印轩印存	8536	香港故事	8974
相印轩藏印谱	8494	香港海鸥摄影会会员摄影作品展览	8930
相映	9424	香港海洋公司游乐场	10108
相映生辉	10472	香港海洋公园	9442, 9468
相约美利坚	8912	香港回归	9292
相纸的类型与性能	8683	香港回归中国书画集	2290
香橙	10103	香港回家	6543
香脆嘴甘浓	8842	香港九龙新貌	9258
香岛幻梦	5996	香港周润发	9754, 9762
香港	8936, 9353	香港剧坛 360 度	12731
香港·渡·九七	2908	香港跨越九七	8967
香港 1988 中国音乐国际讨论会论文集	10911	香港流行歌词研究	11103

中国历代图书总目·艺术卷

香港流行金曲珍本	11717	香港夜色	9977, 9982
香港漫画春秋	1236	香港艺术	291, 323
香港漫画趋势索隐	1234	香港艺术家	320
香港美术教育	051	香港艺术节	345
香港梦	5851	香港艺术节十五周年纪念特刊	346
香港内外	5996	香港艺术之窗	114
香港漂流记	5716	香港艺术指南'94	235
香港浅水湾	9864	香港音乐发展概论	10977
香港情爱金曲	11731	香港荧屏艺坛	13143
香港人与庄子漫画	3457	香港影片大全	13164
香港设计师协会会员作品集	10234	香港影视明星	9008
香港设计展	10610	香港影视明星翁美玲	9595
香港声乐作品集	11530, 11531	香港影视演员姜蓓莉	9623
香港声乐作品集	11530	香港影坛秘史	13181
香港声乐作品目录	11990	香港影坛明星	9623
香港十大中文(85-89年)获奖金曲珍藏本		香港影坛新蕾	9623
	11723	香港影星	9623
香港史画	2883, 2889	香港影星黄淑仪	9623
香港书法	8348	香港影星余安安	9624
香港书画团体研究	351	香港照相册	8974
香港水彩画选集	2940	香港之夜	4736
香港水墨	2050	香港中国美术会四十周年纪念书画集	2313
香港四大"天王巨星"卡拉OK金曲	11512	香港中文大学文物馆藏印集	8458
香港四家印谱	8562	香港作曲家	10898
香港淘金记	6146	香格里拉	8916
香港铜锣湾	9922	香光随笔	768
香港维多利亚湾	9849	香闺韵事	10343
香港舞蹈评论集	12574	香魂	10460
香港现代水墨新潮	2259	香魂女	13159
香港现代艺术作品选	291	香江恋曲	13153
香港小姐与香港电影	13185	香江史趣	2886
香港小语钢笔字帖	7556	香蕉娃娃	5717
香港亚洲电视台艺员斑斓小姐	9022	香具耶公主	6693
香港演艺学院	026, 034	香罗带	5717, 8814
香港夜景	9984	香罗帕	4231, 5602, 9015

书名索引

香满天下都是情	11499	湘管斋寓赏续编	1462
香南精舍印存	8492	湘江歌声	11696
香凝富贵满园春	9864	湘江桔子洲	9788
香凝富贵满园春	2643	湘江橘子洲	9052
香飘四季	4159, 4496	湘江乐	12276, 12277
香飘天外	2104	湘江两岸展宏图	3993
香飘万里	4736, 4986	湘江逆流	5019
香飘四季	2162	湘江怒吼	5424
香气宜人	9410	湘江侦查	5103
香裳记曲谱	12131	湘江侦察	5077, 5851, 5996
香泉论书偶记	7219	湘剧	12933
香山	9044, 9784	湘剧低牌子音乐	12134
香山春色	9909	湘剧高腔音乐研究	11148
香山红叶	9094, 9786	湘剧教学演出纪念册	12927
香山红叶传友谊	4232	湘剧赏基本训练、毯子功	12922
香山秋色	9864	湘剧演员基本训练、毯子功	12922
香山秋叶	2643	湘剧音乐概论	11162
香山胜境	2463	湘军平定粤匪战图	1605
香甜四溢	9458	湘君	2357, 2606
香亭印谱	8492	湘君湘灵图	1894
香雪林集	1269	湘莲丰收	4042
香雪书画集	2213	湘岭怒火	5509
香雪斋雁字回文诗碑	8079	湘南风火	5602
香烟火柴 100 变	12995	湘南民间木雕	8646
香研居词尘	10951, 10965	湘潭	9864
香艳	9458	湘西地方戏音乐	11159
香艳花影	1700	湘西风光	9102
香永在	1909, 1926	湘西风情	12338
香永在	2599, 2603	湘西国家森林公园	9328
香玉	4097, 5602, 5996, 6146	湘西孩子笔下的世界	2908
香远益清	10065	湘西民间歌曲选	11784
香远益清	2513, 2620, 2660	湘西民间纹样集	10272
湘妃怨	12300	湘西民间舞蹈选	12609
湘妃竹	2631	湘西民族器乐	12349
湘管斋寓赏编	1462	湘西青岩山	9814

中国历代图书总目·艺术卷

湘西土家族苗族民间歌曲乐曲选	11804	响水东流	5425
湘西张家界	9814	响往	2989
湘乡陈母左太夫人家传	8113	响往	2721
湘乡师相言兵事手函	8027	响应党的号召，全民动员，支援抗旱	3092
湘绣	10348	响应党的号召大力发展畜牧业	3092
湘绣花鸟画谱	10350	响应号召为四化	4097, 10440
湘绣青年工人为革命钻研技艺	10349	响应晚婚号召 实行计划生育	3945
湘绣史稿	10347	想	9360
湘绣研究	10358	想称王的雄狮	6371
湘云眠芍	1800, 9010	想飞就飞	11505
湘云眠石	10440	想你的时候	12407
湘云醉眠	4097	想你台北 Shinin Rum	10145
箱根风云录	13256	想念毛主席	11789, 11968
箱子里的响尾蛇	6204	想念您	8842
祥光满堂	2162	想贫下中农所想 急贫下中农所急	3187
祥光普照	2104	想往	4232, 9396
祥和如意	4859	想望	9707
祥林嫂	5424	想想看	4496, 9348, 9396
祥梦墨迹	8298	想想这一天	3336
祥禽鸣春	4830	想象造型插画集	6615
祥禽鸣福	4802, 4865	想像可爱造型画	6929
祥瑞天使	8992	想延安时代 学延安精神	3212
祥瑞图案	10339	想一想	4097, 6543, 9345, 9525
祥雄画集	1894	想一想我们为四个现代化做了些什么	3323
祥雄文集	377	向"表现美学"拓宽的导演艺术	12805
祥云观斩妖	6146	向"硬骨头六连"学习	3027
祥止印草	8535	向阿妈汇报	3807
翔	9410	向白求恩同志学习	3854
享受美好生活	10528	向北方	5048, 5142, 5851
响洪甸风光	3003	向标兵学习 向模范看齐	3993
响铃公主	4159, 5717, 5851	向晨一觉车中梦 万马奔腾过大同 正是草原	
响马传	4986	生意满 人间到处有东风	8165
响马传对打屏	4802	向大海要石油	3854
响山堂琴谱	12300	向大师学国画	716, 717
响山堂指法	11328	向大师学绘画	615

书名索引

向大师学摄影	8791	向雷锋叔叔学习 2756, 3130, 3212, 3657, 3994,
向大师学素描	1101	9524, 9537, 9575
向党的好干部韩云娜同志学习	3378	向雷锋叔叔学习 2162
向东渠	9334	向雷锋叔叔学习 做无产阶级好儿女 3145
向钢铁大进军	11432	向雷锋叔叔学习，做共产主义接班人。 3120
向高标准大寨县进军	3993, 3994	向雷锋叔叔学习争当红花少年 3353
向革命长辈学习 做红色的接班人	3745	向雷锋同志学习 1862, 3120, 3212, 3213,
向工农兵学习 为工农兵服务	3228	3289, 3290, 3312, 3378, 3379, 3382,
向工农兵学习为工农兵服务	9274	3657, 3902, 4042, 4319, 5077, 5425,
向工农兵学习为工农兵演出	9276	8135, 8137, 8851
向工人阶级学习	3200	向雷锋同志学习，到祖国最需要的地方去！
向光荣的劳动妇女致敬	3093	3213
向国防现代化进军	12235	向雷锋同志学习培养共产主义品德 3353
向海进军	3187	向雷锋同志学习做无产阶级革命事业接班人
向海洋	4159	3290
向户县农民画家学习	1251	向刘世雄、热衣木江学习、打好交通运输仗3244
向户县农民画学习	1251	向刘英俊同志学习 3156
向华主席报喜	3289	向刘英俊同志学习捍卫最高指示 3156
向华主席汇报	4042	向刘英俊同志学习宣传最高指示 3156
向荒地进攻	10132	向刘英俊同志学习学习最高指示 3156
向建设社会主义的女英雄们致敬	3093	向刘英俊同志学习执行最高指示 3156
向焦裕禄同志学习 做毛主席的好学生	11452	向妈妈汇报 4042
向解放军叔叔敬礼	4159	向毛泽东同志的好学生——焦裕禄同志学习
向解放军叔叔致敬	3574	3156
向解放军学习！	3130	向毛主席报喜 3093, 3609
向金训华同志学习	3782	向毛主席的好学生焦裕禄同志学习 3156
向井冈山进军	2749, 2772, 3994	向毛主席的好战士刘英俊同志学习 3156, 3157,
向警予在淞浦	5602	3162
向抗洪勇士们致敬！	3120	向毛主席的好战士王杰同志学习 3145
向科学技术现代化进军	3289, 3312, 3994	向毛主席汇报 2749, 3902
向科学现代化进军	11696	向毛主席汇报 2352
向空军叔叔学本领	3706	向毛主席献礼 6748
向赖宁同学学习	8851	向门合同志学习，以实际行动…… 3166
向老师致敬	3994, 4319	向名家学摄影 8764
向老饲养员领教	3706, 3746	向母亲汇报 3854

中国历代图书总目·艺术卷

向母校汇报	3019, 3746, 3807	向王杰同志学习 活学活用毛主席著作 一心
向南极挺进	5717	一意为革命 3145
向南京路上好八连学习	3121	向王杰同志学习活学活用毛主席著作一心一意
向脑筋挑战	3515, 3516	为革命 3157
向农业机械化进军	3807, 3902	向往 8660, 8825, 9360, 9372, 9383, 9396, 9410,
向农业现代化进军	3548	9424, 9442, 9458, 9530, 9676, 9727
向农业战线上的红色标兵学习	3093	向往海洋 9383
向暖一枝花	12884	向往蓝天 9353
向欧阳海同志学习	10414	向往人间 4319
向彭军团长求援	5602	向往未来 4421
向贫农下中农代表致敬	3145	向伟大的共产主义战士雷锋学习 3213
向贫下中农学习 为贫下中农服务	3854	向伟大的共产主义战士李定国同志学习 3121
向前、向前、向前	9372	向伟大的社会主义祖国献礼 3228
向前，向前，向前！	3344	向伟大祖国的保卫者致敬！ 3093
向前，永远向前	11444	向文海 5167
向亲人汇报	3807, 4650	向无限忠于毛主席革命路线的好干部门合同志
向全县烈军属、革命伤残、复员退伍、转业军人		学习 3166, 3167, 5146
同志们致以节日慰问	3375	向无限忠于毛主席革命路线的好干部门合同志
向人民的好儿子刘英俊同志学习	3157	学习…… 5146
向人民群众学习的好课堂	3766	向辛勤的园丁致敬 3372
向人民学习	3766	向新的目标前进 3093
向日葵	4930, 10406	向新一代最可爱的人学习 3327
向日葵舞	12627	向新愚公学习 3746
向荣	8825	向新元画选 1421
向荣	2632	向秀丽 4986, 5048, 11778, 12139
向山坡田进军	12610	向秀丽采油队 4986
向舍身抢救列车的七十八岁老贫民邢远长同志		向徐特立爷爷汇报 4421
学习	5152	向阳花 3902, 12599
向四个现代化献粮	3312	向阳花，朵朵红，知识青年喜务农 3706
向苏联电影学习	13306	向阳花开 3013, 3609, 3902, 5048
向他们挑战	3807	向阳花开满院红 3854
向台湾小朋友问好	4421	向阳花开千万代 11677
向王杰叔叔学习 当好革命接班人	3157	向阳渠 1810, 3807
向王杰叔叔学习 做革命接班人	3157	向阳渠畔春意浓 1811
向王杰同志学习	3145	向阳泉 5367

书名索引

向阳人家	12122	项链	5996
向阳山上金凤花	11677	项梁起义	5048, 5851
向阳院的故事	5264, 5295, 5328	项圣谟精品集	1590
向阳院的热心人	3902	项圣谟梅花册	1571
向阳院里尽朝晖	2772	项斯华演奏中国筝谱	12314
向阳院里气象新	3902	项易庵仿右丞蓝田山庄图卷	1566, 1567
向一心为公的共产主义战士蔡永祥同志学习		项羽背约	4986, 5851
	3162	项元汴之书画收藏与艺术	799
向英雄的钢铁工人致敬!	3093	项庄项伯	4572
向英雄少年赖宁学习	3379	象鼻山	9119
向英雄学习，向英雄致敬!	3093	象陈岱山同志那样把革命的理想建立在革命的	
向英雄致敬	4042, 4097	需要上	3213
向英勇的多米尼加人民致敬!	3145	象的故事	6543
向优秀的共产主义战士王大彪同志学习	9266	象冬子那样战斗	3854
向优秀共青团员张海迪同志学习	3353	象伯传奇	5602
向阳歌曲选	11475	象护与金象	5996
向月球飞去	7024	象蒋筑英那样为四化多做贡献	3353
向张海迪同志学习	3353	象焦裕禄那样忠心耿耿为革命	3157
向张英勇同志学习	3145	象雷锋同志那样热爱毛泽东思想	3290
向珍宝岛战斗英雄学习	9266	象蜜蜂那样的苍蝇	5717
向支左爱民模范排学习 向支左爱民模范李文		象趣横生	9372
忠学习	3162	象群归来	5602
向中国工人阶级的伟大战士刘美泉学习	3157	象山水月	9849
向中国人民解放军致敬	3707	象上公园	10110
向着四个现代化的社会主义强国进军	3312	象形标志设计	10771
向着太阳歌唱	11671, 11682	象牙船之谜	6235
向祖国致敬 向人民致敬	3374	象牙红	1862
项东井梅华逸品	1613	象园丁一样细心培育祖国的花朵	3548
项东井山水册	1613	象征的图像	480
项而射李仁杰画选	2783	象征派历程	199
项凤抗战歌曲	11375	象征摄影	8800
项鸿画集	2481	象征图形	10736
项孔彰刘玄晖合册	1560	象征性自杀	108
项孔彰梅花册	1571	象征主义画家莫罗	1073
项孔彰山水人物册	1564	象征主义艺术	197

中国历代图书总目·艺术卷

像不像	1951, 6469	肖惠祥湘西速写	2871
像焦裕禄同志那样 一心为革命 一切为人民		肖惠祥新疆人物集	2871
	3167	肖建华中国画集	2241
像雷锋叔叔那样	4319	肖劲光大将	6371
像宋庆龄同志那样——爱孩子爱祖国的未来		肖龙士画集	1894
	3344	肖龙士蕙兰册	2504
像赞评林赠言	925, 926	肖盛富	4966
橡胶草	4900	肖舜之画集	2275
橡胶的制作	13238	肖斯塔科维奇	10856
橡皮猴子	4931	肖显写圃	5996
橡皮泥大盗	6272	肖像	8791, 9530
橡皮泥趣味制作	10699	肖像——时代的写照	10142
橡树	6874	肖像画	625, 626
橡树·傍晚	6874	肖像画的描法	628
橡树林	6859	肖像画技法	636
肖邦	2786, 10857, 10893, 10898	肖像画选集	1295
肖邦的创作	10857	肖像画选辑	1294
肖邦的叙事曲	12505	肖像基础技法	638
肖邦钢琴曲集	12535	肖像摄影	8728
肖邦钢琴曲选	12493, 12496	肖像摄影技巧	8745
肖邦钢琴协奏曲两首	12502	肖像摄影经营术	8791
肖邦纪念图片	10132	肖像摄影照明技巧	8751
肖邦练习曲集	12520	肖像素描	2914, 6904
肖邦练习曲十二, 作品第25号	12505	肖像素描技法	1099
肖邦练习曲十二首, 作品第10号	12504	肖像艺术5000年	187
肖邦练习曲十二首, 作品第25号	12505	肖雄与小演员方超	9595
肖邦夜曲集	12516, 12536	肖鹰	5328
肖邦圆舞曲集	12494, 12511	肖映川版画选: 潮汕农家系列	3050
肖缠岐	5183	骁勇小将	9012
肖尔布拉克	5852	削觚庐印存	8517
肖飞买药	5996	逍遥洞	6146
肖峰 宋韧油画选	2799	逍遥游	11723
肖红设计艺术作品集	10235	消除"四害"人寿年丰, 讲究卫生移风易俗	3093
肖惠祥画人体	2880	消防连环画	6273
肖惠祥人物线描	2880	消防漫画集	3495

书名索引

消防漫画选	3419	萧焕画选	2227
消防漫画与幽默	3503	萧惠祥湘西速写	2871
消防之歌	13234	萧惠珠国画人物选	2415
消费的学问	3489	萧蕙画集	2538
消寒新咏	12735	萧嘉辉书白屋诗三首	8418
消灭地下害虫	13241	萧建初画集	2290
消灭钉螺	5129	萧姐与秀诗	8814
消灭棉红蜘蛛	4917	萧克诗词书法选	8321
消灭侵略战争	12425	萧莱马	5425
消灭血吸虫病	5129	萧朗画集	2550
消磨在戏院里	13103	萧朗教学画稿	973
消暑	9384, 9396	萧劳诗联自书墨迹	8241
消息带给远方人	11942	萧龙士百寿画集	2031
消息树	5154, 5167	萧龙士画集	1894
消夏百一诗	500	萧平书画集	2050
消夏图	1544	萧启益速写选	2902
消夏印存	8518	萧谦中课徒画稿	1705
消灾降福 平安如意	2050	萧谦中山水画册	1378
萧邦廿四首前奏曲之研究，作品第廿八号		萧勤个展	1997
	11227	萧曲集	12272
萧邦与波兰民间音乐	10903	萧荣府书画集	2338
萧长华戏曲谈丛	12876	萧若兰唱腔艺术	11157
萧长华先生谈表演艺术	12813	萧史和弄玉	1739
萧长华艺术评论集	12884	萧淑方写真集	8985
萧尺木归寓一元图	1645	萧淑芳 李斛 宗其香画展选集	1285
萧尺木山水	1631	萧淑芳画选	2513, 2550
萧尺木山水卷	1654	萧淑芳作品	2555
萧尺木山水神品	1626	萧淑娴复调作品集	11360
萧尺木松下纳凉图卷	1626	萧淑娴作品集	11360
萧楚女	5509	萧顺权摄影作品选	8988
萧传玖素描人像	2858	萧斯塔科维奇的第十一交响曲	11268
萧德训	4958	萧斯塔科维奇的森林之歌	10855
萧方画集	1279	萧斯塔科维奇的小提琴协奏曲	11180
萧何月下追韩信	4159, 4761, 11832	萧涛生素描集	2902
萧何月下追韩信	2364	萧涛生油画集	2833

中国历代图书总目·艺术卷

萧退庵书法选	8209	潇洒走一回	11929, 12518
萧屋泉山水画课稿	904	潇湘八景	3657
萧娴临《散氏盘》	8366	潇湘黛玉	4232, 4650, 4736
萧娴临石门铭	8337	潇湘笛音	9555
萧娴书法选	8172	潇湘惊梦	5717
萧娴书法选集	8228	潇湘奇观图	829
萧娴先生书法集	8257	潇湘胜景	4232
萧湘水云	12327	潇湘水畔庆丰收	12283
萧应彬诗画	2241	潇湘水云	12246
萧友梅音乐文集	10820	潇湘图	1980
萧友梅作品选	11481	潇湘戏鹦	4232
萧鱼会	5602	潇湘烟雨	1980
萧玉磊画集	2275	潇湘烟雨	2643
萧玉磊人物画选	2407	潇湘一曲连心声	4042
萧月光画集	2402	潇湘月夜	2448
萧云从画谱	917	潇湘知音	4232
萧照秋山红树	1539	潇潇清韵动霜林	4097
萧志远画集	2530	器器子乐原	10939
萧屋泉画稿	1703, 1706	崎山之战	5602
硝烟	5717	小阿萨	5077
硝烟滚滚	5295	小阿姨	3548
硝烟剧魂	12787	小安娜	9596
销魂刀	13139	小安子伏法记	5996
销售欢乐	13319	小鹌鹑	4931
箫吹奏法	11304	小八戒历险记	6693
箫笛吹奏法	11300	小八路	3003, 3945, 4232, 5167, 5184, 5264
箫笛合谱	12261	小八路顾杰	5509
箫笛谱	12261	小巴郎	9410
箫笛新谱	11299	小霸王孙策	5425
箫谱	12261	小白唇鹿	5852
箫谱大全	12262	小白鹅	12005, 12036
箫演奏实用教程	11304	小白鸽	10090, 10466
箫韵作品选	336	小白狗的故事	6568
潇洒	8851, 9458, 9707	小白龙与人参娃	6146
潇洒书斋书画述	1460	小白猫	10051, 10071

书名索引

小白兔	10030	小兵上阵	5328
小白兔	2576	小兵学科学	4888
小白兔做桌子	5852	小兵张嘎	3707, 5129, 5184, 5328, 5602, 6341,
小百灵	4986, 12041		6469, 6568, 6661
小百灵的歌	12049	小博士	9646
小百梅集	1643	小不点	6648, 6661
小拜年	12109	小不点与袋鼠	6147
小伴娘	9741	小布头奇遇记	6371, 6568
小帮忙	3574	小财神	9766
小帮手	4319, 5295	小裁缝	5852
小包公	5996, 6147	小裁判员	4421
小宝	9596	小草	10071
小宝宝	4232, 4319, 9016, 9030, 9544, 9575, 9596,	小馋猫	4159, 10080
	9624, 9676, 9707, 9741	小蝉画集	2338
小宝宝爱储蓄	4097	小鲳鱼找阿姨	5425
小宝宝学算术	4421	小长芦馆集贴	8027
小宝贝	4097, 4159, 4319, 8851, 9596, 9646, 9676,	小长庐馆集帖	7659
	9707, 9754	小厂创大业	5184
小宝石	5295	小厂主特刊	13287
小宝幸福	4572	小超人克克拉	6675, 6676
小保管上任	3746, 5215, 12122	小车	12157
小报务员	5509	小车舞	12604
小豹子单骑追敌	5215	小城春秋	5717
小爆破手	5295	小城故事	5997
小北找爷爷	5509	小城细雨	5852
小贝蒂	3429	小秤砣	5328
小贝流浪记	5717	小赤脚医生	5328
小笨猫	6147	小宠物	10088
小蹦豆奇遇	6713	小丑历险记	13139
小辫子	4986	小船长历险记	5852
小表姐	5996	小窗花	3609
小别动队	9030	小闯	5425, 5509
小冰冰	9372	小刺猬	6760
小兵东东	5238	小刺猬阿威	6371
小兵嘎子	8862	小刺猬和小伞兵	6694

中国历代图书总目·艺术卷

小刺猬去做客	5510	小动物名信片	1951
小刺猬奏鸣曲	5997	小动物屏	2571
小粗心	5510	小动物谱	2585
小翠 4319, 4421, 4422, 4496, 5510, 5717, 6147,		小动物四条屏	4650
9360		小动物园	4159
小翠	2365	小豆儿	5997
小大夫	3548	小对手	4160
小蛋壳	6648	小盾龙智斗大黑豹	6568, 6569
小刀会 3574, 3609, 3946, 5048, 5238, 9218,		小儿城	5997
9938, 13100		小儿模仿操	12044
小刀会 红灯照	3994	小二黑结婚	3609, 5425, 6147, 11880
小刀会文庙起义	5264	小二姐做梦	12919
小岛长桥	5328	小发明家	3994, 4931
小岛紧连北京城	3855	小筏夫	5264, 5852
小岛景趣	9135	小放驴	12019
小岛新貌	10426	小放牛 3657, 4232, 9226, 9372, 10460, 12595,	
小岛新泉	3994	12596	
小岛夜校	3855	小放牛	2050, 2162
小岛与大洋	377	小飞飞	9741
小嘀咕	4931	小飞飞的梦	5718
小弟弟	9646	小飞虎	6469
小弟弟画未来	4042	小飞虎漫游因特网	6741
小点心	4917	小飞龙	6341, 6342
小电影	4097, 13095	小飞龙传奇	6147
小调	11762	小飞天	6507
小调工尺谱	11760	小飞文馆印存	8509
小调皮	4918, 9555, 9647	小佛佛历险记	5510
小调谱	12244	小枫	9442
小调器乐谱	12326	小夫妻 老夫妻	3434
小丁当	7086	小弗·帕亚	5852
小丁当机器猫益智系列	6929	小嘎子	9033
小丁丁	5717	小刚的红领巾	4888
小叮当·机器猫	6303	小钢刀	5329
小东海学医	5328	小钢琴家之路	12213, 12509, 12536
小动物	1106, 4572	小港新貌	3903

书名索引

小高炉放卫星	11595	小怪物	6416
小戈和他的伙伴	5852	小冠军	4098, 4160, 4573, 4650, 9624, 9766
小哥儿俩	4901	小管家	5264
小鸽子	9306	小国王	6976
小鸽子奇深情	4422	小国王奇遇记	5510
小歌唱家	11133	小孩和鸽子	1723
小歌唱家技巧与训练	11135	小海	5718
小歌片	11595	小海花	12045
小歌曲集	11380	小海蛟	5142
小歌手	9545, 9624, 9646	小海军 4320, 4573, 4650, 4865, 8862, 9022, 9596,
小歌舞	9969, 12634	9727, 9741, 12003
小歌星入门	11133	小海莲	9555
小公鸡骤雨	5852	小海螺	9396
小公主	9727	小海螺画室线描作品	2313
小公子	6694	小海马的奇遇	5425
小狗	10037, 10057	小海生	5239
小狗福斯	6303	小海燕	4042
小狗乖乖	6713	小海洋家	4422
小狗乖乖传奇	6661	小海鹰	4422
小狗滚球	4650	小海员	3657
小狗算算术	4097	小航海家	4320
小孤女	4870	小号－短号教程	11168
小姑不贤	12109	小号、长号、圆号及其他铜管乐器五声音阶日
小姑娘	9596, 9624, 9727	常练习	12157, 12162
小姑娘巧斗巫与鹅的故事	6508	小号表演艺术	11171
小姑听房	4987	小号兵	5239
小姑望东郎	5602	小号兵传奇	5997
小姑贤	3657, 4320, 13236	小号兵的秘密	5997
小鼓咚咚	6569	小号初级教程	11173
小鼓手	9575, 9646	小号吹奏法	11169
小故事	13260	小号吹奏入门	11176
小故事员	3746	小号独奏曲选	12156, 12455
小乖乖	9646, 9741	小号短号演奏实用教程	11171
小乖乖知识套餐	6713	小号二重奏曲集	12554
小怪龙系列	6713, 6714	小号钢琴世界名曲经典	12457

小号基础教程	11171	小猴当医生	6592
小号教本	11168	小猴和白胖	4931
小号教程	11167, 11169, 11171	小猴皮皮	5997
小号教学曲选集	12160, 12161	小猴王	6303
小号练习曲选 62 首	12455	小猴学本领	5997
小号曲集	12157	小猴学吹笛	5425
小号手	5239, 9676, 12370	小猴摘桃	6508
小号手的歌	12019	小猴摘枣	5425
小号协奏曲	12456	小猴子的故事	6540
小耗子过生日	4917	小狐狸	6273
小合唱	11959	小狐狸进城	6676
小合唱、表演唱歌曲选	11965	小蝴蝶	10022
小合唱歌曲选	11970	小糊涂神	6543
小和尚	3489	小糊涂仙	6724
小河边	1762	小虎	10088
小河的歌	12001	小虎队	9034, 9035, 11723
小河马	7077	小虎队歌曲	11723
小河淌水	1762, 11787, 11959	小虎队精曲	11723
小黑河上	2726	小虎子	3477, 5019
小黑虎	5264	小护青员	3807
小黑鳗游大海	4987	小花	4098,
小黑兔	5367		4232, 5510, 6543, 9468, 9478, 9485, 9596,
小黑熊	4893		9676, 10025, 10030, 10037, 10045, 10051,
小亨利全集	7025		10058, 10065, 10071, 10076, 13103
小红孩	5019	小花	2609
小红花	9343, 9360, 9410, 12635	小花打碎了	4901
小红花 小鸡 雁	12019	小花儿	10045
小红花的歌	12032	小花鹿归队	5425
小红军	5077, 12139	小花鹿学本领	5426
小红马的故事	5295	小花猫	4232, 4320, 10030, 10065
小红帽	5510, 6508, 6543, 7143, 9424	小花猫的故事	5426
小红擒敌	5184	小花猫学捉老鼠	5852
小红球	9424	小花球	10104
小红屋	6469	小花伞	10114
小猴打拳	6147	小花学本领	5510

书名索引

小花鸭	5510	小鸡别争嘴	4573
小花争艳	10045	小鸡出壳	4160
小滑雪手	4422	小鸡画法	630
小画家 4098, 4160, 4320, 4422, 4573, 5426, 6770,		小鸡秋菊	1664
8628, 9537, 9575, 9596		小记功员	4573
小画家 ABC	714, 1215	小记者采访记	5997
小画家基础训练入门	619	小技术员战胜神仙手	4987
小画家技巧与训练	621	小佳佳	9624
小画家简笔画	1259	小剪子	12005
小欢哪里去了	4931	小健儿	9596
小幻术	12985, 12987	小健将	9575
小皇帝	9030, 9727, 9766	小将	5295, 10472
小黄姑娘	4931	小将呼延庆	6544
小黄龙	5426, 6147	小将呼延庆	2386
小黄莺	11931, 12328	小将罗成	2400
小黄莺的歌 种莲子 大白鹅	12018	小将裴元庆	4650, 4830, 5718
小灰兔子买唱片	5997	小将岳云	6342, 9006
小诙谐曲	12551	小交通海生	5264
小火箭	4650	小交通水旺	5329
小火箭人工降雨	5852	小交响乐	12549
小火箭手	4160	小娇娇	9677
小火炬	5510	小脚趾历险记	6469
小伙伴 4098, 4233, 4496, 5329, 9016, 9424, 9489,		小轿车集锦	4736
9537, 9545, 9555, 9575, 9624, 9646, 9647,		小街	5718
9677, 9707, 9727, 9762		小桔灯	5853
小伙伴	2370, 2386	小桔子	10104
小伙伴爱唱的歌	12014	小姐妹	9545, 9776
小伙伴的歌	12009, 12010, 12020, 12042	小借车	12136
小伙伴的舞	12590	小借年	4320, 12111, 12136
小伙伴活页歌选	11605	小金凤	12634
小伙伴们来照相	4160	小金刚卡通系列丛书	6741
小伙伴月历	5718	小金刚历险记	6544
小伙子和魔法师	6569	小金孩	4918
小机灵纸雕手工制作	10706	小金花	12125
小鸡	2560, 2561, 2563	小金马	5511, 5602

中国历代图书总目·艺术卷

小金马的故事	5367	小喇叭歌曲100首	12033
小金水巧钓鬼子兵	5264	小喇叭故事精选	6469
小金鱼	5853, 5997, 10058	小喇叭广播了	4320
小津安二郎的艺术	13209	小喇叭花	5997
小筋斗旅行记	4893	小喇叭开始广播啦	3609, 4098
小精灵画传	5718	小喇叭童话精选	6469
小精灵科学童话	6416	小喇叭又响啦	4233, 4320
小精灵新传	6303	小癞子	5718
小精灵智斗总督	5718	小兰琴谱	12300
小径	9372	小篮中锋	5329
小居室布置	10578	小老板	12963
小居室室内设计	10585	小老虎	4422, 10071
小剧场	3609	小老虎班	5216
小剧场经营法	12837	小老师	4098
小骏马	10037	小老鼠闯世界	6694
小楷	8397	小老鼠法拉布历险记	6670
小楷多宝塔碑字帖	8085	小乐队合奏曲选	12232, 12233, 12234, 12236
小楷技法指南	7321	小乐乐	9424
小楷临帖指导	7371	小雷锋	3994
小楷书法	7266	小雷雷	9348
小楷唐诗三百首	8257	小雷音寺	5602, 5718, 6204
小楷习字帖	8134	小雷音寺捉妖	6661
小楷习字帖毛主席诗词二十一首	8134	小雷子	5239
小楷心经十四种	8047	小篱图	1785
小楷寻真	7321	小李广花荣	4736
小楷字帖	8140, 8142, 8150, 8156, 8165, 8199	小李广花荣·双鞭呼延灼	4761
小砍刀	5215, 5426	小李广花荣双鞭呼延灼	4573
小康人家	13234	小鲤鱼跳龙门	5077
小科学家	2365	小丽达	9424
小蝌蚪找妈妈	5853, 6508, 6544	小利达之死	12091
小空间大利用	10608	小连环画	6342
小空间巧设计	10596	小连环画童话辑	6342
小孔雀	4233, 4422	小莲子	5853
小昆虫学家	4233	小两口挡猪	4987
小喇叭的歌	12045	小两口观灯	4650

书名索引

小猎馆	5265	小马球队员	4573
小猎人的礼物	5329	小马戏演员	5998
小猎手	4098, 5239, 5265	小麦密植	13238
小琳的图画	4888	小鳗	5239
小灵通漫游记	5511	小忙牛	4987
小灵通漫游未来	5511, 5603	小莽苍苍斋藏清代学者法书选集	8094, 8095
小灵通奇遇记	5511	小猫	4422, 4573, 10019, 10038, 10076, 10080
小灵通再游未来	6343	小猫	2653
小玲和小利	5329	小猫捕蝶	1926
小留仙馆笔薮	1045	小猫钓鱼	5511, 6508, 6509, 10022
小龙淞下一角	1881	小猫和金鱼	4160
小龙学外语	5216	小猫和静物	10045
小楼画集	1707	小猫和小狗	10038
小鸥鹭智闯敌镇	5853	小猫花卉	4160, 4233, 4422
小旅客	5239	小猫咪 10038, 10051, 10058, 10065, 10088, 10136
小鹿	10022	小猫咪咪	4573, 6304, 10065
小鹿格桑	5511	小猫屏	4320, 4422
小鹿和小囡	9345	小猫四条屏	4422
小鹿快长	4320	小猫弹琴	4422
小鹿青青的故事	5426	小猫鲜果屏	4651
小鹿舞	9949	小猫与月季	10051
小绿天庵简明竹谱	1626	小猫族	10136
小路	5718	小毛	4872
小露珠	13120	小毛头历险记	6544
小萝卜头	5368, 6147	小茂青参军	5216
小萝卜头的歌	11500	小茂青擒敌	5239
小萝卜头的故事	6592	小帽帽	9411, 9485
小萝卜头在狱中	6544	小梅	5603
小螺号	5295	小梅的梦	13234
小螺丝钉	4918	小妹妹	4160, 9575
小马灯舞	12627	小妹妹的心	11541
小马倌	5129, 5167	小妹妹与花草帽	4931
小马过河	5216, 6508	小咪咪	10058, 10076, 10090
小马虎历险"疏忽国"	5603	小迷糊	5511
小马驹	5368	小米拉	5511

中国历代图书总目·艺术卷

小蜜蜂	4160, 4233, 5265, 6204	小鸟谱	2544
小苗	4573, 9372	小鸟琪琪	6304
小民兵	12630	小鸟小鸟	11924
小民兵袁志法	5265	小鸟依人	9624
小民兵捉水鬼	4987	小鸟在前面带路	12046
小民歌曲集	11500	小妞	9624
小明	4901	小妞妞	9596
小明的奇遇	5511	小牛的心愿	5216
小明的作业本	5426	小牛顿漫游当代科学博览馆	6569
小明星	9762	小牛顿漫游发明发现博物馆	6569
小模范社员	4893	小牛顿漫游科学王国	6569
小摩托兵	9741	小牛顿漫游外国科学家纪念馆	6569
小摩托手	4160, 9727	小牛顿漫游中国科学家纪念馆	6569
小磨坊	12331	小牛造的房子	4886
小蘑菇	10058	小农艺员	9523
小魔女	6304	小女孩	9531, 9575, 9677
小魔女住进红树林	6569	小女孩玛丽	6888
小魔术 12986, 12987, 12988, 12992, 12997, 12998		小女婿	9148, 11830, 12111
小魔术集萃	12996	小鸥波馆画寄	776
小木工	5329	小鸥波馆画识	776, 777
小木克	5718	小鸥波馆画著五种	777
小木枪新又新 咪咪咪 打电话 这是什么		小帕蒂的生日	5329, 5368
	12019	小排球队员	4320
小木碗	5718	小胖 4098, 4736, 4773, 9537, 9545, 9576, 9647,
小牧民	3807		9677, 9727
小牧民	2363	小胖墩墩	3503
小牧民巴特尔	5426	小胖儿	9707
小牧童	9524	小胖胖	4320, 9596, 9624, 9677, 9707, 9741
小牧童	2386	小胖子	9647, 9741
小穆克	6569	小炮兵	12630
小囡	9596	小炮兵赛罕	6147
小男人	6304	小朋友 9526, 9545, 9624, 9647, 9677, 9707, 10528
小妮娜	9545	小朋友的歌	12005, 12006, 12031
小泥鳅	5239	小朋友歌舞曲	12091
小鸟和小兔	12627	小朋友画宝	1426

书名索引

小朋友画报	4931, 4932, 4933	小棋手	4423
小朋友画王	6469	小气象员	4098
小朋友来唱革命歌	12019	小憩	8819, 8834, 8851, 9025, 9345, 9384, 9396,
小朋友们来锻炼 长大接好革命班	3244		9411, 9424, 9459, 9849
小朋友图画讲话	1250	小千金	9677
小朋友喜爱的歌	12507	小前奏曲与赋格曲	12497
小朋友想想看之九	9596	小枪手	9727
小朋友想想看之七	9596	小乔宁	5184
小朋友想想看之三	9596	小乔梳妆	4736
小朋友想想看之四	9596	小桥	2810
小朋友想想看之五	9597	小桥、流水、人家	9886
小朋友学魔术	12990	小桥流水人家	8967
小朋友音乐选萃 252	12049	小桥弯弯	9993
小朋友怎么画动物	632	小巧手	4160
小朋友折纸	10681	小琴和子梅	4987
小朋友植树去	3093	小琴手	4098, 4321, 4423, 9555, 9597, 9677, 9741
小蓬莱	5853	小青河上	9864
小蓬莱阁画鉴	768	小青山分菜	5368
小蓬莱阁印存	8519	小情报员	4879
小蓬莱阁印谱	8531	小秋萍	9537
小蓬莱仙岛	5718	小球迷	4496, 9537, 9545, 9555, 9576, 9597, 9677,
小蓬尾巴	5511		9707
小篷船	11445	小球迷	2376
小皮鞋匠	13252	小球手	9707
小品	12460	小曲唱腔改革分析	11145
小品摄影技法	8757	小曲子	11760
小品艺术论	12914	小拳底下不留情	12010
小品织绣图案	10346	小人大幽默	10144
小乒乓球爱好者	9555	小人国	6469
小平买书	4889	小人国历险记	6544
小平说：什么是社会主义	3495	小人物与大逃犯	6235
小其其格	9545	小荣和抽水机	4901
小骑兵	4573, 5368, 8851, 9727, 12171	小三子参军	5603
小骑士	4233, 4496, 4573	小伞兵	4321
小骑手	4233, 9741	小山城来的少帅	3503

中国历代图书总目·艺术卷

小山花	10045	小守门员	9006
小山画谱	931, 932, 933	小兽医	5239
小山雀送信	5239	小书法家	7385
小山娃	5296	小书画家	1263, 1264
小山羊	10045, 10065	小书迷	4161, 4233
小山羊摇铃铛	5853	小树苗，肩上扛，唱着歌儿上山岗，棵棵树苗栽
小山鹰	5329	成行，革命苗儿长得壮。	3200
小商河	6147	小树苗归队	5368
小鞘公	5265	小摔跤手	4321
小哨兵	3903, 5265	小帅龙	6544
小设计师	9545	小双狮图	4496
小社员	3807, 5368, 12630	小水兵	4865
小社员之歌	12027	小水车团团转	3657
小射手	3746, 4423, 4496	小水滴环游记	6304
小射手	2356, 2371	小水珠	5511
小摄影家	4321	小说改编与影视编剧	13084
小摄影迷	8741	小说土敏土之图	6915
小摄影师	9576	小司机	4161, 4233, 9576, 9647, 12632
小神笔	5511	小司令	4161
小神童	6343	小司令和她的伙伴	12627
小神童超级多用简笔画	1151	小四捉汉奸	4869
小神仙	6304	小饲养员	3003, 3548, 4098
小师傅	4987	小松广告创意	10385, 10394
小诗	9442	小松山水	1626
小诗谱	11030	小松鼠	8851
小石匠	5077	小松鼠	2667
小石庐馆集帖	7832	小松鼠请客	6304
小石人飞飞	6343, 6416	小松树	4161, 12003, 12205
小石山房名印传真	8509	小松园阁书画跋	780
小石山房印谱	8505	小松子	5265
小石山房印苑	8506	小穗	6939
小石头	5426	小台上的芍药花屏	6885
小手风琴手	9677	小探索家	4736
小手开了新茧花	3903	小探险家	4933
小手巧绣四化图	1951	小淘气 9537, 9546, 9555, 9576, 9677, 9766, 9767

书名索引

书名	编号	书名	编号
小提琴	11180, 11190	小提琴民族作品教学曲选	12179
小提琴八大名家的演奏	11188	小提琴名曲集	12469, 12470
小提琴初步教程	11178	小提琴齐奏曲 12 首	12476
小提琴初级教程	11182	小提琴齐奏曲集	12169, 12170
小提琴初级练习曲精选	12470	小提琴曲集	12164, 12165, 12166, 12167, 12168,
小提琴的荣光	11187		12171, 12175, 12176, 12180, 12466
小提琴的演奏与欣赏	11190	小提琴曲集分谱	12168
小提琴独奏曲选	12174	小提琴曲三首	12463
小提琴二重奏曲精选	12236	小提琴曲选	12168, 12176
小提琴高级音阶教程	11189	小提琴入门	11178
小提琴换把练习, 作品第 8 号	12463	小提琴入门练习曲	12471
小提琴换把练习, 作品第 8 号	12464	小提琴手	9531, 9707
小提琴基本功强化训练教材	11187	小提琴速学新法	11185
小提琴基本教程	11178, 11185	小提琴外国乐曲新编	12469
小提琴基本练习	11177	小提琴五声音阶练习体系	11190
小提琴基础教程	11182, 11190	小提琴协奏, e 小调 作品 64	12465
小提琴基础新教本	11185	小提琴协奏曲	12166, 12168, 12466, 12468
小提琴教材	11182	小提琴协奏曲《梁山伯与祝英台》	12179
小提琴教科书	12162	小提琴协奏曲, F 大调	12163
小提琴教学	11183	小提琴协奏曲精选	12474
小提琴教学研究	11189	小提琴学习指南	11185
小提琴节奏训练	11180	小提琴演奏初步教程	11181
小提琴进程练习	11177, 11178	小提琴演奏的发音问题	11181
小提琴经典作品的演奏解释	11187	小提琴演奏的科学	11185
小提琴考级教程	11188	小提琴演奏的新途径	11184
小提琴考级练习教材	11189	小提琴演奏法	11177, 11181
小提琴考级四级曲集	12474	小提琴演奏和教学的原则	11183
小提琴考级五级曲集	12474	小提琴演奏基础	11182
小提琴考级音阶与练习曲	12478	小提琴演奏技术入门	11184
小提琴练习曲	12163, 12169, 12175	小提琴演奏教程	11190
小提琴练习曲 42 首	12464	小提琴演奏入门	11185
小提琴练习曲 60 首, 作品第 45 号	11184	小提琴演奏抒情歌曲 100 首	12180
小提琴练习曲六十首	12462	小提琴演奏术	11177
小提琴练习曲六十首	12462	小提琴演奏艺术	11181, 11182
小提琴每日练习	12179	小提琴演奏艺术的力度	11180

中国历代图书总目·艺术卷

小提琴演奏优秀少儿歌曲 100 首	12180	小图书的故事	5426
小提琴演奏与教学法	11183	小图书员	3807
小提琴演奏与练习	11184	小兔乖乖	6509, 6544
小提琴演奏者手册	11186	小兔喝水	5512
小提琴演奏之系统理论	11183	小兔子彼得的故事	5512
小提琴艺术史略	11190	小兔子飞毛的故事	5719
小提琴音阶教程	11187	小兔子和老妖婆	5853
小提琴音阶练习	11178, 11180, 11182	小兔子领尾巴	12647
小提琴音乐三百年	12474, 12475	小拖拉机手	4161
小提琴音准的概念及原则	11189	小娃娃	4651
小提琴与大提琴的制造与修理	12162	小瓦工堵海眼	4918
小提琴指法概论	11181	小顽猴	9424
小提琴指法艺术	11189	小晚会	445, 13238
小提琴左手技巧练习	12462, 12463	小万柳堂临董书孝经	8028
小提琴作品十首	12180	小万柳堂临梦楼诗册	8026
小天鹅 4233, 4423, 4496, 9346, 9597, 9624, 9647,		小万柳堂明清两朝书画扇存目录	1468
9677, 9707		小万柳堂书苏诗	8026
小天鹅舞	9962	小网川阁记	8122
小天使 6892, 9624, 9647, 9677, 9708, 10528		小委员	5296
小天真 4736, 9537, 9546, 9555, 9576, 9624, 9708,		小卫士	8851, 9727, 9742
9767		小卧龙	5719
小甜	9597	小乌龟出世记	5512
小铁锤，小叮当，从小学把工人当，学习工人好		小屋情趣	10590
榜样，建设祖国献力量。	3200	小无知的故事	6235
小铁道游击队员	5853, 5998	小无知历险记	5853, 6304
小铁匠	5368	小五更	4908
小铁送情报	5329	小五义	6544
小铁头夺马记	5296, 5426, 5853	小武工队员根子	5427
小铁与大槍	5329	小武士	9013
小铁子	5603	小武士	2365
小亭繁英——北京龙潭公园	9922	小武松	4233, 6509
小铜锣	5240	小舞蹈家	9576
小偷登门	6645	小舞会	12628
小秃笔师生漫画选	3489	小舞台	440, 441, 442
小秃的魔法车	6670	小舞乡乐谱	12584

书名索引

小悟空	4651	小小钢琴家	4161
小稀客	4161	小小故事会	3994
小溪	9805	小小航海家	4321
小溪	2643	小小航模家	4651
小溪杜鹃红	8851	小小花朵	9576
小溪流	6204	小小画家	3609, 3610, 6661
小溪秋色	9886	小小幻想家	9708
小喜鹊的傻话	6544	小小火箭迷	3994
小戏的创作与排演	12707	小小建筑家	4161
小戏法	12986, 12991	小小建筑师	4321, 4573
小侠剑影	6148, 6204	小小科学家	3657, 3994, 4321
小侠女十三妹	9678	小小昆虫研究家	4161
小仙蒂	6648, 6676	小小乐园	4830
小仙女	5998	小小礼物的制作	10228
小仙人与鞋匠	7143	小小螺丝帽	3782
小先生	4233, 4933	小小马戏团	8814
小向导	4908, 5216, 5296	小小茉莉	11544
小巷童年	6544	小小木偶戏	4161
小巷幽兰	5998	小小男子汉	9624, 9678
小象努努	5854, 6148	小小盆景家	10579
小小	9372, 9397	小小乒乓球手	3707
小小彩笔绘新图	4321	小小气象哨	5019
小小蚕儿纺织忙	1837	小小设计家	4042
小小秤砣压千斤	5330	小小摄影家	4423, 8770, 9034, 9678, 9727
小小赤脚医生	2351	小小摄影师	9576
小小储蓄箱	4161	小小神枪手	3855
小小炊事员	4830	小小神通大百科	7048
小小得月楼	5998	小小手绢自己洗	4233
小小的礼品	12443	小小售货员	4321
小小电话兵	4321	小小饲养员	4098, 4423, 10674
小小动画屋	6648	小小提琴手	9555
小小动物园	6470	小小拖拉机手	12631
小小发明家 未来科学家	3366	小小文化室	3807
小小飞行员	2386	小小屋	4886
小小服务员	3657	小小宣传队	1762

中国历代图书总目·艺术卷

小小演奏家	9576, 11258	小熊历险记	6569
小小艺术家	9708	小熊猫	10025, 10434
小小音乐会	4234, 12446	小熊猫	2561
小小音乐家	4098, 4234, 4321, 12446	小熊猫当木匠	5512
小小音乐家	2643	小熊猫学木匠	5998
小小鱼儿粉红腮	12156	小熊上天	6694
小小运动会	3855	小熊温尼·菩	6273
小小运动员	9678	小旋风柴进	6509
小小杂技团	5019	小选手	9537, 9546
小小针线包	3782, 10421	小学爱国歌曲	12046
小小侦察兵	4497, 8852, 8862, 9034, 9767	小学办在队里	3903
小小侦察员	4651	小学必背课文钢笔字帖	7571
小写意花鸟画法	973	小学毕业生优秀作文钢笔标准字帖	7481
小写意画猫技法	997	小学唱歌教材	11111
小谢	4651, 5512	小学词语归类钢笔规范字帖	7557
小蟹找房子	5719	小学大楷习字帖	8382
小新苗	9625	小学电影观赏指南	13153
小新星	9647	小学钢笔习字帖	7409
小信鸽	4234	小学钢笔正楷字帖	7409
小星星	9597, 9647, 10670	小学歌曲集	12014
小型电子琴的性能与演奏	11279	小学古诗钢笔正楷字帖	7424
小型电子琴世界名曲集	12556	小学古诗钢笔字帖	7418
小型电子琴演奏法	11281	小学古诗配图硬笔书法	7610
小型居室布置 168	10576	小学古诗文钢笔书法	7440
小型乐队编配	11269	小学教唱材料	11110
小型器乐曲集	12260	小学教师应用工艺	10173
小型序曲及赋格	12489	小学教师应用美术	465
小兄弟	4889	小学课本古诗钢笔字帖	7458
小兄弟俩	5368	小学课堂歌曲钢琴伴奏谱	12213
小雄鹰	5216	小学劳作教育	10173
小熊打猎	7136	小学美术教学法	019
小熊的笔	7136	小学美育硬笔书法字帖	7441
小熊进城	7136	小学泥工	8616
小熊警官	7136	小学生	1881
小熊历险	7136	小学生百唱不厌的歌曲	12042

书名索引

书名	编号	书名	编号
小学生百唱不厌歌曲	12047	小学生守则图解	4893
小学生常见常用成语系列故事	6371	小学生数学手册	5719
小学生常用字帖	8387	小学生天天写楷书字帖	7481
小学生成语字帖	7264	小学生文明礼貌图册	5603
小学生大字帖	8381	小学生习字帖	8139, 8140
小学生的歌	12041	小学生习字字影格	8152
小学生钢笔楷书字帖	7441	小学生喜爱的歌	12048
小学生钢笔练字帖	7411	小学生小字帖	8150
小学生钢笔正楷字帖	7458	小学生写字辅导	7264
小学生钢笔字入门	7537	小学生硬笔书法	7537
小学生钢笔字帖	7409, 7418, 7441, 7458	小学生优秀歌曲集	12445
小学生歌曲	12020, 12021, 12022, 12023, 12032	小学生优秀作文楷书钢笔字帖	7507
小学生歌曲 108 首	12046	小学生怎样学书法	7385
小学生歌曲 160 首	12034	小学生正楷字帖	8381
小学生歌曲精选	12041	小学生之歌	12006
小学生歌曲选	12034, 12038, 12048	小学生种菜园	3610
小学生歌选	12003, 12006	小学生自绘报头集	10229
小学生古诗钢笔字帖	7424	小学生字规范字钢笔楷书字帖	7481
小学生画库	6545	小学生字帖	8150
小学生课堂教材精选硬笔书法字帖	7537	小学诗·小儿语	7600
小学生雷锋日记正楷字帖	8390	小学数学口算表	5427
小学生礼貌须知	5719	小学思想品德教育歌曲选	12038
小学生毛笔楷书字帖	8397	小学图画教学参考画集	1250
小学生毛笔练字帖	7264	小学校园板报常用美术字	7651
小学生毛笔字入门	7332	小学校园板报常用图案集	10321
小学生蒙文钢笔字帖	7655	小学校园歌曲	12037, 12040
小学生铅笔练字帖	7412	小学校园革命歌曲 20 首	11723
小学生铅笔习字帖	7507	小学新图画	2849
小学生铅笔字入门	7537	小学应用题题解连环画	6545
小学生铅笔字帖	7431, 7458	小学优秀歌曲选	12445
小学生铅楷字帖	7431	小学优秀课文精选钢笔行楷字帖	8434
小学生日常行为规范楷书帖	8389	小学优秀课文片段硬笔字帖	7481
小学生守则	3379	小学优秀作文铅笔楷书字帖	7481
小学生守则图	5512	小学语文 2800 生字楷行书钢笔字帖	7458
小学生守则图册	5719	小学语文课本生字常用三千简化汉字归类速成	

中国历代图书总目·艺术卷

硬笔字帖	7537	小洋号	2721
小学语文课本生字钢笔字帖	7458	小耶稣与小天使	6857
小学语文生字钢笔字帖	7459	小夜曲	2810, 9459, 11932, 12542
小雪花	5019	小夜曲集	12367
小鸭出笼	1752	小夜曲集锦	10871
小鸭归队	3782	小医生	4736
小鸭驾到	6724	小意达的花儿	6545
小鸭快快长	4423	小音符的奥秘	11052
小鸭呷呷	5719	小音乐家	4321, 9727, 10816
小牙齿白又白	4161	小音乐家歌选	12006
小演员 9003, 9025, 9030, 9148, 9524, 9526, 9531,		小英豪创纪录	3379
9538, 9546, 9555, 9556, 9576, 9597, 9625,		小英雄	9708
9647, 9678, 9727, 9742		小英雄戴碧蓉	5167
小演员——刘露	9556	小英雄动画故事丛书	6676
小演员——刘童	9556	小英雄奋勇堵决口	4918
小演员——茅为蕙	9556	小英雄毛弟	5998
小演员方超	9538, 9576	小英雄阮友充	5184
小演员刘露	9546	小英雄王璞	5603, 6470
小演员马瑞	9597	小英雄谢荣策	3782, 5184
小演员茅为蕙	9625	小英雄雨来	5184, 5216, 5296, 5512, 6343, 6509
小演员茅为蕙	9546	小英雄岳云	4497
小演员沈洁	9577	小英雄张锦辉	5998
小演员周怡	9625	小英雄智斗顽敌	6305
小燕飞	3903	小鹦哥	12144
小燕和大燕	5719	小鹦鹉	3610, 10051
小燕展翅飞 雏鹰显身手	4042	小鹰	5129, 5216, 5265
小燕子	5048	小鹰叶尔罕	5240
小燕子,我们的朋友	12032	小荧星	9767
小燕子飞呀飞	4161	小瀛洲	9084, 9788, 9800
小燕子画库	6592	小瀛洲聚义	5719
小羊羔	3610	小咏楼印存	8514
小羊羔	2721	小勇	5296
小羊羔，肥又壮	3093	小勇士	4234, 4573
小羊和狼	6509, 6545	小幽默精选	7003
小羊咩咩	10076	小游击队员	5103, 5216, 5427, 5512

书名索引

小游击队员柳小猛	5142, 5184	小助手	3994
小游击队员石星	5512	小柱头送情报	5154
小游戏	3610	小柱头智送鸡毛信	5184
小鱼都来	1762	小专家	4042
小宇航员	4737	小篆基础入门	8361
小宇宙钢琴教程	11237, 11238	小篆技法入门	7401
小宇宙之战	6670	小篆千字文	8129
小园丁 4162, 4234, 4322, 4423, 4497, 9556, 9577, 9625		小啄木鸟	4423
		小姊妹	9678
小园丁	2356	小自在	3477
小园艺	9556	小字萃	4098, 5512
小院春秋	5854	小奏鸣曲	12192, 12209, 12223, 12228
小院风波	5719	小奏鸣曲集	12220, 12487, 12488, 12489, 12492,
小月亮	4987, 12137		12536
小运动员	4042, 9556, 9577, 9597	小奏鸣曲六首	12492
小杂戏题纲	12977	小奏鸣曲三首	12193
小詹姆历险记	6148	小足球队员	3372, 9538, 9728
小战士	4322, 8862, 9022, 9727	小足球运动员	4423
小站	3011, 3013	晓	3003, 3995
小站新春	3946	晓采居印印	8481
小侦察	5427	晓丹歌曲选	12047
小侦察员	4322, 4423, 5330	晓风	1774
小侦探	6305	晓风楼艺文集	8298
小珍珠	2502	晓港窑作品集	10656
小真真	9411	晓河歌曲选	11470
小职员周记	7010, 7011, 7012	晓林书屋印集	8536
小制作	5603	晓欧黑白画集	6761
小制作巧动脑	3379	晓天印稿	8562
小舟穿过桃花村	2591	晓艇表演艺术初探	12937
小猪当伙伴	7030	晓文也疯狂	13213
小猪芬蒂克	6694	晓雾初开	1821
小猪和小象	4908	晓星词曲论集	11093
小猪胖胖和他的小伙伴	6305	晓妆	9424
小猪向您致敬	7030	晓庄歌曲集	11367
小主人	9678	筱文艳舞台生活	12934

中国历代图书总目·艺术卷

孝经	8027, 8058	校园金曲	11746
孝顺的小亨利	6398	校园金曲 200 首	11531
孝义碗碗腔音乐	11146	校园刊头画集锦	10321
孝竹贞松图题咏	7147	校园里永远是春天	12033
孝庄皇后	2395	校园美术	10277
孝子	4876	校园美术创意图典	10339
孝子神牛	3465	校园美术字	7649
校办工厂	3855	校园美术字与图案	7651
校办工厂好	3903	校园妙语	7600
校定新安十七帖释文音义	7698	校园妙语钢笔字帖	7481
校歌集锦	11516	校园妙语集萃钢笔字帖	7537
校外歌声	11731	校园民谣	11749, 11752
校外课堂	2756, 3855	校园器乐	11166
校园报头集	10291, 10300	校园情谊卡钢笔字帖	7537
校园报头选	10272	校园人物百态漫画技法	1243
校园常用黑板报头图案集	10305	校园散文多体钢笔字帖	7600
校园常用美术字新编	7644	校园生活刊头画	10280
校园春光好	4423	校园实用美术	10296, 10326
校园春色	4043	校园实用赠言钢笔字帖	7571
校园钢笔书法	7610	校园抒情诗多体钢笔字帖	7600
校园歌曲	11524, 11527, 11528, 11531, 11534, 11535	校园图案集	10272
		校园舞蹈	12584
校园歌曲 100 首	11524	校园喜	5854
校园歌曲百首	11512	校园笑话	3516
校园歌曲荟萃	11524	校园新画	3903
校园歌曲集	12048	校园新苗	4322
校园歌曲集锦	11505	校园新颖板报美术字	7654
校园歌曲三百首	11505	校园新颖报头题图集	10339
校园歌声	11712, 11723	校园新颖墙报黑板报设计	10339
校园格言精品钢笔字帖	7584	校园袖珍钢笔字帖	7571
校园哈哈镜	3527	校园应用美术设计	618
校园合唱歌曲	11990	校园幽默	3477
校园黑板报精品	10339	校园幽默漫画	3465
校园黑板报墙报资料集	10326	校园赠言	7622
校园黑板报设计指南	10326	校园赠言精选钢笔行书字帖	7538

书名索引

校园之中育桃李	8814	笑笑	9384
校园装饰画	10317	笑笑大世界	3503
校园作文多体钢笔字帖	7600	笑星全集	6694
笑	9526, 9647, 9762, 12701	笑星赵本山	12980
笑傲江湖	6416, 6510	笑靥	9384
笑把青春献给党	5154	笑一个	8810
笑比哭好	3528, 5854	笑一笑	8807, 9372
笑的艺术	12970	笑迎春风	1909
笑的战斗	3416	笑迎东风	1980
笑典	7030	笑迎新春	2162
笑和尚说笑话	3528	笑与喜剧美学	12702
笑画	5512, 5513, 6545	笑语满场	5998
笑画集	3422	笑竹百图	2555
笑画连篇	6343	笑逐颜开	5019
笑画事典	3394	啸	2675
笑画笑话	3425, 3426	啸卷松涛	1997
笑画幽默笑话	3495, 3465	啸月楼印赏	8501
笑话、幽默、歇后语	7006	啸月轩印存	8527
笑话百出	6770	啸云楼集印	8492
笑话大师	3489	教让生印存	8511
笑话大王	7003	歇后语钢笔字帖	7481, 7538
笑话连篇	6305, 6306	歇响	3707
笑话连篇：中国古代笑话	6273	歇响	2721
笑话世界	5854	歇响	3782
笑话笑画大连环	6344	协和颂主圣诗琴谱	12558
笑口常开	3439, 3477, 3489	协律奏雅	10825
笑口大开	3434	协奏曲	11272, 12465, 12466
笑里藏刀	5719	协奏曲, B 调单簧管	12455
笑妹和玉娇	13112	协奏曲 G 小调·作品 26 号	12547
笑面人	5998, 6148, 6545	协奏曲欣赏	11269, 11273
笑破郎的肚	3465	协作新花	5296
笑史漫画	3448	邪恶的巫婆	7033
笑谈大快人心事 喜闻神州重芳华	4043	偕山吟馆图	2620
笑谈国剧	12876	斜塔瞭望	13071
笑谈相声	12970	斜阳丽影	9877

中国历代图书总目·艺术卷

谐画法	1217	写生牡丹画谱	2880, 2908
谐趣图	9384	写生色彩学	555
谐趣园幽境	9077	写生色彩学浅谈	555
谐谑曲	12158	写生山水画创作技法	917
撷华小录	12741	写生作品小辑	2858
撷华斋古印谱	8522	写实到印象	542
鞋花剪纸	10665	写实风景画技法	637
写本曲谱琴谱	12306	写实国画新技展示	917
写福字	4234	写实画法	616
写歌技法十讲	11095	写实素描	2898
写给春天的诗行	8916	写实主义	597
写给大家的西方美术史	377	写首儿歌颂北京	3855
写给大家的原始艺术	187	写戏常识	12708
写给大家的中国美术史	258, 259	写像秘诀	470, 868
写给未来的画家	499	写意	219
写给最敬爱的毛主席	2987	写意大雁鸳鸯技法	637
写好 100 个最常用难写字	7481	写意古典人物画技法	878
写好常用钢笔正楷字	7482	写意鹤技法	1005
写好钢笔正楷字	7418	写意花卉	938
写好铅笔字的奥秘	7459	写意花卉画法步骤	950
写菊百家	977	写意花卉画范例	946
写兰百家	977	写意花卉技法	965
写兰一得	625	写意花卉技法入门奥秘	984
写梅百家	973	写意花卉入门	943
写人的觉醒	13060	写意花鸟	977
写山水诀	897	写意花鸟画	959
写山要法	622	写意花鸟画笔墨技法详解	965
写上咱们心里话	3855	写意花鸟画布局	977
写生步骤	1199	写意花鸟画创作技法十六讲	954
写生花卉资料	2898	写意花鸟画法	939, 946, 967, 977
写生花鸟画谱	943	写意花鸟画法步骤	950
写生画	1106	写意花鸟画法研究	950
写生画教程	1161	写意花鸟画构图浅说	942
写生画入门	1092	写意花鸟画基础技法	950, 951, 977
写生画选	2867	写意花鸟画技法	938, 939, 946, 957, 959, 960,

书名索引

962, 965, 970, 977		写意山水画技法	912, 920
写意花鸟画技法 100 问	962	写意山水入门	920
写意花鸟画教程	978	写意仕女画法	879
写意花鸟画教学	978	写意藤萝葡萄技法	978
写意花鸟画诀	960	写意现代人物画花范图	879
写意花鸟画谱	974	写意鹰技法	1005
写意花鸟画入门	962	写在贺卡上的赠言	7610
写意花鸟画色彩技法详解	974	写照琐言	869
写意花鸟画指南	2524	写真秘诀	670, 869
写意花鸟技法	970, 978	写真与塑造	8712
写意花鸟技法入门奥秘	984	写真诊断室	8800
写意花鸟入门	974	写竹百家	978
写意花鸟与山水画入门	867	写竹简明法	933
写意画花	954	写竹杂记	933
写意画派大师八大山人	801	写字	8128
写意鸡技法	1002	写字常识	7253
写意甲骨文	8228	写字等级考试辅导字帖	7372
写意甲骨文书法	8257	写字等级考试指导	7401
写意金鱼技法	1002	写字的常识	7248
写意猫画谱	1005	写字段位评定标准	7362
写意猫技法	1001	写字段位优秀硬笔字帖	7482
写意毛驴技法	1002	写字基本功训练	7321
写意梅兰竹菊技法	978	写字基本练习	7249
写意牡丹画法	943	写字基础	7260, 7557
写意牡丹技法	978, 984	写字技能训练	7332
写意禽鸟画范	1005	写字技巧	7610
写意人物	882	写字教程	7321, 7341
写意人物画	876	写字练习本	8342
写意人物画技法	873, 878	写字入门	7280
写意人物画琐谈	873	写字手册	7247, 7248
写意人物技法	884	写字速成指导	7245
写意人物入门	882	写字速成字帖	7600
写意山水	922	写字训练教程	7351
写意山水花鸟技法	910	写字之妙	7310
写意山水画法步骤	908	血，总是热的	6002

血泊火海	6236	血泪春秋	6275
血仇	6002, 6205	血泪荡	5104, 5130
血滴侠女	4830	血泪的控诉	5266
血的玫瑰	6205	血泪的批判	2761
血的秘密	13252	血泪恩仇	6002
血的圣诞节	13260	血泪花	12091
血的收获	2978	血泪难忘	5104
血涤鸳鸯剑	5723, 5858	血泪情深	5605
血防线上	5217	血泪松云里	4989
血风磨剑	6470, 6471	血脉的回响	820
血溅船厂	5858	血染北市场	6002
血溅翠屏山	5858	血染边陲	6205
血溅大渡河	5858	血染的爱	6149
血溅东山	6372	血染的风采	9443, 12383
血溅儿女剑	6275	血染的红宝石	6345
血溅驸马府	6002	血染的红莲	5859
血溅宫闱	6149	血染的桦树皮	5297
血溅黄鹤楼	6205, 6345	血染的军棉衣	5369
血溅津门	5723, 6002	血染的皮带	5217
血溅居士林	4870	血染的情谊	5859
血溅聚丰楼	5858, 6002	血染的小纸包	5428
血溅兰亭	5858	血染的作业	5723
血溅美人图	5605	血染法卡山	5723
血溅琵琶	6002	血染烽火台	5515
血溅青龙	6400	血染古刹	6205
血溅武当	6275	血染葫芦湾	6149
血溅西口寺	6149	血染淮阴城	6002
血溅校场	6372	血染黄河滩	6149
血溅雁门关	6149	血染黄花	6236
血溅鸳鸯楼	5723, 5859	血染九层楼	6149
血井	3759	血染马字刀	6002
血泪斑斑的仇恨	3146	血染盘龙	6149
血泪斑斑的罪证	5130	血染琼浆	6237
血泪碑 真假千金合刊	13289	血染山门	6205
血泪仇曲集	12090	血染桃花岛	6149

书名索引

血染项链结奇缘	6275	血战巨鼠岛	6471
血染扬州城	6002	血战马石山	6275
血染夜明珠	6002	血战梅河口	6003
血染战旗红	5240, 5331	血战魔谷	6306
血染战旗红 勇士坚如钢	3291	血战魔鬼城	6345
血染珍珠	6275	血战牛头山	5723
血肉相连	4881	血战平南府	6150
血洒江湖路	6306	血战平型关	6206, 6511
血洒梧州	6372	血战屏风山	6003
血手印	5859	血战拳王	5724
血沃关东	2242	血战台儿庄	6511
血项链	6002	血战吴淞口	6003, 6150
血写的爱情	5859	血战一江山	6003
血腥的罪证	3146	血战驿马岭	5048
血衣	2856, 2858, 2862, 3131	血战遂州	6372
血疑	6002, 6003	血战镇南关	6237
血印石	6150	血指头	5266
血与火的考验	6205	血字	6150
血与火的凝铸	2812	血字的研究	5605, 6571
血与火的岁月	13157	卸花坡跳崖	6148
血与火的文明	8606	屑琼室手抄琴谱	12300
血与火的洗礼	452, 5515	谢伯子画集	2338
血与沙	6237	谢长之	5147
血字的研究	5605	谢超元艺游诗选书卷	8310
血冤	6003	谢臣	5129, 5265
血债	6205	谢澄光书法选	8271
血战八大集	6003	谢春彦画集	2241
血战白帝城	6150	谢丹凤书法集	8310
血战白凉亭	6237	谢东明	2819
血战常州城	5859	谢飞集	13213
血战大白鲨	6150	谢海若、刘昌潮、王兰若中国画选	1926
血战漳沱河	6206	谢海燕中国画选集	2313
血战金沙滩	5859	谢慧中画集	2520
血战金山	6150	谢晋谈艺录	13055
血战九江	5723	谢景臣画集	2213

中国历代图书总目·艺术卷

谢举贤画集	2275	谢云作品选	8209
谢丽君画集	2313	谢之光画集	2241
谢罗夫	6879	谢之光写生选集	1752
谢洛夫	1139, 6852	谢志高画集	2400
谢梅奴印痕	8583	谢稚柳八十纪念画集	2104
谢梦画集	2550	谢稚柳草书诗册	8258
谢敏远写生画选	2792	谢稚柳画集	1718, 1909
谢鹏程油画集	2825	谢稚柳书集	8310
谢琴诗文钞	11327	谢庄之战	5854
谢然　向阳作品	2833	邂逅性灵	3495
谢荣策	2348	蟹	2557, 2586
谢瑞阶画选	1926	蟹工船	5048, 13252
谢瑞阶三门峡写生集	2854	蟹脚兰	10016
谢瑞阶书画集	2538	蟹菊图	2680
谢时臣水墨小景册页	1581	蟹蛙	1736
谢氏砚考	1045, 1046	蟹爪	9343
谢铁骊谈电影艺术	13071	心爱	9442
谢文侯罗汉册	1649	心爱的玩具	9360
谢文勇美术文集	533	心爱的小飞机	9348
谢无量书法	8199, 8200	心爱的小鹿	9353, 10030
谢无量书风	8337	心碑	6570, 8559
谢无量自写诗卷	8191	心不离群众 身不离劳动	3855
谢小娥传	12856	心潮	2772, 2773, 9708, 12178
谢小娥智擒船上盗	5719	心潮曲：夏宝森创作歌曲集	11512
谢孝思画集	2015	心潮逐浪高	12231, 12232
谢孝思书风	8338	心驰神往	9442
谢谢阿姨	4322	心地芝兰	1593
谢谢雷锋叔叔	5103	心动	13167
谢谢你们	12144	心儿的歌	9373
谢谢山水画集	2463	心儿的歌唱	11133
谢新安书法集	8298	心工唱歌集	11371
谢玄	5998	心行集	8321
谢瑶环 4162, 4234, 4322, 4423, 5103, 5603, 5854,		心红灯亮方向明	2839
5998, 8808		心红瓜甜	1830
谢亦鸣书法选集	8228	心红荒山绿	3782

书名索引

心红火旺——张思德同志在烧炭	2753	心灵美	3353
心红劲添	3946	心灵美 语言美 行为美 环境美	3336, 3337
心红苗壮	3995	心灵散文小语钢笔字帖	7610
心红手巧	3707, 3855	心灵深处	5855
心红手巧鼓干劲誓夺水稻"万粒斤"	3093	心灵手巧 3574, 3657, 4099, 4162, 4234, 4322,	
心红水旺	5265	4423, 4497, 4737, 4802, 9531	
心红眼亮	5296	心灵手巧	2105
心红壮胆攀高峰	5185	心灵万象	533
心虹	046	心灵小语钢笔字帖欣赏	7610
心花	9442, 9459	心灵右面的剪影	036
心花待放	4322	心灵寓言	3065
心花怒放 3903, 3946, 3995, 4322, 4574, 9246,		心灵之笔	6768
9384, 9442		心灵之光	6768
心画	8567	心明眼亮	1830, 3746, 3766
心怀四化 勇攀高峰	3361	心琴曲	11541
心怀祖国 放眼世界	3145	心清老人画石册	1697
心急坏事	3440	心曲	8843, 9397, 9411, 9442, 9459
心迹	2227	心泉	5720, 5855, 10528
心经	3503, 6592	心泉集	8311
心经印集	8592	心声	9346
心静	8192, 8209	心声初放	1811
心境与表现	704	心声的传递	7459
心旷神怡	8200	心事	5048, 12122
心理剧入门	12688	心事如珠	9424
心理学与艺术	051	心思和线绣恩人	3574
心连心	4099	心太平轩论画	781
心恋	11489	心甜	9360
心灵的沉思	6510	心系大海	9498
心灵的甘露	459	心系党魂新歌创作选	11731
心灵的画	6763	心系敦煌五十春	6627
心灵的画卷	1343	心系中华	8321
心灵的火花	5855	心弦	5720, 9424
心灵的完美表现	10887	心弦底歌	11380
心灵的选择	7401	心弦口琴社面授部讲义	11211
心灵交响诗	10152	心香	9411

中国历代图书总目·艺术卷

心想事成处处欢·人兴财旺家家乐	4761	心中有本阶级账 紧握手中革命枪	3746
心向北京	3855，5330	心中有了毛泽东思想刀山火海也敢闯	3157
心向北京唱丰收	12279，12280	辛伯达航海	5603，6204
心向北京城	3855	辛伯达航海历险记	5720
心向华主席狠批"四人帮"生产打胜仗	3290	辛丑销夏记	768，769
心向集体	3746	辛丰年音乐笔记	10898
心向四化 喜庆丰收	4099	辛亥风云录	5999
心向延安	3903	辛亥革命图画故事	6344
心象·画迹·当代中国画家创作手稿	706	辛亥革命以来名人墨迹	8218
心血与鲜花	5999	辛蕙伍画集	2544
心心相连	2779	辛露	8912
心心相印	4651，4737，9397	辛莽素描选	2873
心怡	9384	辛七娘	13125
心意	3766，4497	辛弃疾	4987，5603，5720，5855
心印	810	辛弃疾·永遇乐	8156
心有灵犀	11741	辛弃疾西江月	8180
心语	7571，8993	辛勤的科学家	4043
心源造化	817	辛勤育苗花更红	4043
心愿	3946，4773，12384	辛壬癸甲录	12738
心愿	2313	辛十四娘	5427，5604，5999
心愿绣在织锦上织锦献给华主席	3995	辛未书画集	1281
心韵	12142	辛辛	9647
心中的百灵	11472	辛永民刀画选集	6763
心中的彩虹	6762	忻定县群众创作歌曲选	11605
心中的歌	9424，11693	忻州	8945
心中的歌：中小学生歌咏活动推荐歌曲	11500	忻州地区书法作品二辑	8138
心中的歌儿	4099	忻州地区书法作品辑	8138
心中的歌儿唱给华主席	3946	欣	9442，9459
心中的花	4099	欣宾画集	2015
心中的花儿献给您	4043	欣逢盛世	4737
心中的旗帜	11482	欣逢盛世	2162
心中的太阳	12383	欣逢盛世福寿长	2162
心中的太阳红又红	12174	欣赏	1081
心中的太阳永不落	3290	欣赏绘妙	661
心中想起毛泽东	11394	欣赏音乐的知识和方法	10869

书名索引

欣喜	9411, 9531	新保管	3946
欣欣向荣 1752, 1863, 3574, 3903, 3946, 3995,		新保管老传统	3807
4043, 4497, 4574, 4651, 9340, 9384, 9411,		新报头图案	10312
9425, 9459, 9468, 10434		新报头图案选集	10246
欣欣向荣 事事如意	4423	新报头与美术字报头大全	10331
欣欣向荣的高原牧区	9986	新北京饭店	9991
欣欣向荣的乌鲁木齐	9792	新北京画辑	2987
新"曼巴"（藏医）	2753	新北京十六景	10513
新"愚公"檀积薄	5020	新臂	4987
新99钢笔字练习法	7571	新编《父与子》全集	7030
新101世界名曲集	12377	新编《米老鼠和唐老鸭》系列连环画	6344
新安画派史论	852	新编35mm摄影技术大全	8791
新安江翠色	9050	新编百家姓印谱	8586
新安江电站春色	9052	新编报刊图案·字体设计·商标艺术	10317
新安江画集	1286	新编报头花边字体	10312
新安江上	13234	新编报头集	10312
新安江水电工地	2721	新编报头题图精选	10305
新安江水电站 1800, 9044, 9296, 9297, 9989,		新编报头图案集	10273, 10317
9990, 10418		新编报头装饰图案集	10321
新安江水电站工地写生集	2855	新编北京平四舞入门	12645
新安江水库捕鱼图	8883	新编彩色简笔画	1151
新安江水万壑过	2620	新编常用美术字	7647
新安江印象	1794	新编常用五体五联	8283
新安江之歌	11432	新编唱片粤曲选	11838
新安江之夜	11944	新编成语大楷字帖	8394
新安名画集锦册	1271	新编成语字帖	8209
新安名画扇册	1496, 1559, 1571	新编窗帘装饰200款	10609
新安休邑程衍发刻古今印章	8481	新编大戏考	12720
新岸	5720, 13112	新编电子琴独奏曲选	12240
新拔萝卜	3548	新编电子琴基础教程	11290
新版唱片圣经	10883	新编电子琴教程	11286, 11290
新版画选	3003, 3008	新编电子琴通用演奏法	11287
新版基础乐理	10801	新编电子琴系列教程	11290
新版芥子园画谱	708	新编动画大世界	6545
新版少儿立体手工	10711	新编儿童电子琴速成	11286

中国历代图书总目·艺术卷

新编儿童简笔	1259	新编卡尔卡西吉他教程	11211
新编儿童简笔画	1259	新编卡拉OK金曲精华本	11746
新编儿童趣味折纸大全	10714, 10715	新编楷书结体一百法	7321
新编法制宣传图案集锦	10326	新编刊头画	10300
新编赣南采茶戏音乐	12114	新编刊头设计艺术	10296
新编钢笔楷书速成教材	7622	新编口琴教程	11234
新编钢笔书法标准教材	7584	新编口琴演奏法	11253
新编钢笔书法教程	7600	新编老夫子	3465
新编钢笔字快写法	7600	新编历代草书韵海	8410
新编钢笔字帖	7431, 7459	新编立体构成	142
新编钢琴小奏鸣曲集	12529	新编猎狗大侦探	6470
新编古筝教程	11342	新编龙门五十品	7816
新编鼓号进行曲	12189	新编毛笔钢笔习字帖	8392
新编国外商标2000例	10763	新编美术图案集	10300
新编汉字草书字谱	8419	新编闽剧唱本	12122
新编和声学入门	11087	新编哪吒传奇全集	6545
新编黑白画教程	1266	新编南词定律	11011
新编黑板报常用美术字	7647	新编平面构成	142
新编花木兰	6724	新编平面构成教程	139
新编黄自元楷书歌诀习字帖	8088	新编千家诗钢笔字帖	7623
新编机器猫小叮当	6989, 6990	新编千家姓四体钢笔字帖	7507
新编吉他弹唱金曲100首	11731	新编琴操	12302
新编吉它一点通	11204	新编人物图案	10240, 10242
新编家教三字经多用钢笔字帖	7610	新编三国演义	6510
新编家具与室内布置资料集	10751	新编三体钢笔字帖	7572
新编间架结构	7287	新编三字经钢笔字帖	7557
新编简笔画	1120	新编色彩构成	159
新编简笔画法	1259	新编山水画法	908
新编简笔画画法	1162	新编山水画技法	920
新编简谱入门	10992	新编少儿口琴入门	11258
新编教儿童学国画	721	新编摄影入门	8800
新编芥子园画传	717, 722	新编师范生字帖	7401, 7402
新编近代世界名画全集	6802, 6803	新编实用报头设计手册	10305, 10326
新编京剧大观	12882	新编实用黑板报头图案集	10317
新编军乐鼓谱	12222	新编实用美术字	7644, 7649

书名索引

新编实用美术字手册	7627, 7628	新编中国成语故事	6510
新编实用室内装饰画集	10312	新编中国钢琴曲集	12220
新编实用书法	7341, 7372	新编中国工艺美术史	10204
新编世界钢琴名曲	12529	新编中国民间故事	6510
新编世界艺术史	190	新编中国神话故事	6510
新编世界优秀爱情歌曲精选	12383	新编中国声乐作品选	11989
新编书法教程	7332	新编中国声乐作品选续集	11531
新编书法字典	7160	新编中国艺术史	267
新编宋词名篇精选钢笔字帖	7584	新编中国寓言故事	6510
新编唐诗名篇精选钢笔字帖	7584	新编中华窗帘	10605
新编唐诗三百首钢笔字帖	7507, 7557	新编中老年健美迪斯科	12669
新编通俗钢琴曲	12215	新编中外摄影佳作精析	8708
新编童话大王	6470	新编中外优秀抒情歌曲 200 首	12430
新编图案集	10262	新编中小学生实用报头图案集	10317
新编外文美术字 200 例	8599	新编中学生常用 5000 字钢笔速成练习帖	7538
新编外文美术字体	8599	新编篆刻技法	8479
新编西游记	6545	新标语美术字	7629, 7630
新编现代国际交谊舞大全	12667	新表现画风	6806
新编小魔术	12988	新宾满族民舞集锦	12626
新编小朋友简笔画	6470	新兵	4933, 8995
新编小学新图画	4889	新兵马强	5720
新编校园海报设计	10331	新波版画集	3027
新编业余摄影实用手册	8772, 8773	新波木刻选集	2991
新编艺术概论	052	新部首大字典	7432
新编英文美术字组 2800 例	8595	新彩图幼儿故事：2—3 岁	6510
新编幼儿常识歌：动、植物集	12045	新彩图幼儿故事：3—4 岁	6510, 6511
新编幼儿歌曲精选	12047	新草诀	7264
新编幼儿音乐游戏	11055	新插画百科	6615
新编幼儿园读本	4889	新茶飘香	4322
新编元曲名篇精选钢笔字帖	7584	新长征的好后勤	4099
新编越剧戏考	11878	新长征中好后勤	4044
新编粤曲精选	11876	新长征中添骏马	4044
新编云南民歌声乐作品选	11817	新唱歌	11400
新编增广贤文	8258	新潮	10521, 11093
新编真草千字文	8420	新潮标志	10738

中国历代图书总目·艺术卷

新潮布艺	10598	新春	1838, 1894, 3657, 3855, 3856, 3946,
新潮插花艺术	10587		9411, 9442, 9459
新潮黑白人物图集	10312	新春报平安	4830
新潮吉他弹唱曲集	12182	新春大地	2105
新潮家具与室内布置	10596	新春大喜	4830
新潮家具与室内装饰	10619	新春灯会	4737
新潮家庭居室布置与美化	10590	新春灯舞	4737
新潮交谊舞	12643	新春的礼物	8895
新潮金曲	11494	新春歌曲选	11613
新潮居室	10585	新春故事会	3856
新潮居室集粹	10587	新春好	3946, 4322
新潮卡通漫画集	3448, 3477	新春好 新年好	4162
新潮礼服	9708	新春画辑	2780
新潮美术字	7640	新春欢唱"跃进"歌	11444
新潮美术字设计手册	7641	新春欢乐	4322, 4323
新潮名片 300 例	10552	新春佳节走娘家	4323
新潮人物装饰 1000 例	10326	新春快乐	4737, 4839, 10114
新潮商业广告图案集	10385	新春快乐	2105
新潮摄影与拍摄技巧	8800	新春快乐，万事如意	9397
新潮时装	9678	新春来发大财	4845
新潮室内装饰与家具	10618, 10619	新春乐3657, 4099, 4162, 4234, 4323, 4424, 4574,	
新潮图案集锦	10306	4845, 12166, 12330	
新潮与梦幻	10142	新春乐	2162
新潮装饰 1000 例	10301	新春乐喜洋洋	4424
新出历代玺印集释	8542	新春牛图	3575
新出全本批准各样牌子工尺字音乐谱	11030	新春万福	3610
新出土中国历代书法	7727	新春温暖	3807
新传理性元雅	12292	新春舞	4651
新窗花	10663	新春喜游鱼	2574
新窗花剪纸	10673	新春献寿	4651
新创美术字体	7641	新春祝福	2105
新创意黑板报花边设计	10339	新春祝酒献哈达	4651
新创意黑板报刊头设计	10339	新篡	2667
新创意黑板报设计图库	10339	新大闹天宫	6648
新创意黑板报字体设计	7654	新大学	8926

书名索引

新党员	3856	新定九宫大成南北宫词谱	12056
新岛实	10779	新定十二律京腔谱	12055, 12056
新岛实的设计世界	10779	新定重较问奇一览	12056
新道德"三字经"	5604	新定宗北归音	12056
新道德三字经	5604, 8153	新动画大世界	6742, 7137, 7138
新堤内港帆影	2733	新队长	3746, 3808, 3856, 3946
新的长征新的战斗	11699	新俄的演剧运动与跳舞	13000
新的传统	542	新儿女英雄传	5513, 5514, 5604, 5720, 6470,
新的风格	4987		6511, 6570
新的岗位	1822, 3290	新儿女英雄续传	5720
新的高度	3807	新法行书范本	8116, 8436
新的航标	13240	新方世玉	5999, 6148
新的家庭	4987	新方向、新精神——新世纪台湾水墨画发展学	
新的剪贴	10662	术研讨会论文集	829
新的女性	11660	新房布置与装修艺术	10585
新的起点	2753, 3856	新房新居设计装饰布置图例	10590
新的声音	8641	新飞天	3548
新的颂歌	11462	新丰歌谣集成	11810
新的玩具	9411	新风景写生表现实技	1187
新的小麦	4918	新风曲	12122
新的一代	3856, 5129	新风尚	3903
新的一代在成长	3807	新风赞	4162
新的一课	3766, 13244	新凤霞唱腔选集	12132
新的战场	5330	新凤霞教戏	9577
新的战斗	5216, 5296, 5330	新凤霞说戏	12937
新的战斗从这里开始	3856, 3903	新概念钢笔书法速成教程	7610
新的阵地	3856, 5330	新概念绘画透视学	561
新地平线	176	新概念居室	10598
新电工	3707	新概念临摹字帖	7610
新电视观	13068	新概念素描	1162
新电影	13299	新概念习字	8338
新店员	5296	新概念装饰素描	1127
新订标准音乐辞典	10840	新港的节日	4424
新定急就章及考证	7703	新港造船厂	10102
新定九宫大成南北词宫谱校译	12064	新歌	11391, 11432, 11433, 11544, 11595, 11596

中国历代图书总目·艺术卷

新歌·歌迷	11516	新工艺文化论	10189
新歌初集	11364, 11376, 11377	新公民诗歌	12434
新歌丛	11380	新古典浪漫之旅	375
新歌大家唱	11749	新谷登场	3746
新歌荟萃	11746	新观念图案设计	10265
新歌及其演唱	11380	新官上任	12906
新歌集	11388, 11451, 11456	新广告美术字	7649
新歌介绍	11433	新广州素描	2849
新歌金曲	11746, 11749	新汉昆阳之战	5855
新歌精选89首	11512	新和声教程	11093
新歌剧	12900	新荷晓露图	2644
新歌剧表演的初步探索	12901	新黑板报报头图案选	10301
新歌剧插曲	11879	新黑猫警长传奇	6682
新歌快唱	11746, 11749, 11750	新黑猫警长系列彩色画册	6273, 6274
新歌快递	11755	新狐图	1669
新歌快递·好歌精品	11757	新户	5330
新歌老曲大回旋	11535	新花	4043, 4162, 5240, 8834, 9442
新歌满山	3903	新花部农谭	12853
新歌曲	11377	新花朵朵	12633
新歌曲创作教程	11094	新花木兰郭俊卿	4881
新歌曲选集	11554	新花怒放	3808, 3946
新歌三集	12356	新花怒放	2599
新歌声	11928	新花争艳	4043
新歌手册	11378, 11379	新华艺术专科学校第廿三、廿四届毕业纪刊	
新歌速递	11741, 11746		244
新歌五十首	11391	新华艺术专科学校第十八届毕业同学纪念刊	
新歌星	9625		242
新歌旋风	11757	新华艺术专科学校第十六届毕业同学纪念刊	
新歌选	11391, 11395, 11400, 11401, 11405,		242
	11406, 11433, 11441, 11450	新华字典钢笔楷书字帖	7441, 7538
新歌选集	11363, 11377, 11379, 11394, 11401,	新画册	1474
	11406, 11441	新画王	7129
新个性居室	10602	新幻术	12987
新工笔花鸟画表现实技	978	新皇牌金曲劲歌	11753
新工笔画选萃	2290	新晃侗族自治县	4949

书名索引

新绘百美图咏	1605	新疆藏北的黎明	11741
新绘学	599	新疆创作歌曲集	11782
新婚家庭布置图集	10585	新疆第二届书法篆刻展览作品集	8338
新婚惊变	6274	新疆儿童画集	6768
新婚居室布置 168	10576	新疆风光	8933, 9498
新婚乐	4497, 4574, 4651	新疆风情	9145
新婚倩影	9030	新疆风俗装饰画	1370
新婚室内美化百事通	10587	新疆歌曲选	11447
新婚卧房装饰	10585	新疆革命歌曲选	11671
新婚禧	4737	新疆各族人民的幸福生活	8872
新婚燕尔	9010	新疆姑娘	1752
新婚之喜	4651	新疆瓜果	9326
新伙伴	4737, 5265	新疆行	2873
新货郎	11959	新疆好	4424, 9411, 10513
新吉它金曲	11207	新疆好歌精选	11535
新集体舞	12594	新疆好美术作品选	1365
新加坡风光	9913	新疆黑白版画	3052
新加坡画家张金隆绘画展	6869	新疆画选	1359
新加坡之游	4839	新疆画院作品集	1368
新家	3808	新疆获奖少儿歌曲集	12038
新嫁娘——婚礼舞	9961	新疆获奖少年歌曲集	12038
新嫁妆	3746, 3856	新疆军民情	8890
新笺谱	3011	新疆狂想曲	12164
新剪纸	10663	新疆老干部书画集	316
新建的大桥	9991	新疆美术家	256
新建的营房	10418	新疆美术新作选	1361
新建西门外伯坝桥碑文	8120	新疆美术作品选	1361
新建游乐场	9328	新疆民歌	11763
新疆	8938, 8939, 8945	新疆民歌集	11784
新疆·昌吉	8701	新疆民歌三首	11777
新疆·天池	9125	新疆民歌四首	11772
新疆阿尔泰山	9827	新疆民间歌曲集	11764
新疆壁画线描精品	6625	新疆民间歌曲选	11804, 11805
新疆部队战士画选	1363	新疆民间合唱选	11765
新疆彩陶	429	新疆民间染织刺绣图案	10365

中国历代图书总目·艺术卷

新疆民族舞蹈	12620	新疆油画写生选	2786, 2789
新疆名曲	11123	新疆运来的羊	3575
新疆女孩	9546	新疆之春	9814, 12166
新疆器乐曲集	12343	新疆之春	2357
新疆青年歌舞访问团特刊	12671	新疆之旅	12180
新疆人物写生	2865	新绛剪纸	10683
新疆人物写生选	2862	新教师	4043
新疆少数民族歌曲选	11797	新节目	3658, 3747
新疆师范大学美术系教师素描作品选集	2914	新结识的伙伴	4988
新疆是个好地方	9814	新芥子园画谱	675
新疆丝路古迹	8936	新劲歌金曲	11754
新疆速写	2854, 2882	新旧社会水灾掠影	8903
新疆天池	9062, 9913	新旧唐书音乐志	10962
新疆天池冬景	9260	新旧戏曲之研究	12838
新疆天地	9119	新旧戏与批评	12839
新疆维吾尔族建筑图案	10265	新居	4908
新疆维吾尔歌舞	12612	新居乐	10004
新疆维吾尔建筑装饰图案资料	10562	新居图	4424
新疆维吾尔民歌集	11784	新剧史	12902
新疆维吾尔民间花帽图案集	10262	新剧种论	12853
新疆维吾尔自治区画集	1359	新剧作	12720
新疆维吾尔自治区民间建筑图案	10246	新聚宝盆	3548
新疆维吾尔族建筑图案	10265	新镌草本花诗谱	2970
新疆文物	8994, 10513	新镌草木花诗谱	2970
新疆舞	3782, 12603	新镌六言唐诗画谱	2970
新疆舞	2356, 2395, 2603	新镌梅竹兰菊四谱	2970, 2971
新疆舞蹈普及教程	12623	新镌木本花鸟谱	2971
新疆舞曲	12145	新镌七言唐诗画谱	2971
新疆舞曲集	12146, 12149	新镌五言唐诗画谱	2971
新疆戏剧文化资料汇编	12774	新卡通形象集	6694
新疆小姑娘	9546, 9556	新开发的公路	1728
新疆扬琴曲	12324	新刊辨银谱	384
新疆扬琴曲选	12324	新刊村音大全集	12290
新疆伊犁维吾尔民歌	11795	新刊发明琴谱	12290
新疆油画写生	2783, 2784, 2785	新刊翰台集秀录	12741

书名索引

新刊菊台集秀录	12741	新矿长	5265
新刊正文对音捷要琴谱真传	12292	新来的班主任	5721
新刻宝货辨疑	378	新来的船工	5265, 5297
新刻传真秘要	868	新来的船老大	5240
新刻洞天清录	378	新来的炊事兵	3904
新刻格古要论	378	新来的大学生	5297
新刻古今碑帖考	7684	新来的副官	5999
新刻古器具名	380	新来的管理员	5266
新刻翰林要诀	7197	新来的化验工	5266
新刻皇明草对	8015	新来的列兵	4988
新刻绘事指蒙	642	新来的青年	2753
新刻乐府杂录	10939	新来的社员	3658
新刻秘传神巧戏法	12982	新来的书记	5427
新刻名公笔法草书重珍	8014	新来的水手	3946
新刻名公印隽儒林重珍	8480	新来的饲养员	3747, 3946
新刻墨数	7197	新来的小伙伴	4323
新刻山房十友图赞	1021	新来的小石柱	5297
新刻书断	7196	新来的战士	3857
新刻书法三昧	7193	新蓝精灵故事集	6633
新刻图画要略	642	新浪潮	13263
新刻文房清事	1027	新老大	5217
新刻文房图赞	1021	新老干部团结紧 朝气蓬勃干革命	3228
新刻文会堂琴谱	12292	新老干部团结战斗	3808
新刻新传神巧戏法	12982	新老清水店	5999
新刻续书谱	7193	新老射手	3857
新刻续文房图赞	1021	新乐府	12353
新刻篆法辨诀	7197	新乐经	10869
新客	9384	新乐园	3465
新课堂 1838, 3022, 3767, 3782, 3808, 3856, 3857, 3946, 3995, 9338		新蕾	4099, 9373, 9411, 9425
		新礼花	5330
新课堂	2595	新伶人	12904
新课堂(赞教育革命新气象)	1844	新龙凤纹样集	10332
新课堂里育良种	3904	新旅游胜地——湖南武陵山	9253
新垦地	3008	新旅战时生活写真	12905
新款村镇报饰	10339	新绿	9411

中国历代图书总目·艺术卷

新绿林传	6204, 6205, 6470	新苗苗壮	3808, 3857, 4043, 4162, 4497, 5266
新路	1298, 1800, 5129	新民唱歌集	11378
新论素描教学	1120	新民歌曲集	11760
新罗山人枫鹰	1652	新民歌选集	11783
新罗山人花鸟	1652	新民农业社的女社员	8876
新罗山人画册精品	1650	新民谣歌曲选	11433
新罗山人画集	1659	新民主歌集	11559
新罗山人翎毛画册	1655, 1659	新民主歌声	11559
新罗山人人物山水花鸟草虫合册	1613	新民主进行曲	11560
新罗山人山水册	1643	新摩雅	3808
新罗山人山水精册	1626	新魔术	12983, 12985, 12990
新罗山人山水人物花鸟草虫册	1613	新魔战兽兵	6344
新马倌	3947	新木刻	2984
新马话剧活动四十五年	13005	新木刻画选	2990
新漫画实战讲座	1242	新木偶奇遇记	6648
新貌	1742	新牧工	2756
新美工	10663	新内燃机车出厂	3747
新美女与野兽	6570	新霓裳羽衣舞曲	12185
新美术创作谈	123	新年大吉	4802
新美术讲话	012	新年大吉	2162
新美术论集	091	新年大喜发大财	4830
新美术论文集	123	新年多福事事如意	4574
新美术选集	276	新年多吉庆 合家乐家然	3658
新美术与新美育	012	新年儿童歌舞曲选	12143
新美术运动及其他	472	新年发财	2105
新美术运动诸问题	245	新年好	3995, 4043, 4234, 4323, 4424, 4652,
新美术字	7629		10112, 10116, 10123
新美装饰画集	10317	新年画	3531, 3947
新门画	3658	新年画选	3808
新迷人的电子琴	11284	新年画样本	3530
新米字格书写技巧	7372	新年快乐	4323, 8820, 8834, 10103, 10107, 10108,
新棉朵朵暖人心	3707		10114, 10116
新苗 3610, 3857, 4099, 4162, 4737, 9360, 9373,		新年乐	3575, 3610, 4043, 4737, 12245
9384		新年乐合家庆团圆	4424
新苗绿遍春色娇	3610	新年锣鼓咚咚敲	11605

书名索引

新年万福	4802, 4830	新人类战士——赛博	7117
新年万福	2105	新人新事送新粮	3857
新年喜事多	4162	新任队长彦三	5130
新年小调·民歌·民谣	11109	新锐的目光	2837
新年新歌震山河	11605	新萨克斯管练习曲	12456
新年秧歌	11384	新三字经	8283
新年有余	4802	新三字经、三字经、三字歌楷书硬笔字帖	7584
新年增寿	4737	新三字经多体钢笔字帖	7572
新年之乐	12144	新三字经钢笔楷书行书临帖	7572
新年之声	10870	新三字经钢笔三体书法	7584
新年之夜	3904, 10521	新三字经歌曲集	12047
新年祝福	4424, 4574	新三字经四体钢笔字帖	7572
新娘	9597, 9678, 9708, 9747, 9767	新三字经硬笔书法速成字帖	7572
新娘肖像	10167	新色彩基础构成实技	153
新娘之死	6416	新山春茶香	3857
新农村	1794, 12332	新上海之歌	11363
新农村歌声	11580	新上任的治保主任	5240
新农村速写集	2854	新少儿简笔画入门	1268
新女性	11539	新少儿美术教程	1249
新派来的教师	3658	新少儿美术资料大全	1266
新派图案	10286	新少年	5604
新炮手	3808	新社员	3575, 3658, 3707, 3857
新奇	9384, 9397	新社员来了	3549
新奇的材料	3516	新社员下地	3707
新奇幻术	12985	新摄影手册	8781
新奇剧场	3440	新生	5048, 12090, 12091
新奇西游记	7048, 7049	新生代 2000 人像摄影作品集	9037
新铅笔画册	2850	新生歌选	11395, 11396
新桥画乡现代民间绘画作品选	1371	新生活唱歌集	11368
新锲陈先生明窗清暇心画正宗	644	新生活歌曲	11363, 11368
新琴点拨	11207	新生事物春满园 妇女顶起半边天	3263
新青年大合唱	11937	新生事物好	11687
新球王马拉多纳	9647	新生事物花万朵	11687
新人骏马	3767	新生事物是不可战胜的——上海机床厂	
新人老传统	12095	七·二一工人大学在斗争中前进	3263

中国历代图书总目·艺术卷

新生事物赞	1844, 3857, 3947, 8926, 10674	新世纪的曙光	6371
新生事物赞(宣传画十二幅)	3263	新世纪的展望	6768
新生事物赞(组画)	3263	新世纪黑板报丛书	10339
新生事物茁壮成长 团结胜利凯歌嘹亮	3857	新世纪卡通寓言	6592, 6593
新声	9373, 11548	新世纪少儿科学漫画	7030
新声歌选	11384	新世纪设计/时尚潮流	083
新声平曲集	11825	新世纪艺术精萃	2275
新声平曲集初集	11825	新世纪艺术之星	6771
新师范教科书图画教材概论	600	新世纪中国诗书画印大观	318
新诗改罢自长吟	2620	新世纪中国艺术家画库	1350, 1351
新诗歌集	11364	新世界的节日	13258
新十体美术字字典	7651	新世界的音乐	10982
新石器时代玉器图录	411	新世界的震撼	187
新时代唱新歌	11627	新世界歌声	11401
新时代的歌	11704	新世界交响曲	12540
新时代的歌声	11531	新世界居室	10600
新时代钢琴曲	12517	新市长的礼物	4424
新时代歌集	11380	新式结婚	3747
新时代居室布置图集	10582	新式社交舞术	12661
新时代图案文字集	7626	新事多	12140
新时代校园歌曲博览	12408	新视点·色彩设计	159
新时期的戏剧	12695	新视点超现实构形设计引导	10225
新时期电影10年	13127	新视觉艺术	136
新时期电影的多元结构	13068	新视野	136
新时期电影论	13143	新室志	10343
新时期电影文化思潮	13068	新手	2839, 3747, 3767, 3808, 3857, 10423
新时期江苏戏剧论文集	12942	新书到草原	3995
新时期美术思潮	114	新书到山寨	3857
新时期青少年的榜样李向群	6592	新书道字典	8351
新时期陕西戏剧论文选	12695	新书下连	3808, 3809
新时期十年金曲大汇集	11489	新水彩表现实技	1193
新时期文艺学论争资料	256	新水彩风景画法	1193
新时期戏剧论文选	12851	新水粉表现实技	1180
新时期戏剧述论	12728, 12730	新丝绸之路	9139, 9141
新时期英雄战士——李向群	6592	新四大变化	10339

书名索引

新四军歌曲	11757	新图案与美术字	10240
新四军纪念馆藏书画选	1303	新图画教科书	598
新四军抗日故事画集	2974	新土风舞大全	12657
新四军美术工作回忆录	250	新拖拉机手	3707
新四军征途书画选	1302	新拓赵松雪萧山大成殿记	7951
新四军重建军部纪念馆藏书画选	2015	新玩具	9384
新松电的后代	5240	新委员	5297
新颂主诗集	12438	新魏书写法	7321
新素描	1120	新魏书字帖	8138, 8140, 8145, 8218, 8229
新素描表现实技	1130	新魏体	7649
新速写表现实技	1134	新文礼魏文通	4574
新岁朝图	4162	新文人画派	2290
新岁如意	4574	新文艺到农村，自编自演唱新人	3707
新谈艺录	105	新闻电影工作总结会会刊	13290
新唐山	8939	新闻纪录电影创作淡	13294
新塘影艺	8912	新闻纪录电影创作谈	13083
新题花 1000	10339	新闻纪录电影创作问题	13291
新体彩色写生记忆画解说	1092	新闻纪录片解说词选辑	8879
新体钢笔画	1092	新闻美术家作品集	316
新体铅笔画	1092	新闻摄影	8714, 8721, 8722, 8730, 8781, 9288,
新体铅笔画解说	1092		9293
新体写生水彩画	2922	新闻摄影的价值与规律	8751
新体油画解说	1068	新闻摄影的历史和现状	8730
新天地	11564	新闻摄影概论	8741, 8770
新天方夜谭	6000	新闻摄影基础	8741
新添牲口	1752	新闻摄影教程	8773, 8801
新田初显	3809	新闻摄影论集	8726
新透	10460	新闻摄影实践百例	8730
新透视学	143	新闻摄影手册	8773
新图案	10240	新闻摄影探新	8770
新图案参考资料	10243	新闻摄影选集	9262
新图案的理论和作法	10206	新闻摄影学	8781, 8785, 8792
新图案技法	10220	新闻摄影学概论	8801
新图案讲话	10207	新闻摄影学原理	8773
新图案学	10206	新闻摄影一百四十年	8695

中国历代图书总目·艺术卷

新闻摄影与摄影记者工作	9262	新新题图尾花	10326
新闻摄影之我见	9292	新兴艺术概论	005, 006
新闻摄影指南	8792	新星	9742
新闻摄影纵横谈	8785	新星邓婕	9678
新闻英雄	7006	新星麦文燕	9647
新闻杂志电影艺术创作	13295	新星音乐会歌曲选	11472
新闻照片背后的故事	8781	新型学校育新人	3263
新汶矿物局建局四十周年职工美术书法摄影作		新秀 4323, 9013, 9348, 9531, 9577, 9647, 9708,	
品选集	322	9709, 9728	
新乌克兰舞	12656	新秀——林芳兵	9625
新舞蹈	12588	新秀唱未来	4235
新舞蹈艺术初步教程	12581	新秀盖丽丽	9728
新舞蹈艺术概论	12560, 12568	新秀刘铁蕾	9709
新舞曲选	12145, 12146	新选唐诗三百首钢笔正楷字帖	7584
新西藏	9044	新学年	3857
新西兰风光	10165	新学员	3904
新西游记	6399	新芽	1785
新媳妇 3658, 3747, 4099, 5297, 5330, 11883,		新亚平剧研究社第一次彩排特刊	12862
12119		新亚洲电影面面观	13139
新禧	9442	新演出	12905
新戏剧讲话	12677	新演技手册	12809
新现代视觉设计	10779	新演剧	12812
新宪法	3312	新演剧论	12676
新宪法是实现社会主义现代化建设的重大保障		新演员	9577
	3353	新演员手册	12810, 12811
新乡市戏曲志	12777	新秧手	3707
新乡土画风线描选	2241	新一代设计师手册	10189
新小车舞	12607	新一代最可爱的人	4044, 5427
新小儿语：绘画本	6764	新一国画作品选	2313
新校服	4424	新衣裳	4901
新写实绘画	1307	新衣岁岁添	4235
新心别馆印存	8513	新医班	1838
新新百美图	1271	新沂农民画	2854
新新百美图续集	1700	新艺散谈	123
新新漫画集	3397	新艺术百图	373

书名索引

新艺术创作论	085	新增六法留痕画谱	1465
新艺术的震撼	127	新增墨兰竹谱	1603
新艺术论	009, 010	新增颂主诗歌	12434
新艺术论集	013	新闻血泪	5142
新艺术全集	006	新战场	5266
新艺术研究	191	新战士进行曲	12222
新译外国名歌 120 首	12380	新战士小蓝	5130
新意念商标 标志 图案 装饰	10387	新战友	3947
新意念装饰画集	10570	新站长	5240
新意水彩画法	1199	新正咏雪联句	8023
新音乐歌集	11381, 11388	新支书	3809
新音乐教程	10787, 10788	新中国百部优秀影片赏析	13167
新音乐论集	10789	新中国版画集	2985
新音乐入门	10788	新中国唱歌集	11361
新音乐手册	10787	新中国出土瓦当集录	429
新音乐语汇	11058, 11059	新中国的动物园	8872
新音乐运动论文集	10953	新中国的工艺美术	10198
新音乐自修读本	10788	新中国的木刻	8639
新印谱	8556	新中国的少年儿童	3707
新英格兰家园	6855	新中国的新美术	214
新英雄谱	3003	新中国第一座露天煤矿	13238
新英雄三国志	6694	新中国电影的摇篮	13280
新颖报头设计图案精选	10326	新中国电影事业建设四十年	13318
新颖的布制家庭装饰品制作	10585	新中国电影意识形态史	13065
新油画选	2715	新中国雕塑	8628
新游春图	4574	新中国雕塑选集	8627
新渔樵耕读图	3610	新中国独唱歌曲选	11939
新恩公	6599	新中国妇女	4886, 8995
新浴	9360	新中国歌唱手册	11406
新运会火炬永放光芒	9263	新中国歌曲	11391
新扎师兄	6344	新中国歌曲集	11408
新赞美诗琴谱	12435	新中国歌曲选	11408
新造型陶瓷特展	10647	新中国工人的生活	8872
新增格古要论	378, 379	新中国建筑	8884
新增广贤文钢笔字帖	7585	新中国开始了林业建设	9262

中国历代图书总目·艺术卷

新中国来新气象	11789	信天游	2737, 11787, 12383
新中国美术 50 年	274	信天游	2733
新中国少年进行曲	12023	信天游唱给毛主席听	11959
新中国少数民族的生活	8870	信西古乐图	12657
新中国水利建设	8872	信息论	6613
新中国外交的铺路者	9031	信阳市戏曲志	12774
新中国学生的体育活动	9248	信仰的兴衰	464
新中国一日千里 毛主席万寿无疆	8135	信义会颂主圣诗简谱	12436
新中华歌选	11401	信用社的女会计	4908
新中华小学教师应用音乐	10785	兴安岭上雪花飘	11412
新珠	5604	兴安岭之晨	1952
新竹笛子及演奏	11302	兴德米特中提琴协奏曲	12466
新竹市电影史	13194	兴福寺半截碑	7806
新竹吐翠	10440	兴福寺断碑	7823
新妆	9411	兴国长春图	2653
新装	4424, 9397, 9411, 9709	兴国县戏曲普查资料汇编	12930
新装饰图案精选	10321	兴华大力士	4871
新装添采	9425	兴化历代名人书画选	311
新姿	9373, 9442	兴乐要论	10998
新姿映垂柳	9343	兴坪	9800
新字帖	8342	兴坪风光	9084
馨	9425, 9443, 9468	兴坪山水甲桂林	9901
馨香	9361, 9425, 9468, 10090, 10528	兴庆公园	8927
信	5142	兴师北伐	6000
信儿捎给台湾小朋友	3858, 12632	兴旺发达的社队企业——江苏省无锡县兴办社	
信儿捎给台湾小朋友	2350, 2351, 2595	队企业，促进了农业的高速度发展	9286
信封书写艺术钢笔字帖	7557	兴旺图	13246
信封信纸及商标识别设计	10388	兴文硬笔书法	7557
信鸽传深情	4424	兴五讲四美之风 让祖国春意更浓	3337
信笺名片设计	10551	兴修水利幸福多	4988
信简	12377	星光——上海小夜曲	9982
信江波	12095	星光灿烂	9508
信陵君救赵	5721	星光集	318
信手拈来写影评	13161	星光卡拉 OK 大全	11512
信天翁空战记	7003	星光闪闪瞻太空	4099

书名索引

星光闪烁	5855	星球大战全记录	13167
星光作证	351	星球大追捕	6661
星孩	5855, 6000	星球探险	9397
星海歌曲集	11930	星堂印存	8517
星湖	9788	星星被袭记	7099
星湖初夏	9794	星星草	6000
星湖的早晨	2729	星星村的孩子	6570
星湖风光	9059, 9798, 9849	星星火炬	4988
星湖凤凰开	9373	星星火炬之歌	12033
星湖水榭	9111	星星闪烁	12403
星湖秀色	4574	星星石的故事	6546, 6570
星湖映趣	1894	星星星	6000
星湖之夏	9074	星星之火	4988, 11836, 13246
星火	13021	星星之火　可以燎原	1851, 3290
星火插图	7060	星星之火歌选	11879
星火集体农庄的庄员生活	8876	星星知我心	11717
星火燎原	5077, 13234	星岩小景	1881
星火燎原	2721	星元小学落成书画集	2163
星火日夜食品商店	5185	星子	8948
星级字帖	7610	星子——镶嵌在庐山鄱水间的一颗明珠	8895
星际飞龙	6545	星子一灯	1881
星际激战	6235	星座刑事	6725
星际历险	6306	星座与希腊神话	6205
星际旅行	5855	猩红热	13256
星际战争	7055	刑场上的婚礼	5604, 5721, 10449
星迹	13134	刑警队长	5721, 5856, 6000
星录小楷	8119, 8380	刑琦诗《中流砥柱》	8165
星录小楷字帖	8382	邢鹏骞特殊水彩画创意	2956
星期日	3809	邢庆华装饰线描艺术	10306
星期日在天平山	1728	邢庆仁画集	2290
星期天	9397, 9425	邢日祥书颜体唐宋词	8258
星期天的早晨	3904	邢少臣画集	2291
星球	9373	邢少兰画集	2163
星球大战　5514, 5604, 5721, 5855, 5856, 6306, 6345, 6399		邢台地区美术作品选	280
		邢燕子	4988, 8996

中国历代图书总目·艺术卷

邢耀忠书画集	2241	醒世恒言名句书法	8219
邢玉生作品集	2291	醒世微言	7611
形、生活与设计	131	醒醉楹联书画集	1413
形的旋律	10633	杏婵娘娘	4918
形美集	099	杏花	2491, 2587, 2620
形神记	538	杏花塘边	5266
形神兼备	849	杏花枝头春意闹	4425
形式美学入门	078	杏黄时节	5266
形式问题	083	杏黄天	9384
形式与设计	129	杏林春晓	3658
形势喜人	3809, 3904	杏林春雨	2721
形态构成学	142	杏林放牧	1881
形体教程	12583	杏林撷秀	12750
形体塑造	1199	杏林英豪朱丹溪	6306
形体训练"基本功"教材	12869	杏柳山鹊	1774
形象的探索	496	杏坛吟	12300
形象化、线条化	7372	杏甜花香	9102
形象化的能手	1225	杏庄太音补遗	12290
形象画艺术	10570	幸福	1882, 4100, 4323, 4425, 4497, 4762, 4830,
形象教学资料	13274		8834, 8852, 9348, 9361, 9373, 9397, 9471,
形象设计	136		9489, 9498, 9742, 13234
形象设计年鉴	10388, 10402	幸福	2644
形象言论	6977	幸福·富裕	2105
形象与思想	040	幸福不会从天降	11908
形象与言语	105	幸福不忘毛主席	3658, 3858
形与意·西方书法之美	8600	幸福长春	4426
型录设计	10378	幸福长青	4325
荥阳之争	5865	幸福长寿	1997, 4163, 4235, 4325, 4426, 4498,
醒华日报	1271		4575, 4652, 4738, 4802, 4845, 4854, 4865,
醒目仔	6399		8825
醒狮	1951, 2015, 4574	幸福长寿	2105, 2163
醒狮喜舞庆新年 彩龙欢腾迎四化	4100	幸福长寿乐有余	4802
醒狮迎喜庆	4497	幸福长寿乐有余	2163
醒世恒言	6433	幸福长寿庆有余	2106
醒世恒言精选	6345	幸福成长	4100, 4162, 4497, 4652, 9384, 9411,

书名索引

9443		幸福的新一代	3947，4044
幸福大王历险记	6649	幸福的匈牙利儿童	10128
幸福的伴侣	4652	幸福的匈牙利人	4884
幸福的宝宝	9647，9742	幸福的一代	2924，3549，3995，4425，9577
幸福的草原上	12157	幸福的幽默	3434
幸福的儿童	4100，8996，9004，9546，9556，9625，12014	幸福的中国青年	8872
		幸福的种子	1752
幸福的歌唱	4044	幸福儿童	3549，4163，4235，4324，9526，9556，9648
幸福的歌儿唱不完	3549，12281		
幸福的航程	2744	幸福儿童之二	9648
幸福的花朵	4100	幸福儿童之三	9648
幸福的花朵	2721	幸福儿童之四	9648
幸福的欢聚	4323	幸福儿童之一	9648
幸福的回忆	2759，4044，5330，8806	幸福丰年	2105
幸福的会见	3658，3858，5427，11643	幸福富裕	4574，4652
幸福的伙伴	4737	幸福感谢共产党	4574
幸福的牧民之家	8803	幸福歌	4163
幸福的年轻人	9625	幸福歌儿唱不完	3658
幸福的农村	11433	幸福光	9960，12611
幸福的农庄	11944	幸福归来	4918
幸福的泼水节	5514	幸福和合	4324
幸福的日子越过越强	11940	幸福河大合唱	11946，11947，11948
幸福的时代	9397	幸福花	4163，4235，4324，5427
幸福的时刻	10421	幸福花	2186
幸福的苏联儿童	10131	幸福花儿朝太阳	3121
幸福的苏联农民	10129	幸福花儿红艳艳	4235
幸福的苏联中小学生	4901	幸福花开	4100，4918，9353
幸福的童年	3549，4163，4235，4323，4425，4497，4574，4652，8803，9546，9556，9577，9597，9648，9678	幸福花开 喜庆有余	3658
		幸福花开万年长	11947
		幸福花开喜庆有余	4163
幸福的童年	2163	幸福花香	4738
幸福的娃娃	4652	幸福欢乐	4497
幸福的晚年	3549	幸福欢喜	4425
幸福的笑容	3707	幸福吉庆 连年有余	4100
幸福的新娘	9030	幸福家庭	4044，4100，4235，4425，9728

中国历代图书总目·艺术卷

幸福家庭娃娃壮	4425	幸福桃	3575
幸福家庭喜事多	4498	幸福天使	9742
幸福江水流千里	11795	幸福童年	4235, 4425, 4498, 4738, 9577, 9597,
幸福就要到来	12509		9648, 9649, 9709, 9728, 9742
幸福康乐	4575	幸福图	3610, 4324
幸福康乐	2105, 2163	幸福图	2632
幸福快乐	4498, 8852, 9443	幸福娃	4425
幸福乐	4235	幸福娃娃	4100, 4325, 4425, 9546
幸福乐陶陶	4324	幸福晚年	3747
幸福满门	4163, 4324	幸福万代	4325, 4738
幸福美景无限好	4498	幸福万年	3611
幸福美满	4575	幸福万万岁	3466
幸福美满	2105	幸福喜庆屏	4652
幸福美满 健康长寿	4738	幸福一代	4325
幸福美满 健康长寿	2050	幸福有余	4235, 4325, 4425, 4575, 4738, 4802,
幸福美满·健康长寿	2163		4830
幸福明珠落山村	3575	幸福有余	2105, 2163
幸福年	4324	幸福有余连年发财	2163
幸福桥	4933	幸福有余庆新春	4426
幸福曲	4324, 4498, 4738	幸福有余万年长	4498
幸福曲	2163	幸福鱼	5266
幸福渠	1838, 3858, 12311, 12312	幸福愉快	4325
幸福渠	2595	幸福与天使	2843
幸福渠畔	3904	幸福鸳鸯	3611, 4426
幸福渠水流千载 东方红日照全球	8142	幸福院的老人	1762
幸福泉	3767, 11447, 12324	幸福在今朝	4738
幸福人家	4738	幸福之歌	5856
幸福如意	4575, 4652, 4802, 10460	幸福之花	4426
幸福如意迎新春	4498	幸福之路	11946
幸福如愿	8852	幸福之路	2726
幸福生活 光荣人家	4100	幸运的伙伴	10528
幸福生活保卫者	9747	幸运的唐老鸭	7075
幸福树	4324	幸运的套鞋	5856
幸福水	12611	幸运手环 110 款	10365
幸福颂	3659	性、金钱、权利与恐惧	13085

书名索引

性安庐画稿	1602	匈牙利漫画选集	6931
性格肖像摄影	8988	匈牙利民歌十首	12411
性灵酣畅	8209	匈牙利民间歌曲选	12411
性入门	7025	匈牙利民间艺术展览会	10723
姓苑印章	8483	匈牙利民间装饰艺术	10723
凶手	5514	匈牙利人民的体育活动	9248
凶手是谁	5721	匈牙利人民共和国国歌	12395
凶险的间谍战	6236	匈牙利摄影艺术选集	10132
凶宅	6236	匈牙利摄影艺术展览	10131
兄弟	9425	匈牙利舞曲	12507, 12551
兄弟的支援	10412	匈牙利音乐艺术现实问题	12559
兄弟队	5185	匈牙利造型艺术复制图片展览	362
兄弟话别情	5856	胸怀	5266
兄弟擂台	4988	胸怀朝阳 放眼世界	1275
兄弟民兵	5154	胸怀朝阳干革命 完全彻底为人民	3200
兄弟民族代表参观纺机厂	3782	胸怀朝阳干革命亦农亦医为人民	3187
兄弟民族访问井冈山	3611	胸怀朝阳何所惧 敢将青春献人民	3171, 3177
兄弟民族妇女服饰图	10347	胸怀朝阳建设边疆	8882
兄弟民族歌曲选集	11765	胸怀朝阳永向前	5167
兄弟民族形象服饰资料	10350	胸怀朝阳战恶浪	5167
兄弟手足情民族情意深	4235	胸怀朝阳战烈火	5167
兄弟投军	4868	胸怀朝阳战凌洪	5154
兄弟争王	4988, 5077	胸怀革命大志做一代有文化科学知识的新人	
兄妹间的风波	4988		3312
兄妹俩	9597	胸怀革命全局 做好本职工作	3177
兄妹擒敌	5330	胸怀革命壮志 勇攀世界高峰	3245
兄妹同仇	6000	胸怀凌云志	8806
匈牙利版画展览会	6919	胸怀壮志建设祖国	3200
匈牙利的造型艺术	362	胸怀祖国 放眼世界	3747
匈牙利歌曲集	12370	胸怀祖国 放眼世界	3263, 9053
匈牙利革命艺术展览会	363	胸绣崖	5604
匈牙利工艺美术品选集	10724	胸有朝阳	3759
匈牙利国家人民文工团	12653	雄达歌曲选	11524
匈牙利集体舞	12653	雄风	691, 9361, 9776
匈牙利狂想曲第二号	12502	雄风遍神州	4738

中国历代图书总目·艺术卷

雄风驱邪魔	4738, 4854	雄伟庄严的毛主席纪念堂	9992
雄风图	4802, 4803, 4830, 4845, 4854	雄伟壮丽的南京长江大桥	9046
雄风图	2163	雄伟壮丽的天安门	9990
雄风万里	4803	雄心壮志	4988
雄风英姿	4652	雄鹰	3659, 4575
雄风犹存 宝刀不老	4498	雄鹰	2559, 2567
雄歌劲曲 100 首	11723	雄鹰白描画谱	1002
雄关掠影	2905	雄鹰展翅	4653, 4774
雄关漫道真如铁 而今迈步从头越	3995	雄鹰展翅	2579
雄关漫道真如铁 而今迈步从头越	3747	雄鹰征途炼红心	5167
雄关漫道真如铁 而今迈步从头越	2737	雄峙	1980
雄鸡	1997	雄州大战	6148
雄鸡报春	4426	雄姿	9913
雄鸡报晓	4426, 4498	熊背上的勇士	9556
雄鸡唱晓	4235	熊伯齐印选	8565
雄鸡高唱	4575	熊的故事	6546
雄鸡鸡晓	4426	熊哥哥和猴弟弟	6236
雄鸡一唱天下白	4830	熊广琴画集	2550
雄踞望千山	4652	熊虎斗	6274
雄立新作选	2241	熊家婆	4163, 5368, 6470
雄枪退周兵	6000	熊建平篆刻集	8568
雄师过大江	1882	熊井启的电影	13162
雄师魂	13139	熊猫	5427, 10017, 10038, 10045
雄师震南疆	9328	熊猫	2559, 2560, 2561, 2573, 2575, 2580, 2591,
雄狮	4100, 4235, 4326		2603
雄狮	2561	熊猫保卫战	6371, 6372
雄狮欢舞	2106	熊猫贝贝	4739
雄狮猛虎图	2571	熊猫表演	4044
雄狮怒吼	4575, 4652	熊猫姑娘	6000
雄狮献宝 万象迎新	3575	熊猫回深山	4044
雄狮震南疆	8896	熊猫集锦	4426
雄威震河山	1926	熊猫计划	5856
雄伟的天安门	9301, 10001, 11671, 11677	熊猫京京	6714
雄伟的新安江水电站	3707, 3708, 3904, 9053	熊猫乐园	4499
雄伟庄严的北京天安门广场	9991	熊猫历险记	6000

书名索引

熊猫咪咪	10051	修械所的故事	5297
熊猫图	1926	修心集	8241
熊猫小胖	6416, 6417, 6470	修养格言	4865
熊猫学礼貌	5721	修竹庐剧话	12839
熊猫宴	1952	修筑宝成铁路的人们	2850
熊猫杂技	4426	羞皇岛	4989, 5077
熊任望先生临兰亭长卷	8311	羞涩	9397, 9459
熊少臣创意摄影	8990	髹饰录	385
熊探长与兔警官	6345, 6372	髹饰录笺证	385
熊宇安画集	2338	秀	7362
熊兆瑞	1078	秀发姑娘	9709
熊卓蒙先生法书四种	8283	秀发少女	9678
休假日	9443	秀峰龙潭	9827
休息	3004	秀峰天下甲	8862
休息五分钟	11542	秀阁	4989
休闲摄影与拍摄技巧	8785	秀公画集	2407
修闈集扇	1271	秀姑山和彭佳屿	6001
修车记	4933	秀拉	6866
修德书法选集	8283	秀丽	9472
修德书法艺术之路	7275	秀丽的昆明湖	9827
修堤防洪保丰收	3747	秀丽的漓江	9864
修复	2721	秀丽的园林	10110
修复富饶的祖国粮仓	8872	秀丽滇池	9814
修好水利 确保丰收	3121	秀丽江山	2453
修旧利废 大挖增产节约的潜力	3200	秀丽漓江新装	3947
修军木刻作品选	3042	秀丽山川	4739
修拉	1162	秀丽羊城	9103
修拉 西涅克	511	秀楼春色	4575
修内司官窑	419	秀梅	5368
修桥	2713	秀美丰姿	9459
修桥的人	6148	秀女	9767
修渠英雄智慧高	1811	秀女放鸭	12119
修瑞娟	3369	秀泉情思	9353
修身格言	8229	秀山花灯	12614, 12626
修书图	1626	秀水河子歼灭战	5369

秀外慧中	9397	绣花劳军	11396
秀外慧中——影坛新秀董智芝	9598	绣花帽	2930
岫岩满族民间歌曲选	11810	绣花女	13120
袖珍钢笔书法五体字典	7482	绣花女传奇	2398
袖珍钢笔字帖	7414	绣花图案	10353
袖珍歌选	11582	绣花图案 1000 例	10362
袖珍革命烈士诗抄行书字帖	8426	绣花图案集	10355
袖珍古诗隶书字帖	8370	绣花舞	12607, 12609
袖珍古诗书法集	8219	绣花枕套图样	10351
袖珍古诗小楷字帖	8382	绣金匾	3996, 11693, 11968
袖珍旧体诗行楷字帖	8426	绣金匾	2599
袖珍口琴吹奏法	11215	绣楼赏春	9234
袖珍口琴歌曲集	12193, 12194	绣谱	10344
袖珍摄影良友	8713	绣球灯	12609
袖珍摄影手册	8776	绣球花	2932
袖珍艺用人体解剖图	160	绣襦记	4236, 6001
袖珍音乐词语手册	10835	绣韶山	10423
袖珍音乐辞典	10822	绣手巾	11610
袖珍音乐小字典	10790	绣书包	3549
袖珍印赏	8500	绣水杜案舫方伯墨迹	8026
袖珍真草隶篆四体百家姓	8165	绣四化	4163
绣	1736	绣桃献给毛主席	3576
绣出金鱼映波红	4044	绣鞋记	4426
绣阁王旗	4100	绣新花	3904
绣春	3611	绣鸳鸯	4236
绣春图	4044, 9373	须静斋云烟过眼录	1462
绣朵月月红	2721	晋河两岸的跳五猖	12953
绣朣红	1774	虚白斋藏中国书画·册页	1486
绣荷包	10357, 11787, 12607	虚白斋印戕	8481
绣红花	3575, 3576	虚谷画册	1672, 1673, 1674
绣红旗	4326	虚谷画风	1687
绣花	8814	虚谷画集	1680, 1686, 1692
绣花、挑花、补花	10357	虚谷画选	1672
绣花姑娘	3659	虚谷研究	802
绣花剪样 500 例	10361	虚花侧影	10019

书名索引

虚怀若谷	8200	徐悲鸿评集	498
虚幻三维立体视图	1238	徐悲鸿双马	1838
虚静斋所藏名画集	1572	徐悲鸿素描	2853, 2867
虚空藏菩萨	6593	徐悲鸿素描集	2914
虚设雷音	6001	徐悲鸿素描选	2856
虚受斋志学谱	12999	徐悲鸿小品	1785
虚心同晚节	2667	徐悲鸿选画范	1426
虚心向群众学习一心为群众服务	3245	徐悲鸿研究	511, 516, 528
虚斋名画集	1271	徐悲鸿遗作集	1723
虚斋名画录	1466	徐悲鸿艺术随笔	551
虚舟题跋	7698, 7699	徐悲鸿艺术文集	520, 534
虚舟题跋补原	7699	徐悲鸿油画	2786
虚舟题跋节抄	7699	徐悲鸿油画	2721
虚舟题跋原	7699	徐悲鸿油画集	2799
需要理论与文艺创作	087	徐悲鸿油画选	2729
徐柏涛篆书百家姓	8364	徐贲狮子林图	1569
徐邦达绘画集	2275	徐冰木刻小品	3041
徐悲鸿	793, 1449, 2853	徐伯清小楷	8180
徐悲鸿白马	1785	徐伯清小楷宋词	8271
徐悲鸿奔马	4575, 4653	徐策跑城	12079
徐悲鸿奔马图	1723	徐昌酩动物装饰画集	10286
徐悲鸿彩墨画	1742, 1785, 1909	徐昌酩画集	2584
徐悲鸿彩墨画选	1774	徐昌酩漫画选	3448
徐悲鸿藏画选集	1483	徐长荣书法作品集	8311
徐悲鸿藏齐白石画选	1515	徐澄和莫愁	4326
徐悲鸿藏张大千画选	1516	徐炽书法集	8229
徐悲鸿的彩墨画	1728	徐崇嘉墨迹选	8298
徐悲鸿的画	1377	徐楚德草书古典散文选	8283
徐悲鸿的艺术	1377	徐楚德草书毛泽东诗词选	8258
徐悲鸿的艺术世界	534	徐楚德草书唐诗三百首	8241
徐悲鸿法书集	8311	徐达素描选	2891
徐悲鸿画集	1377	徐德隆画集	1278
徐悲鸿画辑	1377	徐祇兴	5330
徐悲鸿画论	484	徐殿法油画集	2814
徐悲鸿画选	2712	徐鼎臣临秦碣石颂	7955

中国历代图书总目·艺术卷

徐东蔚歌曲选	11486	徐俊杰书法作品选	7611
徐冬冬画集	2291	徐科松书法作品集	8311
徐冬冬诗画集	2015	徐匡版画选	3039
徐度乐	5185	徐兰沅操琴生活	12865
徐遁庵先生遗墨	8042	徐乐乐高士图册	2398
徐甫堡风景素描选	2869	徐里油画选	2819
徐光启手迹	8059	徐丽仙唱腔选	11864
徐广轩撰书王月潭小传真迹	8054	徐廉夫行书墨迹二种	8427
徐海东大将	6372	徐灵作品选	1408
徐寒书法作品选	8210	徐龙书画集	2338
徐汉炎手书周恩来诗抄	8321	徐龙晚年艺苑	1408
徐汉炎书牡丹诗五十首	8338	徐芒耀教授速写专集	2920
徐浩裘书法精选	7919	徐芒耀素描集	2898
徐浩然书前后赤壁赋	8210	徐茂公退敌	5722
徐浩书法选	7925	徐明德画集	2812
徐洪铎摄影作品集	8990	徐明华画选	2793
徐洪刚	6433	徐明华油画选	2792
徐洪刚的故事	6433	徐明义国画选集	1405
徐鸿延山水写生画集	2481	徐明义画集	1417
徐虎师傅	12855	徐明义水墨画集	2050
徐晃许褚	4576	徐母骂曹	12076
徐輝小姐	9728	徐宁中国画集	2050
徐惠泉人物画	2403	徐培晨国画猿猴集	2585
徐家昌画集	2538	徐培晨画集	1279
徐坚白谭雪生油画选	2799	徐培晨教你画动物	1006
徐坚白油画集	2810	徐鹏飞漫画	3528
徐坚水彩画选	2950	徐启雄工笔人物画选集	2372
徐建明画集	2186	徐千里画集	2472
徐建新线描	2920	徐青山琴学	12300
徐靖远将军反正的故事	4870	徐青藤墨笔花卉	1564
徐静波小楷字帖	8389	徐青藤山水花鸟虫鱼合册	1559, 1560
徐九经判案	5856	徐青藤水墨花卉卷	1560
徐九经升官记	5722, 5856, 6148, 8810	徐秋影案件	13234
徐君熙国画集	2213	徐三庚书出师表	8081
徐君萱油画风景写生	2789	徐三庚印谱	8548

书名索引

徐三庚篆书册	7402	徐孝穆刻竹	8656
徐尚义书法集	8298	徐袖海吴昌硕印谱	8492
徐生翁书画	2313	徐徐斋印痕	8579
徐盛 丁奉	4739	徐学惠	4975, 4989, 5048, 11962
徐侯斋邓尉十景题跋	769	徐彦洲油画选	2803
徐侯斋吴山名胜十二图	1633	徐义生画集	2106, 2275
徐松龛家书真迹	8058	徐英槐山水画选	2453
徐松龄作品集	1408	徐永万画选	2291
徐太师文贞公宝纶阁法帖	7745	徐永锡书法选	8241
徐特立	3379	徐永义油画集	2825
徐天池墨笔山水人物花卉册	1572	徐玉兰	9577
徐唯辛油画集	2806, 2828	徐玉兰 王文娟	9016
徐渭	790, 804	徐玉兰唱腔集成	11156
徐渭、石涛花鸟画风	1587	徐榕根摄影作品选集	8977
徐渭草书长卷	8081	徐源绍	2338
徐渭行书千字文	8092	徐源绍花鸟画选	2513
徐渭画集	1585, 1588	徐芸·鞠洪深画集	1328
徐渭墨迹大观	8106	徐湛风景速写集	630
徐渭书画艺术	806	徐湛花鸟画集	2538
徐文长的故事	6148	徐照海界画选	1981
徐问渠印谱	8527	徐振铎郭爱好画集	1328
徐无闻临《中山王厝鼎》	8365	徐振玉书颜毓琇词	8311
徐无闻书法集	8299	徐振玉书颜毓琇诗	8299
徐希画集	1417	徐震画集	2555
徐希画选	1909, 1981	徐震时中国画选	2241
徐希作品	2477	徐正画集	2241
徐熙百花图长卷	1523	徐正卿智判奇案	6149
徐熙雪竹图	1527	徐之美楷书千字文	8299
徐熙与黄筌	788	徐之炎水彩画集	2956
徐霞客	1998, 5514, 5722	徐志摩爱情书信日记选	7459
徐霞客传奇	6570	徐志摩金句漫画	3490
徐向前元帅	4236, 4326, 4427	徐志摩抒情诗钢笔字帖	7459
徐肖冰侯波摄影作品选辑	8896	徐志摩文学精品钢笔字帖	7538
徐小风	9742	徐志摩新诗钢笔字帖	7482
徐晓钟导演艺术研究	12911	徐志文画集	2241

中国历代图书总目·艺术卷

徐中画集	2106	许讲德二胡演奏曲选及艺术特色	12288
徐州碑园	10108	许金宝画集	2259
徐州国画院作品集	2186	许麟庐画辑	1882
徐州汉画像石	8651, 8654	许麟庐画选	1952
徐州民间艺术荟萃	10699	许茂和他的女儿们	5722, 5857
徐州琴书释文	12851	许默公印谱	8494
徐州市民间歌曲选	11780	许倩云舞台艺术	12944
徐州书法篆刻精品集	8338	许钦松	1212
徐竹初木偶雕刻艺术	10700	许钦松版画集	3063
徐子维画集	2481	许晴	9036
徐宗挥画集	2242	许荣初素描集	2898
许昌	8701	许士骐贝韦珏书画集	2275
许昌戏曲志	12792	许氏说篆	8445, 8446
许成锋书法集	8271	许世山画集	2291
许褚·典韦	2395	许世友传奇	6274
许褚 典韦	4739	许世友将军与少林武术	5857
许褚张辽	4653	许文厚画集	2242
许大同教授墨竹画册	2164	许仙和白娘子	4163
许德珩书法作品选编	8200	许仙和白素贞	9226
许德民作品	1413	许翔皆先生画集	1699
许霏书法篆刻选集	8271	许小峰画集	2227
许凤	5428	许小铭漫画选	3429
许光达大将	6372	许亚君画集	2405
许行书唐诗	8258	许业坤书法艺术作品集	8321
许合智司鼓之道	12959	许一鸣摄影作品选	8993
许鹤卿画集	1909	许勇画集	1421
许衡不吃梨	5514	许勇画马	1006
许后遭害	5856	许云峰	5103
许怀华画集	2227	许云瑞书法选集	8258
许姬传七十年见闻录	12880	许占志中国画集	2187
许姬传艺坛漫录	12890	许真君擒孽龙	5820
许集厚书法	8311	许征白画集	1705
许继庄花鸟画	2530	栩栩如生	4163, 4739
许家麟画集	2338	栩栩园题画	1269
许江	2820	棚园增订西厢记筹令	12738

书名索引

旭日朝霞红雨乱；天风海水白云闲	8180	续集汉印分韵	8503
旭日东升	1752, 1794, 2999, 3576, 3659, 4653, 12114, 12333	续近代名画大观	1713, 1715
		续景楷帖	8036
旭日东升	2164	续刻琴学丛书	11331
旭日东升百鸟和鸣	3093	续刻三希堂法帖	7729
旭日东升万象新	3093, 3659, 3660	续墨池编	7196
旭日青松	1981	续墨品	1060
旭日松鹤	2106	续佩文斋书画谱	675
旭日迎客松	4739	续齐鲁古印攈	8521
旭云中国画选集	2275	续千字文	7969
序列音乐技法讲座	10993	续入秘殿珠林挂轴	1462
序列音乐写作基础	11094	续入石渠宝笈奏定入书目录	1460
序曲	12188, 12196	续三十五举	8446, 8447, 8454
序曲(第一号)"告诉你……"	12194	续三希堂法帖	7724
序曲集七首	12552	续书断	7193
序曲三首	12192	续书法论	7223, 7224
序曲与赋格二首	12198	续书画题跋记	769
序曲与舞曲	12207	续书品	7219
叙古千文	7662	续书谱	7175, 7176
叙事曲	12057, 12163, 12167, 12235	续书史会要补证	7385
叙事诗	12199	续螳螂拳演义	6306
叙永工农壁画集锦	6617	续桐阴论画	670, 671
续百家姓印谱	8531, 8551	续文房图赞	1021
续泛槎图	1595	续无产阶级家谱世代相传 做坚强革命后代永	
续封泥考略	8534, 8535	不忘本	3708
续古印式	8497	续无双谱	1597
续红色家谱 传生产经验	3708	续小五义	6546
续红色家谱 传革命精神	3121	续印人传	8454
续护生画集	3396	续语堂藏名人手札目	7658
续画跋	774	续语堂题跋	7699
续画品	739, 745	续玉台书史	7219
续画品录	739, 740, 746	续折纸图说	10661
续画腴	740	续指头画说	782
续画苑略	769	续纂印说	8451
续黄粱	5857	絮语赠言钢笔行书字帖	7507

中国历代图书总目·艺术卷

煦园·瞻园	10472	宣南零梦录	12741, 12742
轩然轩画品	1707	宣南杂俎	12742
轩辕国	5857	宣统西清书画记	1466
宣传党的政策	3708	宣统西清书画续纪	1466
宣传队的故事	5369	宣武艺园	10116
宣传画参考资料	3067, 3068	萱草	1801
宣传画参考资料汇编	3068	萱花	1882, 2930
宣传画册	3069	萱花舞蝶	1894
宣传画获奖作品集	3361	喧宾夺主	3404
宣传画小辑	3130, 3187, 3213	喧闹的沼泽	7044
宣传画选	3113, 3229	喧啸的柴林	4989
宣传画页	3229, 5605	玄抄类摘	7198
宣传画与壁画	3069	玄秘塔碑	7830, 7880, 7888, 7925, 7942
宣传设计资料大全	10779	玄秘塔碑·回宫格楷书字帖	7904
宣传社会主义建设总路线农村壁画参考资料		玄秘塔字帖	7839, 7856
	6619	玄妙的线条和块面	494
宣传实用艺术	614	玄妙观的故事	8959
宣传员	2749, 3708	玄武湖	9068, 9877
宣道平画集	2015	玄武湖春色	9805
宣德鼎彝谱	380	玄武湖观鱼亭	9894
宣德彝器谱	379	玄武湖畔	1752
宣古愚 杨无恙 汤定之 姚茫父画选	1507	玄武湖雪景	9827
宣和册礼图	10343	玄武湖之春	9877
宣和画谱	740, 741	玄武门	6001
宣和临古十七家	1533	玄武门之变	5857
宣和六鹤图	1271	玄英洞	5857
宣和论画杂评	746	玄奘	5857
宣和书谱	7707, 7708	玄奘西行	5722
宣讲会前	1838, 3904	玄中胜景	1981
宣讲小分队	3022	玄中寺	1785, 9798
宣讲之前	3858	玄中寺冬景	1927
宣科与纳西古乐	10917	悬念大师	13210
宣良九乡风光	9886	悬砌拱桥	5185
宣炉博论	383	悬丝牵动万般情	12979
宣炉杂记	382	悬崖	10626

书名索引

悬崖秋色	1736	选育良种	3747
旋风OK	11500	选战马	3767
旋风勇士	7003	选种	3747
旋风筝	4326	选种多打粮 除虫保丰收	3709
旋宫合乐谱	11000	选种图	3660, 10412
旋律	9361, 9384, 9411	选猪娃	3747
旋律发展的理论与应用	11101	选字放大北魏刁遵墓志	7803
旋律化练习曲四十首	12492	绚烂明丽——陈辉	2555
旋律史	11088	绚烂年华嫦新事业 风流人物锦绣河山	8135
旋律听写教材	11066	绚丽	9425
旋律写作基础	11104	绚丽的时空	13167
旋律写作知识和技巧	10992	绚丽的舞姿	10296
旋律学	11090	绚丽的艺术天地	055
旋律中的天堂	10887	绚丽多采家庭室内装饰	10588
旋涡里的歌	5722	绚丽多彩的浙江工艺美术	10232
旋舞	12652	绚丽多姿的传统陶塑	403
旋转多姿的学校舞台	12798	绚丽世界尽收眼底	8785
旋转中的电影社会	13053	薛宝钗	4739, 9678, 9956
漩涡	6236	薛博兰	10193
漩涡里的歌	5722	薛冲波书法作品集	8299
漩心河畔	1774	薛丁山	2386
璇风花鸟画选	2528	薛丁山 樊梨花 杨宗保 穆桂英	9222
选队长	3904, 6755	薛丁山与樊梨花	4499, 4653, 9240, 9709
选古今南北剧	12734	薛定衡风光速写	2898
选好干部当好家	3708	薛夫彬书法篆刻作品选	8338
选好棉卖给国家	3708	薛刚反朝	9236, 9941
选好种, 多打粮	3708	薛刚反唐	4499, 4653, 4989, 6001
选壶养壶与赏壶	10654	薛刚闹花灯	6001
选会计	3809	薛河东书七启墨宝	7839
选集汉印分韵	8503	薛鹤黑白版画选	3051
选骏马	3947	薛稷书法精选	7919
选刻扇谱	2971	薛稷书法选	7925
选良种 夺高产	3709	薛稷信行禅师碑	7919
选美的悲剧	6275	薛家将	6546
选堂书画展	2015	薛金莲樊梨花	4576

中国历代图书总目·艺术卷

薛觉先艺苑春秋	12948	学大庆精神	3145, 3146
薛林兴画集	2400	学大庆精神 走大寨之路	3748
薛平贵出征	9226	学大庆精神 大打矿山之仗	3213
薛平贵投军	4653	学大庆精神 鼓革命干劲	3200
薛平贵与王宝钏	4653, 11826	学大庆精神作大庆人	3200
薛平南蒙书西泠印社记	8358	学大庆起宏图	3263
薛仁贵大战越虎城	3611	学大庆人 走大寨路 建设社会主义新农村	
薛少保信行禅师碑	7839, 7844		3748
薛淑杰	9649	学大庆人 走大庆路	3146
薛涛	5857	学大庆人走大庆道路创大庆业绩	3290
薛涛游吟图	4236	学大庆印集	8556
薛涛制笺李因苦学	4326	学大寨	11790
薛涛制笺图	1894	学大寨 赶大寨	3748
薛推官三断真假案	6236	学大寨 建设社会主义新农村	3748
薛小敏作品选	2544	学大寨 谱新歌	11687
薛义作品选	2966	学大寨 山河移	3809
薛周琦版画选集	3056	学大寨 挖山不止	3904
薛子江摄影遗作展览	8880	学大寨 要大干	11687
薛子江摄影作品集	8977	学大寨 赶大寨	3130, 3146
学：很重要，不学无术，就没有本领……	3312	学大寨，争五好	3748
学爸爸	3783, 4427	学大寨不断革命 抓根本坚持斗争	3904
学爸爸样	4739	学大寨斗天地放眼世界夺丰年	3187
学版画	1217	学大寨夺高产 为革命争贡献	3201
学唱革命样板戏	3809, 3858	学大寨夺高产 为革命做出更大贡献	3201
学唱革命歌	3767	学大寨赶大寨	11959
学唱革命现代京剧《红灯记》	9266	学大寨歌曲	11687
学传统	4100	学大寨革命精神 走大寨革命道路	9264
学大庆 结硕果	3947	学大寨结硕果 学大庆展新图	3904
学大庆 学大寨	3747, 3748	学大寨精神 创大寨业绩	3905
学大庆 大干社会主义	3245	学大寨精神 走大寨道路	3947
学大庆 赶金山 誓为辽化建设做贡献	3245	学大寨精神 献革命青春	3263
学大庆 鼓干劲 开展社会主义劳动竞赛	3290	学大寨精神，搞好农田基本建设！	3245
学大庆 学六厂 赶大通 夺取工业新胜利！		学大寨民歌选	11793
	3177	学大寨山河重安排	3905
学大庆干社会主义一丝不苟	3290	学大寨争贡献	3947

书名索引

书名	编号	书名	编号
学大寨争上游 赶昔阳创奇迹	3996	学好社会主义文化课	3187
学大寨之风 长大寨之志 走大寨之路	3146	学好文化，向农业现代化进军	3093
学大寨子 扎根牧区献青春	3263	学好文化科学知识	3379
学到老	8241	学好无产阶级专政的理论	3858
学得快钢笔书法速成字帖	7611	学好无产阶级专政理论 巩固、加强无产阶级专	
学得象操得好	3549	政	3858
学冬子	3409，3905	学好样 做好事	3130
学冬子 做党的好孩子	3245	学胡琴新编	11306
学而不厌	8180，8210	学画初步	1423
学二胡	11310	学画临画	1593
学革命传统	3809	学画梅花	978
学革命传统 树一代新风	3996	学画门径	600
学革命理论促工业生产	3245	学画牡丹	979
学革命戏 做革命人	3201	学画浅说	661
学耕	3767	学画山水过程自述	901，902
学工	2759，3858	学画套书	610
学工支农	3947，10429	学画先学画中人	1362
学宫乐谱	11029	学画杂论	663
学古编	8439，8440，8441，8442	学画中国画	710
学古编三十五举	8455	学话	4236
学古退斋印存	8519	学会创造性观察	8701
学古斋印谱	8507	学会打坦克 对付侵略者	3245
学国画	857，859，860，863，864	学会打坦克本领	3229
学海无涯	6761，8180，8200，8219	学会美化居室	10600
学汉张迁碑	7770	学姐姐	5514
学行样本	8113	学解放军 做革命人	3767，3783
学好、唱好、用好两首革命歌曲	11660	学解放军，学大寨，学大庆，高举毛泽东思想伟	
学好本领 上好主课	3905	大红旗奋勇前进！	3157
学好唱好两首革命歌曲	11660	学解放军叔叔	3809
学好科学文化	3323	学界名家书法谈	7341
学好理论 反修防修	3245	学军	3905
学好理论 坚持乡村 做消灭三大差别的促进		学军和他的小伙伴	5240
派	3245	学科学	10674
学好理论，加强防御，准备打仗！	3263	学科学 爱科学	4044
学好理论做继续革命的带头人	3245	学科学庆有余	4499

中国历代图书总目·艺术卷

学拉学唱	12101	学龄前儿童歌曲选	12014
学赖宁学十佳争做好少年	3379	学妈妈	3905，4427，9373
学乐录	11019	学妈妈织毛衣	4326
学雷锋	3783，3947，4236	学马列讲路线心明眼亮 抓革命促生产春早人
学雷锋 争三好	4100	勤	10573
学雷锋 做好事	3947	学毛主席著作听毛主席的话	3094
学雷锋 见行动	3213	学农	3859，3905
学雷锋 树新风	3323，3337	学农基地摆战场	3859
学雷锋处处为人民	3337	学农课堂	3947
学雷锋歌曲集	11723	学拼音	5605
学雷锋歌曲选	11723	学圃	3859
学雷锋精神做"四有"新人	3379，3382	学琴说	11326
学雷锋树立共产主义理想	3353	学琴之路	11186
学雷锋树新风	4163，4236，4326	学曲例言	10948
学雷锋学赖宁歌曲专辑	11494	学色彩	566
学雷锋育新人	4326	学山记	8483
学雷锋尊师爱生树新风	3344	学山纪游	8483
学雷锋做好事	3344，5104	学山堂印存	8524
学犁田	3709	学山堂印谱	8483
学理论 促大干	3858，3905	学山题咏	8483
学理论 明航向	3905	学摄像	13270
学理论 促大干	3245	学摄影	8773，8781
学理论 促大干 争分夺秒建辽化	3245	学生爱唱的歌	11723
学理论 鼓干劲 夺取钢铁生产的新胜利	3246	学生背诵诗文楷行书钢笔字帖	7585
学理论 评《水浒》反修防修	3246	学生常用成语钢笔字帖	7585
学理论 抓路线 猛促钢铁生产	3246	学生常用汉语词组钢笔字帖	7600
学理论 抓路线 为普及大寨县而奋斗	3246	学生常用汉语单词钢笔字帖	7601
学理论 抓路线 为实现大寨县而奋斗	3263	学生常用乐器知识与演奏技巧	11166
学理论 抓路线 重新安排河山	3264	学生常用应用文钢笔字帖	7585
学理论反修防修	3905	学生常用字帖	8406
学理论反修防修 扎根农村心红志坚	3905	学生成语生字字帖	7459
学理论反修防修 抓路线大办农业	3905	学生词汇钢笔字帖	7482
学理论抓路线促工农业生产！	3246	学生大字帖	8342
学理论抓路线加速社会主义建设	3246	学生的歌	12381
学理论抓路线做农业学大寨的带头人	3264	学生粉笔字、美术字字帖	7651

书名索引

书名	页码	书名	页码
学生钢笔行书练习指南	7482	学生魏碑字帖	8383, 8392
学生钢笔五体字帖	7557	学生舞	12653
学生钢笔字书写技法	7601	学生习字帖	8156, 8379
学生钢笔字帖 7409, 7410, 7432, 7441, 7459,		学生相	3399
7460, 7507, 7508, 7538, 7572		学生小画典	10277
学生钢笔字指导	7557	学生小楷字帖	8382, 8394
学生古诗词楷书字帖	8385	学生小魔术	12989
学生古诗钢楷字帖	7424	学生协奏曲五首	12230, 12464
学生古诗文钢笔行楷字帖	7508	学生血防知识字帖	8394
学生规范毛笔楷书等级达标训练	7402	学生袖珍钢笔字帖及练字诀窍	7460
学生行书字帖与讲座	8432	学生学写美术字	7642
学生合唱歌曲集	11989	学生易错字楷书示例字帖	7538
学生绘画知识与美术欣赏	489	学生应用文钢笔字帖	7482
学生集体舞创作选	12596	学生硬笔书法教典	7572
学生楷行成语字帖	8348	学生硬笔书法字帖	7508
学生楷书标准字帖	8406	学生硬笔字帖	7482
学生楷书练习技法	8390	学生圆珠笔字帖	7572
学生楷书字帖	8383, 8392	学生赠言钢笔行书字帖	7538
学生隶书练习技法	7303	学生赠言钢笔楷行两用字帖	7482
学生隶书字帖	8372	学生赠言钢笔正楷字帖	7585
学生柳体古诗字帖	8392	学生正楷大字帖	8381
学生六体书法小字典	8351	学生正楷习字帖	8381
学生漫画	3392	学生智力画谜	6768
学生毛笔字帖	8283	学生中楷字帖	8382
学生千家诗楷书钢笔字帖	7538	学生中西画集	1271
学生铅笔字帖	8283	学生字宝	7372
学生软硬笔字帖	8348	学生字帖	7611, 8150, 8399
学生实用板报设计	10340	学生最佳钢笔字帖	7572
学生实用钢笔字帖	7460, 7538	学生作文精彩语段钢笔字帖	7585
学生实用绘画图典	10322	学生作文绝妙结尾钢笔字帖	7538
学生首次实习公演特刊	12905	学生作文绝妙开头钢笔字帖	7538
学生书法读本	7333	学生作文描写示范钢笔字帖	7557
学生书法技法丛书	7402	学书笔法精解	7238
学生书法入门精点	7333	学书迩言	7262
学生水写习字帖	8349	学书法	7351, 7385, 7386, 7934

中国历代图书总目·艺术卷

学书概览	7303	学无涯	8180
学书捷要	7245	学无止境	8192
学书觉概	7287	学习	3004, 8141, 8142
学书论札	7280	学习·生产·休息	8867
学书篇	7193	学习"铁人"建设"四化"	3379
学书一得	7231	学习"硬六连"的革命硬骨头作风	3130
学书韵语	7237	学习、继承儿童团的革命传统	3146
学书杂论	7224	学习白求恩彻底为人民	2934
学书指要	7362	学习白求恩毫不利己专门利人 学习张思德全	
学竖笛 识简谱	11173	心全意为人民服务	3756
学水粉	1199	学习大庆精神，把革命热情同科学态度结合起	
学宋词练行书	7623	来!	3131
学宋词练隶书	7623	学习大庆人"三老""四严""四个一样"的革命	
学素描	1162	作风	3291
学算术	4100, 9373	学习大协车站 活学活用毛主席著作 全心全	
学弹琴	9361	意为人民服务!	3146
学唐诗练行楷	7623	学习大寨	3264
学唐诗练楷书	7623	学习大寨干部"五带头"精神 发扬大寨"五不	
学跳国际标准交谊舞	12666	倒"精神	3264
学跳交谊舞	12643, 12644	学习大寨绘新图	3947
学铁人伯伯	4044	学习大寨绘新图 大办农业夺丰收	3783
学铁人精神 走大庆道路	3290	学习大寨精神	3709, 3748
学铁人精神，甩开膀子大干社会主义!	3291	学习当年儿童团	3948
学外语	4044	学习钢琴的途径	11242
学王杰	1274	学习钢琴应知的演奏常识	11225
学王杰 干革命	11451	学习革命样板戏 保卫革命样板戏	12872
学王杰，一心为革命	11634	学习革命样板戏的经验	12874
学王杰英雄	11634	学习革命现代京剧《海港》立足本职工作胸怀世	
学文化 爱科学	4044	界革命	1275
学文化 爱劳动	3611	学习革命现代京剧《智取威虎山》中的杨子	
学文化 讲哲学	3767	荣 时刻听从党召唤	1275
学文化的秘诀	4933	学习革命现代京剧沙家浜军民团结如一人试看	
学文化闹革新创奇迹	3094	天下谁能敌	3188
学文化小唱	11413	学习革命现代舞剧《白毛女》牢记阶级仇永远干	
学问猫教汉字	6725, 6742	革命	1275

书名索引

学习革命现代舞剧《红色娘子军》誓为解放全人类而奋斗　1275

学习工人叔叔勤俭节约好思想　3229

学习共产主义战士张志新　1298, 5514

学习贯彻《中华人民共和国土地管理法》宣传画　3372

学习归来　3905

学习郭兴福　3709

学习郭兴福学法　3131

学习好经验 建设新山区　3809

学习和发扬人民解放军的"三八"作风　3113

学习焦裕禄　11452

学习焦裕禄 歌唱焦裕禄　11452

学习焦裕禄，一心为人民　3379

学习焦裕禄好榜样　11452

学习解放军　4101, 11908

学习解放军 本领过得硬　3709

学习解放军　决心争五好　3131

学习解放军实现革命化　3131

学习科学技术 参加生产实践　3709

学习赖宁歌曲集　12041

学习雷锋 王进喜 焦裕禄 赖宁宣传画　3379

学习雷锋　爱集体　爱劳动　3213

学习雷锋　做毛主席的好孩子　3121

学习雷锋，做毛主席的好战士。　8144

学习雷锋把有限的生命投到无限的革命事业中去　3213

学习雷锋歌曲集　11724

学习雷锋好榜样　3146, 3291, 3337, 3379, 3386, 3748, 3783, 3809, 3905, 3948, 3996, 9373, 11627, 11696, 11724, 12202

学习雷锋好榜样 唱支山歌给党听　12170

学习雷锋好榜样 做永不生锈的螺丝钉　3709

学习雷锋好榜样，发扬艰苦奋斗的精神　3379

学习雷锋好榜样，努力学习马列主义毛泽东思想　3380

学习雷锋好榜样，全心全意为人民服务　3380

学习雷锋好榜样，热爱党热爱社会主义热爱人民　3380

学习雷锋好榜样歌曲选　11724

学习雷锋精神，全心全意、勤勤恳恳为人民服务!　3709

学习雷锋热爱集体 丰产丰收颗粒归仓　4044

学习雷锋叔叔　4427

学习雷锋同志的榜样 做毛主席的好战士!　3146

学习雷锋同志的榜样，做毛主席的好战士!　3121

学习雷锋同志弘扬雷锋精神　3380

学习雷锋为人民　3229

学习雷锋永做人民的勤务员　3264

学习雷锋做共产主义事业接班人　3380

学习雷锋做一代新人　3380

学习雷锋做一个坚强的无产阶级革命战士　3121

学习雷锋做一颗永不生锈的螺丝钉　3213

学习黎坪垦殖场青年建设山区的革命精神　3157

学习礼器碑技法　7770

学习理论　返修防修　8807

学习刘文学，做毛主席的好孩子　4989

学习柳公权玄秘塔技法　7909

学习鲁迅的革命精神　3264, 3312

学习马克思刻苦读书的精神　3213, 3353

学习马列 眼明心亮　3859

学习马列主义　8141, 8142, 8144

学习马列主义 牢记阶级斗争　3906

学习麦贤得　11643

学习毛泽东思想　贯彻毛泽东思想……　3157, 3162

学习毛泽东思想　做共产主义接班人　3131

中国历代图书总目·艺术卷

书名	编号
学习毛泽东思想，从胜利走向更大的胜利	3094
学习毛泽东思想攀登科学高峰	3094
学习毛泽东思想做共产主义接班人	3121
学习毛泽东著作从胜利走向胜利	3094
学习毛泽东著作的尖兵	5104
学习毛主席的指示 开展对《水浒》的评论	3246
学习毛主席著作	1774, 3709
学习毛主席著作 投身三大革命运动 走革命化的道路	3157
学习毛主席著作标兵李素文学习经验挂图	9264
学习毛主席著作的故事	5130
学习门合同志无限忠于人民……	3167
学习木刻入门	1203
学习女排·振兴中华	3344
学习女排 振兴中华	3337
学习欧阳询九成宫技法	7909
学习潘冬子 争做党的好孩子	3859
学习潘冬子 做党的好孩子	3859
学习潘冬子 做党的好孩子	3246
学习潘冬子做党的好孩子	9337
学习潘冬子做革命接班人	3246
学习人民解放军的好作风	3709
学习人民为人民	3213
学习三八作风 发扬光荣传统	3106
学习社交舞教室	12665
学习十六条，熟悉十六条，掌握十六条，运用十六条	3162, 3163
学习书法 健身养性	7322
学习水稻丰产经验	3748
学习四届人大文件 贯彻四届人大精神	3246
学习素描	1151
学习孙过庭书谱技法	7333
学习王德恒等同志舍己救人的共产主义精神！	3361
学习王杰 一心为革命 一切为革命	3157
学习王杰好榜样	11634
学习王杰同志一不怕苦、二不怕死的革命精神	3146
学习王杰一心为革命	11643
学习王羲之兰亭序技法	7333
学习魏习遵墓志技法	7814
学习文化实现四化	3094
学习无产阶级专政理论促进工业生产	3246
学习小组	3660
学习新美术字	7630
学习新宪法宣传新宪法遵守新宪法	3313
学习新宪法执行新宪法	3344
学习学习再学习	3313
学习延安作风 发扬革命传统	3113
学习颜真卿多宝塔技法	7909
学习样板戏 誓做革命人	9266
学习移植革命现代京剧《杜鹃山》评剧	12125
学习移植革命现代京剧《沙家浜》	11858, 12874
学习音乐百科全书	10801
学习与创作	12707
学习园地装饰画	10273
学习张海迪，做共产主义一代新人	3353
学习张海迪，做有理想、有道德、有文化、守纪律的共产主义新人	3353
学习张海迪，做有理想、有道德、有文化、守纪律的一代新人	3354
学习赵孟頫寿春堂记技法	7999
学习周总理为中华崛起而读书	3313
学习做新中国的新主人	3213
学戏百法	12861
学戏和演戏	12868
学戏秘诀	12861

书名索引

学戏札记	12685	学音西赶音西 创造更多的音西	3146
学先锋长志气树理想	3380	学英雄	9337
学先进 赶先进 争先进	3354	学英雄 绣英雄	3859, 3948
学先进赶先进	3709	学英雄 见行动——革命真理党指挥枪	3229
学先进赶先进超先进	3094	学英雄 见行动——将革命进行到底	3229
学贤有恒	8210	学英雄 见行动——人换思想地换装	3229
学小鸭	4163	学英雄 见行动——人民战争威力壮	3229
学校	5514	学英雄 见行动——要把那最艰巨的重担挑在肩	3230
学校板报设计与装饰	10301		
学校唱歌	11361	学英雄,做英雄后代	3366
学校唱歌大全	11364	学英雄精神 走英雄道路	3809, 3859
学校唱歌全集	11363	学英雄务农志不移	3809
学校创作歌选	11391	学英语	4101, 4163
学校歌曲选	11375	学用 Cakewalk6.0 命令与实例	11104
学校黑板报常用刊头尾花	10317	学油画	1087
学校黑板报常用美术字	7649	学游泳	4045, 4101, 4163, 9577, 9598
学校剧	12902, 12903	学友	4101
学校剧导演法	12798	学院反光镜	3528
学校里的"鬼怪"	7033	学院金秋	355
学校门前的风波	5428	学院派绘画选	6801
学校戏剧概论	12903	学院色彩教学范本	566
学校艺术教育研究丛书	057	学院素描赏评	1143
学校装饰画	3382, 3383	学战例 讲传统	3859
学校装饰画——外国科学家	3380	学赵春娥精神 兴共产主义新风	3344
学校装饰画——中国古代科学家	3380	学篆必携续三十五举	8456
学校装饰画——中外音乐家	3380	学篆刻	8478
学写字	7248	学做解放军	4326, 4653
学研漫画事典丛书	7012	雪	9795, 9864, 11952
学演革命样板戏	3783	雪·雨·雾的拍摄	8739
学演革命样板戏 暂作革命接班人	3859	雪庵字要	7193
学一个会一个	4236	雪晨	4101
学医	3660	雪地激战	13252
学以致用	7432	雪地熊猫	10012
学艺	3748, 5514	雪地训练	3011, 3013
学音乐自己来	10837	雪地英雄	5857

中国历代图书总目·艺术卷

雪地追踪	13252	雪莲花	5722
雪貂	5428	雪莲盛开	5330
雪鹅	5857	雪岭寒林图	4653
雪峰镜海	9814	雪岭怒放大寨花	3948
雪峰寓言木刻插图	3038	雪庐百印	8523
雪国·古都	6593	雪庐百印续册	8523
雪裹红珠	10119	雪路银峰	9902
雪孩子	5858, 6546	雪梅	10051
雪海银山	13247	雪梅教子	12131
雪后	3004	雪梅商霖诉衷情	8815
雪后黄山	9837	雪梅图	2592
雪后谐趣园	9258	雪梅迎春	9309, 10038
雪湖	9126	雪梅鸳鸯	2667
雪湖梅谱	926, 933	雪泥画集	1699
雪虎奇遇记	6275	雪泥爪印	1460
雪花	5514, 12635	雪青马	5605
雪花牌软糖的秘密	5858	雪情	9886
雪花飘飘	5428, 6001	雪人的秘密	5722, 6149, 6345
雪花在静静地飘撒	11477	雪山	9864
雪江老人仿诸家山水册	1626	雪山冰峰四昼夜	5240
雪景	6847, 9849	雪山草地风情录	8898
雪景寒林图	1551	雪山草地行	8887
雪景山水图	2632	雪山春晖	2448
雪莱	6149	雪山春暖 草地新雏	3996
雪莱诗选	7460	雪山翠湖	4774
雪狼	6593	雪山恩仇记	5514
雪浪朝晖	9814	雪山儿女	2372
雪梨变成的泉水	4918	雪山红旗卡邦牧场	9786
雪里红梅	6001	雪山红日	2996
雪里送炭	12591	雪山桦影	2799
雪里送炭图	1659	雪山魔笛	5514, 5515
雪里小梅香	4576	雪山枪声	5142
雪里赠衣	5858	雪山擒敌	5266
雪莲	5217	雪山情	5858, 11484
雪莲朵朵	3996	雪山上的弓手	5185

书名索引

雪山少年	5605	雪域少儿新歌精选	12045
雪山深湖	9902	雪域神山	8961
雪山下	9922	雪域圣地	2812
雪山血泪	13252	雪域西藏	8962
雪山雄鹰	5185, 5217	雪园藏印	8531
雪山秀色	9814	雪原碧血	6001
雪山远眺	9135	雪原丽景	4830
雪声纪念刊	12918	雪原练兵	3810
雪石竹书法作品精选	7483	雪原前哨	5331, 6001
雪树银花烟雨楼	9877	雪原擒谍	5369
雪裳子手稿草注	8102	雪原追鹿	2999
雪堂墨品	1021, 1022, 1038	雪斋画集	1709
雪堂书画跋尾	779	雪展专号	343
雪天	1742, 4989	雪兆丰年	2660
雪天驭运	1728	雪中送菜	4236
雪线之州——果洛	8948	雪舟	6776
雪椰	3516, 6511, 6546, 6570, 6593	雪舟的生涯与艺术	502
雪夜出诊	1822	雪逐春风来	9827
雪夜春风	3906	埙的演奏技巧与练习	11304
雪夜翻山送情报	5077	熏风透果香	2606
雪夜访普	12131	薰风	2339
雪夜擒敌	5428	寻	6150
雪夜擒谍	5428	寻宝记	5049
雪夜轻骑	4989	寻车记	4989
雪夜取蔡州	5723	寻得一枝芳	9397
雪夜融冰	5130	寻儿记	5724
雪夜送饭	1774, 1785	寻访"画儿韩"	6150
雪衣女	2357	寻夫记	4989
雪鹰舞	9963	寻回忘却的美	074
雪域	8974	寻买点广告设计实技	10370
雪域藏家女	9034	寻梦之旅	2828
雪域花朵：桑吉才让油画选	2812	寻亲记曲谱	12131
雪域军歌	11505	寻求梦中的世界	542
雪域军魂	8900	寻人启事	4989
雪域热巴	10916	寻索	210

寻太阳	5104, 5724, 6150	巡医又过大娘家	1822
寻乌县戏曲普查资料汇编	12924	荀灌搬兵	6676
寻找《太平·天国》	13222	荀灌娘	3576, 3660, 4427, 5104, 5859, 6593
寻找巴山游击队	6003	荀灌娘突围	4576
寻找本土	13147	荀灌娘突围救父	1752
寻找刺激的悲哀	6417	荀慧生唱腔选集	11868
寻找大脚人的故事	6654	荀慧生的舞台艺术	12867
寻找地下党	5859	荀慧生画集	2481
寻找电影中的台北	13157	荀慧生舞台艺术	12869
寻找风景	12855	荀慧生演剧散论	12870
寻找回来的世界	11927	荀勖笛律图注	11299
寻找假想线的银幕	13157	荀勖笛律研究	11304
寻找焦裕禄	13139	浔阳蔡炳公诗草	8117
寻找快活幸福的人	6003	浔阳古调	12188
寻找乐园	1417	浔阳江头	1664
寻找林则徐的足迹	12049	浔阳夜月	1661, 12247
寻找流失的海水——大西洋底来的人	5605	循序渐进学拉二胡	11315
寻找审美的眼睛	7402	循序渐进学弹琵琶	11342
寻找太阳的母亲	6237	训练场上对对红	3011
寻找太阳升起的地方	11528	训錬金正金公墓碑铭	8118
寻找未来	10654	训蒙增广改本	7601
寻找希曼·奥克显身手	7099	训子	3576
寻找戏剧	12699	汛季捕鱼忙	4045
寻找一张地图	13205	驯服海河	13244
寻找宇宙人	6725	驯狗	10051
寻找中国音乐的泉源	10906	驯海英雄	4989
寻子遇仙记	6150	驯悍记	7056
巡道工	3013, 5369	驯虎	4164, 4236, 4326
巡道员的儿子	4918	驯虎姑娘	4326, 4499
巡回第三年	13012	驯虎女郎	4499, 9578
巡回小学	3767	驯虎演员	3660
巡回展览派画廊巡礼	579	驯化动物	4101
巡逻	3017, 9053	驯军马	3810
巡逻路上	4045	驯鹿	10434
巡医路上	2759	驯鹿的故事	4989

书名索引

驯鹿记	5240	"跃进"	4996
驯马擒敌	5428	"跃进"版画集	2991
驯狮	4653	"跃进"的时代"跃进"的歌	11609
驯狮记	6275	"跃进"歌	11596
驯狮女郎	4653	"跃进"歌集	11596
驯兽	4427, 8817	"跃进"歌片	11596, 11597
驯兽表演	3660	"跃进"歌曲	11597, 11605
驯兽大王	5860	"跃进"歌曲集	11597
驯兽图	4326	"跃进"歌声	11597, 11598, 11605, 11606, 11609
驯战马	3759, 3767	"跃进"歌声象海潮	11777
逊斋琴谱	12306	"跃进"歌舞	12638
殉国李陵碑	5724	"跃进"歌选	11434
		"跃进"花灯	3551
Y		"跃进"花开满堂红	3096
"丫"彝歌	12237	"跃进"花开年年红	3096
"雅嘉杯"侨乡中华书画大展获奖作品集	2295	"跃进"画选	1286
"咽音"练声的八个步骤	11119	"跃进"画页	4996
"演员的矛盾"讨论集	12816, 12817	"跃进"集体舞	12599
"燕子"李三	5883, 5884	"跃进"民歌十首	11434
"燕子"李三全传	6024	"跃进"年唱"跃进"歌	11445
"杨高传"	5053	"跃进"年开"跃进"花	11606
样板戏到山村	3860	"跃进"器乐曲集	12248
样板戏的风风雨雨	12892	"跃进"颂	12251
样板戏来到咱山村	3811	"跃进"舞	12608, 12610
"夜老虎"打赌	5884	"跃进"舞蹈集	12585
"一〇三"落网记	5445	"跃进"新歌选	11598, 11606
"一二五"赞歌	5157	"跃进"再"跃进"	11606
"一只鞋""穆桂英""萝卜园"评论文章选辑		"跃进"之歌	11598, 11606
	12919	"跃进"之花	3096
"硬骨头六连"战旗红	9280	"跃进"之家	11832, 11835
"咏唱经文"摘要	12439	"跃进"中的即墨	9269
"优秀工宣队员"徐松宝	5147	"跃进"中的陆川县——广西壮族自治区陆川县	
"邮花皇后"	6175		3149
"友谊号"案件	5528	"跃进"中的肃南	8804
"鱼"	4108	"跃进"中的湛江	2996

中国历代图书总目·艺术卷

《颜勤礼碑》结字结体习字帖	7906	［艺术剪报］	244
《艳阳天》插图选	6600	［饮冰室印存］	8528
《艳阳天》小说插图	6600	［印汇］	8484
《杨门女将》中的八姐九妹	13107	［影印图画杂件］	1270
《一千零一夜》故事	6310	［于式枚信札］	8108
《乙瑛碑》林散之临本	7765	［元明四家山水］	1530
《音乐创作》钢琴曲选	12209	［元赵子昂画马］	1530
《音乐译丛》资料	10797	乐队小提琴的弓法与指法	11184
《印中友好协会代表团在中国》台本	13239	乐队训练学	11269
《英汉美术词典》插图	7059	乐队指挥法	11105, 11107
《瀛洲古调》选曲	12315	乐府传声	10944, 10945, 11137
（亿万人民齐欢唱）毛泽东思想永放光芒		乐府传声译注	12757
	11635	乐府解题	10935
（亿万人民齐欢唱）毛泽东思想永远放光芒		乐府南音	11872
	11635, 11636, 11644	乐府诗选小楷	8292
（亿万人民齐欢唱）毛主席语录谱曲	11636	乐府外集琴谱	12307
［乐谱］	11352	乐府杂录	10928, 10929, 10930, 10931
［乐毅论考］	8036	乐理	10994, 11032, 11048, 11053
［颜家庙碑］	7827	乐理·和声·手风琴知识词典	10819
［颜君庙碑铭］	7852	乐理·视唱练耳	11064
［颜鲁公草书裴将军诗］	7842	乐理 视唱 练耳	11064
［颜泽棋书札集］	8108	乐理 听音 练耳入门	11064
［颜真卿墨迹三种］	7834	乐理 ABC	11057
［颜真卿书裴将军诗］	7827, 7834	乐理板	11053
［宪公之颂碑］	7827	乐理尺	11046
［砚辨］	1056	乐理初步	11037
［燕文贵秋山萧寺图］	1530	乐理初阶	11052
［杨忠愍公家书墨迹］	8024	乐理大全	11053
［冶梅石谱］	1598	乐理基本知识	11051
［叶德辉等书札］	8107	乐理基础	11033
［一九六九年月历］	10415	乐理基础读本	11035
［一九七二年《红灯记》剧照］	9933	乐理基础教程	11057
［一九七二年摄影《毛主席旧居》］	10099	乐理基础与名曲赏析	11053
［乙瑛碑］	7745	乐理简明教程	11039
［艺风堂友朋书札］	8108	乐理讲义	11030

书名索引

乐理教本	11034	乐律图考	11005
乐理教本第二集	11031	乐律心得	11013
乐理教程	11065	乐律义	11016
乐理入门	11037, 11048, 11065	乐律证原	11005
乐理通论	11032	乐律纂要	10997
乐理小常识	11039	乐迷闲话	10983
乐理与歌曲	11034	乐谱	12325
乐理与和声	11035, 11037	乐谱萃珍	12240
乐理与名曲欣赏	11066	乐谱集解	11016, 11017
乐理与视唱	11061, 11065	乐谱选粹	12240
乐理与视唱教材	11047	乐谱中的光环	10870
乐理与作曲	11032	乐器	11166
乐理知识	11059	乐器编	10947
乐理自学提要与习题	11053	乐器的音响学	10994
乐理自学指南	11054	乐器法	11071, 11164
乐林芈露	10851	乐器法手册	11165
乐林漫步	11166	乐器改良参考资料汇刊	11164
乐律表微	11004, 11005	乐器皇后	5941
乐律参解	11005	乐器配音法	10936
乐律逢源	11015	乐器三事能言	11291
乐律古义	11012	乐器图	10936
乐律管见	10999	乐器图式	10936
乐律或问	11005	乐器演算法	11018, 12242
乐律金鉴	11020	乐清农民画集	6746
乐律举偶	11019	乐曲	12113
乐律举要	11019	乐声的奥秘	11120
乐律考	11011, 11015	乐师和皮鞋	3443
乐律明真	11005	乐手	8839
乐律明真解义	11005	乐坛趣事	10815
乐律明真立表	11005	乐舞殿堂	10976
乐律明真明算	11005	乐舞情韵	10977
乐律拟答	11005	乐舞志	10976
乐律全书	11020, 11021, 11022	乐毅伐齐	6257
乐律全书十二种	10999	乐毅论	7622, 7774, 7775, 7835
乐律全书十五种	10999	乐毅论翻刻表	8038

中国历代图书总目·艺术卷

乐毅论考	8017	鸭城的解放	6647
乐毅论书势表	7207	鸭的故事	4989
铅山	8947	鸭多蛋大	3549
匈雅	384, 385	鸭肥蛋大	3859
匈斋藏名画集	1563	鸭肥荷香	4045
匈斋藏宋拓麓山寺碑	7841	鸭竿红缨	5331
匈斋藏瘗鹤铭	7787	鸭伯伯	4326
尉迟恭	4645	鸭家族的家庭野餐会	7044
尉迟恭	2384	鸭绿江边	12092
尉迟恭　秦叔宝	4489	鸭绿江歌声	11554, 11555
尉迟恭　秦琼	4567	鸭绿江畔	5217
尉迟恭　秦叔宝	4411, 4489, 4567, 4645	鸭绿江上友谊歌	5266
尉迟恭　秦叔宝	4729, 4730, 4827, 4828, 4853	鸭绿江之歌	11568
尉迟恭·秦叔宝	4799, 4800	鸭棚风波	5331
尉迟恭·秦叔宝	2385, 2394	鸭群	10012
尉迟恭出世	5989	鸭小姐下乡记	7033
尉迟恭降唐	5711	鸭鸭	9478, 10076
尉迟恭秦叔宝	4489, 4490	鸭子画法	630
尉迟恭全传	6139	鸭子跳河	6546
尉迟恭装疯	4984	鸭子窝的超级头脑	7075
丫环传奇	4739	鸭嘴上的烙印	5331
丫头挂帅	6150	哑巴皇帝	5606
丫小姐	5606	哑巴伙计	5428, 5515
丫丫	5020, 9373, 9425	哑禅报师仇	5724
丫丫兵站	5049	哑和尚复仇	6003
押花艺术	10720	哑和尚复仇记	5860
押花与干燥花	10585	哑女	5724
鸦片战争	3660, 6546	哑女告状	9234
鸦片战争虎门人民英雄斗争	6749	雅	7362, 8852, 9478, 9485
鸦片战争演义	6345, 6546	雅丹作品集	2242
鸦头	5724	雅笛哥艺术	6838
鸭	1774	雅典的泰门	6004
鸭	2586	雅歌集二十周纪念特刊	12710
鸭·桃花画法	970	雅各布生	6950, 6977
鸭场风波	5297	雅各布生《阿达姆松》全集	7015

书名索引

雅荷	2680	亚当斯：40 幅作品的诞生	8692
雅嘉	5355	亚得里亚海滨的红花	2856
雅洁	9489	亚典舞台美术作品选	12830
雅居	9443	亚冬之光名家书法展选集	8299
雅克宁的黑白世界	7145	亚非拉人民要解放	11643
雅克萨反击战	5724	亚非人民反帝漫画选	3409
雅乐发微	10933	亚力历险记	7034
雅乐曲选	12244	亚力山大	1162
雅乐舞的白话文	12579	亚历山大·保保夫	13260
雅乐燕乐	10933	亚历山大·涅夫斯基	12428
雅鲁藏布江畔	9788	亚历山大面像	1151
雅鲁河畔的枪声	6206	亚美尼亚民间舞蹈	12657
雅美家居	10751	亚美尼亚苏维埃社会主义共和国	10131
雅尼经典通俗钢琴曲	12538	亚米德寻宝奇遇	6004
雅诺婆艺术	6838	亚明画集	1927
雅诺斯的梦幻	6694	亚明近作选集	1998
雅琴名录	11324, 12241	亚明世界风情录	2291
雅趣	8820, 8834, 9478	亚明作品选集	1785
雅趣四书	11342	亚欧包装装潢荟萃	10375
雅声唱歌集	11364, 12243	亚欧新桥	8903
雅石铭品欣赏	10719	亚平黑白小品	3052
雅室	10626	亚三爱的茶煲	3477
雅室秋香	4427	亚森罗宾探案	6237, 6238
雅室设计与装饰	10565	亚太歌曲选集	12379
雅馨	9443	亚运场馆集锦	9302
雅轩琴谱丛集	12306	亚运村	9126
雅颜	9478	亚运村景色	9260
雅意	9472	亚运丹青	9254
雅音集	12243	亚运会场馆造型折纸	10686
雅卓卡拉 OK 金曲大全	11512	亚运美京城	8900
雅子说篆刻	8479	亚运明珠	9301
亚、非、拉丁美洲歌曲集	12369	亚运圣火普照琼州大地	8951
亚、非、拉美人民反帝进行曲	11952	亚运舞台	10001
亚、非、拉美人民团结起来	11952	亚运在北京	8900
亚碧与山罗	5020	亚运之光	9290

中国历代图书总目·艺术卷

亚运之声	11494	烟江叠嶂诗	7967
亚洲传统戏剧国际研讨会论文集	13018	烟江叠嶂图	1678
亚洲的风暴	3094	烟客题跋	801
亚洲的呐喊	12705	烟岚飞瀑图	4803
亚洲风暴	4990	烟岚古宇	1800
亚洲风情	10143, 10149	烟龙玉树图轴	10460
亚洲各国民歌	10916	烟楼的秘密	5217, 5266, 5297
亚洲工艺美术史	10199	烟桥木刻选	2978
亚洲民间故事	6471	烟台	8939, 9798
亚洲小姐——利智	9709	烟台画院作品集	1371
亚洲小姐利智	9022	烟台剪纸	10675
亚洲雄风	8898, 11724	烟台刻花	10666
亚洲雄风亚洲歌声	12385	烟台栖云阁	9864
亚洲艺术中人的精神	099	烟台书画作品选	1372
亚洲音乐：以中国、印度为主题	10916	烟台专区民间剪纸选集	10671
亚洲在漫画中	3396	烟霞	9864
咽音技法与艺术歌唱	11122	烟霞供养	1594
胭脂	4101, 4164, 4236, 4327, 5078, 5428, 5515,	烟霞俱	10571
	5606, 5724, 6004, 6511, 8807, 13106	烟霞天都	4327
胭脂	2497	烟销珠海	6151
胭脂蝴蝶	1736, 1794	烟雨漓江	2654
胭脂虎	3611	烟雨楼丛画	1702
胭脂泪画刊	13286	烟云供养录	780, 1460
胭脂与春兰	13106	鄢福初的书法艺术	8311
胭脂与砒霜	3528	鄢能学画	5606
烟标设计概述	10766	嫣红凝露	9361
烟波江上	12234	嫣然	9397
烟岗岩古宅	6372	嫣然一笑	9625
烟村四五家	6151	延安	1762, 1811, 1822,
烟壶奇冤	6238		2749, 2839, 8804, 9050, 9053, 9330, 9335,
烟花飞舞	4427		10099, 10100, 10101, 10108, 10418, 10427
烟花夫人	8834	延安保卫战	5724, 5860
烟花三月下扬州	4774, 9084	延安的春天	2599
烟画·短篇故事	6744	延安的故事	3906
烟火突围	4990	延安的火炬	2726, 2727

书名索引

延安的曙光	2749	延安文艺丛书	1713, 11358
延安的种子	5240	延安戏剧图系	12777
延安地区剪纸艺术	10678	延安新春	3767
延安电影团成立四十五周年 中央新闻纪录电		延安新貌	3026, 9044
影制作厂建厂三十周年	13280	延安在前进	9287
延安儿女创新业	3767	延安枣园	1794, 9894
延安儿女心向毛主席	3810, 11666, 11677	延安之春	3996
延安儿女学大寨	11683	延安之战	5078
延安歌舞	9218	延安作风万岁	3106
延安革命纪念建筑	8919	延边朝鲜族歌曲选	11803
延安工业	9327	延边朝鲜族自治区画集	8870
延安古槐说枣园	9864	延边朝鲜族自治州戏曲志	12774
延安画册	8942	延边创作歌曲	11463
延安火炬	2839	延边风光	1774
延安剪纸	10675	延边歌曲选	11464
延安精神	8701	延边歌曲选集	11797
延安精神代代传	3810	延边广播歌曲选	11750
延安精神代代传 大寨红花遍地开	3810	延边好	4236
延安精神代代相传	3188	延边民歌选	11799
延安精神放光芒	1803	延边牧歌	11949
延安精神永放光芒	1803	延边青年喜爱的歌	11484
延安精神育新人	8881	延边人民热爱毛主席	12052, 12228
延安景色	9322	延川布堆花	10718
延安鲁艺	248	延古堂印谱	8507
延安民间工艺美术	10679	延河边上	2733
延安农业新貌	8887	延河长流鱼水情深	3337
延安女儿心向毛主席	3767	延河畅想曲	12321
延安平剧活动史料	12775	延河桥	9990
延安平剧活动史料集	12768	延河战火	5369
延安求学记	5049	延河照样地流	11949
延安十年戏剧图集	12758	延吉	9128, 11757
延安时期的杂技艺术	12992	延津县戏曲志	12772
延安颂	1800, 1811, 1822, 1838, 3749, 3996,	延陵故札	8023
	10421, 11697	延年益寿	4327, 4576, 8219, 9742
延安岁月	251	延庆书法集	8283

中国历代图书总目·艺术卷

延水谣	11952	严重的时刻	4990
延增成书法集	8299	言成龙中楷字帖	8404
闫国灿钢笔书法集	7539	言传身教	3759
严惩绑架犯	6662	言菊朋的舞台艺术	12866
严惩飞贼	3188	言菊朋舞台艺术	12869
严德泰水彩画集	2953	言外集	11098
严冬过尽绽春蕾	4045	言犹在耳	9425
严范孙先生遗墨	8113	妍	9411, 9459
严丰	2259	妍丽	9425, 9443
严凤英	4739	岩峰奇景	9864
严凤英唱腔选	11874	岩湖温泉	9084
严格进行训练 提高杀敌本领	3201	岩口滴水	11959
严格训练 严格要求	3213	岩龙和小明	5297
严格训练杀敌本领——海军航空兵空靶射击训练		岩藤 白头翁	3710
练	3810	岩竹夺宝	5725
严格训练做好反侵略战争的准备	3313	炎帝故乡书画集	2275
严格遵守《铁路法》、确保铁路运输安全	3387	炎帝神农故里编钟古乐之乡——随州	8957
严贡生	4901	炎黄花地	10188
严贡生与严监生	6004	炎黄艺术馆藏品集	314
严馨珠先生印稿	8480	炎黄子孙	8907
严家宽画集	2339	炎黄子孙的故事	6511
严军作品选	2538	炎黄子孙画册	1318
严峻而光辉的里程	4990	炎黄子孙书画册	2164
严濑流江淮	1785	沿海风光	9119
严烈刻纸精品集	10715	沿途处处景象新	3859
严盛尧中国画集	2313	沿途一望生气蓬勃——毛主席视察安徽	3026
严氏书画记	1461	沿着长征的路前进	3201
严氏兄弟	6004	沿着大寨的道路阔步前进	3264
严守海疆	3749	沿着党的"十大"路线夺取新的胜利	9274
严肃认真一丝不苟	3147	沿着党的"十大"指引的方向胜利前进!	3214
严莅友手抄古文墨迹	8018	沿着党的十二大指引的方向奋勇前进	3344
严薇	9649	沿着光辉的"五·七"大道奋勇前进	9276
严修能精写东莱书说	8051	沿着雷锋的道路前进	12023
严学章书法	8311	沿着列宁的方向前进	3107
严阵以待	3113, 3147, 3810	沿着毛主席的革命路线奋勇前进	3230

书名索引

沿着毛主席的革命路线胜利前进	3188，3214	研露楼琴谱	12304
沿着毛主席的革命文艺路线胜进3201，3246		研谱	1046
沿着毛主席的革命文艺路线胜利前进	3230，	研山印草	8497，8498
11648		研山斋珍赏集览	769
沿着毛主席的建军路线奋勇前进	3291	研山斋珍赏览本	769
沿着毛主席的无产阶级革命路线乘胜前进！		研山斋珍赏历代名贤法书集览	7709
	3264	研山斋珍赏历代名贤墨迹集览	7709
沿着毛主席的无产阶级路线胜利前进	3264	研山斋珍赏历代名贤图绘集览	769
沿着毛主席的无产阶级文艺路线胜利前进	3201	研史	1012
沿着毛主席革命路线高歌猛进	3188	盐场烈焰	5241
沿着毛主席革命路线胜利前进	3188	盐阜区新四军抗战歌曲选	11700
沿着毛主席革命路线胜利前进！	3177	盐工怒火	5217
沿着毛主席五·七指示的光辉大道奋勇前进		盐碱变稻田	3783
	3188	盐碱地变银滩	4933
沿着毛主席五·七指示的光辉道路奋勇前进		盐碱窝变成棉粮仓	3147
	3188	盐民游击队	5331，6004
沿着毛主席指引的道路奋勇前进	3163	盐滩怒火	5217
沿着毛主席指引的方向奋勇前进	3171	盐田风暴	5020
沿着毛主席指引的教育革命方向前进	3264	阎秉会书法	8322
沿着农业学大寨的道路阔步前进——河南辉县		阎加金	5217
人民艰苦奋斗建设社会主义新山区	9276	阎金山画集	2313
沿着社会主义大道奔前方	11910，12204，12280，	阎立本和他的作品	783
12334		阎立本和吴道子	794
沿着五·七指示指引的方向胜利前进！	3188	阎立德与阎立本	790
沿着以毛主席为代表的无产阶级革命路线胜利		阎立杰人像摄影作品选集	8978
前进！	3163	阎丽川美术论文集	531
沿着英雄成长的道路前进	3859	阎丽川书画集	2291
沿着有中国特色的社会主义道路奋勇前进！		阎敏画集	3065
	3375	阎平	2825
沿着与工农相结合的道路走到底！	3230	阎汝勤画选	2460
研究	2722	阎松父国画选	2031
研究生版画选	3038	阎文喜油画作品集	2837
研究斯氏体系参考资料	12686	阎学曾花鸟画选	2520
研究新规划	3549	阎中柱画集	2520
研林铁书	8492	阎梓昭书法选	8210

中国历代图书总目·艺术卷

筵前虎斗	6151	颜泉 贾世玉画集	2550, 2555
罄妙室印略	8513	颜色的奥秘	152
颜地画选	1894	颜色理论及其在艺术和设计中的应用	149
颜公大楷	7925	颜色釉	434
颜家龙书法集	8299	颜氏家庙碑	7884, 7904, 7925
颜家庙碑	7880	颜书安帖	7884
颜景龙画集	2339	颜书八关斋会报德记	7916
颜开	9412	颜书编年录	7829
颜楷《多宝塔碑》技法	7916	颜书东方朔画讚记	7830
颜楷三字经	8392	颜书概论	7280
颜楷字帖	8392	颜书孙子兵法集字帖	8395
颜柳欧名碑便临	7919	颜书字帖	7884
颜柳欧赵集字成语大全	8399	颜水龙	1402
颜柳欧赵楷书临范	8392	颜太师笔伐奸佞	6275
颜柳欧赵四体学生实用作品字帖	7734	颜体《多宝塔碑》临摹习字帖	7926
颜鲁公多宝塔	7895	颜体《勤礼碑》临摹习字帖	7372
颜鲁公祭姪文稿	7844	颜体部首偏旁临帖	7372
颜鲁公麻姑坛记	7839	颜体大楷解析	7362
颜鲁公墨迹四种	7840	颜体大楷水写字帖	8408
颜鲁公三表真迹	7839, 7888	颜体大楷一百天	8397
颜鲁公书告身	7840	颜体大楷字帖	7873, 7893, 8384, 8399
颜鲁公书李玄靖碑全文	7829	颜体多宝塔标准习字帖	7856, 7858, 7867
颜鲁公书裴将军诗卷	7845	颜体基本笔画练习帖	8385
颜鲁公双鹤铭	7839	颜体基本笔画描红簿	8386
颜鲁公双鹤铭法帖	7839	颜体集字作品解析字帖	7386
颜鲁公争坐位帖	7904	颜体间架结构歌诀习字帖	7909
颜鲁公之书学	7275	颜体楷书常用字习字帖	8404
颜梅华画马·猴	1004	颜体楷书间架结构九十二法字帖	7913
颜梅华写意花卉	979	颜体楷书间架结构习字帖	8383
颜平原多宝塔放大字帖	7916	颜体楷书结构大字帖	8404
颜勤礼碑 7863, 7864, 7865, 7888, 7904, 7909,		颜体楷书临摹技法	7362
7916, 7919, 7925		颜体楷书描红	7926
颜勤礼碑·回宫格楷书字帖	7895, 7896	颜体楷书水写字帖	8229
颜勤礼碑及其笔法	7934	颜体楷书习字与解释	8387
颜勤礼碑集字字帖	7942	颜体临习指导	7333

书名索引

颜体描临	7934	颜真卿多宝塔碑及其笔法	7943
颜体摹书帖	8392	颜真卿多宝塔临本	8160
颜体学习指南	7351	颜真卿法帖	7913
颜体正楷标准字描红	8406	颜真卿放生池碑	7873
颜体中楷字帖	8379	颜真卿告身帖及其笔法	7402
颜体字基本笔法与结构	7341	颜真卿郭敬之家庙碑	7896
颜体字帖	7862	颜真卿行书	7872, 7904
颜铁良素描集	2898	颜真卿行书大字典	7910
颜文梁	2792	颜真卿行书祭任文稿 争座位帖 裴将军诗帖	
颜文梁油画小辑	2737		7943
颜文樑	497, 2792	颜真卿行书鲁公自书告身、峡州帖、鹿脯帖、裴	
颜文樑画集	2715	袂帖	7896
颜文樑研究	1079	颜真卿行书探寻	7891
颜元攀任伯年画稿	1742	颜真卿行书习字范本	7842
颜真卿	7869, 7870, 7896, 7919	颜真卿行书习字帖	7904, 7919, 7935
颜真卿·多宝塔感应碑	7942	颜真卿行书字帖	7880, 7896, 7897
颜真卿·勤礼碑	8400	颜真卿祭任稿技法	8434
颜真卿·颜勤礼碑	7943	颜真卿祭任稿技法要诀	7386
颜真卿 麻姑仙坛记	7880	颜真卿祭任稿争座位帖	7935
颜真卿《多宝塔》临帖指导	7919	颜真卿祭任文稿	8437
颜真卿《多宝塔碑》描摹练习册	7942	颜真卿祭任文稿、争坐位帖合册	7904
颜真卿《多宝塔碑》选字帖	7896	颜真卿家庙碑	7386
颜真卿《勤礼碑》楷书大字谱	8404	颜真卿建中帖	7665
颜真卿《颜勤礼碑》笔法图解	7934	颜真卿金天王庙题名	7897
颜真卿草篆帖、送书帖、与澄师帖、一行帖、广		颜真卿楷书	7402, 7623, 7910
平帖	7896	颜真卿楷书笔法实践	8400
颜真卿大楷水写帖	7919	颜真卿楷书笔法水写帖	8406
颜真卿大楷习字帖	7896	颜真卿楷书笔顺分解字帖	8406
颜真卿大楷字帖	7862, 7867	颜真卿楷书标准习字帖	7386
颜真卿大麻姑仙坛记	7851	颜真卿楷书部首水写帖	8408
颜真卿大唐中兴颂碑	7896	颜真卿楷书部首一百法	7402
颜真卿的书法艺术	7888	颜真卿楷书放生池碑解析字帖	7926
颜真卿东方朔画赞碑	7896	颜真卿楷书技法	7403
颜真卿多宝塔	7891, 7926, 7943	颜真卿楷书回架结构 100 法	8400
颜真卿多宝塔碑	7858, 7916, 7934	颜真卿楷书回架结构九十二法	8397

颜真卿楷书结构水写帖	8408	颜真卿书法字典	8354
颜真卿楷书临摹解析	7372	颜真卿书放生池碑	7873
颜真卿楷书毛边纸描红本	8408	颜真卿书干禄字书	7893
颜真卿楷书入门	8400, 8408	颜真卿书告身墨迹	7856
颜真卿楷书帖	7373	颜真卿书郭家庙碑	7897, 7910
颜真卿楷书习字帖	7904, 8400	颜真卿书华岳庙题名	7897
颜真卿楷书写法	7904	颜真卿书祭任文稿	7905
颜真卿楷书字汇	7910, 8400	颜真卿书麻姑山仙坛记	7856
颜真卿礼碑精选	7943	颜真卿书麻姑仙坛记	7905, 7920
颜真卿麻姑山仙坛记	7943	颜真卿书裴将军诗	7869, 7935
颜真卿麻姑仙坛记	7880, 7926, 7943	颜真卿书勤礼碑	7839
颜真卿麻姑仙坛记大字帖	7860	颜真卿书清远道士诗	7869
颜真卿麻姑仙坛记字帖	7919	颜真卿书帖	7373
颜真卿勤礼碑	7926	颜真卿书习字范本	7881
颜真卿勤礼碑及其笔法	7386	颜真卿书颜家庙碑	7881, 7935
颜真卿勤礼碑精选	7403	颜真卿书颜勤礼碑	7856, 7905, 7936
颜真卿勤礼碑选字放大本	7935	颜真卿书颜勤礼碑精华	7852
颜真卿诗	8165	颜真卿书颜勤礼碑临习指南	7910
颜真卿书八关斋会报德记	7897	颜真卿书颜氏家庙碑	7856
颜真卿书大唐中兴颂	7905	颜真卿书臧怀属碑	7876
颜真卿书东方画赞碑	7888	颜真卿书争坐位帖	7872, 7884
颜真卿书东方朔画赞	7935	颜真卿书竹山堂连句	7905
颜真卿书东方朔画赞碑、东方先生墓碑	7893	颜真卿小楷习字帖	7897, 7910
颜真卿书多宝塔	7858, 7913, 7919, 7926	颜真卿小麻姑仙坛记	7893
颜真卿书多宝塔碑	7891, 7926, 7935	颜真卿颜勤礼碑	7913, 7943
颜真卿书多宝塔碑选字	7856	颜真卿颜勤礼碑字精选	7943
颜真卿书法范本	7849	颜真卿与《多宝塔碑》	7386
颜真卿书法集	7935	颜真卿与蔡明远帖、邹游帖、湖州帖	7897
颜真卿书法精华	7913, 7919	颜真卿与夫人帖、守政帖、修书帖、祭任帖	
颜真卿书法精品选	7935		7897
颜真卿书法精选	7910, 8404	颜真卿与元结	6151
颜真卿书法名品全集	7935	颜真卿正楷描红	7362
颜真卿书法全集	7910	颜真卿中楷字帖	7862, 7865
颜真卿书法选	7905, 7920	颜真卿中兴颂	7891
颜真卿书法艺术入门	7351	颜真卿自书告身	7373

书名索引

颜真卿自书告身墨迹	7860	演的感觉真好	12708
颜正卿多宝塔楷书字帖	7920	演革命戏 作革命人	3860
颜正卿勤礼碑习字帖	8400	演革命戏 作革命人	2594
宛公颂碑	7888	演革命戏 做革命人	3810
宛公之颂	7840	演革命戏 做革命人	092
宛煤杯全国煤矿职工第五届美术书法摄影展览		演技基本训练	12809
作品集	341	演技六讲	12807, 12808
衍极	7193, 7194	演技七讲	12817
衍极考释	7199	演技十讲	12817
衍极至朴篇书法传流	7219	演进中的电影语言	13048
衍周余墨	8023	演剧初程	12796
掩护	5860	演剧概论	12700
掩住心扉	9425	演剧教程	12799, 12800, 12803
眼福编	1465	演剧论	12675
眼观全球胸怀世界	3756	演剧漫谈	12807
眼睛	5104	演剧手册	12676, 12680
眼睛的潜力	480	演剧术	12806, 12807
眼睛盯着敌人 心里想着打仗	3291	演剧艺术	12796
眼睛时刻盯着敌人	3188	演剧艺术讲话	12676
眼镜圈生活出出戏	3457	演乐图	1774, 1785, 1786, 1882
眼聚秋波	9397	演露堂印赏	8483
偃师县戏曲志	12779	演习	10427
演唱	445	演习前的战斗	5369
演唱材料	11450	演习之后	3810
演唱单弦的心得	12963	演习之后	2722
演唱独唱歌曲集	11944, 11946	演习之前	3810
演唱歌曲集	11941	演戏常识	12819
演唱会	446	演戏经验	12813
演出歌曲选编	11464	演戏浅谈	12818
演出造型艺术论	12733	演艺妙语	12823
演出之后 1838, 3768, 3810, 3859, 3906,		演艺套餐	12822
3948, 4045, 4427		演员 9547, 9599, 9678, 9679, 9709, 9728, 9742,	
演出之前 3549, 4164, 9523, 9524, 9526, 9531,		9754	
9538, 9546, 9578, 9598, 12122		演员·剧照	13104
演出之余(歌唱家李谷一)	9538	演员——方舒	9598

中国历代图书总目·艺术卷

演员——王馥荔	9599	演员黄爱玲	9598
演员保健手册	12818	演员惠娟艳	9598
演员必读	12820	演员姜黎黎	9598
演员陈红	9709, 9728	演员金莉莉	9598
演员陈虹	9728	演员金梦	9728
演员陈晓旭	9598	演员金萍	9679
演员陈烨	9598	演员经验谈	12814
演员陈怡	9679	演员乐韵	9599
演员初步	12812	演员李克纯	9680
演员创造角色	12681	演员李琳	9728
演员创造论	12811	演员李玲玉	9729
演员创造再体现的途径	12820	演员李勇勇	9709, 9729
演员创作中的语言	13217	演员梁晓蓉	9599
演员崔佳	9679	演员林芳兵	9680
演员道德	12813	演员林霞	9729
演员的创造	12806	演员刘赫男	9729
演员的道德	12812	演员刘旭凌	9710
演员的技术	12813	演员柳获	9729
演员的生活经验和创造角色的关系	12813	演员路遥	9680
演员的信念与真实感	12811	演员马兰	9599
演员的形体动作和形象创造	13219	演员马盛君	9625
演员的艺术	13215, 13252	演员茅善玉	9729
演员的艺术创造	12814	演员耐安	9680
演员东方文樱	9598	演员潘虹	9599
演员董云翎	9709	演员裴燕	9729
演员董智芝	9598	演员沈丹萍	9599
演员方舒	9709	演员实用手册	12820
演员风采	9754	演员手记	12811
演员盖克	9598	演员宋佳	9599, 9729
演员盖丽丽	9728	演员宋晓英	9531
演员盖莉莉	9742	演员谈电影表演	13219
演员龚雪	9598	演员谈演唱	12921
演员郭霄珍	9598	演员谭小燕	9710
演员胡冰	9728	演员陶慧敏	9747
演员宦柳媚	9709	演员田岷	9710

书名索引

演员田晓梅	9680	演员张晓敏	9729
演员万琼	9680	演员张瑜	9600
演员王春丽	9625	演员张玉梅	9680
演员王姬	9626	演员张玉屏	9600
演员乌兰托娅	9710	演员赵静	9600
演员吴海燕	9599	演员赵艳红	9680
演员吴敏	9680	演员郑爽	9729
演员吴玉华	9680	演员周洁	9022, 9600, 9729
演员夏菁	9599	演员周晓芬	9729
演员夏霖	9729	演员周兴	9680
演员夏青	9742	演员朱碧云	9729
演员夏沙沙	9680	演员朱琳	9710
演员肖像	9022	演员自我修养	12677, 12678
演员肖雄和方超	9599	演员自我修养听讲笔记	12681
演员杨丽萍	9649, 9680	鼹鼠的儿子	6694
演员叶莹	9680	鼹鼠的趣事	6662
演员艺术论	12809	砚	1027
演员艺术论集	12812	砚边点滴	683, 684
演员殷士萍	9710	砚辨	1056
演员殷亭如	9599	砚丛	1046
演员于慧	9742	砚笺	1022, 1023, 1027
演员于蕙	9729	砚笺校	1055
演员于是之	12916	砚考	1053
演员于伟	9599	砚坑略	1046
演员与导演	12796	砚林	1048, 1054
演员与电影剧作家	13217	砚林脞录	1060
演员与角色	12819	砚林拾遗	1046
演员与演技	12810	砚林印存	8525
演员袁梅	9599	砚林印款	8533
演员战爱霞	9599	砚林杂志	1046
演员张弘	9729	砚录	1046, 1051, 1053, 1054
演员张虹	9626	砚铭	1046
演员张莉	9600, 9680	砚铭杂器铭	1058
演员张琪	9729	砚谱	1013, 1014, 1015, 1023, 1028, 1029, 1046,
演员张庆	9680		1047, 1052

砚山斋墨谱	1060	艳阳春色	3996
砚山斋珍赏历代名贤墨迹集览	7709	艳阳金秋	2453
砚石杂录	1047	艳阳秋	3011, 3013, 3023, 4499
砚史	1014, 1015	艳阳如花	9849
砚溪作品集	2242	艳阳天	5218
砚小史	1051	艳阳天插图集	6600
砚影	1056	艳溢香融	1895
砚缘后记	1055	晏少翔画集	2260
砚缘集录	1055	晏文正画集	2954
砚缘记	1055	晏婴的故事	5725
彦涵版画	3031	晏婴使楚	5725
彦涵版画集	3052	晏子相齐	5606
彦涵彩墨画·版画	1402	验钢	1753
彦涵插图选	6604	谚语人生	3516
彦涵的木刻	2988	雁荡春暖	4739
彦涵画辑	1894	雁荡春晓	2632
彦涵纪游图选集	2872	雁荡大龙湫	2632
彦涵木刻选	8644	雁荡灵峰	1909
彦涵木刻选集	2985, 2987	雁荡秋景	2660
彦涵中国画集	2227	雁荡秋色	4427
彦克歌曲 100 首	11477	雁荡泉石图	1882
艳	9472, 10045, 10065	雁荡泉水	2632
艳冠群芳	9459	雁荡山	3996, 9887, 12070
艳红	9443	雁荡山	2620
艳红的晚霞	5725	雁荡山花	1863, 3996
艳丽	9443, 9485, 9498	雁荡胜景	2106
艳丽的春天	4045	雁荡胜境	4499
艳丽多彩	4101	雁荡之春	4576
艳秋	9384	雁飞万里寄深情	4045
艳秋阁印存	8507	雁鸿岭下	5369
艳秋阁印谱	8492	雁翎队	4045, 5185, 5241
艳俗艺术的语境与定位	547	雁翎队	2722
艳雅	9412	雁门关	8825, 13286
艳阳	1952	雁门支队	6206
艳阳春	4576	雁鸣湖畔	5331

书名索引

雁南飞	13292	燕守平操琴曲谱选	12285
雁塔圣教序	7914, 7926, 7936	燕台鸿爪集	12750
雁塔题名作品集	2339	燕台花史	12750
雁塔月夜	9980	燕台花事录	12750
滟滪石	6151	燕台集艳二十四花品	12750
燕都名伶传	12750	燕文贵范宽合集	1548
燕都商榜图	10367	燕窝飞出金凤凰	4990
燕都艺谭	12768	燕舞	12655
燕儿窝之夜	6004	燕舞图	4101
燕飞鹏鸣	1952	燕婿白头	3611, 3661
燕归来	5606, 10460	燕喜呈祥	3611
燕归来簃随笔	12750	燕下都半规瓦当上的兽形纹饰	386
燕河渡口	5297	燕闲四适	644
燕儿图	379	燕燕	5860
燕京大战	6151	燕燕下河洗衣裳	11883
燕京女杰	6206	燕语	11369
燕京三景	9084	燕赵无处不飞花	4499
燕兰小谱	12735, 12736	燕赵新声	10807
燕乐管弦图	4327	燕子	1659, 11787, 12157
燕乐考原	10940, 10941	燕子的歌	12010
燕乐三书	10966	燕子花	1753
燕乐探微	10968	燕子笺	4739
燕鸣画集	2275	燕子姐姐——陈燕华	9626
燕南寄庐杂谭	12820	燕子曰三	6151
燕妮与马克思	6151	燕子藤萝	4101
燕帕生波	6004	燕子与夜莺	12447
燕寝怡情	1271, 1564	洇洇丛刊	8538
燕青打擂	4653, 5860	秧	3749, 12122
燕青盗令	4919	秧歌表演手册	12900
燕青卖线	4101, 4427, 12128	秧歌打击乐器	11346
燕雀谱	2544	秧歌剧导演常识	12901
燕塞艺火	267	秧歌论文选集	12901
燕山雏鹰	3906	秧歌锣鼓点	11346
燕山春色	3906	秧歌曲谱	12146
燕山女侠	6151	秧歌曲选	12145

中国历代图书总目·艺术卷

秋歌晚会节目单	12901	扬琴独奏曲八首	12321
秋歌舞	9962, 12602	扬琴独奏曲九首	12321
秋歌舞初步	12602, 12901	扬琴独奏曲选	12323, 12324
秋歌舞曲讲话	10899	扬琴工尺谱	12320
秋歌与新歌剧	12901	扬琴教程	11349
秋歌与腰鼓	12602, 12603	扬琴曲集	12322, 12323, 12324
秋歌杂谈	12603	扬琴曲选	12321, 12322, 12324
秧苗青青迎春早	4327	扬琴入门	11346, 11350
秧苗茁壮	3710	扬琴弹奏基础教程	11350
秋田上水望丰收	12171	扬琴新技法及曲选	11348
秋社情长	5078	扬琴演奏法	11346, 11347, 11348
秋状元	4990	扬琴演奏基础	11348
扬·比比扬历险记	6471, 6546	扬琴演奏技法与练习	11348
扬鞭催马	5267	扬琴演奏入门	11346
扬鞭催马运粮忙	12204, 12266	扬琴演奏艺术	11349, 11350
扬鞭向前	5267	扬琴艺术论要与演奏技法	11349
扬帆	5725	扬琴竹法入门	11346
扬帆破浪渔歌亮	12205	扬青稞	3008
扬帆远航	9849	扬威神州描	6151
扬剧《莫愁女》	9956	扬州	1578, 8939, 9058, 9132
扬剧（风月同天）	9946	扬州·个园	9894
扬剧常用曲调	12122	扬州八怪	851, 854
扬剧曲调介绍	11139	扬州八怪画集	1676
扬剧音乐	12117	扬州八怪画选	2632
扬眉集	3397	扬州八怪绘画精品录	1689
扬眉剑出鞘	4101, 5428, 5515, 11697	扬州八怪考辨集	853
扬眉腾飞	9373	扬州八怪年谱	853
扬眉吐气的三万二千里	3860	扬州八怪评论集	852
扬眉吐气的三万二千里——欢庆"凤庆"轮远航 胜利归来	9276	扬州八怪书法印章选	8088
扬眉吐气三万五千里	3906	扬州八怪书画年表	853
扬起长江水 灌溉万顷田	3906	扬州八怪现存画目	1684
扬起黄河水 浇灌万顷田	1822	扬州八怪研究资料丛书	851
扬琴八大技法教程及乐曲	11350	扬州八怪与扬州商业	853
扬琴八大技巧浅述	11348	扬州八家丛话	1676
		扬州八家画集	1654

书名索引

扬州八家画家	1686	扬州新景	9129
扬州八家画选	1671	扬州徐园春色	9258
扬州八家史料	850	扬州游	8929
扬州春色	9827	扬州玉器厂志	10199
扬州地区民间音乐资料	10904	扬子江边的儿童	7037
扬州电影志	13199	扬子江畔	1822
扬州夺玉玺	6004	扬子江畔大庆花	3860
扬州风光	9126, 9827, 9864	羊	1882
扬州工艺美术	10200	羊成群　盖满坡　肉多　肥多　皮毛多	3113
扬州工艺美术志	10201	羊城暗哨	5429
扬州古陶瓷	423	羊城八景	9865
扬州古运河	9922	羊城处处开新花	4576
扬州国画院作品集	2051	羊城风貌	9077
扬州红园盆景	10626, 10628	羊城花市	4499
扬州画派	800	羊城平叛	6151
扬州画派书画全集	1689	羊城圣地	1830
扬州画派研究文集	829	羊城新八景	3749, 10412
扬州画苑录	778	羊城之夜	9252, 9974
扬州绢花	10676	羊灯山口的哨兵	6206
扬州历代诗词	8322	羊的故事	6547
扬州历代书法考评	7386	羊工	3783
扬州美术	247	羊年大吉	9459
扬州民歌精选	11809	羊年发财	2164
扬州漆器史	10202	羊皮换宰相	5725
扬州清曲	12933	羊山岛	5860
扬州清曲选	12919	羊王	4933
扬州曲艺史话	12768	羊脂球	5725
扬州曲艺志	12974	阳冰笔诀	7219
扬州摄影艺术作品选	8919	阳澄湖畔谱新篇	3906
扬州瘦西湖	1736, 1786, 9094, 9119, 9827, 9877,	阳澄湖上	3860
	9894, 9909	阳春	3997
扬州瘦西湖雪霁	9864	阳春白雪	11757
扬州瘦西湖之春	9258, 9260	阳春三月采茶忙	3710
扬州五亭桥	9301	阳春堂琴谱	12292
扬州戏考	12961	阳春堂琴谱续集	12292

中国历代图书总目·艺术卷

阳谷朱生	5860	阳光与荒原的诱惑	8959
阳关大道	13244	阳光雨露	3811
阳关奇遇	5725	阳光雨露育新花	4427
阳关三叠	11413, 12232, 12303	阳光雨露育新苗3201, 3783, 3860, 9348, 9339	
阳关三叠图谱	12293	阳光雨露育新人	1803
阳光	8852, 9398, 9412	阳光照草原	3768
阳光 大地 花朵	2412	阳光照耀的河湾	12363
阳光·草地	9412	阳光照耀着帕米尔	12268
阳光·印象·杨三郎	109	阳光照耀着塔什库尔干	12175
阳光、草地、少女	9710	阳光照耀着我们的祖国	12425
阳光灿烂	4427	阳湖毕修方先生墨宝	8027
阳光灿烂 新苗苗壮	9274	阳湖支队	5606
阳光灿烂红旗艳	5185	阳嘉残石杨叔恭碑合帖	7746
阳光灿烂万里春	4739	阳泉工人画选	1361, 1362
阳光灿烂照前程	3291, 3948	阳泉工人美术大字报、壁画选	1362
阳光灿烂照天山	12159	阳泉工人速写日记	2860
阳光灿烂照万家	4101	阳朔	9865
阳光灿烂照征途	3948, 5185	阳朔大榕树	10051, 10076
阳光桂林山水画辑	2051	阳朔风光	4237, 9837
阳光海湾	9923	阳朔风景	9103
阳光和熙	8825	阳朔古渡	9084
阳光满校园	3860	阳朔景色	9814
阳光明媚	9361, 9443	阳朔揽胜	10513
阳光沐浴鲜花盛开	3997	阳朔漓江之最	9111
阳光普照	3948, 3997	阳朔美景	9903, 10499
阳光普照奔前程	3860	阳朔胜景	8970
阳光普照满乾坤	1981	阳朔胜境	8951
阳光洒遍祖国大地	3354	阳朔胜境图	4576
阳光下3906, 4101, 4327, 8815, 9361, 9373, 9374,		阳朔胜境图	2592
9384, 9398, 9443		阳朔书童山	9887
阳光下的花朵	4739, 8903	阳朔卧云亭	9084
阳光下的少女	9626, 9729	阳朔烟云	9865
阳光下的小姑娘	9600	阳朔迎江阁	9814
阳光下的中国人体	10142	阳朔之夏	9887
阳光下的罪恶	5860	阳台花开	4576

书名索引

阳台美	10565	杨德举画集	1412
阳太阳 阳日 阳云 李默 阳山 阳光画集		杨尔风画集	1414
	1328	杨儿救亲人	5515
阳太阳画集	2015	杨二舍化缘	4740
阳太阳艺术文集	529	杨凡摄影作品选	8887
阳羡名陶录	382, 383	杨飞云	2816
阳羡名陶录摘抄	383	杨飞云素描集	2920
阳羡茗壶系	383	杨非歌曲选	11481
杨八姐	4740, 9236, 9578	杨枫山水画集	2469
杨八姐 杨九妹	4428, 4576	杨福音画集	2402
杨八姐闯关	4327	杨富明国画选	1981
杨八姐打店	4237	杨富珍学习毛主席著作挂图	9264
杨八姐盗刀	5725	杨刚速写	2886
杨八姐游春 4164, 4237, 4428, 4576, 4654, 4831,		杨高传	5130
9003		杨根思	5130, 5725, 6593, 11941
杨八郎中镖	6152	杨耿画集	2534
杨宝森唱腔选	11868	杨广泰刻心经印谱	8567
杨宝森唱腔选集	11877	杨广下扬州	5861
杨宝森纪念集	12895	杨贵妃 4327, 4576, 4654, 4740, 6547, 9240, 9538,
杨宝忠京胡演奏经验谈	11309	10466, 13153	
杨抱林画集	1482	杨贵妃后传	8862
杨北牡丹画集	2539	杨贵妃之谜	8852
杨秉辉风景速写	2914	杨贵妃之死	6152
杨炳南书法选集	8283	杨国美麋鹿摄影集	9317
杨鹁画选	2260	杨海峰漫画选	3495
杨草仙先生救济难民百寿纪念书会之意义	7244	杨涵木刻选	3031
杨禅师下山	5861	杨涵山水画选	2427
杨长槐画集	2440, 2469	杨濠曼书文字建首	8042
杨初速写集	2882	杨濠曼书篆隶行楷三种	8047
杨春洲摄影作品选集	8981	杨濠曼篆书诗经真迹	8048, 8356
杨村彬艺术世界	12805	杨和明国画兰花集	2517
杨达林 吉祥生书画集	2313	杨酥甫先生手迹四种	8043
杨大娘买猪	4990	杨虎城将军诗作名家墨迹	8258
杨德衡画集	2550	杨花歌谱	11365
杨德举国画作品精选	2339	杨华生滑稽生涯六十年	12980

中国历代图书总目·艺术卷

杨怀远学习毛主席著作挂图	9264	杨椒山先生手迹	8043
杨沅石印存	8555	杨金花夺印	4328
杨焕章书法作品集	8258	杨金花交印	4577
杨惠民收藏书画选	1346	杨景 狄青	4428
杨慧龙水墨画纪念展专辑	2313	杨景更画选	2945
杨继业大破辽兵	4499	杨景群·丛文国画作品选	2213
杨继业和余赛花	4576	杨靖宇	5515, 6571
杨继业杨宗保	4237	杨靖宇吉鸿昌	4499
杨家埠木版年画	1234, 4164	杨靖宇将军	5516, 5725
杨家埠年画	4774	杨靖宇将军的故事	5020
杨家埠年画风筝专辑	1232	杨开慧	3997, 5331, 5369, 9220
杨家聪水彩画选	2956	杨开慧	2354
杨家府世代忠勇演义	3045	杨凯生版画集	3065
杨家将 4164, 4327, 4428, 4654, 4740, 6004, 6152,		杨科和瘟猪的公主	4990
6372, 6373, 6547, 13143		杨可扬画集	1421
杨家将	2395	杨克勤画集	2481
杨家将 岳家军	4428	杨克山水粉画选	2948
杨家将出征	6005	杨克媛画集	2339
杨家将传	6511	杨刻急救章	7764
杨家将大破河间府	4654	杨兰春编导艺术论	12948
杨家将屏	4327	杨老固小传	6152
杨家将全集	6373	杨力舟速写集	2914
杨家将四代忠良	4499	杨立贝	5104
杨家岭	1774	杨立光油画集	2803
杨家岭的春天	2999	杨立强花鸟画集	2555
杨家岭的早晨	2773, 2779, 3997	杨立强画选	2106
杨家坪打扫	6152	杨立强中国画选	2313
杨家十二女将	3549, 4045	杨立志硬笔书法选	7585
杨家永黑白画	6764	杨立舟速写集	2914
杨戬 李靖	4654	杨连第	6571
杨戬沉香	4577	杨列章画集	2313
杨戬除怪	5861	杨林一家	5130
杨戬三变	5725	杨令公归宋	5726
杨建侯素描选	2874	杨柳白鹭	2644
杨健生	5154, 5186	杨柳斑鸠	1910

书名索引

杨柳春风	3997	杨凝式、黄庭坚《题跋两种》	7669
杨柳青	4854	杨凝式、李建中法书集	8284
杨柳青版画	2986	杨农生书滕王阁序	8219
杨柳青红楼梦年画集	3661	杨排风 1737, 3549, 4045, 4428, 4500, 4654, 5861,	
杨柳青墨线年画	4101	6152, 9002, 9222, 9237, 9526, 9578, 9946	
杨柳青木刻年画选集	3531	杨排风大败韩昌	4500
杨柳青年画	3532, 4102, 4428, 4831	杨排风观灯	4428
杨柳青年画选	3530, 3576, 4045	杨排风招亲	6152
杨柳青年画研究	1226	杨排风招亲	2372
杨柳青年画资料集	3532	杨培鑫楹联书法集	8284
杨六郎	4577	杨沛璋作品选	2412
杨六郎 杨七郎	4654	杨鹏升印谱	8555
杨六郎定亲	4428	杨七郎成亲	4577
杨六郎告状	5861	杨七郎打擂	4428, 4500, 4577, 5606, 5726
杨六郎威震三关	4500	杨七郎与杨七娘	9245
杨龙石印存	8492	杨七娘教艺	4500
杨龙友山水册	1572	杨七芝三清山画选	2463
杨隆山书法选	8322	杨启舆画集	2460
杨鲁安书法作品选	8200	杨桥畔	5186
杨路的	5186	杨清振诗书集	8338
杨梅	1736, 5298	杨秋人油画集	2786
杨门女将 3576, 3661, 3997, 4045, 4237, 4428,		杨全义书画集	2539
4500, 4740, 4990, 5049, 5078, 5369, 5429,		杨荣科	5186
5516, 8808, 9218, 9226, 9229, 9240, 12079		杨瑞芬画集	2524
杨门女将岳家父子	4328	杨三姐告状	5516, 5726, 6511
杨门女将岳家小将	4577	杨沙画选	1998
杨门小将杨金花	4500	杨善深的艺术	1390
杨门小将杨文广	4500	杨善深画集	2016
杨孟欣画集	2275	杨善深作品集	2031
杨蔑翁临礼器碑	8078	杨少师书韭花帖墨迹	7840
杨娜妮古筝教程	11342	杨升庵自书诗卷	8076
杨乃武与小白菜 4908, 5078, 5861, 6005, 6345,		杨石朗画集	2469
13153		杨士明中国画集	2187
杨讷维作品选集	3008	杨世华	9649
杨念一美术文论	044	杨守敬评碑评帖记	7670

中国历代图书总目·艺术卷

杨守炉无笔画集	6764	杨小楼艺术评论集	12884
杨司令的少先队	5861	杨晓利摄影作品集	8981
杨松林油画习作选	2792	杨孝恭碑	7891
杨肃生画集	2825	杨啸郧印谱	8527
杨桃	8803, 9425	杨辛独字书法艺术	8322
杨天军 杨天生作品集	2313	杨新美术论文集	534
杨天真金陵解救王侯	3611	杨惺吾刻馆本十七帖	7776
杨廷宝水彩画选	2938	杨秀枝行书千字文	8229
杨廷宝素描选集	2869	杨萱庭书法集	8192, 8258
杨廷宾木刻肖像选集	3051	杨延辉与铁镜公主	4831
杨廷珍百寿印谱	8543	杨延景和柴郡主	9226
杨挺山水画集	2460	杨延文画集	2227
杨为农仿古画集	2260	杨延文中国山水画集	2435
杨为先画集	2473	杨延昭 杨宗保	4654
杨维功画集	2106	杨延昭教驾	5861
杨文广	5861	杨扬在儿童公园	4886
杨文广 杨金花	4428	杨阳画集	2164
杨文广夺印	6152	杨幺义军	5606
杨文广和杨金花	9232	杨尧	1078
杨文广岳云	4237	杨耀名胜写生	2457
杨文广招亲	4577, 4740	杨耀泰山松写生	2187
杨文广征南	6152	杨业归宋	5607, 5861, 6005
杨五郎出家	5726	杨业尽节	5861
杨西亭仿古山水册	1626, 1627	杨业与余赛花	9022
杨锡甘画集	2314	杨沂孙篆书金人铭	8104
杨锡甘松竹梅画集	2539	杨沂孙篆书张横渠先生东铭	8363
杨先画集	2260	杨沂孙篆书仲长公理乐志论	8102
杨先让、张平良彩绘选	2227	杨怡墨趣	2164
杨先让木刻选集	3029	杨逸塘山水画集	2457
杨先让文集	531	杨毅书画作品集	2339
杨祥麟金石画集	1417	杨荫浏音乐论文选集	10908
杨象宪画集	2187	杨应修画集	2051
杨象宪画辑	2260	杨应修画辑	1927
杨小楼评传	12888	杨永德山水画集	2477
杨小楼艺术评论	12886	杨永进画集	2477

书名索引

杨水渠画集	2466	杨子建画集	2339
杨玉环	9234, 9578	杨子江诗词	3059
杨玉琪画集	2051, 2544	杨紫琼	9762
杨育才墨竹	2521	杨宗保	9949
杨毓孙画集	2528	杨宗保 韩世忠	4654
杨澜戏曲人物画集	2416	杨宗保 穆桂英	4045
杨元芳	13117	杨宗保, 穆桂英, 韩世忠, 梁红玉	4500
杨堃华梅花册	1598	杨宗保穆桂英	4237
杨再春书法作品集	8229	杨宗保与穆桂英 4164, 4328, 9005, 9022, 9025	
杨再兴 高宠	4428, 4654	杨宗保招亲	4237
杨再兴高宠	4577	杨宗保之死	6153
杨招亮歌曲选	11490	杨宗勉盗刀	6153
杨振泉	5154	杨宗英闯阵收飞刀	6153
杨振荣雕塑	8635	杨宗英归祖	6153
杨振廷画集	2416	杨宗英下山	6153
杨振熙山水画集	2481	洋葱	2944
杨正新	2314	洋葱头	6662
杨正新画集	2275	洋葱头历险记	5429, 6471, 6571
杨正新画选	2164	洋合全套	12152
杨之光 鸥洋画集	1390	洋和尚现形记	5862
杨之光画册	1721	洋河鸳鸯	2644
杨之光女人体写生精选	2413	洋画 ABC	1068
杨之光水墨写生集	1927	洋画欣赏及美术常识	501
杨之光四十年回顾文集	813	洋兰	9385
杨之光速写	2902	洋琴弹奏法	11212
杨之光西北写生	1927	洋铁桶的故事	4877
杨之光肖像画选	1288	洋娃娃	10114
杨志	5862, 6153	洋竹兰	9306
杨志·燕青	2386	仰见排云	9361
杨志卖刀	4577, 5049, 5726, 6153	养蚕姑娘	3749
杨椎云墨梅册	1643	养成个人卫生习惯	3147
杨忠愍公手札题跋	7699	养成俭朴作风	3710
杨仲子金石遗稿	8461	养成节约美德 支援国家建设	3094
杨州除霸	6153	养成卫生习惯	4990
杨子坚歌曲选	11531	养城曙光	5726

中国历代图书总目·艺术卷

养得多养得快养得好	3094, 4164	养真斋长物记	383
养得好教得好玩得好生活得好	3094	养正剧团宣传纪念册	12906
养蜂姑娘	4164	养正轩琵琶谱	12314
养花馆书画目	7661	养猪阿奶	5298
养鸡	3710	养猪多 积肥多 打粮多 贡献多	3768
养鸡场	4237	养猪歌	11605
养鸡姑娘	1753, 4102	养猪姑娘	4991, 5020, 12592
养鸡经验	4934	养猪光荣	3094
养鸡模范	3549, 3710	养猪好处多	4991
养鸡图	10441	养猪红旗手	4991
养鸡专业户	4500	养猪积肥	8876
养龙斋书画集	2164	养猪迷	4991
养鹿姑娘	4102	养猪能手	3906
养鹿育林	3710	养自然斋印存	8527
养路模范赵才	4990	样本图册设计	10763
养牛的人	4990	样样有余	3576, 3661
养肉兔	5726	漾兮木刻选集	8644
养生健身长寿画库	3490	妖精村的故事	6471
养生启示录	3477	妖迷纣王	6153
养生三字经	8271	腰刀	4991
养生之道	8311	腰鼓闹年宵 红绸迎新春	4164
养素居画学	674	腰斩黄河组画	6598
养素居画学钩深	674	腰斩日月山	11441
养兔	3549, 3611, 4045	邀舞	12552
养兔的人	4990	尧都鼓舞初探	12621
养兔好 兔是农家宝	3113	尧皇让贤	5726
养兔好处多	4045	尧舜禹传说	5862
养万头猪肥万亩田收万石粮	3094	姚安莲花落	12341
养小猪	4990	姚伯翁书画题跋	769
养心集	8219	姚得民山水画集	2486
养心篇	8299	姚莫中书艺	2213
养心神诗	12436	姚公绶心赏山水册	1565, 1566
养心怡情	1369	姚鸿发画集	2031
养心怡神	8241	姚黄	9412
养畜场的机械化与电气化	13256	姚江名人名胜篆刻	8583

书名索引

姚俊卿书法	8271	摇滚电倍司吉他演奏法	11201
姚奎画集	1385	摇滚电吉他实用大教本	11208
姚茫父画论	710	摇滚电吉他实用技巧演奏集成	11209
姚茫父书画集	1713	摇滚电吉他演奏法	11209
姚茫父先生诗札精册	8113	摇滚电吉他演奏实用教程	11203
姚梅伯题任渭长人物十二帖	1627	摇滚歌舞吉它金曲	12483
姚梅伯题任渭长人物十二帧	1627	摇滚和布鲁斯吉它Riffs	11209
姚鸣京画集	2314	摇滚吉他教程	11203
姚牧新作演唱集	11381	摇滚吉他奏法与金曲	11191
姚期	12077, 12085	摇滚乐	10989
姚庆章	6791	摇滚乐的历史与风格	10990
姚庆章画集	6789, 6791	摇滚乐的艺术	10989
姚庆章画辑	6789	摇滚乐浪潮与中国新生代	10989
姚天沐版画	3065	摇滚乐社会学	10989
姚文奎油画集	2828	摇滚先锋	10928
姚惜抱墨迹	8046	摇篮	4429
姚惜抱轩墨迹	8043	摇篮曲	10441, 11394, 11949, 12006, 12163,
姚新峰画集	2550		12187, 12223
姚永全小楷书论册	7310	摇篮曲集	11441
姚有多	1449	摇篮曲选编	11091
姚有多画集	2405	摇钱树	12114
姚占岭	5147	摇摇摇	4164
姚志明快速教学法	11284	遥峰凝翠霭	9374
姚治华画选	2031	遥寄此岸一片情	9472
姚钟华画集	1405	遥念	10873
姚钟华画选	1388	遥山绝奇	2678
窑场风云	5298	遥望天安门 心向毛主席	3188
窑洞保卫战	1280, 4869, 4991	遥远的爱	9425
窑器说	384	遥远的女儿国	11528
摇到外婆家	4429	遥远的土地	8993
摇滚芭蕾	11731	遥远的祝福	11475
摇滚党纪	10989	瑶池赴会	1895, 4328
摇滚的歌坛	11717	瑶池进酿	4740
摇滚电贝司实用技巧演奏集成	11290	瑶池楼台	4578
摇滚电贝司演奏实用教程	11287	瑶池仙果图	1713

中国历代图书总目·艺术卷

瑶池仙品	8834	要爱护一草一木	3366
瑶池仙子	4237	要把黄河的事情办好	9271
瑶池献寿图	1551	要把无产阶级"文化大革命"进行到底	3948
瑶池祝寿	4165	要诚实	4328
瑶池祝寿	2106	要古巴	12402
瑶华道人墨宝	8018	要关心大事 为革命种田	3811
瑶华道人真迹	1601, 1627	要互助	3550
瑶姬伏龙	4429	要节约闹革命	3177
瑶姬降龙	4578	要龙眼	6154
瑶家歌颂毛主席	11677	要努力奋斗 为人民服务	2749
瑶琳仙境	9354	要努力建设社会主义精神文明	3354
瑶琳仙子	4740	要让塞北变江南	3783
瑶山晨曲	3998	要塞兵变	6238
瑶山矸敌	5429	要塞忠魂	6275
瑶山密林	6153	要扫除一切害人虫	3291
瑶山组歌	11889	要使全国都知道	3860
瑶台春色	2448	要使全国知道	3860, 3906
瑶台神韵	9361	要使人成为真正有教养的人，必须具备三个品	
瑶台小录	12750	质：渊博的知识，思维的习惯和高尚的	
瑶原十六景	8502	情操	3373
瑶寨山高亲人来	3611	要是我当县长	6154
瑶族姑娘玛娜	4908	要为四化作贡献	4500
瑶族民歌	11809	要为真理而奋斗	5186
瑶族舞曲	12146, 12147	要为祖国争光	4046
杳无百兽野茫茫	2654	要想花开满枝叶，管理技术好好学	3710
咬铅笔头的孩子	6238	要学哥哥开铁牛	3948
窈窕	9425, 9443, 9767	要学蜜蜂爱劳动	4429
窈窕淑女	9649, 9680, 9730	要学那泰山顶上一青松	1275
药	2983, 5429, 5726	要学那泰山顶上一青松 挺然屹立做苍穹	
药草山	4991		2745
药师八如来	6625	要有那么一股劲	3247
药师本愿功德经	8132	要有耐心！不要依靠灵感。灵感是不存在的。	
药师佛	6593		3373
药王菩萨	6593	要抓革命，促生产，促工作，促战备，把各方面	
要爱护花木	4328	的工作做得更好	3264

书名索引

要准备打仗	3177	冶梅梅竹谱	1602
要尊重社会公德	3362	冶梅石谱	1601
要做革命的接班人	3749	野百合	10085
要做共产主义接班人	12026	野草歌曲集	11717
曜湘居藏楹联书法集	8284	野草堂篆刻集	8573
耀瓷图录	387	野草蚯蚓	1753
吨	9489	野店	6005
耶路撒冷岩石圆顶清真寺	10164	野渡	9374
耶稣雀庭诗歌	12438	野渡无人舟自横	9903
耶稣圣诞歌曲	12437	野蜂出没的山谷	5516, 6005
椰蕾初绽	6771	野服考	10342, 10343
椰林	9103	野果林之春	9805
椰林风情	9837	野湖风云	5267
椰林红旗	12123	野火春风	6154
椰林怒火	3749, 3757, 12096	野火春风斗古城	3710, 4991, 4992, 5049, 5104,
椰林情侣	8843		5105, 5130, 5131, 5607, 5862, 6547
椰林曲	9412	野火烧不尽	5516
椰林少女	9030	野菜蔡	3516
椰林迎春	12177	野菊	10022
椰乡春早	10423	野辣椒	3516
椰子的故事	4991	野狼谷	6154
椰子树轻轻摇	11516	野林彩墨画技法	706
爷俩拾驴	5726	野马	6005
爷孙趣事	3440	野猫法官	6373
爷爷的文章广播了	3860	野玫瑰	3516
爷爷话当年	12170	野妹子	5607, 5726
爷爷送我们上学校	10412	野牡丹	10022
爷爷题诗	3550	野葡萄	5727
爷爷先吃	4237	野蔷薇	3516
爷爷学手艺	5298	野趣	9412
爷爷与孙子	3440	野趣·挚情·沈耀初	110
爷爷种的大西瓜	4237	野趣图	2654
爷爷种瓜大又甜	4654	野人之谜	6512
也宜书屋藏印	8506	野山	13134
冶梅梅谱	1598	野生的爱尔莎	5862

中国历代图书总目·艺术卷

野生动物四条屏		9312	业余间谍		6400
野生油菜变成宝		8803	业余剧人第三次公演欲魔、大雷雨、醉生梦死		
野拾		8852	三大名剧特刊		13011
野兽派		513, 529	业余剧团演戏常识问答		13014
野兽派绘画		6811	业余剧团怎样排戏演戏和化装		12797
野水无桥马代渡		3008	业余理论学习组		3907
野天冬草		6154	业余摄影 200 题		8776
野天鹅		5607, 6373, 7015	业余摄影创作入门		8792
野外摄影指南		8751	业余摄影创作指导		8705
野外写生论		1093	业余摄影技艺图解		8776
野心家吕后		3907, 5331	业余摄影实用技法		8776
野鸭洲		5429	业余摄影实用手册		8723
野逸奔放		1695	业余摄影手册		8726, 8741
野逸画派		851	业余摄影小窍门		8757
野意楼印赏		8560	业余舞蹈基本训练		12582
野鹰 001		6206, 6238	业余小提琴曲集		12165
野营快报		3948	业余小提琴速成演奏法		11178
野营路上		12334	业余小提琴演奏法		11179
野营路上鱼水情		2753	业余艺术		10716
野营训练炼红心	永远紧跟毛主席	3188, 3189	叶春肠漫画集		3440
野猪大报复		6471	叶大根治印		8568
野猪林 4328, 5020, 5049, 5607, 5727, 6005, 13106			叶枫中国画		2227
野猪总督的恶梦		5862	叶夫根尼·奥涅金		13003
业大更勤俭		1844, 6753, 10423	叶副主席邓副主席在军委扩大会议上		1851
业精于勤		8219	叶副主席和邓副主席在军委扩大会议上		3998
业精于勤荒于嬉		8200	叶副主席夸咱又创新		4046
业精于勤荒于嬉	行成于思毁于随	8165	叶副主席诗《攻关》		8145
业务报告书		13172	叶恭绑书画集		2051
业务学习资料		11080, 12680	叶含嫣		4165
业余创作音乐会音乐作品选		11454	叶红人妒		9538
业余吹奏乐队的组织与训练		11273	叶建新画集		2524, 2550
业余钢琴考级曲目集		12529, 12530	叶剑英副主席《攻关》诗		8557
业余钢琴练习曲		12190	叶剑英元帅		4237, 4238
业余合唱团指导员手册		11106	叶锦培现代书法选		8322
业余绘画教材		473	叶卡捷琳娜宫		9303

书名索引

叶可晃画集	6433	叶尚志书法集	8271
叶克勒曲选	11494	叶绍翁诗《游园不值》	8165
叶烂画集	2528	叶圣陶	3380
叶良玉画集	2416	叶圣陶遗墨	8259
叶侣梅濒江山水册	2435	叶盛兰叶少兰父子唱腔选	11874
叶绿花红	10030	叶盛兰与叶派小生艺术	12888
叶绿野画选	2314	叶氏息园画谱	1697
叶潞渊印存	8571	叶天士学医	5727
叶苗田油画集	2817	叶贴画技法	10722
叶苗田作品	2837	叶挺	5727, 6005, 6373
叶明山水画集	2481	叶挺将军摄影集	8701
叶佩英演唱歌曲集	11973	叶桐轩画选	1895
叶其青画集	2275	叶维中国画集	2457
叶浅予 邵宇 陆志庠 黄胄速写小辑	2857	叶文夫作品集	1417
叶浅予诞辰九十周年纪念	2410	叶武林	2806
叶浅予的画	1378	叶锡祚油画集	2837
叶浅予画集	2016	叶小纨正传	12981
叶浅予画辑	1910	叶小鸾眉子砚国秀题词	1054
叶浅予画舞	1863, 1895	叶小鸾眉子砚题词	1054
叶浅予画选	2016	叶小鸾眉子砚题词今集	1054
叶浅予绘画小品	2031	叶小鸾眉子砚题词前集	1054
叶浅予漫画选	3421, 3422	叶雄中国画选	2051
叶浅予速写集	2871	叶有道碑	7881
叶浅予舞蹈画册	1385	叶玉昶	2544
叶浅予西藏高原之舞	1774	叶峨山雕塑选	8632
叶浅予作品选集	1786	叶峨山雕塑作品	8632
叶倩文小姐	9710	叶子	12914
叶秋红	5727	夜半火车	6154
叶泉画集	2339	夜半烈火	5049
叶人诗画集	2260	夜半枪声	5862
叶润周黄杨木雕精品集	8636	夜奔、磨斧	12131
叶塞尼娅	5429	夜泊画集	2187
叶森槐画集	2291	夜叉鸦	7136
叶森槐中国画作品集	2213	夜阑冲天碣	5298
叶尚青画集	2187	夜阑大青山	5298

中国历代图书总目·艺术卷

夜闯虎尾岭	5727	夜明珠的传说	5607
夜闯九曲沙	5267	夜幕降临	6593
夜闯连云山	6154	夜幕下的哈尔滨	6154, 6155
夜闯清风寨	5862	夜闹白龙背	4992
夜闯珊瑚潭	5105	夜闹王府	6155
夜闯卧虎滩	5267	夜潜敌穴	6005
夜闯鞋山湖	5186	夜曲	12503
夜闯新军衙门	6206	夜色多美好	4740
夜等追舟	12131	夜上海	12904
夜店	13286	夜深沉	6156
夜钓七星鳗	5429	夜深深	11542
夜读	1830	夜深圳	9984
夜读春秋	4654	夜审潘洪	5862
夜读春秋	2164	夜审潘仁美	6006
夜渡黄河	5516	夜送宣传员	3749
夜渡黄河	2731	夜宿花亭	12118
夜渡小清河	6154	夜宿华亭	8810
夜夺芦花城	6154	夜宿土豆村	5186
夜访谷城	5429	夜探故营	6006
夜归	1830, 5131	夜探双龙谷	4238
夜海夺粮	5516	夜袭白马山	5167
夜海歼敌	5267	夜袭敌兵站	5369
夜海领航	5267	夜袭敌军车	5267
夜海心潮	8259	夜袭都统府	6156
夜行记	6307	夜袭丰乐镇	6346
夜航	5267	夜袭海口镇	5241
夜火	4992	夜袭浒野关车站	5020
夜击飞贼	3749	夜袭黄甲镇	5862
夜间摄影技巧	8785	夜袭黄庙	5607
夜静	2737	夜袭机场	5516
夜救"大洋号"	5331	夜袭金门岛	4992
夜里发生的案件	6238	夜袭军械库	5298
夜练	3907, 12650	夜袭拉敏	5516
夜茫茫	5862	夜袭老虎山	5186
夜明珠	6005	夜袭石湖镇	5267

书名索引

夜袭徐家圩	5298	一、二、三	12412
夜袭岳庄	6006	一〇一次列车脱险记	5078
夜香港	6156	一八艺社纪念集	577
夜校	3948	一把扳手	5267
夜校归途	3949	一把匕首	5049
夜校火红	3907	一把菜刀闹革命	4992
夜校女教师	3949	一把锄头	12590
夜校喜添理论书	3860	一把大刀的见证	5105
夜校新歌	3860	一把刀的故事	5370
夜校新课	3783, 3860, 3907	一把古老的弓箭	4992
夜校新声	3907	一把火	5267, 5298
夜校迎新春	3907	一把军号	5241
夜巡	3017	一把七星刀	5332
夜宴桃李园	3661	一把山斧	5267
夜以继日	1839, 3907	一把锁	5332
夜莺	5607, 12370	一把桶刀	5370
夜莺部队	5020	一把小锄头	12012
夜砸"报国寨"	5241	一百鞭	5863
夜战	1742	一百个放心	5142
夜战归来	3907	一百佣士图	2902
夜战黄泥岭	5105	一百僧佛图	2400
夜战军工厂	6156	一半儿	11364
夜战狼窝	6156	一棒雪	12066
夜战马超	3661, 4238, 4655, 4774	一包工资	5105
夜战牛脚岭	5218	一包痴疤的来历	5105
夜战青龙峡	5863, 6471	一杯美酒敬亲人	4740
夜战山城堡	5369	一杯醉	6006
夜战之前	3860	一本红书一片心	3749
夜之颂	8959	一本连环画	4901
夜捉"向导队"	4992	一本奇怪的书	5370
夜总会上	5608	一本新书	4909
夜走骆驼岭	13244	一笔行书钢笔千字文	7406
夜走蜈蚣岭	5863	一笔画	1254
液压支架进矿山	3023	一笔快钢笔字帖	7601
靥笛述义	11299	一笔债的故事	5131

中国历代图书总目·艺术卷

一边弹吉它一边学习和声学	11088	一代球王	5863
一钵山水绿	3458	一代蛇医	6156
一不怕苦 二不怕死 加强战备 保卫祖国	3171	一代天骄	4845, 6547
一不怕苦 二不怕死	3147	一代天骄	2106
一不怕苦、二不怕死的共产主义战士侯明法		一代桐风	12948
	5154	一代蛙王	5727
一不怕苦、二不怕死的共产主义战士杨水才		一代伟人	9762
	5154	一代枭雄	13125
一不怕苦，二不怕死的好战士	5154	一代新苗	3998
一不怕苦二不怕死	5155	一代新农民	3861
一不怕苦二不怕死的革命精神万岁！	3171	一代新人	3783, 4992, 5131, 8806
一不怕苦二不怕死的好矿工郝珍	5147	一代新人接班来	3861
一不怕苦二不怕死紧跟毛主席奋勇向前	3171	一代新人学雷锋	3783
一场风波	13238	一代新人茁壮成长	3265
一场骗局	3013	一代新社员	3768
一场拳击	5430, 5516	一代新手	3768
一场新奇的球赛	5430	一代一代往下传	11963
一场虚惊	6206	一代英豪	5728
一场争夺战	5332	一代英豪山河壮	4740, 4845
一出好险的戏	5516, 5608	一代英魂	6275
一串葡萄一串笑	11517	一代英雄	4901
一串项链	5727	一代影星阮玲玉	6206
一串钥匙	4992	一代元勋	4831
一次伏击战	5186	一代正宗	1695
一村之长	13153	一袋稻种	5267
一寸法师	5863	一袋干粮	5049, 5078
一寸光阴一寸金 莫让年华付水流	3344	一袋金币	5430
一打白骨精	6006	一袋麦种	12123
一打瓦岗山	5727	一担水	5241
一代风流尹桂芳	12953	一刀传	6417
一代红伶	13286	一道道水来一道道山	11883
一代画风	2817, 2837, 2959	一道难题	4005
一代画风	2314, 2486	一得	7238
一代精忠 岳飞	6471	一得余抄	12842
一代枪王	13139	一灯楼扇面	1719

书名索引

书名	页码	书名	页码
一滴泉	6156	一分为二看自己 永为革命掌好权	3189
一定根治海河	2753	一分之争	5268
一定要把大庆经验真正学到手	3291	一分钟家庭布置配色速查手册	10600
一定要把淮河修好	3265, 3949	一分钟少儿简笔画	1257
一定要把揭批"四人帮"的伟大斗争进行到底		一分钟摄影课	8739
	3291	一份无字情报	5863
一定要把胜利的旗帜插到台湾	12021	一份用鲜血和生命写成的讲用稿	5167
一定要把五星红旗插上台湾岛	3949	一封机密信	4879
一定要根治海河	2749, 3189	一封平信	5298
一定要解放	13240	一封信	5268
一定要完成统一祖国的大业	3998	一幅红军地图的故事	5370
一定要消灭血吸虫病	3177, 3189	一幅马克思像	5516
一定要在我们这一代手里把新农村建设起来		一幅僮锦	4992, 5020, 5078
	3107	一幅壮锦	5516, 5517
一堆财宝	5608	一副保险带	5268
一对宝瓶	5241	一副脚镣	4934
一对红	3710, 5131	一赋一画	6611
一对金耳环	6156	一歌一画	1285
一对年轻人	5728	一个"囚犯"的足迹	6156
一对青年夫妇	13254	一个宝宝好	4102, 9987
一对青年人的婚事	4046	一个抱着明丽之心的作者——司徒乔	1381
一对石狮子	12855	一个变两个	6275
一对小天鹅	9412	一个瓷货客	4992
一朵光荣花	4500	一个导演的故事	13210
一朵花香不是春万紫千红才是春	3094	一个导演的经历	13291
一朵山茶一支影	11794	一个导演眼里的世界	8985
一朵小红花	9398	一个电影编剧的探寻	13084
一帆风顺	2800, 2803, 2810, 2843,	一个妇女	13253
	4578, 4655, 4741, 4831, 8200, 8843, 9398,	一个妇女会员的故事	5078
	10112, 10513	一个更比一个远	3768
一帆风顺	2106, 2165, 2187	一个共产党员	4949
一帆风顺：世界帆船	10528	一个孩好	4328, 9287
一帆风顺福寿双全	4500	一个孩子的命运	4878
一帆风顺万事如意	10532	一个孩子好	3327, 4102
一分钱	10423	一个孩子幸福多	4102

中国历代图书总目·艺术卷

一个孩子壮	10449	一个热鸡蛋	3611
一个孩子最好	4102	一个人的受难	6912, 6918, 6927
一个和八个	6006	一个少女和一千个追求者	6238
一个黑人姑娘在歌唱	11949	一个少校军医的成长	4993
一个红军的奇遇	5863	一个摄影家镜头中的模特篇	8990
一个鸡蛋	4992	一个摄影家镜头中的女性篇	8906
一个坚强的人	4992	一个深受贫下中农欢迎的「庄户剧团」	9271
一个角色的创造	12814	一个士兵的故事	12452
一个角色的诞生	13217	一个娃娃好	3344, 4102, 9987
一个可爱的小英雄	13099, 13100	一个小报务员	4993
一个可以大喊大叫的地方	6571	一个小红军的脚印	5863
一个老红军的家史	5105	一个小站的故事	5298
一个美国飞行员	5608	一个心眼	5241
一个美国球星的故事	6156	一个新的城市	8868
一个美国人难忘的云南印象	10147	一个运动的开始	13120
一个美国人在巴黎	12549	一个最好	9987
一个秘密的地方	5298	一根扁担	5370
一个牧羊人	5517	一根火柴烧红半边天	4993
一个农村剧团的成长	13013	一根羊鞭传四代	5131
一个女导演的电影生涯	13211	一根银针	5332
一个女孩的画诗	6768	一贯害人道	5105
一个女勘探队员	5142	一罐豆浆	5268
一个女矿王	13254	一孩多福	4429
一个女人的新生活	13248	一孩多幸福	4429
一个女人的一生	7143	一孩壮	4501
一个女人三个墟	3434	一厚一薄	3423
一个女摄影记者的明星日记	8906	一壶泪水	4909
一个女拖拉机手	3004	一壶香茶	12965
一个女演员的梦	6276	一虎守九牛	5608
一个平凡的故事	2976	一户人家五十年	8916
一个平凡的母亲	11835	一花独秀	9398, 10626
一个破旧筐	4993	一花引来万花开	3313, 3811, 3907, 3949
一个朴实的捷克音乐家	10864	一画卷河山	6156
一个青年的奇遇	7025	一级英雄杨连第	5268
一个拳师的生涯	6156	一家翰墨	7219

书名索引

一家人	4993, 5131, 9149	一九八〇年挂历	10441
一家言室器玩部	10173, 10572	一九八〇年历书	10441
一家子	10478	一九八〇年农历	10441
一剪梅	11717	一九八二年半月台历	10461
一剪生花儿童剪纸法	10690	一九八二年国画月历	2612
一见哈哈笑	7030	一九八二年获奖优秀新歌十九首	11477
一见钟情	4993	一九八二年四川省民歌调演优秀作品选	
一件怪事	5050, 6006		11803
一件棉军衣	5131	一九八二年月历	10461
一件女上衣	4993	一九八二年月历	2612
一件小事	5608	一九八二(任伯年作群仙祝寿图)	1668
一件羊皮袄	4993	一九八六：巴黎时装	10157
一箭仇	6276	一九八六：百虎图	10485
一箭双雕	5370	一九八六：百年国画名作精选	2654
一江碧波千峰翠	2810	一九八六：插花艺术	10623
一江春色	2016	一九八六：朝鲜民族风俗画挂历	10485
一江春色	2673	一九八六：迪斯科	9385
一江春水	2803, 4741	一九八六：东西方时装	9600
一江春水	2671	一九八六：儿童挂历	9600
一江春水向东流	5430	一九八六：儿童摄影挂历	9600
一江风	12055	一九八六：风光摄影	9837
一江清幽	9361	一九八六：福	10485
一角编	769	一九八六：傅正书法	10485
一叫千门万户开	2213	一九八六：歌坛新秀	9600
一解千从	8567	一九八六：恭贺新喜	9385
一借芭蕉扇	6006	一九八六：故宫藏明清绘画精品	10485
一斤二两半	5241	一九八六：挂历	9385, 10485, 10486, 10487
一经庐琴学	11327	一九八六：国画挂历	2654
一经堂印谱	8492	一九八六：国际礼品	9385
一九八〇年全国少数民族文艺汇演优秀歌曲选		一九八六：国外服式发式月历	10487
	11803	一九八六：国外现代舞	9971
一九八〇(农历庚申年)年历	10441	一九八六：红楼梦剧中人	10487
一九八〇年(庚申年)二十四节气表	10441	一九八六：红楼梦荧屏新秀	9600
一九八〇年(农历庚申年)二十四节气日期时刻		一九八六：虎(湘潭白石书苑藏画)	10487
表	10441	一九八六：花卉挂历	10487

中国历代图书总目·艺术卷

条目	编号	条目	编号
一九八六：花鸟诗意图	2654	一九八六：外国名城	9838
一九八六：华山览胜	10487	一九八六：外国时装	9601
一九八六：欢乐的童话世界	10487	一九八六：外国影星月历	10157
一九八六：黄山天下奇	10487	一九八六：王雪涛花鸟画	2654
一九八六：建筑风光月历	10487	一九八六：吴门画萃	10488
一九八六：健康	10487	一九八六：五老朝晖	10488
一九八六：江山似锦	10487	一九八六：西洋名画	10489
一九八六：交谊舞	9971	一九八六：戏剧小花	9601
一九八六：锦绣山河	10487	一九八六：现代中国画	2654
一九八六：历代名姬图	10487	一九八六：香港歌星月历	9601
一九八六：历代西域诗画意	10487	一九八六：香港影视歌星	9601
一九八六：满园春色	10487	一九八六：新年好	10489
一九八六：美的旋律	10488	一九八六：新年快乐	9386
一九八六：美国风俗画	10488	一九八六：新秀摄影艺术	9386
一九八六：年年如意	10488	一九八六：阳泉风光	10489
一九八六：盆景	10623	一九八六：艺苑新花	10489
一九八六：盆景艺术	10623	一九八六：迎春	10489
一九八六：人物挂历	10488	一九八六：影坛蓓蕾月历	10489
一九八六：日本影星	10157	一九八六：影坛新秀月历	10489
一九八六：绒织时装月历	9600	一九八六：影星	10157
一九八六：山东博物馆藏画	10488	一九八六：影星挂历	9601
一九八六：山河秀	10488	一九八六：远瞩	10489
一九八六：上海童装大奖赛剪影	10488	一九八六：斋藤清の画·东山魁夷の画	10489
一九八六：摄影挂历	9385, 9386	一九八六：中国影星挂历	9601
一九八六：生活健美	10484	一九八六：中外时装月历	9601
一九八六：诗经画意	10488	一九八六：中外影星	9601
一九八六：时装	9600	一九八六：祝君如意	10489
一九八六：时装挂历	9601	一九八六年《红楼梦》月历	2654
一九八六：世界雕塑名作选	10488	一九八六年《天宝传奇》月历	10489
一九八六：世界雕塑名作月历	10488	一九八六年(农历丙寅年)月建节气表	10489
一九八六：世界风光	9838, 10488	一九八六年儿童台历	10489
一九八六：世界名画	6791, 10488	一九八六年古诗台历	10489
一九八六：世界名画月历	10488	一九八六年全国电视书法比赛获奖作品选集	
一九八六：仕女图	10484		8180
一九八六：丝路花雨	10488	一九八六年摄影风光月历	9838

书名索引

一九八六年时装挂历	9601	一九八七：九寨风光	9084
一九八六年台式周历	9386	一九八七：孔子画像	10500
一九八六年月历：花卉	10489	一九八七：历代才女图	10500
一九八六年月历：明清绘画	10499	一九八七：历代书法名迹选	10500
一九八六年月历：西藏文物古迹	10489	一九八七：刘旦宅诗画月历	10500
一九八七：插花摄影	10626	一九八七：陆俨少山水画选	2661
一九八七：姹紫嫣红	10051	一九八七：马	10500
一九八七：电影演员	9626, 9649	一九八七：猫与鹦鹉	10500
一九八七：儿童	9626	一九八七：美与时装	9626
一九八七：发型与服式	10499	一九八七：民族舞蹈	9974
一九八七：法国风光	10159	一九八七：明星	9626
一九八七：风光摄影	9849	一九八七：母爱	10500
一九八七：风景	10499	一九八七：年画挂历	10500
一九八七：风景摄影	9849	一九八七：盆景	10626
一九八七：富贵荣华	10499	一九八七：盆景插花	10626
一九八七：姑苏诗情	10499	一九八七：盆景艺术	10626
一九八七：故宫博物院藏画珍品	10499	一九八七：青春	9626
一九八七：故宫藏古代山水画选	10499	一九八七：秋景如画	10500
一九八七：故宫藏画	10499	一九八七：群仙祝寿图	2661
一九八七：故宫藏画——花鸟画	2660	一九八七：山光水色	9850
一九八七：故宫藏明清绘画精品	10499	一九八七：上海手帕	10500
一九八七：故宫珍宝	403	一九八七：摄影挂历	9398
一九八七：挂历	10499	一九八七：石涛画选	10500
一九八七：国画——锦堂富贵	2661	一九八七：时装	9626
一九八七：国画——历史人物	2661	一九八七：世界儿童故事	10500
一九八七：国画——鸟语花香	2661	一九八七：世界风光	10159
一九八七：国画挂历	2660, 2661	一九八七：世界名画	10500
一九八七：国外流行时装	10159	一九八七：宋明清绘画	2661
一九八七：红楼梦人物	10499	一九八七：宋元名画选	2661
一九八七：红楼十二钗	2661	一九八七：天鹅之歌	9398
一九八七：花卉	10051	一九八七：舞蹈	9974
一九八七：花开四季	10499	一九八七：现代山水画选月历	2661
一九八七：华夏山水	10499	一九八七：现代舞	9974
一九八七：江山似锦	10500	一九八七：香港风光	9850
一九八七：金色的童年	9626	一九八七：徐悲鸿藏画选	10500

中国历代图书总目·艺术卷

一九八七：雅	10626	一九八四年挂历(风景）	10472
一九八七：演员·时装	9627	一九八四年国画月历	2632
一九八七：艺术风光	9850	一九八四年国庆联欢晚会歌选	11484
一九八七：艺苑精萃	10500	一九八四年花卉月历	10472
一九八七：银屏新秀	9627	一九八四年农家挂历	10472
一九八七：影视新花	9627	一九八四年摄影月历	9361
一九八七：中外歌曲300首台历	10501	一九八四年台历	10472
一九八七年《风光摄影》年历	9850	一九八四年台历(古代扇面）	10472
一九八七年《十三届世界杯足球大赛》月历		一九八四年扬州八怪画选挂历	10473
	9975	一九八四年月历	2632
一九八七年《西洋名画》月历	10501	一九八四年月历(舞蹈人物）	9557
一九八七年花鸟画月历	2661	一九八四年月历(西洋名画）	10473
一九八七年农历节气表	10501	一九八四优秀群众歌曲选200首	11712
一九八七年山水画新作	10501	一九八五	2644
一九八三年(唐诗画意）	10466	一九八五(电影演员挂历）	9578
一九八三年［挂历］	10466	一九八五(挂历）	10478
一九八三年［国画挂历］	2620	一九八五(美术挂历）	10478
一九八三年古代绘画台历	10466	一九八五(清明上河图卷）	10478
一九八三年挂历	9547	一九八五年(杜甫诗意画）	10478
一九八三年历书	10466	一九八五年四季飘香半月台历	10478
一九八三年农家挂历	10466	一九八五年台历	2644
一九八三年月历	2620	一九八五年希望月历	10478
一九八四——电影演员、剧照月历	9556	一九八五年月历	2644
一九八四年	2632	一九八一年(扇集)挂历	10449
一九八四年(风景摄影）	9814	一九八一年工分日历	10449
一九八四年(花卉、诗词半月挂历）	10472	一九八一年挂历	10449, 10450
一九八四年(剧照）	9952	一九八一年国画月历	2609
一九八四年(明、清、近代人物风景）	10472	一九八一年历书	10450
一九八四年(年画）	10472	一九八一年美术周历	10450
一九八四年(十二金钗）	10472	一九八一年人物花鸟山水国画月历	2610
一九八四年(双月历）	10472	一九八一年戏曲舞蹈月历	4102
一九八四年(宋词画意）	10472	一九八一年月历	10450
一九八四年(唐诗画意）	10472	一九二五年毛主席在广州	9000
一九八四年春节联欢晚会歌选	11481	一九九〇度范曾作品图录	2165
一九八四年挂历	2632	一九九〇年潮剧年鉴	12944

书名索引

一九九八年彝族挂历	10558	一九六五年重版年画缩样	3749
一九九二年潮剧年鉴	12944	一九七八(戊午)年节气表	10429
一九九二年书法论文征选入选论文集	7322	一九七八年(农历戊午)年历	10429
一九九九台湾现代剧场研讨会成果集	12699	一九七八年挂历	9340
一九九九台湾现代剧场研讨会论文集	12699	一九七九年国画月历	2603
一九九六年度宋文治作品图录	2276	一九七九年红楼梦图咏月历	10434
一九九七年：年画历卡	10556	一九七七年获选的群众喜爱的广播歌曲十五首	
一九九三年书法论文选集	7322		11470
一九九一年潮剧年鉴	12944	一九七九年历书	10435
一九九一年香港第二届道教科仪音乐研讨会论		一九七九年农历	10435
文集	10918	一九七九年月历	10435
一九六〇年二月，周总理在海南岛参观华侨农		一九七六年挂历	10425
场时与少先队员在一起	9002	一九七七年（农历丁已年）年历	10427
一九六八年年历	10415	一九七七年大挂历	10427
一九六八年双月历	10415	一九七七年当代香港艺术	281
一九六二(夏历壬寅年)年节令表	10405	一九七七年二十四节气日期时刻表	10427
一九六二年(阴历壬寅年)二十四节气表		一九七七年年画缩样	3907
	10405	一九七七年月历	9339
一九六六年年历	10416	一九七三年《全国连环画、中国画展览》中国画
一九六六年(丙午)农历图	10414	图录	1830
一九六六年(丙午年)历表	10414	一九七三年《全国连环画、中国画展览》中国画
一九六六年毛主席在北京	9000	选集	1830
一九六六年庆祝"五一"国际劳动节推荐歌曲		一九七四年(阴历甲寅年)月建节气表	10421
	11452	一九七五年(乙卯年)二十四节气	10423
一九六七年国庆推荐歌曲	11648	一九七五年儿童挂历	10424
一九六三年春节年画缩样	3611，3661	一九七五年月历	10424
一九六三年春牛图	10407	一九三九年以来英国电影	13173
一九六三年三月，周恩来总理关于向雷锋同志		一九三九年在晋察冀边区……	9264
学习的题词。	8144	一九三六年毛主席在陕北	9000
一九六四年(甲辰年)二十四节气表	10410	一九三六年朱德会见格达活佛	4238
一九六四年农历图	10410	一九三五年的世界艺术	170
一九六五年"哈尔滨之夏"创作歌曲选	11452	一九四九	11712
一九六五年(乙已年)历表	10412	一九四九年新年画选集	3530
一九六五年上海群众业余美术作品展览会宣传		一九四五年毛主席在延安	9000
画小辑	3158	一九五〇年春节宣传画选	3068

一九五〇年春节宣传画巡回展览	3068	一棵常青树	4993
一九五〇年度制作工作总结会议总结报告汇编		一棵果树万朵花	11777
	13305	一棵梨树	4919
一九五〇年毛主席在北京	9000	一棵树的作用	3354
一九五〇年木刻集	2987	一颗红心	8804, 12122
一九五〇年新年画选集	3530	一颗红心似火焰	5168
一九五八年创作歌选	11433, 11434	一颗红心为人民	5218
一九五二年国庆节	13236	一颗红心献给党	11441
一九五二年苏联造型艺术	360	一颗红心献人民	5186
一九五九年的成就光辉灿烂	3094	一颗红心一箩歌	11456
一九五九年十月一日，毛主席和首都军民一起，		一颗红心忠于党	11610
欢庆中华人民共和国成立十周年。9271,		一颗开心果	5106
9272		一颗蓝珍珠	4889
一九五七年福建省民间音乐舞蹈观摩会演乐曲		一颗闪光的心	5728
选集	12341	一颗铜纽扣	4993, 6512
一九五七年广西省国画展览会作品选集	1739	一颗铜钮扣	5608
一九五三年的五次全国运动会	9248	一颗枣儿一颗心	3907
一九五三年电影制片技术会议各项规定	13274	一颗子弹的故事	5050
一九五三年吉林省美术展览会优秀作品集		一块风化石	5186
	278	一块金手表	5218
一九五三年五一节	13237	一块石板	5241
一九五三年作品音乐会歌曲选	11406	一块银元	5186, 5241
一九五四年得奖儿童歌曲选	12003	一块砧板	5332
一九五四年全苏美展的风俗画与讽刺画	502	一篮鹅蛋	5370
一九五四年新年画样张	3531	一篮洋芋	4901
一九五五年初版年画	3531	一箦轩印谱	8511
一九五五年年画样本	3531	一览知书	7194
一九五五年苏联电影制片资料汇编	13275	一笠庵北词广正谱	12055, 12057
一九五五年新年画样张	3531	一粒棉花籽	12647
一九五一年漫画集	3403	一粒种子	4993
一九五一年新年画选集	3530	一流店铺	10611
一句话房间布置小窍门	10588	一流公司	3421
一看就会画	1254, 1255, 1261	一流家庭设计	10593
一看就会画：最新学卡通画速成	1238	一流室内设计精选	10579
一看就会画国画	717	一流住宅	10580

书名索引

一流住宅设计	10596	一片冰心	2621
一流住宅特集	10564	一片丹心为人民	5168
一楼盖成一楼又起	3004	一片新绿	2925
一篓子弹	5242	一片真心干革命	5168
一路茶香春意浓	3811	一品江	1952
一路春风一路情	4429	一品堂画谱	708, 709
一路丰收一路歌	3784	一瓶氧气	5131
一路欢唱丰收歌	3861	一仆二主	5863
一路顺风	2803	一千○一天	5131
一路同行	5430	一千零一夜	6156, 6471, 6512, 6594, 7012
一轮红日出东海	11450	一千零一夜故事精选	6714
一轮红日从韶山升起	11651	一千零一夜连环画库	6472
一马当先 万年奔腾	4578	一千零一夜全集	6547
一马当先万马奔腾(大联唱)	4919	一桥飞南北 天堑变通途	1804
一梦五千年	6676, 6677	一切被压迫民族争取独立民主自由的斗争一定	
一米之差	11693	会胜利!	3095
一面大寨式的旗帜——南滚龙沟	3147	一切反动派都是纸老虎	3784
一面红旗	3710	一切归功于毛主席、归功于党	3189
一面街办工业的红旗	5186	一切行动听从以华主席为首的党中央指挥	
一面坡	4993		3265
一苗针	5106	一切行动听指挥 步调一致才能得胜利	3189,
一抹春山万古雄	3366		3230
一墨指画	2242	一切行动听指挥，步调一致才能得胜利	3201
一年比一年好	3998	一切行动听指挥步调一致才能得胜利	3291
一年更比一年好	3749, 4238	一切行动听指挥秋毫无犯纪律严	3291
一年来的巡回剧团	12751	一切为了前线	1822
一年四季迎朝阳	3811	一切想着毛主席 一切服从毛主席……	3167
一年之计在于春!	3094	一切想着毛主席 一切服从毛主席……	10672
一年中的九天	13094, 13292	一曲难忘	5863, 6006
一盘没有下完的棋	5728, 6006	一曲引来百鸟鸣	4238
一捧雪	3611	一曲渔歌北京来	3661
一匹马	5142	一群披着羊皮的豺狼	3405
一匹马的故事	446	一人参军 全家光荣	3661
一匹牺牲的斑马	6006	一人推转千家磨	3811
一匹枣骝马	5242	一人有事，万人相助！ 一处困难，八方支援！	

中国历代图书总目·艺术卷

	3095	一堂珠算课	3811, 5268
一日千金	12094	一天花雨万家红	1786
一日千里	3861, 12094, 13244	一天一个大鸡蛋	3095
一日一笑台历：1986	10489	一天一夜	13234
一色纱英首次写真集	10147	一条白绫带	5594
一沙书法	8271	一条大道在眼前	11449, 11960
一闪一闪的兔子灯	5863	一条大道在眼前 社员都是向阳花	12170
一勺斋印存	8575	一条怪鱼	5608
一身都是爱	11542	一条河流的梦	11990
一身是胆——影坛新秀董智芝	9601	一条红鲤鱼	5242, 5299
一升黄豆	6006	一条鲤鱼的故事	5299
一生	6605	一条龙上天生产大改变	4994
一生奋斗为革命	3202	一条毛毯	5370
一声惊雷	4501, 4655	一条妙计	4994
一声令下 立即出动 坚决、彻底、干净、全部		一条紫红毯	4994
地消灭侵略者	3147	一通百通的小魔术	12997
一诗一画钢笔书法名家作品集锦	2886	一同走进髻乡	8953
一诗一画钢笔字帖	7508	一头小白象	4873
一诗一画唐诗四十首	7611	一娃好	4429, 8810
一石一世界	10718	一湾漓江水 万点桂山青	8825
一室一厅布置	10596, 10598	一网打尽	4893, 4902, 5430, 5517, 5728, 6207
一手拿镐,一手拿枪	12372	一往情深	9229, 9425, 9443
一束红玫瑰花	5078	一往无前	2779
一树红花朵朵开	4993	一往无前的人	5299
一树一石	908	一文钱小陈造奇冤	6006
一摔盐	5218	一闻艺话	7167
一双特号鞋	5298	一窝猪羔	5332
一双鞋	4993	一无所有	12405
一双绣花鞋	5517, 5608	一舞剑器动四方	4328
一丝不苟 精益求精	3214	一线天	5517, 6157
一丝之差	5218	一箱玉罗汉	6007
一所贫下中农掌权的学校松树小学	9265	一笑解恩仇	6157
一所社会主义新型大学	9279	一笑了之	3503, 3516, 3528
一所新型的社会主义大学	9266	一啸风动八方	2654
一堂地理课	3949	一啸震百兽	4741

书名索引

一心(钢笔)小楷	7414	一阵风出山	5728
一心爱社	4919	一支驳壳枪	5187
一心飞向天安门	11441	一支猎枪	5268
一心干革命 双手献栋梁	3247	一支毛泽东思想的赞歌……	5145
一心跟党走 红旗代代传	3750	一支难忘的歌	11477, 11535
一心为革命	3147, 5142, 5187, 11643	一支铅笔	5430
一心为革命一切为革命	3214	一支手枪	5517
一心为公的共产主义战士	5145	一只笨狼	6662
一心为公的共产主义战士蔡永祥	5142, 5144	一只布鞋	5299
一心为集体 当家做主人	3750	一只花母鸡	5370
一心为了实现四个现代化	3327	一只脚	4994, 5020
一心为人风格高	3750	一只塑料笔套	5268
一心为人民	3861, 3908	一只小猪	4902
一心为人民的好战士刘道友	5168	一只鱼鹰	5430
一心为社 勤俭持家	3661	一枝花	12055
一心想着为国家多作贡献	3177, 5155, 9267	一直唱到北京去见毛主席	11789
一心小楷	8383	一直唱到共产主义	12701
一心一意为革命	3147	一周居室布置	10602
一休! 一休!	6662	一桩离奇案	6157
一休的一生	7034	一桩人参案	6157
一休斗智	7033	一子多福	4429, 4655
一休智斗葫芦娃	6694	一字值千金	5728
一叶轩印楷	8495	一足印稿	8565
一夜夫妻花姑子	6307	一座雕像的诞生	5728, 6157
一夜新娘	6207	伊秉绶隶书墨迹选	8070
一园春色	8817	伊秉绶隶书五言联	8070
一月的哀思	12177	伊秉绶书法选	8200
一张X光片	4994	伊秉绶书法选集	8081
一张革命大字报	3861	伊秉绶书光孝寺虞仲翔祠碑	8078
一张火车票	5430	伊尔深水人物画选辑	6784
一张奇怪的药方	5268	伊豆舞女	9710
一张奇怪的邮票	5218	伊凡王子	4893
一丈青屠三娘	2386	伊贡·席勒作品选	6796
一丈青生擒王矮虎	4328, 4655	伊拉克革命绘画	6779
一针一线为集体	3710	伊拉克工艺美术	10724

中国历代图书总目·艺术卷

伊拉克共和国艺术展览会	363	伊文思等谈新闻纪录电影	13292
伊拉克美术简介	364	伊兹新萨克斯管教程	11171
伊朗绘画	6782	衣食足然后知寂寞	3516
伊蕾娜·卡昂	6849	衣云印存	8492
伊犁	8933	医疗队员之歌	5299
伊犁河畔鱼水情	5268	医疗卫生工作要更好地为五亿农民服务！	
伊犁美术作品选	1302		3158
伊犁昭苏	8817	医学三字经	8400
伊里书法	8259	医药武术	7483
伊丽娜·卡昂·安弗斯的肖像	6853	依卜与克丽斯汀	6007
伊利沙伯夫人	6889	依靠集体幸福多	3661
伊利亚特	7056	依栏仕女图	4655
伊利亚特的故事	6007	依恋	9443, 10490, 10626
伊岭岩	8928, 9798	依苏波娃像	6885
伊岭岩	2621	依偎	9361
伊岭一家人	5106	依样	2632
伊玛堪唱给毛主席	11960	依呀鸟	6007
伊墨卿先生真迹	8050	依依	9444
伊墨卿先生自书诗册	8051	依依离情	9412
伊阙石刻图表	8648	依依握别在深秋	11524
伊萨贝尔·柯伯丝·波尔赛肖像	6853	依最新指导法的少年筱崎小提琴教本	11177
伊斯兰风光	10513	壹佰廿伍曲	12413
伊斯兰建筑	9298	瀛兰馆印选	8481
伊斯兰教圣地——麦加"天房"	9971	黟山人黄牧甫先生印存	8536
伊斯兰艺术风格	452	仪式音乐	10903
伊斯兰艺术鉴赏	454	仪仗队	4866
伊斯兰音乐	10918	圯桥进履	12300
伊索	5863	夷陵之战	5370
伊索寓言	5608, 6472, 6512, 7143	夷吾争位	5050, 5609
伊索寓言故事	5517	沂河边的故事	5131
伊索寓言精选	6472	沂河欢歌	12268
伊万·麦什特洛维奇	8673	沂河两岸	12122
伊万的童年	13263	沂河两岸新风光	3710
伊万诺夫	6879	沂蒙荡寇	6276
伊蔚斋印谱	8508	沂蒙江南	3998

书名索引

沂蒙人民学大寨	3949	宜兴紫砂陶	10643
沂蒙山区茶花香	3861	宜兴紫砂陶艺	10651
沂蒙山区好地方 小小针线包	11962	宜兴紫砂珍赏	10651
沂蒙山之歌	12174	宜轩印娱	8521
沂蒙颂	3908，5299，9217	宜阳农民歌选	11777
沂蒙新春	3998	宜振书室印存	8531
沂蒙在变——山东省临沂专区山水林田综合治		贻经堂试帖	7832
理概况	3147	贻顺哥烛蒂	5079，5609
沂蒙之光墨迹选	8284	姨婶下放来我家	12010
沂山的旋律	11500	移动式发动发电机	13278
治晋斋法书	8023	移动式发动发电机实习教材	13278
治晋斋法帖	7661	移风易俗 婚事新办	3345
饴庵遗著	11009	移风易俗 破旧立新	3230
怡府藏石谷精品	1639	移风易俗办喜事	3750
怡红公子	4741	移风易俗过新年	3750
怡静山川	4845	移风易俗家家乐 破旧立新代代红	4046
怡情	10528	移来南茶住北乡	4165
怡情悦性	9361	移情的艺术	8605
怡堂书谱	8133	移山	1728
怡闻学画	6761	移山倒海征服自然	3550
怡园	10110	移山填谷	1786
怡悦优雅	8843	移山造海	3004
怡志楼曲谱	11825	移山造田	1851，3949
宜昌抗战剧史料专辑	12909	移山志	3784
宜长乐斋印学	8506	移植革命现代京剧沪剧《红灯记》主要唱段选辑	
宜琛印稿	8592		11862
宜黄腔源流考	11146	移植革命现代京剧沪剧《沙家浜》主要唱段选辑	
宜黄诸腔源流探	11156		11862
宜陶之旅	10647	遗产风波	6007
宜兴书画作品集	341	遗传学	7025
宜兴陶器图谱	10643	遗憾与希望	6276
宜兴陶艺	407，8662	遗民为僧之遗墨	8043，8113
宜兴艺萃现代彩陶集	10658	遗山题跋	772
宜兴紫砂	409，429，10650，10658	遗失的世界	7003
宜兴紫砂壶艺术	10658	遗音缀笔	11324

中国历代图书总目·艺术卷

颐和园 4328, 4429, 4655, 9039, 9040, 9064, 9111,	彝山银帆船	13284
9119, 9126, 9139, 9786, 9805, 9827, 9877,	彝文书法字帖	7655
9894, 9903, 9917, 9923, 10435	彝文书写练习	7655
颐和园冬雪 9887	彝乡春早	4238
颐和园风景 2905, 9077, 9789	彝寨喜迎新社员	3949
颐和园山色湖光楼 9997	彝州神韵	8970
颐和园十七孔桥 9294	彝族的亲人	5050
颐和园石舫 9993	彝族儿童画图集	6771
颐和园铜牛 402	彝族姑娘	9547
颐和园万寿山 9838	彝族美术	10236
颐和园夕照 9827, 9909	彝族民歌六首	12200
颐和园谐趣图 9838	彝族民间器乐曲选	12258
颐和园谐趣园 9111	彝族女司机	2761, 3908
颐和园新景苏州湖 9132	彝族女拖拉机手	3998
颐和园雪景 9805	彝族人民歌唱华主席	3291
颐和园一角 9815	彝族图腾艺术作品选	453
颐和园玉带桥月夜 9979	彝族舞 9961, 12604, 12608	
颐和园之春 3661, 3662, 9903	彝族舞蹈	12613
颐和园之春 2448, 2667	彝族舞曲	12311
颐和园之夏 9094	彝族音乐学习移植革命现代京剧选段	11864
颐和园之夜 9977	乙瑛碑 7754, 7755, 8374	
颐和园知春亭 9998	乙瑛碑不二字	7755
颐情馆书画跋 770	已经站起来的古巴人民是不可战胜的	3107
颐素斋印景 8521	已闻燕雁一声新	9374
颐园论画 673, 856	以诚相待	11494
疑案奇绝 5728	以岛为家	3750
疑案重重 6207	以钢铁而战	3095
疑山园帖 8072	以钢为纲高速度发展社会主义工业	3313
疑是九天来 9386	以钢为纲齐"跃进"胜利花开满堂红	3095
疑是仙女下凡来 4429	以钢为纲为钢而战	3095
彝姑丰姿 9578	以高速度的步伐继续"跃进"	3095
彝家新歌 12336	以革命的精神做好社会主义商业工作	3147
彝剧志 12944	以革命的名义 5020, 5050, 5728, 5864	
彝区结盟 3998	以革命和生产的新成绩庆祝上海市工会第五次	
彝山歌声 11702	代表大会的召开	3214

书名索引

以更大的丰收 献给社会主义 3247

以华主席为首的党中央和全国各族人民心连心

3998

以讲卫生为光荣 不讲卫生为耻辱 3291

以讲卫生为光荣以不讲卫生为耻辱 3095

以阶级斗争为纲 大干社会主义 3265

以阶级斗争为纲 夺取抗震救灾斗争的胜利

3265

以阶级斗争为纲 为在一九八〇年基本上实现农业机械化而奋斗 3265

以阶级斗争为纲，大搞"挖潜、革新、改造"

3265

以阶级斗争为纲乘胜前进 3265

以阶级斗争为纲搞好农业机械化 3265

以阶级斗争为纲普及大寨县 3265

以阶级斗争为纲为普及大寨县而奋斗 3265

以介眉寿 1927

以雷锋同志为榜样 3214

以练为战 3861

以梁社开为榜样 做无产阶级的医务工作者

3158

以粮为纲 全面发展 3998，4046

以粮为纲 全面发展 3784，3811，3861，3949

以粮为纲 全面发展 2589

以粮为纲 全面发展 喜庆丰收 五业兴旺 3861

以粮为纲 以钢为纲 3908

以粮为纲 全面发展 3017，3202，3214，3247，

9269，10421

以粮为纲 五业兴旺 3214

以粮为纲，全面发展 支援农业，实现四化

3861

以粮为纲大办农业 3313

以粮为纲全面"跃进" 3095，3550

以粮为纲全面发展 3998

以粮为纲五谷丰登 全面发展百业兴旺 3784，

3811

以六正五之斋琴谱 12300

以路线为纲 严格训练 3202

以毛泽东思想为武器 批判旧世界 建设新世界 3158

以毛泽东思想为武器横扫一切牛鬼蛇神……

3158

以毛泽东思想武装起来！ 3095

以毛泽东同志为领袖的中国共产党万岁！ 3171

以门合同志为光辉榜样无限忠于毛主席革命路线 3167

以农为荣 3113

以农为荣 以农为乐 3612，3662

以农为荣 以农为乐 3114，3121

以农为荣以农为乐建设幸福美好的新农村 3107

以攀登珠穆朗玛峰的英雄气概攻尖端，攀高峰

9248

以体画集 1376

以鳝代蛇 5729

以社为家 3662

以石画戏 2106

以实际行动欢庆"四届人大"的召开 3177

以实际行动回答"四年、五年总可以了吧"！

3230

以实际行动援越抗美 3147

以实际行动支援越南人民抗美救国斗争！

3148

以实际行动做缩小三大差别的促进派 3247

以苏联为首的社会主义阵营大团结万岁 3095

以完成和超额完成今年的国民经济计划向党献礼 3095

以学为主兼学别样 3949

以艺进道 057

以逸待劳 5729

以优异成绩献给党 3292

中国历代图书总目·艺术卷

书名	编号	书名	编号
以优异成绩向中国共产党第十一次全国代表大会献礼	3292	亿万人民高声唱 毛主席是我们心中红太阳	11643
以优异成绩迎接全国工业学大庆会议胜利召开	3292	亿万人民高声唱毛主席是我们心中红太阳	11643
以优异成绩迎接全国工业学大庆会议召开	3292	亿万人民高声唱毛主席是我们心中红太阳	11643
以优异的成绩庆祝四届人大的召开!	3189		11643
以优异的成绩向"十大"献礼	3214	亿万人民齐欢唱 毛泽东思想永远放光芒	
以优质产品献给人民	3337		11643, 11644
以争分夺秒精神开创新局面	3354	亿万人民齐欢唱毛泽东思想永远放光芒	
以周总理为榜样为建设四个现代化的社会主义强国努力奋斗!	3323		11648
		亿万人民心中的丰碑	9286
以抓革命促生产的实际行动庆祝四届人大胜利召开	3230	义盗复仇	6238
		义和拳	5517
以抓革命促生产的优异成绩欢庆四届人大胜利召开	3230	义和团	4884
		义和团——红灯照	4501
以字行腔	11117	义和团图画故事	6346
蚁美楷画集	2814	义激美猴王	5609
舣棹图	1596	义剑奇侠	13153
倚	9444	义将	2107
倚窗吟诗图	8843	义静烈火	5131
倚翠闻涛	9426	义军会师东乡	6157
倚栏眺望	9386	义士和侠客	4876
倚石吟诗	1664	义士遇难	6157
倚石争雄	10626	义收牛皋	5864
倚天屠龙记	6207, 6472, 6742	义送摇旗	5430
倚天一剑	6207	义乌高清扫书	8322
倚杖	10626	义乌高清书画	1398
椅子经典设计艺术资料	10620	义务教师	3811
椅子上的圣母	6889	义务看车员	1822, 1830
旖旎风光	9084	义务植树人人有责	3354
弋阳腔杂戏场面题纲	11136	义侠擎天	4994
忆万富翁	6346	义侠扑天雕	6346
亿万人民的共同心愿	3292	义侠佐罗	6157
亿万人民高声唱 毛主席是我们心中红太阳	11643	义轩琴经	12290
		义猿救泰山	6157

书名索引

艺高气壮 无敌不摧	3114	艺林花雨	12728
艺耕集	12688	艺林剪影	098
艺光国画传习所画刊	1474	艺林妙语	499
艺海博览	12957	艺林名著丛刊	678
艺海采珠	6768, 9426, 9681	艺林女杰	6158
艺海帆踪	098	艺林散步	049
艺海泛舟	12672	艺林撷菁	121
艺海飞鸿	110	艺林旬刊	264
艺海风景线	046	艺林月刊	264
艺海见闻录	022	艺林之美	063
艺海苦航录	12973	艺流供奉志	12806
艺海丽珠	8852	艺门推敲录	034
艺海漫游	259	艺品	12725
艺海觅韵	115	艺评家群像	115
艺海奇观	177	艺圃撷徐	12727
艺海轻舟	12729	艺人与艺事	095
艺海情画	1368	艺术	040, 064, 194
艺海群英	5864, 6157	艺术·爱·狂恋	479
艺海探源	524	艺术·情感·理性	030
艺海同舟	341	艺术·人体·动势	10154
艺海微澜	106	艺术·设计的平面构成	10210, 10211
艺海扬帆	12804	艺术·市场	349
艺海一勺	098	艺术·自然·自我	367
艺海一粟	12899	艺术·走向新世纪	213
艺海珍藏：山东美术出版社建社十周年纪念	318	艺术—迷人的领域	067
艺海纵横	480	艺术—人的启示录	038
艺猴鸣冤	6207	艺术—认识的曙光	072
艺景	1564	艺术—生命之光	042
艺境	079	艺术、文学、人生	020
艺菊	10513	艺术，真善美的结晶	12715
艺兰	1697	艺术：一个创造的世界	044
艺廊思絮	684	艺术百花园	049
艺蕾萌春	6766	艺术百科全书	044, 046
艺林采英	111	艺术版画作法	1205
艺林悼友录	846	艺术本体论	046

中国历代图书总目·艺术卷

艺术本质特征新论	024	艺术的奥秘	016
艺术变相论	047	艺术的第二次诞生	115
艺术辩证法漫谈	022	艺术的功能	10703
艺术辩证法枝谈	020	艺术的故事	173，194
艺术博物馆	350	艺术的涵义	022
艺术不老	12855	艺术的将来	003
艺术插花	10585，10609，10628，10630，10631，10636	艺术的教育功用	044
		艺术的金秋	12724
艺术插花技巧	10602	艺术的精神性	476，483
艺术插花精品集：日本华道	10756	艺术的历程	180
艺术插花指南	10593	艺术的冒险	095
艺术陈设	10751	艺术的美学基点	069
艺术传播学	106	艺术的魅力	041，044
艺术创造的本性	087	艺术的魅力重生	055
艺术创造工程	086，087	艺术的起源	008，174，176，190，194
艺术创造心理学	047	艺术的人民性	015
艺术创造与接受	088	艺术的社会根源	012
艺术创造主体论	087	艺术的社会生产	037
艺术创作	088	艺术的社会主义	006
艺术创作规律论	087	艺术的深度	057
艺术创作论	088	艺术的审美实质	065
艺术创作与变态心理	087	艺术的审美特性	065
艺术创作与技巧	088	艺术的失落	047
艺术创作与交流的磁场	088	艺术的使者	10779
艺术创作与审美心理	037	艺术的特点及其在社会生活中的地位	081
艺术创作之谜	087	艺术的未来	041
艺术词典	057	艺术的兴味	100
艺术丛话	008	艺术的修养	017
艺术丛论	500，501	艺术的意味	079
艺术大辞典	037	艺术的幽思	269
艺术大辞海	020	艺术的哲学	049
艺术大师	205	艺术的真谛	098
艺术大师论艺术	026	艺术的真实	010
艺术大师吴昌硕	495	艺术电影的魅力	13168
艺术大师徐悲鸿	524	艺术电影与民族经典	13076

书名索引

艺术殿堂的建构	037	艺术家的明信片	10779
艺术断想	018	艺术家的难关	003
艺术对话	135	艺术家的塑像	084
艺术发生学	188	艺术家的眼睛	018
艺术发展史	181	艺术家的摇篮	352
艺术范畴的心理分析	051	艺术家的宇宙	084
艺术放谈	517	艺术家和友人的对话	027
艺术分析	030	艺术家画像	551
艺术风格学	087	艺术家及其他	004
艺术符号辞典	041	艺术家集	103
艺术符号与解释	034	艺术家名言妙语	084
艺术概论 002, 007, 013, 016, 019, 034, 049, 052,		艺术家人格的心理学分析	085
055		艺术家生命向力	030
艺术概论讲义	013	艺术家十句话	3496
艺术概论教程	052	艺术家谈大师·勃鲁盖尔	1083
艺术概论提纲	017	艺术家谈大师·博施	1083
艺术概论与欣赏	027	艺术家谈大师·丢勒	1083
艺术高校素描习作精选	2908	艺术家谈大师·卡拉瓦乔	1083
艺术歌曲	11979, 11980	艺术家谈大师·卢奥	1083
艺术钩沉	7168	艺术家谈大师·卢梭	1083
艺术观赏之道	108	艺术家谈大师·伦勃朗	1083
艺术观照的审美性	074	艺术家透视	8987
艺术管理与剧院管理	209	艺术家修养论	083
艺术规律论稿	020	艺术家眼中的世界	8607
艺术瑰宝——芭蕾	12660	艺术家与德育	084
艺术画廊丛书	6806	艺术家与人体解剖学	162
艺术基本论	016	艺术家族与微观美学	075
艺术基础	047, 057	艺术价值论	044
艺术基础教程	049	艺术简论	003, 004
艺术及其对象	038	艺术简说	010
艺术集	027	艺术鉴赏	108, 12730
艺术技巧与魅力	027	艺术鉴赏概要	100
艺术家——台湾美术	111	艺术鉴赏论	121
艺术家丛集	206, 341, 722	艺术鉴赏漫笔	094
艺术家的美学	071	艺术鉴赏入门	095

中国历代图书总目·艺术卷

艺术鉴赏心理学	038	艺术论要	049
艺术交往论	044, 045	艺术漫论	038
艺术交往心理学	027	艺术漫谈	089
艺术教程	038	艺术美	062, 066
艺术教育	207, 211	艺术美的创造与欣赏	064
艺术教育 ABC	206, 207	艺术美的欣赏	074
艺术教育论	206	艺术美学	079
艺术教育设施法	207	艺术美学概论	076
艺术教育图典	057	艺术美学论集	063
艺术教育学	206, 210, 211	艺术美学文选	077
艺术教育研究文集	058	艺术美学文摘	063
艺术教育与鉴赏	110	艺术美学新论	065, 074
艺术教育之原理	001, 342	艺术美学新义	071
艺术教育重要法令	244	艺术美与欣赏	065, 098
艺术解读	115	艺术美育	069
艺术解剖学	160	艺术美之谜	067
艺术解剖学三十八讲	159	艺术魅力的探寻	065
艺术进驻·九九峰	121	艺术苗圃	353
艺术经济学概说	019	艺术名言	038
艺术经验论	088	艺术明信片	10513
艺术剧社史料	12754	艺术判断	100
艺术科学丛谈	066	艺术批评	114
艺术乐园	341	艺术批评与艺术教育	118
艺术类型学	055	艺术品(字画)市场投资入门	813
艺术类型学资料选编	055	艺术品味	093
艺术理论	038	艺术品与包装	192
艺术理论基础	045	艺术评论	101
艺术理论教程	052	艺术奇趣录	027
艺术零缣	092	艺术前的艺术	178
艺术论	001, 002, 004, 005	艺术情境定式法	12709
艺术论丛	100, 104	艺术情趣	106
艺术论纲	047	艺术情趣欣赏	098
艺术论集	006, 008, 098	艺术趣味	008
艺术论述	199	艺术人才修养	084
艺术论文初集	12853	艺术人格论	051

书名索引

艺术人类学	042	艺术史与艺术批评	185
艺术人体百态	8736	艺术史与艺术批评的探索	815
艺术人文七小时	121	艺术史终结了吗？	195
艺术人像	9681	艺术市场	349
艺术三家言	003	艺术市场与艺术品投资	347
艺术嗓音保健之友	11119	艺术视听觉心理分析	034
艺术嗓音的训练和保健	11121	艺术收藏	347
艺术赏析概要	110	艺术手册	547
艺术设计	136，10383	艺术手记	098
艺术设计的造形与构成	141	艺术思潮	003
艺术设计概论	136	艺术思维和创作的发生	088
艺术社会学	006，027	艺术谈概	002
艺术社会学底任务及问题	006	艺术陶瓷	10651
艺术社会学描述	067	艺术特征论	021
艺术摄影	9398	艺术体操	4102，9251，9962，9965，9969，9975，
艺术摄影入门	8792		9977，9978
艺术摄影欣赏	8684，8694	艺术体操——火棒操	9969
艺术摄影选集	8923	艺术体操——球操	9966，9975
艺术审美丛谈	067	艺术体操：藤圈操	9972
艺术审美简论	073	艺术体操名将——王秀荣	9578
艺术生产概论	049	艺术体育论文集	215
艺术生产原理	034	艺术体制改革与管理初探	13018
艺术生态论纲	047	艺术通论	009
艺术圣经	195	艺术涂抹：论儿童绘画的意义	481
艺术盛会前奏曲：第四届中国艺术节	218	艺术文化论	038
艺术十大纪录	058	艺术文化学	038，051
艺术十二讲	004	艺术文集	003
艺术时装	4741，9681	艺术问题	019
艺术实践	034	艺术现象的符号	027
艺术史	183	艺术香壁挂	10596
艺术史的原则	180	艺术心理范式	042
艺术史的哲学	042	艺术心理学	022，030，042
艺术史学的基础	187	艺术心理学基础教程	052
艺术史研究	195	艺术心理学教程	038
艺术史与艺术教育	192	艺术心理学新论	042，043，058

艺术欣赏	115, 121, 122	艺术与公共政策	050
艺术欣赏趣谈	098	艺术与观念	186
艺术欣赏入门	101	艺术与幻觉	028
艺术欣赏微型文选	114	艺术与鉴赏	101
艺术欣赏与人生	095	艺术与精神分析	030, 073
艺术欣赏与知识	529	艺术与科学	007, 025, 028, 055
艺术欣赏指要	096	艺术与科学思维	031
艺术形式	082	艺术与美	079
艺术形式的探索	494	艺术与权利	111
艺术形态学	025	艺术与人	031
艺术形象	086	艺术与人类心理	039
艺术修养基础	083, 084	艺术与人生	043, 090
艺术学	027, 028, 045	艺术与人文科学	035
艺术学大纲	007	艺术与设计	058
艺术学概论	047	艺术与社会	007, 012, 035, 111
艺术学纲要	002, 052	艺术与社会生活	080
艺术学基本原理	043	艺术与生活	1351, 1352, 8338
艺术学手册	190	艺术与生活的模糊分际	083
艺术学习法及其他	010	艺术与生活审美指要	074
艺术学新论	009	艺术与生命	045
艺术学研究	052	艺术与世界宗教	035
艺术学与艺术史文集	053	艺术与视觉心理学	018
艺术学院美术学系第二届毕业作品集	307	艺术与视知觉	021
艺术研究	022, 023, 043, 058	艺术与文化	045
艺术研究荟录	12927, 12928	艺术与现实的审美关系	061
艺术研究论文集	122	艺术与欣赏	069
艺术研究资料	12840, 12841, 12844	艺术与新生活运动	241
艺术研修	118	艺术与性	039
艺术摇篮	346, 354	艺术与艺术家	084
艺术意象论	049	艺术与艺术家论	084
艺术音乐精华	166	艺术与艺术教育	053
艺术引论	035, 053	艺术与游戏	031
艺术硬笔书法	7601	艺术与哲学	035, 052
艺术与创造	087	艺术与真理	058
艺术与错觉	028	艺术与真实	1412

书名索引

艺术与自然的对话	118	艺术中的精神	058
艺术与自然中的抽象	181	艺术中的内容和形式问题	081
艺术与自由	071	艺术中的女性形体	455
艺术与宗教	028, 031	艺术中的现实主义	196
艺术语言	073	艺术中的哲理	029
艺术语言发声基础	12817	艺术中的哲学	019
艺术原理	023, 047	艺术铸件的制作技术	10654
艺术院校招生升学指导与考试大纲	015	艺术铸造	10763
艺术噪音的训练和保健	10993	艺术铸造欣赏	10656
艺术展览会海报	10779	艺术装饰小品资料	10286
艺术掌握论	052	艺术资料汇编	12685
艺术折纸	10683, 10686	艺术字创意精品	7654
艺术哲学	011, 012, 025, 045, 052	艺术字精粹	7644
艺术哲学 ABC	005	艺术作品拍摄技巧	8801
艺术哲学大纲	035	艺术作品之色的研究	145
艺术哲学导引	058	艺粟斋墨品	1047
艺术哲学简论	055	艺坛春秋	12708
艺术哲学论稿	023	艺坛巨匠徐悲鸿	2260
艺术哲学思辨	045	艺坛拾萃	3046
艺术哲学新论	031	艺坛桃李录	12888
艺术真实论	021	艺坛吐芳	9374
艺术真实十题	019	艺坛新花	9526, 9531
艺术之本质	060	艺坛新苗	4046, 9681
艺术之根	192	艺坛新秀	9004, 9627
艺术之旅	577	艺坛艺谈	045
艺术之民族性与国际性	005	艺文	272
艺术之起源	008	艺文论集	025
艺术之社会的基础	005	艺文神韵	264
艺术之维	2837	艺闻录	190
艺术知识 900 题	031	艺乡情真	1352
艺术直觉研究	029	艺野知见录	12851
艺术职业道德	085	艺用兵器资料	10254
艺术职业道德修养	085	艺用动物资料	10265
艺术至境论	079	艺用飞机资料	10260
艺术中的阶级性与民族性	013	艺用风景装饰资料	10332

中国历代图书总目·艺术卷

艺用风景资料	10265	艺苑蓓蕾	8825
艺用服饰资料	10352	艺苑长青	8864
艺用古文字图案	7639	艺苑传奇	6007
艺用花卉资料	627	艺苑春华	4741
艺用解剖学	159, 161	艺苑春色	4501
艺用解剖学三十八讲	159	艺苑掇英	282, 283, 284, 285, 286, 287
艺用景物装饰 1000 例	10326	艺苑掇英	2339
艺用刊头插画集	10296	艺苑绘画研究所概况	342
艺用刊头尾花资料	10291	艺苑集锦	1285
艺用刊头资料	10265	艺苑集胜	2291
艺用翎毛资料	988	艺苑交游录	517
艺用马造型写真	9320	艺苑精华	10234, 10634
艺用汽车资料	10281	艺苑掠影	538
艺用人体 500 图	9030	艺苑论丛	12848
艺用人体结构	161	艺苑奇葩	1227, 12942
艺用人体结构解剖	553	艺苑奇葩录	10182
艺用人体结构形态分析解剖	162	艺苑秋实	12893
艺用人体结构运动学	161	艺苑趣谈录	021
艺用人体解剖	160, 161, 163	艺苑群芳	9426, 10631
艺用人体解剖简明图	160	艺苑拾贝	13017
艺用人体解剖图	159, 160	艺苑拾穗	12730
艺用人体解剖学	159, 160	艺苑随笔	517
艺用人体解剖资料	553	艺苑谈美	065
艺用人体摄影图谱	10145	艺苑小花	9578, 9601
艺用人物变化资料	10322	艺苑撷英	048
艺用色彩学	152	艺苑新花	9008, 9531
艺用设计基础资料	10317, 10327	艺苑新花——李蛙	9547
艺用蔬果草虫资料	10322	艺苑新蕾	4165, 4429
艺用树形资料	9320	艺苑新苗	4165, 4238, 4328, 9531
艺用文字资料	7635	艺苑新秀	204, 4429, 4803, 9681, 9710
艺用鱼形资料	10268	艺苑英华	12821
艺用植物资料	10268	艺苑珍赏	1492, 1697, 1717
艺用装饰小品资料	10286	艺苑珍赏	2213, 2555
艺用装饰资料	10570, 10743	艺苑走笔	218
艺苑	1281, 12785	艺舟书画谱	1473

书名索引

艺舟双楫	7227, 7228, 7229, 7230	异龙	10779
艺舟双楫书论	7228	异人佚客戏侠士	6307
艺舟双楫疏证	7294	异兽	10521
忆	12507	异乡泪	5864
忆光荣传统 学革命路线	3202	异香原自苦寒来	12876
忆江南	11887, 12893	异想天开	3490, 3528, 13125
忆苦思甜	3202, 3711, 12264	异星人瑟勒娜	6007
忆苦思甜——农村今昔对比	3121	异域风情	8988
忆兰轩印存	8492	异域惊涛	6276
忆南方	12266	异质的书写方式	058
忆修水	5079	役挫公司中国曲调	12838
屹立傲风雨	1895	译音便学琴谱	12306
亦爱庐印存	8525	易北河两岸	13256
亦步亦趋	9478	易北河畔的秘窟	6007
亦复如是斋印存	8520	易错字钢笔字帖	7611
亦工亦农 半农半读	3750	易大厂居士书画印合编	2165
亦工亦农 亦文亦武	3908	易洪斌画集	2260, 2314
亦工亦农绘新图	3023	易经	8355
亦农亦医为人民	3949	易经画传	6417
亦无楼宋元铜印辑	8549	易律神解	11009
亦宜社彩排特刊	12859	易罗池之春	9877
亦政堂订正古今印史	8442	易乃光油画集	2828
异彩纷呈的艺术长廊	587	易琼画选	3045
异草奇花	10528	易声歌集	11030
异齿龙	10779	易图境画集	2291
异端的电影与诗学	13064	易细才	5155
异父兄弟	6238	易阳画集	3063
异国风光速写	2894	易云生素描	2914
异国风情	10147	易斋王丹百印存	8583
异国飘零记	6158	易至群画集	2260
异国情调	10916	峄山刻石	7766
异海情思	9472	峄县是个好地方	11434
异卉珍禽	4430	绎山碑	7761
异卉珍禽图	4578	驿站长	5518, 5609, 6007
异伶传	12742	驿站长之死	5864

中国历代图书总目·艺术卷

弈趣	4165	意大利访华美术家作品选集	362
奕采	4831	意大利风光	9103, 10137, 10165
羿之死	6007	意大利歌曲 108 首	12392
抱爽轩琴谱	12300	意大利歌曲集	12362, 12375, 12382
益虫益鸟益兽	4430	意大利歌曲演唱读音指南	11121
益虫益鸟益兽四条屏	4430	意大利姑娘	5518
益公题跋	7688	意大利古典人体素描	6909
益鸟屏	2508	意大利广告设计	10780
益阳地区电影发行放映志	13188	意大利国立教育电影馆概况	13304
益智百图	6940	意大利及其艺术概要	357
益智美劳立体卡	10693, 10694	意大利陵园雕塑	8679
益智幽默	6990	意大利美术作品选	6787
益智折纸大全	10779	意大利女孩	6882
益州名画录	741, 742	意大利秋景	10161
益州书画录	1474	意大利素描新选	6909
泡露名花开五色	2644	意大利随想曲, 作品 45	12549
恒歌	11386	意大利威尼斯	10155
逸庐鉴藏书画录	1461	意大利文艺复兴期的美术	359
逸墨斋诗稿	8322	意大利文艺复兴时期美术作品选	6784
逸语	10933	意大利语语音歌唱教程	11132
逸园印辑	8527	意大利之秋	10161
逸园印谱	8525	意匠	10346
裹露轩琴谱	12300	意匠与着色法图	10346
意笔白描人物画技法	879	意念博士的魔法	6547
意笔花鸟画临习参考资料	974	意念的创造	10763
意笔花鸟画谱	960	意趣	9459
意笔牡丹画技法	984	意趣盎然	2107
意笔人物画基础技法	873	意趣与机杼	811
意笔人物基础技法	873	意统脱险	6571
意笔线描人物画	2403	意图的模式	543
意大利 19 世纪绘画	6882	意外妊娠不意外	3384
意大利当代超写实画家一卢西安诺·文特罗恩		意象剧场：非常亚陶	12831
	6879	意象素描	1106
意大利电影	13194, 13307	意义的瞬间生成	069
意大利儿童	9627	意义与空白	13157

书名索引

意意	9444	音教抗战曲集	11377
意园古今官印匀	8534	音阶	12468
意中花	10528	音阶练习曲	11168
意中良缘	8834	音阶体系	12466
意中缘	4578, 4741	音阶与琶音	11245
溢香	9412	音境	11366
瘗鹤铭	7783	音乐	6859, 10786, 10794, 10797, 10798, 10799,
瘗琴铭	7840		10800, 10802, 10803, 10804, 10813,
熠熠芳华	9459		10816, 10820, 10822, 10825, 10831,
臆论	12055		10837, 12099, 12354
翼龙	10780	音乐·美术·影视鉴赏	115
懿公好鹤	5864	音乐·美术教育专业考试参考书	10840
懿贵妃	5864	音乐·人生·世界	10816
因为你	12144	音乐·人物与观念	10867
阴沉的日子	6879	音乐·舞蹈	10840
阴戈民临摹敦煌壁画作品	6626	音乐：生命的沉醉	10829
阴间阳间生死恋	6346	音乐 ABC	10784
阴谋的破产	5609	音乐 Do Re Mi	10833
阴谋和爱情	5864	音乐爱好者	10801, 10802
阴谋与财产	5864	音乐爱好者辞典	10814
阴谋与仇恨	5609	音乐百科词典	10837
阴谋之恋	6207	音乐百科手册	10802
阴山岩画印象——狩猎	12219	音乐伴我游	10804
阴险的宇宙强盗	6670	音乐宝藏	10862
阴衍江画虎集	2585	音乐表情术语字典	10794
阴阳界曲谱	12132	音乐表演美学	10852
阴阳朱砂痣	6276	音乐表演用语词典	10829
阴鸷文印存	8523	音乐博览会	10813
阴鸷文印谱	8508	音乐常识	10837
阴鸷文印言	8508	音乐常识讲话	10788, 10794, 10795
荫中鸟	12265	音乐常识问答百条	10785
音波飞碟	5729	音乐常用名词译名表	10792
音调定程	11015	音乐朝圣进阶	10881
音调论	11062	音乐初步	11031, 11035
音分古义	11018	音乐初阶	10991

中国历代图书总目·艺术卷

音乐创作	11408	音乐典故小辞典	10820
音乐创作评论集	10849	音乐发展史论纲	10923
音乐创作散记	10850	音乐分析	10803
音乐创作散论	10850	音乐分析基础教程	10835
音乐创作实用技法手册	10852	音乐复习提高	11053
音乐创作与学习问题汇编	10849	音乐概论	10785, 10786, 10789, 10829, 10840
音乐创作指导	10850	音乐高考之友	11066
音乐辞典	10785, 10788, 10798	音乐构成论	10831
音乐丛话	10787	音乐故事	10785
音乐大师和唱片	10898	音乐故事·传说·史话	10967
音乐大师与世界名作	10883	音乐故事片《海上生明月》歌曲集	11924
音乐的奥秘	10816	音乐河	10878
音乐的殿堂	10888	音乐会钢琴名曲选	12514
音乐的动与静	10784	音乐会练习曲 15 首	12459
音乐的分析与创作	10851	音乐会练习曲六首	12207
音乐的构成	11035, 11036	音乐会名歌选集	12358
音乐的故事	10922, 10925, 10927	音乐会上	6853
音乐的话	10860	音乐会小提琴独奏曲选	12475
音乐的基本学习	10788, 10789	音乐火化	10820
音乐的基本知识	10991, 10992, 10994	音乐基本常识讲座	10790
音乐的基础知识	10785	音乐基本乐理	11059
音乐的结构与风格	10851	音乐基本理论	10795, 11041
音乐的科学原理	10799	音乐基本理论习题	11041
音乐的力量	10873	音乐基本理论与视唱教程	11066
音乐的魅力	10868	音乐基本素养考级教程	10837
音乐的妙用	10816	音乐基本知识	10801
音乐的情感与意义	10846	音乐基础	10799, 10829, 11055, 11109
音乐的时代性	10853	音乐基础 56 讲	10818
音乐的实用知识	10825	音乐基础技能训练	11054
音乐的世界	11275	音乐基础教程	10835, 10840
音乐的体裁与形式	10792	音乐基础理论	10835, 10992
音乐的听法	10852	音乐基础理论入门	10823
音乐的享受	10873	音乐基础理论题型解析 100 例	11065
音乐的欣赏	10853	音乐基础理论知识	10801
音乐的语言	10837	音乐基础训练	10992

书名索引

音乐基础与名曲赏析	11057	音乐节拍	11736, 11986, 11987
音乐基础与欣赏	10840	音乐结构与作品曲式分析	11102
音乐基础知识	10798, 10805, 10814, 10835	音乐界对收集民歌的反映	10903
音乐基础知识(业余)测试题集	10837, 10838	音乐经验	10786
音乐基础知识与基本技能	10840	音乐句法结构分析	11103
音乐技术学习丛刊	10991	音乐剧之旅	13009
音乐偶子谱	12350	音乐开篇	12242
音乐家·文艺家·美学家论音乐与其他艺术之比		音乐开窍	11054
较	10822	音乐考	10948
音乐家传记	10857	音乐考级教程	11250, 11286
音乐家莫扎特	5729	音乐考试指南	10822
音乐家心理学	10804	音乐科教学研究与实习	10798
音乐家与音乐欣赏	10871	音乐课本	11034
音乐简明教程	10833	音乐狂欢节	10846
音乐建设文集	10849, 10850	音乐理论基础	10795, 10813
音乐鉴赏	10893, 10898	音乐灵药	10823
音乐鉴赏学	10873	音乐流花	10851
音乐教材	10786	音乐流花新集	10898
音乐教程	10840	音乐旅情	10861
音乐教师进修指南	10813	音乐录音	11162
音乐教授法	10784	音乐论丛	10795, 10796, 10800
音乐教学	10793	音乐论文集	10795
音乐教学法	10783, 10823	音乐论文选集	10798
音乐教学心理学	10822	音乐漫话	10806
音乐教学原理与方法	10816	音乐漫谈	10859
音乐教育的理论与实践	10820	音乐美	10848
音乐教育概论	10838	音乐美的构成	10848
音乐教育论	10786	音乐美的哲学思考	10848
音乐教育通论	10786	音乐美学	10845, 10846, 10847
音乐教育协同理论与素质培养	10840	音乐美学导论	10846
音乐教育心理学	10838	音乐美学基础	10847
音乐教育学	10833	音乐美学漫笔	10845
音乐教育研究与改革	10838	音乐美学若干问题	10845
音乐教育与教学法	10822	音乐美学史学论稿	10845
音乐教育与音乐创作	10829	音乐美学通论	10849

中国历代图书总目·艺术卷

音乐美学问题	10843, 10844	音乐审美教育理论与方法	10848
音乐美学问题概论	10843	音乐审美漫话	10848
音乐美学问题讨论集	10845	音乐审美与名曲鉴赏	10849
音乐美学新稿	10847	音乐审美与西方音乐	10846
音乐美学引论	10848	音乐审美与欣赏	10848
音乐美学与中国音乐史研究	10847	音乐生活	10794, 10824, 10840
音乐美学原理	10846	音乐生活顾问	10824
音乐美学之始祖	11029	音乐声学	10995
音乐美与欣赏	10893	音乐声学基础	10993
音乐名词	10829	音乐圣殿探密	11278
音乐名词辞典	10804	音乐圣经	10878, 10898
音乐名词统一译名初稿	10793	音乐十课	11034
音乐名作赏析	10879	音乐十年	10970
音乐能力心理学	10820	音乐史	10921, 10927, 10948
音乐评论选	10859	音乐史话	10924
音乐谱	12350	音乐史论问题研究	10927
音乐启蒙	10814	音乐史论新选	10974
音乐启示录	10838	音乐史学美学论稿	10972
音乐气质	10898	音乐世界	10807, 10820, 11166
音乐趣话	10825, 10829	音乐世界漫步	10893
音乐趣事	10820	音乐世界趣谈	10814
音乐全谱	12351	音乐是什么	10795
音乐让你快活度日	10847	音乐是一种艺术	10794
音乐人生	10879	音乐首集	12242
音乐认知与欣赏	10888	音乐随笔	10865
音乐日日谈	10814	音乐天地	10807, 10876
音乐入门	10991, 10992, 10994	音乐听觉训练	11066
音乐入门20小时速成	10823	音乐通论	10818, 10843
音乐散论	10814, 10820, 10831	音乐万花筒	10820
音乐商业的秘密	12559	音乐文化交流资料	10923, 10960, 10982
音乐赏鉴论	10853	音乐文化趣谈	10835
音乐社会学	10807, 10820	音乐文化人类学	10825
音乐社会学概论	10835	音乐文字	10883
音乐神殿漫游	11273	音乐舞蹈	10833
音乐审美教育	10847	音乐舞蹈技能技巧	10831

书名索引

书名	编号	书名	编号
音乐舞蹈史诗《东方红》	11885	音乐欣赏知识讲座	10873
音乐舞蹈史诗《东方红》剧照	9938	音乐欣赏指导	10881
音乐舞蹈史诗《东方红》序曲：葵花向太阳	9929	音乐欣赏指南	10888
音乐舞蹈史诗《中国革命之歌》	9954	音乐新潮	10872
音乐舞蹈史诗《中国革命之歌》独唱曲六首	11980	音乐新校	12558
音乐舞蹈史诗《中国革命之歌》歌曲集	11887	音乐新作品选	11356
音乐舞蹈史诗《中国革命之歌》歌曲选	11887	音乐形象思维问题参考资料	10803
音乐舞蹈史诗《中国革命之歌》剧照——祖国晨曲	9956	音乐宣传技术	10787
音乐舞蹈史诗东方红	11885	音乐选集	12057
音乐舞蹈选集	12588	音乐学	10783
音乐物理学导论	10994	音乐学，请把目光投向人	10838
音乐习作	11434	音乐学丛刊	10803
音乐向历史求证	10965	音乐学概论	10835
音乐小博士	10840	音乐学基础知识问答	10835
音乐小辞海	10833	音乐学文集	10830, 10841
音乐小史	10922	音乐学习材料	10799
音乐小世界	10804, 11500	音乐学习参考资料	10845
音乐心理学基础	10816	音乐学新论	10826
音乐心情	10898	音乐训练班	10790
音乐欣赏	10852, 10859, 10861, 10869, 10870, 10871, 10876, 10881, 10893, 10894, 10898, 10899	音乐雅俗谈	10914
音乐欣赏基础教程	10878	音乐研究文选	10807
音乐欣赏讲话	10864	音乐演义	10831
音乐欣赏教程	10855, 10870, 10881, 10899	音乐演奏术语辞典	11165
音乐欣赏理论基础	10870	音乐业务参考资料十二种	10901
音乐欣赏漫步	10871	音乐艺术	10968
音乐欣赏廿四课	10883	音乐艺术博览	10816
音乐欣赏普及大全	10871	音乐艺术丛书	10789
音乐欣赏入门	10876, 10894	音乐艺术的历程	10928
音乐欣赏手册	10862	音乐艺术散论	10841
音乐欣赏心理分析	10804	音乐艺术随谈	10866
		音乐艺术欣赏教程	10888
		音乐译丛	10796
		音乐译名辞典	10801
		音乐译名汇编	10808
		音乐译文	10791, 10792, 10793

中国历代图书总目·艺术卷

音乐影剧论集	10805, 10862	音乐之城	10147
音乐游戏及舞会游戏	12668	音乐之华	9478, 9485
音乐与超常规思维	10836	音乐之旅	10806
音乐与健康	10824	音乐之路	10821
音乐与健身	10841	音乐之声	4774, 13112
音乐与科学	10818	音乐之性质与演奏	10784
音乐与民族	10907	音乐之友	10824
音乐与你	10814	音乐之最	10926
音乐与人生	10820, 10824	音乐知识	10795, 10800
音乐与生活趣谈	10848	音乐知识 400 问	10830
音乐与诗词漫笔	11095	音乐知识 ABC	10814
音乐与数学	10818, 10826	音乐知识词典	10803
音乐与文化的人本主义思考	10841	音乐知识讲座	10808
音乐与文学	10831	音乐知识趣谈	10841
音乐与我	10860	音乐知识入门	10823
音乐与戏剧	10841	音乐知识十八讲	10790
音乐与戏曲	10838	音乐知识手册	10790, 10806, 10838
音乐与现代社会	10791	音乐知识问答	10830
音乐与欣赏	10879, 10894	音乐知识与名曲赏析	10826
音乐与音乐家	10816	音乐知识与欣赏	10815, 10818, 10830, 10833
音乐与音响	10803	音乐织体学概论	11102
音乐与智力	10814, 10831	音乐织体学纲要	11099
音乐与自然	10826	音乐指挥法	11105
音乐宇宙	10925	音乐智力园	10821
音乐语言	10803	音乐中的社会主义现实主义的问题	10791
音乐源流学论纲	10927	音乐中的物理	10994
音乐院校报考指南	10831	音乐专业教学大纲	10806
音乐杂谈	10796, 10797	音乐子午线	10830
音乐在空中回荡	12556	音乐自学速成	10831
音乐在世纪末的中国	10879	音乐综合知识	10815
音乐在艺术中的地位	10816	音乐作品	11353, 11355, 11416
音乐暂用教材	10795	音乐作品分析	10856, 10858
音乐怎样表达思想	10795	音乐作品集	11535
音乐札记	10821	音乐作品欣赏实用教程	10899
音乐战线上的两条战线斗争	10799	音乐作品选集	11353

书名索引

音律指迷	11014	银冰鞋	6007, 6008
音诗	12227	银川	10521
音诗——岷山吟	12236	银川清真寺夜景	9969
音西巨变	5132	银川印选	8558
音响技术	11163	银川映秀	4831
音响技术与音乐欣赏	10888	银国春秋	13173
音响美学	10994	银海潮音	13147
音响效果	12825	银海处处收棉花	3711
音响之路	10830	银海风流	13162
音学	10786	银海论艺	13086
音艺歌丛	10788	银海千秋	13195
音韵	12389	银海轻骑	4430
姻缘	5518	银海轻舟	4102
姻缘谱	8834	银海虚实谈	13143
姻缘巧配	4655	银海游	13055
殷虹	13125	银海之歌	5370
殷焕先诗词墨迹	8219	银行往来入门	6990
殷会利焦墨写生集	2314	银行信用社实用硬笔书法	7558
殷明尚作品集	2314	银河——上海小夜曲	9982
殷培华美术作品选集	2340	银河碧波	12315
殷切的期望	1882, 2753, 2756, 3908	银河边的战斗	5299
殷切的希望	3999, 4430	银河穿山来	3950
殷亭如	9601, 9627, 9649	银河大激战	6662
殷宪诗文书法集	8259	银河大决战	7117, 7118
殷秀云谈民间美术	10711	银河飞渡	3023
殷墟文字集联	7766	银河飞渡	2594
殷殷烈士血 化为钱江潮	2594	银河舰队	6670, 6671
殷周金文字帖	7668	银河金谷	3908
喑痖鹤鸣	12944	银河金浪	3023
吟春	2675	银河擂鼓	9478
吟风	10551	银河列车 999	7086
吟公主	5431	银河烈风	6373
吟诗	9398	银河女神	8852
吟诗图	4328	银河曲	5431
吟香阁印谱	8501	银河上下	13195

中国历代图书总目·艺术卷

银河新星	9557, 12848	银幕帅男人	13221
银河新星——沈洁	9578	银幕外	9386
银鹤歌	5729	银幕外的镜头	13294
银湖桥畔	9805	银幕下的奉献者	13283
银湖之夜	9975	银幕新歌	11924
银花遍地	3711	银幕新星	9601
银花朵朵开	5268	银幕形象创造	13218
银花朵朵向太阳	3999	银幕形象创作	13218
银花满地喜丰收	3662	银幕旋律	11159
银花向阳	5332	银幕与放映场地	13280
银黄小史	8484	银幕与舞台画面构思	13224
银灰色的粉末	13256	银幕战争风云	13301
银鸡	1927	银屏的回声	13168
银剑	6158, 6207	银屏画外音	13164
银铃	12447	银屏内外随笔录	13153
银梦	9478	银屏世界	13079
银幕	13051, 13279	银屏小歌星	12044
银幕·荧屏·舞台	13222	银屏新歌	11923
银幕的创作	13047	银屏新秀方舒	9627
银幕的造型世界	13112	银屏新秀麦文燕	9627
银幕风云	7025	银屏新秀张红	9627
银幕歌声	11912, 11913, 11922	银屏新昼	9459
银幕歌声选集	11922, 11923	银瓶	9226
银幕技巧与手段	13085	银瓶与张宪	4165
银幕姐妹	9578	银瀑飞泻	9094
银幕面对的世界	13282	银球传友谊	3202, 3784, 5242
银幕内外	13188	银球传友谊 友谊遍全球	3189, 3202
银幕上的歌 11699, 11914, 11915, 11916, 12422		银泉飞泻	5332
银幕上的歌声	11916	银色的道路	10669
银幕上的列宁	13088	银色的梦	9742, 13196
银幕上的人	13215, 13217	银色的旋律	4328
银幕上的声画艺术——电影	13056	银色马	6547
银幕上的苏军形象	13081	银色世界	9850
银幕上的小常识	13047	银沙滩	5268, 5332, 5370
银幕上的意义	13164	银坛伉俪	9016, 9681

书名索引

银坛往事	13195	尹默水墨画集	2291
银线传友情	3999	尹氏兄弟书法作品集	8338
银线横空谱新歌	1844	尹瘦石书画集	2165
银线横空谱新歌	2594	尹文子国画	2314
银肖山摘特记	6158	尹先敦行草书菊花诗	8322
银星	10551	尹延新花鸟画选	2515
银星袖珍歌选	11888	尹子文国画	2314
银燕过后甘露降	3950	引逗	6864
银鹰播雨绿草原	5269	引福归堂	2165
银元姻缘	6158	引吭高歌舞春风	2165
银苑新花韩月乔	9538	引航	5269
银苑新花娜仁花	9538	引来银河水	3861
银苑新花张瑜	9538	引狼出穴	6276
银苑新星	9013	引路旗	11115
银苑新星 方舒等	9627	引滦凯歌	5864
银针草药放新光	3768	引滦入津	8945
银针凝深情	3768	引滦入津为民造福	3354
银蜘蛛	5864	引滦入津展宏图	9374
银装	9386, 9412	引人入胜	3812
银装世界	9374	引水上山	2722
银装素裹	9074, 9084, 9412	引洮河水上山	8803
银装素裹拖西岳	9386	引洮上山幸福万年	3550
寅次郎的故事	5872	引诱	5729
鄞州名胜印谱	8593	引玉集	6912, 6913, 6915
尹承志书画集	2314	引子与快板	12543
尹桂芳唱腔选集	11872	饮马	1728, 1981, 8641
尹桂芳舞台生活写照	12959	饮马图	1753, 1952
尹国良 张彤云油画素描选	1302	饮食男女	13204
尹建鼎墨迹	8271	饮水处	6892
尹丽公主	9627	饮水思源	1863, 3861, 4046
尹连城书法	8338	饮弹自毙的女人	6276
尹灵芝	5518	饮香书屋琴谱八曲	12300
尹玲芝	4994	饮羊	3662
尹默法书	8229	饮中八仙	2016
尹默画集	2227	蚓庵斋兰竹谱	1606

中国历代图书总目·艺术卷

隐蔽的战斗	6276	印度雕塑	8613
隐蔽的战线	6158	印度风情	2872
隐蔽战线	6547	印度共和国国歌	12395
隐藏在花丛中的大炮	10863	印度及犍陀罗佛像艺术精品图集	461
隐身草	6008	印度乐器	11352
隐身大力士	4902	印度美术史	370
隐身怪侠	4774	印度美术史话	377
隐身人	7056	印度名摄影家沙尔玛作品展览	10132
隐身少年一平	6300	印度魔术	13001
隐身头盔·隐身宝石	7086	印度尼西亚歌曲集	12368
隐身叶	6725	印度尼西亚歌曲选	12401
隐私多棱镜	3516	印度尼西亚共和国国歌	12395
隐形人	5518, 5609	印度尼西亚共和国总统苏加诺工学士、博士藏	
隐形蜥蜴	6158	画集	6777
印辨	8453	印度尼西亚华侨美工团作品选集	363
印草	8512	印度尼西亚美术展览会	6780
印痴篆稿	8509	印度尼西亚民间雕刻	8668
印萃	8492	印度尼西亚民族电影的发展道路	13179
印存	8492, 8498, 8512, 8531	印度拍球舞	9966
印存初集	8494	印度童话	6472
印存玄览	8494	印度王子和神猴	5864
印灯笼	8493	印度文化代表团在中国	9262
印第安人歌曲四首	12367	印度舞	9949, 9962, 9966, 9969, 9975
印第安装饰图案	10739	印度舞少女	9949
印典	8447, 8448, 8548	印度艺术	361, 364
印典精华	8550	印度艺术史概论	371
印度《拍球舞》	9949	印度艺术展览	359
印度阿旃陀壁画一千五百年纪念展览	7058	印度与东南亚美术发展史	364
印度阿旃陀石窟绘画	7058, 8668	印丐印存	8531
印度的文明	364	印公遗墨	8122
印度的音符	10146	印海拾遗	8544
印度电影	13307	印花手帕图案	10351
印度电影歌曲选	12415	印汇	8512, 8525
印度电影史	13182	印籍	8498
印度雕刻	8605	印记	8526

书名索引

印戋说	8451	印说十则	8537
印鉴	8495	印谈	8448
印经	8483	印图	8484
印隽	8019, 8482, 8495	印佗罗的秘密	5865
印可	8482	印文法	8508
印款刻拓常识	8462	印文合璧	8452
印林	8518	印文辑略	8504
印林从新	8518	印文考略	8448, 8449
印迷丛书	8468	印文考略补	8449
印魔集	8575	印文详解	8469
印母	8456	印文学	387
印钮漫话	8464	印问	8482
印钮艺术	8462	印香阁印谱	8493
印品	8483	印香炉图谱	384
印圊正宗	8498	印香图谱	384
印谱	8498, 8512, 8531, 8532	印香篆册	8518
印谱摘要	8493	印象	8532
印染设计基础	10363	印象画派史	573, 579
印染图案艺术	10364	印象名画导览	593
印人传	8451, 8527	印象派的绘画	6778
印人姓氏	8451, 8499	印象派的绘画技法	577
印人姓氏里居	8448	印象派的再认识	576, 597
印商	8484, 8503, 8537, 8547	印象派风景技法	1083
印石辨	8618	印象派画风	6866
印石鉴赏与珍藏	8464	印象派画家	575, 578
印石寻源	8454	印象派画家素描	6907
印识	8448	印象派画选	6851
印史	8443	印象派绘画	534
印史拾遗	8465	印象派绘画百图	1073
印书	8442	印象派技法入门	1082
印述	8451, 8453	印象主义	590, 593
印刷	5729	印象主义音乐的创始人	10879
印刷工艺与装潢设计	10391	印选	8481, 8482, 8493
印刷广告艺术	10394	印学管见	8453, 8504
印说	8448, 8453, 8455, 8456	印学集成	8456

中国历代图书总目·艺术卷

印学论丛	8459	应该谢谁	6008
印学论谈	8462	应国英	9579
印学三十五举·汉印义法合刊	8456	应洪声画集	2457
印学史	8460	应华集	8989
印学探源	8449	应均画兰	2550
印学正衡	8449	应尚能歌曲选集	11490
印言	8453	应声阿哥	5610, 5865
印印	8519	应诗流画集	2544
印原	8509	应天齐西递村系列艺术作品	3056
印章	429, 8465	应维江画集	1421
印章边栏分类	8465	应县木塔	9997
印章参考资料	8538	应野平画集	2340
印章藏珍	8549	应野平画辑	1998
印章概述	8457	应野平黄山胜境笺	3038
印章集说	8452, 8471, 8473	应野平山水册	2429
印章鉴赏与收藏	8466	应野平山水画辑	2426
印章考	8453	应野平作品选集	2435
印章论	8443	应用对位法	11091
印章名作欣赏	8466	应用和声学	11070, 11071
印章三千年	8468	应用键盘和声学	11087
印章图谱	409	应用结构素描	1140
印章小集	8483	应用美术	622, 1427, 7628, 10181, 10184, 10190,
印章要论	8453		10192, 10225, 10240
印章艺术	8458	应用美术初步	10177
印章篆稿	8493	应用美术教程	10185
印章篆刻入门	8478	应用美术设计	10195
印章篆刻艺术欣赏	8466	应用美术字	7630, 7636
印正附说	8480, 8481	应用美术字资料	7630
印证笺	8493	应用模样集	10238, 10239
印旨	8449, 8453	应用曲式学	11087
印字类篆	8536	应用曲体学	11076
印宗	8449	应用色彩学	153
印总	8484	应用书法	7294
应当重视电影《武训传》的讨论	13088	应用图案	10238
应当重视这场讨论	10860	应用图案 1000 例	10306

书名索引

应用图案及美术字	10206	英国水彩画选	6910
应用图案及美术字续编	10241	英国水彩画选集	6909
应用图案集	10239	英国水彩画展览	6909
应用图案讲话	10205, 10207	英国素描及水彩画展	6900
应用图案资料集	10242	英国素描新选	6909
应用文钢笔系列字帖	7418, 7419	英国泰晤士河畔西敏寺	10155
应用文钢笔字帖	7623	英国维多利亚和阿尔伯特国立博物院藏中国清	
应用新图画	10241	代瓷器	419
应用字钢笔行书备要	7460	英国戏剧史	12785
应征服役 参军光荣	3613	英国幽默画集	6946
应征歌曲汇编	11387	英国油画选	6859
应征歌曲选	11627	英国园林	10168
英发	9472	英国组曲	12492
英法中美术词汇	017	英汉电子琴电脑音乐词典	11289
英格·梅勒尔	6870	英汉电子琴键钮用法小词典	11286
英格丽·褒曼	10147	英汉对照歌曲集	11441, 12375
英国版画集	6915	英汉对照美术专业词汇	017
英国版画展览	6917	英汉对照世界儿童歌曲集	12448
英国勃朗群画集	6920	英汉哈萨克语音乐对照小词汇	10831
英国风光	10501	英汉汉英工艺美术造型艺术词汇	10179
英国风景画大师	517, 6796	英汉美术词典	486, 491
英国国家画廊	6835	英汉美术辞典	021
英国画家詹姆斯·蒂梭特	6874	英汉摄影电影技术词汇	8720
英国皇家式交谊舞	12663	英汉戏剧辞典	12694
英国皇家舞蹈学院芭蕾教材	12672	英汉艺术词典	031
英国皇家艺术学院高等摄影教程	8801	英汉艺术辞典	041
英国绘画	572, 587	英荷海战	6158
英国绘画百图	6802	英姬	5020
英国绘画史	586	英俊少年	4774, 5729, 9013
英国近七十年油画展览	6845	英明领袖	4803
英国科学家查理·达尔文	3323	英明领袖华主席视察东北三省时在列车上	9285
英国科学家牛顿	3324	英明领袖毛泽东	9747
英国圣保罗教堂夜色	9979	英娘	4046, 4102, 9346, 9547, 9627
英国水彩画	584	英娘独舞	9969
英国水彩画简史	581	英娘美姿	9949

中国历代图书总目·艺术卷

英娘试舞	4238	英雄八山班	5132, 5187
英石砚山图记	1049	英雄伴我守边陲	11470
英台醉酒结姻缘	8852	英雄萃出	3908
英韬漫画	3517	英雄本色	13153
英韬漫画选	3414, 3423	英雄不怕万重山	11777
英特纳雄耐尔就一定要实现	3202	英雄城	13253
英特纳雄耐尔一定要实现	3189	英雄出世	6207
英王陈玉成	6682	英雄船工队	5518
英文、符号、阿拉伯数字、字体百科	7655	英雄创业美名扬	11777
英文草体行书结构与书写	8595	英雄村	5079
英文花体美术字设计	8599	英雄大寨人	3757
英文流行书法指南	8597	英雄大战穿山洞	4994
英文美术设计	8597	英雄大战断龙山	3550
英文美术字	8598	英雄大战红菱湖	5106
英文美术字大全	8597	英雄岛	5020
英文美术字荟萃	7635	英雄的爸爸	4741
英文拼音字母实用标志商标 1500 例	10746	英雄的堡垒	5021
英文商用组字 1500	8596	英雄的大庆工人	3812
英文商用组字范例 1200	8596	英雄的大庆工人	2350
英文书法字帖	8599	英雄的大寨人	3131, 3750
英文书写技法入门	8597	英雄的担架兵	5865
英文书写示范	8594	英雄的多米尼加人民反美斗争必胜!	3148
英文抒情歌曲精选解析	12432	英雄的丰碑	8898
英文习字帖	8600	英雄的高地	12092
英文写法天天练	8597	英雄的后代	5079
英文新歌 100 首	12387	英雄的教师刘勇善	5218
英文艺术字	8596	英雄的空军 英雄的陆军	4501
英文赠言钢笔字帖	8599	英雄的空中哨兵	5168
英文字母变体精例 400	8597	英雄的库里申科	11396
英文字母标志	8600	英雄的南堡人	5187
英文字体设计 3000 例	8599	英雄的人民不可战胜	3265, 11687
英文字体造型 260	8598	英雄的山崖	4994
英文字帖	8597, 8598	英雄的生活，作品第 40 号	12549, 12552
英武双将	4578, 4831, 4854	英雄的时代英雄的人	11609
英雄·美人·阴谋家	12709	英雄的五月	11596

书名索引

英雄的乡土	5431	英雄门第	2165
英雄的消防战士	5218	英雄门第 革命人家	3750, 3751
英雄的小姑娘	5269	英雄门第 模范家庭	3662
英雄的心	5050	英雄门第 模范人家	3662
英雄的雁	5518	英雄们战胜大渡河	12311
英雄的越南人民,全世界人民支持你!	3148	英雄们战胜了大渡河	11960, 12312, 12331
英雄的越南人民必胜	3148, 3149, 9264	英雄民兵	3751
英雄的越南人民必胜! 万恶的美帝国主义必败!		英雄墨勒根	6238
	3149	英雄母女	5155
英雄的越南人民必胜! 万恶的美国强盗必败		英雄女民兵	3751, 5269
	3149	英雄排痛歼敌坦克	5187
英雄的越南人民是不可战胜的	3149	英雄排座次	5865
英雄的侦查员	5729	英雄炮	4430
英雄的中国女排	9601	英雄谱图赞	1272
英雄的足迹	3861	英雄骑兵	4430
英雄儿女	3750, 5132, 5219, 5729	英雄汽车兵	5299
英雄父子	4741	英雄渠	4994
英雄赴会	1800, 3750	英雄人民不可战胜	3266
英雄归来	3550	英雄人民创奇迹	3908
英雄虎胆	5021, 5143, 5730	英雄人民英雄军	3751
英雄花	3612, 4329, 4934, 9337, 9526, 12138	英雄人物	3380
英雄花放漫天红	3950, 3999	英雄上北京	3550
英雄花开靠东风	11777	英雄少年赖宁	3380
英雄画库	6346	英雄少年赖宁作品录钢笔字帖	7460
英雄浑身都是胆 挥手攻下技术关 有勇有谋		英雄少年刘文学	4994, 11947
有干劲 脚登喜报飞上天	3095	英雄诗篇	5021
英雄尖兵	5219	英雄时代唱英雄	3711
英雄交响诗	13139	英雄世家	4803
英雄劫法场	6547	英雄事迹记心间	4655
英雄结义	2031, 4655	英雄树	4893
英雄救日月	5865	英雄树上的战斗	5370
英雄聚会	4102	英雄树下	5332
英雄军队的巡礼	8887	英雄树下学英雄	3861
英雄联唱	11394	英雄树与喜鹊	1763
英雄列车	5050, 5079	英雄司机	13235

中国历代图书总目·艺术卷

英雄司机斗飞贼	5332	英勇杀敌	5187
英雄四民兵	5168	英勇杀敌一少年	5242
英雄塔拉斯	6158	英勇善战	4329, 4803
英雄弹前人	5187	英勇威武	4238
英雄坦克手	5242, 5518, 5865	英勇无敌	4831
英雄铁甲	5609	英勇无畏的徐学惠	4994
英雄铁骑	5332	英勇战斗 保卫祖国	4655
英雄五少年	5147	英勇战士	4655
英雄向秀丽	3107	英语唱歌游戏	12444
英雄小八路	5132, 5219, 5518	英语歌曲精品	12391
英雄小哨兵	5269	英语歌曲选	11470
英雄小射手	5332	英语卡拉OK金曲101首	12408
英雄小铁牛	6008	英语流行歌曲30首	11473
英雄小信使	5865	英语实验教材	5609
英雄笑谈纸老虎	3768	英语实用书写字帖	8599
英雄杨春增	12077	英语习字帖	8593, 8594
英雄赞	4430, 4431, 13235	英姿 4774, 8843, 9531, 9627, 9649, 9710, 9742,	
英雄炸虎穴	5219	9762	
英雄战黄河	11947	英姿勃勃	9253
英雄战胜北大荒	13235	英姿勃勃——浙江张小燕	9578
英雄战士	4741	英姿焕发	9681
英雄战士个个夸 光荣军属人人敬	4431	英姿飒娜美英娘	9547
英雄战士刘学保	5168	英姿飒爽 3861, 3999, 4239, 5299, 9523, 9578,	
英雄壮美 画卷生辉	474	9627, 9681, 9767	
英勇不屈	5187	英姿飒爽	2107
英勇的汽车女司机	4884	英姿飒爽——武术运动员戈春燕	9557
英勇的人民解放军	8868	英姿飒爽翱长空	3812
英勇的小黑马	6008	英姿雄风	2016
英勇的小射手	10665	英姿雄风	2165
英勇的徐学惠	5106	莺歌	4046
英勇奋斗十八年	4875	莺歌碧桃红	4655
英勇红勋章	7056	莺歌燕舞 1882, 3908, 3950, 3999, 4000, 4165,	
英勇就义	6008	8815	
英勇抗战的我军	4871	莺歌燕舞	2596
英勇骑兵	4831	莺歌燕舞花儿鲜	4329

书名索引

莺歌燕语	4741	樱林小栖	1952
莺花小谱	12750	樱桃	6433, 6840, 10038
莺啼鹤舞	4329	樱桃时节	6008, 10058
莺莺——越剧《西厢记》	9957	樱桃树和鸟儿	6158
莺莺拜月	4329	樱桃小鸡	1863
莺莺和红娘	9222	樱桃映春图	2654
莺莺听琴	3612, 4102, 4329	樱樱	9398
莺莺听琴	2654	樱园	7007
莺莺与红娘	4655	鹦鹉	1786, 4165, 4742, 10081
莺莺与红娘	2386	鹦鹉	2654
婴儿城	6472	鹦鹉海棠	1952
婴儿游世界	6694	鹦鹉菊花	2632
婴宁	4165, 5609	鹦鹉明信片	10521
婴宁巧笑结良缘	6307	鹦鹉鸣春·双鹅戏水·白鸭傲秋·雪鸡斗寒	4239
婴戏图	1515	鹦鹉牡丹	1775, 1952
婴戏图与货郎图	1540	鹦鹉山	6276
瑛梦禅致竹轩夫人手札	8043	鹦鹉王子	6158
嘤鸣集	1316, 12053	鹦鹉戏小猫	4329
罂粟	10065	鹦鹉小猫	10473
罂粟花	10045	鹦鹉与桃花	1775
樱	5519, 10038	鹦鹉玉兰	1981
樱花	10046, 12207, 12376	鹦鹉玉兰	2632
樱花春燕	1952	鹦鹉之死	6433
樱花姑娘	9627	鹰	1491, 1663, 1753, 1882, 1998, 4578, 10435,
樱花寄情	10046		10655
樱花孔雀	1753	鹰	2586, 2599, 2644
樱花孔雀	2644	鹰·松树画法	970
樱花烂漫	10051	鹰堡谍踪	6208
樱花盛开	4102, 10046	鹰从天降	6158
樱花盛开西子湖	9795	鹰岛大捷	5269
樱花时节	4102, 10071	鹰的画法	996
樱花双燕	2667	鹰笛	6008
樱花小岛	2621	鹰笛	2729
樱花映语	2107	鹰击长空	1801, 2016, 2031, 4803, 5431, 9426,
樱花赞	12207		9498

中国历代图书总目·艺术卷

鹰击天鹅	10461	迎春接福	4166, 4329, 4431, 4578, 4742
鹰击崖下	5299	迎春接福	2107, 2165
鹰鹫的画法	996	迎春接福 富贵有余	4742
鹰拳	5865, 6008, 6158	迎春接福喜丰年	4431
鹰拳却贼	6008	迎春接喜	3550
鹰雀图	1910	迎春进宝	4803
鹰山春雷曲谱	12114	迎春乐	4239
鹰蛇斗法	9361	迎春纳福瑞气临门	4329
鹰神	5519	迎春曲	4329, 6276
鹰图	1786, 10461	迎春速写集	2882
鹰形装饰	10286	迎春桃	9374
鹰与翠鸟画法	995	迎春贴纸	3612, 3662, 3751, 4239, 10407
鹰爪铁布衫	2107	迎春贴纸·"福"字	3662, 3663
鹰之歌	4994	迎春亭	13117
鹰嘴礁下	5333	迎春图 1998, 3576, 3663, 3711, 3784, 3908,
鹰嘴崖战斗之谜	6159	4166, 4239, 4329, 4501, 4655, 4742, 9374,
迎澳门回归	2340	10412, 10435
迎宾图	4165	迎春图	2621, 2644
迎财神	4831	迎春展翅	4166
迎朝晖	2603	迎丰年	4000
迎春	1952, 1981, 2759,	迎丰收	3612, 3663, 3664, 3711, 3751
	2931, 3612, 3662, 3862, 3908, 4046,	迎风	9398
	4102, 4103, 4166, 4239, 4329, 4431, 4501,	迎风斗浪夺高产	3862
	4578, 4762, 9346, 9362, 9374, 9426, 9460,	迎风飞燕	3862
	10019, 10412, 12606	迎风浪练精兵	3247
迎春	2600, 2621	迎风展翅	9374
迎春(电影演员龚雪)	9538	迎福寿 驱邪魔	4803
迎春报喜乐有余	4831	迎回归	8974
迎春床饰画	3612	迎回归	2291
迎春灯	3576	迎佳节	3373, 9362
迎春读经	2644	迎佳节处处喜洋洋	4431
迎春花	1882, 1883, 5021	迎江寺珍藏书画集	1488
迎春花 杜鹃花 紫藤 梅花	4046	迎接'97香港回归中国书画大奖赛作品集	2292
迎春花开遍阿佤山	11792	迎接朝霞	4994, 5021
迎春花桃	4329	迎接美育的春天	10816

书名索引

迎接农业生产新高潮	3751	迎新春 普天同庆 辞旧岁 万象更新	4166
迎接社会主义经济建设全面高涨!	3345	迎新春 庆丰年	4330
迎接曙光	5143	迎新春 喜洋洋	4103
迎接新千年	12413	迎新春 庆丰年	3613
迎接新世纪的中国艺术市场	351	迎新春蓓蕾初开庆佳节高歌猛进	4330
迎接新世纪南北方中国画大展	2340	迎新春庆丰年	3664
迎接幸福的时刻	3908	迎新春庆有余	4840
迎节日	3612	迎新接福	4502
迎客松 1839, 1981, 1998, 2016, 2031, 4000, 4501,		迎新郎	4047
4578, 4656, 4742, 4803, 4832, 4840, 4845,		迎新年	9346, 9498
9909, 10025, 10058, 10071		迎新年	2633
迎客松 2107, 2227, 2517, 2518, 2521, 2655, 2675		迎新娘	4502
迎客松和映山红	4239	迎昭君	4047
迎来春色换人间	3950, 12172	迎着朝霞送新书	3812
迎来龙江化春雨	3950	迎着朝阳去韶山	12281
迎来万代幸福泉	3812	迎着春天的太阳	2930
迎銮恭纪颂	8019	迎着革命风暴——鲁迅在浙江	5431
迎千轮送万船	3908	迎着太阳把歌唱	11671
迎亲	10450	迎着太阳走向世界	11750
迎亲人	3576, 3768, 12333	迎着太阳做早操	12631
迎亲图	3576	荧海一得	13153
迎帅旗	3577	荧屏红楼	13125
迎岁集福	1343	荧屏后面的思考	13314
迎曦送晚三百年	1319	荧屏姐妹之二	9681
迎喜接福	4501	荧屏姐妹之三	9681
迎喜接福 四季平安	4656	荧屏姐妹之四	9681
迎禧接福	3612, 3664	荧屏姐妹之一	9681
迎禧接福	2165	荧屏金杯录	13316, 13317, 13319
迎香港回归——中国书画精品选	2292	荧屏漫笔	13153
迎祥	4832	荧屏内外	13143
迎祥接福	4742	荧屏前后谈	13168
迎新传禧	4742	荧屏三原色	13147
迎新春 3613, 3664, 3751, 3950,		荧屏思索录	13164
4103, 4329, 4431, 4502, 4656, 4743, 9339,		荧屏探微	13162
10102, 10413		荥阳郑文公碑	7800

中国历代图书总目·艺术卷

荥阳郑文公之碑	7755, 7795	影国新歌集	11888
盈盈一笑	2107	影海赏美	8712
莹莹	9730	影后生涯	13218
萤火虫	5609	影画合璧	8888
萤火虫的梦	12006	影绘	6742, 6743
萤火灯下的情报	5370	影楼人像	8792
营火会的歌	12003	影迷藏宝图	13159
营救机要员	6159	影迷大观	13057
营救少女	6417	影迷世界	13063
营救雅丽莎	7099	影片"好孩子"中的红红和豆豆	13091
营救总统	6649	影片"刘三姐"中的僮族歌手刘三姐	13091
营口市戏曲志	12777	影片"追鱼"中的鲤鱼精	13091
营口县在学大寨的道路上阔步前进	9279	影片《白毛女》中的喜儿在剪贴窗花布置新房	
营业时间	4995		3664
营业之前	1800	影片《北国江南》讨论报刊篇名索引	13095
楹联大成钞	8121	影片《东方美女》女主角——单星梅	13134
楹联多体书法字帖	8339	影片《凤凰之歌》和《女蓝五号》插曲	11893
楹联集翰	8192	影片《护士日记》插曲	11893
楹联名迹	7661	影片《花儿朵朵》中的"吉庆有余"舞	13091
楹联墨迹大观	7663, 7718	影片《花儿朵朵》中的少年气象员	13094
楹联墨迹集粹	8219	影片《刘三姐》歌曲集	11907
楹联墨迹选集	8125, 8299	影片《刘三姐》选曲	11911
楹联书法大观	8219	影片《小花》剧照"小花和赵永生"	13120
楹帖大观全集	7661	影片《樱》中的森下光子(程晓英饰)	10450
瀛浩亭遗志	8137	影片的美学	13078
瀛洲古调	12243, 12307	影片的使用和维修	13277
瀛洲湖光	9077	影片读解	13221
瀛洲轻波	8825	影片和电影放映机	13277
颍上本黄庭兰亭	7805	影片剪辑基础知识	13269
颍阳琴谱	12303	影片拷贝的检查与修理	13276
影	8843	影片录音工艺学	13263
影长画短五十年	8801	影片目录	13292
影城内外	13195	影片缺点五十种	13264
影碟名片珍藏宝典	13168	影片上的声音	13263, 13264
影碟世界	13164	影片使用与维护	13281

书名索引

影片说明书	13293	影视金曲 100 首	11927, 11930
影片说明书汇编	13292	影视金曲 188 首	11927
影评人的真面目	13147	影视精彩台词选	13248
影评写作	13117	影视剧创作心理研究	13071
影评忆旧	13178	影视剧论	13071
影人圈	13194	影视剧人物装饰	2894
影事春秋	13179, 13180, 13182	影视剧作法	13085
影事偶记	13120	影视剧作引论	13065
影事琐议	13182	影视录音	13270
影事追怀录	13180	影视漫话	13066
影视 OK	13070	影视美学	13076
影视编剧技巧	13085	影视美与欣赏	13080
影视表演导论	13221	影视民族学	13076
影视采风集	13157	影视名歌改编的通俗钢琴曲集	12530
影视初论	13162	影视名作赏析	13159
影视词汇	13065	影视片连环画	6433
影视大观	13117	影视求索	13127
影视导演	13213	影视趣话	13064
影视导演基础知识	13208	影视趣闻录	13157
影视导演艺术	13209	影视人类学国际学术讨论会(北京)论文集	
影视风	11926		13070
影视风靡曲 101 首	11928	影视人类学论文译文和资料选编	13065
影视歌曲	11926, 12422	影视色彩学	13226
影视歌声	11926	影视摄影	13272
影视歌坛最新流行榜	11746	影视摄影构图学	13272
影视后幕揭秘	13192	影视摄影技巧与构图	13270
影视化妆艺术	13227	影视摄影艺术赏析	13270
影视基础	13057	影视审美学	13081
影视基础理论和技巧	13052	影视生活速写	2914
影视技术概论	13204	影视同期录音	13273
影视技艺	13204	影视微相艺术论	13222
影视鉴赏	13164	影视文化	13054
影视鉴赏活动指导	13153	影视文化导论	13065
影视鉴赏入门	13143	影视文化市场管理论	13285
影视金曲	12424	影视戏剧导演技术基础	13209

中国历代图书总目·艺术卷

影视写作与欣赏	13128	影视艺术的审美与欣赏	13075
影视心理学	13070	影视艺术概论	13064, 13066, 13071
影视新歌	12421	影视艺术概述	13068
影视新歌 142 首	11927	影视艺术观赏指南	13143
影视新星	9754	影视艺术基础	13204
影视新星邓婕	9681	影视艺术鉴赏概论	13162
影视新星马羚	9762	影视艺术鉴赏基础	13165
影视新星宋佳	9649	影视艺术鉴赏与批评	13165
影视新星杨杨	9681	影视艺术鉴赏与评论	13153
影视新秀	9026, 9710, 9730, 9743	影视艺术教程	13060
影视新秀——相虹	9601	影视艺术前沿	13071
影视新秀陈巧茹	9710	影视艺术审美谈	13077
影视新秀陈怡	9710	影视艺术欣赏	13159
影视新秀苗乙乙	9762	影视艺术与电视制作	13070
影视新秀陶慧敏	9682	影视艺术与技术	13204
影视新秀田岷	9711	影视艺术中的光与色	13225
影视新秀王路遥	9711	影视艺苑巡礼	13148
影视新秀于莉	9711	影视音响学	13225
影视新秀张艳丽	9711	影视与课文	13157
影视新秀张燕飞	9711	影视语言教程	13222
影视新秀赵明明	9762	影视照明	13226
影视新秀郑爽	9711	影视之星	10528
影视新秀朱琳	9601	影视知识与精品鉴赏	12698
影视学教程	13065	影视制片进度计划	13283
影视演员——张琪	9743	影视制作者指南	13202
影视演员表演技巧入门	13222	影室人像摄影	8764
影视演员李勇勇	9022	影坛风云录	13202
影视演员刘旭凌	9711	影坛钩沉	13197
影视演员庞敏	9682	影坛荟萃	13218
影视演员谭晓燕	9682	影坛姐妹	9601
影视演员薛莉娜	9682	影坛旧闻	13181
影视演员詹萍萍	9682	影坛明星程晓英	9578
影视演员赵越	9730	影坛趣闻录	13219
影视演员朱琪敏	9711	影坛人物录	13181
影视艺术的奥秘	13058	影坛新歌	11916, 11917

书名索引

影坛新花	9557	影坛新秀朱琳	9628
影坛新花——梁玉瑾、万琼、张玲、高虹、普超		影坛夜话	13183
英	9022	影坛忆旧	13181
影坛新花青年电影演员肖雄	9538	影坛之花	9026
影坛新星	4166, 9398	影戏年鉴	13304
影坛新星——从珊	9557	影戏学	13021
影坛新星——娜仁花	9557	影响二十世纪中国历史进程的三巨人说	3496
影坛新星——沈丹萍	9557	影响世界的100本书	6547
影坛新星巩俐	9711	影响世界的100次事件	6548
影坛新星洪学敏	9578	影响世界的100次战争	6548
影坛新秀 4166, 9532, 9538, 9579, 9602, 9627,		影响世界的100个人物	6548
9649, 9730, 10461		影响世界的100种文化	6548
影坛新秀——陈冲	4103, 9538	影响一代人成长的文学名著	6417, 6472, 6548
影坛新秀——李勇勇	9711	影响中国的100本书	6433
影坛新秀——沈敏	9682	影响中国的100次事件	6433
影坛新秀——陶慧敏	9711	影响中国的100次战争	6433
影坛新秀：龚雷、洪学敏、娜仁花	9557	影响中国的100个人物	6434
影坛新秀巩俐	9711, 9730	影响中国的100种文化	6434
影坛新秀海燕	9532	影象新锐	8942
影坛新秀李玲、吴玉芳	9628	影像的阅读	118
影坛新秀李勇勇	9682	影像的追寻	8945, 8948
影坛新秀厉丽华	9682	影像中国	13197
影坛新秀柳拔	9682	影星 9022, 9032, 9033, 9602, 9628, 9650, 9682,	
影坛新秀麦文燕	9649	9683	
影坛新秀沈丹萍	9602	影星——陶慧敏	9743
影坛新秀陶慧敏	9649, 9711	影星白灵	9711
影坛新秀杨蓉	9602	影星陈冲	9532
影坛新秀于莉	9682	影星陈红	9730
影坛新秀之二：薛淑杰	9650	影星陈玮	9711
影坛新秀之六：薛淑杰	9650	影星陈怡	9730
影坛新秀之三：陆倩	9650	影星戴安娜·莱恩	10143
影坛新秀之四：鲁亦兰	9650	影星龚雪	9013, 9628, 9682
影坛新秀之五：连顺	9650	影星韩月娇	9712
影坛新秀之一：邬君梅	9649	影星何晴	9743
影坛新秀朱碧云	9628	影星和歌手	9628

中国历代图书总目·艺术卷

影星洪学敏	9628	映日荷花	9313
影星李琳琳	9602	映日荷花	2508
影星李勇勇	9743, 9747	映日荷花别样红	1863
影星林芳兵	9022, 9682	映日荷花别样红	2213, 2508, 2603, 2604
影星林青霞	9602	映日牡丹春长寿	4431
影星柳荻	9712, 9730, 9747	映山红	5269, 5333, 10435, 12322
影星倩影	9026	映山红	2595
影星是怎样发现的	13219	映山红花开红军来	12336
影星宋佳	9683	映山红花满山坡	11795
影星谭文燕	9683	映山花红迎贵宾	4000
影星谭小燕	9022, 9712, 9743	映象艺术	053
影星汤兰花	9602	映象之旅	8939
影星田岷	9712	映像艺术	13268
影星王路遥	9712	映雪庐画稿	1701
影星新歌选	11888	映雪堂印谱	8503
影星叶继红	9712	硬笔	7483
影星叶倩文	9602	硬笔备要	7572
影星瑜琼	9730	硬笔草书字帖	7586
影星张艾嘉	9602	硬笔草体辨异字帖	7424
影星张琪	9730	硬笔草字书写技法	7611
影星甄妮	9602	硬笔行法	7441
影星周洁	9683, 9730	硬笔行书	7539, 7611
影星周笑莉	9730	硬笔行书教材	7539
影艺丛语	13075	硬笔行书习字帖	8437
影印郎世宁百骏图	6838	硬笔行书写法指导	7611
影印明拓停云馆法帖	7740	硬笔行书欣赏	8428
影印苏书四种	1271	硬笔行书字帖	7460
影印姚惜抱先生墨迹	8050	硬笔楷法	7432
影印朱子尺牍墨迹	7957	硬笔楷行技法精要	7586
影苑新蕾	8825, 8891	硬笔楷行隶繁简字典	7539
影展特刊	8867	硬笔楷行书简明教程	7586
影中人	4431, 4502, 9743	硬笔楷行书教程	7586
影子战争	6472	硬笔楷隶书基础训练	7586
瓯瓢山人黄慎书画册	1681, 1682	硬笔楷书	7623
映了一寨又一寨	3909	硬笔楷书八种字帖	7539

书名索引

硬笔楷书教程	7586	硬笔书法精义	7573
硬笔楷书精诀	7558	硬笔书法临习与欣赏	7483
硬笔楷书临摹字帖	7601	硬笔书法奇葩	7461
硬笔楷书入门	7601	硬笔书法入门	7461, 7508, 7540
硬笔楷书速成	7623	硬笔书法入门百问	7484
硬笔楷书字帖	7508	硬笔书法实用字帖	7461
硬笔隶书	7539	硬笔书法示范	7540
硬笔隶书写法	7483	硬笔书法速成	7540
硬笔六体书	7573, 7623, 7624	硬笔书法唐诗三百首	7484
硬笔描摹字帖	7539	硬笔书法五体字典	7601
硬笔描影练字指导	7540	硬笔书法欣赏	7484, 7540
硬笔名家谈写字	7586	硬笔书法选	7424
硬笔书法	7460, 7483, 7508, 7540, 7558	硬笔书法学习指南	7540
硬笔书法·纯情偶像	7558	硬笔书法训练三十六讲	7573
硬笔书法宝典	7483	硬笔书法训练与书法艺术	7602
硬笔书法草诀百韵歌	8421	硬笔书法艺术楷行篆隶速成指要	7509
硬笔书法草诀百韵歌	7558	硬笔书法指导	7432
硬笔书法常识	7483	硬笔书法指要	7509
硬笔书法常用字五体字典	7601	硬笔书法自学入门	7624
硬笔书法初步	7558	硬笔书法字典	7484, 7624
硬笔书法春联	7460	硬笔书法字帖	7461, 7484, 7509, 7541, 7558, 7573
硬笔书法大师最新精品系列	7611	硬笔书法字帖与欣赏	7602
硬笔书法跟我学	7611	硬笔书法作品	7461
硬笔书法古代游记选	7601	硬笔书法作品选	7432, 7541
硬笔书法古今名联选	7508	硬笔书画小品选	7586
硬笔书法荟萃	7461	硬笔书宋词字帖	7432
硬笔书法获奖作品选	7432	硬笔速成练字法	7586
硬笔书法基础	7611	硬笔探秘	7558
硬笔书法基础知识	7540	硬笔习字50问	7573
硬笔书法集	7483	硬笔习字歌诀	7573
硬笔书法家精品大全	7540	硬笔习字秘诀	7573
硬笔书法简论	7586	硬笔习字三字诀	7573
硬笔书法教程	7508, 7558, 7601	硬笔习字四字歌	7573
硬笔书法教与学	7540	硬笔习字要诀	7573
硬笔书法精选	7461	硬笔新华书法字典	7441

中国历代图书总目·艺术卷

硬笔正楷行书字帖	7573	拥军优属 人人有责	3131
硬笔正楷书写技巧	7432	拥军优属贺新春	4431
硬笔正楷习字诀	7541	拥军优属巧扮春	4239
硬笔正楷与行书	7624	拥军优属人人有责	4995
硬笔字	7612	拥军优属万年春	4832
硬笔字书写技法	7419	拥苏歌选	11388
硬笔字书写速成技法	7441	拥政爱民 拥军优属	3577
硬笔字书写要点	7612	巂禅师舍利塔铭	7844
硬笔字帖循序练习本 从正楷到草楷	7558	巂江晨渡	2737
硬笔字写法指导	7574	巂江大厦	9990
硬笔字一笔写千字文	7509	巂江旭日	1822
硬脖子县官	5730	巂江印社篆刻选集	8573
硬骨头精神代代相传	3292	庸斋谈艺录	092
硬骨头六连	5132	雍和宫唐喀瑰宝	462
硬骨头六连的故事	5371	雍睦堂法书	7664
硬骨头六连硬骨头兵	2773	雍容典雅	9023
拥抱九三经典金曲	11741	雍容祥瑞	8835
拥抱明天的太阳	12049	雍正皇帝	6571
拥抱太阳	11512	雍正皇帝传	6571
拥护共产党 热爱毛主席	3757	雍正皇帝御批真迹	8095
拥护集体主义反对个人主义	12814	雍正脑袋的传说	6208
拥军 爱民	3785	雍正乾隆进砚档	1047
拥军 优属	3751	雍正乾隆两朝进提笔档	1047
拥军爱民 3171, 3177, 3577, 3812, 4047, 4239,		嗡嗡情话	9399
4502		永安突围	5050
拥军爱民 保卫祖国	3812	永把牧民心照亮	4000
拥军爱民歌曲选	11452	永保红色江山	3862
拥军爱民乐	4832	永葆革命青春	3266, 3862
拥军灯	3862, 3909	永别了我的弟弟	11363
拥军秧歌	12334	永不凋谢的民族之花——张志新烈士	1883
拥军优属 3613, 3664, 3751, 3768, 3785,		永不回来的风景	2886
3862, 4103, 4239, 4330, 4743		永不卷刃的尖刀 永不褪色的红旗	9269
拥军优属 人人有责 鼓舞士气 巩固国防	3751	永不停步	3909
拥军优属 拥政爱民	4743	永不褪色	3711, 3768
拥军优属 巩固国防	3131	永不忘记阶级斗争	3149, 3751

书名索引

永不熄灭的闪光——记青年英雄朱文奇事迹 5610

永不下岗 12592

永不消逝的电波 4995, 5371, 5610, 6512, 13244

永不消逝的歌 12387

永不休战 2749, 2754

永丰舰的炮声 6208

永恒的爱情 5610, 5730

永恒的草莓园 11494

永恒的怀念 1293

永恒的纪念 13143

永恒的夹缬 3440

永恒的美 10141

永恒的魅力 195, 2803

永恒的瞬间 8704, 8708, 8712, 9035, 10154

永恒的岁月 10528

永恒的谭咏麟 11718

永恒的旋律 10926

永恒好歌 11524

永恒卡拉 OK 金曲大全 11724

永恒艺术魅力的探寻 551

永恒珍藏卡拉 OK 金曲大全 11752

永恒之美 183

永记血泪仇 3131

永寂之上 6875

永结同心 4239, 4330, 4432, 4656, 4743, 4840, 9398

永久的孩子 5865

永乐宫 6621, 9798, 10521

永乐宫壁画 6620, 6622, 6628

永乐宫壁画白描 6628

永乐宫壁画服饰图案 6623

永乐宫壁画精品线描 6627

永乐宫壁画全集 6628

永乐宫壁画线描稿 6622

永乐宫壁画选辑 6623

永乐宫三清殿壁画《朝元图》 6628

永乐琴书集成 11295

永路和小叫驴 6159

永儒布交响乐作品六首 12237

永生岛 5730

永生的雄鹰 4995

永生难忘的亲切教诲 4000

永世的痴迷 820

永寿图 1927

永泰公主石椁线刻画 402, 8650

永往直前: 世界摩托车赛 10529

永锡难老图卷 1589

永兴岛 10101

永兴二周年刊 12859

永义印存 8578

永远保持同群众一起劳动的革命传统 3121

永远冲锋向前方 11863

永远的"泰坦尼克" 13165

永远的江姐 6548

永远的童颜 260

永远的珍藏 10888

永远发财 4832

永远飞翔在毛主席指引的航线上 3862

永远高举和捍卫毛主席的伟大旗帜 3293

永远高举坚决捍卫毛主席的伟大旗帜! 3293

永远高举毛主席的伟大旗帜前进 3293

永远歌唱新中国 11394

永远跟党走 3337

永远跟着共产党 永远跟着毛主席 3752, 3785, 3950

永远跟着共产党 永远跟着毛主席 2773, 3158, 11627

永远怀念敬爱的周总理 11693

永远怀念周总理 4000

中国历代图书总目·艺术卷

永远活在我们心中	2773	咏荷诗五百首	9320
永远紧握手中枪	3785，5155	咏荷四百首	9317
永远进击	5519	咏花集	7509
永远靠毛泽东思想战斗 一切听从以华国锋主		咏花诗钢笔字帖	7541
席为首的党中央的指挥	3266	咏华山书画篆刻集	308
永远牢记他们	5730	咏菊	4579
永远年轻的人	4000	咏柳	8192
永远漂亮的女导演	13212	咏梅	1811，1822，1839，1981，9341
永远热爱毛主席	3768，3769	咏梅	2521，2592，2604
永远听党的话	3095，3096	咏梅图	1952，1982，4859
永远听共产党的话 经常读毛主席的书	3752	咏雅图	4743
永远团结在毛主席的周围	8880	咏雅图	2107
永远相信和依靠人民群众的智慧和力量	3337	咏月	9348
永远向前	5143	泳坛新花	9026
永远学习"老三篇"	3158，11644	泳坛新秀	9712
永远学习好榜样	3664	勇闯海底城	6742
永远沿着毛主席的革命路线奋勇前进	3293	勇闯时空隧道	6725
永远沿着毛主席的革命文艺路线胜利前进	3293	勇挫"铁葫芦"	6159
永远沿着毛主席的建军路线前进	3293	勇斗黑拳帮	6159
永远沿着毛主席开辟的革命航道奋勇前进		勇斗青牛精	5610，6649
	3266	勇斗鲨鱼	6671
永远沿着毛主席指引的方向奋勇前进！	3171	勇赴"鸿门宴"	6276
永远扎根在边疆	3950	勇敢的阿刀	5865
永远在你身旁	12377	勇敢的船长	6346
永远战斗	5106	勇敢的船长们	7056
永远站在社会主义建设最前线	11627	勇敢的鬼胆量	6725
永远忠于党	13244	勇敢的海鸥	5132
永远忠于伟大的领袖毛主席……	3167	勇敢的马法社	6276
永远做党的好儿女	3096	勇敢的女游击队长	5519
永远做多、快、好、省的红旗手！	3096	勇敢的人	6008
水字八法	7198	勇敢的摄影师	5021
永走毛主席的革命路	11794	勇敢的水莲	5299
永做人民的勤务员	3909	勇敢的王子	6238
甬剧发展史述	12944	勇敢的小裁缝	5730，5866，6548，6663
甬上工巧拾萃	10191	勇敢的小公鸡	5730

书名索引

勇敢的小蜜蜂	5431	法	13266
勇敢的小骑士	4656	用革命的文艺占领农村的文化阵地	3266
勇敢的小战士	2398	用户知心人	4000
勇敢的星——布雷斯塔警长	6663	用两只手照相	8983
勇敢机智打豺狼	5187	用马克思主义占领农村文化阵地	1839, 1844
勇截象群	6008	用毛泽东思想把我们的头脑武装起来	3096
勇救珍妮	6307	用毛泽东思想改造山区——辽宁省阜新蒙古族	
勇猛大将	4832	自治县治理三沟经验	3149
勇攀科学高峰	3328	用毛泽东思想武装起来 做坚强的革命接班人	
勇气	6008		3149
勇擒红孩儿	5519	用毛泽东思想武装起来的人，是最大的战斗	
勇擒窃贼	6346	力!	3177
勇士古诺干	4909	用毛泽东思想武装起来的人最过硬	9269
勇士豪歌	11932	用毛泽东思想武装起来攀登科学文化高峰	3096
勇士与公主	6159	用毛泽东思想武装我们的头脑	3096
勇士与野人	6346	用毛泽东思想武装我们的头脑做工人阶级的英	
勇探神秘岛	6472	勇战士	3096
勇往直前	5371, 8805, 9335	用民间音调写歌	11087
勇于改革 开创新局面	3362	用人工照明摄影	8717
勇于献身的共产主义战士——杨建章	5519	用社会主义新思想占领文化阵地	3247
用○△□画儿童动物园	1112	用实际行动欢庆党的十一大	3293
用○△□画水下世界	1112	用思想革命化带动农业机械化	3202
用○△□绘制明信片	1112	用瓦楞纸制作的舰船	10766
用○△□描绘鸟的天堂	1112	用瓦楞纸制作的恐龙	10766
用○△□拼成有趣的谜语游戏	1112	用瓦楞纸制作的昆虫	10766
用○△□组合现代化交通工具	1112	用瓦楞纸制作的鸟	10766
用《水浒》做反面教材 使人民都知道投降派		用瓦楞纸制作的远古动物	10766
	3247	用我们的双手把祖国建设得更美丽更富强	3096
用CorelDRAW 8做美术设计	137	用新的胜利庆祝伟大的中国共产党诞生五十周	
用笔法	7219	年	3189
用笔九法——章草	7241	用新的胜利庆祝中国共产党诞生五十周年	3189
用笔九法是用科学方法写汉字	7241	用艺术的眼睛看世界	1266, 1267
用兵如神	1851	用印琐言	8454
用大寨精神重新安排河山	3214	用优异成绩向中国共产党第十次全国代表大会	
用调制高频录音法作为测定最佳加工条件的方		献礼!	3214

中国历代图书总目·艺术卷

用优异的成绩庆祝中国共产党第十次全国代表		优秀的党总支书记朱冬初	4995
大会胜利召开	3215	优秀的共产党员	5155
用优质产品为人民增添生活的欢乐	3328	优秀的共产主义战士王大彪	5155
用右脑画素描	1114	优秀的女饲养员	3550, 3577
用战斗保卫无产阶级文艺阵地	092	优秀的三支两军干部黄明道	5188
用照片做文章	8777	优秀电视演员肖雄	9603
优伶考述	12824	优秀电影歌曲选	11917
优伶史	12787	优秀儿童黑白画选	6765
优美的圈操	9966	优秀二胡曲选	12283, 12288
优美动人的中国舞蹈	12579	优秀钢笔楷书字帖	7441
优孟衣冠八十年	12899	优秀歌词钢笔字帖	7424, 7461
优孟衣冠与洒神祭祀	12697	优秀歌曲100首	11468
优生	9362, 9374, 9386	优秀歌曲100首钢笔行书字帖	7461
优生 优育 光荣 幸福	3373	优秀歌曲3000首	11535
优生、优育、光荣、幸福	3375	优秀歌曲大家唱	11929
优生富贵福寿万年	4432	优秀歌曲钢笔字帖	7484
优生好	4330	优秀歌曲十二首	11484
优生健壮	4432	优秀歌曲十首	11490
优生良育	4432	优秀歌曲选	11450, 11521, 11605
优生良育苗儿壮	4432	优秀歌曲选集	11416
优生良育幸福花	4330	优秀共产党员王恒德	5188
优生幸福	4656	优秀共产党员张金生	5299
优生幸福一枝花	4502	优秀共产主义战士杨今月	5155, 8881
优生优育宝宝好	3384	优秀共青团员——张海迪	3354
优生优育报头选编	10291	优秀共青团员张海迪	5826, 5866
优生优育好	9499	优秀合唱歌曲精选50首	11984
优生优育好娃娃	4432	优秀黑板报设计指南	10340
优生优育幸福成长	4832	优秀民兵预备役部队歌曲	11755
优生优育幸福多	2165	优秀农业科教电影创作经验谈	13295
优生籽壮	4330	优秀器乐曲选	12152
优秀爱国主义影视歌曲集锦	11929	优秀群众歌曲选	11718
优秀爱国主义影视故事选	13154	优秀散文诗硬笔书法字帖	7441
优秀大学生张华	5866	优秀少儿队列歌选	12041
优秀的边防战士	5187	优秀少儿歌曲	12037
优秀的党支部书记黄妙郎	5155	优秀少年歌曲100首	12034

书名索引

优秀少先队员黄淑华	5866	幽谷恋歌	5730
优秀少先队员李天国	6374	幽谷鹿鸣	4330
优秀摄影作品欣赏	8880	幽谷鸣瀑	2107, 2165
优秀抒情歌曲集	11972	幽谷瀑声	4579, 4656, 9111
优秀体操运动员刘佳	9557	幽谷清泉	9865, 9887
优秀舞蹈选集	12570	幽谷清泉——屈原九歌图之一	8666
优秀现实题材电视剧评论文集	13162	幽谷清韵	4743
优秀校园歌曲集	11500	幽谷秋艳	2812
优秀校园歌曲选	11494	幽谷听瀑	2803
优秀新歌词钢笔字帖	7461	幽谷谐趣	2166
优秀幼儿歌曲集	12047	幽谷熊猫	10022
优秀幼儿歌曲选	12049	幽闺记	3045, 6159, 6400
优秀运动员陈肖霞	9005	幽篁雄风	1952, 4330
优秀运动员郎平	9005	幽篁雄风	2573
优秀运动员李小平	9005	幽篁戴胜	1544
优秀运动员李月久	9005	幽陌雪鸿	1603
优秀运动员马艳红	9005	幽陌雪鸿题咏	777
优秀运动员童玲	9005	幽境	9374
优秀作品集	337	幽居集	2228
优雅浪漫四季风情花艺	10605	幽克历历二十五名歌集	12478
优语集	12757	幽兰	1982, 6840, 9386
优越的社会主义制度使独生子女健康成长	3362	幽兰花香	10081
优质产品将为四化积累巨大的财富	3328	幽兰图	2260
优质人口是实现四化的保证	3362	幽兰研究实录	11332
忧雅	9472	幽林	2722
忧郁文件	043	幽林鹿鸣	4103
忧郁圆舞曲	12452	幽林曲	2655
幽	9412	幽灵岛	5431, 6009, 6374
幽谷春深	1775	幽灵机场	6307
幽谷翠岭	2107	幽默 启迪 回味	3440
幽谷洞流溢芬芳	9865	幽默·讽刺	3411
幽谷飞瀑	4803, 9111	幽默·讽刺·漫画	1225
幽谷飞瀑	2457	幽默博览	3440
幽谷风	8865	幽默成语	6548
幽谷含秀	9894	幽默大本营	7031

中国历代图书总目·艺术卷

幽默大人物	3477	幽香	4579, 9426, 9444, 10046, 10085
幽默大师画刊	3421	幽香妙舞	9969
幽默大师精华本	3477, 3478	幽燕义侠	6159
幽默大使	3478	幽幽林曲	10529
幽默大王——大鼻子皮福	7086	幽游白书	7129, 7130, 7131
幽默的鬼辩才	6725	幽州解围	5866
幽默的足球	3517	幽州昭仁寺碑文	7832
幽默动物寓言画集	6694	幽姿远思	9398
幽默钢笔字帖	7541	悠思	9426
幽默广告艺术	10388	悠闲自在	9362
幽默行旅与讽刺之门	12731	悠悠故乡情	11494
幽默画	3496	悠悠情	9444
幽默画百科大全	6950, 6951	尤宝峰写意花鸟画集	2550
幽默画谜	3448	尤里斯·伊文思	13104
幽默画赏析大王	1249	尤莉亚·洛曼	373
幽默画一百家	6977	尤三姐	4047, 4166, 4239, 5431, 5866, 12085
幽默集锦	7558	尤三姐借酒嘲二贾	4240
幽默解语	3434	尤英花卉	1646
幽默快餐	3528	由里山人菊谱	942, 1702
幽默连环画	6276, 6277	由文祥办学记	4995
幽默漫画	3395, 3434	邮寄广告设计	10397
幽默摄影	8712	邮票上的世界音乐名曲	10926
幽默摄影与拍摄技巧	8708	邮票中的美术世界	10532
幽默世界	3435	邮票中的世界名画	203
幽默台历	10501	邮票中的音乐世界	10928
幽默歇后语	6548	邮缘	6009
幽默新闻摄影	10136	犹如滚石	10879
幽默修身	6725	犹豫不决的骡狗	6374
幽默与漫画	7031	犹在当年征途中	2779
幽默与漫画经典	7015	油彩技法	1074
幽默之歌	11368	油菜花黄蝴蝶忙	3550
幽鸟鸣春图	1666	油菜花开	8805
幽葩传香	9412	油茶之乡	1822
幽情雅韵	2187	油船火焰	13244
幽山迷雾	5866	油灯·烛台	10722

书名索引

油港电焊工	3909	油画基础	1077, 1084
油港哨兵	9523	油画基础技法	1074, 1088
油画	1070, 1072, 1077, 1080, 1082, 1087, 2792,	油画基础知识	1073
	2794, 2829, 6875, 6882	油画集	2825, 6875
油画·风景画	1074	油画技法	1069, 1070, 1073, 1074, 1076, 1077,
油画《红色娘子军》	2749		1078, 1084, 1088
油画《毛主席与安源工人在一起》	2780	油画技法 1.2.3	1074
油画版画专业·素描	2920	油画技法百科	1080
油画棒画	1268	油画技法初步	1077
油画表现技法	1074	油画技法难题详解	1082
油画彩色之成功要诀	1072	油画技法研究	1070
油画初步	1074	油画技法与鉴赏	1081
油画创作基础	1080	油画技法哲学	1076
油画大观	2810	油画技巧训练	1084
油画大师的奥秘	1084	油画家	1072, 1088
油画的光与色	1087	油画鉴赏方法论	1088
油画的技法	1072	油画精品	2833
油画的修复与保存技巧	1084	油画静物	1075, 1084, 1088, 2838, 6857
油画法之基础	1068	油画静物技法画例	1088
油画风采谈	1077	油画配色精要	1078
油画风景	1074, 1088, 6859	油画人体	2794
油画风景画技法	1084	油画人体技法	1076
油画风景技法	1088	油画人体技法入门奥秘	1088
油画风景技法画例	1088	油画人体写生教学	1082
油画风景技法入门奥秘	1084	油画人体艺术大展	2800
油画风景漫谈	1077	油画人体艺术大展作品集	2800
油画风景习作	2780	油画人物	1088
油画风景小辑	2732	油画人物写生	2774, 2781, 2782
油画风景写生	2781, 2783, 2792	油画人物形象选	2759
油画风景写生技法	1078	油画人像技法画例	1082
油画风景选萃	2829	油画入门	1068, 1069, 1075
油画风景选辑	2782	油画色彩教程	1078
油画花卉	2797, 2798	油画设计专业·色彩	2838
油画画法	1070	油画手册	1074
油画绘制入门	1076	油画速写	2782

中国历代图书总目·艺术卷

油画讨论集	1079	游春图	1581, 4432, 4579
油画头像选	2781	游行	3613
油画肖像	1084, 6859	游行的行列	12225
油画肖像初探	1073	游鹤堂墨薮	7197
油画肖像技法	1076	游湖	3613, 13109
油画小辑	2737, 2785	游湖借伞	4166, 4167, 4240, 4330
油画小辑	2727, 2729, 2733, 2734	游魂	6307
油画写生	2781, 2785	游魂野鬼司文郎	6346
油画选辑	2749, 2759, 2761, 2781, 2794	游击队长	5519
油画选辑	2732	游击队的儿子	5866
油画选刊	2789	游击队歌	11644
油画研究	1068	游击队里的华政委	5371
油画艺术的春天	1075	游击队员之歌	12589
油画艺术欣赏	1080	游击队员之子	13253
油画语言	1089	游记集锦	7558
油画专业·色彩	2838	游嘉瑞诗书印选	8229
油画作品集	2820	游乐场历险记	6663
油画作品选	2779	游龙戏水	4432
油画作品选	2716	游丕承金石书画作品集	2314
油画作品选辑	2737, 2754	游禽画法	995
油画作品选介	2779	游荣光水彩集	6911
油井新医	3909	游山西村	8210
油龙赞	3909	游寿临董美人墓志	8339
油轮海盗	6009	游泰山记	8107
油漆与壁纸的选择与使用	10767	游天宫	4047
油山游击战	5610	游文好作品	2921
油田朝阳	1851	游西湖曲选	12115
油田家属支前忙	3862	游戏的理论与实际	12983
油田劲松	5219	游戏科学	13000
油田新一代	3909	游戏三昧	8517, 12982
油田赞歌	3862	游戏舞曲集	12145
油田战歌	3023	游戏战	8862
油香万里	3862	游戏中破碎的方块	7363
游波、董能志写生作品	2920	游侠传奇	6009, 6208
游春 4103, 4166, 4656, 8835, 9234, 9966, 9972		游侠黑蝴蝶	4762

书名索引

游侠毛斯	6307	友伴	9539
游侠托尼	7037	友情	4502, 9460
游仙	11949, 11952	友情箴言四体钢笔字帖	7624
游乡	12123	友声集	11377
游香港	6715	友声社琴谱	12300
游新民画集	2314	友声书友逸事录	7403
游学京师津保酬答书札合刊	8113	友石山房琴谱	12300
游艺四家	214	友石山房印存	8519
游艺旬刊	12983	友石轩印存	8525
游艺厄言	777	友石轩印谱	8500
游泳	9959, 9966	友石斋印萃	8525
游泳安全卫生与救护	3149	友谊 3366, 3812, 4000, 4103, 4167, 4432, 4656,	
游泳池边	5371	4884, 4995, 9362, 9375, 9743, 10529	
游泳去	9398, 9603	友谊 统一 和平	12540
游泳去——在小梅沙海滨	9603	友谊茶	5242
游泳与体操	9248	友谊长城万里长	3577
游鱼	1662, 1910	友谊长虹	8912
游鱼嬉莲	4167	友谊传四方	9444
游鱼戏水	1753	友谊的长城	4047, 5242, 11477, 12415
游鱼自乐	3613	友谊的花朵	4103
游与戏	12692	友谊的乐章	5188
游园 4330, 4502, 4894, 8810, 8815, 9963, 9966,		友谊的旅客	12428
9969, 12067		友谊第一	3189
游园惊梦 4103, 4167, 4240, 5866, 9230, 13106		友谊第一 比赛第二	3324
游园惊梦	2166	友谊渡	5371
游园留影	9362, 9969, 9978	友谊瓜	3752
游园小憩	9970	友谊花朵	4103
游云惊龙	7303	友谊花朵处处开	13256
游踪	9966	友谊花朵代代开	3313
友	8852	友谊花开	4103, 4167, 4240, 4656, 5188
友爱 4240, 4330, 4432, 4502, 4656, 9374, 9426,		友谊花开遍天下	4000
9460		友谊花开万里香	1910
友爱	2108	友谊花盛开	4047, 4167, 4330
友爱互助	4330	友谊汇长城	3862
友爱图	4502	友谊卡格言钢笔字帖	7441

中国历代图书总目·艺术卷

友谊路上情意深	4103	有情人终成眷属	13109
友谊深似海	5299	有求必应	6633
友谊水	5269	有趣的电动玩具	4331
友谊颂	5269	有趣的电影	13195
友谊舞	12588, 12642	有趣的动物	1446
友谊舞曲 15 首	12451	有趣的动物漫画	3429
友谊舞台	13262	有趣的故事	3004, 4103
友谊赠言祝辞钢笔字帖	7612	有趣的话	4579
友谊之歌	4047, 4240, 5219, 9341, 12092	有趣的科学常识	3478
友谊之花	3313, 3812, 4103, 4934, 4995, 5242	有趣的昆虫世界	3478
友与爱赠言钢笔字帖	7559	有趣的舌头	6009
友竹草堂军旅拾印	8586	有趣的书	3664, 4104, 4502, 8810, 9362
有？没有？的奥秘	7012	有趣的玩具	4167, 9375
有道德的人是高尚的人	3362	有趣的小妇人	6806
有道德讲文明	3369	有趣的小魔术	12995
有毒动物的奥秘	7012	有趣的小制作	10717
有福大叔的婚事	4762	有趣的音阶与和弦	12514
有关抽象派艺术的一些材料	574	有趣的音乐会	4432
有机玻璃造型艺术	10717	有趣的游戏	4331
有纪律守秩序	3369	有趣的纸手工	10683
有价证券入门	6990	有趣的指印画法	691
有空就学 有空就练	3131	有人偏偏爱上我	13154
有来犯者，坚决彻底干净全部消灭之！	3171	有声的教育电影	13023
有来无回	3862	有声电影	13172, 13298
有礼走遍天下	6417	有声电影和电视	13024
有理想 有道德 有知识 有体力	4331	有声电影论	13199
有理想 有道德 有知识 有体力	3337	有声画与无声诗	704
有理想、有道德、有文化、有纪律	3373	有声影片中的音乐	11142
有理想怀大志	3369	有水罐的静物	6891
有辽阔无际的蓝天里	6875	有所思斋辑藏明人翰墨迹册子目录	8043
有明名贤遗翰	7659	有唐抚州南城县麻姑山仙坛记	7830
有能耐的人	5866	有唐茅山玄靖先生广陵李君碑铭	7864
有朋自远方来	3577	有尾巴的风筝	5519
有谱青年诗歌	12435	有文化兴中华	3369
有情人终成伴侣	13117	有心如歌	11135

书名索引

有序的选择	10764	又一个丰收年	6754
有一个青年	5730	又一个浪头	4909
有益游戏图说	12982	又一口新井	3863
有意义的夏令营	4432	又一条大鱼	4331
有余乐	4579, 4743	又增新田	3863
有鱼图	4240	右江的黎明	2781
有志青年到农村去	3107	右军草法至宝	7783, 7798, 7811
有志者事竟成	8172, 8180, 8192	右军快雪时晴帖	7775
有志者终成眷属	6347	右军洛神赋	7808
有竹山房印辨	8493	右军书范	7788
又长了	2759, 2760, 3863	右军小楷	7774
又创高产	3862	右任墨缘第一集	8119
又得红旗	4047	右石印选	8565
又耳氏刻汉画	8569	幼儿猜谜歌	5730
又红又专的赵顶良	5021	幼儿彩图幽默童话	6472
又红又专努力攀登科技高峰	3313	幼儿常识教育	5957
又回到了农业第一线	3863	幼儿成才训练画册	612
又绿江南	3496	幼儿创造性特征绘画	1253
又铭画展评集	501	幼儿的拜尔教本	11234, 11235
又生画集	3401	幼儿电子琴浅易教程	11284
又是一百分	4047, 4104	幼儿动物画资料	1447
又是一个丰收年 3769, 4432, 4502, 8883, 10418,		幼儿钢琴初步	11243
12268		幼儿钢琴电子琴音阶琶音练习	12220
又是一个丰收年	2108	幼儿钢琴教程	11227, 11228
又是一批栋梁材	4001	幼儿钢琴教学问答	11232
又是一条大鲤鱼	4047	幼儿钢琴启蒙	11253
又是一窑好瓷	3812	幼儿钢琴启蒙教程	11247
又是一桩喜事	6753, 6754	幼儿钢琴入门速成指导	11239
又是优秀	1800	幼儿钢琴入门指导	11253
又提前啦	3909	幼儿歌(乐)曲简易伴奏编配法	11092
又添新家当	4433	幼儿歌曲	12013, 12028, 12041
又添一朵光荣花	4001	幼儿歌曲 80 首	12444
又棚印草	8517	幼儿歌曲 120 首	12043
又一春	9375	幼儿歌曲创编	11092
又一个春天	3785	幼儿歌曲集	12001, 12003, 12006, 12013, 12027,

中国历代图书总目·艺术卷

12036, 12037

幼儿歌曲选 12013, 12024, 12026

幼儿歌曲选集 12021

幼儿歌舞 12628, 12629, 12630, 12635

幼儿歌舞集 12629

幼儿歌谣 6159

幼儿国画入门 859

幼儿绘画基础训练 1255

幼儿绘画制作 1255

幼儿吉他启蒙教程 11211

幼儿剪贴 10671

幼儿简笔画 1253, 1255, 1258, 1259

幼儿看图识字 6208

幼儿乐园 4001

幼儿立体纸工 10690

幼儿立体制作 10706

幼儿美术基础 1268

幼儿美术资料集萃 10613

幼儿七彩故事世界 6473

幼儿趣味剪纸 10690

幼儿趣味撕纸 10690

幼儿趣味折纸 10690

幼儿生日礼品书 6473

幼儿师范学校教科书 058, 493

幼儿师范学校课本 100, 487, 558, 11053, 11121, 12569

幼儿师范学校美术教学大纲 487

幼儿师范学校舞蹈教学大纲 12634

幼儿师范学校音乐教学大纲 10815

幼儿识字 5610

幼儿手风琴教程 11238

幼儿手风琴启蒙 11240

幼儿撕纸 10708

幼儿四季歌画 12043

幼儿舞蹈 12635

幼儿新歌 12017

幼儿新童话 6571, 6572

幼儿学国画指导 856

幼儿学唐诗 4803

幼儿眼里的世界 6765

幼儿演唱歌曲集 12445

幼儿音乐教材 11034

幼儿音乐之声 12050

幼儿遇忠臣 4774

幼儿园"亚克西" 12034

幼儿园壁画选 6621

幼儿园的歌 12006

幼儿园的歌180首 12030

幼儿园的一天 12196

幼儿园的音乐 12033

幼儿园歌曲 12001, 12003, 12445

幼儿园歌曲创作选 12014

幼儿园歌曲及音乐游戏 12004

幼儿园歌曲集 12443

幼儿园歌曲选集 12010

幼儿园看图说话 4884

幼儿园里多快乐 3577

幼儿园里朋友多 3550, 4433

幼儿园里上些什么课 4934

幼儿园生活 4884

幼儿园实用美术 10195

幼儿园一日生活歌曲五十首 12037

幼儿园音乐教育 10793

幼儿园有个小姑娘 12004

幼儿园早操 1763

幼儿掌中书 6473

幼儿折纸100例 10686

幼儿知识世界 6473

幼儿中国画入门 1254

幼苗 4240, 9348, 9362, 9375, 9386, 9399, 9412

书名索引

幼苗集	2979	于立群遗墨	8150
幼苗茁壮	3812	于伶戏剧电影散论	12722
幼年故事大王	6473, 6714	于明汉书法集	8339
幼年智慧屏	4167	于明涛诗书画集	2315
幼女头像	9532	于普洁作品选	2963
幼女斩蛇	6594	于琪破妖	5519
幼狮	2560, 2621	于谦	5021
幼松	5188	于谦保卫北京城	5866
幼小动物真可爱	4104	于谦奋战保京师	6009
幼学琼林精粹	7484	于谦之死	4995
幼学琼林图画本	6417	于庆成泥塑艺术	8664
幼芽	4433	于人画集	2946
幼幼画集	3401	于山小亭	9348
幼园新风	4743	于是之论表演艺术	12910
诱敌计	6159	于守洋漫画集	3478
诱敌入草滩	6159	于守洋体育幽默漫画集	3490
诱拐	5866, 7056	于书亭书法集	8271
釉陶与瓷器	10660	于淑珍关牧村演唱歌曲选	11972
迂叟魏书千文	8180	于曙光书画	2315
迂叟自书诗稿	8200	于涛书画集	2260
于长胜工笔花鸟	2555	于文萃	5106, 5132
于成松画集	1398	于文瑞诗书	8259
于得水的饭碗	4995	于无声处	5371, 5431, 5432
于非闇的画	1378	于希宁花卉技法	951
于非闇工笔花鸟画选	2490	于希宁画集	2491, 2521, 2531
于非闇工笔花鸟选集	2488	于希宁画辑	1953
于复千画集	2166, 2314	于希宁画选	1883, 1982
于鸿林书画集	2477	于希宁作品	2555
于化鲤漫画选	3429	于新生画集	1417
于家沟的怒火	5242	于阳春画集	2473
于江打狼	5610	于永江文集	12939
于锦声画集	2292	于友善	2340
于晋鲤画集	2292	于右任草书碑刻	8339, 8424
于景庆画集	2528	于右任草书精品初集	8418
于乐庆论文集	12728	于右任草书精品二集	8418

中国历代图书总目·艺术卷

于右任对联集锦	8172	于右任书总理军人精神教育训词摘录	8339
于右任对联集锦	8173	于右任先生手札	8129
于右任静宁墨迹选	8339	于右任先生书法	8219
于右任墨宝	8200	于右任先生书学论文集	7247
于右任墨迹选	8166	于右任先生遗墨	8418
于右任书出师表	8150, 8151	于右任先生最后遗墨	8339
于右任书法	8173	于寔真书柳亚子诗词选	8311
于右任书法大字典	8354	于振芳	5188
于右任书法集	8284	于振平讲师速写专集	2921
于右任书法选	8192	于植元书法作品集	8271
于右任书法艺术之研究	7403	于志杰除妖	5610
于右任书耿端人少将纪念碑	8173	于仲安彩色人像摄影集	8990
于右任书胡励生墓志铭	8173	于仲安人像摄影集	9034
于右任书胡太公墓志铭	8173	于篡墓志	7826
于右任书李雨田先生墓表	8125	余本	2817
于右任书李雨田先生墓志	8173	余本画册	2817
于右任书刘允丞墓表	8166, 8173	余本画集	1378
于右任书满江红	8173	余德先自书诗卷	8339
于右任书墓志墓表	8125	余纲书法篆刻选集	8201
于右任书墓志墓表选辑	8125	余光音乐杂志'84年鉴	12353
于右任书千字文	8415	余国宏画选	1395
于右任书秋先烈纪念碑记	8166, 8173	余国宏水墨画选	2276
于右任书孙公荆山墓表	8173	余杭奇冤	6160
于右任书孙公善述墓表	8173	余辉	9412
于右任书王陆一墓志铭	8166	余克危中国画集	2276
于右任书无名英烈纪念碑	8173	余明善书法集	8271
于右任书吴昌硕墓表	8387	余墨偶谭节录	8113
于右任书杨仁天先生墓志铭	8173	余南轩速写集	2908
于右任书杨松先生墓表	8173	余派戏词钱氏辑粹	12886
于右任书曾孟鸣碑	8192	余启平画集	1395
于右任书赠大将军邹君墓表	8166, 8173	余清斋法帖	7734
于右任书赵君次庭墓志铭	8174	余情未了	7003
于右任书赵母曹太夫人墓表	8174	余庆欢喜	4579
于右任书正气歌	8156	余庆民歌资料	11356
于右任书仲贞刘先生墓志铭	8174	余热养鱼鱼儿壮	3785

书名索引

余任天	2228	鱼儿满塘乐	4804
余任天草书二种	8229	鱼儿献给解放军	12632
余任天书法选	8311	鱼肥河香	4579
余任天书画印谈	806	鱼肥荷香	4657
余任天印集	8573	鱼肥荷香	2568, 2633
余上有余	4503, 4743	鱼肥莲香	4240
余上有余	2108, 2166	鱼肥年旺	4167
余上有余聚宝来	2166	鱼肥童欢	4240
余上沅戏剧论文集	12722	鱼肥娃壮	4743
余守谟画选	2340	鱼歌	4331
余叔岩唱片曲谱集	12078	鱼歌	2108
余叔岩艺术评论集	12884	鱼公主	6009
余涛画集	2555	鱼和贝类	3517
余熙水彩画	2951	鱼荷满堂	4503
余险峰书法	8271	鱼欢人笑	4240
余新志画集	1395	鱼家乐连生贵子	3665
余娅	9426, 9683	鱼精舞	13112
余音缭绕羽裳曲	4331	鱼乐	1763
余忠为画集	1417	鱼乐丰年	4657
於越先贤传	3057	鱼乐曲	4433
於越先贤像传	3042	鱼乐四季	2108
於越先贤像传赞	3042	鱼乐图	1953, 3613, 4331, 4433, 4503, 4657, 4743
鱼	1004, 1491, 1737, 10461	鱼乐图	2108, 2571, 2606
鱼	2562, 2586, 2722	鱼类的世界	3478
鱼藏剑	5051, 5610	鱼类折纸	10767
鱼池洗浴	3664	鱼龙坝	5188
鱼虫瓜果画谱	1424	鱼龙变化	3613
鱼虫写生	2867	鱼龙花港	6009
鱼大人欢	4656	鱼满舱	4104
鱼灯高挂庆元宵	4331	鱼满舱	2633
鱼的奥秘	7012	鱼满莲塘	4104
鱼的故事	5300	鱼满千舟	1811
鱼的图案	10306	鱼满堂	4832
鱼儿大娃娃胖祖国人财两兴旺	3550	鱼满塘	4657
鱼儿肥又大	4331	鱼美花香	4832

中国历代图书总目·艺术卷

鱼美花香	2108	鱼雁满船 莲菱满仓	3613
鱼美人	3550, 3577, 4104, 9148, 9532	鱼鹰	1737
鱼苗鱼种生产图解	4995	鱼鹰初试	5300, 5333
鱼谱	635	鱼鹰姑娘	5432, 5610
鱼樵耕读	4503	鱼鹰来归	5371
鱼庆欢乐	4433	鱼塘飞叉	5333
鱼庆欢喜	4240	鱼游图	9375
鱼趣图	4743	鱼跃丰年	4433, 4657
鱼上有余	4743	鱼跃高潮	4331
鱼水情	1800, 3812, 4331, 6009, 9375, 12650	鱼跃荷香	4744
鱼水情深	1823, 3019, 3711, 3863, 3909, 4047,	鱼跃花香人人喜	4579
	5300, 10427, 12600	鱼跃莲丰	4241
鱼水情深万年春	4657	鱼跃粮丰和美幸福	4332
鱼水亭	5242	鱼跃龙门	4804, 4832, 9468, 10490
鱼水之歌	11447	鱼跃龙门满堂红	4579
鱼塘边的战斗	5269	鱼跃满塘	4433
鱼塘欢歌	4657	鱼跃美景好	4744
鱼童金盆	4331	鱼跃年丰	4433
鱼图案	10268	鱼跃庆丰年	4332
鱼娃同欢	4832	鱼跃人欢	4744
鱼王	6239	鱼跃童欢	4167, 4332
鱼网里的女尸	5867	鱼跃图	1844, 1883, 1910, 4167, 4433, 4657
鱼纹图案集锦	10277	鱼跃图	2573, 2644
鱼舞	4167, 4241, 4331, 9963, 9966, 9972	俞宏理山水画选	2477
鱼嬉图	4657	俞剑华画集	1910
鱼嬉图	2633	俞剑华美术论文选	689
鱼戏春水	1775	俞梦彦画集	2315
鱼戏绿云间	10435	俞梦彦速写选集	2908
鱼虾	1737	俞母龚宜人墓志铭	8032
鱼仙子画集	2228	俞山美国风景画创意	1185
鱼乡春歌	4331	俞绍文	9579
鱼蟹图	1753	俞氏画稿	1604, 1605
鱼形图案	10254	俞苏艺术摄影集	9145
鱼形艺术	10265	俞云阶画辑	2781
鱼形装饰	10277	俞云阶作品选集	1390

书名索引

俞振飞艺术论集	12899	渔鼓声声献给党	11693
俞致贞画辑	1883	渔光曲	5106, 5432, 9444, 11888
俞致贞刘力上画集	2515	渔海怒涛	3021
俞子才青绿山水课徒画稿	915	渔火	5242, 5867
俞子鉴书法篆刻展集锦	7158	渔火惊枪	6239
娱园藏画记	845	渔集	1763
渔船	1786	渔家	3042
渔船上的斗争	5143	渔家	2645
渔船上的战斗	4995	渔家仇	5143
渔村	3004	渔家儿女	3863
渔村新医	8806	渔家儿女上大学	3950
渔村迎佳宾	4433	渔家姑娘	9006
渔岛怒潮	5219, 5270, 5300	渔家乐	4503
渔岛喜交爱国粮	3313	渔家乐帖	8045
渔岛演出	3950	渔家女要作好儿男	11883
渔岛之子	5168	渔家组曲	12332
渔灯盏盏	3909	渔朗川	13253
渔夫的儿子	5519	渔民的好后勤	4001
渔夫的故事	5519, 5867	渔民的贴心人	3863
渔夫哈利法	5730	渔民号子	12639
渔夫和金鱼	6307, 6572	渔民乐	3551, 12590
渔夫和金鱼的故事	6374	渔民之家	4104
渔夫和他的妻子	6548	渔农丰收贡献大	4001
渔夫女	6663	渔女	8657
渔夫退三军	6239	渔女春秋	5079, 5106
渔港	2932	渔牌	5432
渔港丰收忙	3909	渔樵耕读	2166
渔港风波	5519	渔樵问答	12300, 12301
渔港风浪	5300	渔水情	3950
渔港恋歌	11801	渔童	4104, 4167, 4168, 4995, 5371, 6009
渔港喜丰收	1844	渔湾村小英雄	5132
渔港新景	3752	渔网的故事	5132
渔港新貌	3863	渔翁和巨魔	5867
渔港新医	2756, 2760	渔翁杀敌	2974
渔歌	3665, 4047, 9343, 11952	渔峡秋雪	4804

中国历代图书总目·艺术卷

渔乡曲	12170	虞姬夜巡	9230
渔乡四季	3785	虞美人	1786, 4503, 9547, 9579
渔乡战歌	5300	虞山李氏琴谱	12301
渔汛季节服务到船上	3769	虞山李氏指法	11324
渔汛凯歌	3752	虞山毛氏汲古阁图	1627
渔汛之前	9333	虞山十八景画册	1605
渔洋春霄	1863	虞世南《夫子庙堂碑》	7910
渔洋山人手東	8051	虞世南《夫子庙堂碑》选字帖	7897
渔业丰收	3613	虞世南《孔子庙堂碑》及其笔法	7914
渔业生产景象	10101	虞世南东庙堂碑	7841
渔业学大寨 大干促大变	3266	虞世南夫子庙堂碑	7840
渔镇烽火	5519	虞世南楷书水写帖	8409
渔舟唱晚	9413, 9444, 12166	虞世南楷书习字帖	7905, 8400
渔舟唱晚——李海霞	9399	虞世南孔子庙堂碑	7888, 7892
渔舟落霞	9111	虞世南孔子庙堂碑临习指南	7905
愉快的航程	8852	虞世南汝南公主墓志墨迹	7840
愉快的假期	10529	虞世南书法精选	7916
愉快的假日	8852	虞世南书法选	7911, 7926
愉快的节日	4241, 4433, 12013	虞世南书孔子庙堂碑	7858, 7927
愉快的劳动	12228	虞世南中楷字帖	7861, 7867
愉快的劳动，丰收的喜悦	3665	虞书真迹	7840
愉快的旅行	11477	虞体部首偏旁临帖	7927
愉快的夏令营	4104	虞愚自写诗卷	8429
愉快的夏天	4001, 4168	虞允文	5021
愉快的早晨	5432	愚蠢的国王	4894
愉悦	9413	愚公移山	3711, 5132
榆林小曲	12139	愚公移山改造中国 重新安排河山	3266
榆林畜牧	8933	愚谱	8495
榆楼题跋	770	愚人节的故事	6307
榆面商人	5867	愚人买鞋	6512
榆钱叠雪	9387, 10626	与毕加索喝咖啡	1089
榆园旧主课画杂缀	1704	与大师面对面	10899
榆园图题咏	779	与当代艺术家的对话	583
榆桩	9413	与敌周旋	3024
虞恭公温彦博碑	7877	与鳄鱼搏斗的人们	5371

书名索引

与凡·高共品葡萄酒	1089	宇宙英雄杰克·奥特曼	7056
与风景对话	829	羽翠花红	4433
与傅聪谈音乐	10806, 10807	羽弓山妖妖孽	5333
与古斋琴谱	11324	羽家书法选	8272
与古斋琴谱补义	11329	羽丽花穗	8835
与狼共谋	6434	羽毛蛇秘密	6009
与雷诺阿共进下午茶	1089	羽扇谱	10615, 10616
与历史同行	122	雨	9472, 13238
与民同寿	4433, 4657	雨窗漫笔	667
与魔鬼打交道的人	5520, 5610, 5730	雨打芭蕉	12345
与莫奈赏花	1089	雨滴项链	6160
与乔伊丝·派克一起学画花卉	1089	雨宫明历险记	7031
与实验艺术家的谈话	108	雨果诗选	7461
与智慧有约	3478	雨过天晴	2783, 9413
与众曲谱	12067, 12068	雨后	1794, 3008, 4332, 6009
予倩论剧	12710	雨后春笋	3863
宇田小卫士	5300	雨后春筍	2633
宇文洲画集	2460	雨后的河面	6875
宇宙	13254	雨后工地	2722
宇宙大探险	7143	雨后花更艳	4047
宇宙的奥秘	3479	雨后集	11394
宇宙的巨人	6677	雨后青山分外娇	2645
宇宙的巨人希曼	7086, 7087	雨后青山分外青	1953
宇宙的骏马	12094	雨后清江	2932
宇宙飞超人	6663	雨后山村	1883
宇宙锋 3613, 6594, 12070, 12075, 12078, 12086,		雨后斜阳中的长城	9064
12132, 13235		雨后渔村	2931
宇宙和伊俄	5730	雨花石 4047, 8858, 8898, 8939, 10521, 12036	
宇宙巨人——希曼	7077, 7078	雨花石精选	8898
宇宙巨人希曼	7087	雨花石珍品集	9326
宇宙猫	7118	雨花拾谱	12278
宇宙叛乱	6742	雨花台纪念碑廊墨迹	8299
宇宙人	5731	雨花台颂	1753
宇宙小客人	4104	雨花台下	5371
宇宙小战争	7087	雨霁	1863

中国历代图书总目·艺术卷

雨霁鹤鸣	1883	玉尺楼画说	678
雨浪墨迹	8417	玉带深秋	2645
雨林剪纸	10715	玉笛情	8815
雨露阳光	9877	玉帝降旨收哪吒	6418
雨露滋润不苗壮	3950, 4001	玉殿云开	12056
雨露滋润新苗壮	10030	玉雕技法	8627
雨丝	10118	玉蝶奇冤	6277
雨屋速写集	2883	玉娥赏春	8810
雨雪霏霏	6374	玉鹅恋	5867
雨夜	3752	玉凤泥韵	10657
雨夜出诊	3812	玉凤展翼金龙腾飞	4744
雨夜送粮	12116	玉阁远眺图	4657
雨中情	4332	玉弓奇缘	5731
雨中送暖	3909	玉姑峰	6160
禹之鼎人物真迹	1632, 1641	玉函山房辑佚书	12242
语词的透视	6594	玉鹤轩琵琶谱选曲	12316
语石	8614, 8615, 8616	玉虹鉴真帖	7658
语石轩集印	8502	玉虹楼法帖	7658
语石斋画谱	1606	玉壶春色图	10461
语霜先生遗墨	1707	玉华山庄	9991
语文	7351	玉几山房画外录	780
语文卡通乐园	6726	玉娇龙	4657
语溪碑林	7734	玉洁冰清	9399
语言表达艺术	12824	玉洁冰清号	13288
语言和音乐	11150	玉洁冰心	9362
语言美	3354	玉兰	1786, 1863, 9375, 10014
语言音乐学纲要	10916	玉兰	2621
语言与歌唱	11119	玉兰·牡丹·雉鸡图	2621
语言与音乐	11150	玉兰翠禽	1895
语重心长	4001	玉兰芬芳	6160
癒叟墨录	1060	玉兰花	1794
玉宝斋法帖草诀歌	8419	玉兰花开	5371
玉杯血泪	6160	玉兰花开	2516
玉宸宫奇冤	6160	玉兰黄鹂	1737, 1982
玉池桑影	9362	玉兰锦鸡	1927

书名索引

玉兰锦鸡	2645	玉米丰收	1851, 3711
玉兰孔雀	2583	玉米花爆炸啦	6572
玉兰鹤哥	1883	玉米黄金粒粒壮	3712
玉兰蜜蜂	1737	玉米满场喜丰收	3712
玉兰牡丹	4001	玉米人工辅助授粉	13240
玉兰山鹤鸟	1895	玉娘	13117
玉兰树下	4332	玉女	6628
玉兰喜鹊	10435	玉女下山	6160
玉兰仙馆印谱	8532	玉佩良缘	8825
玉兰鹦鹉	1895, 1910	玉片的故事	5372
玉兰鹦鹉 荷花鸳鸯 秋菊兰鹊 芙蓉锦鸡	4048	玉屏侗乡春	8933
玉垒仙都——灌县二王庙	4241	玉屏石壁	9838
玉立	9399, 9444	玉屏迎客	9838
玉连环室印存	8519	玉瓶记	5610
玉莲	9946	玉谱类编	384
玉林市书画选集	1372	玉瀑泉华	2187
玉琳国师	6400	玉麒麟卢俊义	6512
玉麟画扇	2292	玉器	423, 426, 430
玉龙春早	9786	玉器鉴赏	413
玉龙佳秀	9478	玉器之美	414
玉龙岭	5520	玉蜻蜓	13125
玉龙山风光	9126	玉泉	6160, 9865
玉龙松涛行书字苑	8438	玉泉喷绿	9339
玉龙雪山	9120, 9126, 9850	玉泉千瓣荷	9828
玉龙祝福	4744	玉泉秋色	9877
玉楼欢歌	4241	玉泉山水园	9129
玉轮轩曲论二编	12723	玉泉仙鹤	2810
玉梅	13109	玉色蝴蝶	13109
玉梅闹婚	9232	玉山蟾头岩	6009
玉梅弦歌集	12301	玉石古器谱录	402
玉梅钟情	4503	玉石乾坤	8465
玉门'90 歌曲选	11505	玉饰	434
玉门散	12236	玉树	8903, 8953
玉门油矿的一个红旗手	4934	玉树琼花	10030
玉米	1729	玉树赛马节	8701

中国历代图书总目·艺术卷

玉树银枝	9387	玉雨堂书画记	1464
玉筍山房墨迹	8056	玉鸳鸯之谜	6160
玉碎宫倾	5731	玉簪花	1775, 1883, 10081, 10086, 10088
玉台画史	780, 846	玉簪记	6400
玉台仙境	9838	玉章画集	1699
玉堂春	4241, 4332, 4433, 4744, 5731, 11829,	玉珠串	6277
	12066, 12070, 12078, 12857	玉柱印痕	8579
玉堂春	2166	玉镯情	4744
玉堂春后传	8862	玉镯情	2166
玉堂春色	4332	玉镯为媒成眷属	9242
玉堂富贵	1753, 1883, 4332, 4579, 4657, 4744	驭手之歌	12266
玉堂富贵	2108, 2166	芋头与白菜	1786
玉堂富贵 锦上添花	4744	芋叶双鸡	1737
玉堂富贵图	1713, 4434	郁金花开太子湾	9260
玉堂富贵图	2655	郁金香	10051, 10065, 10071, 10072, 10076,
玉堂花香	8825		10081, 10088, 10091, 10092, 10096
玉堂花香	2108	郁金香园	10076
玉堂禁经	7225	郁文华画集	2315
玉堂幸寿	4503	郁香	9460
玉童金狮闹新春	2166	郁郁青峰	9877
玉兔闹月	4657	育才歌声	11535
玉兔仙境	10551	育雏图	1883, 1895
玉梧琴谱	12292	育花植树美化环境	4332
玉溪地区曲艺音乐	12142	育马天山为革命	9269
玉溪地区戏曲志	12775	育苗	3752, 3769, 3863, 10418
玉溪花灯	4995	育苗	2589, 2594
玉溪花灯音乐	12062	育苗画集：幼儿教师绘画范例	1328
玉溪市民间器乐曲集	12349	育新苗	1763, 3017, 3785, 3863, 9362
玉玺谱	8493	育新医	3951
玉香笼	5731	育秧	9334
玉烟堂本急就章	8342	育秧姑娘	4048
玉烟堂法帖	7656	育秧记	5168
玉烟堂帖本急就章草法考	7238	育鱼苗	4048
玉燕楼书法	7239	育子篇	4657
玉艺	409	狱中	4889

书名索引

狱中除奸	5132, 5133	遇	9472
狱中斗争	5432, 6160	遇鬼记	5520
狱中曙光	6208	遇仙记	4503
狱中迎春	5520	遇险的女兵	6010
峪谷烽烟	6160	遇险逢亲人	5520
浴	2108	遇险格陵兰	6548
浴罢	9387, 9444	喻皓	5611
浴光	9387	喻红	1084
浴后	9375	喻慧花鸟画集	2521
浴后的狄安娜	6864	喻继高工笔花鸟画选	2504
浴牛图	4168	喻继高画集	2535
浴女	2843, 6892	喻乐静先生纪念专辑	314
浴日	9460	喻启礼小楷字帖	8339
浴日图	4332	喻世明言	6434
浴血睢阳	6010	喻世明言精选	6347
浴血太行	6572	喻仲林花鸟画册	2508
浴血太平洋	6277	喻仲林画集	1385, 1927
浴战敌后	6160	喻仲林先生工笔花鸟画稿	2513, 2516
浴中维纳斯	6859	御笔峰	9426
预防肠道传染病	3096, 3149	御笔药师琉璃光如来本愿功德经	8020
预防和急救	8869	御赐竹炉山房工孟端画卷	1564
预防近视眼	5432	御定佩文斋书画谱	663
预防流行性感冒	7031	御定书画谱	7668
预防食物中毒	3338	御果园救主	5731
预防矽肺	4919	御河桥	9227, 9362, 12111
预言者	6889	御花园胜景	9103
域外所藏中国古画集	1468, 1469, 1515	御刻墨妙轩法帖	7658
域外所藏中国古画集续集	1469	御刻三希堂石渠宝笈法帖	7746
欲除烦恼须无我，历尽艰辛好为人	8210	御刻三希堂石渠宝笈法帖释文	7746
欲飞	9399	御刻三希堂石渠宝笈续法帖	7710
欲念、毒品和鬼魂	13148	御览书苑菁华	7224
欲擒故纵	5611, 5731	御临王献之书洛神赋十三行并图	7775
欲穷千里目·更上一层楼	8220	御书药师琉璃光如来本愿功德经	8019
欲望之翼	10852	御题南田山水花卉册	1627
欲与天公试比高	3951	御题三希堂续刻法帖	7833

中国历代图书总目·艺术卷

御悔救亡歌曲集	11371	豫剧板胡演奏教材	11310
御园护主	5731	豫剧表导演艺术	12955
御苑相会	4241	豫剧表演艺术家常香玉唱腔选介	11148
御制北调宫词乐谱	12056	豫剧唱腔音乐概论	11146, 11147
御制补笙诗乐谱	11029	豫剧传统剧目汇释	12934
御制草韵辨体	8410	豫剧各种调门唱法介绍	11119
御制丁观鹏五百尊罗汉册	1668	豫剧脸谱集	12924
御制耕织图	1594	豫剧锣鼓经	11145, 11150
御制廉和帖	8018	豫剧清唱选集	11864
御制弘仁晋济天妃宫之碑帖	8106	豫剧曲牌音乐	12111
御制九字回文图书谱	8493	豫剧文场曲牌音乐	11143
御制律吕正义	11009, 11011	豫剧小戏考	12937
御制律吕正义后编	11009, 11010	豫剧演员姜晶子	9579
御制南调宫词乐谱	12056	豫剧移植革命现代京剧《红灯记》	12125
御制七十二候诗画册	1595	豫剧移植革命现代京剧《龙江颂》主要唱段选编	
御制清曲	12055		11863
御制盛京赋	8026	豫剧移植革命现代京剧红灯记主要唱段选编	
御制石渠宝笈	1461		6755
御制说经诗	8043	豫剧艺术总汇	12948
御制文渊阁记	8043	豫剧音乐征文选编	12132
寓教于乐	3440	豫剧源流考论	12933
寓言	6549	豫剧在全国	12940
寓言百图	3045	豫南春早	9789
寓言故事	5520, 10674	豫园	8858, 8929, 9054
寓言画典	3490	豫园馆藏书画集	1716
寓言画片	6010, 6605	豫园印痕	8578
寓言屏	3577	豫章先生论画山水赋	642
寓意编	743, 744	豫州三尸案	6208
寓意录	1461, 1463, 1464	鸢尾	10058
毓秀堂画传	1603	鸳湖四山印集	8527
豫北人民的再生	4869, 4875	鸳栖四山印谱	8528
豫北叙事曲	12278	鸳鸯	1723, 1753, 1895, 4168, 6010, 10058
豫饥铁泪图	1602	鸳鸯	2621
豫剧《白蛇传》中的白素贞和许仙	9227	鸳鸯·芙蓉画法	970
豫剧板胡演奏法	11309	鸳鸯比翼	4580

书名索引

鸳鸯并蒂莲	4241	元宝案	5433
鸳鸯焚香	4241	元朝名画精华	1550
鸳鸯芙蓉	1910	元朝书画史研究论集	7150
鸳鸯好娃娃美	4658	元初两大书家真迹鲜于枢书楔帖周驰题跋	
鸳鸯好娃娃美	2108		7956
鸳鸯和红娘	4241	元瓷奇珍与古玉瑰宝	434
鸳鸯荷花	3613, 4434, 4580	元代瓷器	430
鸳鸯荷美	4658	元代工艺美术研究	10204
鸳鸯荷美双喜图	4104	元代画家史料	576
鸳鸯花脸鸭屏	4580	元代画家吴镇	798
鸳鸯佳偶鸾凤和鸣	4580	元代画塑记	575
鸳鸯剑	6160	元代画坛魁首	804
鸳鸯结伴	4580	元代名家墨迹大观	8005
鸳鸯镜	13120	元代女诗人管仲姬	10461
鸳鸯抗婚	5731	元代戏曲史稿	12787
鸳鸯谱	4434, 8825	元代印风	8554
鸳鸯谱	2166	元代杂剧	12978
鸳鸯七志斋藏石	7738	元代杂剧艺术	12978
鸳鸯情深	4832	元旦中西电影故事特刊	13290
鸳鸯双童	2108	元诞墓志	7820
鸳鸯双喜	4744	元邓文原临急就章	7979
鸳鸯双喜图	4580, 8820	元朕纪	7945, 7957
鸳鸯条屏	4241	元对	1054
鸳鸯铁辰桃	6010	元妃省亲	4658, 9245
鸳鸯图	4580	元丰题跋	7688
鸳鸯娃娃	3614	元珩墓志	7826
鸳鸯喜鹊	1982	元公姬氏碑	7986
鸳鸯戏水	1953, 4332, 4434	元龚璜七贤诗迹	7960
冤鬼奇情	6347	元郭伯达春园宴乐图卷	1532
冤家路宽	5731, 5867	元恒告状	5611
冤家小传	6161	元画	1532
渊鉴斋御书册	8019	元画家姓氏录	568
渊明逸致画特展图录	1513	元怀墓志	7817
元 赵孟頫行书烟江叠嶂图诗卷	8007	元黄公望富春山居图卷	1535
元八家法书	7951	元江大捷	6161

中国历代图书总目·艺术卷

元江风采	8967	元人广寒宫图	1543
元揭傒斯临智水真草千字文	7972	元人画册	1541
元金胶西郡王范成进残碑	7945	元人画风	1550
元九的百宝箱	4934	元人画论著	684
元剧探究	12733	元人泥金写经	7948
元康里巎草书述笔法	7963, 8413	元人破临安所得故宋书画目	1461
元康里巎草谕龙说	7963	元人杏花鸳鸯图	1543
元康里巎书述笔法	7979, 8001, 8413	元任仁发二马图	1544, 1545
元康里巎书谕龙说	7963	元任仁发秋水凫鹭图	1543
元柯丹丘题松雪画墨迹	7948	元任仁发张果见明皇图	1542
元柯九思画竹谱	1529, 1530	元散曲的音乐	11153, 11154
元陆居仁者之水诗	7979	元善画集	2466
元律	11001	元盛懋秋舸清啸图	1543
元璐墨迹大观	8092	元诗精萃	7541
元略墓志	7817	元氏封龙山碑	7746
元美学	069	元书画考	1461
元明古德手迹	7661	元帅	4332
元明绘画美学	494	元帅之死	5611
元明人山水集景	1534	元四大家	799
元明时代东传日本的水墨画	518	元四家画集	1549
元明戏曲	6512	元宋仲温书谱真迹	8043
元明戏曲叶子	2996	元骅墓志	7826
元破临安所得故宋书画	770, 1461	元拓卫景武公李靖碑	7936
元破临安所得故宋书画目	1461	元拓张从申茅山玄静碑	7936
元气淋漓	597	元王孙云女孝经图卷	1530
元钱选并笛图	1535	元王振朋伯牙鼓琴图卷	1547
元青花	430	元魏墓志书法选	7800
元曲百首	7509	元吴兴兵	6010
元曲钢笔字帖	7541	元吴镇墨竹谱	1535
元曲精萃	7541	元吴镇心经	7979
元曲名篇钢笔字帖	7541	元吴仲圭松泉图	1530
元曲三百首钢笔书法	7587	元鲜于枢行草真迹	7987
元曲三百首书画集	2315	元鲜于枢行书诗赞	7970
元曲三百首小楷墨迹	8404	元鲜于枢书杜诗	7963
元曲一百首钢笔行书字帖	7574	元鲜于枢书苏轼海棠诗	7981

书名索引

元鲜于枢书透光古镜歌	7959, 7986	元赵孟頫楷书张总管墓志铭	8011
元鲜于枢书王安石诗	7967	元赵孟頫临定武本兰亭序	7970
元鲜于枢书王安石杂诗卷	8005	元赵孟頫临黄庭经真迹	7986
元显敬墓志铭	7783	元赵孟頫六体千字文	7974
元宵灯	4434	元赵孟頫墨迹	7973
元宵灯会	4434	元赵孟頫人骑图	1541
元宵观灯	4168	元赵孟頫神观记	7983
元宵乐	2108	元赵孟頫书般若波罗密多心经	7980
元宵谜	13125	元赵孟頫书仇锷墓碑铭	7974
元哽告状	5051	元赵孟頫书胆巴碑	7980
元延明墓志	7826	元赵孟頫书福神观记	7963, 7964
元阎仲彬惠山复隐图	1533	元赵孟頫书高峰禅师行状	7980
元演墓志	7826	元赵孟頫书归去来辞	7967, 8002
元杨铁匠先生书张氏通波阡表真迹	7951	元赵孟頫书黄庭经	7959
元杨维桢书城南唱和诗	7979	元赵孟頫书急就章	7961, 7967, 7968
元杨维桢真镜庵募缘疏	7972	元赵孟頫书绝交书	7960, 7970
元艺术学	053	元赵孟頫书灵隐大川济禅师塔铭	7972, 7973
元梓墓志	7800	元赵孟頫书洛神赋	7981, 7982
元音试译	12067	元赵孟頫书妙严寺记	7980, 7984
元俞和临定武本兰亭序	7970	元赵孟頫书七札	7958
元俞和自书诗	7979	元赵孟頫书秋声赋	8002
元毓墓志	7826	元赵孟頫书续千字文	7969
元元见到了孙悟空	5433	元赵孟頫书烟江叠嶂诗	7968
元元奇遇记	5372	元赵孟頫书张总管墓志铭	7982
元杂剧史	12789	元赵孟頫鲜于枢行草合册	7959
元杂剧史稿	12775	元赵孟书仇锷墓碑铭	7974
元杂剧喜剧艺术	12770	元赵松雪六体千文	7956
元张逊双钩竹图卷	1544	元赵松雪题画诗墨迹	7948
元张雨题画二诗	7980	元赵文敏仇公墓碑	7951
元赵孟頫《道德经》	7602	元赵文敏归去来辞真迹	7951
元赵孟頫尺牍诗翰	7959	元赵文敏急就章真迹	7991
元赵孟頫洞庭东山图	1543	元稹	5867
元赵孟頫福神观记	7983	元周伯琦小楷朱德润墓志铭	8011
元赵孟頫行书万寿曲	8011	元周伯琦篆书官学国史二箴	8011
元赵孟頫汲黯传	7984	元诸家为周文英撰书诗志传合璧	7980

元纂墓志	7826	袁辉水墨	2413
园丁	4001, 4048	袁健民书千字文	8322
园丁和主人	6010	袁江《山水楼阁图册》	1680
园丁画集	1318	袁江袁耀画集	1689
园丁书画	1303	袁江袁耀山水楼阁界画	2431
园丁颂	9747	袁金塔	1928, 1998
园丁心声	11512	袁金塔	2109
园丁之歌	5333, 5372	袁励准山水画册	1702
园林	10003	袁烈州画集	2166
园林春色	2950	袁留安花灯唱腔选	11867
园林风光	4333, 9111	袁留安与花灯艺术	12959
园林好	9045	袁珑水彩画	1187
园林佳境	9838	袁母薛太夫人手写金刚般若波罗蜜经	8113
园林名画特展图录	1513	袁拿恩画集	2292
园林名胜	2867	袁仁智书法作品选集	8299
园林木雕图案	8645, 10265	袁生中人物画	2403
园林摄影	8757, 8801	袁世海的艺术道路	12889
园林随处	2031	袁世凯窃国记	5611
园林夏日	2940	袁天成革命	12114
园林秀色	4832, 9120	袁维新花鸟画集	2535
园林艺术	10114	袁晓岑雕塑选集	8631
园林之城——苏州	8933	袁晓岑国画雕塑选集	2242
园林之春	9135, 9828	袁晓岑画辑	1895
园田	5270	袁晓岑画孔雀	999
园田乐	3577	袁旭临书法篆刻集	8229
园艺场新貌	3863	袁学君山水画集	2469
园圆	9387	袁雪芬唱腔选集	11872
袁波	2340	袁耀鹤画选	1383
袁博碑	7766	袁耀画唐人诗意	1657
袁采然画集	3052	袁玉堃舞台艺术	12934
袁大总统墨宝	8113	袁运甫彩墨画	2242
袁帝之嚣	6277	袁运甫画集	1383
袁斗书法选集	8220	袁运甫画集	2315
袁福顺	5133	袁运甫悟艺集	538
袁河采茶戏音乐	12132	袁运甫线描	2292

书名索引

袁运甫艺术壁毯	10358	原子笔书写门径	7424, 7425
袁运甫作品	2315	原子化的爱因斯坦	7031
袁运生素描集	2914	原子能的利用	3517
袁政府画史	3391	原子弹之父爱因斯坦	3490
袁中郎先生批评唐伯虎汇集	642	原子与爱情	5520
袁忠节公手札	8056	圆号创新教学法	11169
原板初印芥子园画谱二集	854	圆号吹奏入门	11176
原板芥子图画谱	1651	圆号基础教程	11173
原本	12508	圆号教学曲选集	12161
原典选抄	6400	圆号练习曲	12455
原画设定	1249	圆号演奏教程	11169
原济山水图册	1680	圆号演奏实用教程	11173
原刻草字汇法帖	8412	圆黑体	7639
原色现代押花	10679	圆环操	3614
原石初拓魏崔颢墓志	7777	圆觉经	6594
原石初拓墦塔铭	7833	圆满长寿	4333
原始丛林	9035	圆满图	4503
原始美术	180, 187	圆满幸福	4104
原始森林历险记	6010	圆米格钢笔书法教程	7574
原始森林下宿营	2925	圆明园——远瀛观大水法	4434
原始艺术	176, 183	圆明园图	1645
原始艺术史	192	圆明园图咏	1680
原始艺术探究	172	圆明园遗址过队日	8817
原始艺术与民间文化	256	圆球体 / 母狮	1151
原始艺术哲学	041	圆通山海棠花	10030
原兽事典	7031	圆头体字库	7644
原拓泰山金刚经	7716	圆舞曲歌曲集	12401
原拓魏郑道忠墓志	7776	圆舞曲集	12451
原乡谱曲	1414	圆舞曲之王	10863
原形毕露	5133	圆形的变画	1127
原野	6161, 9444	圆形图案	10265
原野咏	11936	圆圆	9375, 9413, 9444
原音琼辨	11016	圆圆的世界	10228
原油滚滚四海香	4001	圆珠笔行书字帖	7509
原真之美	10708	圆珠笔临写字帖	7462

中国历代图书总目·艺术卷

圆珠笔优秀字帖	7432	远探水晶山	5611
圆珠笔正楷行楷字帖	7541	远眺	9348, 9375, 9413
援越抗美歌曲集	11451	远眺贡嘎山	9051, 9785
援越抗美歌曲选	11634	远望	2774, 2779, 4001, 4002
援越抗美歌曲选	11635	远望大特达山	1753
援越抗美歌选	12140	远征军歌	11383
援越抗美画片	3013	远征山水画集	2466
援越抗美画选	1274	远征作品	2481
缘分	6208	苑边吟墨	8312
缘侠女	9399	苑洛志乐	11010
猿猴天地	829	苑野超画集	2481
源于生活 高于生活	12872	院士写真	9036
源源不断	3909	愿和平万年	2166
源远流长	4658, 12785	愿将热血洒边疆	5168
源远流长	2109, 2432	愿你了解我	5731
源远流长的甘肃工艺美术	10200	愿千家万户满意	3345
源远流长话税收	6374	愿亲人早日养好伤	12280
辕门射戟	3665, 4241, 5433, 12075	愿我中华当如此花	2051, 2671
辕门斩子	4909, 11829, 12078	愿作比翼鸟	11987
远村印谱	8500	愿作雄鹰展翅飞	4333
远大前程	7056	约法三章	5520
远方的客人请你留下来	11434	约干松	504, 6855
远方客人来到咱草原	3812	约翰·丹佛演唱歌曲选	12432
远方来的客人	3712	约翰·塞巴斯蒂安·巴赫	11238
远方来客	2851, 4503	约翰·施特劳斯	10894
远古的回音	2213	约翰·汤普森简易钢琴教程	11253, 11254
远古之谜	377	约翰·汤普森浅易钢琴教程	11232
远海巡逻	3769	约翰·汤普森现代钢琴教程	11232, 11233, 11254
远行归来	6726	约翰·汤普森幼童钢琴入门教程	11242
远航	11677, 12203	约赛兰摇篮曲	12416
远航归来	3863	约瑟芬皇后像	6890
远航美术书法集	1343	约瑟与公主	6400
远景更美好	4580	月到风来亭	9877, 10461
远去的小伙伴	5867	月儿高	12056, 12332, 12337
远山的呼唤	5867	月儿明亮歌儿甜	4168

书名索引

月儿弯弯象小船	12010	月历 P.R 设计	10551
月儿圆	4434, 4503	月亮宝石	5611, 5731, 5867
月甫画葡萄	2524	月亮饼	6473
月宫姑娘和铁匠	5611	月亮代表我的心	7541, 11707
月宫仙子	9712	月亮的故事	5520, 6549
月宫小客人	4333	月亮公主	5868
月光变奏曲	12331	月亮和半圆山	10144
月光迪斯科	12383	月亮花	5868
月光花出嫁	12006	月亮街	6742
月光曲	2109	月亮里的鸳鸯	5732
月光下的战斗	5433	月亮女神	11484
月华翠羽	10473	月亮树的故事	6726
月季 10016, 10017, 10020, 10022, 10025, 10030,		月亮弯弯	12050
10031, 10038, 10046, 10051, 10058,		月亮湾的风波	6161
10059, 10065, 10066		月亮湾的笑声	4434, 5732
月季	2633	月亮湾情歌	11528
月季 牡丹 菊花 山茶	4104	月亮找邻居	6474
月季·牡丹	10072	月令七十二候印谱	8513
月季百图	9317	月露音	3045
月季花 10014, 10017, 10022, 10026, 10031,		月曼清游	8665
10038, 10052, 10066, 10086		月明花香	4658
月季花开	10031	月明之夜	12090
月季花开披朝霞	8825	月琴秦琴三弦	12310
月季画谱	625	月琴弹奏法	11335
月季降妖	6473	月琴演奏法	11335
月季牡丹	10066	月琴与小老虎	6161
月季双鸽	10461	月球归来	4168
月季双猫	2607	月球探宝	4242
月季喜鹊	1884	月球探险	7025
月季小猫	10017	月球探险记	6010
月季小猫	2604	月色	1953
月季小鸟	2633	月色虎啸	1928
月季写生参考资料	937	月色双鹦鹉	4434
月季杏黄天	9362	月是故乡明	1895, 4504
月壶题画诗	668	月下词话	11098

中国历代图书总目·艺术卷

月下花前	11539, 11542	月月平安 锦上添花 富贵白头 鸳鸯荷美	
月下花神	4434		4580
月下花影	4580	月月如意	4658
月下剑舞	4242	月月甜	4333
月下双雄	2187	月月甜美	4333
月下习武	9972	月月有余	4434, 4580, 4744
月下知音	2167	月月增产 年年丰收	3665
月秀山下的阴影	5612	月照东墙	4996
月岩如偃月 月泉洒晴雪 仙境在人间 真成两奇绝	7980	月照潇湘馆	2448
		岳北农工会组歌	11696
月摇花影	10038	岳传人物	4242
月夜	6883, 9387, 9460, 10461	岳传人物屏	4504
月夜笛声	4580	岳传人物绣像	4745
月夜飞兔	1729	岳飞 1775, 3665, 3666, 4048, 4079, 4104, 4168,
月夜飞骑兵	4996, 5021	4169, 4207, 4242, 4290, 4333, 4434, 4474,
月夜抚琴	4168	4658, 4872, 4873, 5612, 5732, 5868, 6161,
月夜虎啸	4333, 4580, 4854	6474, 6512, 12903
月夜虎啸	2583	岳飞	2359
月夜琴声	4242	岳飞 关羽	4168
月夜取枪	5372	岳飞 韩世忠	4104, 4168, 4504
月夜哨兵	9248, 9249	岳飞 戚继光	4105, 4435
月夜五雄	4658	岳飞 韩世忠	4745
月夜雄风	2167	岳飞 戚继光	3666
月夜玉笛	4333	岳飞·满江红	8156
月夜玉笛	2633	岳飞·郑成功	3666
月影	1239	岳飞《满江红·登黄鹤楼有感》	8201
月圆花好	4774, 9387	岳飞, 牛皋	4504
月圆花香	2016	岳飞拜师	5732
月月报平安	10490	岳飞出世	4334, 5732
月月发大财	2167	岳飞传 4105, 5732, 6347, 6474, 6512, 6513, 6549
月月富贵	4333	岳飞锤震金弹子	4435
月月红	3551, 3577, 9341, 9375	岳飞大战金兀术	3666, 4334, 5732
月月花香	4658	岳飞的故事	4435
月月锦绣	1982	岳飞挂帅	4334, 6400
月月进宝	2109	岳飞韩世忠	4242

书名索引

岳飞行书字帖	8007	岳母刺字	4105, 4169, 5520, 6374, 9006, 11837
岳飞计败金兵	5868	岳母刺字 精忠报国	4105
岳飞进军朱仙镇	3614	岳母教子	4242, 4334, 4504, 6013
岳飞墨宝	8011	岳黔山画集	2260
岳飞墓	1578	岳山书法展专集	8272
岳飞破金兵	4504	岳石画集	2340
岳飞枪挑小梁王	3666, 4169, 4242	岳武穆后出师表	7955
岳飞诗词	8160	岳武穆满江红词	8300
岳飞书吊古战场文	7980	岳武穆前出师表	7955
岳飞书法选	7995	岳武穆书出师表	7951
岳飞书后出师表	7986	岳雪楼鉴真法帖	7659
岳飞书前出师表	7986	岳雪楼书画录	7659
岳飞书前后出师表	7975, 7987, 7995	岳阳	9375
岳飞书谢朓诗	7988	岳阳城	2722
岳飞书诸葛亮前后出师表	7975, 7995	岳阳柳毅井	9444
岳飞像	9326	岳阳楼 3008, 4334, 4435, 4504, 9084, 9126, 9132,	
岳飞岳云	4504	9850	
岳飞郑成功	4105, 4242, 4333, 4334, 4580, 4658	岳阳楼	2436
岳飞秦草真迹	8013	岳阳楼记	4581
岳家父子杨家父子	4504	岳阳楼记行楷字帖	8430
岳家将	4435, 6549	岳阳楼说古	5868
岳家军	4334	岳阳楼图	1544
岳家军小将	4504	岳阳楼月色	9252
岳家武将屏	4658	岳云	1786, 4242, 4435, 4659, 4745, 5051, 5520,
岳家小将	5868, 6011, 6012, 6013, 6161, 6307,		6161, 6677, 9227
	9007, 13117	岳云 金弹子	4435
岳家小将	2395	岳云 陆文龙	4435
岳家庄	3531, 5021, 11829	岳云 牛通	4658
岳军大战金兵	2167	岳云 杨文广	4435
岳雷	6161	岳云 杨宗保	4435
岳雷扫北	5732	岳云 牛通	4745
岳雷招亲	4581	岳云 杨文广	4745
岳麓山	9815	岳云·何元庆	2395
岳麓山爱晚亭	1863	岳云·牛通	2386
岳仑雕刻展览会会刊	8601	岳云·杨文广	2395

中国历代图书总目·艺术卷

岳云出山	4169	跃峰渠	1884, 3951
岳云出山	2395	跃龙门万事如意	4659, 4833
岳云闯阵	4105	跃龙门余上有余	2109
岳云锤	4581, 4659	跃马擒敌	1830
岳云锤震金蝉子	4243, 4334	跃马扬鞭	4169
岳云锤震金弹子	4505	跃马扬刀	5868
岳云大战银铃公主	4581	跃马扬威	4833
岳云狄雷	4581	跃马扬威	2167
岳云何元庆	4334	跃马英姿	4243
岳云和银玲子	13117	跃马争春	4335
岳云立志	4335	跃向新高度	3247
岳云陆文龙	4242	跃跃欲试	9399
岳云破阵	4335	越过越富	4804, 4846
岳云上阵	4243	越海插旗	5143
岳云杨文广	4243, 4504, 4581	越海擒敌	5022, 5333
岳云张宪	4334	越河送棉	5333
岳震招亲	9245	越画见闻	845
岳忠武奏草真迹	7959	越画见闻录	845
钥匙	5218	越境	6277
阅兵式	4243	越剧"十姐妹"唱腔集锦	11869
阅读的少女	6885	越剧"西厢记"曲谱	12109
阅读赵春翔	829	越剧《拜月记》	9234
阅读主流电影	13134	越剧《碧玉簪》	4105
阅古楼和《三希堂法帖》	7716	越剧《长相思》	9237
阅古楼和三希堂法帖	7716	越剧《打金枝》	9220, 9234
阅书帖记	7219	越剧《红楼梦》	9220, 9939
阅微草堂笔记	3479	越剧《梁山伯和祝英台》	4048
阅微草堂砚谱	1058, 1059	越剧《龙江颂》主要唱段选辑	11863
悦	9426, 9460, 9472	越剧《乱世奇缘》	9242
悦城龙母	6277	越剧《劈山救母》	4105
悦耳的曲艺	12975	越剧《三结鸾凤》——美满姻缘	9958
悦来店义救安公子	6161	越剧《拾玉镯》	9242
悦目	9426	越剧《舞台姐妹》	9230
悦色和春	2109	越剧《西厢记》剧照	9949
悦生所藏书画别录	1472	越剧《西园记》	9230

书名索引

越剧《雪里小梅香》	9235	越南复调乐曲十首	12494
越剧《战金山》	9952	越南歌集	12361
越剧(彩楼记)	9946	越南歌曲集	12365
越剧常用曲调	12123	越南歌曲九首	12369
越剧唱段选	11865	越南歌曲选	12370
越剧唱法研究	11144	越南军民打得好	3149, 3158
越剧唱腔精选	11873	越南军民打得好，打得准，打得狠！	3149, 3150
越剧丛刊	12922	越南抗战歌曲选	12362
越剧二胡托腔入门	11308	越南民歌选	12411
越剧集锦	9242	越南民主共和国国歌	12395
越剧流派唱腔	11867	越南民主共和国胡志明主席	2737
越剧男女合演基本曲调	12109	越南民主共和国美术作品选集	362
越剧曲调	12100, 12107	越南民族英雄阮文追	3013
越剧曲调介绍	12101	越南磨漆艺术展览	6780
越剧曲调新编	12109	越南南方青年解放之歌	12372
越剧曲谱	12101	越南南方英雄多	3752
越剧史话	12944	越南人民必胜	3150
越剧溯源	12946	越南人民必胜！	3150
越剧舞台美术	12831	越南人民打得好	3150, 11635
越剧西厢记、梁山伯与祝英台舞台服装设计		越南人民的胜利	4894
	12834	越南人民的正义斗争必胜！	3150
越剧戏考	12922	越南人民抗美斗争故事集	5143
越剧小演员	9628	越南人民一定胜利	11635
越剧新花	9006	越南人民战斗的故事	5133
越剧新基调的试作	11141	越南少年儿童画	7144
越剧新秀王志萍	9683	越南现代美术作品选	6781
越剧选曲	12123	越南小英雄	4884
越剧演员谈表演	12919	越南宣传画	6928
越剧艺术欣赏	12946	越南英雄阮文追	5133, 5168
越剧音乐概论	11158	越南争取祖国统一斗争美术作品展览	6781
越剧音乐史初探	12948	越扑越旺的烈火	4996
越剧主胡和越剧伴奏	11150	越器图录	386
越缦堂菊话	12750	越是艰险越是向前	3769
越南——中国	2754	越说心越甜	3909
越南儿女英雄多	3752, 11634	越听越唱心越红	3863

中国历代图书总目·艺术卷

越王勾践	5521	粤剧音乐	12111
越学心里越亮堂	3131, 3247	粤乐精华	12339
越窑青瓷	430	粤乐名曲集	12339, 12340
越野赛	6663	粤乐名曲选	12342
越狱新生	5868	粤乐艺境	11352
越州石氏本晋唐小楷十种	8378	粤曲精集·金装集	11874
越州石氏帖	7659	粤曲精选	12134
越走越亮堂	11627	粤曲三首	12188
粤北晨曦	9040	粤曲探索	12974
粤北风光	8942	粤曲写唱常识	11138
粤北民间歌曲 200 首	11805	粤曲写作入门	11077
粤东奇葩	10914	粤曲选集	12340
粤东印谱考	8537	粤台书法联展作品集	8284
粤海新歌	11687	粤语歌曲精选	11808
粤海忠魂	5433	粤语流行曲四十年	11810
粤胡演奏法	11308	粤语文艺片回顾	13182
粤画萃珍	1479	粤韵论丛	11352
粤剧"花旦王"千里驹	12935	云、雨、感觉	1421
粤剧百年蜕变	12940	云变的三只羊	5733
粤剧唱片曲谱选	12111	云翠仙	5612, 5868
粤剧唱腔基本板式	11146	云翠仙惩罚负心郎	6307
粤剧唱腔音乐概论	11151	云淡风清	2486
粤剧春秋	12942	云淡天高呈丽日 莺歌燕舞报新春	3951
粤剧的唱和做	12110	云飞霞舞	9399
粤剧服饰	12834	云峰苍鹰图	2016
粤剧脸谱集	12923	云峰刻石研究	411
粤剧锣鼓	12321	云峰林谷图轴	10461
粤剧锣鼓基础知识	12322	云峰山诗刻	7805
粤剧曲牌锣鼓	11141	云峰山下	5300, 5372
粤剧史	12939	云峰书屋集印谱	8503
粤剧选曲	11864, 11866	云峰翠翠	1998
粤剧研究资料选	12928	云峰天柱诸山北朝刻石	7670
粤剧演员谈表演艺术	12922	云峰诸山北朝刻石讨论会论文选集	7800
粤剧艺术论	12939	云冈石窟装饰	403
粤剧艺术欣赏	12926	云岗石窟	10513

书名索引

云岗图案	10245	云龙印谱	8579
云阁仙境	1487	云楼碧影	2167
云谷画册	6774	云萝公主	6013
云谷溪流青山云海对屏	4659	云门舞话	12567
云贵版画选	3038	云门子画集	2214
云海里面走小船	11709	云梦菊仙遇知音	6347
云海奇观	2449	云梦睡虎地出土秦汉漆器图录	403
云海奇观对屏	2436	云南	8919, 8939, 8945, 8970
云海青松	9120	云南18怪	3490, 3529
云海清松	9923	云南白描写生集	2865
云海哨兵	9524	云南白族民歌选	11806
云海玉弓缘	6161	云南保山民族民间音乐	11808
云鹤	8201	云南碑刻与书法	7718
云鹤山房印谱	8525	云南边疆	8927
云蘖飞阁图	4745	云南边疆 欣欣向荣	8924
云横翠谷	2443	云南边疆欣欣向荣	9277
云横秦岭	1729	云南采风画集	1324
云湖天河	9793	云南苍山	9068
云湖天河——韶山灌区新貌	9058	云南茶花	9305, 10012
云花与姜文玉	13117	云南楚雄民族民间音乐	11803
云间丁氏绣谱	10343	云南创作歌曲集	11784
云间丽鹤	2576, 2671	云南翠湖公园	10109
云间书派特展图录	7736	云南大理白塔	9999
云间杨小庵临古画册	1606	云南大理三塔	9260
云锦图案	10245	云南大学	9329, 10111, 10116
云郎小史	12750	云南大自然博物馆	8974
云里国历险记	6714	云南地方艺术集成·志	257
云岭风情	2276	云南滇池	9103
云岭交响曲	12237	云南滇池之滨	9877
云岭剧论	12940	云南洞经文化	12352
云岭千里飞颂歌	11799	云南洱海	9068
云岭写生	12231	云南风光	9038, 9064, 9112, 9850, 9865, 10501,
云岭新歌	11792		10514, 10521
云留小住印谱	8504	云南风光, 广州风光	9053
云留小住印志	8502	云南风光集	9850

中国历代图书总目·艺术卷

云南风景名胜	9128	云南蒙古族民间舞蹈	12619
云南风情	11988	云南民歌	11764, 11766, 11769
云南风情黑白装饰画	10291	云南民歌二首	11784
云南佛教艺术	453	云南民歌六首	11772
云南歌曲创作选集	11445	云南民歌卅首	11777
云南歌舞戏曲史料辑注	13006	云南民歌选	11799
云南各族情歌 100 首	11808	云南民间歌曲选	11773
云南各族颂歌一百首	11791	云南民间艺术	10681
云南古代艺术珍品集	341	云南民间音乐	11764
云南故事	8990	云南民族风情白描集	2187, 2242
云南贵州少数民族民歌选	11777	云南民族风情旅游	9126
云南贵州兄弟民族民歌集	11783	云南民族钢琴曲集	12221
云南国画选	1982	云南民族剪纸	10690
云南蝴蝶	10501	云南民族美术史论丛	267
云南花灯"十大姐"	12105	云南民族民间传统歌舞音乐的原始风貌	
云南花灯常用曲调 101 首	12129		10907
云南花灯常用曲调选	11840	云南民族民间儿童歌曲选	12035
云南花灯曲调选集	12105	云南民族民间美术文集	10675
云南花灯舞蹈基训教材	12610	云南民族民间艺术	10700
云南花灯选典一百首	12126	云南民族器乐荟萃	12349
云南花灯选曲一百首	11837	云南民族摄影作品选	8942
云南花灯音乐	11830, 11831, 11838, 11839,	云南民族文化艺术	8701
	11867, 11869	云南民族舞蹈论集	12620
云南画派·儿童绘画专辑	6761	云南民族舞蹈论文集	12620
云南画院作品集	1369, 1374	云南民族戏剧的花朵	12923
云南剪纸新作	10703	云南民族学院	10102
云南江川书画集	1373	云南民族音乐论集	10910
云南剧目选辑	12924, 12925	云南名胜	9094
云南李家山青铜器	419	云南纳西族普米族民间音乐	11807
云南历代书法选	7734	云南年画	4745
云南丽江黑龙潭	9901	云南农村戏曲史	12754
云南丽江黑龙潭公园	9126	云南怒江傈僳族民间音乐选	12343
云南陆军号谱	12156	云南傩戏傩文化论集	12950
云南曼春满佛寺	10006	云南奇花	10514
云南美术 50 年	274	云南奇花异卉	9308

书名索引

云南青铜器	393	云南戏曲传统剧目汇编	12937
云南筇竹寺罗汉	450	云南戏曲曲艺概况	12925
云南筇竹寺塑像	8657	云南戏曲音韵	11147
云南热带兰	10020	云南戏曲资料	12776
云南热带植物园	10120	云南现代重彩画精品选	2340
云南山茶	937	云南写生集	2863
云南山茶花	10020, 10059	云南兄弟民族戏剧概况	12921
云南山歌	11773	云南彝族民间乐曲集	12342
云南少数民族	9468	云南彝族图案	10268
云南少数民族官印集	8544	云南艺术史	267
云南少数民族画选	1364	云南艺术学院美术系'96艺术双年展教师作品集	1326
云南少数民族图案百幅	10317		
云南少数民族织绣纹样	10277	云南艺术学院美术作品选集	1367
云南摄影艺术论丛	8712	云南音诗	12232
云南省博物馆馆藏画集	1492	云南玉龙雪山	9074
云南省代表团演出资料	13015	云南珍禽异兽	9308
云南省景点交通图	8955	云南之旅	8975
云南省美术摄影展览作品选	8923	云南纸马	3065
云南省民族民间舞蹈集成	12614	云南壮剧志	12953
云南省南涧彝族自治县民间舞蹈集成	12618	云霓	3393
云南省昭通地区镇雄县泼机乡邹氏端公庆菩萨调查	12953	云牌舞	12589
		云盘峰	5188
云南省镇雄县泼机镇汉族庆菩萨	12790	云瀑图	1928
云南省中专、技校、职中书法练习册：颜体		云樵草书集法	7195
	8395	云青马	5521, 5612
云南诗画	2340	云雀	12207
云南石鼓景色	9040	云山碧水：云南泸沽湖	9923
云南石林 9062, 9068, 9815, 9838, 9887		云山殿阁	4859
云南石林——莲花峰	9815	云山观瀑图	4804
云南石林之春	9120	云山劲松	2051
云南水彩画写生选集	2926	云山楼阁图	1671
云南西双版纳	9850	云山秋艳	2032
云南西双版纳飞龙笋塔	10000	云山诗画图	4859
云南戏剧艺术散论	12942	云山仙阁	2167
云南戏剧艺术研究	12926	云山新绿	1851

中国历代图书总目·艺术卷

云山幽居图	2109	芸斋印谱	8500
云山远眺	9913	购觏所见金石书画随录	1461
云裳仙子特刊	13290	陨石	13257
云社翰墨缘	1272	负恩凤演唱歌曲选	12429
云石画集	2544	运不完的丰收果	3951
云石山房印寄	8517	运筹帷幄	3951, 13154
云水雾的画法	919	运动场上	5243
云松盆景	10623	运动场上的新手	13257
云台二十八将	1697	运动和力	3517
云台二十八将印谱	8560	运动会组曲	12192
云台三十二将图	1598	运动能使您长寿	4335
云台三十三将图	3035	运动人体画法	554
云腾峰跃	2432	运动素描画	1104
云外闲吟图	4866	运动与动感	8801
云雾黄山	2633	运动员进行曲	12202, 12229
云雾缥缈的青岩山	9815	运动员也要像解放军那样思想上经常有杆枪	
云雾山中	5106		3150
云雾深处	3004	运动中的艺术	13077
云溪山馆画稿	1630	运河侠女	6162
云湘画谱	1598	运河英豪	6162
云翔音乐作品选集	11360	运来了新农具	3666
云消现群峰	9094	运粮船上歌声扬	12171
云烟过眼续录	1462	运粮路上唱丰收	12333
云涌大江流	2109	运煤	1753
云涌玉屏峰	1787	运木古井	5733, 6162
云游仙山图	2167	运牛	5300
云雨星的故事	5612, 5868	运生素描	2865
云栈收八戒	5521	运输线上的新兵	12590
云蒸霞蔚	1352	运输战线添骏马——庆祝三百吨大平板车试制	
云中飞瀑图	4002	成功	3863
云中落绣鞋	3614, 4435, 8810, 8811	运输战线添新手	3909
云中山下小英雄	5243	运输装卸向机械化自动化进军	3096
云州大儒侠史艳文	12981	运药记	5433
云庄印话	8454	运用科学理论提高生产水平	3096
芸城先生印存	8504	恽代英	6162

书名索引

恽南田仿古山水册	1613		
恽南田工笔花卉蒋南沙草花虫蝶合册	1627	**Z**	
恽南田行书诗册	8043	"战争与和平"插图	7058
恽南田花果册	1627	"珍珠记"选曲	12112
恽南田花卉	1643, 1652, 1657	"支左爱民模范排"的英雄事迹	5145
恽南田花卉册	1613, 1635, 1641, 1652, 1653	"只不城"的故事	6700
恽南田花卉山水合册	1613	"中华人民共和国宪法"宣传画册	3068
恽南田花卉王石谷山水合璧	1639	"中医"	13228
恽南田画风	1687	"周仓吃豌豆"	4936
恽南田墨华册	1627	"庄户学"	3014
恽南田山水册	1616	"自强创辉煌"主题公益广告获奖作品	10392
恽南田山水对题册	1629	"自由大同盟"	2714
恽南田山水画册	1627	《藏族格言故事》连环画丛书	6515
恽南田山水集锦册	1643	《在底层》导演计划	13004
恽南田写生册	1640	《增广贤文》钢笔六体字帖	7576
恽寿平行楷	8106	《赠言集锦》钢笔字帖	7513
恽寿平花鸟册	1692	《张猛龙碑》魏书大字谱	7820
恽寿平画册	1654	《赵孟頫妙严寺记》临摹研究	7388
恽寿平画集	1689, 1695	《智取威虎山》《红灯记》《沙家浜》主要唱段选	
恽寿平画山水	1646		11851
恽寿平临各家山水册	1692	《智取威虎山》唱词选段行书字帖	11842
恽寿平书画集	1680	《智取威虎山》唱词选段隶书字帖	8138
恽王合璧	1613	《智取威虎山》唱段选	11851
恽王吴题画集录	1465	《智取威虎山》唱段学习札记	12873
恽毓鼎小楷墓志铭	8028	《智取威虎山》主要唱段选	11856
恽振霖画集	2051	《智取威虎山》主要唱段选辑	11842, 11851
恽宗瀛师生美术作品集	1417	《中国共产党纪律处分条例(试行)》宣传挂图	
耀光楼印谱	8495		3387
耀辉斋藏唐宋以来名画集	1469	《周恩来》拍摄内幕	13202
韵	8852, 9472, 9479	《周末》画报作品选集	6025
韵次印宗	8493	《装潢志》标点注译	1066
韵律	8819, 8843	"中国人民解放军美术、摄影作品展览"在北京	
韵律操	9975	展出	8805
韵律体操	9963	(增广)四体字法	7231
韵石斋笔谈	251	[载书图]	1616

中国历代图书总目·艺术卷

〔曾国藩手札〕	8036	藏族佛画艺术	1227
〔曾子问〕	8054	藏族服饰艺术	10358
〔张瑀书邸亭等和陶诗〕	8108	藏族姑娘	10444
〔张廉卿墨迹〕	8024	藏族红领巾	3673
〔张廉卿批语〕	8024	藏族建筑服饰	8990
〔张肇源画集〕	1598	藏族美术史研究	255
〔郑灿信札〕	8015	藏族民歌舞曲选	12147
〔中国版画史图录〕	1201	藏族民歌选	11770
〔中国古书画考〕	846	藏族民间歌曲选	11783
〔中国美术发达史〕	244	藏族木刻佛画艺术	2994
〔中国民歌〕	11759	藏族农家	8641
〔中国名山图〕	1590	藏族女声独唱歌曲选	11495
〔中央戏剧学院〕本科、普通科一九五〇年度主		藏族器物艺术	10648
要课程教学总结	13012	藏族人民庆丰收	12335
〔中央音乐学院民族音乐研究所〕采访记录		藏族人像写真	9035
	10901	藏族娃娃	9524
〔钟绣谷花卉图册〕	1590	藏族装饰图案艺术	10335
〔钟嗣荐关内侯季直表〕	7777	查昇书净因寺碑记墨迹	8016
〔周少白先生竹节印〕	8528	查士标	795
〔朱子尺牍墨迹〕	7957	查士标行书千字文	8089
〔竹兰二妙〕	1596	长大保卫祖国	4505
〔祝寿八律〕	8116	长大当个海军战士	4336
〔转轮王经〕	7834	长大当个解放军	4170
〔篆书〕大学	8116	长大当个新农民	3814, 3952
藏胞的"女神"	5025	长大当冠军	4437
藏北轻骑兵	4921	长大了保卫祖国	4336
藏传佛画度量经	453	长大了我也疼妈妈	4170
藏传佛教绘画艺术	458	长大为祖国争光	4437, 4505
藏传佛教唐卡宝典	452	长大我去当牧民	9339
藏传佛教艺术	449	长大我要当空军	4049
藏经纸说	1031	长大我要学姐姐	3911
藏南春早	9806	长大我也戴红花	4105
藏人	9035	长大我也当社员	3865, 3911
藏文书法字帖	7655	长大我也得奖杯	4244
藏族雕刻艺术	8612	长大我也去边疆	3814

书名索引

长大我也去农村	3814	朝霞万里	8882
长大我也守边卡	4336	朝霞万里舞东风	4254
长大我也造卫星	12633	朝霞映油厂	3021
长大要把农民当	12020	朝旭春华图	2636
长大要把祖国保	4437, 4506, 12632	翟东奇中国画作品集	2292
长大要当机枪手	9354	翟琴峰先生临赵吴兴饮中八仙图	1628
长大要当科学家	4244	翟荣强画集	2544
长大要为祖国争光	4437	翟翊画辑	2940
长大也戴光荣花	4002	翟云屏山水册	1613
长大也要当水兵	9030	嗔雪街头	13132
长大也要夺冠军	4336	憨女婿	3409
长了翅膀的公文	5734	粘贴画精选与制作	10721
长势喜人	3865	茝亭画记	1460
朝华之歌	262	僮家姑娘上北京	3653
朝晖映翠	2034	僮人永跟毛泽东	11958
朝晖硬笔书法大赛获奖作品选	7425	扎彩灯 迎佳节	4048
朝晖渔事	9039	扎朵	5243
朝晖壮群山	4589, 4590	扎尔金少校的黄昏	5521
朝辉	2263	扎风灯	4335
朝辉遍地	1957	扎根边疆	3813
朝露	5003	扎根边疆 志在农村	3785
朝露初过	1885	扎根边疆 铁心务农	3026
朝气勃勃忙春耕	3674	扎根边疆干革命	3248
朝气蓬勃	3819, 3869, 3916	扎根荒原第一春	3910
朝气蓬勃	2116, 2600	扎根黎寨干革命	5155
朝气蓬勃 团结前进	3217	扎根农村 胸怀全球	3202
朝气蓬勃的无产阶级先锋战士杨健生	5148	扎根农村 永远革命	3231
朝气蓬勃的战斗指挥部	9267	扎根农村干革命	1291, 3248
朝气蓬勃干革命的带头人	9277	扎根农村干革命 广阔天地炼红心	3813
朝日大海战	6037	扎根农村干革命 做缩小三大差别的促进派	
朝霞	5224, 9806, 12017		3248
朝霞	2418, 2422	扎根农村志不移	3813
朝霞灿烂心花开放 同心同德齐奔四化	3326	扎根农村志不移 誓做山区一青松	3215
朝霞红似火	5026	扎根山村	3864
朝霞满天地	12443	扎根太行	3769

中国历代图书总目·艺术卷

扎红灯 庆胜利	4048	杂技艺术教程	12994
扎红头绳	3952	杂技艺术论	12995
扎花灯	4169, 10441	杂技艺术之花	9254
扎鲁特版画	3039	杂技音乐曲集	12136
扎偶打虎	5219	杂技园里百花开	4002
扎染、蜡染、印花、手绘制作	10591	杂技之花	9251
扎染技法	10361	杂技纵横谈	12991
扎西次登作品集	8862	杂交高粱	5189
扎西达杰藏族女声独唱歌曲选	11811	杂剧	2989, 12977
扎西德勒	4436	杂剧段数	12734
扎鱼灯	4105	杂粮(玉米、山芋)栽培技术操作图解	4934
杂画人世	3517	杂录渔洋山人诗	8018
杂绘集	3479	杂评	747
杂记新花	8825, 8835	杂书琴事	11324, 11325
杂记艺术表演	13240	杂意清亡唱念	12350
杂技 3614, 9218, 9220, 9237, 9240, 9242, 9935,		杂志插图集	6615
9936, 10421		砸匾砍举人	5051
杂技 "孔雀开屏"	4169	砸烂 "四人帮"	3410
杂技：超常的艺术	12994	砸烂 "四人帮" 漫画集	3409, 3410
杂技表演	3712, 4659	砸烂 "四人帮" 漫画选	3411
杂技集锦	3614, 4436, 9211, 9218	砸鸳鸯	4335, 4659
杂技剪集	9214, 9215	砸洋船	4996
杂技美的探寻	12993	砸鹰碑	5612
杂技美学论文集	12992	砸渔行	5270
杂技魔术丑角	13008	砸钟事件	5521
杂技四条屏	2109	栽桑养蚕，发展多种经营	3150
杂技小演员	4436	栽树苗	5079
杂技新花	4243, 4335, 5334, 9227	载歌行	1763, 1928
杂技新苗	4243, 4436	载歌载舞	4243, 4335
杂技新秀	4581	载歌载舞	2607
杂技训练基础知识	12988	载歌载舞 欢庆胜利	4048
杂技演员	9683	载歌载舞 欢天喜地	4105
杂技艺术	9211, 9954	载歌载舞四条屏	4105
杂技艺术的花朵	12985	载歌载舞迎五卷	11693
杂技艺术集锦	12986	载誉而归	2729

书名索引

载誉归来	4243	在"鞍钢宪法"的光辉照耀下乘胜前进	3247
宰相的女儿	5868	在"中国左翼作家联盟"成立会上	2715
再爱我一次	11718	在23号高地上	5433
再比一场	3813	在爱的世界里	12405, 12422
再创高产	1823, 1830	在爱中，请勿打扰！	3490
再创作	13085	在爱中成长	13075
再次较量	6013	在巴黎杜伊勒利宫前	9993
再大批 再大干 建设高标准的大寨县	3293	在巴黎看新写实画	516
再登珠穆朗玛峰	9960	在保卫祖国的岗位上	13235
再给大妈讲一遍	3910	在北京的金山上	11790
再攻开封	6013	在被告后面	6013
再和杨公济梅花十绝	7946	在边境线上	11392
再回首	11724	在别人身上看出错误并不困难，但在自己身上	
再会交响曲	12539	看出错误可不容易	3373
再绘新图	3813	在伯爵的废墟上	5022, 6163
再见，亲爱的祖国	5334	在灿烂的阳光下茁壮成长	9002
再见吧！妈妈	11117	在草地上	1729
再见吧妈妈	11535	在柴达木盆地上勘探	8876
再考一次	4002	在春天里	4048
再攀高峰	3863, 4002	在丛林里	6849
再请战	3864	在村外小河旁	11960
再生奇缘	6162	在大风大浪中成长	2761, 2774, 2841
再送一程吧	4048	在大风大浪中锻炼成长	3910
再塑群雄	13204	在大风大浪中前进	2754, 9337
再添"来享"	4243	在大后方	2872
再问大娘还要啥	4048	在大熊猫的故乡	5433
再现革命历史的艺术	13148	在党的"十大"路线指引下奋勇前进！	3215
再向虎山行	6162	在党的"十一大"光辉照耀下乘胜前进	3293
再续封泥考略	8535	在党的领导下向四个现代化进军	3338
再续景楷帖	8036	在党的领导下向四化迈进	3345
再续三十五举	8449, 8450, 8453	在党的十一大精神鼓舞下奋勇前进	3293
再也不能那样活下去	13253	在党的政策方针指导下胜利前进！	3107
再游龙珠世界	6714	在党和毛主席的领导下奋勇前进	3107
再跃龙门	4243, 4335, 4581	在党令	5868
再铸辉煌	8916	在敌后	5612

中国历代图书总目·艺术卷

在敌人警察厅里	6013	在河边上	4934
在底层导演计划	13003	在黑金之国	7026
在电影工作岗位上	13088	在后现代主义的杂音中	12776
在动作中分析剧本和角色	12683	在候车室	3910
在斗争实践中成长	3769	在户外摄影中滤色镜的应用	8716
在斗争中成长	3813, 3910	在华主席领导下，为实现毛主席周总理规划的	
在斗争中发展壮大马克思主义的理论队伍	3247	四个现代化而奋斗	3314
在斗争中建立马克思主义理论队伍	3248	在华主席为首的党中央领导下沿着毛主席的革	
在斗争中培养理论队伍	3230	命路线胜利前进	3293
在斗争中培养马克思主义理论队伍	3230	在华主席为首的党中央领导下抓革命 促生	
在斗争中学 在斗争中用	3178	产 促工作 促战备	3266
在斗争中学会识别真假马克思主义	3189, 3190	在华主席英明领导下 团结战斗乘胜前进	
在锻工场里	3004		3294
在发展中的我国社会主义电影	13307	在画面空间里散步	830
在丰收场上	3864	在荒地上	13236
在风浪中	13004	在缉"逃犯"	5733
在风雨中长大	5143	在激流中前进	2738
在高山峡谷间的铁路工程	9051	在激流中前进	2734
在高压过江塔上	8806	在激流中永生	5133
在革命化道路上前进的好剧团	12755	在家学画画	1269
在革命中诞生的音乐剧院	13013	在艰苦创业的日子里	3910
在公园里	12590	在节日的花海里	11481
在光辉的"五七"大道上奋勇前进	8881	在金皇冠的阴影下	6013
在光辉的五·七道路上前进	8926	在金开芳老师跟前学戏	12946
在广阔的天地里	1290, 8804	在旧城墙下	5612
在广阔天地里	1290	在军旗下	12372
在广阔天地里锻炼成长	3231	在抗旱斗争中	4996
在国家资本主义轨道上前进的民生轮船公司		在科学的春天里歌唱	12030
	8872	在科学宫里	4105
在国境线的密林里	5372, 5433	在科学技术方面来一个大的"跃进"	3314
在果园里	12591	在恐怖的森林里	5869
在海边	6889, 9426	在历史与幻象之间	13063
在海上	5612	在烈火中永生	4996, 5051, 5133
在和平的日子里	5869	在林中	8643
在和平的阳光下	4745	在伦敦的澳洲客	6014

书名索引

在麦田里	3712	在那桃花盛开的地方	11477, 11979
在毛泽东的旗帜下胜利前进！	3114	在那遥远的地方	11787, 11808
在毛泽东旗帜下天天向上	3107	在纳克索斯岛熟睡的阿里阿德涅	6867
在毛泽东思想的光辉照耀下前进	3096	在内蒙古与广西	2857
在毛泽东思想的旗帜下多快好省地建设社会主义	3096	在农村俱乐部里	12333
在毛泽东思想的旗帜下前进	3107	在农村生根开花	3578
在毛泽东思想光辉照耀下大闹技术革命高速度建设社会主义	3097	在农村组织工艺美术生产的经验	10196
在毛泽东思想光辉照耀下奋勇前进	3097	在农业学大寨的道路上前进	3769
在毛泽东思想光辉照耀下胜利前进！	3097	在农业学大寨工地上	3910
在毛泽东思想基础上加强军民团结	3167	在农业战线上	2854
在毛泽东思想伟大红旗的指引下前进	11648	在跑道上	5243
在毛泽东思想指导下大闹技术革命	3097	在彭总身边	6163
在毛泽东思想指引下，建设强大的社会主义国	3150	在批判旧世界中建设新世界	3266
在毛主席的旗帜下 紧跟华主席胜利前进	3294	在平静的谷地中	6859
在毛主席的伟大旗帜下 紧跟英明领袖华主席胜利前进	3294	在前进的道路上	13235
在毛主席的无产阶级教育路线指引下茁壮成长	3266	在泉边	12372
在毛主席的周围	4934	在燃烧的大地上	5372, 5433
在毛主席革命路线指引下胜利前进	3231	在热带雨林里	6014
在毛主席故乡	8869	在人间	5106, 5189, 5219, 5612
在毛主席身边	3577, 3578	在人民的列车上	4997
在毛主席身边成长	2749, 2754, 2774	在人民的舞台上	12840
在毛主席思想红旗指引下奋勇前进	3131	在日本的日记	2867
在没有航标的河流上	5869	在色彩世界旅行	563
在美的旋律后面	5869	在社会主义大道上前进！	3231
在美的旋律中健康成长	12569	在社员家里	3666
在美术和文学的边缘线上	045	在牡口圈里	2851
在秘密交通线上	5433	在十大路线指引下 鼓足干劲 继续前进	3215
在密林，在山岗	6014	在世界屋脊旅行	9135
在密林中	5521, 6014	在试验田里	3712
在母亲的怀抱里	2167	在暑假里	4886, 5270
		在水一方	11484
		在松林的后面	13262
		在苏联的法国绘画	504
		在苏联拉脱维亚的农村里	10132
		在苏联摄影实习的体会	8716

中国历代图书总目·艺术卷

在苏联造型艺术中为争取社会主义现实主义而		在音乐战线上	10790
斗争	124	在引洮战线上	2855
在台湾高山地带(小提琴、大提琴、钢琴）		在英明领袖华主席统帅下胜利前进	3294
	12232	在英雄的古巴	2857
在太行山上	11644	在英雄墓旁	11598
在弹琴的姑娘们	6885	在幼儿园里	4169
在天翻地覆的时代里	3405	在战斗中成长	2738, 5301
在田野上	12225	在战斗中前进	5334
在维尔纳夫·拉加雷恩	6891	在战火纷飞的年代	12916
在伟大的社会主义建设中提高与发展人民戏曲		在这里：中国孩子须知	6594
艺术	13014	在知识的海洋里寻找力量	3324
在我们的首都	2853	在中国和越南的速写	6895
在无名高地上	4934, 4935	在中华大地上	8889
在五星红旗下	11500	在周总理的关怀下成长	4335
在舞蹈的斜径上探寻	12587	在周总理身边	3951
在舞台的天地里	12910	在自力更生的道路上	3150
在希望的田野上	4505, 11702, 11704	在祖国	5301
在昔篇	8027	在祖国的边疆	4935
在夏耕中	8641	在祖国的大地上	1910
在现实和内心之间	551	在祖国的花园里	4659
在橡树林边	6875	在祖国的怀抱里	11521
在新的长征中发挥妇女半边天作用	3314	在祖国的怀抱里成长	6768
在新开垦的土地上	2925	在祖母身旁	4243
在新音乐运动的行进中	10953, 10954	簪花仕女	597, 1524
在新中国的素描	6895	簪花仕女图	1524
在修建中的苏州市容	1729	簪花仕女图 虢国夫人游春图	1518
在压迫下	13254	簪花仕女图研究	870
在延安舞台上	12851	簪花图	3666
在阳光下	3712, 3752, 4335, 9362, 9375	簪花图	2587
在阳台上	6885, 6889	咱村来了小戏班	4169
在也门的晚霞中	11952	咱村又添新线路	3864
在野底歌曲	11759	咱队的大学生	3864
在一起	11787	咱队的好猎手	3813
在音乐的世界里	10848	咱队的铁牛年年增	3910
在音乐世界中	10866	咱队多兴旺	3951

书名索引

咱队又添新粮仓	3813，3864	赞革命样板戏舞蹈设计	12582
咱队猪娃数不尽	3951	赞革命的摄影和美术	8684
咱队自己的兽医	3910	赞革命现代京剧样板戏《红灯记》	12872
咱和叔叔同迎春	4048	赞革命现代京剧样板戏《沙家浜》	12872
咱家喜事多	4335	赞革命现代京剧样板戏《智取威虎山》	12872
咱俩一起听	4243	赞革命现代京剧《沙家浜》	12873
咱们的好代表	3752	赞革命现代京剧《智取威虎山》	12872
咱们的领袖毛泽东	11666，12171	赞革命现代舞剧《红色娘子军》	12650
咱们的牛百岁	6014	赞革命油画《毛主席去安源》	1070
咱们的退伍兵	4762	赞哈新歌	3813
咱们的新社员	3712	赞家乡	12266
咱们队的小会计	6755	赞马图	2167
咱们队里的新机器	3752	赞美	2804
咱们工厂英雄多	11442	赞美歌选集	12433
咱们工人歌手多	11442	赞美您，光荣的人民教师	3369
咱们工人有力量	4002，11494	赞三军	11445
咱们家乡变了样	3951	赞神诗歌	12438
咱们连队英雄多	3813	赞书记	3951
咱们农民爱唱歌	11777	赞颂主荣大弥撒	12438
咱们也要夺金牌	4833	赞新书记	3952
咱们也要做贡献	3951	窦筠卿女士花果册	1646
咱社里的姑娘铁肩膀	11962	葬花	12079
咱是"公社"半边天	3813	糟糠情	6014
咱要去瞻仰毛主席遗容	11968	早安	2786
咱也办份"小军报"	10332	早安·高庚先生	6851
赞《红灯记》	12872	早晨	4105，4243，4581
赞《红色娘子军》	12650	早晨的歌	12020
赞《沙家浜》	12872	早晨的太阳	12044
赞钢琴协奏曲	11223	早晨第一课	4169
赞钢琴协奏曲《黄河》	11223	早春	9387，9399，13241
赞钢琴协奏曲黄河	11223	早春	2645，2655
赞歌献给党	11671	早春二月	5521，13247
赞歌献给毛主席	11651	早春图	922，1953，4659
赞歌献给亲爱的党	11731	早稻	13247
赞革命样板戏《红色娘子军》	12650	早稻卫星上了天	12331

中国历代图书总目·艺术卷

早读	4048	造型何英	8908
早发白帝城	8181	造型基础	10189
早干早变大干大变	3248	造型教育	125
早规划早动手早见效大搞农田基本建设	3324	造型节奏	10369
早期汉藏艺术	457	造型设计图集	126
早期流行歌曲集萃	11746	造型艺术	124, 125, 290, 10154
早期越剧发展史	12928	造型艺术的构图问题	137
早起早睡身体好	4335	造型艺术的意义	132
早已森严壁垒	3864, 12965	造型艺术美学	068
枣林民兵	5334	造型艺术美学导论	137
枣林英雄	5733	造型艺术图典	205
枣木扁担	4997	造型艺术心理学	127
枣香郁醉	8843	造型艺术在后资本主义里的功能	133
枣园春色	12267	造型与形式构成	128
枣园灯光	3020	造型者	1140
枣园的枪声	6277	噪音	10831
枣园来了秧歌队	1830, 3864	躁动的一代 六十年代粤片新星	13194
枣园曙光	1863	泽田泰广	10780
枣园桃李	3666	泽田泰广的设计世界	10780
枣园新春	2999	泽芝红艳	10461
枣园之春	4002	泽芝红艳	2621
藻斌花鸟草虫画帖	1708	泽州戏曲史稿	12776
造船	1729, 2988, 4002	贼鸽之谜	6163, 6208
造船工人志气高	5168	贼狼滩	5869
造福万代	3910	怎么办?	4909
造林二十年 赤地变绿乡——广东省电白县		怎么办好农村业余剧团	344
	3150	怎么偏偏爱上你	11517
造物的艺术论	10182	怎么谈不拢	5133, 11840
造物之门	10193	怎么样给孩子们讲音乐?	10824
造像书法选编	7728	怎样安全使用农药	4997
造形	130	怎样把歌儿唱好	11122
造形节奏	128	怎样把字写好	7351
造形美术	122	怎样办农村业余剧团	13015
造形原理	126	怎样保护嗓子	11111, 11121
造型的诞生	142	怎样保护影片	13274

书名索引

怎样编排黑板报	10207	怎样读简谱	11039, 11040
怎样编写连环画	1227	怎样读乐谱	11043
怎样变魔术	12989	怎样读五线谱	11044
怎样表演单弦	12962	怎样对光	8718
怎样表演二人转	12919, 12923	怎样放映电影	13275
怎样表演京韵大鼓	12962	怎样辅导儿童画画	1254
怎样表演相声	12962	怎样复制漫画	1219
怎样裱画	1065, 1067	怎样复制与创作	1219
怎样布置橱窗	10610	怎样改进粤剧	12918
怎样布置工厂和会场的环境	10609	怎样搞舞台效果	12825, 12826
怎样布置会场	10609	怎样搞舞台装置	12825, 12826
怎样布置您的房间	10579	怎样给二人转配曲	11144
怎样布置小暗房	8683	怎样给民歌配新词	10850
怎样布置新房	10591	怎样给小宝宝拍照	8764
怎样唱歌	11110, 11114	怎样构图山水	910
怎样唱好"卡拉OK"	11125	怎样化妆	12833, 12834
怎样创作歌曲	11074, 11078	怎样化装	12833, 12834
怎样吹单簧管	11168	怎样画八哥	992, 997
怎样吹笛子	11300, 11301	怎样画百合	984
怎样吹好笛子	11302	怎样画彩墨葡萄	951
怎样吹好口琴	11222	怎样画草本花卉	954, 955
怎样吹口琴	11219, 11221, 11260	怎样画草虫	942, 955, 962
怎样吹萨克管	11169	怎样画草虫蔬果	979
怎样吹竖笛	11171	怎样画茶花	955
怎样吹唢呐	11302	怎样画大熊猫	993, 1000
怎样吹小号	11169	怎样画丹顶鹤	965, 990, 998
怎样吹玉箫	11301	怎样画刀马人物	872
怎样吹竹笛	11300	怎样画动势速写	1099
怎样打败日本兵	4872	怎样画动物	623, 624, 626, 632
怎样打扮您的孩子	10277	怎样画鹅	990
怎样打锣鼓	11347	怎样画粉笔画	1234
怎样打民事官司	3496	怎样画风景	623, 625
怎样打腰鼓	12603	怎样画芙蓉	970
怎样带小宝宝	8869	怎样画芙蓉·玉兰花	951
怎样导演	12800, 12801	怎样画芙蓉花	951

中国历代图书总目·艺术卷

怎样画钢笔画	1096, 1101	怎样画兰竹石	957
怎样画工笔·意笔人物	877	怎样画连环画	1221, 1222
怎样画工笔花卉	965, 966	怎样画翎毛	1002
怎样画狗	993	怎样画楼台亭阁	866
怎样画龟·蛙	994	怎样画驴	1000
怎样画国画	717	怎样画鹿	992, 998, 1002
怎样画荷	970	怎样画鸳鸯	952
怎样画荷花	947, 961, 970	怎样画鸳鸯八哥	979
怎样画荷花·兰花	967	怎样画骆驼	1000
怎样画荷花·桃花	951	怎样画麻雀	947, 984
怎样画鹤	1001, 1002, 1006	怎样画麻雀·芙蓉鸟	947
怎样画猴	998	怎样画马	987, 991, 998, 1000, 1001
怎样画葫芦·丝瓜	967	怎样画马·牛	991
怎样画蝴蝶	955, 967	怎样画漫画	1221, 1232, 1245
怎样画蝴蝶·草虫	959	怎样画漫画人物	1219
怎样画虎	630, 992, 996, 997, 1004, 1006	怎样画猫	987, 991, 999, 1000, 1002
怎样画虎·豹	996	怎样画猫·狗	996
怎样画花鸟画	979	怎样画毛笔画	682
怎样画画	602	怎样画毛驴	1000
怎样画幻灯片	13303	怎样画没骨法牡丹	961
怎样画黄鹂·翡鸽	997	怎样画梅	962, 971, 984
怎样画鸡	990, 992, 995, 997, 998, 1002, 1006	怎样画梅·兰·竹·菊	952
怎样画鸡·鹰	1000	怎样画梅·竹	967
怎样画鸡·雉鸡	990	怎样画梅花	952, 971
怎样画金鱼	990, 998, 1006	怎样画鸣禽	957
怎样画静物	623, 624	怎样画牡丹	944, 962, 971, 974, 979, 984
怎样画菊	951, 962	怎样画牡丹·菊花	967
怎样画菊花	936, 947, 955, 984	怎样画牡丹·月季	944
怎样画菊花·梅花·蝴蝶兰	943	怎样画牡丹花石	955
怎样画卷丹·太平鸟	947	怎样画木本花卉	962
怎样画孔雀	988, 1002	怎样画鸟	962
怎样画蜡笔画	1200, 1201	怎样画牛	991, 999, 1000
怎样画兰	944, 971	怎样画螃蟹·雉鸡·虾	988
怎样画兰花	944, 952	怎样画葡萄	955, 967, 971, 985
怎样画兰竹	635	怎样画葡萄·山茶花·枇杷	947

书名索引

怎样画瀑布	910	怎样画水仙	971, 985
怎样画牵牛花	971	怎样画松	944, 963
怎样画牵牛花·牡丹花·紫藤	944	怎样画松柏	920
怎样画铅笔画	1095, 1096	怎样画松鼠	1006
怎样画浅绛山水	908, 909	怎样画素描	1100, 1151
怎样画墙画	1221	怎样画素描和速写	1095
怎样画墙头画	601	怎样画素描人像	1106, 1151
怎样画秋海棠·油灯·秋荷	947	怎样画素描头像	1098, 1130
怎样画人体	622	怎样画速写	1094, 1096, 1097, 1127, 1130, 1151
怎样画人体解剖	553	怎样画桃·萝卜·柿子·荔枝	944
怎样画人物	877, 885	怎样画桃花	948
怎样画人象	622	怎样画体育速写	1118
怎样画人像	622	怎样画天鹅·虎头鹅	1000
怎样画色彩	565	怎样画童子	885
怎样画山石	907, 915	怎样画头与手	632
怎样画山水	901, 907, 910, 911, 912, 917, 919	怎样画透视图	553
怎样画山水画	903, 922	怎样画图案	10207, 10208, 10209
怎样画山水写生与点景	914	怎样画图案画	10223
怎样画石	907	怎样画蛙·鱼·葫芦	865
怎样画石榴·雁来红·蔓花	947	怎样画喜鹊·八哥·藤萝	948
怎样画仕女	880	怎样画虾	998
怎样画蔬果	952, 955, 971	怎样画虾蟹	992, 1004
怎样画蔬果·草虫	952	怎样画仙鹤	993
怎样画蔬果·虫草	694	怎样画相思鸟·蜡嘴·灰文鸟	963
怎样画蔬果草虫	936	怎样画肖像	623
怎样画树	947, 948	怎样画小动物	996
怎样画水	906	怎样画小鸡	993
怎样画水彩画	1164, 1193	怎样画小品写意花鸟	971
怎样画水粉花卉	1171	怎样画小写意花鸟画	967
怎样画水粉画	1164, 1165, 1169, 1193	怎样画小写意仕女	885
怎样画水口	918	怎样画蟹	998
怎样画水墨葡萄	940	怎样画宣传画	1221
怎样画水墨人物	880	怎样画鸭	991, 998
怎样画水墨人物画	870	怎样画鸭·鹅·鸳鸯	991
怎样画水墨山水	911	怎样画燕子·麻雀	963

怎样画羊	996，1000	怎样教唱歌	11115
怎样画野外地质素描图	1097	怎样教唱革命歌曲	11116
怎样画鹰	628，993，999，1001，1006	怎样教孩子们电子琴	11283
怎样画鹰·鹤·孔雀	991，992	怎样教孩子学好钢琴	11264
怎样画油画	1069，1070，1084	怎样教孩子学音乐	10838
怎样画鱼	999，1002	怎样教孩子制作版画	1212
怎样画鱼鹰	994	怎样教会唱歌	11110
怎样画玉兰花	952	怎样教毛笔字	7253
怎样画鸳鸯	948	怎样教群众唱歌	11114
怎样画鸳鸯·翠鸟	948	怎样教小孩子学画	1250
怎样画月季花	948	怎样教学写字	7249
怎样画云	906	怎样进行楷书训练	7386
怎样画云·水·松·石	907	怎样进行音乐教学	10790
怎样画云雾	915	怎样开展农村歌咏活动	11114
怎样画杂树	966	怎样看待海外流行音乐	10865
怎样画竹	945，952，971，985	怎样看电影	13057
怎样画竹子	948	怎样看反特影片	13088
怎样画紫藤	948，971	怎样看着简谱唱歌	11042
怎样画紫藤·菊花	974	怎样刻木刻	8615，8616
怎样画紫藤·牵牛花	953，967	怎样刻印章	8473
怎样画走兽	624	怎样快写钢笔字	7408
怎样画组字画	1221	怎样拉板胡	11308，11309
怎样绘制幻灯片	13303	怎样拉二胡	11307，11308，11309，11314
怎样积肥	4894，13257	怎样拉好二胡	11309，11314
怎样即兴创作钢琴伴奏	11090	怎样拉手风琴	11222
怎样记和看舞蹈场记	12582	怎样拉小提琴	11181，11182
怎样记录民歌	11044，11051	怎样烙画	10717
怎样记录舞蹈	12583	怎样练唱歌	11133
怎样监护孩子	4909	怎样练琴	11188
怎样剪窗花	10667	怎样练嗓	11112
怎样剪纸	10669，10671，10673	怎样练习《克莱策》	11183
怎样鉴别黄色歌曲	11088	怎样练习二胡	11305
怎样鉴定书画	794	怎样练习歌唱	11110，11112
怎样鉴赏电影	13087	怎样练习写字	7253
怎样讲革命故事	446	怎样临好《九成宫》	7341

书名索引

怎样临好《孔子庙堂碑》	8400	怎样拍电影	13200
怎样临好《麻姑仙坛记》	7920	怎样拍电影?	13199
怎样临好《玄秘塔》	7341	怎样拍好纪念照	8757
怎样临好《雁塔圣教序》	7920	怎样拍好照片	8764
怎样临摹曹全碑	7770	怎样拍纪念照	8730
怎样临摹褚遂良雁塔圣教序	7920	怎样拍摄风景	8717
怎样临摹董其昌丙辰论画册	8102	怎样拍摄花卉	8770
怎样临摹黄庭坚松风阁诗	8007	怎样拍摄机件	8718
怎样临摹柳公权玄秘塔碑	7920	怎样拍摄家庭生活照	8764
怎样临摹米芾蜀素帖	8437	怎样拍摄人像	8719
怎样临摹欧阳询九成宫醴泉铭	7920	怎样拍摄特技照片	8733
怎样临摹石门铭	7818	怎样拍摄舞台照片	8764
怎样临摹苏轼黄州寒食诗	8007	怎样拍摄夜景	8720, 8765
怎样临摹王羲之兰亭序	7363	怎样拍摄与制作趣味照	8773
怎样临摹王献之洛神赋	8404	怎样排练和记录舞蹈	12581
怎样临摹薛稷信行禅师碑	8404	怎样排练舞蹈	12581
怎样临摹颜真卿大唐中兴颂	8404	怎样排戏	12801, 12802, 12803
怎样临摹颜真卿多宝塔碑	8401	怎样排戏和演戏	12797
怎样临摹颜真卿颜勤礼碑	8401	怎样培养少儿学书法	7280
怎样临摹瘗鹤铭	7820	怎样培育鱼苗鱼种	5613
怎样临摹虞世南孔子庙堂碑	7927	怎样培育壮秧	4902
怎样临摹赵孟頫汉汲黯传	8404	怎样谱写四川清音	12965
怎样临摹赵孟頫三门记	8401	怎样谱写四川扬琴	11348
怎样临摹郑文公碑	8404	怎样巧隔房间	10591
怎样临帖	7266	怎样去写生	1102
怎样临习不空和尚碑	7403	怎样设计黑板报	10251
怎样临习爨宝子碑	8409	怎样设计花灯音乐	11150
怎样临习九成宫碑	7943	怎样识歌谱	11042
怎样临习兰亭序	7403	怎样识吉他六线谱	11208
怎样临习圣教序	7351	怎样识简谱	11038, 11042, 11044, 11045, 11046,
怎样临习十七帖	7826		11060, 11061, 11064
怎样临习玄秘塔碑	7944	怎样识乐谱	11061
怎样美化黑板报	10207	怎样识谱唱歌	11059
怎样描绘动物	1102	怎样识谱学歌	11034
怎样扭秧歌	12603	怎样识五线谱	11046, 11047, 11064, 11067

中国历代图书总目·艺术卷

怎样使孩子钢琴弹的更好	11235	怎样写好钢笔字	7410, 7414, 7425, 7441, 7442,
怎样使嗓音更甜美	11124		7462, 7559, 7587, 7602
怎样使生活艺术化	080, 081	怎样写好楷书笔画	7310
怎样使用化学肥料	4935	怎样写好楷书结构	7341
怎样使用曝光表	8718	怎样写好毛笔字	7342
怎样使用水彩颜料	1163	怎样写好美术字	7636, 7644
怎样使用油画颜料	1069	怎样写好写快钢笔字	7485, 7509
怎样收藏红薯	5133	怎样写楷书	7253
怎样弹电子琴	11281, 11290	怎样写隶书	7310
怎样弹古琴	11340	怎样写柳体	7287
怎样弹简易电子琴	11283	怎样写毛笔字	7248, 7249, 7251, 7253
怎样弹琵琶	11333, 11336	怎样写美术字	7627, 7628, 7629, 7630, 7631,
怎样弹三弦	11333, 11334		7632, 7633, 7635
怎样弹奏风琴与编配伴奏	11235	怎样写美术字？	7627
怎样题跋·钤印	7165	怎样写欧体	7287
怎样跳国际标准舞	12666	怎样写生山水	911
怎样跳好交谊舞	12644	怎样写四体钢笔字	7559
怎样跳集体舞	12601	怎样写小调	10900
怎样跳交际舞	12641, 12642, 12643	怎样写新魏书	7253
怎样跳交谊舞	12642, 12643, 12644, 12645	怎样写新魏体钢笔字	7414
怎样为儿童拍照	8757	怎样写印刷体字	7654
怎样为歌曲配风琴伴奏	11082	怎样写硬笔字	7432, 7559
怎样为歌曲配钢琴伴奏	11225	怎样写篆书	8360
怎样为歌曲配奏简易和音	11079	怎样写字	7247, 7248, 7250, 7252
怎样为少儿歌曲编配手风琴伴奏	11242	怎样欣赏电影	13077, 13120
怎样习奏二胡	11305	怎样欣赏书画	801
怎样写草书	7259	怎样欣赏外国古典音乐	10871
怎样写长仿宋字	7642	怎样欣赏戏曲艺术	12971
怎样写二部歌曲	11073	怎样欣赏艺术	090
怎样写粉笔字	7484	怎样欣赏艺术摄影	8688
怎样写钢笔字	7407, 7410, 7412, 7559	怎样欣赏音乐	10856, 10866
怎样写歌曲的钢琴伴奏	11079	怎样学唱好卡拉OK	11128
怎样写汉字	7252	怎样学吹笛箫	11301
怎样写行书	7322	怎样学吹笛子	11300
怎样写好粉笔字	7485, 7542	怎样学国画	684

书名索引

怎样学胡琴	11306	怎样演影子戏	12978
怎样学画	601	怎样演奏二胡	11310
怎样学会了演京戏	12867	怎样养肥猪	4997
怎样学剪纸	10678	怎样引导儿童绘画	1258
怎样学简谱	11046	怎样用好照相机	8688
怎样学楷书	7342, 7403	怎样用蘸水笔创作书法作品	7587
怎样学漫画	1219	怎样预防猪瘟、猪肺疫	3150
怎样学美术字	7630	怎样运用自然光	8719
怎样学摄影	8792	怎样在工艺品上印制照片	8681
怎样学书法	7259	怎样掌握绘画色彩	565
怎样学习二胡	11309	怎样正确估计曝光	8718, 8719
怎样学习交谊舞	12642	怎样指导儿童演剧	12796
怎样学习京胡伴奏	11309	怎样指导学校音乐活动	10787
怎样学习京戏胡琴？	11307	怎样指挥	11106
怎样学习开塞小提琴练习曲	11180	怎样指挥唱歌	11106
怎样学习美术字	7630	怎样指挥和教唱	11106
怎样学习拍照	8715	怎样制作小魔术	12999
怎样学习手风琴	11219	怎样治印	8457
怎样学习书法	7250	怎样种甜菜	4997
怎样学习透视	144	怎样住最舒适	10593
怎样学习扬琴	11346	怎样自学音乐	10788
怎样学习作曲	11080	怎样走向成功	6549, 6550
怎样学写楷体字	7261	怎样组织农村美术小组	015
怎样学写毛笔字	7250	怎样组织摄影小组	8717
怎样学写字	7248	怎样组织业余话剧演出	344
怎样学照相	8713	怎样组织业余乐队	11268
怎样学篆刻	8464	怎样组织与排练小合唱	11106
怎样阉鸡	8876	怎样作导演	12801
怎样研究木刻	1203	怎样作曲	11080
怎样演唱黄梅戏	11154	怎样作铜版画	1206
怎样演出抗战戏剧	12905	怎样做雕塑	8616
怎样演沪剧	12921	怎样做个演员	12811
怎样演木偶戏	12977	怎样做美工	10174
怎样演皮影戏	12979	怎样做美术辅导工作	617
怎样演戏	12808, 12811, 12812, 12815	怎样做小工艺品	10681

怎样做纸花	10669	增进友谊，维护和平	3366
曾国藩	6438	增刻红楼梦图咏	1603
曾国藩藏本宋拓尹宙碑	7768	增强民族团结，加速社会主义建设！	3121
曾国藩处世金言钢笔字帖	7576	赠别	3666
曾国藩经世要诀钢笔字帖	7590	赠金钗	12608
增补分部书法正传	7234，7235	赠情侣佣硬笔书法	7587
增补菊部群英	12737	赠诗集锦	7559
增补圣教歌选	12433	赠诗集锦钢笔行书字帖	7559
增补书画舫	1466	赠诗集锦硬笔字帖	7485
增补砚边点滴	694	赠绳袍	5613
增产甘蔗，支援工业	3097	赠言	7542
增产节约 实现四化 人人为祖国多做贡献		赠言贺词钢笔楷书字帖	7612
	3328	赠言荟萃钢笔正楷字帖	7485
增产节约大开展	11606	赠言荟萃钢笔字帖	7462
增产竞赛红旗飘	3068	赠言集锦钢笔行书字帖	7559
增产粮钢建设社会主义	3097	赠言集锦楷行钢笔字帖	7462
增产煤炭 节约用煤	3114	赠言集锦硬笔字帖	7485
增产农具 支援农业	3114	赠言精选钢笔行书字帖	7587
增城挂绿	2228	赠言精选钢笔书法	7485
增订草字汇	8413，8415	赠言妙语	7542
增订四体字法	8341	赠言赠诗钢笔字帖	7624
增订篆刻入门	8461	赠语佳句四体钢笔字帖	7624
增订篆字汇	8364	赠珠定情	2167
增定南九宫曲谱	12053	赠镝	9952，13109
增福添寿	4335，4659	闸口小哨兵	5334
增福添寿 万事如意	4581	闸上风云	12125
增广汉隶辨异歌	7270	铡包勉	5869
增广摄影良友	8713	铡郭槐	5733
增广贤文	7602	铡美案	5434，5733，9939
增广贤文 三字经钢笔字帖	7587	铡庞国舅	5613
增广贤文、三字经、百家姓钢笔字帖	7574	铡佞	5869
增广贤文精粹	7485	乍启典画集	2167
增广贤文漫画故事	3440	乍启典画选	1982
增广贤文新撰	8272	诈骗犯之死	6014
增集宋元宝绘	1530	炸坝夺水	6634

书名索引

炸不断的桥	2851	詹忠效文学插图选集	6613
炸碉堡	12638	詹忠效线描画选	1953
炸虎穴	5243	瞻仰中国共产党第一次代表大会会址	3785
炸桥	5022, 6163	斩包勉	5521
炸坦克	3769	斩断魔爪	6208
斋僧遇难	5645, 5733	斩断熊爪	5613
斋藤诚	10192	斩蛟记	4997
斋藤清版画选	6923	斩马谡	5521
斋藤清版画选集	6924	斩蛇记	5334
斋中十六友图说	380	斩蛇精	5613
摘红梅	11142	斩王莽	5270
摘花	11930, 11931	斩妖龙	5613
摘录书法通文便解	7234	斩庄贾	5733
摘玫瑰的少女	6861, 6892	展	4336
摘棉记	12119	展翅	4505, 9362
摘棉舞	12589	展翅高飞	4997, 5022
摘苹果的时候	5189	展翅高飞并肩媲美	4336
摘葡萄	4243, 9939, 11777	展翅腾飞好时光	3366
摘取明珠的人	5613	展翅重云	2604
摘取世界新闻摄影大赛桂冠成功之路	10149	展开艺术想象的翅膀	12931
摘丝瓜	1775	展览布置美术资料	10610
摘杨桃	12590	展览会请柬	10780
摘一束玫瑰送与你	11702	展览空间规划	10615
摘缨会	5733	展览设计艺术	10764
债翁书志	8322	展览艺术设计	10609
寨上烽烟	5079	展览照片普及版	9286
沾水笔表现技法	1106	展示	10360
詹达堡的囚徒	7056	展示设计	10612, 10613, 10614, 10615
詹东图玄览编	742	展示设计精要	10612
詹建俊画集	2789, 2790	展示设计入门	10614
詹姆斯·瓦特	3338	展示设计学	10614
詹萍萍	9650	展示设计与制作	10615
詹士维多	10193	展示设计作品赏析	10780
詹天佑	5434, 5733, 5869, 5990	展示艺术设计	10613
詹贞元画集	2340	展台设计实务	10780

展望 21 世纪亚洲歌坛论文集	11135	战地新歌 1839, 1845, 3865, 11547, 11666, 11667,
展望 1985 年	3314	11677, 11683
展销好	3769	战地新歌	2594
展新图	3864	战洞庭	5613
展子虔	788	战斗吧,觉醒的非洲！	11627
占领农村文化阵地	3864, 3910, 6754	战斗吧,英雄的越南！	11635
占领鹰峰山	5372	战斗吧,英勇的日本人民,我们支持你们!	
占领阵地	3864		11445
占有空间	881	战斗冰雪	9399
栈道最险数华山	9865	战斗的堡垒	5301
战"三秋"	11963	战斗的春天	5334
战备瓜	5434	战斗的古巴	9262
战备课	3910	战斗的航次	5521
战备轻骑队	3020	战斗的号召光辉的榜样	3314
战冰雹保丰收	3910	战斗的伙伴	5051
战病菌	5613	战斗的历程	5373, 5434
战长沙	5434, 11871	战斗的青春	5106, 5107
战场	3023, 3864	战斗的山村	13235
战场夺金杯	6239	战斗的童年	5189, 5334
战车之王	7007	战斗的新村	5168
战大摆	3023	战斗的友谊	11960, 13239
战地	2978	战斗的渔村	5521
战地百灵	11512	战斗的越南	3014
战地炊烟	5133	战斗的早晨	5270
战地春雷	3910	战斗歌声	11571, 11678
战地恩仇记	4873	战斗机	9290
战地歌声	11373, 11374, 11484	战斗进行曲	11656, 11660
战地广播	3865	战斗是英雄劳动是模范	4244
战地寒衣	5521	战斗小英雄	5270
战地红花七月开	12782	战斗英雄 劳动模范	4745
战地红缨	5270, 5334, 5372, 5521	战斗英雄——董存瑞	3383
战地婚礼	4659	战斗英雄——黄继光	3383
战地漫画	3396	战斗英雄——邱少云	3383
战地文艺之花	12781	战斗英雄——山达	5522
战地戏剧理论与实践	12905	战斗英雄的故事	5613

书名索引

战斗英雄任常伦	5219, 5301	战鼓催春	2596
战斗英雄司马义买买提	5334	战官渡	5079
战斗英雄王庆容	5243	战国策	3466, 6400
战斗英雄于庆阳	5219	战国故事	5870
战斗在 322 高地	5219	战国绘画资料	573
战斗在北部湾上	5169	战国秀场	3466
战斗在边防线上	4935	战海浪	12080
战斗在敌后	8868	战海啸	3753
战斗在敌人心脏	6014	战洪凯歌	5220
战斗在敌人心脏里	5522	战洪图	3753, 3910
战斗在东方	5869	战洪州	9237
战斗在岗河边	5243	战洪洲	4049, 6163, 9946
战斗在广阔的天地里	3865	战后时期的苏联电影	13306
战斗在红石岭上	5189	战后时期的苏联绘画	574
战斗在九三八点二高地	6014	战后苏联电影的五年计划	13306
战斗在罗霄山上	2779	战黄河	3004
战斗在南泥湾	5270	战火催春	5373
战斗在三一三高地	5220	战火中成长的华北电影队	13195
战斗在世界屋脊	9252	战火中的青春 5022, 5051, 5079, 5107, 5733, 6014	
战斗在书丛里	6014	战火中的少年	5522
战斗在死亡线上	5869	战火中的少先队	13260
战斗在岁霄山上	2774	战火中青春	5107
战斗在太行山上	3952	战绩	5613
战斗在无名高地	5522	战舰波将金号	13089
战斗在新安江上	11442	战金山	4336
战鳄鱼	5373	战开封	6015
战犯变形集	3403	战凌洪	5243
战俘	5522, 5869	战龙亭	5243
战歌	11456	战洛阳	6163
战歌代代传	3813	战马奔驰	3910, 4804
战歌第一集	11371	战马奔腾	12258
战歌鼓斗志 扛枪为人民	3813	战马长鸣	5434
战歌迎春	3952	战马超	9233
战功特刊	13287	战马驰骋	4436, 5220
战鼓	2978, 3013	战马嘶鸣	5270, 12600

中国历代图书总目·艺术卷

战磐河	2989, 3667	战士爱和平	4436
战袍情思	4581	战士的歌	4002, 11606, 11683
战袍姻缘	4659	战士高唱革命歌	11693
战旗更红	5301	战士歌集	11568
战旗永红	5434	战士歌曲	11538, 11683
战山河	3952	战士歌选	11564
战上海	5022, 5051, 5133, 5373	战士画	1282
战神	1162	战士画册	3067
战神振国威	6239	战士画选	1282
战胜厂房高温	13239	战士还京曲	11935
战胜芬格尔魔鬼	6015	战士柯西金	4997
战胜洪水	2722	战士千字课	4881
战胜洪水人定胜天生产自救重建家园	4997	战士热爱华主席	11465
战胜洪水誓保丰收！	3097	战士抒情歌曲 155 首	11981
战胜石山	1754	战士说唱集	11219
战胜死神	6239	战士万岁	4659, 6208
战石海	3865	战士喜爱的歌	11488, 11490
战时后方歌咏	10952	战士心中的歌	11696
战时剧团组织与训练	12837	战士心中的旋律	10823
战时漫画	3397	战士胸前英雄花 军属门第光荣匾	4049
战时美术论丛	244	战士学共同条令钢笔字帖	7612
战时描集	2848	战士又回村里来	3911
战时人人唱歌曲	11375	战士与祖国	2341
战时图画手册	1425	战士责任重	3865
战时戏剧讲座	12839	战士最爱读毛主席的书	3167
战时戏剧教育	12751	战台风	12312
战时戏剧论	12676	战太行	1845, 3911
战时戏剧演出论	12796	战太平	11837
战时相	3399, 3401	战天兵	6663
战时学生画集	1426	战天斗地	3017
战时演剧论	12711	战天斗地 抗旱夺粮	3158
战时演剧手册	12840	战天斗地学大寨 干部群众齐心干	3266, 3267
战时演剧政策	12751, 12752	战无不胜的马克思主义、列宁主义、毛泽东思	
战时艺术论文集	239	想万岁！	3190
战士爱唱革命歌	11635	战无不胜的毛泽东思想万岁	3163, 3171

书名索引

战无不胜的毛泽东思想万岁！	3163	张爱玲与《金锁记》	13140
战无不胜的毛泽东思想万岁！毛主席的革命路		张爱萍将军受诬囚歌	8300
线胜利万岁！	3167	张爱萍墨迹	8272
战襄阳	3712	张安治画集	1398
战荥阳	5022	张安治美术文集	830
战友	2774, 2775, 4244, 13262	张白云选名公扇谱	2969
战友话剧团	12916	张半园书金刚般若波罗密经	8117
战友情深	9767	张邦卖国	6015
战友之歌	11481	张邦兴画集	2463
战友重逢	3865	张邦彦书法集	8339
战争的闪电	5733	张宝珠国画集	2168
战争恶魔	6015	张宝珠松柏画谱	953
战争贩子的嘴脸	3068	张宝珠中国画集	2460
战争风云	6163	张保生歌曲选	11500
战争与爱情	6164	张葆冬速写插图集	2905
战争与和平	4881, 5733, 5734, 6164, 6374	张敝画眉	4659
战争与生产	2986	张表碑	7766
战争中的中国人	3398	张斌与吕剧音乐	11158
站岗	5334	张秉山摄影作品选	8978
站花墙	4169	张秉尧人体速写	2915
站立模特儿	6907	张炳新	5181
站稳立场，不忘阶级斗争 提高警惕，紧握革命		张伯伯家的老鼠	4887
枪杆	3753	张伯根摄影集	8964
站姿女人体	6908	张伯驹潘素捐献收藏书画集	1520
湛江版画集	3052	张伯驹潘素书画集	1998
湛江版画选	3023	张伯英先生书法选辑	8128
湛江木刻选	8643	张步画集	1999
湛江农民版画	2996	张步山水画集	2432
湛江区版画展览	2994	张灿辉摄影篆刻作品选	315
湛江市版画选集	2994	张长弓曲论集	12970
湛江渔火	2790	张长弓书法选	8230
湛露集	11934	张长史郎官石记序	7664
湛园题跋	7699	张长史十二意笔法	7219
张爱玲情语钢笔字帖	7624	张超艺术生涯图卷	2276
张爱玲小语钢笔字帖	7574	张诚毅花鸟画	2550

中国历代图书总目·艺术卷

张承汉扇面书画集	2261	张大千书画用印谱	8580
张充仁雕塑选	8629	张大千蜀西纪游书画册(双月历)	10473
张充仁水彩画选	2926	张大千谈艺录	717
张畴斋墨谱	1047	张大千先生纪念展图录	2051
张楚兴亡	5870	张大千先生恋青城	6164
张船山先生诗画册	1616	张大千先生遗作敦煌壁画摹本	2032
张船山自写诗册	8034, 8424	张大千研究	815
张春山画集	2242	张大千遗作选	1999
张次辉诗书选	8322	张大千印存	8593
张大千·高剑父·邓芬——濠江艺海留痕	2276	张大千作品选	1983
张大千巴蜀精品集	2292	张大千作品选集	1911
张大千笔	1697	张大卫书画作品选集	2292
张大千的艺术	690	张大壮画集	1911, 1928
张大千国画稿集	2341	张导曦画集	1414
张大千画	1928	张道兴画集	2413
张大千画册	1719	张道一文集	058
张大千画荷	985	张得天书岳阳楼记	8058
张大千画集	1718, 1910, 1911	张德成川剧表演论文选	12926
张大千画集	2261, 2315	张德华雕塑	8636
张大千画说	477	张德禄黄河行美术作品集	1421
张大千画选	1896, 1982	张德泉花鸟画集	2521
张大千画语录	700	张德阳画集	2242
张大千画语录图释	722	张灯结彩	4336, 4436, 5734, 6015
张大千精品集	2341	张登堂山水画选	2436, 2449
张大千课徒稿	691	张迪平	2315
张大千临摹敦煌壁画	1721, 6623	张涤尘作品选	1928
张大千论画精粹	820	张甸摄影集	8898
张大千名迹	2341	张仃画集	1385
张大千墨笔花卉卷	2504	张仃画论	484
张大千溥心畲诗书画学术讨论会论文集	110	张仃焦墨画选	1983
张大千书法	8201	张仃焦墨山水	2424, 2429, 2460
张大千书法集	8241	张仃漫画	3421
张大千书画集	1911	张仃山水	2469
张大千书画集	2188	张仃水墨写生画	1739
张大千书画鉴定	817	张仃谈艺录	112

书名索引

张仃线描	2292	张弓书法作品集	8312
张仃作品	2292	张光宇插图集	6599
张鼎昌书画集	2544	张光宇画集	2531
张冬峰	2833	张光宇绘民间情歌	3517
张冬戌电视美术设计作品	13226	张光宇线描	2292
张尔唯程穆倩山水合册	1614	张光宇作品集	6616
张二水画十八罗汉像	1569	张广画集	2315
张范九国画选集	2243	张广画牛	2584
张方林国画选	2243	张广画选	1983
张飞	5734	张广俊画选	2477
张飞 关羽	4436, 4505, 4660	张桂铭画集	2109, 2276
张飞 赵云	4436, 4660	张国兴画集	2293
张飞 关公	4854	张果老	6209
张飞 关羽	4745	张果老成仙	6374
张飞 赵云	4745	张果老的传说	5870
张飞·关羽	4804	张果老勇护赵州桥	6164
张飞·关羽	2386, 2387	张海迪	5870, 5876
张飞·黄忠	9230	张海峰书画集	2293
张飞关公	4581	张海隶书两种	8230
张飞关羽	4336, 4581	张海书法	8284
张飞喝断长坂桥	4505	张海涛	5189
张飞黄忠	4244, 4581	张海新作选	8322
张飞娶亲	2395	张寒晖歌曲集	11416
张飞审瓜	4746, 5734	张寒晖歌曲选	11473
张飞审西瓜	4505, 5613	张寒晖同志遗作	11392
张飞赵云	4582	张寒杉书千字文	8174
张凤德行书楹联集	8339	张寒月金石篆刻选集	8576
张复兴画集	2477	张浩画集	2531
张改琴书画集	2292	张浩元书法集	8323
张改秀	5220	张和平作品选	2481
张纲毁车	6164	张黑女墓志	7786
张高谦	3753, 5220, 6209	张黑女墓志铭	7786
张昊画选	1896	张黑女墓志铭临摹教程	8404
张庚阿甲学术讨论文集	12695	张黑女志	7786
张庚戏剧论文集	12721	张衡	3324, 5613, 5734, 6015

中国历代图书总目·艺术卷

张宏卓画集	2460	张家界跳鱼潭	9865
张虹	9399, 9413, 9427	张家口歌曲选	11442
张鸿渐	5870	张家口市京剧团演出八一风暴评论集	12870
张鸿奎川剧人物画	2880	张家口市戏剧史略	12758
张厚进水彩画	2951	张家素画集	1417
张华	5870	张嘉贞书法作品集	8312
张华清画选	2787	张骞书法选	8129
张怀瓘书论	7373	张建国鱼骨书法	7612
张怀江画集	3049	张建华硬笔书法	7462
张怀仁书法选集	8312	张建强速写集	2915
张萱村山水册	1634	张建中画册	1953
张会利篆刻选	8576	张建中画集	2486
张绘速写选	2915	张剑速写作品选	2915
张惠斌中国画集	2188	张健谈古代珠宝首饰	430
张慧行画集	2276	张江渡口	5022
张即之书大方广佛华严经	7999	张杰荷花专集	1884
张即之书杜诗	7999	张杰尤竹笔行草书法选	7559
张即之书法选	7991	张捷画集	2214
张即之书金刚经	8005	张介民绘画与摄影作品选	2228
张季直书浣白沙河记	8115	张金海楹联与名人书法选	8272
张季直书狼山观音造像记	8113	张金鉴画集	1405
张季直书千字文	8116	张金沙书法选	8259
张季直书四时读书乐	8116	张金云歌曲 101 首	11512
张继平画集	2293	张金云歌曲选	11494
张继青表演艺术	12899	张京德画集	2261
张继文绘画作品集	6765	张京生油画作品选	2826
张继文舞台美术设计图集	12830	张泾河畔	4997
张继馨画集	2535	张景光画集	1402
张继馨教你画草虫	985	张景儒画集	1318
张继馨教你画蔬果	985	张静芳楷书琵琶行	8259
张家国钢笔行草书欣赏	7625	张九意书法作品集	8323
张家界	9141, 9145	张久速写作品集	2889
张家界风光	9877	张鞠田琴谱	12301
张家界奇峰	9923	张菊粉画选集	2954
张家界山水	9887	张举毅水彩画选	2945, 2959

书名索引

张君度仿宋元诸家册	1565	张廉卿书箴言	8043
张君秋唱腔选集	11866	张廉卿先生楷书千字文	8034
张君秋戏剧散论	12878	张廉卿箴言	8043
张君远伯篆书楹联集句	8113	张良拜师	5734, 6015
张俊华设计作品选	10397	张良智斗楚霸王	6015
张俊秋水彩画技法	1174	张辽威震逍遥津	4804
张峻德水墨画	2315	张林：建筑室内画选	2898
张骏祥文集	12698	张林召剪纸选	10677
张开元画	1665	张玲麟画集	2939
张克让速写	2880	张玲楠	9579
张克仁画集	1421	张鲁歌曲选集	11488
张悬画集	2341	张鲁国画集	2341
张宽画选	2539	张禄杰画集	2316
张坤纸造型艺术	10686	张路版画集	3066
张老贵打鱼	5614	张路木刻集	8645
张老汉跳崖	6164	张迈临孙过庭书谱	8019
张老姜山水画册	1645	张曼玉小姐	9712
张老五小三弦艺术	11339	张美莉水彩画集	2963
张乐平画集	1388	张猛龙碑	7817
张乐平连环漫画全集	6434	张猛龙碑集联	7783
张乐平漫画选	3466	张猛龙碑精华	7790
张雷平	2316	张猛龙碑临习指南	7823
张雷平画集	2228, 2276	张猛龙碑魏体描红本	7823
张立辰画集	1983	张猛龙碑选字帖	7823
张立辰画集	2243	张猛龙碑字精选水写字贴	7827
张立宪速写集	2892	张明背锅	12096
张丽油画	2838	张明敏程琳演唱歌曲选	11704
张莉	9413, 9427	张明敏演唱歌曲集	11977
张连生水粉画集	2951, 2957	张明敏最新歌曲选	11704
张廉卿寸楷南宫县学记	8074	张明山设计反围盘	2714
张廉卿楷书千字文	8092	张明生水彩画集	2957
张廉卿墨迹	8026	张铭淑牡丹画集	2555
张廉卿批语	8026	张墨菊黑白画集	6768
张廉卿书李刚介碑	8043	张木匠修龙宫	5734
张廉卿书南宫县学记	8045	张穆山水花卉走兽合册	1571

中国历代图书总目·艺术卷

张乃兴作品	2341	张秋波画集	2535
张培成	2316	张秋香	4997
张培础画集	2293	张仁芝画集	2032
张培础画人物	885	张蓉发、方舒、郎平	9650
张培武画集	2261	张锐二胡练习曲	12283
张朋画集	2228	张瑞龄楷书字帖	8405
张朋画辑	1896	张瑞图草书千字文	8102
张朋画选	1953	张瑞图行书唐诗	8088
张鹏翼书前后赤壁赋	8272	张瑞图墨迹大观	8085
张鹏油画作品选	2826	张瑞图书法精选	8095
张平硬笔书孙子兵法	7574	张瑞图书法选	8086, 8102
张凭山水画集	2432, 2469	张瑞图书澜砵行长卷精品	8088
张蒲生画集	2528	张瑞图书前后赤壁赋	8086
张蒲生评集	529	张瑞图西园雅集行书图记	8092
张其翼白描花卉	2504	张若霭山水册	1646
张其翼画集	1983	张三友画集	1395
张奇画集	2956	张森	8323
张琪	9650	张森画集	2341
张琪画集	2524	张森隶书《岳阳楼记》	8375
张迁碑	7403, 7756	张森隶书滕王阁序	8371
张迁碑临摹教程	7756	张森书法艺术	8241
张迁碑选字帖	7756	张森严画集	2486
张迁碑字精选	7756	张僧繇	794
张骞	5434, 5522, 5614	张善孖国画选	1712, 1928, 1999
张骞的故事	5614	张善孖画虎图册	2188
张骞通西域	4997	张善子大千兄弟画册	1707
张潜园书广雅相国奏议	8049	张少华山水画	2469
张强寻妻	4909	张生会莺莺	4746
张蔷歌唱选	11981	张省画集	2109
张崎画集	2477	张省中国画集	2316
张钦若油画作品选	2826	张胜画集	2833
张清 花荣	4436	张胜远火笔画集	3042
张清智花鸟画集	2556	张胜远现代山水画集	2460
张清智人物画集	2416	张石园山水画辑	2418
张清智山水画集	2486	张时中画集	1417

书名索引

张士增画集	2293	张廷禄作品选	2316
张士珍	4997, 4998	张廷秀逃生救父	5871
张氏法帖辨伪; 余氏书录辨伪	7703	张廷竹册	1598
张氏书画四表	1466	张头和李头	4935
张氏印谱	8493	张退公墨竹记	934
张世范油画作品选	2826	张万峰画集	2316
张世简画集	2531, 2551	张万里花卉册	1709
张世林画集	2316	张万里画册	1709
张世禄画集	2316	张万庆书法作品选	8312
张侍郎书千字文墨迹	8043	张望集	523
张守义外国文学插图集	6603, 6604	张望美术文集	521
张书旂百鸽图	2544	张伟画集	2293
张书旂画集	1983	张伟平作品选	2276
张书旂画集	2341, 2508	张伟生书法集	8300
张书旂画选	2535	张伟欣	9650, 9683
张叔未印存	8522	张文阁大漠土艺	341
张叔愚书法篆刻艺术	8300	张文光画选	2528
张淑窈	4998	张文俊山水画选集	2437
张淑敏彩塑艺术	8660	张文启歌曲选	11500
张曙歌曲集	11434	张文襄公论书语	7239
张曙歌曲选	11697	张文襄公手书摆宁斋诗草	8043
张曙歌曲选集	11598	张文襄手札	8043
张树才作品选	2539	张文襄书翰墨宝	8043
张树侯篆书千字文残卷	8095	张文新油画选	2800
张顺礼江亭揽胜	1539	张文秀	5871
张司直书李元静先生碑	7840	张文元漫画选	3403
张司直玄静先生碑	7846	张文源艾轩油画选	2792
张思德	2754, 3813, 5155, 5189, 5220	张五可梳妆	9235
张思德的故事	3769, 5243	张锡杰画集	2544
张松献地图	5079, 5080	张锡武画选	2243
张泰昌画集	2214	张侠国画选	2228
张天啸画辑	2109	张贤明作品集	2551
张天翼京剧人物画选集	2405	张献忠 李自成	4436
张铁匠的罗曼史	5870	张献忠反谷城	5434
张铁匠与腊月	13112	张翔素描集	2898

中国历代图书总目·艺术卷

张向明书法集	8300	张一川印谱	8493
张小虎中国画	2243	张一福书法艺术	8339
张小明	4935	张一民人物装饰画	10291
张小燕	9579	张一尊画辑	1928
张晓寒画集	2469	张仪耿楚	5614
张晓磊	9650	张仪山图章谱	8493
张晓敏	9712	张义	287
张晓明正书后赤壁赋	8300	张艺谋电影论	13157
张孝友书法选	8259	张艺谋巩俐大胆地往前走	13211
张辛稼画集	2524	张艺谋神话的终结	13213
张昕若书前出师表	8429	张艺谋说	13213
张新德水彩画集	2951	张忆娘簪花图卷题咏	782
张兴斌书法	8312	张忆娘簪华图卷题咏	778, 783
张修竹画集	2168	张易生水彩画	2952
张秀龄画册	2316	张寅作品	2316
张旭草书李青莲序	7905	张月斋书小秀野唱和诗	8043
张旭草书习字帖	7911	张月斋先生词翰	8021
张旭怀素书法精选	7914	张英洪、陈培荣水彩画选	2945
张旭三帖	7881	张英洪陈培荣水彩画选	2939
张萱和周昉	1525	张英洪画选	2944
张雪鸿花草画册	1637	张英涛硬笔书法选	7485
张雪鸿书画册	1594	张映雪画集	1406
张勋仓摄影作品选	8993	张永安英雄事迹	5146
张巡守城	6209	张永海作品	2915
张巡殉国	5871	张永茂画选	2188
张迋三书画集	2188	张永寿剪纸集	10664
张亚丽中国画选	2316	张勇的故事	5169, 5301
张岩·花鸟画集	2551	张勇烈公神道碑	8034
张研樵玉溪梦隐图卷序雁联珠图卷合册	1643	张友春中国画作品选	2407
张彦青画选	1999	张友宪中国画作品选集	2293
张彦青山水写生集	2453, 2457	张有为书法之研究	7247
张堰救国演剧纪念录	12743	张幼农漆画集	2814
张杨画集	2826	张瑜	9603, 9628
张耀华摄影集	8989	张瑜生画集	2413
张耀熙油画展专辑	2806	张瑜在北戴河	9557

书名索引

张瑜在燕塞湖	9557	张振学画集	2214
张宇诗书画	2228	张镇照画集	2293
张羽	2243	张正恒王鉴画选	2109
张羽煮海 4169, 4244, 4336, 4505, 4887, 6164,		张正民画集	2293
9227		张正墨画集	2168
张玉华画集	2316	张正宇书法选	8148
张玉良	6164	张正宇书画选集	1999
张玉良传	6015	张正宇书画选集	1999
张玉茂画集	2276	张之淦书法作品集	8323
张玉民画集	2228	张之光画集	2188
张玉生画集	2544	张之光小品集	2277
张裕钊《论学手札》助读	8092	张之先荷花摄影集	9320
张裕钊楷书字帖	8102	张芝华	9603
张裕钊书法六种	8092	张执中画集	2293
张裕钊书法艺术	7363	张志安小品文小品画	2341
张裕钊书法艺术论文集	7294	张志民山水画集	2449
张裕钊书滕王阁序	8102	张志泉画梅集	2556
张渊画集	2277	张志新	5434
张元春桐庐山水手卷	1565	张志勇书法集	8312
张元铁作品选	2964	张志中画集	2341
张远伯临王圣教序册	8113	张治军摄影作品集	9145
张远伯手写金刚经	8114	张仲嘉临汉碑	8114
张岳健画集	2188	张重庆油画风景	2792
张岳军先生、王雪艇先生、罗志希夫人捐赠书		张重庆油画作品选	2826
画特展目录	287	张子青画扇册	1614
张跃进画集	2486	张子青山水册	1614, 1627
张云霞表演艺术	12943	张子祥画梅花册	1627
张云逸大将	6374	张子祥画谱	1641
张在元建筑画选	2908	张子祥课徒画稿	676, 688
张择端清明上河图研究	793	张子祥真迹虫鸟花卉册	1634
张肇铭画集	1911	张自忠将军	6400
张真戏曲评论集	12725	张自忠将军百岁诞辰纪念碑林书法选	8230
张桢麒版画选	3027	张宗道华夏民居画集	2293
张振铎画集	1953	张宗祥论书诗墨迹	7351
张振济国画探索	2293	张宗祥书苏诗行草卷	8259

中国历代图书总目·艺术卷

张宗祥书学论丛	7322	掌握科学技术加速农业机械化	3097
张宗祥题画诗墨迹	7373	掌握色彩	8757
张作良版画集	3066	掌握现代化技术更好地为社会主义建设服务	
章伯年书法选	8272		3097
章草	7403	掌中功名	12979
章草便检	8419	掌中天地宽	13008
章草草诀歌	7240, 7280, 7287, 7363	丈夫变羊	6015
章草急就章	7386	丈夫去当兵	4872
章草考	7241, 7303	仗义屠魔	6375
章草一百天	7333	仗怎样打 兵就怎样练	3248
章慈风画选	2293	杖扇新录	10616
章法基础入门	7342	帐篷食堂	1763
章桂征插图集	6615	招宝山	5871
章桂征论装帧·论章桂征装帧	6613	招才进宝	4437, 4582
章哈剧音乐	12134	招财进宝	4582, 4660, 4746, 4762, 4804, 4833,
章立水彩画集	2966		4846, 4855, 4866
章培文画集	2551	招财进宝	2110, 2168
章式之先生临明征君碑	8121	招财进宝·福寿如意	4805
章太炎篆书墨迹	8131	招财进宝·福喜临门	2110
章太炎篆书千字文	8124	招财进宝福富到	2168
章太炎自写诗稿	8124	招财进宝恭贺新喜	4506
章文熙速写作品选	1414	招财进宝恭喜发财	4840
章友芝先生书岳飞《满江红》	8201	招财进宝乐有余	4805
章志远画集	2316	招财进宝乐有余	2110
章志远山水画集	2460	招财进宝连年有余	4833
章祖安书法集	8339	招财进宝庆有余	2168
彰化妈祖信仰圈内的曲馆	10916	招财进宝喜发财	2168
彰化县美术发展调查研究	270	招财进宝鱼满塘	2168
彰化县音乐发展史	10975	招财童子	2395
漳河水画册	1738	招炽挺花鸟画集	2524
漳门神拳	6164	招魂	10711, 11934
漳浦	8951	招募 POP 海报	10383
仉迎春	9413	招牌看板设计	10383
掌跖乌锥马	6209	招牌美术字	7649
掌握科学技术 促进农业生产	3151	招牌艺术设计与制作	10394

书名索引

招生	3952	召之即来 来之能战 战之能胜	3215
招贴·广告	10780	赵白山动物画	6611
招贴广告设计	10397	赵百万	4894
招贴精萃	10780	赵百万梦幻曲	13154
招贴设计	10397	赵宝平素描集	2921
招贴艺术设计	10780	赵澄襄剪纸集	10694
昭君	10450, 12067	赵充国	5871
昭君出塞	3614, 4105, 4902, 5871, 9944, 11836	赵春娥	5734
昭君出塞	2346, 2347, 2348, 2356	赵春亭唢呐独奏曲选	12265
昭君出塞·贵妃醉酒·貂蝉歌舞·西施浣纱	4245	赵春翔	2214
昭君出塞 貂蝉拜月	9240	赵次闲先生印谱	8493
昭君浣纱	4106	赵次闲印谱	8532
昭君墓旁	2727	赵大陆油画作品	2829
昭君神引杏元	9230	赵大陆油画作品集	2812
昭君梳妆	4582	赵大鹏摄影作品集	8987
昭君应选	4746	赵丹画辑	1928
昭君与呼韩邪	4582	赵丹书画选	1954
昭君怨琴谱	12307	赵德贵硬笔字帖唐诗百首	7542
昭陵六骏书画诗萃编	218	赵盾背秦	5614
昭仁寺碑宋拓本	7944	赵尔春	5134
昭通地区民族民间音乐资料选辑	10905	赵发潜魏楷百家姓	8405
找"乌金"	5220	赵发潜魏楷千字文	8340
找红军	5133, 5134, 5189, 5301, 6239	赵凡夫先生印谱	8498
找书包	5301, 5522	赵飞燕外传	1565
找仙草	6165	赵粉	9427
找幸福	4998	赵粉——牡丹名花	10076
找游击队	5134, 5169	赵凤迁画集	2214
沼气的制造及利用	4935	赵凤桐书画作品选	2261
沼气化先锋	4919	赵佛重书法	8242
召唤	5220, 5271	赵戴江山万里图卷	1546
召麇画艺	2051	赵复兴速写集	2902
召树屯	6016	赵干江行初雪图	1523
召树屯和喃诺娜	4919	赵公元帅	4746
召树屯与婻木婼娜	4245	赵功义歌曲自选集	11517
召亡秦富贵	12350	赵构楷行两体小字帖	7991

中国历代图书总目·艺术卷

赵古泥印存	8538	赵静	9683
赵国烽烟	6016	赵克标插图集	6611
赵国经王美芳作品选	2341	赵匡胤千里送京娘	4506
赵国宗瓷画展	6765	赵喇嘛京胡曲谱	12283
赵海明印选	8576	赵兰坡所藏书画目录	1472
赵海鹏画集	3063	赵老汉献宝	4894
赵浩如行草书	8259	赵磊画集	2261
赵宏本画集	2243	赵冷月八旬书法集	8272
赵宏本连环画生涯50年	6347	赵理书画集	2293
赵摅叔尺牍	8034	赵莉	9683
赵摅叔花卉册	1641	赵良漫画选集	3448
赵摅叔梅石画法册	1643	赵履珠的声乐艺术	11128
赵摅叔手刻印存	8493	赵梅生画集	2169, 2551
赵摅叔手札	8044	赵蒙生九成宫碑	8156
赵摅叔吴让之胡菱甫篆书墨迹合册	8050	赵孟頫	8011
赵摅叔印存	8512	赵孟頫《胆巴碑》及其笔法	8011
赵摅叔印谱二集	8533	赵孟頫《胆巴碑》楷书大字谱	8007
赵摅叔篆书	8050	赵孟頫《胆巴碑》描红本	8007
赵吉禄钢琴电子琴固定音型练习曲	12219	赵孟頫《妙严寺记》	7999
赵佶	789	赵孟頫《鹊华秋色图》	804
赵佶的画	1541	赵孟頫《三门记》笔法图解	7386
赵佶的书法艺术	8003	赵孟頫《烟江叠嶂帖》行书大字谱	7387
赵佶瘦金书	8013	赵孟頫敕藏御服碑	7989
赵佶书法选	8007	赵孟頫仇锷墓碑铭	8007
赵佶赵构书法精选	8003	赵孟頫大楷字帖	7986, 8001
赵集贤书道德经真迹	7952	赵孟頫大字帖	7973
赵际滦现代水墨画艺术	2243	赵孟頫胆巴碑	8013
赵季梅画友诗	8018	赵孟頫胆巴碑 妙严寺记	8013
赵季平电影音乐作品研讨会文集	11160	赵孟頫胆巴碑选字放大本	8011
赵家洼的斗争	5107	赵孟頫道德经墨迹	7945
赵建源画集	2229	赵孟頫道教碑	8011
赵经寰画集	3057	赵孟頫读书乐	8059
赵景庵画集	2551	赵孟頫法帖	8001
赵景岩画集	2473	赵孟頫光福重建塔记真迹	7986
赵竞城水粉画集	2959	赵孟頫国际书学研讨会论文集	7342

书名索引

赵孟頫行楷二帖	8011	赵孟頫妙严寺记字帖	7970
赵孟頫行楷二种解析字帖	8438	赵孟頫墨迹大观	8003
赵孟頫行楷钢笔临本	7542	赵孟頫三门记	8008
赵孟頫行书	7612, 7996	赵孟頫三门记字帖	7970
赵孟頫行书册	7983	赵孟頫寿春堂碑	8003
赵孟頫行书技法要诀	7387	赵孟頫寿春堂记	7969, 7991
赵孟頫行书千字文	8002	赵孟頫书安素轩石刻	7985
赵孟頫行书习字帖	7996, 8005	赵孟頫书赤壁二赋	8003
赵孟頫行书玄教宗传碑	7989	赵孟頫书仇锷墓志铭	7992
赵孟頫行书至宝	7996	赵孟頫书仇公墓碑铭	7996
赵孟頫行书字帖	7991, 8008	赵孟頫书胆巴碑	7988, 8008, 8011
赵孟頫画集	1549	赵孟頫书胆巴碑临习指南	8003
赵孟頫画语录图释	722	赵孟頫书胆巴碑墨迹	8002
赵孟頫集	8008	赵孟頫书道德经	7968, 7969
赵孟頫集册	7961	赵孟頫书道教碑	7984, 7996
赵孟頫楷行两体小字帖	7991	赵孟頫书狄梁公碑	7984
赵孟頫楷书	7403, 7999	赵孟頫书帝师胆巴碑	7996
赵孟頫楷书笔法水写帖	7387	赵孟頫书法精品选	8000
赵孟頫楷书笔顺分解字帖	7387	赵孟頫书法精选	8000, 8008
赵孟頫楷书标准习字帖	7387	赵孟頫书法名品全集	8012
赵孟頫楷书部首水写帖	7403	赵孟頫书法全集	8003
赵孟頫楷书部首一百法	7404	赵孟頫书法三种	7992
赵孟頫楷书规范习字帖	7996	赵孟頫书法选	7996, 8008
赵孟頫楷书技法	7404	赵孟頫书福神观记	7984, 7992
赵孟頫楷书间架结构100法	8401	赵孟頫书观音殿记	7996
赵孟頫楷书间架结构九十二法	7352	赵孟頫书归去来辞	7996
赵孟頫楷书结构水写帖	7404	赵孟頫书绝交书	8002
赵孟頫楷书临摹解析	8405	赵孟頫书六体千字文	8012
赵孟頫楷书临帖指导	7363	赵孟頫书庐山草堂记	7959
赵孟頫楷书水写帖	8409	赵孟頫书妙严寺记	7968
赵孟頫楷书习字帖	7996, 8005	赵孟頫书妙严寺记精华	7964
赵孟頫考经图卷	6604	赵孟頫书前后赤壁赋	7997
赵孟頫昆山州淮云院记	7989	赵孟頫书三门记	7968
赵孟頫六体千字文	7991	赵孟頫书三门记字帖	7968
赵孟頫妙严寺记	7985	赵孟頫书寿春堂	7997, 8002

中国历代图书总目·艺术卷

赵孟頫书寿春堂记	7969	赵清礼硬笔书法作品选	7625
赵孟頫书中峰和尚诗真迹	7986	赵荣琛表演艺术浅论	12893
赵孟頫四札墨迹	7953	赵少昂 黎雄才 关山月 杨善深合作画选	
赵孟頫为袁楠书千字文	7997		2032
赵孟頫闲居赋	8006	赵少昂的艺术	1884
赵孟頫小楷	8000	赵少昂花卉草虫画集	2052
赵孟頫小楷道德经	7989	赵少昂画集	1999
赵孟頫小楷道德经真迹	7984	赵少昂画集	2277
赵孟頫小楷习字帖	7989, 8000	赵少昂画辑	1929
赵孟頫小楷字帖	7984	赵少昂黎雄才关山月杨善深合作画选	2214
赵孟頫小楷字帖	7975	赵少昂小品精选	2214
赵孟頫小字帖	7970	赵少昂小品选集	1983, 2000
赵孟頫与山巨源绝交书	8012	赵少昂自写诗	8419
赵孟頫真草千字文	7989, 7990	赵绍虎画集	2294
赵孟頫中楷字帖	7984	赵士恒书画集	2528
赵孟頫中楷字帖	7975	赵士英画集	1409
赵孟頫祝允明行书字帖	8431	赵士英舞台速写选	2874
赵孟頫专辑	7602	赵氏孤儿	5051, 6401
赵孟頫字帖	7975	赵氏孤儿曲选	12115
赵孟琪水彩画选集	2952	赵氏家法笔记	671
赵梦桃同志模范事迹挂图	3132	赵氏铁网珊瑚	771
赵梦晓画图春秋	1718	赵氏一门法书	7959
赵梦朱作品选集	1954	赵世杰油画作品集	2829
赵敏画集	1417	赵书道德经	7952
赵敏生草书胡笳十八拍	8416	赵书字帖	8401
赵敏生书九成宫碑	8156	赵叔孺王福庵流派印风	8554
赵敏速写	2915	赵叔孺先生遗墨	1737
赵宁安白描写生选辑	2889	赵淑娥花鸟鱼集	2052
赵宁安写生集	2876	赵嗣伦书法作品集	8272
赵品三书画选	8181	赵松泉画集	1983
赵朴初诗词钢笔字帖	7462	赵松涛山水画集	2457
赵普隶书治家格言	8259	赵松涛山水技法	856
赵普书法集	8340	赵松庭的笛子	11300
赵奇中国画作品选	2243	赵松雪草书墨宝	7952
赵钱孙李	5734	赵松雪大楷习字范本	7953

书名索引

赵松雪胆巴碑真迹	7952	赵体描临	8012
赵松雪行书心经墨宝	7956	赵体寿春堂标准习字帖	8384
赵松雪画九歌	1530	赵体学习指南	7342
赵松雪金刚经	7953	赵体正楷标准字描红	8406
赵松雪净土词墨宝	7952	赵体字基本笔法与结构	7342
赵松雪兰亭序十三跋	7952	赵望云画集	2000
赵松雪隶书千字文	7969	赵望云画集	2317
赵松雪临黄庭经真迹	7954	赵望云画辑	1954
赵松雪临兰亭序	7964	赵望云旅行印象画选集	1707
赵松雪六体千字文	7952, 7990	赵望云农村写生集	2847, 2921
赵松雪妙法莲华经	7954	赵望云祁连山区写生画选	2858
赵松雪千字文	8008	赵望云塞上写生集	2848, 2921
赵松雪手札	7952	赵望云石鲁埃及写生画选集	2853
赵松雪书胆巴碑真迹	7947	赵望云西北旅行画记	2416
赵松雪书道德经	7975, 7976	赵望云作品	2294
赵松雪书海赋墨迹	7952	赵维 赵毅画集	2342
赵松雪书六体千文	7958	赵卫画集	2486
赵松雪书六体千字文	7969, 7971, 7975, 7980	赵文彬漫画选集	3448
赵松雪书妙法莲华经墨宝	7952	赵文华传奇	4747
赵松雪书送秦少章序真迹	7964	赵文君	4998
赵松雪书佑圣观捐施题名记	7988	赵文敏胆巴碑墨迹	7952
赵松雪闲邪公传	7952	赵文敏度人经真迹	7956
赵松雪小楷洛神赋真迹	7960	赵文敏公虞文靖公法书	7952
赵松雪正草千文	7956	赵文敏妙岩寺记	7954
赵宋生画集	2405	赵文敏墨迹妙品	7957
赵泰来画集	2189, 2229	赵文敏鹊华秋色图卷	1534
赵体《胆巴碑》临摹习字帖	8008	赵文敏鹊华秋色图影本	1534
赵体《寿春堂记》临摹习字帖	7373	赵文敏书仇公墓碑	7952
赵体大楷一百天	8397	赵文敏书度人经真迹	7960
赵体楷书常用字习字帖	8405	赵文敏书法华经真迹	7954
赵体楷书间架结构九十二法字帖	8395	赵文敏书感兴诗	7953
赵体楷书间架结构习字帖	7275	赵文敏书汲黯传真迹	7957
赵体楷书临摹技法	7363	赵文敏书急就篇	7952, 7953, 7985
赵体楷书描红	8008	赵文敏书洛神赋	7954, 7959
赵体楷书水写字帖	8230	赵文敏书阡表真迹	7956

中国历代图书总目·艺术卷

赵文敏书琴赋真迹	7960, 7985	赵元任音乐论文集	10830
赵文敏真草千字文	7955	赵元任音乐作品全集	11486
赵文元画选	1328	赵远强组合篆刻	8576
赵无极	6861, 6862	赵云 黄盖	4437
赵无极绘画六十年回顾	6835	赵云 马超	4170, 4437, 4583
赵无极讲学笔录	1075	赵云 马超	4747
赵西林诗词书法集	8210	赵云 张飞	4747
赵西岩画册	1719	赵云·马超	2387
赵熙书法	8201	赵云·张飞	2387
赵先闻拓彩画选	2111	赵云截江夺阿斗	2989, 4245
赵小勇插图作品选	6616	赵云马超	4245, 4506, 4582, 4660
赵兴斌油画海景创意	2829	赵蕴玉国画集	2261
赵修柱版画作品选	3059	赵蕴玉书画百扇集	2169
赵秀鹏加入少年先锋队了	4879	赵蕴玉作品选	1897
赵绪成画集	2017	赵振川画集	2469
赵学伦书法集	8340	赵振川作品	2342
赵勋速写	2892	赵镇瑰儿童系列连环漫画选	6760
赵寻戏剧文选	12730	赵锦河南坠子艺术	12977
赵雅芝像	9603	赵之琛印谱	8547
赵延年画集	3049	赵之谦	1680
赵延年木刻插图	3027	赵之谦 蒲华 吴昌硕画风	1692
赵雁君书法集	8312	赵之谦北魏书字帖	8059
赵一楷小朋友画册	6764	赵之谦补寰宇访碑录	7718
赵一曼 5022, 5523, 5734, 6165, 6375, 6513, 6572		赵之谦尺牍	8086
赵以雄新疆油画写生	2782	赵之谦大字帖	8060
赵益超 张明堂作品	2317	赵之谦法书选集	8072
赵翼论诗	8166	赵之谦画册	1627
赵懿子印谱	8528	赵之谦画集	1655, 1684
赵勇刚(革命现代京剧《平原作战》人物）	1845	赵之谦急就篇蒋君传合	8026
赵友萍画选	2790	赵之谦楷书真迹	8078
赵友萍油画选	2790	赵之谦南唐集字	8076
赵玉亭行书诸葛亮出师表	8220	赵之谦南唐九百六十字魏体字帖	8401
赵豫	2481	赵之谦南唐四百九十六字	8074
赵元谦魏碑五种	7814	赵之谦书法选	8098
赵元任歌曲选集	11473	赵之谦书汉铙歌真迹	8070

书名索引

赵之谦书画集	1684, 1689	照哈哈镜	4245
赵之谦书崇胜之书	8082	照镜子	9375
赵之谦信札墨迹	8104	照镜子的少女	597
赵之谦印风(附胡■)	8554	照明实例图解	10618
赵之谦印谱	8539	照片背后的故事	8912
赵之谦篆书汉铙歌	8358	照片拍摄技巧	8765
赵志光白描花卉	2531	照片摄影技法	8801
赵志光工笔花鸟画艺术	2531	照片在报纸上的运用形式	8719
赵仲穆百美印谱	8522	照片着色技术	8684
赵仲穆临李伯时人马卷	1533	照相	8713, 8734
赵仲穆印谱	8494	照相馆技术大全	8785
赵仲玉油画选	2804	照相馆技术与技法	8739
赵州桥的传说	4437	照相机的结构与性能	8683
赵州桥的故事	4437	照相基本知识	8736
赵准旺水墨画集	2111, 2169	照相技术	8719
赵子昂北陇耕云书卷石刻	7981	照相技术要诀	8801
赵子昂行书洛神赋	7974	照相术	8712, 8721
赵子昂画集	1535	照相业技术革新	8717
赵子昂书敬君碑	7985	肇庆七星岩	9062, 9789, 9850, 9894
赵子昂书送李愿归盘谷序	7952, 7988	折肱录	672, 7227
赵子昂正书三门记	7945, 7952	折扇书画册	1495
赵子固水仙卷	1530	折狱	5871
赵子龙催归	5735	折折画画	10715
赵子龙大战长坂坡	2395	折纸	10694, 10780
赵子龙单骑救主 张飞大闹长坂坡	4170	折纸创作	10679
赵子谦画集	1754	折纸大全	10686
赵子玉山水画集	2466	折纸动物园	10780
赵子云花卉册	1718	折纸工一百例	10683
赵子云山水册	1703	折纸集	10665
赵字帖	7960	折纸入门	10681
赵宗概水墨人物画集	2413	折纸手工	10667
赵宗藻教授速写专集	2921	折纸艺术	10686, 10727
赵宗藻作品选集	3008	折纸艺术系列	10780
赵左研究	795	折纸游戏	10676, 10686, 10704
照个相	9362	遮蔽的文明	075

中国历代图书总目·艺术卷

哲本月仪帖	8122	这一天：中国孩子须知	6594
哲成书法楹联	8272	这已经是春天	10789
哲成书法作品集	8340	柘枝谱	12585
哲里木版画选	3039	浙东戏曲窗花	10664
哲里木歌曲选	11696	浙江	8563
哲里木盟版画选	3017	浙江版画五十年	3032
哲里木农垦	8898	浙江潮	3712
哲理名言钢笔字帖	7542	浙江的画院和画家	541
哲理诗词漫画评释	3517	浙江的戏曲窗花	10665
哲人的微笑	3529	浙江地方戏曲音乐选	12107
哲学·艺术与社会	045	浙江电影纪事	13190
哲学的童年	6513	浙江风光	8936
哲学思维和艺术创作	043	浙江歌选	11416
哲学与现代派艺术	029	浙江革命版画选集	589
哲学与艺术	055	浙江革命歌曲选	11667
哲隐摄影集	8866	浙江工农兵画集	1358
蛰庵印存	8506	浙江工人美术选集	1355
辙与韵的运用	11145	浙江工艺美术	10231
者阴山攻歼战	6209	浙江古代画家作品选集	1507
者阴山赞歌	6165	浙江花鸟画选	1479
这边风景	13144	浙江画册	9103
这方山水	9146	浙江近代书画选集	1714
这叫娱乐	13285	浙江近现代书法研究文集	7162
这就是我们的党委书记	3865	浙江昆剧"传"字辈表演艺术家艺术经验	12848
这里的黎明静悄悄	6016, 6165	浙江美术选集	1358
这里一片静谧	8968	浙江美术学院版画系教师作品集	3053
这里亦开始了	8644	浙江美术学院附中色彩教学作品集	2954
这片热情的土地上	11494, 11495	浙江美术学院附中素描教学作品集	2894
这是雷锋叔叔	4170	浙江美术学院工农兵大学生美术作品选	1291
这是什么	9376	浙江美术学院研究生论文选	041
这是谁家的山羊?	5220	浙江美术学院中国画六十五年	810
这是我的校园曲	11495	浙江美术作品集	341
这是益鸟	4438	浙江民间歌曲选	11769
这样爱你对不对	11742	浙江民间剪纸	10665
这一觉睡的	4998	浙江民间剪纸集	10664

书名索引

浙江民间美术选集	10666	浙江书法作品集	8340
浙江民间器乐曲	12342	浙江图书馆馆藏书画选	1488
浙江民间小调	11767	浙江戏曲史话	12794
浙江年画	4337, 4583, 4747, 4774	浙江戏曲音乐论文集	11154
浙江傀戏资料汇编	12957	浙江戏曲志资料汇编	12768
浙江青瓷	414	浙江越剧小百花十姐妹金曲	11876
浙江人物画选	1303	浙江篆刻选	8563
浙江山水行	8957	浙山越水	4438
浙江山水画	2437	浙西四家印谱	8528
浙江山水画选	2437	贞观公私画史	566, 567
浙江绍兴东湖	9103	贞观之治	6016
浙江摄影作品集	8975	贞娘传	5051
浙江省第一届美术展览会作品选集	1356	贞松堂藏历代名人法书	7661
浙江省电影发行放映工作文件汇编	13279	贞隐园法帖	8020
浙江省电影教育实施概况	13172	贞隐园摹古各体法帖	7658
浙江省电影事业概况	13314	针	6016
浙江省电影志	13194	针笔透视专集图法	6742
浙江省电影志参考资料汇编	13187	针刺麻醉	2749
浙江省东阳市马宅镇孔村汉人的目连戏		针锋相对	5435
	12953	针锋相对，坚决斗争！	3163
浙江省会中等学校第二届音乐演奏会歌曲集		针麻传统创奇迹	2754
	11363	针眼	5871
浙江省教育厅电化教育人员训练班课外演讲集		针针线线寄深情	4049
	13023	针针线线炼红心　勤俭节约为革命	3190
浙江省美术家协会第一回推荐展	2261	针针线线鱼水情	3865
浙江省美术展览会作品选辑	344	针织图案学	10349
浙江省目连戏资料汇编	12950	侦查	4998
浙江省磐安县深泽村的炼火仪式	12953	侦查济南	5022
浙江省磐安县仰头村的西方乐	12953	侦察兵	5051, 13257
浙江省首届中青年书法展作品集	8300	侦察兵的故事	5134
浙江省文史研究馆馆员书画集	2229	侦察的故事	4998
浙江省舞蹈创作讨论会专辑	12568	侦察归来	4998
浙江省戏曲现代剧曲艺现代书观摩演出大会资		侦察英雄陈养	5134
料选辑	12924	侦察员的蜜月	6165
浙江书法选	8192	侦察员小马	5221

中国历代图书总目·艺术卷

侦破故事	6550	珍禽异卉	2169
侦破精粹	6239	珍禽异兽	4170, 9311
侦破莲花城	6209	珍善斋印印	8481
侦破死亡区	6209	珍惜安定团结的大好形势	3370
珍宝岛的故事	3814	珍惜过去 再创未来	219
珍宝岛十英雄	9267	珍惜每一颗粮食	8643
珍宝岛英雄赞	5155	珍惜每一粒	3865
珍宝岛自卫反击战十英雄	9267	珍稀动物遭劫记	6695
珍宝满堂	2169	珍稀拓本碑帖系列丛书	7744
珍本中国美术全集	1521	珍珍	9387
珍藏金曲钢笔字帖	7510	珍珠	5523, 6016, 8835, 9387, 9489
珍藏浪漫	11742	珍珠船印谱	8496
珍藏龙虎图画本	1714	珍珠港之变	6165
珍妃泪	5523	珍珠公主	9237, 9387
珍贵的回忆	8888	珍珠姑娘	4245, 4246, 4337, 4438, 4747, 5022,
珍贵的礼物	10403, 11693		6594
珍贵的新芽	4999	珍珠光	9341
珍贵的信	6632	珍珠恨	6016, 6166
珍贵的照片	5373	珍珠湖	4438, 4506
珍妮	9427	珍珠记	13235
珍奇的动物	9309	珍珠塔	3614, 4106, 4337, 4506, 4660, 5735, 5872,
珍奇动物配诗简笔画	6760		9242
珍奇飞禽	4747	珍珠塔传奇	9246
珍禽	4583, 10522	珍珠塔后传	9240
珍禽	2580	珍珠塔前传	9242
珍禽画法	999	珍珠滩大瀑布	9877
珍禽火仙鹤	10082	珍珠潭	6166
珍禽名花	4245	珍珠娃	4506
珍禽屏	9311	珍珠娃	2169
珍禽谱	2545	珍珠舞	1754, 4246, 9952
珍禽硕果	4660	珍珠仙子	4170, 4583, 9946
珍禽图	3578, 4170, 4438, 4660, 9309	珍珠绣花巾	6016
珍禽图	2583	珍珠岩	5221, 5872
珍禽王国	9315	珍珠异卉	4661
珍禽异卉	4245, 4747	珍珠玉	5614

书名索引

珍珠姊妹	9579	真假公主	4833
真、草、隶、篆蒙学三种	7723	真假姑爷	6277
真草互读大字典	8422	真假国王	5872
真草隶篆蒙学三种	7721	真假黑狮子	6649
真草隶篆四体百家姓	8344	真假黑旋风	5872
真草隶篆四体大字典	8342, 8343	真假猴王	5614, 5735, 6016, 6166
真草隶篆四体千字文	8341, 8342	真假葫芦	5872
真草隶篆速成技法	7333	真假荒诞	3479
真草隶篆唐诗三百首四体书法艺术丛书	8201,	真假经文	6017
8202		真假舅舅	5872
真草千字文	7944, 7952	真假粮队	6166
真草千字文碑	7884	真假两猴王	5523
真草唐诗一百首	8416	真假马奇洋	5872
真传正宗琴谱	12292	真假玛利亚	6166
真的好想你	11755	真假美红	7118
真功夫	6166	真假美猴王	4337, 4438, 4506, 5735, 6017, 6167,
真行草大字典	8430		9230
真行草隶十大法帖	7738	真假美猴王·三借芭蕉扇	6348
真行草隶篆五体钢笔字帖	7419	真假妹妹	5107
真行草三体书法字典	8349	真假女婿	4762
真行学书百韵歌	8230	真假秦琼决雌雄	6239
真好吃	9460	真假鼠王	6664
真好看	9363, 9539	真假孙悟空	5052, 5435, 5523, 5615, 6209, 6348,
真好玩	4337, 5523, 8835, 9376		6551
真话大叔	6239	真假孙悟空	2395
真迹传神国画精品	2685	真假太子	5735, 9242
真迹日录	770	真假唐伯虎	8843
真假 TOTO 探长	6671	真假唐僧	4999, 5523
真假爱丽思	6682	真假特派员	5615
真假奥尔哈姆	5735	真假王维	5872
真假霸王八	6715	真假王子	5615
真假瓷观音	5735	真假新娘	5872
真假的奥妙	12724	真假凶手	6167
真假丁香	6016	真假杨凤娇	5872
真假匪司令	5872	真假杨六郎	5872, 6017

中国历代图书总目·艺术卷

真假婴孩	5735	枕花图案	10353, 10355
真开心	9743	枕经书屋琴谱	12307
真孔明与小霸王	4999	枕流答问	12712
真理 ABC	7026	枕涛楼翰墨	118
真纳和牛痘	5435	枕套花样	10256
真情	9444	枕箱案	6167
真情假意	5873	阵地	3865
真情流露	11517	阵地"六姐妹"	5134
真趣繁花	6771	阵地六姐妹	3151, 5134
真人头像素描	1140	阵地新花	3911
真萨	6209	阵地争夺战	6017
真善美	8858, 9485	阵风	2779
真赏斋藏宋拓汉姿寿碑	7767	阵阵凯歌抒豪情	3866
真赏斋赋	777	阵中画集	3396
真赏斋帖	8028	阵中奇闻	3395
真赏斋印林	8496	振飞曲谱	12086
真是好炊事员呀	4999	振龙美术	219
真是乐死人	11960	振兴川剧资料选编	12931
真书千字文	7859	振兴川剧综论	12948
真甜	9376, 9413, 9427	振兴中华	3362, 4438, 8174
真相大白	6634	振兴中华 为国争光	4438
真像咱们的老书记	3865	振兴中华 献身四化	3338
真凶	6239	振兴中华!——八十年代一天也不能贻误	3345
真有趣	4246, 9348, 9363	振兴中华青年歌曲选	11481
真正的爱情	5435, 12140	振兴中华为国争光	4583
真正的爱情是永不凋谢的	9754	振兴中华献身四化	3338
真正的人	4884, 4999	振羽	8803
真正的任务	5335	振作精神 振兴河北	3354
甄藏	1492	振作精神为振兴河北做贡献	3354
甄古斋印谱	8532	赈灾画刊	1708
甄忠义画集	2404	震不垮的学校	2760
箴言警语钢笔字帖	7542	震撼千古的革命行动	9285
箴言与妙语钢笔书法	7542	震撼世界的影像	10149
枕湖楼藏砚铭	1054	震惊世界的SOS	6017
枕花集锦	10355	震惊世界的一分钟	6277

书名索引

震区除夕夜	3952	争芳斗艳	4106, 4661, 9312
震中之花	5435	争芳竞艳	4337, 4506
镇海籍书画家作品集	1421	争飞跃	1912, 10462
镇江	9805	争分夺秒	1823, 1864, 3911, 4049, 4106
镇江风光	9059	争分夺秒 加速社会主义建设	3215
镇江金山寺	9042, 9839, 9865	争分夺秒奔向2000年	3314
镇江金山图	2453	争分夺秒为社会主义多做贡献	3294
镇江揽胜	9135	争分秒夺高产誓为革命多贡献	3248
镇江三山名胜	9126	争冠军	4337, 4661
镇江书画五十年	1374	争辉	9387
镇江中国画院画集	2317	争粮食丰收夺钢铁超产	3097
镇南关大战	6277	争奇斗妍	4106
镇群敌	5873	争奇斗艳	8863, 9479
镇三山黄新·病尉迟孙立	2111	争强	13011
镇三山黄信 急先锋索超	4661	争取更大丰收 支援国家建设	3159
镇坛州	3667	争取和平歌	12360
镇五龙	6167	争取和平与友谊	13254
镇邪除恶	4747	争取京剧艺术的繁荣	12888
镇邪除恶	2111	争取民族解放 保卫民族独立!	3121
镇压反革命歌集	11568	争取年年好收成	3132
镇压反革命歌曲集	11568	争取农业丰收 繁荣社会主义经济	3122
镇远青龙洞	9363	争取时间集中力量夺铁保钢	3097
镇宅大将军	2387	争取一个丰收年	11613
镇宅神将	4866	争取做个五好社员!	3122
镇宅钟馗	4748	争取做一个卫生积极分子!	3097
镇州龙兴寺铸像修阁碑	7668	争上十三陵	12114
争吵	4935	争上游	4337
争春	10046, 10059	争上游连年有余	4438
争当新长征突击手	3328	争试新药为人民	3911
争夺	5243	争相艳丽	9387
争夺"RCA15"	5873	争妍	8843, 9363, 9376, 9399, 9427, 9444
争夺财宝	6308	争妍展翠	1884
争夺密码机	6167	争艳	1864, 1884, 1897, 4049, 4170, 4438, 4762,
争夺声音的战斗	6017		9363, 9376, 9387, 9399, 9427, 9445, 10022
争夺新大陆	5873	争艳	2052, 2111, 2169, 2612, 2633, 2645

中国历代图书总目·艺术卷

争艳图	9413	筝艺新探	11339
争艳图	2169, 2661	蒸蒸日上	2750, 8819
争窑	12096	蒸蒸日上 欣欣向荣	3324
征车过关图题辞	7147	蒸蒸日上的大庆油田	8805
征程纪实	9290	拯救太阳系	6474
征方腊损兵折将	5873	整顿公共秩序 树立文明礼貌新风	3345
征服白岩山	5023	整顿好企业的标准	3314
征服大猩猩	6474	整理住家巧思集	10596
征服干旱 粮食连续八年增产——新疆维吾尔		整体品牌设计	10397
自治区皮山县	3151	整装待发	3814, 3866
征服黑暗的人	5735	正编续编三希堂法帖	7744
征服黄河	2722	正草楷篆四体百家姓	8132, 8133
征服江河湖海 苦练水上硬功	3151	正草楷篆四体字典	8343
征服穷山恶水, 建设高产农田	3151	正草隶篆大字典	8342
征服沙漠建草原	9053	正草隶篆四体大字典	8342, 8353
征服世界最高峰	4999	正草隶篆四体千字文	7814
征服细菌的故事	5523	正草隶篆四体字典	8350
征服宇宙的伟大创举	3097	正草商务应用尺牍	8412
征黑闼	6017	正付书记	1839
征募寒衣话剧公演特刊	12905	正副书记	1831, 3953
征求意见	3866	正行草三体字典	8121
征途	5271, 5373	正化集成	1699
征途纪行	2017	正楷钢笔字帖	7414
征途上	3026, 5107	正楷行书钢笔字帖	7442
征文歌选	11454	正楷活页字帖	8380, 8382
征文选	11454	正楷临帖	8390
征战万里人未老	4003	正楷入门	7433
征战西岐	5873	正楷习字帖	8391
峥嵘岁月	1852, 2775, 3026, 5373, 9472	正论特刊	678
铮铮铁骨	7485	正气	4003
筝曲集	12316	正气长存	5435
筝曲选	12314	正气歌	5735, 6167, 8078, 8811, 12285
筝曲选集	12310	正气凛然	4833
筝诗谱	12301	正气凛然	2169
筝演奏法	11337	正气篇	5264

书名索引

正气篇人物百图	2368	郑板桥墨竹四屏条	1682
正气千秋	2111	郑板桥墨竹四条屏	4661
正气振纲	4866	郑板桥判牍	8075
正确对待祖国的戏曲遗产	12700	郑板桥评传	805
正式口琴吹奏法	11213	郑板桥七言诗行书手卷	8071
正是练兵三九天	1800	郑板桥诗抄钢笔书法字帖	7612
正书	7264	郑板桥诗屏	4866
正书精萃总览	7333	郑板桥手迹二种	8086
正书妙品	7818	郑板桥书《书陆种园诗十二首卷》	10478
正太风暴	4999	郑板桥书法	8071, 8072
正续汉印分韵	8544	郑板桥书法集	8071
正乙柯大戏楼	12790	郑板桥书法精选	8095, 8102
正义的反击	6167	郑板桥书法全集	8092
正义的还击	5435, 9325	郑板桥书法三种	8082
正义的声音	2775	郑板桥书法四条屏	8068
正谊社六周纪念特刊	12858	郑板桥书法选	8088, 8102
正谊社七周纪念特刊	12858	郑板桥书法字典	8106
正月二月燕子来	11783	郑板桥书画	1674
正月里	4438	郑板桥书画合册	1614
正韵篆	8482	郑板桥书画集	1684
正在消逝的上海弄堂	9136	郑板桥书画精品册	1686
正宗神乱书画册	1326	郑板桥书画精品选	1686
郑百重画集	2169	郑板桥书画选	1665
郑板桥	796	郑板桥书画艺术	798, 808
郑板桥罢官	5615	郑板桥四书手读	8088
郑板桥孤竹画	1668	郑板桥四子书真迹	8045, 8076, 8095
郑板桥花卉	1678	郑板桥题高南阜画册	1646
郑板桥画兰画竹	961	郑板桥选字帖	8018
郑板桥画选	1683	郑板桥竹	1678
郑板桥家书诗词	8092	郑板桥竹石	1659
郑板桥款识书法	8088	郑板桥竹石图	4438
郑板桥兰竹册	1682	郑必宽书法集	8242
郑板桥临兰亭叙	8044	郑伯劲山水画集	2460
郑板桥卖画	6017	郑成功	3667, 4106, 4337, 6017, 6167, 6513
郑板桥墨迹	8102	郑成功　戚继光	4661

中国历代图书总目·艺术卷

郑成功 戚继光	4170, 4661	郑军里画集	2294
郑成功 岳飞	4106, 4438	郑君瑜小品摄影集	8977
郑成功·戚继光	4805	郑克明书画艺术	2556
郑成功碑林	8259	郑礼阔画集	2294
郑成功收复台湾	1763, 1787, 4003, 5052, 5435,	郑利平画集	2535
5615		郑律成歌曲三十首	11442
郑成功在台湾	5523	郑律成歌曲选	11466
郑崇尧漆画艺术	2820	郑伦·陈琦	2387
郑春松翰墨集	2215	郑曼青先生书画特展目录	1929
郑岱油画作品选	2826	郑慕倩仿古山水十二帧	1629
郑道昭书法选	7811	郑乃珖百花画集	2497
郑道昭云峰山论经书	7785	郑乃珖工笔画选	1912
郑德民画集	2486	郑乃珖花卉集锦	2490
郑笃孙作品集	2317	郑乃珖花卉写生	2489
郑发祥画集	2531	郑乃珖花鸟画集	2556
郑方山水画集	2470	郑乃珖花鸟山水画集	2032
郑岗书画集	2317	郑乃珖画集	2169
郑谷口隶书柳敬亭传墨迹	8044	郑乃珖作品	2294
郑固碑	7766	郑培志	5221
郑瑰玺画集	2556	郑佩佩健康舞	12601
郑海藏先生书法抉微	7245	郑庆衡白描人物画集	2395
郑海涛书法作品集	8300	郑庆衡画集	2416
郑和	2000, 5052, 5436	郑秋枫歌曲选	11475
郑和下西洋	4439, 4506, 5873, 6017	郑全斌的故事	4999
郑弘佑印谱	8484	郑仁山指画展览会	782
郑红明	9650	郑瑞敏老师傅	4999
郑洪发挖地椿	4999	郑赛金	5156
郑济炎郑棣青画选	2215	郑善禧画集	1897
郑浣画集	6766	郑少秋和他的搭档们	13221
郑家镇写生集	2873	郑盛名书画集	2111
郑笺诗谱	2982	郑师傅的遭遇	5134
郑阶平成语新编钢笔字帖	7602	郑氏影园扇册目	1461
郑阶平书法	8272	郑书阁画集	2486
郑捷克水彩画集	2959	郑书健书画作品选	2317
郑景贤花鸟画集	2531	郑爽	9762

书名索引

郑爽版画选	3054	郑玉崑国画集	2189
郑诵先书法集	8323	郑玉崑画选	2229
郑诵先书法选	8153	郑玉崑画韵跋句	2261
郑苏戡书南唐集字	8107, 8117	郑玉崑水彩画集	2951
郑堂斗太监	3419	郑沅书钱母戴太夫人墓志	8114
郑瞳之围	6277	郑振铎美术文集	096
郑卫之乱	5736	郑振铎艺术考古文集	406
郑文焯书风	8132	郑振强黑白版画选	3051
郑文公碑	7805	郑征泉油画、中国画	1398
郑文公碑精华	7787	郑正画集	2531
郑文公碑临写法	7387	郑州	8926, 9354
郑文公碑选字帖	8407	郑州"二七"大罢工纪念塔	10101
郑文公上碑	7814	郑州"二七"广场	9334
郑文公下碑	7827	郑州风光	10514
郑文华木刻集	3055	郑州画院作品集	2539
郑熙亭、王健苓诗书画集	2551	郑州邙山游览区	9085
郑羲下碑的特征	7670	郑祖纬画作	2317
郑向农水墨画作品集	2294	郑祖纬遗作集	1376
郑小娟作品集	2243	政策贯彻好丰收有保障	3107
郑孝通英文连写	8598	政策好 出百宝	4439
郑孝胥济众亭记楷书字帖	8401	政策落实丰收有余	4337
郑孝胥书法精选	8131	政策落实劳动致富	4507
郑孝胥书济众亭记	8193	政策暖人心 连年庆有余	4439
郑孝胥书叙古千文	8127	政策暖人心 连年庆有余	4049
郑孝胥书宜园记	8114	政府委员	13253
郑孝胥宜园记	8193	政归司马氏	5436
郑新兰歌曲选	11500	政和	8955
郑忻素描	2898	政通人和年景好	2111
郑旭庆作品集	2833	政治到食堂干部下伙房	3578
郑延平郡王诸诗	8312	政治讽刺画选集	3405
郑一标潮剧导演艺术	12959	政治宣传画小辑	3178
郑盈盈	4246	政治宣传画选	3202
郑于鹤彩塑集	8661	政治夜校	3814, 9337
郑于鹤的泥人世界	8661	挣断锁链	5874
郑于鹤雕塑艺术论集	8610	挣脱魔爪	6239

中国历代图书总目·艺术卷

之佛图案集	10237	支援山区 建设山区	3753
支持阿拉伯人民反帝斗争创作歌曲集	11598	支援世界人民的反帝斗争!	3151
支持越南人民	3151	支援越南人民抗美救国斗争歌曲	11635
支持越南人民抗美斗争歌曲选	11635	支援灾区	3753
支持越南人民抗美救国斗争歌曲	11635	支左爱民的模范	5145
支农车队进山来	12174	支左爱民模范排	5145
支农晨曲	5335	支左爱民模范排、支左爱民模范李文忠展览会	
支农传艺	3814	画选	5146
支农船歌	12639	只盼着深山出太阳	12334
支农号	9339	只生一个好 3328, 3354, 3362, 3375,	3386
支农列车到山村	3866, 3911	只生一个好 活泼又健康	9363
支农路上	3814, 3866	只生一个好, 活泼又健康	4246
支农轻骑	3911	只生一个娃利国又利家	3328
支农曲	5373	只生这一个	4106
支农线上	5221	只手开出万吨煤	3911
支农新产品	3785, 3953	只要主义真	1884, 5874
支农新贡献	9339	只因为今年喜事多	11606
支农要知农	3911	只有社会主义才能救中国	3338
支农赞歌	11693	芝加哥艺术学院美术馆	6836
支前模范 战斗英雄	4439	芝麻官审诰命	5615
支书林群英	5169	芝麻卡妙语精粹	7510
支书与老农	1794	芝麻开花节节高	3953
支援	1754, 3953	芝麻开门	6474
支援大生产, 学习解放军	3753	枝虬叶舒	9399
支援国家建设支援城市巩固工农联盟	3097	知白斋墨谱	1059
支援南朝鲜人民的爱国正义斗争	3097	知春亭	2645
支援农业	3579	知己难求	6401
支援农业 全面丰收	3667	知难而进	3866
支援农业车马忙	11952	知青爱唱的歌	11535
支援农业第一线	3023	知青老照片	9036
支援农业夺丰收 大办农业广积粮	3814	知秋	8853
支援农业是工人阶级光荣任务	3107	知识——打开理想大门的钥匙	3362
支援农业是工业战线职工的光荣任务	3098	知识分子劳动化	3132
支援农业做贡献	3911	知识分子劳动化 劳动人民知识化	3753
支援前线	1272	知识就是力量	3324, 3367

书名索引

知识青年到农村去！	3215	织女思凡	4106
知识青年到农村去插队落户干革命	3215	织女与嫦娥	9148
知识青年到农村是光荣的革命行动	3132	织网歌	11683
知识青年的好榜样——董加耕	3132	织网舞	9208, 9959, 12598
知识青年的好榜样顾常根	5221	织物纹样 1000 例	10364
知识青年上山下乡歌曲集	11678	织新图	3814
知识青年上山下乡歌曲集	11678	织绣	411, 435
知识青年在北大荒	8923	织绣设计	10366
知识青年在草原	3785	织鱼网	8803
知识青年在农村	9277	织渔网	8803
知识青年战歌	11462	织渔网	2592
知识是致富的宝库	3362	蜘蛛人与机灵狗	6664
知识天地	4748	执笔五字法	7256, 7257
知识童话连环画	6278	执行毛主席革命路线风吹浪打不回头	5169
知识为你添上有力的翅膀	3362	执行消防条例 保卫四化建设	3362
知唐桑艾	089	执着的爱	11718
知我中华 爱我中华	3367	直插敌巢	6017
知县训"虎"	5736	直吹笛十八课	11295
知心的话儿对党说	11908	直捣绑匪巢	6167
知心话	1845, 1852, 1864, 3953	直捣王宫	6664
知心话说不完	4049	直观五线谱吉它弹奏	12182
知心书记	4999	直接石刻术	8617
知音	1983, 4246, 4439, 4583, 4661, 4805, 5736,	直隶工艺志初编	10196
	9376, 13109, 13110	直罗儿女	5221
知音	2645	直罗之战	5615
知音共赏	11329	直上中天摘星斗; 影斜东海洗乾坤	8181
知音约会	11731	直登云霄——黄山	9850
知鱼堂藏扇	2017	任女的婚事	6240
知足常乐	8220	值日	8880
织出彩虹万里长	12344	值日生	4439
织件锦衣献祖国	3373	职工画选	1281
织锦	10361	职工文化生活	8880
织女穿花	9149	职业刺客	6240
织女穿花舞曲	12093	职业时装摄影	8765
织女巧织新彩锦 牛郎喜播幸福种	4106	植棉能手曲耀离	4884

中国历代图书总目·艺术卷

植树	4106	纸雕制作技巧	10711
植树绿化 维护生态平衡	3355	纸短情长	9400
植树造林 绿化祖国	9272	纸工入门	10711
植树造林 造福人民	9287	纸花	10700
植树造林好处多	3132	纸笺	1027
植物彩色折纸	10185	纸笺谱	1047
植物根的营养	13257	纸录	1059
植物和阳光	13257	纸墨笔砚笺	1058
植物画资料集	1427	纸粘土花设计	10759
植物基础图案	10340	纸粘土人形	10751
植物摄影	8765	纸粘土娃娃	10746
植物天地	6695	纸粘土小饰物	10718, 10719
植物图案集	10262	纸片小魔术50套	12995
植物图案资料	10257	纸谱	1058
植物园里的小园丁	3381	纸容器设计	10388
植新棉	1852	纸伞生产的革新	13240
植字·照排字体手册	7647	纸上飘清香	1589
殖边外史	13288	纸上谈兵	5615
掷拾集	2886	纸藤艺术	10686
止原印略	8498	纸条的故事	5373, 5436
止斋题跋	7688, 7689	纸条儿的故事	5374
芷兰雅韵	12143	纸条儿的秘密	5436
纸	1027, 5523	纸条儿和纸条儿	5436
纸布烫画	10721	纸烟诱敌	4935
纸的立体构成与设计	10727	纸艺包装教室	10391
纸的立体设计	10688	纸艺传情	10694
纸的立体艺术	10683	纸艺精选	10708
纸的造型	10680	纸艺礼品包装技法	10394
纸的造型设计	10704	纸扎制作技法	10700
纸雕	10744	纸造型艺术与教学	10715
纸雕插画	8623	纸折成的东西	10661
纸雕创作艺术	8622	纸醉金迷	5736
纸雕的制作	10739	指导员与老妈妈	4878
纸雕艺术入门	10690	指点江山	4049
纸雕造型基础	10708	指点十年	13187

书名索引

指法	11326	志峰洽石	8576
指法谱	11328	志刚与小胖	5243
指法琴说	11325, 12303	志乐辑略	10942, 11013
指法图	11325	志庐藏印	8535
指法要论	11318	志同道合	4583, 4833
指画技法	857	志同道合 比翼双飞	4171
指挥敌人打敌人	4999	志库素描集	3394, 3517
指挥法	11105, 11108	志向	4439, 4583
指挥法教程	11108	志圆梅谱	1702
指挥棍使用法	11105	志苑珍宝	8312
指挥基础	11108	志愿军	8657
指挥家的光芒	11109	志愿军的未婚妻	11829
指挥家的境界	11107	志愿军告别朝鲜组歌	11434
指挥家作曲家陈良作品选	11495	志愿军和朝鲜孩子	4887
指挥入门	11109	志愿军空军英雄孙生禄	5874
指挥台上新一代	3912	志愿军英雄的驾驶员	11401
指挥学	11107	志愿军英雄屏	3614, 3615
指挥与合唱实用教程	11108	志愿军捉俘房	4887
指尖下的音乐	11243	志在宝岛创新业	5189
指剪双锤	6167	志在海疆	9776
指鹿为马	5874	志在蓝天	4049, 9489
指墨山水	920	志在凌云	4583
指谱大全	12126	志在农村	3122, 3132, 3151, 3202, 3203, 3215,
指书艺术	7322		3231
指书字帖	7322	志在千里	8210
指头画说	664	志在千里	2052
指向新民族	815	志在山村	3712
咫尺山林	220	志在山河	3215
至宝斋法帖：草诀歌	8230	志在山乡	3814
至乐楼藏明清书画	1585	志在四方屏	3753
至理箴言四体钢笔书法	7602	志在四化勤奋斗 军民团结守边防	4106
至理箴言四体钢笔字帖	7602	志在云霄	1954
至尊国礼	10781	志在云霄	2633
至尊金曲耀亚洲	11742	制伏劫机者	6572
志存高远	8210, 8220	制片指南	13285

中国历代图书总目·艺术卷

制扇	3667	致富元宝来	2169
制图字体	7632, 7633	致敬	9460
制图字体练习	7639	致敬, 战斗的西沙	3866
制图字体写法	7631	致弥罗	008
制作大王	10719, 10720	致音乐	10894
质量第一	4049	秩序感	10180, 10195
治安强化图解	1280	室雅人和美	8181
治安药石	1023	智	3373
治病的人	5143	智保移民	6634
治虫	5271	智捕"地老虎"	5243
治淮歌曲集	11401	智捕"三角王后"	6209
治淮歌曲选集	11578	智捕大鳄鱼	5221
治淮工地上的解放军工程队	8641	智捕罪魁	6551
治淮劳模上北京 凤阳花鼓寄深情	3953	智惩叛徒	5874
治淮新歌选	11464	智除伪队长	5301
治淮战线上的妇女	8873	智闯长江	5244
治黄八大好	3107	智闯大江	5221
治家格言	8397	智闯独龙镇	5523, 5524, 5615
治家格言·洞学十戒	7602	智闯伏龙泉	6018
治家格言印文	8534	智闯虎口	5874
治山舞	12589	智闯太师府	6167
治山造林频报喜 理水修渠庆有余	3615	智闯威海	5374
治山治水 改天换地	3753	智闯威海卫	5874
治山治水建设新农村	3132	智闯险关	5436
治水英雄裘虎师	5143	智搭鹊桥赖红娘	9237
治学格言钢笔字帖	7433	智逮穿山甲	6018
治学佳联墨迹	8193	智捣敌穴	5615
治印管见录	8475	智捣匪巢	6168
治印术	8457	智捣黑店	5436
治印艺术	8474	智捣黑衣社	6209
治印杂说	8456	智盗丹药	6168
挚爱——著名舞蹈家崔美善	9557	智盗玄明镜	6018
致富光荣	4507	智盗紫金铃	5615, 5736
致富金牌到我家	4583	智斗	5301, 5616, 12125
致富图	4748	智斗"红毛仙"	6168

书名索引

智斗白额虎	5874	智慧的贫农	4902
智斗吊眼狼	5302	智慧故事连环画精选	6278
智斗高桥	6308	智慧集	3479
智斗害人精	5616	智慧快餐	3490
智斗黑风怪	6018	智慧之光	5524, 5616, 8843
智斗黑田	5524	智慧之花	3753
智斗假特委	6168	智慧之书十句话	3496
智斗叛徒	5874	智激黄忠双取定军山	3615
智斗皮老虎	5524	智激美猴王	5524, 6018, 6278
智斗青草蛇	5374	智歼"眼镜蛇"	6168
智斗群英	6695	智歼"中山狼"	6168
智斗人贩	6348	智歼别动队	5221
智斗兽中王	6474	智歼残匪	5302, 5374
智斗偷猎者	6664	智歼敌特	6169
智斗响尾蛇	6210	智歼海匪	5374
智斗阴谋者	6168	智歼黑蜂	5524
智渡白龙口	6168	智歼顽敌	5436
智断合同文	5736	智歼顽敌——记战斗英雄潘细腊	5524
智断潘杨案	5874	智歼顽匪	5244
智夺金佛	6168	智歼笑面虎	6169, 6474
智夺军械库	5874	智降狮猁王	5524
智夺可兰经	6168	智劫神风号	6240, 6348
智夺马群	5023	智截军火车	6169
智夺盐船	6018	智截玉香笼	5736, 5875
智夺战马	5335	智救特派员	5875
智夺紫荆关	5736	智救杨郡马	5736
智过老狼山	6664	智力故事	6240, 6278
智海画库	6551	智力谜语钢笔书法	7486
智化寺古抄本乐谱	12350	智力折纸	10680
智化寺京音乐	12351	智利画家万徒勒里作品选集	6778
智化寺晚出音乐谱	12350	智美更登	6210, 6278
智化寺音乐腔谱	12350	智谋学	3458
智慧百宝箱	6434	智囊	3448, 3458
智慧的花朵	023	智判金玉镯	6018
智慧的力量	6726	智破匪巢	4999

中国历代图书总目·艺术卷

智破黑神团	6169	智擒夜巡队	5271
智破连环案	6169	智擒捉蛇佬	6018
智破秘密军火库	6169	智取"舌头"	5302
智破十绝阵	6418	智取豹岭镇	5335
智破十阵	6169	智取陈仓	4999, 5000
智破桃园堡	5616	智取城防图	5335, 5875
智破银簪案	13125	智取敌哨所	5221
智擒"穿山豹"	5271	智取二龙山	5875, 6018
智擒"东北虎"	6401	智取防卫图	6170
智擒"独眼龙"	6018	智取飞鹰堡	6308
智擒"皇冠"犬	5875	智取汉中	6018
智擒"鸟儿王"	6169	智取潼关站	5875
智擒"三邪子"	5244	智取华山	3712, 5052, 5080, 5221, 5616
智擒"双头虎"	5244, 5436	智取军火船	5524
智擒八虎	5052	智取蓝山庄	5023
智擒绑匪	6308	智取利原镇	5222
智擒敌师长	5436	智取粮船	5222
智擒刁猴头	6169	智取柳林	5736
智擒贩毒大盗	6169	智取潞安府	6170
智擒黑田	5436	智取马帮	6418
智擒坏蛋	5150	智取情报	5222
智擒活阎罗	5736	智取三峰岗	5875
智擒间谍船	5616, 6169	智取山城	5107
智擒老妖道	6169	智取生辰纲	5052, 5616, 6018
智擒路丝丝	5875	智取松林寨	6278
智擒美女蛇	5875	智取天池山	5875
智擒魔王	5271	智取天师符	6649
智擒窃车犯	6169	智取铜井镇	5271
智擒山霸	6170	智取威虎山	2745,
智擒食人兽	6677	3753, 3759, 5023, 5080, 5156, 5169,
智擒逃敌	5156, 5189, 5221	5189, 5374, 9150, 9177, 9178, 9195, 9196,
智擒特务	5221	9209, 9933, 11842, 11850, 11851, 11855,
智擒顽匪	5374	11856, 11858, 11859, 12081, 12082
智擒伪县长	5524	智取威虎山、红灯记、沙家浜	11856
智擒野牛	5736	智取威虎山(唱段选)	11859

书名索引

智取云鹤镇	6170	智勇双全	4872, 4876, 6210
智取张家寨	5374, 5524, 5616	智勇双全的郭连长	5143
智取祝家庄	6551	智育	3373
智杀土豪	4894, 5524	智炸军火车	5437
智审潘仁美	5616	智炸军火库	5737
智胜敌舰	5156	智斩"毒蛇"	5222
智收姜维	11869	智斩安太监	6170
智收玉麒麟	5875	智斩鲁斋郎	6019
智探敌情	5616	智斩潘仁美	5875
智亭山	5525	智斩权宦	5876
智退秦师	5052, 5736	智战敌顽	6210
智袭催粮队	5190	智战三魔	5737
智袭敌据点	5335	智抓"舌头"	5617
智袭荆州	6019	智赚合同文	5876
智袭三星堡	5737	智捉"貂熊"	5437
智袭山神庙	5374	智捉"鬼头蟹"	5271
智下三秦	5000, 5875	智捉"黑眼皮"	5437
智永草书千字文	7373	智捉华云龙	6170
智永草书千字文解析字帖	7373	智捉逃犯	6210
智永禅师正草千字文	7840	置君怀袖	8044
智永书法精选	7927	雉鸡杜鹃	1884
智永书真草千字文	7916	稚气	9413
智永真草千文真迹	7842	稚趣童心	3053
智永真草千字文	7844, 7867, 7897, 7898, 7927,	稚童幽默	7003
	7936, 7944	稚云琴谱	12301
智永真草千字文钢笔临本	7542	稚子出山	6170
智永真草千字文两种	7920	稚云琴谱	12301
智永真草千字文明拓本	7944	中、非人民情谊深	3203
智永真草千字文习字帖	7911	中、小学美术图案集锦 5000 例	10286
智永真书千字文	7859, 7881, 7884, 7936	中、小学墙报、黑板报报头图案集	10286
智永真书千字文及其笔法	7916	中阿战斗友谊万岁	9263
智永真书千字文描红本	7914	中榜负义	5876
智永正书千字文	7914	中朝儿女	5023
智勇的女仆	5737	中朝人民的胜利	8868
智勇和尚	13154	中朝人民好比亲兄弟	11960

中国历代图书总目·艺术卷

中朝人民团结起来！	3098	中东戏法	12999
中朝人民心连心	3098	中东艺术史	365
中朝友谊之歌	12092	中锋在黎明前死去	5052, 5080, 5107
中初级钢琴名曲选	12514, 12515	中高级少儿电子琴曲	12556
中德学会举办德国古今木刻展览会	8668	中共电影史概论	13185
中等美术进阶	137	中共冀鲁豫区党委宣传部关于改造民间艺人、	
中等美术学校·青少年美术辅导作品 1303, 1304,		旧艺人和民间艺术、旧剧的一封信	245
1305		中共美术研究	093
中等美术学校考生试卷选	346	中共破立文艺概论	215
中等美术学校考生指导丛书	134	中共陕西省委全体会议(扩大)制定苦战三年改	
中等师范学校(试用本)音乐第一册教学参考书		变全省面貌的廿条奋斗目标	4919
	10836	中国	10137
中等师范学校简笔画补充教材	1259	中国·关东国画家	2277
中等师范学校教科书(试用本)音乐	10826	中国·哈尔滨	8962
中等师范学校教科书美术第一册教学参考书		中国·军事博物馆	8701
	491	中国·日本现代漆艺展作品选	10651
中等师范学校课本《琴法》一、二册(试用本)弹		中国·台州	8962
奏指南	11238	中国·香港硬笔书法家作品大展精选	7486
中等师范学校美术教学大纲	486	中国·新疆·木垒	8863
中等师范学校美术课本	019	中国——我的梦我的爱	8917
中等师范学校手风琴教程	11240	中国'99昆明世界园艺博览会	8916
中等师范学校音乐教学大纲	10804	中国,日本电影演员——姜黎黎,泉纯	9547
中等学校美术教学法	209	中国,我可爱的母亲	12237
中等学校书法教程	7287	中国,中国鲜红的太阳永不落	11973
中等学校音乐教学法	10807	中国 56 个民族传统体育摄影作品集	9259
中等艺术师范舞蹈教程	12672	中国 100 年	6375
中等艺术学校美术专业报考指南	353	中国 100 种民间工艺美术	10715
中等音乐理论教科书	11031	中国 100 种民间戏曲歌舞	12626
中等专业学校美术教学丛书·色彩	059	中国阿尔泰山岩画	6744
中等专业学校美术教学丛书·设计	059	中国爱情歌曲集	11985
中等专业学校美术教学丛书·素描	059	中国八百小书家作品集	8300
中等专业学校美术教学丛书·选修	059	中国八千年器皿造型	416
中电三厂三周年纪念专刊	13173	中国白描	863
中甸·香格里拉	8968	中国百唱不厌歌曲	11490, 11491
中东闺秀书画合璧	1699	中国百唱不厌歌曲精华版	11535

书名索引

中国百唱不厌民歌精选	11814	中国布艺	10722
中国百唱不厌民歌精选钢琴伴奏谱	12218	中国彩陶图案的艺术形式探寻	10654
中国百名知名书画家精品集	2342	中国彩陶图谱	408
中国百年摄影图录	8853	中国彩陶艺术	402
中国百年史连环画	6375	中国藏传佛教唐卡艺术	464
中国百戏史话	12990	中国藏书家印鉴	8551
中国版画	1213, 1217, 3041	中国藏书票	3061
中国版画集	2984, 2986	中国藏戏艺术	12961
中国版画家新作选	3040	中国草书大字典	8421
中国版画年鉴	3035, 3036	中国草书名帖精华	8421
中国版画史	1206	中国插花	10598, 10631
中国版画史略	1206	中国插花　日本花道	10598
中国版画史图录	1201, 1203, 1211	中国插花艺术	10585
中国版画选	2991	中国茶壶大观	10643
中国版画印拓技法	1212	中国茶花	9316
中国宝玉	409	中国长城	8863
中国报刊美术编辑画库	10322	中国长春铁路	13237
中国报头大观	8210	中国长篇卡通霸王榜系列丛书	6695
中国悲剧史纲	12782	中国唱片厂库存旧唱片模版目录	11356
中国碑帖鉴赏与收藏	426	中国唱片磁带歌曲	11979
中国碑帖经典	7738	中国唱片歌曲选	11408, 11409
中国碑帖艺术论	7704	中国唱片盒带歌曲	11477, 11478, 11479
中国北部的石窟雕塑艺术	8616	中国唱片民间音乐选	12247
中国北方民族美术史料	257	中国唱片戏曲选	11829, 11830
中国北方水彩画精品集	2959	中国唱片粤曲选集	12107, 12112
中国北京第六届国际摄影艺术展览作品集		中国超级模特	8910
	10136	中国朝鲜族舞蹈论稿	12624
中国北京第四届国际摄影艺术展览作品集		中国潮汕之春	8707
	10136	中国成语300句楷书字帖	8395
中国北京第五届国际摄影艺术展览作品集	8896	中国成语故事	5437, 5438, 5439, 5440, 5441,
中国北京杂技团到达阿尔及尔	9272		5442, 6401, 6434, 6594, 7542
中国壁画	1221	中国成语故事精编	6434, 6435
中国壁画全集	6624, 6625	中国成语毛笔钢笔楷书字帖	7728
中国壁画史纲	1241	中国成语毛笔钢笔两用字帖	8389
中国壁画艺术	1222	中国成语书法集	8230

中国历代图书总目·艺术卷

中国成语艺术组字画	6744	中国传统名帖放大临摹本玄秘塔	7906
中国成语寓言故事	5525	中国传统启蒙读物钢笔字帖	7543
中国承德旅游	9260	中国传统人物画线描选	2921
中国城建艺术摄影	9303	中国传统山东快书大全	12975
中国城市雕塑50年	8638	中国传统十大名花	10514
中国城市市花	9313	中国传统市招	10385
中国出了个毛泽东画卷	6418	中国传统图案	10273
中国出土文物	10418, 10419	中国传统图案赏析	10301
中国储蓄漫画选	3441	中国传统纹饰	10317
中国川剧	12949	中国传统戏曲音乐	11148
中国川剧通史	12949	中国传统线描人物画	1510
中国传世法书墨迹	7744	中国传统艺术	272
中国传世画谱	1452, 1453	中国传统艺术的继承和弘扬	274
中国传世名画	1346	中国传统音乐概论	10917
中国传世书法	7744	中国创世神话	6572
中国传世书法全集	7674	中国创作歌曲集	11531
中国传说故事	6594	中国春秋战国艺术史	265
中国传统版画艺术特展	3036	中国词海论丛	11098
中国传统插花艺术巡回展专辑	10605	中国瓷器史论丛	10196
中国传统雕塑	8612	中国瓷器书画工艺品拍卖图鉴	322
中国传统动物纹样	10262	中国瓷器研究表	10640
中国传统格言集锦钢笔行书帖	7542	中国磁带歌曲精选	11482
中国传统工艺	10202	中国刺绣	10359
中国传统吉祥图案	10287, 10317	中国刺绣技法研究	10347
中国传统吉祥寓意图案	10312	中国打击乐	11349
中国传统节日及传说	6375	中国打击乐实用教程	11265
中国传统美德故事系列	6401	中国打乐器教程	11346
中国传统美术造型法则图论	722	中国大百科全书	218, 12848
中国传统民歌400首	11809	中国大城市	9135
中国传统名曲欣赏	10906, 10908, 10912	中国大地画会作品选	2111
中国传统名帖放大本	7897, 7898	中国大佛	8863
中国传统名帖放大本——羲之兰亭叙	7808	中国大卡通	6474, 6475
中国传统名帖放大本三藏圣教序	7808	中国大连	8954, 8970, 10514
中国传统名帖放大临摹本	7906, 7997	中国大连城市建设	9302
中国传统名帖放大临摹本多宝塔	7906	中国大连十年建设	8896

书名索引

中国大西北	8891	中国当代民间绘画集萃	1346
中国大熊猫	9312	中国当代名画家一线描人物造型	2416
中国大众影评编	13120	中国当代名画家集	1864
中国当代版画	3051	中国当代名画家手稿	1346, 1347
中国当代保尔张海迪	5876	中国当代名家书法篆刻作品集	8284
中国当代报头书法集	8242	中国当代名家书画扇集	2170
中国当代部分老画家介绍	529	中国当代名家作品暨中国书协书法培训中心教	
中国当代部分老画家作品介绍	524	学成果作品集	8284
中国当代大铜章	10657	中国当代名家作品珠海邀请展作品集	2294
中国当代的保尔	5876	中国当代名联墨迹荟萃	8300
中国当代雕塑壁画艺术选集	305	中国当代牡丹画精品集	2545
中国当代儿童绘画解析与教程	1265	中国当代女雕塑家作品选集	8632
中国当代高等设计教学优秀作品集	10236	中国当代女画家	1326
中国当代歌曲鉴赏	10873	中国当代女美术家作品选	320
中国当代工笔画精选	2317	中国当代女书法家作品荟萃	8210
中国当代工笔画作品精选	2317	中国当代漆艺文集	10654
中国当代国画集萃	2317	中国当代青年黑白摄影新作选	9328
中国当代花鸟画	2551	中国当代青年画家蒋世国	2413
中国当代花鸟画作品精选	2535	中国当代青年建筑美术家作品集	1343
中国当代画集	1708	中国当代青少年硬笔书法选萃	7462
中国当代画家	2810	中国当代摄影家精品集	8910
中国当代画家线描精选	2215	中国当代诗书画印精品集	2261
中国当代绘画艺术	2017	中国当代书法百家	8323
中国当代绘画艺术	2111	中国当代书法大观	8202
中国当代剪纸家	10694	中国当代书法家精品集	8300, 8312
中国当代杰出中青年国画家新作集	2277	中国当代书法家楹联墨迹选	8301
中国当代金银币图录	10658	中国当代书法理论家著作丛书	7404
中国当代精英画家	1346	中国当代书法名家集萃	8220
中国当代美术二十年启示录	272	中国当代书法名家墨迹	8220, 8230, 8242
中国当代美术家	524, 525, 526	中国当代书法赏析	7322
中国当代美术家精品集	1328, 1329, 1330, 1331,	中国当代书法艺术大奖赛获奖作品集	8272
	1332, 1333, 1334, 1335, 1336, 1337, 1338,	中国当代书画家	2317
	1339	中国当代书画家印选	8569
中国当代美术家图鉴	538	中国当代书画收藏宝典	1352
中国当代美术史	259	中国当代书画选	2052, 2189

中国历代图书总目·艺术卷

中国当代书画装裱艺术界博览	1067	中国当代优秀电影欣赏	13140
中国当代水彩·粉画选	2948	中国当代优秀校园歌曲	11524
中国当代水彩画精选	2964	中国当代幽默画家作品选	3448
中国当代水彩画艺术	2954, 2955	中国当代油画	2829, 2838
中国当代水彩画优秀画家作品精选	2959	中国当代油画名家百人小幅画展作品集	2838
中国当代水墨画	830	中国当代油画人体艺术	2800
中国当代水墨画家李世南（1978—1988 作品集）		中国当代油画现状	1079
	2111	中国当代油画艺术	2817
中国当代水墨画选	2112	中国当代中青年著名书画家精品集	2277
中国当代素描艺术	2908	中国当代著名歌星大会唱	11724
中国当代童话	6513	中国当代著名画家作品精选	2342
中国当代舞蹈家的故事	12583	中国当代著名书画家作品集	2229
中国当代戏剧史纲	12790	中国当代篆刻家作品集	8593
中国当代学校音乐教育文献	10841	中国当代装饰艺术	10565
中国当代学校音乐教育研究文集	10841	中国当代作家书画作品集	2243
中国当代研究生国画选	2032	中国道教音乐史略	10919
中国当代研究生油画选	2795	中国道情艺术概论	12976
中国当代已故著名书画家作品选集	2112	中国登山运动	9248
中国当代艺术	354	中国的碑雕画塑	8612
中国当代艺术家画库	1308, 1309, 1310, 1311,	中国的传统戏	12777
	1312, 1313, 1314, 1315, 2959	中国的瓷器	10642
中国当代艺术家刘国松 丁绍光 宋雨桂 徐希		中国的刺绣	10358, 10363, 10365
石虎五人画集	2318	中国的电影改编	13086
中国当代艺术家系列	1352	中国的古乐	10953
中国当代艺术文献	315	中国的红军是一个执行革命的政治任务的武装	
中国当代音乐	10972	集团	11648
中国当代音乐家丛书	10899	中国的花鸟画	802
中国当代音乐家书系	10833	中国的话剧	12903
中国当代音乐评论	10888	中国的绘画	1507, 1513
中国当代印坛大观	8581	中国的礼乐风景	10970
中国当代楹联墨迹集	8284	中国的辽宁	8931
中国当代硬笔书法家作品集	7602	中国的龙	10281
中国当代硬笔书法名家作品大观	7486	中国的旅行	9250
中国当代硬笔书法作品集	7462	中国的美术和雕塑	257
中国当代优秀电影赏析	13128	中国的魔术	12992, 12998

书名索引

书名	编号	书名	编号
中国的曲艺	12971	中国电视音乐	11159
中国的人物画和山水画	864, 865	中国电视音乐文集	11162
中国的石版画	3051	中国电影·电视	13199
中国的书法	7249, 7310, 7311	中国电影插曲集	11890
中国的书法艺术与技巧	7334	中国电影大辞典	13192
中国的文明	259	中国电影电视歌曲集	11930
中国的戏剧	12770	中国电影发行放映统计资料汇编	13176
中国的戏曲文化	12854	中国电影发展史	13178, 13179
中国的现代造形观	131	中国电影歌曲选集	11904
中国的相声	12768	中国电影海报精粹	3386
中国的宣传画	3068	中国电影画册	13181
中国的艺术	215	中国电影家协会编年记事	13320
中国的艺术境界	094	中国电影家协会五十年	13320
中国的音乐·舞蹈·戏曲	257	中国电影简史	13185
中国的印章	8460	中国电影金鸡奖	13316
中国的印章与篆刻	8461	中国电影金鸡奖文集	13312, 13313
中国的月亮	11500	中国电影乐团建团五十周年	12559
中国的月亮：歌曲 100 首	11505	中国电影理论文选	13060
中国的战士	11930	中国电影美学	13077
中国的篆刻艺术与技巧	8477	中国电影名片鉴赏辞典	13162
中国地震碑刻文图精选	7745	中国电影年鉴	13304, 13309, 13310, 13311
中国地质书法家作品集	8312	中国电影评论集	13089
中国第八届国际摄影艺术展览作品集	10136	中国电影七十年	13183
中国第八届全国美术作品展览获奖作品集	1339	中国电影史	13179, 13192, 13197
中国第七届全国美术作品展览获奖作品集	312	中国电影史概论	13181
中国第五代电影	13060	中国电影史话	13192, 13194
中国典故	6418	中国电影市场营销策划百例	13286
中国典故故事	6435	中国电影事业	13169
中国电视歌曲 500 首	11928	中国电影事业的新路线	13170
中国电视纪录片论纲	13298	中国电影图志	13192
中国电视剧的审美艺术	13080	中国电影文化透视	13055
中国电视剧发展史纲	13195	中国电影五十年	13181
中国电视美术	13226	中国电影物资产业系统历史编年纪	13285
中国电视史	13195	中国电影艺术史纲	13188
中国电视文艺学	13072	中国电影艺术史教程	13194

中国历代图书总目·艺术卷

中国电影艺术史略	13185	中国二胡名曲荟萃	12287
中国电影音乐寻踪	11158	中国二十世纪书法大展	8323
中国电子工业	8888	中国纺织大学服装学院与艺术设计学院师生作	
中国雕刻艺术	8606	品集	323
中国雕塑	8631	中国非洲友好歌	11960
中国雕塑史	8609, 8610, 8612	中国分类戏曲学史纲	12785
中国雕塑史册	8607, 8610	中国粉笔字书写艺术	7543
中国雕塑史纲	8605	中国风格儿童钢琴曲集	12218
中国雕塑史话	8608, 8611	中国风格复调钢琴曲选	12219
中国雕塑史图录	8603, 8605, 8608	中国风格小提琴二重奏	12180
中国雕塑艺术史	8606	中国风光 9042, 9060, 9062, 9065, 9103, 9112,	
中国东部建筑素描	2921	9120, 9805, 10514, 10522, 10529	
中国东方航空公司江苏公司画册	8964	中国风光——川西九寨沟秋色	9059
中国动画片故事	6475	中国风光——桂林漓江晨雾	9060
中国动画片故事集锦	6677	中国风光——桂林山水	9059
中国动态的艺术哲学	041	中国风光——黄山莲花峰晚霞	9059
中国动物故事	5876, 5877	中国风光——黄山云海	9059
中国动物画技法大全	998	中国风光揽胜	10556
中国动物图案	10265	中国风光摄影集	9085
中国读本	6594	中国风光摄影选	9060
中国多声部民歌概论	10914	中国风景	10501
中国儿童	8876	中国风景画	9037
中国儿童电视剧论文集	13131	中国风景名胜图集	2921
中国儿童钢琴曲	12213	中国风景线	8978
中国儿童钢琴新教程	11238, 11240	中国风景油画	2829
中国儿童画	6757	中国风俗画欣赏	805
中国儿童画选	6746, 6756, 6757	中国风俗剪纸	10706
中国儿童看中国	1257	中国风俗民歌大观	11812
中国儿童漫画家选集	3496	中国风筝	10700, 10715
中国儿童美术日记精选	6763	中国凤凰	10281
中国儿童民歌选集	12041	中国凤纹图集	10277
中国儿童摄影作品选	8904	中国佛教	8873
中国儿童书法选	8260	中国佛教百科丛书	464
中国儿童图画选集	6745	中国佛教慈眉善目画典	10340
中国二胡考级曲集	12286	中国佛教雕塑	8638

书名索引

中国佛教飞天胜妙画典	10340	中国高等美术学院雕塑集	8633, 8634
中国佛教美术史	458	中国高等美术学院设计作品集	10232, 10233
中国佛教美术史讲义	437	中国高等美术学院素描集	2874, 2876
中国佛教美术源流	459	中国高等美术学院学生研究生作品集	305
中国佛教圣地	9126	中国高等美术学院油画集	2795, 2796
中国佛教圣地九华山	8965	中国高等美术学院中国画集	2052, 2053
中国佛教四大名山	9127	中国高等美术学院作品全集	305, 306
中国佛教图案	10287	中国高等美术院校藏画精选	1528
中国佛教艺术	446	中国高等美术院校考生试卷评析	353
中国佛教艺术思想探原	461	中国高等美术院校人体习作选	1303
中国佛教音乐选萃	12351	中国高等美术院校中国画选集	2261
中国佛门书画大师传	7334	中国高等艺术院校简史集	352
中国佛像巡礼	459	中国高等院校工笔画新作评析	820
中国福清	8948	中国歌词作家作品选	11360
中国福州	8948	中国歌剧选曲	11887
中国妇女美术作品选集	278	中国歌剧选曲集	11887
中国改革二十年书法作品精选	8340	中国歌剧艺术散论	12902
中国感受	8898	中国歌剧艺术文集	12902
中国钢笔行草书法大字典	7487	中国歌曲成名金曲	11535
中国钢笔九体书法大字典	7487	中国歌曲创作实用教程	11103
中国钢笔书法大赛获奖作品荟萃	7510	中国歌曲集	11416
中国钢笔书法大字典	7442	中国歌曲选	11470, 11471
中国钢笔书法教程	7625	中国歌坛	10867
中国钢笔书法学生普及教程	7574	中国歌星成名金曲	11517
中国钢笔书法艺术	7419, 7462	中国歌星歌曲录	11724
中国钢笔书法艺术与技巧	7559	中国革命博物馆藏画集	1316
中国钢笔书法自学丛书	7510	中国革命博物馆革命史画选辑	2729
中国钢琴名曲30首	12218	中国革命传统歌曲	11755
中国钢琴名曲曲库	12217	中国革命歌曲选	11627
中国钢琴曲三首	12216	中国革命历史歌曲集	11755
中国钢琴文化之形成与发展	11256	中国革命历史歌曲精选	11736
中国钢琴作品选	12216	中国革命民歌选	11571, 11765, 11769
中国高等美术学院版画集	3042, 3043	中国革命史画选	1274
中国高等美术学院壁画、年画、连环画集	311, 1307	中国革命现代舞台艺术	9209
		中国革命征程美术精品	337

中国历代图书总目·艺术卷

中国革命之歌	9237, 11706, 11887, 13117	中国工艺美术史图录	10202
中国格言钢笔字帖	7442	中国工艺美术图典	10235
中国格言警句钢笔书法	7462	中国工艺美学思想史	10188
中国个体户书画摄影作品	312	中国工艺品	10413
中国各民族	8879, 8880	中国工艺玩具故事	6475
中国各民族民歌选集	11812, 11817	中国弓弦乐器史	11315
中国各民族民间图案集	10241	中国公路	8903
中国各少数民族民间音乐概述	10913	中国共产党八届八中全会会址	3866
中国各族人民的伟大领袖毛主席	8996	中国共产党成立六十周年广东省美术作品展览	
中国根艺	8620, 8623, 8624	获奖作品图录	1363
中国根艺论文选	8621	中国共产党第九次全国代表大会万岁	3172
中国工笔画	714, 1716	中国共产党第十次全国代表大会胜利万岁	3215
中国工笔画	2033, 2112, 2262	中国共产党第一次全国代表大会会址	9323,
中国工笔画当代精英画家作品集	2262, 2277	10101	
中国工会第七次全国代表大会	13237	中国共产党第一次全国代表大会会址内景	9325
中国工农红军歌曲选	11575	中国共产党烈士诗词钢笔字帖	7487
中国工农业展览会在莫斯科	10131	中国共产党颂	11936
中国工人画选集	1286	中国共产党万岁 3108, 3132, 3324, 3375, 3381,	
中国工人阶级的先锋战士	8883	3712, 3754	
中国工人阶级的先锋战士——"铁人"王进喜		中国共产党万岁 毛泽东思想万岁	4049
	9001	中国共产党万岁 毛主席万岁	3098
中国工人阶级的先锋战士——铁人王进喜		中国共产党万岁!	3338
	9000	中国共产党万岁! 毛泽东思想万岁!	3912
中国工人阶级伟大战士	5143	中国共产党万岁! 毛主席万岁!	3163
中国工艺美术	10196, 10226, 10230, 10233	中国共产党万岁，毛主席万岁	3108
中国工艺美术辞典	10228	中国姑娘	6019, 6170, 6171
中国工艺美术大辞典	10227	中国古版画	3063, 3064
中国工艺美术大师阮文辉作品选	341, 3529,	中国古碑帖菁华放大本	7745
8664, 8665		中国古本戏曲插图选	6606
中国工艺美术馆	10119	中国古玻璃	430
中国工艺美术馆馆藏珍品	10234	中国古瓷集珍	426
中国工艺美术简史 10196, 10197, 10199, 10201,		中国古瓷铭文	407
10203		中国古瓷引鉴	435
中国工艺美术史	10197, 10201, 10202, 10203	中国古代爱情故事	13121
中国工艺美术史纲	10203	中国古代白描人物	1513

书名索引

书名	页码	书名	页码
中国古代版画百图	3038, 3041	中国古代工艺珍品	10192
中国古代版画丛刊	2992, 3045	中国古代宫廷绘画管窥	589
中国古代版画丛刊二编	3055	中国古代故事连环画精选	6551
中国古代版刻版画史论集	1216	中国古代怪异图	6610
中国古代办案的故事	5617	中国古代花鸟画百图	1512
中国古代碑帖精选	7740	中国古代画家故事小议	687
中国古代编剧理论初探	12759	中国古代画精品录	1477
中国古代兵法书法	7510, 7511	中国古代画论要籍简介	684
中国古代彩塑艺术	452	中国古代绘画	587, 591
中国古代残疾名人画传	6418	中国古代绘画百图	1509
中国古代插花艺术	10576	中国古代绘画故事	1511
中国古代插图精选	6614	中国古代绘画简史	587
中国古代茶具展	416	中国古代绘画理论发展史	687
中国古代成语故事	5080, 5442	中国古代绘画美学问题	494
中国古代传奇话本	6348, 6418	中国古代绘画名品	1512
中国古代瓷器鉴赏辞典	414	中国古代绘画图录	1484
中国古代瓷器珍品集锦	406	中国古代绘画选集	1508
中国古代瓷塑玩具大观	419	中国古代建筑	6513
中国古代的科学家和发明家	5374, 5375	中国古代建筑名胜钢笔画写生	2906
中国古代的乐人和乐器	11295	中国古代经营谋略图画	6401
中国古代雕漆锦地艺术之研究	8656	中国古代剧场史	12790
中国古代雕塑	8602	中国古代剧作学史	12794
中国古代雕塑百图	8631	中国古代军戎服饰	10362
中国古代雕塑集	8628	中国古代军事家	5080
中国古代雕塑漫谈	8607	中国古代科学家	4049, 4246, 5335, 5375, 5442,
中国古代雕塑艺术	8608, 8611		5525, 6514
中国古代儿童	2368	中国古代科学家的故事	5442
中国古代儿童题材绘画	847	中国古代科学家的故事(续)	5617
中国古代风景诗钢笔行书字帖	7543	中国古代乐教思想	10976
中国古代佛教版画集	3064	中国古代乐教思想论集	10970
中国古代歌曲	11495	中国古代乐律对于希腊之影响	11027
中国古代歌曲概论	11133	中国古代乐论选辑	10960, 10963
中国古代歌曲七十首	12052	中国古代乐器百图	11298
中国古代歌曲五首	12052	中国古代梨园百态	12792
中国古代工艺美术	10229	中国古代廉政名言集锦	7463

中国古代林学家陈翥	6240	中国古代圣贤箴言系列硬笔碑版字帖	7511
中国古代贸易瓷国际邀请展比利时展品图录		中国古代诗词歌曲集	11488
	411	中国古代诗词名篇歌曲选	11506
中国古代贸易瓷国际邀请展图录	411	中国古代诗词名篇歌曲选	11506
中国古代贸易瓷特展	416	中国古代石刻丛话	8652
中国古代美女团	13121	中国古代石刻纹样	10281
中国古代美术	587, 847	中国古代书法家	4661
中国古代美术丛书	264	中国古代书法经典	7739
中国古代美学艺术论文集	248	中国古代书法美学	7294
中国古代民间福佑图说	10332	中国古代书法史	7162, 7165
中国古代民间工艺	10200, 10202, 10203	中国古代书法展览展品选辑	8343
中国古代民俗版画	3051	中国古代书画	1511
中国古代名碑法帖精品集	7739	中国古代书画的复制	711
中国古代名画家	794	中国古代书画精品录	1511
中国古代名画资料类编	1521	中国古代书画目录	1478
中国古代名家线描	1520, 1522	中国古代书画图目	1479, 1480, 1481
中国古代名人养生	6401	中国古代四大发明	1864, 6514
中国古代名人治学故事	6402	中国古代陶瓷	403, 409
中国古代名人智慧故事	6402	中国古代陶瓷百图	405, 10648
中国古代木刻画选集	1209, 3040	中国古代陶瓷纹饰	416, 417
中国古代漆器	405, 416, 10642	中国古代陶瓷艺术	408
中国古代漆器图案	10640	中国古代陶瓷艺术精选	411
中国古代漆器图案选	387	中国古代陶瓷艺术小品	388, 10641
中国古代漆器造型纹饰	435	中国古代陶器	435
中国古代奇案故事	6418, 6419	中国古代陶塑艺术	8601
中国古代青铜器鉴赏	430	中国古代跳舞史	12575
中国古代人物服式与画法	873, 874	中国古代图案	10241, 10254
中国古代人物画风	1517	中国古代图案设计	10208
中国古代人物造型图典	10332	中国古代图案选	10242, 10257, 10281
中国古代山水画百图	1512	中国古代瓦当图典	430
中国古代山水画史的研究	574	中国古代玩具	2944
中国古代少数民族美术	259	中国古代文学名著：红楼梦；西游记；水浒；三	
中国古代神话	6514	国演义	2000
中国古代神话连环画	6551	中国古代舞蹈	12578, 12580
中国古代神话人物工笔画选	2407	中国古代舞蹈家的故事	12576

书名索引

中国古代舞蹈史	12576	中国古代音乐史学概论	10976
中国古代舞蹈史纲	12578	中国古代音乐书目	10959
中国古代舞蹈史话	12576	中国古代音乐图片	10956
中国古代玺印	419	中国古代音乐文献丛刊	10969
中国古代戏剧	12787	中国古代音乐舞蹈史话	10975
中国古代戏剧辞典	12782	中国古代印论史	8464
中国古代戏剧史	12768	中国古代婴戏造型图典	1522
中国古代戏剧史初稿	12760	中国古代游艺史	12783
中国古代戏剧统论	12790	中国古代玉器	395
中国古代戏曲	12779	中国古代玉器目录	435
中国古代戏曲简史	12779	中国古代玉器图谱	435
中国古代戏曲十九讲	12770	中国古代寓言	5617
中国古代闲章拾萃	8542, 8543	中国古代寓言故事	5617
中国古代笑话	5877	中国古代寓言连环画	6308
中国古代颜色釉瓷器	435	中国古代杂技	12994, 12995
中国古代医学家	5000, 6514	中国古代杂技发展概略	12995
中国古代疑案	6402	中国古代著名行书墨迹精选	8431
中国古代艺术成象论	131	中国古代砖文	7728
中国古代艺术的文化学阐释	272	中国古代装饰艺术	10203
中国古代艺术精华	092	中国古代宗教与礼乐文化	10974
中国古代艺术思想史	272	中国古典百美图谱画典	10340
中国古代艺苑名论浅说	029	中国古典边饰图案画典	10332
中国古代音乐	10970, 10973	中国古典插图画典	6607
中国古代音乐概述	10977	中国古典长形图案画典	10333
中国古代音乐简史	10961	中国古典窗棂图案画典	10340
中国古代音乐教育	10975	中国古典底纹图案画典	10332
中国古代音乐生活	2621	中国古典佛教吉祥手姿画典	10340
中国古代音乐史	10961, 10964, 10972, 10975	中国古典歌舞剧团在北欧五国	13014
中国古代音乐史纲要	10972	中国古典故事插画画典	10340
中国古代音乐史稿	10956, 10961, 10965, 10966	中国古典闺秀佳人画典	10340
中国古代音乐史话	10965	中国古典画论选译	689
中国古代音乐史简编	10969	中国古典绘画美学中的形神论	687
中国古代音乐史简述	10969	中国古典吉祥花草画典	10341
中国古代音乐史料辑要	10960	中国古典吉祥图案画典	10332
中国古代音乐史提纲	10956	中国古典建筑造型画典	10341

中国历代图书总目·艺术卷

中国古典矩形图案画典	10332	中国古建彩绘纹样	10273
中国古典框饰图案画典	10332	中国古建筑	5442
中国古典龙凤呈祥画典	10341	中国古建筑速写资料集	2915
中国古典罗汉飘逸画典	10341	中国古建筑图案	10291
中国古典名曲	11360	中国古今茶具图	10646
中国古典名曲鉴赏大观	10894	中国古今民间百戏	12987
中国古典名著精选连环画	6402	中国古今名家书画烟台藏品选	1492
中国古典魔术	12994	中国古今名印欣赏	8543
中国古典人物的画法和欣赏	871	中国古今书法选	7666
中国古典人物画画法	871	中国古今书画真伪图典	817
中国古典诗词歌曲集	12053	中国古今书画真伪图鉴	541
中国古典诗词曲谱选释	12053	中国古今戏剧史	12790
中国古典十大悲喜剧	6308	中国古木雕艺术	8645
中国古典手艺图典	10281	中国古青铜器选	393
中国古典书学研究	7373	中国古曲赏析	11298
中国古典亭台建筑画典	10341	中国古人勤学的故事	6019
中国古典图案题材释义画典	10332	中国古神话	6551
中国古典文学版画选集	3030	中国古神话画库	6551
中国古典文学名著画集	6616	中国古诗硬笔行书字帖	7511
中国古典舞基训	12640	中国古寺名胜	2436
中国古典舞基训钢琴伴奏曲选	12150	中国古塔	9299
中国古典舞教学	12640	中国古塔风光	4337
中国古典舞身韵	12640	中国古陶瓷	417
中国古典舞与雅士文化	12640	中国古陶瓷图典	430
中国古典戏剧	12770	中国古文经典系列钢笔行书字帖	7559, 7560
中国古典戏剧的认识与欣赏	12725	中国古文物	10133
中国古典戏剧故事	6171	中国古训	6551
中国古典戏剧理论史	12696	中国古俑白描	2398
中国古典小说配图画典	10341	中国古玉	409
中国古典小说戏剧人物图稿	6604	中国古玉精华	419
中国古典艺术	246	中国古玉玩赏	419
中国古典艺术设计画典	10258	中国古园林	4583
中国古典圆满吉祥画典	10341	中国古筝考级教材	11341
中国古绘画长廊	594	中国古筝考级教程	11342
中国古家具图案	10618	中国古筝考级曲集	12318

书名索引

中国古筝流行金曲	12319	中国葫芦器与鸣虫	10721
中国古筝名曲荟萃	12317	中国湖北	8949, 8957
中国故事	3529	中国户县农民画	1373
中国广播艺术团建团三十周年	345	中国花边图案	10281
中国广告摄影年鉴	8801	中国花鼓灯艺术	12620
中国广告文艺	10371	中国花卉	10522
中国鬼神故事	6375, 6376	中国花卉画基础	937
中国鬼戏	12731	中国花卉图案	10281
中国贵州苗族绣绘	10361	中国花鸟、人物画画法图解	985
中国桂林画院作品选集	2170	中国花鸟画	948, 974, 985
中国国画精选	2685	中国花鸟画	2524
中国国画之乡	2170	中国花鸟画笔墨法	974
中国国家图书馆藏书票	3066	中国花鸟画构图法	963
中国国剧脸谱大全	12896	中国花鸟画集	2518
中国哈尔滨冰雕	8931	中国花鸟画技法	967
中国汉代画像舞姿	12579	中国花鸟画技法研究	979
中国汉隶全集临本	8373	中国花鸟画临本	966
中国汉阳陵彩俑	411	中国花鸟画与民俗文化	979
中国汉字规范字帖	7587	中国华山风光	10514
中国汉字图案	7639	中国画	695, 705, 706, 711, 717, 718, 722, 783,
中国行草大字典	8434		784, 785, 786, 787, 820, 830, 866, 1006,
中国行草书法大字典	8432		1839, 1912
中国行草书精要	7352	中国画	2376, 2438
中国行书大字典	8430	中国画、油画图录	1291
中国行书名帖精华	8434	中国画《知心话》	684
中国好少年	6402, 6403	中国画 ABC	722
中国合唱歌曲精选	11986	中国画笔墨速成	861
中国合作运动史木刻画集	2982	中国画材料应用技法	1063
中国和世界各国人民、运动员之间的友谊万		中国画大师黄秋园艺术研究文集	806
岁!	3267	中国画大师齐白石精品选	2702
中国和中国人	6903	中国画大师王雪涛精品选	2702
中国河南	8916	中国画大师张大千精品选	2702
中国红土重彩画艺术珍藏卷	2966	中国画档案图	855
中国呼声集	11544	中国画的根本精神与学术文化的背景	681
中国葫芦	10721	中国画的构图	855

中国历代图书总目·艺术卷

中国画的灵魂——哲理性	706	中国画家——龙瑞	2189
中国画的题画艺术	691	中国画家——田黎明	2189
中国画的题款艺术	698	中国画家——王迎春	2190
中国画的艺术与技巧	693	中国画家——姚鸣京	2190
中国画发展史纲要	588	中国画家——张道兴	2190
中国画法研究	683	中国画家落款印谱	8543, 8551
中国画工笔人物画法	872	中国画家人名大辞典	495
中国画观念更新与技法新探	693	中国画简明速成教程	705
中国画黑白体系论	859	中国画鉴赏	830
中国画蝴蝶技法	975	中国画鉴赏与收藏	817
中国画画法	723	中国画教学示范图集	860
中国画画家印鉴款识	8543	中国画近代各家宗派风格与技法之探究	688
中国画汇编	1763	中国画款题常识	1512
中国画汇刊	1897	中国画历代名家技法图谱	695, 696
中国画基本绘法	683	中国画临帖	691
中国画基础	859, 863	中国画论	685, 709
中国画基础技法	861	中国画论辞典	705
中国画集	2033, 2170	中国画论辑要	689
中国画技法	689, 690, 693, 698, 866	中国画论类编	681, 688
中国画技法初步	855	中国画论体系及其批评	680
中国画技法概论	856	中国画论通要	700
中国画技法基础入门	863	中国画论系统论	718
中国画技法解析系列	723	中国画论研究	688, 711
中国画技法精粹	723	中国画名家创作随笔	724
中国画技法入门丛书	695	中国画名家瓷绘精品集	2318
中国画技法入门与欣赏	700	中国画名家墨迹品赏	820, 821
中国画技法史研究丛书	723	中国画名家作品点评	811
中国画技法示范	718	中国画名作类编	1486
中国画技法述要	855	中国画摹本	709, 710
中国画技法与鉴赏	711	中国画年鉴	1485
中国画家——卜国强	2189	中国画葡萄技法	967
中国画家——何韵兰	2189	中国画浅说	693, 700
中国画家——季酉辰	2189	中国画人体绘事概说	882
中国画家——李洋	2189	中国画人物画法	871
中国画家——刘牧	2189	中国画人物技法	871

书名索引

中国画人物技法月讲	875	中国画选集	1840
中国画人物技法资料	870, 871	中国画选辑	1845, 1864
中国画人物头像写生	2354	中国画选辑	2112
中国画人物小品技法	878	中国画学谱	691
中国画人物写生	2352, 2354	中国画学浅说	854
中国画人物形象选	2350	中国画学全史	569
中国画入门奥秘	706	中国画学书目表	685
中国画入门指南	692	中国画学研究会第十一次成绩展览目录	1473
中国画三百家	2342	中国画学著作考录	718
中国画色彩艺术	724	中国画研究	685, 687
中国画史论辨	589, 597	中国画研究丛书	707
中国画史评传	584	中国画研究院作品选	2000
中国画史研究	575	中国画颜色的研究	855
中国画史研究论集	588	中国画颜色的运用与制作	860
中国画史研究续集	575	中国画要论	711
中国画水墨新技法	706	中国画艺术赏析	821
中国画坛的南宗三祖	1524	中国画艺术欣赏	815
中国画讨论集	782	中国画艺术与收藏杂谈	830
中国画特殊技法	860	中国画与画论	801
中国画题款艺术	700	中国画与现代中国	818
中国画头像选	1897	中国画哲理刍议	698
中国画头像选	2357	中国画之解剖	674
中国画小辑	1742, 1743, 1811, 1831, 1839, 1884	中国画之美	693
中国画小辑	2053	中国画自学丛书	724
中国画小品	2277	中国画自学入门	711
中国画小品技法与欣赏	692	中国画作品集	2342
中国画心性论	705	中国画作品选辑	1823
中国画欣赏精萃	810	中国话剧	12917
中国画欣赏漫谈	810	中国话剧史	12916
中国画新百家	2170	中国话剧史大事记	12916
中国画新辑	1831	中国话剧史稿	12779
中国画新作选	1954	中国话剧史料集	12910
中国画形式美探究	698	中国话剧通史	12777
中国画选	1831	中国话剧学习外国戏剧的历史经验	12909
中国画选编	1763	中国话剧研究	12911

中国历代图书总目·艺术卷

中国话剧艺术的一颗明星	12915	中国绘画学史	571
中国话剧运动五十年史料集	12907	中国绘画研究论文集	701
中国皇帝大观	3448, 3449	中国绘画演义	591
中国皇帝书画选	1515	中国绘画艺术	680
中国黄河人	8910	中国绘画之检讨	783
中国黄山	8943, 8959, 8975	中国惠山泥人	8662
中国黄土	9060	中国婚礼婚纱	9034
中国绘画	591, 598	中国魂	8917
中国绘画、工艺展览会在加拿大	9272	中国火柴盒贴集锦	10375
中国绘画变迁史纲	570, 597	中国火花图录	10391
中国绘画材料史	1062	中国火花艺术	10378
中国绘画对偶范畴论	696	中国吉林农业	8898
中国绘画故事	578, 597	中国吉祥百幅	8285
中国绘画技法	698	中国吉祥百联	8285
中国绘画精神体系	700	中国吉祥百图	10317
中国绘画理论	679	中国吉祥百字	8284
中国绘画理论史	594	中国吉祥动物图案集	10322
中国绘画美学范畴体系	693	中国吉祥符	10301
中国绘画美学史稿	577	中国吉祥剪纸图集	10715
中国绘画批评史略	578	中国吉祥图案 10282, 10296, 10306, 10312, 10327
中国绘画趣谈	580	中国吉祥图案百科	10333
中国绘画全集	1352, 1353	中国吉祥图案集	10282
中国绘画三千年	594, 598	中国吉祥图案剪纸	10690
中国绘画上的六法论	678, 854	中国吉祥图案实用大全	10312
中国绘画史 568, 569, 570, 571, 572, 575, 578,		中国吉祥图集	10327
579, 580, 581, 583, 584, 588, 589, 593,		中国吉祥图集成	10301
594, 598		中国吉祥图像大观	10333
中国绘画史导论	594	中国吉祥纹样设计大系	10322, 10327
中国绘画史纲	583	中国吉祥装饰设计	10341
中国绘画史话	591, 593, 598	中国集体舞	12594
中国绘画史图录	577, 580	中国纪念仪式歌集	11366
中国绘画史要	590	中国家具鉴定与欣赏	10619
中国绘画思想史	589	中国剪纸	10704, 10708, 10715
中国绘画通史	594	中国剪纸藏书票	10694
中国绘画学概论	718	中国剪纸艺术	10673, 10678, 10706

书名索引

书名	编号	书名	编号
中国简化·繁体汉字钢笔字帖	7463	中国近代军歌初探	11121
中国建筑彩画图案	10242, 10243, 10244	中国近代美术百图	1711
中国建筑参考图集窗格	10242	中国近代美术史	270
中国建筑图案集	10242	中国近代摄影艺术美学文选	8694
中国江南水乡	8962	中国近代史故事画丛	6419
中国江苏	8954	中国近代书画目录	1493
中国江苏省国画、工艺美术展览在加拿大展出		中国近代文艺电影研究	13117
	092	中国近代戏曲史	12747
中国交通系统书画展作品选集	2229	中国近代音乐史参考资料	10958, 10959
中国焦作	8702	中国近代音乐史料汇编	10976
中国教育电影协会第六届年会特刊	13172	中国近代音乐书目	11356
中国教育电影协会第三届职员名单	13171	中国近世戏曲史	12748
中国教育电影协会第四届年会专刊	13171	中国近四十年来美术理论书目	014
中国教育电影协会第五届年会特刊	13171	中国近现代当代舞蹈发展史	12581
中国教育电影协会工作计划书	13170	中国近现代名家画集	1319, 1320, 1321, 1322,
中国教育电影协会会务报告	13170		1323, 1324, 1686, 1689
中国教育电影协会会员名录	13169	中国近现代人物画风	1716
中国教育电影协会上海分会年刊	13171	中国近现代学校音乐教育	10977
中国结宝石之美	10366	中国近现代音乐家评传	10851
中国结花艺之美	10367	中国近现代音乐史	10965
中国结饰入门	10365	中国近现代音乐史纲	10975
中国解放区摄影史略	8896	中国京都古物陈列所周铜器	385
中国金山农民画	6756	中国京剧	4439, 12893, 12897
中国金铜佛像	461	中国京剧发展史	12889
中国金银币年鉴	10652, 10653	中国京剧服饰	12897
中国金银纪念币图说	10658	中国京剧服装图谱	12884, 12885
中国金鱼	9311, 9316, 10088	中国京剧观赏	12895
中国锦缎图案	10241	中国京剧剧谈选注	12897
中国近、现代音乐史参考资料	10956, 10957,	中国京剧脸谱宝典	12893
	10958	中国京剧脸谱编织图案精选	12894
中国近、现代音乐史参考资料	10957	中国京剧脸谱大观	12891
中国近、现代音乐史纲要	10958	中国京剧名段荟萃	11874
中国近百年绘画展览选集	1285	中国京剧史	12885, 12897
中国近代绘画	1692, 1716	中国京剧史图录	12891
中国近代绘画美学	494	中国京剧习俗	12891

中国历代图书总目·艺术卷

中国京剧艺术	12893, 12894	中国蓝印花布	10362
中国京剧院建院四十周年纪念册	13019	中国揽胜	10501, 10502
中国景德镇陶瓷艺术	10657	中国琅琊剪纸	10704
中国景德镇艺术陶瓷精品鉴赏	10655	中国老将军书画集	2294
中国静物油画	2820	中国老摄影记者优秀作品选	8901
中国九寨沟	8960	中国乐伎	10972
中国酒标图集	10391	中国乐妓史	10972
中国酒瓶精品大全	10402	中国乐理常识	11029
中国旧影录	8917	中国乐器	11294, 11295, 11296, 11297
中国巨匠美术丛书	821, 822, 823	中国乐器介绍	11293, 11294, 11298
中国剧场史	12837	中国乐器图鉴	11298
中国剧诗美学风格	12702	中国乐器图片	11293
中国剧之变迁	12857	中国乐器巡礼	11297
中国剧之组织	12839, 12858	中国乐器演奏法	11292
中国卷烟注册商标集	10397	中国乐曲考古学理论与实践	10976
中国绝不会亡	11377	中国乐语研究	11067
中国军队十年大观	8896	中国历代碑帖	7742
中国军歌	11528	中国历代草书钢笔习字帖	7442
中国军歌集	11379	中国历代帝王传说	6594
中国军事题材美术作品略谈	534	中国历代帝王的故事	6572
中国楷书大字典	8383, 8387, 8397	中国历代帝王故事	6595
中国楷书名帖精华	8395, 8396	中国历代帝王名臣像真迹	1690
中国抗日漫画史	1249	中国历代帝王书法欣赏	7323
中国抗战歌曲	11375	中国历代帝王书法真迹	7404
中国抗战歌选	11547	中国历代雕塑	396
中国抗战画史	584	中国历代法书墨迹大观	7723, 7724
中国科学漫画选	3423	中国历代佛教画像集	2889
中国刻字艺术	8464	中国历代佛教画像集	2405
中国口岸之歌	11521	中国历代高僧的故事	6572
中国口琴界	12185	中国历代花鸟画选	1513
中国跨世纪美术家画集	2342, 2343	中国历代画论采英	476
中国跨世纪少儿书法精英	8323	中国历代画论选释	692
中国狂想曲	12222	中国历代画谱八大家	1451
中国昆曲艺术	12899	中国历代画谱汇编	1450, 1451
中国蜡染艺术	10355	中国历代画史汇编	594, 595

书名索引

中国历代皇帝墨宝	7745	中国历代名家小楷精选	8401
中国历代皇帝墨迹选	7668	中国历代名将	4748
中国历代皇帝书迹选	7738	中国历代名人手迹	7666, 7671
中国历代绘画	1509, 1510, 1512	中国历代名相的故事	6572
中国历代绘画精品	1519	中国历代名言警句书法作品展优秀作品集	
中国历代绘画精品 100 幅赏析	813		8285
中国历代绘画图录	577	中国历代鸟纹图案	10268
中国历代绘画图谱	1518	中国历代器物图案集成	10312
中国历代绘画之谜	804	中国历代器物造型纹饰图典	10322
中国历代家具图录大全	10618	中国历代青花画典	419
中国历代景德镇瓷器	430	中国历代青铜器精品 100 件赏析	423
中国历代科学家挂图	3386	中国历代染织绣图案	10364
中国历代乐器说明	11292	中国历代人物画选	1512
中国历代梅花写意画风	1517	中国历代人物线描初步	2416
中国历代梅兰竹菊精品集	1491	中国历代人物线描图稿	2410
中国历代美术典籍汇编	115	中国历代人物造型	323
中国历代谜语故事	6278, 6279	中国历代散文精选百篇通释	6552
中国历代民间美术精品 100 类赏析	10706	中国历代山水画选	1512
中国历代名画大观	1474	中国历代神童故事画	6403
中国历代名画集	1507, 1508	中国历代诗家图卷	2410
中国历代名画题跋集	830	中国历代仕女画集	1491
中国历代名画选	1511	中国历代书法	7667
中国历代名家碑帖临摹教程·行书	7373	中国历代书法八大家	7742
中国历代名家碑帖临摹教程·楷书	7373	中国历代书法博物馆	7168
中国历代名家碑帖临摹教程·隶书	7373	中国历代书法大观	7738
中国历代名家碑帖临摹教程·魏书	7374	中国历代书法家草字选	8413, 8414
中国历代名家画宝	724	中国历代书法家故事	7280
中国历代名家绘画撷珍	1491	中国历代书法家名人墨迹	7667, 7668
中国历代名家技法集萃	724	中国历代书法家评述	7311
中国历代名家墨迹《三希堂法帖》	7670	中国历代书法鉴赏	7668
中国历代名家书法	7666	中国历代书法鉴赏大辞典	7303
中国历代名家书法草书集粹	8420	中国历代书法精品 100 幅赏析	7352
中国历代名家书法行书集粹	8432	中国历代书法精品观止	8352
中国历代名家书法楷书集粹	8394	中国历代书法论文选读	7334
中国历代名家书法篆隶集粹	8361	中国历代书法论著汇编	7404, 7405

中国历代图书总目·艺术卷

中国历代书法名家名作评介丛书	7745	中国历史人物故事画库	6348
中国历代书法名句简明辞典	7363	中国历史三字经	7463
中国历代书法名作赏析	7669	中国历史三字谣	8346
中国历代书法谈要	7342	中国历史文化名城客家首府汀州风景画集	
中国历代书画鉴别图录	830		2957
中国历代书艺概览	7716	中国隶书大字典	8372
中国历代丝绸纹样	10358	中国隶书名帖精华	7736, 7737
中国历代陶瓷鉴赏	409	中国僳僳族歌曲选	11817
中国历代陶瓷精品 100 件赏析	419	中国连环画	6171
中国历代陶瓷饰纹	10287	中国连环画发展图史	1237
中国历代陶瓷选集	408	中国连环画史话	1220
中国历代图案汇编	10257	中国连环画艺术文集	1234
中国历代舞姿	12576	中国连环图画史话	573, 6019
中国历代玺印精品博览	8465	中国莲花图案	10306
中国历代艺术	265, 267, 268	中国脸谱面具图案集	12836
中国历代音乐家	10964	中国恋情民歌	11819
中国历代印风系列	8554	中国辽宁	8943
中国历代印章目录	8552	中国辽宁画院	1371, 1374
中国历代玉器精品 100 件赏析	419	中国林海漫游	9060, 9065
中国历代珍宝鉴赏辞典	423	中国伶人血缘之研究	12755, 12779
中国历代织染绣图录	403	中国岭南影视艺术史	13199
中国历代篆刻精品 100 案赏析	8549	中国领土不容侵犯!	3172
中国历代装饰画研究	10563	中国留苏学生习作集	1286
中国历代装饰纹样	10282, 10287, 10341	中国留学生和实习生在苏联	8873
中国历代装饰纹样大典	10318	中国流行金曲 100 首	11718
中国历代装饰艺术	10333	中国流行影视歌曲精华	11927
中国历代装饰资料选	10265	中国流通纪念币	10653, 10654
中国历史博物馆藏彩陶选辑	391	中国龙凤图案集	10312
中国历史博物馆藏瓷器	394	中国龙凤图案全集	10318
中国历史博物馆藏瓷器选辑	391	中国龙凤艺术研究	405
中国历史博物馆藏雕塑选辑	392	中国龙虎山天师道音乐	12352
中国历史博物馆藏青铜器	392	中国龙泉青瓷	430
中国历史博物馆藏青铜器选辑	391	中国龙纹图集	10277, 10301
中国历史博物馆藏三彩釉陶俑选辑	392	中国龙纹图谱	10341
中国历史卡通故事	6726, 6727	中国庐山	9135, 9137, 9139

书名索引

中国庐山	2466	中国美术家协会92台湾巡回展	2215
中国旅行	9054, 9058	中国美术家协会创作座谈会文件	087
中国旅行家潘德明徒步、骑自行车周游世界	6019	中国美术家协会第一届理事会第二次会议汇刊	347
中国旅游	9249	中国美术简史	248, 251, 257, 269
中国旅游纪念品	8817	中国美术名词浅释	486
中国旅游胜地	9112	中国美术名作鉴赏辞典	122
中国旅游艺术摄影画册	8819	中国美术名作欣赏	516
中国卵石艺术	10718	中国美术年表	243, 247
中国锣鼓曲	12321	中国美术年鉴	226, 227
中国漫画大王	3503	中国美术七千年图鉴	260
中国漫画家作品选	3430	中国美术全集	292, 293, 294, 295, 296, 297, 298,
中国漫画精品大观	3491		299, 300, 301, 302
中国漫画精品欣赏	3529	中国美术全集选页	306
中国漫画人物造型	3441	中国美术十年	480
中国漫画史	1224	中国美术史	195, 240, 241, 242, 245, 250, 251,
中国漫画史话	1224		252, 260, 264
中国漫画书系	3479, 3480, 3481	中国美术史百题	252
中国漫画同人志·星辰画集	1249	中国美术史标准教程	260
中国漫画艺术论	1235	中国美术史参考资料	247
中国漫画专门	1234	中国美术史导论	246, 248
中国美术	089, 214, 216, 274, 275, 291, 342	中国美术史典故集锦	261
中国美术备忘录	219	中国美术史概要	268
中国美术辞典	216	中国美术史纲	246
中国美术的演变	242	中国美术史纲要	265
中国美术电影造型选集	6629	中国美术史稿	253, 269
中国美术东渐散论	095	中国美术史及作品鉴赏	270
中国美术发达史	245	中国美术史讲稿	246
中国美术工艺	10229, 10231	中国美术史讲义	246
中国美术馆藏品集	308	中国美术史略	247
中国美术馆藏品选集	312, 313	中国美术史论集	246, 249
中国美术馆馆藏油画图录	2817, 2833	中国美术通史	253, 254, 255
中国美术家	1339, 1340, 1347	中国美术图典	322
中国美术家书法家作品大汇	318	中国美术五千年	259
中国美术家丝绸之路作品选集	1340	中国美术五十年	261

中国历代图书总目·艺术卷

中国美术小史	239, 240	中国面具艺术	10708
中国美术欣赏	552	中国苗族歌曲选	11811
中国美术选集	1353	中国灭火队	9290
中国美术学院附属中等美术学校学生作品	1325	中国民兵	8885, 9013
中国美术学院附中学生习作	1325	中国民歌	11761, 11783, 11799, 11813, 11819,
中国美术学院工艺系教师作品集	316		11820
中国美术学院教师作品展	1326	中国民歌 108 首及演唱方法	11811
中国美术学院历史·回顾	354	中国民歌八十首大联唱	11811
中国美术学院七十年华	355	中国民歌的结构与旋法	11092
中国美术学院入学考试优秀作品选	1353, 1354	中国民歌独唱曲集	11773
中国美术学院入学考试作品点评	118	中国民歌儿童钢琴曲 30 首	12219
中国美术学院师生速写作品选集	2915	中国民歌儿童钢琴曲选	12221
中国美术学院油画系七十周年纪念	2833	中国民歌二十首	11801
中国美术学院中国画系教师作品选集	2294	中国民歌概论	10912
中国美术学院专业教师速写丛书	2921	中国民歌概述	10916
中国美术学院作品展选集	318	中国民歌钢琴小曲 50 首	12216
中国美术研究	534	中国民歌钢琴小曲集	12187
中国美术院校报考指南	352	中国民歌合唱曲集	11821
中国美术院校教师素描作品集	2921	中国民歌合唱曲选	11818
中国美术之旅	095	中国民歌集	11759, 11762, 11763, 11764, 11765,
中国美术之最	255		11793
中国美术知识电视讲座	023	中国民歌集成	11807
中国美术字大典	7642	中国民歌精选	11807, 11812
中国美术字全集	7651	中国民歌精选集	11812
中国美术字史图说	7652	中国民歌名曲手风琴曲集	12221
中国美术作品集	278	中国民歌廿首	11801
中国美协株洲荷塘铺创作研讨会	348	中国民歌手风琴独奏曲集	12194
中国美学史资料类编	7287	中国民歌手风琴独奏曲选	12209
中国美艺菁华	101	中国民歌童声合唱 42 首	12049
中国门神画	4867	中国民歌五首	11769, 11773, 11787
中国萌芽木刻集	3066	中国民歌欣赏	11123
中国面具	10715	中国民歌新唱	11765
中国面具皮影	10716	中国民歌选	11762, 11764, 11767, 11777, 11805,
中国面具史	10203		11807
中国面具文化	10690	中国民歌选集	11797

书名索引

中国民歌艺术欣赏	10916	中国民间美术工艺学	10185
中国民歌与乡土社会	10912	中国民间美术观念	10186
中国民歌主题变奏曲	12188	中国民间美术全集	10694, 10695, 10696
中国民歌主题钢琴小曲六首	12190	中国民间美术社会学	10189
中国民歌主题小赋格曲集	11770	中国民间美术图说	10228
中国民歌组曲	12327	中国民间美术研究	10180
中国民国艺术史	265	中国民间美术造型	10691
中国民间传奇故事	6308	中国民间秘藏绘画珍品	1514, 1515
中国民间儿童歌曲集	12043	中国民间面具	10711
中国民间粉彩瓷画	10658	中国民间木版年画	2990
中国民间歌曲	11820	中国民间木刻版画	3047
中国民间歌曲集	11820	中国民间年画	1232, 4866
中国民间歌曲集成	11800, 11801, 11802, 11803,	中国民间年画百图	4748
	11806, 11807, 11808, 11809, 11811,	中国民间年画史论集	1232
	11814, 11815, 11816, 11817, 11818, 11821	中国民间年画史图录	1233
中国民间歌曲精选	11820	中国民间年画选	4774
中国民间歌曲选	11820	中国民间青花瓷	435
中国民间歌舞	12606	中国民间青花瓷画	419, 10655
中国民间歌舞音乐	10915	中国民间神鬼传说	6514
中国民间工艺	10686, 10716	中国民间十二生肖剪纸	10716
中国民间工艺史话	10198	中国民间四百宝相图说	1343
中国民间古陶瓷图鉴	426	中国民间陶瓷艺术	10203
中国民间故事	6278, 6475, 6595, 7543	中国民间图形艺术	10691
中国民间故事连环画	6376, 6377	中国民间玩具	10719
中国民间画诀	1224	中国民间玩具画选	6744
中国民间吉祥剪纸	10716	中国民间玩具简史	10200
中国民间吉祥图案集	10318	中国民间玩具造型图集	10720
中国民间吉祥艺术博览	10711	中国民间舞常用动作选萃	12623
中国民间剪纸	10665, 10666, 10675, 10680	中国民间舞蹈	12620, 12623
中国民间剪纸工艺	10711	中国民间舞蹈图片选集	12606
中国民间剪纸艺术	10706	中国民间舞蹈文化	12619
中国民间剪纸艺术研究	10691	中国民间舞蹈文化教程	12623
中国民间傀儡艺术	12979	中国民间舞蹈选集	12603
中国民间美术	10704	中国民间舞蹈音乐概论	11157
中国民间美术发展史	10200	中国民间舞教材伴奏曲选	12150

中国历代图书总目·艺术卷

中国民间舞教材及教学法	12619	中国民族民间舞蹈集成	12614, 12615, 12616,
中国民间舞曲精选	12151		12617
中国民间舞与农耕信仰	12621	中国民族民俗故事	6377
中国民间喜爱人物图像	1493	中国民族器乐创作选	12251
中国民间戏法	12985, 12987	中国民族器乐概论	11299
中国民间戏曲剪纸	10716	中国民族曲式	10907
中国民间小戏	12851, 12852	中国民族声乐教材	11131
中国民间绣荷包	10364	中国民族声乐论	11132
中国民间艺术	453, 10688, 10691	中国民族声乐史	11134
中国民间艺术大辞典	235	中国民族图案艺术	10296
中国民间艺术漫谈	10666	中国民族舞蹈与稻作文化	12625
中国民间音乐	10913, 10914	中国民族音乐大观	10910
中国民间音乐讲话	10902	中国民族音乐大系	10910, 10911
中国民间音乐口琴独奏曲集	12192	中国民族音乐概述	10917
中国民间音乐口琴独奏曲集续编	12198	中国民族音乐集成文件资料汇编	10908
中国民间织绣印染	10365	中国民族音乐论稿	10913
中国民间装饰艺术	10704	中国民族音乐欣赏	10912
中国民居	1398, 1405	中国民族音乐学研究	10915
中国民俗故事	6552	中国名碑珍帖习赏	7294
中国民俗吉祥剪纸	10708	中国名瓷欣赏与收藏	430
中国民俗吉祥图案	10296	中国名歌 201 首	11981
中国民俗剪纸图集	10691	中国名歌 222 首	11481
中国民窑瓷绘艺术	410, 10650	中国名歌大全	11521
中国民谣精华	11794	中国名歌改编的通俗钢琴曲	11360
中国民艺学	10683	中国名歌集	11368, 11379, 11384, 11385
中国民艺学研究	10187	中国名歌金曲 200 首	11535
中国民族	8896	中国名歌选	11366, 11387
中国民族歌曲经典	11816	中国名歌选集	11361
中国民族基本乐理	10914	中国名壶	10649
中国民族乐器图卷	11298	中国名画	1498, 1499, 1500, 1501
中国民族民间乐器小百科	11297	中国名画观摩记	782
中国民族民间器乐曲集成	12346, 12347, 12348,	中国名画集	1497, 1501, 1502
	12349	中国名画集萃	847
中国民族民间图案	10322	中国名画家丛书	799
中国民族民间舞蹈	12617	中国名画鉴赏辞典	810

书名索引

中国名画赏析	813	中国魔术变法	12990
中国名画欣赏	518, 520	中国墨迹大全	7737
中国名画研究	794	中国墨迹经典大全	7742, 7743
中国名家碑帖字典	7718	中国母亲	6475
中国名家书法	8343	中国牡丹	1487
中国名家书法比较大字典	8354	中国木版水印概说	1217
中国名家书画展览特辑	1929	中国木版水印技法	1211
中国名联钢笔字帖	7587	中国木偶史	12979
中国名曲欣赏	10869	中国木偶艺术	12980
中国名人彩图故事	6695	中国南方民族文化之美	118
中国名人画史	1471	中国南京	8962
中国名人书画集	1515, 1517	中国南京农民画展	1279
中国名山胜景图	2426	中国内府藏右军千文·日本内府藏右军尺牍墨	
中国名山图	1495	迹合册	7783
中国名胜	9085, 9805	中国年画	4661
中国名胜景观	9132	中国年画发展史略	1219
中国名胜名联毛笔钢笔书法	7602	中国年画史	1227
中国名胜山水百图	2915	中国宁夏贺兰山岩画拓片精选	8652
中国名胜诗文墨迹大观	8340	中国农民画	1300, 1340
中国名胜图	2461	中国农民之歌	11989
中国名诗百首行楷字帖	8432	中国农业	8888
中国名书画家作品集	1316	中国农业宣传画	3069
中国名书画选	1517	中国女版画家作品选	3045
中国名陶日本巡回展	411	中国女画家作品选	1295
中国名言钢笔书法	7433	中国女美术家作品选	320
中国名园	9127	中国女排	5877, 9603
中国名指挥	8905	中国女排人员表	9547
中国明代瓷器目录	431	中国女排生活剪影	8890
中国明代瓷器图录	435	中国女职工风采	9034
中国明代室内装饰和家具	386	中国傩	12951
中国明代艺术史	266	中国傩戏调查报告	12946
中国明清绘画	808	中国傩戏傩文化资料汇编	12949
中国明清紫砂精萃	426	中国盆景	10579, 10586, 10591, 10593, 10628
中国魔术	12987, 12988	中国盆景艺术	10635
中国魔术 100 例	12994	中国烹饪文化与京剧艺术	12696

中国历代图书总目·艺术卷

中国琵琶考级曲集	12318	中国青年水彩画大展作品集	2964
中国琵琶名曲荟萃	12319	中国青年水彩画作品集	2957
中国琵琶史稿	11337	中国青年硬笔书法家优秀作品精萃	7463
中国平阳	8702	中国青年优秀歌曲奖候选歌曲集	11517
中国评剧	12937	中国青田石	8655
中国评剧剧目集成	12949	中国青田石雕	8655
中国七大古都	8853, 9127	中国青铜器	393, 394
中国七亿人民是越南人民的坚强后盾	3159	中国青铜器全集	423, 424
中国漆器全集	420	中国青铜器图案集	10306
中国漆艺美术史	10200	中国青铜图典	435
中国奇石根艺	8647	中国轻纺面料花样图集	10364
中国旗袍艺术	10533	中国清代瓷器目录	431
中国企业家书画作品集	2294	中国清代瓷器图录	435
中国企业之歌	11746, 11747, 11757	中国清代名画集	1651
中国企业注册商标图集	10383	中国清代艺术史	266
中国起居图说 2000 例	10342	中国曲调手风琴谱	12489
中国汽车商标集锦	10385	中国曲学大辞典	12855
中国器乐常识	11291	中国曲学研究	12855
中国器乐合奏曲集	12326	中国曲艺·杂技·木偶戏·皮影戏	12977
中国器乐乐器	10973	中国曲艺工作者第二次代表大会纪念册	
中国器乐曲集	12246		12707
中国器物艺术	10251, 10257	中国曲艺论集	12970
中国千岛湖	8968	中国曲艺史	12972, 12976
中国千山	8968	中国曲艺艺术论	12974
中国前卫艺术	531, 543, 552	中国曲艺音乐集成	12141, 12142
中国秦汉艺术史	266	中国曲艺与曲艺音乐	11160
中国琴学源流论疏	11298	中国曲艺志	12973
中国青瓷史略	10196, 10197	中国驱逐舰	8899
中国青花瓷	414, 435	中国拳	13121
中国青绿山水	1493	中国群众歌曲	11754
中国青年的楷模	5525	中国群众歌曲精选	11752
中国青年国画家	2244	中国群众歌曲选	11573, 11628
中国青年摄影家	8891, 8892, 8893	中国人	6020, 6171
中国青年摄影家罗小韵	8892	中国人的故事	5877, 5878
中国青年摄影家马云	9013	中国人的音乐和音乐学	11029

书名索引

书名	编号
中国人民的伟大领袖毛主席	8998
中国人民的伟大领袖毛主席万岁	3754
中国人民的戏剧	12722
中国人民翻身大合唱	11938
中国人民革命军事博物馆	10403
中国人民革命军事博物馆馆藏证章图录	10657
中国人民革命军事博物馆美术作品选集	302
中国人民革命军事博物馆书画藏品选集	1491
中国人民坚决支持亚洲非洲拉丁美洲的民族民主运动	3098
中国人民解放军（1927—1962）	279
中国人民解放军第二届美术作品展览会版画选集	2996
中国人民解放军第二届美术作品展览会选集	1286
中国人民解放军第二届美术作品展览会业余美术作品选集	1286
中国人民解放军第二届文艺会演节目	13012
中国人民解放军第二届文艺会演优秀歌曲集	11442
中国人民解放军第三届美术作品展览会版画选集	3014
中国人民解放军第三届美术作品展览会版画作品小辑	3011
中国人民解放军第三届美术作品展览会宣传画小辑	3151
中国人民解放军第三届美术作品展览会选集	279
中国人民解放军第三届美术作品展览会中国画选集	1801
中国人民解放军海军美术作品小画片	1287
中国人民解放军海军美术作品选	1288, 1294
中国人民解放军建军二十四年	9261
中国人民解放军建军卅年美展雕塑集	8628
中国人民解放军建军三十周年纪念美术展览会版画选辑	2992
中国人民解放军进行曲	12200
中国人民解放军美术创作经验谈	496
中国人民解放军美术作品选集	307
中国人民解放军南京军区政治部前线话剧团	12915
中国人民解放军三十周年纪念美术展览会版画选辑	2986
中国人民解放军摄影艺术展览人像作品选	8996
中国人民解放军摄影艺术展览作品选集	8880
中国人民解放军摄影艺术作品选	8886
中国人民解放军摄影作品选	8885
中国人民解放军摄影作品选集	8807
中国人民解放军是毛主席亲自缔造、领导和指挥的人民军队	3294
中国人民解放军书法篆刻作品选集	8260
中国人民解放军文艺史料选编	252, 253
中国人民解放军新疆军区生产建设兵团版画作品选集	3008
中国人民解放军业余文艺调演作品选辑	11451
中国人民联合起来	11555
中国人民誓为越南人民的后盾！中国是越南的后方！	3159
中国人民随时准备同越南人民并肩战斗！	3151
中国人民有志气	2779, 3178, 4003
中国人民站起来了	4439
中国人民志愿军特级英雄——黄继光	3190
中国人民志愿军战地画选	1282, 1283
中国人民志愿军战歌	11628
中国人体摄影艺术	8905
中国人物画	885
中国人物画的画法	872

中国历代图书总目·艺术卷

中国人物画高级研修班作品集	2403	中国山水画史录	590
中国人物画汇宗	1475	中国山水画速写技法	919
中国人物画技法	879	中国山水画新技法	913
中国人物画技巧与创作	882	中国山水文化	919
中国人物画十八描	873	中国陕西社火脸谱	10683
中国人物画线描图谱	1527	中国扇面书画集锦	1484
中国日本当代书法作品选萃	8242	中国扇面珍赏	830, 831
中国日本内府藏右军千文尺牍墨迹	7787	中国扇子艺术精品集	2344
中国荣获第二十三届奥运会金、银、铜牌的英		中国商业橱窗艺术	10611
雄印谱	8565	中国上古神话系列动画	6664, 6677
中国瑞兽图案	10291	中国上海国际艺术节	213
中国三彩	427	中国上海舞剧团抵达东京	9272
中国三大教及传说	6514	中国上海舞剧团在东京首次演出	9272
中国三千年书法大系中国三千年百体书集		中国上海舞剧团在日本大阪访问演出	9272
	7664	中国上海杂技团在阿尔巴尼亚首场演出	
中国三峡	8859		12671
中国三峡百景图	2473	中国上海杂技团在日本访问演出	13016
中国色彩论	157	中国上海杂技团在日本横滨为工人演出小节目	
中国厦门	8949		13016
中国山茶花	10066, 10514	中国上海杂技团在意大利	13016
中国山川传说故事	6475	中国上海杂技团在英国访问	12671
中国山水	9112	中国上海杂技团在英首次演出	13016
中国山水画	921, 924	中国少儿剪纸艺术	10691
中国山水画百图	2470	中国少儿民歌200首	12041
中国山水画皴法与地质构造	911	中国少年儿童德育组画	6616
中国山水画的南北宗论	850	中国少年儿童歌曲集	12050
中国山水画的透视	904	中国少年儿童歌曲精选	12043
中国山水画技法	912, 919	中国少年儿童书法作品选	8160
中国山水画技法学谱	921	中国少年儿童小提琴曲集	12181
中国山水画家——郭公达选集	2453	中国少年歌曲选	12033
中国山水画教程	915, 925	中国少年先锋队队歌	12021, 12030
中国山水画论	919	中国少年先锋队夏令营	8873
中国山水画美学研究	921	中国少年之星	2244
中国山水画入门	909	中国少数民族	9328
中国山水画史	584, 587	中国少数民族爱情歌曲集	11802

书名索引

中国少数民族传统乐器独奏曲选	12260	中国摄影发展历程	8690
中国少数民族地区报纸美术作品精选	10306	中国摄影家	8843, 8844
中国少数民族电影	13318	中国摄影家陈长芬作品集	8977
中国少数民族风情	8702	中国摄影家池文学摄影作品选	8989
中国少数民族服饰赏析	10362	中国摄影家池仙照摄影作品集	8987
中国少数民族妇女头饰	10287	中国摄影家韩学章电力工业作品选	8985
中国少数民族歌曲集	11808	中国摄影家洪祖仁作品集	8987
中国少数民族乐器	11299	中国摄影家黄一鸣纪实作品集	8981
中国少数民族乐器大观	11297	中国摄影家看世界作品选	8899
中国少数民族乐器志	11297	中国摄影家李元奇作品集	8980
中国少数民族美术史	269	中国摄影家李兆军作品集	8981
中国少数民族面具	10716	中国摄影家梁惠湘作品集	8993
中国少数民族民间舞蹈选介	12618	中国摄影家林孙杏作品集	8978
中国少数民族青铜装饰图选	431, 10570	中国摄影家吕方作品集	8985
中国少数民族陶瓷装饰图选	10660	中国摄影家吕静波作品集	8983
中国少数民族头饰	10292	中国摄影家罗小韵作品集	8978, 10137
中国少数民族图案系列丛书	10292	中国摄影家南德豪摄影作品选	8993
中国少数民族舞蹈	4171, 12618	中国摄影家汪山渊	8905
中国少数民族舞蹈史	12580	中国摄影家王苗作品集	8980
中国少数民族戏剧丛书	12939, 12943	中国摄影家王文泉、王文波、王文澜、王文扬作品集	8979
中国少数民族戏剧研究论文集	12958		
中国少数民族戏曲研究资料选编	12848	中国摄影家魏秀金摄影集	8981
中国少数民族艺术	083	中国摄影家协会四十年	8707
中国少数民族艺术词典	082	中国摄影家辛凯作品集	9094
中国少数民族音乐	10908	中国摄影家徐力群作品集	8984
中国少数民族音乐趣闻录	10913	中国摄影家眼中苏联	8901
中国少数民族音乐史	10976	中国摄影家于俊海作品集	8984
中国少数民族音乐学会第三届年会民族音乐论集	10912	中国摄影家张世英作品集	8987
		中国摄影家朱宪民作品集	8978
中国少数民族原始艺术	266	中国摄影年鉴	8802
中国少字数书法	8202	中国摄影史	8689, 8692, 8709
中国邵武	8957	中国摄影史话	8688
中国设计年鉴	10391, 10397, 10402	中国摄影史料	8686
中国社会生活丛书	12581	中国摄影四十年	8893
中国摄影	8876	中国摄影五十年	8917

中国历代图书总目·艺术卷

中国摄影艺术选集	8878	中国狮子雕塑艺术	8655
中国摄影艺术选辑	8884, 9340	中国狮子纹饰集	10342
中国摄影艺术展览	8803	中国狮子艺术	217
中国摄影艺术作品精选'88	8896	中国十大风景名胜	4662, 9104
中国摄影艺术作品选	8886, 8889, 8896	中国十大古典悲剧连环画集	6403
中国摄影作品选	8880	中国十大古典名曲	11298
中国神话故事	6552, 6595	中国十大古典文学名著画集	6611, 6612
中国神话故事大全	6377	中国十大古典喜剧连环画集	6348
中国神话人物百图	2405	中国十大行书名迹临习指导	7334
中国神话童话故事	6475	中国十大名花	9314
中国神话新编	3466	中国十二生肖图集	10277, 10292
中国神火	13296	中国十二生肖装饰图典	10333
中国神仙画像集	6765	中国十个节日传说	6552
中国神仙图案集	10322	中国十佳少年	3496
中国沈阳	8970	中国十名红歌星演唱金曲100首	11984
中国沈阳杂技团到朝鲜进行友好访问演出	13016	中国十年流行名曲荟萃	11500
中国沈阳杂技团访朝演出开幕式在平壤举行		中国石化职工美术书法摄影作品选	308
	13016	中国石窟雕刻艺术史	8606
中国沈阳杂技团访问墨西哥	12671	中国石林	9878
中国沈阳杂技团在朝鲜元山市进行友好访问演		中国史前艺术	257
出	13016	中国士兵谣	13162
中国声乐研讨会论文集	11134	中国世界之最	4762
中国声乐作品选	11521, 11985, 11986	中国世界之最	2112
中国诗词曲之轻重律	11022	中国仕女百图	2407
中国诗歌故事	5617, 5618	中国仕女画技法	877
中国诗歌会	5737	中国仕女图集	10292
中国诗画	523	中国市长书画精品集	2318
中国诗画与中国文化	810	中国饰纹图典	10318
中国诗魂	9030	中国手风琴曲100首	12221
中国诗书画精品系列	10556	中国手风琴曲集	12218
中国诗书画精品系列	2685	中国首都博物馆印章选集	8546
中国诗书画研究院、四川绑画艺术院、中国四		中国首富镇——灵溪	8863
川嘉州画院联合巡展作品集	2318	中国首届风景油画邀请大展作品选	2806
中国诗书画印大观	2244	中国书道史之旅	7275
		中国书法	7247, 7259, 7262, 7263, 7264, 7266,

书名索引

7270, 7275, 7287, 7352, 7363, 7374, 7405

中国书法百家墨迹精华	8181	中国书法理论史	7280, 7303
中国书法词典	7160	中国书法理论体系	7266, 7267
中国书法大成	7671	中国书法领导干部读本	7405
中国书法大辞典	7156	中国书法论著辞典	7303
中国书法大字典	7148, 7154, 7162	中国书法美学	7295, 7342
中国书法导论	7323	中国书法美学纲要	7288
中国书法导引	7405	中国书法名家题签墨宝	8301
中国书法电视讲座	7157	中国书法名家作品集	8340
中国书法风格史	7167	中国书法名作大典	7387
中国书法概述	7264, 7374	中国书法名作鉴赏辞典	7160
中国书法歌诀	7342	中国书法批评史	7374
中国书法工具手册	7280	中国书法批评史略	7387
中国书法故事	7387	中国书法全集	7729, 7730, 7731, 7732
中国书法国际学术研讨会	7280	中国书法三千年	7157
中国书法基础概论	7287	中国书法史	7154, 7160, 7163, 7168, 7169
中国书法基础教学	7352	中国书法史话	7159
中国书法技法与鉴赏	7363	中国书法史简编	7159
中国书法家协会贵州分会成立纪念展览	7150	中国书法史鉴	7163
中国书法家协会理事作品选	8202	中国书法史论	7157
中国书法家作品选	8181	中国书法史图录	7158, 7161
中国书法简论	7251	中国书法史图录简编	7157
中国书法简明教程	7342	中国书法思想史	7165
中国书法简史	7155, 7157, 7168	中国书法速成教程	7342
中国书法鉴赏大辞典	7294	中国书法通鉴	8347, 8349
中国书法教程	7387	中国书法文化大观	7352
中国书法教学	7295	中国书法文化论	7164
中国书法今鉴	7163	中国书法写字秘诀	7288
中国书法经典	7745	中国书法欣赏	7352
中国书法经典百品	7743	中国书法选集	8340
中国书法精神	7323	中国书法演义	7166
中国书法精要	7363	中国书法艺术	7164, 7166
中国书法精义	7323	中国书法艺术讲义	7405
中国书法揽胜	7168	中国书法艺术精解丛书	7405
中国书法理论经典	7387	中国书法艺术漫谈	7405
		中国书法艺术欣赏	7363

中国历代图书总目·艺术卷

中国书法用笔与篆隶研究	7161	中国书画选	2112
中国书法与传统文化	7162	中国书画研究丛书	7388
中国书法与线条艺术	7342	中国书画用纸浅谈	1062
中国书法原理	7295	中国书画与文人意识	106
中国书法源流	7288	中国书画篆刻年鉴	813
中国书法源流浅说	7254	中国书画篆刻品鉴	818
中国书法篆刻鉴赏辞典	7158	中国书画装裱	1065, 1066
中国书法篆刻社团文房四宝单位通信录	349	中国书画装裱大全	1067
中国书法篆刻之最	7162, 7164	中国书画装裱概说	1065
中国书法作品集	8340	中国书画装裱技法	1066
中国书画 269, 848, 1295, 1296, 1297, 1298, 1299,		中国书画装裱技法传统与创新	1067
1315, 1484, 1485, 1954		中国书画装裱艺术	1067
中国书画辞典	1279	中国书画作品集粹	318
中国书画概论	693	中国书迹大观	7725
中国书画函授大学建校十周年师生书法作品洗		中国书论辑要	7288
	8285	中国书坛新人作品展作品集	8242
中国书画函授大学书法教学释疑	7334	中国书协书法培训中心第四届学员结业暨教学	
中国书画家印鉴款识	8543	成果作品集	8301
中国书画家作品精选	2262	中国书协书法培训中心首届学员结业暨教学成	
中国书画鉴定	823	果展作品集	8301
中国书画鉴定研究	810	中国书学	7311
中国书画鉴定与欣赏	815	中国书学概要	7311
中国书画鉴赏辞典	521, 534	中国书学技法评注	7311
中国书画精品集	2294	中国书学论著提要	7303
中国书画精选	1702	中国书学浅说	7240
中国书画精义	7168	中国书艺技法大典	7374
中国书画论集	799	中国书艺六论	7352
中国书画美学简论	725	中国抒情歌曲	11529
中国书画美学史纲	718	中国抒情通俗歌曲精选	11732, 11752
中国书画名家纪念馆	714	中国树根艺术	8621
中国书画名家精品大典	849	中国水彩	1187
中国书画名家签名钤章艺术总览	8581	中国水彩画	2953, 2954, 2964
中国书画全书	701, 702	中国水彩画家	2959, 2960
中国书画文化	538	中国水城农民画	6771
中国书画选	1487	中国水墨画	856

书名索引

中国水乡周庄	8970	中国体育 8883, 9274, 10413, 10414, 10415, 10421
中国水印版画	3053	中国体育美术作品选	320
中国水印木刻版画	3048	中国体育明星	9650
中国丝绸图案	10244	中国体育运动画册	9250
中国丝绸图案集	10367	中国铁道	8886
中国丝绸纹样史	10199	中国铁道儿童版画选集	3041
中国丝绸之路·甘肃系列画册	8903	中国铁路工人美术选集	1282
中国丝绸之路哈密书画集	1343	中国通史连环画	6377, 6378
中国丝绸之路吐鲁番书法大奖赛获奖作品选		中国通俗歌曲	11755
	8260	中国通俗歌曲博览	11750
中国丝竹指南	11331	中国同宗民歌	10917
中国四大古典名著诗词歌赋钢笔书法	7612	中国铜镜图案集	10318
中国宋辽金夏艺术史	266	中国铜器花纹集	389
中国宋元瓷器图录	435	中国铜器杂项目录	436
中国宋元绘画	804	中国童话故事	6514, 6595
中国隋唐五代艺术史	266	中国童话名著	6348
中国台北故宫博物院藏宋元画选	1548	中国童话名作	6308
中国泰安	8965	中国图案参考资料	10241
中国探险故事	6552	中国图案大系	10306, 10307, 10318
中国唐宋硬笔书法	7543	中国图案集	10241, 10242
中国烫画技法	10718	中国图案美	10220
中国陶瓷	402, 406, 10644, 10645, 10646, 10647,	中国图案续集	10242
10660		中国图案作法初探	10255
中国陶瓷茶具	410	中国图画案集	10238
中国陶瓷简史	10203	中国外交官看世界	8912
中国陶瓷漫话	10655	中国外销瓷	10649
中国陶瓷美术史	10202	中国玩艺儿	10232
中国陶瓷全集	436, 10645, 10646	中国威海	8965
中国陶瓷图案集	414	中国威海剪纸	10716
中国陶瓷雅集	395	中国伟大的发明	10640
中国陶瓷艺术图典	10661	中国魏碑名帖精华	7820
中国陶瓷综述	425	中国魏晋南北朝艺术史	266
中国陶艺鉴赏	10648	中国魏书名帖精华	7816, 8396
中国梯田	8896	中国文化大百科全书	048
中国题画诗分类鉴赏辞典	808	中国文化佛像神像专辑	451

中国历代图书总目·艺术卷

中国文化荟萃	2277	中国舞蹈	12580, 12581
中国文化精华全集	106	中国舞蹈发展史	12577, 12578
中国文化杂说	271	中国舞蹈技巧	12583
中国文人画之研究	808, 864	中国舞蹈家协会第五次会员代表大会资料汇编	
中国文坛巨星散文精编	7612		12672
中国文物精华大辞典	420	中国舞蹈教学参考资料	12574
中国文学五千年	6552, 6553	中国舞蹈奇观	12586
中国文学艺术工作者第四次代表大会代会资		中国舞蹈史	12576, 12577, 12578, 12580
料汇编	12672	中国舞蹈史话	12577
中国文艺作品插图选集	6598, 6605	中国舞蹈武功教学	12584
中国文字艺术	7634	中国舞蹈艺术	12579, 12612
中国文字与书法	7242	中国舞蹈艺术史图鉴	12580
中国文字与书法艺术	7388	中国舞蹈意象论	12573
中国文字源流史	7150	中国舞剧	12651
中国文字造形设计	7636	中国舞剧《鱼美人》选曲	12098
中国纹饰	10277, 10278	中国舞剧团在阿尔巴尼亚	9269
中国纹样	10278	中国舞谱	12585
中国纹样辞典	10333	中国舞台美术	12829, 12831
中国巫傩面具艺术	459	中国西部电影论丛	13121
中国无产阶级的光辉典型	12872	中国西部歌舞论	12621
中国无声电影	13301	中国西部建筑素描	2915
中国无声电影史	13301	中国西部民间美术论	10187
中国五声性调式和声及风格手法	11100	中国西部速写	2884
中国五十六民族民谣歌曲改编钢琴曲集		中国西部音乐论	10912
	12208	中国西藏	10514
中国武当山道教音乐	12351	中国西藏·阿里	8968
中国武功	13300	中国西藏阿里东嘎壁画	6628
中国武汉杂技团访问斯里兰卡	13016	中国西藏拉萨	10514
中国武汉杂技团在阿富汗进行友好访问演出		中国西凤酒	8273
	12671	中国西画五十年	585
中国武汉杂技团在阿根廷	13016	中国西南少数民族舞蹈文化	12624
中国武汉杂技团在巴基斯坦进行友好访问演出		中国西南丝绸之路	8955
	12671	中国西南重镇贵阳	8903
中国武术	4748	中国西王母万碑林入刻作品大典	8301
中国武侠	6378	中国玺印篆刻全集	8554, 8555

书名索引

中国喜剧史	12792	中国戏曲的创造与鉴赏	12790
中国喜庆吉祥图锦	10292	中国戏曲的困惑	12692
中国戏	12794	中国戏曲的艺术形式	12702
中国戏班史	12779	中国戏曲发展史纲要	12756
中国戏法	12995	中国戏曲服装图案	10244
中国戏剧	12839, 12855	中国戏曲服装图集	12835
中国戏剧侧影	12754	中国戏曲概论	12745, 12776
中国戏剧的蝉蜕	12723	中国戏曲观众学	12852
中国戏剧电影辞典	12783	中国戏曲及其音乐	12849
中国戏剧动画故事精选	6595	中国戏曲剪纸	10712
中国戏剧概论	12747	中国戏曲简史	12776, 12790
中国戏剧管理体制概要	12852	中国戏曲剧种大辞典	12854
中国戏剧简史	12753	中国戏曲剧种史丛书	12789
中国戏剧脸谱	12834, 12835	中国戏曲剧种手册	12851
中国戏剧美学的文化阐释	12706	中国戏曲理论研究文选	12689
中国戏剧年鉴	12844, 12845	中国戏曲脸谱	12835, 12836
中国戏剧起源	12777	中国戏曲脸谱文集	12835
中国戏剧史	12751, 12754, 12755, 12781, 12783	中国戏曲脸谱艺术	12835
中国戏剧史长编	12755	中国戏曲漫谈	12854
中国戏剧史讲座	12754	中国戏曲曲艺词典	12845
中国戏剧史略	12748	中国戏曲声腔源流史	12781
中国戏剧史论稿	12787	中国戏曲史	12756, 12790, 12792
中国戏剧史论集	12772	中国戏曲史编年	12785
中国戏剧史探微	12768	中国戏曲史钩沉	12758
中国戏剧图案	12838	中国戏曲史话	12769, 12788
中国戏剧图史	12789	中国戏曲史略	12783
中国戏剧文化史述	12769	中国戏曲史论	12789
中国戏剧小史	12753	中国戏曲史论集	12788
中国戏剧学史稿	12770	中国戏曲史漫话	12756
中国戏剧学通论	12788	中国戏曲史索隐	12774
中国戏剧艺术院团院校大全	13020	中国戏曲史研究	12791
中国戏曲	12745, 12755, 12795	中国戏曲速写	2886
中国戏曲表演艺术辞典	12823	中国戏曲通史	12757
中国戏曲唱腔精选	11877	中国戏曲通史(上)	12756
中国戏曲唱腔选	11832	中国戏曲通史(下)	12757

中国历代图书总目·艺术卷

中国戏曲通史(中)	12756	中国现代城市雕塑	8636
中国戏曲文化	12854	中国现代儿童线描集	2318
中国戏曲文化概论	12853	中国现代古典主义人体油画	2800
中国戏曲文化论	12856	中国现代黑白木刻选	3032
中国戏曲舞美概论	12830	中国现代话剧教育史稿	12910
中国戏曲现代戏史	12795	中国现代绘画鉴赏及行情介绍	541
中国戏曲演进与变革史	12795	中国现代绘画评论	526
中国戏曲演义	12788	中国现代绘画史	582, 595
中国戏曲艺术	12847	中国现代纪念币	10650
中国戏曲艺术国际学术讨论会	12851	中国现代美术家研究丛书	805
中国戏曲艺术国际学术讨论会论文汇编		中国现代美术全集 323, 324, 325, 326, 327, 328,	
	12851	329, 330, 331, 332, 333	
中国戏曲艺术教程	12853	中国现代民间绘画	1325
中国戏曲音乐	12064	中国现代民间绘画选萃	1315
中国戏曲音乐创作浅谈	11160	中国现代民间陶器	10658
中国戏曲音乐概论	11156	中国现代名画	1699, 1702, 1718
中国戏曲音乐基本理论	11161	中国现代名画汇刊	1281
中国戏曲音乐集成 12058, 12059, 12060, 12061,		中国现代名家书法大字典	8350
12062, 12063, 12064, 12065, 12135		中国现代木刻	3014
中国戏曲音乐集成 中国民族民间器乐曲集成		中国现代木刻史	1204
	10972	中国现代人物白描精选	2405
中国戏曲音乐集成云南卷丛书	12134	中国现代摄影沙龙'85	8889
中国戏曲与社会诸色	12704	中国现代室内装饰	10591
中国戏曲与中国宗教	12852	中国现代书法	8347
中国戏曲志 12760, 12761, 12762, 12763, 12764,		中国现代书法界人名辞典	7161
12765, 12766		中国现代书法十年	7364
中国戏曲志编辑手册	12769	中国现代书法史	7166
中国戏曲志天津卷资料汇编	12766	中国现代书法选	8145
中国戏曲装饰艺术	12830	中国现代书画目录	8341
中国戏台	12831	中国现代书印学史	7164
中国夏商雕塑艺术	8608	中国现代抒情诗钢笔字帖	7463
中国闲章艺术集锦	8547	中国现代水墨画	2190
中国现代版画史	583, 1214, 1215	中国现代水墨画六人集	2229
中国现代比较戏剧史	12783	中国现代水墨艺术传呼	2294
中国现代壁画选集	6627	中国现代陶瓷艺术	10658, 10659

书名索引

中国现代陶艺家	10659	中国校园歌曲	11531, 12046
中国现代文学家教育图片	3383	中国笑话选粹	6378
中国现代喜剧观念研究	12728	中国笑林博览绘画本	3491
中国现代喜剧论	12854	中国写意花鸟画技法	949, 961
中国现代戏剧美学思想发展史	12706	中国写意画构成艺术	861
中国现代戏剧史稿	12776	中国写意画鸟谱	972
中国现代线描精选	2215, 2318	中国写意山水画技法	916
中国现代艺术	318	中国新疆	8949
中国现代艺术精品集	337	中国新疆·巴音郭楞	8949
中国现代艺术史	243, 261	中国新疆·哈密	8949
中国现代艺术展	349	中国新疆·哈纳斯	8971
中国现代音乐家论民族音乐	10903	中国新疆·喀什噶尔	8949
中国现代音乐史纲	10960, 10970	中国新疆·克孜勒苏	8863
中国现代硬笔书法大字典	7463	中国新疆·吐鲁番	8949
中国现代优秀歌曲 2000 首	11506	中国新疆·乌鲁木齐	8949
中国现代优秀歌曲精粹集成	11517	中国新疆壁画全集	6626, 6627
中国现代幽默画大展作品精选	3441	中国新疆博乐旅游	8859
中国现代油画	2804	中国新疆麦盖提县农民画集	6765
中国现代中青年书法篆刻家作品集	8174	中国新疆吐鲁番民间图案纹饰艺术	10327
中国现当代书画名家印款	8588	中国新疆维吾尔族伊斯兰教礼仪音乐	10920
中国线描	2880	中国新美术品留影	10640
中国线描人物画技法	881	中国新民主主义青年团团歌	11385
中国线描现代人体画选	2880	中国新锐艺术	8712
中国乡村书画	235	中国新生代流行金曲 100 首	11750
中国乡土艺术	10676	中国新石器时代陶器装饰艺术	10643
中国乡土艺术设计大系	10712	中国新文人画集	2229
中国乡镇企业	8896	中国新文艺大系	1324, 8193, 11360
中国相声史	12975	中国新闻摄影获奖作品选集	9291
中国湘潭	8943	中国新闻摄影年鉴	9288
中国祥花瑞草图案集	10322	中国新兴版画发展史	1213
中国肖生玉雕	8667	中国新兴版画六十年选集	3051
中国肖形印大全	8549	中国新兴版画五十年选集	3030
中国小书画家	6764	中国新兴版画运动五十年	1209
中国小提琴名曲荟萃	12180	中国新音乐史话	10963
中国小提琴曲十二首	12180	中国新音乐史论集	10966

中国历代图书总目·艺术卷

中国形玺印汇	8540	中国艺术大展作品全集	333, 334, 335
中国兄弟民族民间传说	6278	中国艺术的生命精神	112
中国雄立宇宙间	12043	中国艺术概论	216
中国学生的光荣传统	8876	中国艺术歌曲	11990
中国学生钢楷字帖	7511	中国艺术歌曲集	11974
中国学生运动歌曲选	11409	中国艺术歌曲选	11989
中国雅乐集	12243	中国艺术家工作室	614
中国雅趣品录	8461, 10649	中国艺术鉴赏	106
中国烟草制品商标集	10378	中国艺术经济史	269
中国岩溶	8886	中国艺术精粹	217
中国盐城名歌金曲100首	11529	中国艺术精神	249
中国颜色名称	156	中国艺术考古论文索引	393
中国谚语幽默漫画	3517	中国艺术理性	050
中国扬琴考级曲集	12324	中国艺术论丛	090
中国扬琴演奏教程	11350	中国艺术论集	245
中国杨柳青木版年画集	4833	中国艺术美学	076
中国杨柳青木版年画选	4868	中国艺术美学散论	075
中国杨柳青年画线版选	4868	中国艺术品经营史话	273
中国野生动物集锦	9307	中国艺术全集	302
中国一百帝王图	2372	中国艺术神韵	108
中国一百皇子图	2372	中国艺术史	252
中国一百奸佞图	2372	中国艺术史概论	241
中国一百名伎图	2372	中国艺术史各论	244
中国一百名医图	2372	中国艺术收藏年鉴	235
中国一百神仙图	6612	中国艺术通史	274
中国一百仕女图	2112, 2113	中国艺术学	271
中国一百侠士图	2372	中国艺术研究院全苏艺术科学研究所首届双边	
中国彝文书法选	7388	学术会议论文集	108
中国艺海	110	中国艺术研究院首届研究生硕士学位论文集	
中国艺人	085		024, 10869, 12848
中国艺术	215, 232, 233, 388	中国艺术意境论	112
中国艺术辩证法	257	中国艺术影片编目	13294
中国艺术表演团体在改革中前进	13017	中国艺术院校艺术团体报考从艺指南	354
中国艺术插花	10593, 10602	中国艺术在世界的传播与影响	264
中国艺术丛谈	091	中国艺术之最	255

书名索引

中国艺术综览	244	中国音乐文化与民谣	10911
中国逸品十家	2277	中国音乐舞蹈戏曲人名词典	229
中国音乐	10978	中国音乐小史	10949, 10974
中国音乐创作的新方向	10876	中国音乐学 10808, 10809, 10810, 10811, 10812,	
中国音乐词典	11357	10813	
中国音乐辞典	10808	中国音乐学院社会艺术水平考级全国通用教材	
中国音乐的历史与审美	10978		10841
中国音乐的神韵	10917	中国音乐学院校外音乐考级全国通用教材	
中国音乐电视	11158		10841, 10842
中国音乐故事	10959	中国音乐研究所藏唱片目录	11355
中国音乐会独唱歌曲选	11973	中国音乐研究所藏唱片目录	11355
中国音乐会民歌独唱曲精选	11810	中国音乐研究所藏胶带录音目录	11355
中国音乐简史	10970, 10971, 10972	中国音乐研究所藏胶带录音目录(1959)	11356
中国音乐节拍法	11059	中国音乐艺术赏析	10873
中国音乐美学史	10973	中国音乐与传统礼仪文化	10973
中国音乐美学史论	10968	中国音乐与文学史话集	10964
中国音乐美学史资料注译	10846	中国音乐指南	11291
中国音乐年鉴	11357, 11358	中国音乐中复调思维的形成与发展	11096
中国音乐谱	12243, 12244	中国音乐主题辞典	12156
中国音乐期刊篇目汇录	11360	中国印度尼西亚友谊之歌	11960
中国音乐审美的文化视野	10914	中国印谱极选	8541
中国音乐史 10949, 10950, 10952, 10953, 10969,		中国印染史略	10198
10970, 10973, 10977, 10978		中国印石	8462
中国音乐史参考图片	10954, 10955	中国印石趣赏	8467
中国音乐史纲	10954, 10955	中国印石图谱	8466
中国音乐史纲要	10963	中国印石心赏	8466
中国音乐史话	10950, 10974	中国印学年表	8460
中国音乐史料陈列室说明	10955	中国印学年鉴	8463
中国音乐史略	10964, 10972	中国印章鉴赏	8463
中国音乐史论稿	10961	中国印章史	8466
中国音乐史图鉴	10968	中国印章艺术	8475
中国音乐书谱目录	11353	中国应当对于人类有较大的贡献	2779, 3190,
中国音乐书谱志	10807	4003	
中国音乐通史简编	10971	中国应用电视学	13063
中国音乐往哪里去	10906	中国楹联第一城——曲阜楹联集	8341

中国楹联精萃	8341	中国幽默画 1200 幅	3441
中国楹联墨迹荟萃	8346	中国油画	2800
中国影星	9033	中国油画百年图史	1081
中国影片大典	13159	中国油画大家·靳尚谊	1421
中国影视歌剧歌曲精选	11927, 11928	中国油画家	2826
中国影视歌曲	11928, 11930	中国油画家风格论	1081
中国影视歌曲·歌剧选曲	11930	中国油画鉴赏	1076
中国影戏	12980	中国油画鉴赏与收藏	1082
中国影戏大观	13168	中国油画肖像艺术百年	2829
中国影戏与民俗	12981	中国油画肖像艺术百年展图录	2826
中国影星大观	13185	中国油画展选辑	2800
中国硬笔书法	7511, 7587	中国油画展作品选	2804
中国硬笔书法百日速成指南	7560	中国油画作品展览目录	2798
中国硬笔书法大成	7602, 7603	中国鱼纹图案集	10322
中国硬笔书法大观	7612	中国渔歌选	11809
中国硬笔书法大字典	7512	中国玉	412
中国硬笔书法概论	7463, 7512	中国玉精品图录	431
中国硬笔书法鉴赏辞典	7543	中国玉器大全	410
中国硬笔书法金奖字帖	7587, 7588	中国玉器雕饰艺术	10333
中国硬笔书法艺术	7543	中国玉器全集	8653
中国硬笔书法艺术家精品	7543	中国玉器赏鉴	425
中国硬笔书法艺术精品大典	7560	中国玉石雕刻工艺技术	8623
中国硬笔书法指南	7560, 7588	中国寓言故事	6240, 6595
中国硬笔书法字典	7625	中国寓言名篇钢笔行书字帖	7487
中国硬笔之冠	7543	中国豫剧	12961
中国优秀版画家作品选	3066	中国豫剧大词典	12959
中国优秀传统歌曲选	11495	中国元代艺术史	266
中国优秀传统文化三字经	7352, 10974	中国园林	8815, 8853
中国优秀动画片精萃	6727, 6728	中国园林风光	9894
中国优秀漫画选	3529	中国原始雕塑研究	8613
中国优秀民歌选	11810	中国原始社会雕塑艺术	8606
中国优秀企业家的风采	2817	中国原始艺术	270, 273
中国优秀中小学生歌曲集	12043	中国原始艺术精神	261
中国幽默画	3419	中国猿人	5190
中国幽默画 300 幅	3423	中国远古暨三代艺术史	266

书名索引

中国越剧	12940	中国之天然美及艺术美	8866
中国越剧小百花名剧名段集萃	11878	中国之最钢笔字帖	7588
中国越剧音乐研究	11161	中国支队	5000
中国云南	8975	中国织绣鉴赏与收藏	10364
中国云南百鸟图	1417	中国纸马	3059
中国云南红河哈尼族民歌	11818	中国中青年画家自选作品集	2804
中国云南农村妇女自我写真集	8962	中国中青年书法论文集	7295
中国云南少数民族图谱	2966	中国中学生硬笔书法大全	7588
中国运动员之歌	11517	中国中央乐团在日本访问演出	11356
中国杂技	10514, 12988, 12989	中国中央美术学院油画系	2833, 2834
中国杂技精粹	12993	中国众画堂珍藏墨宝集	1485
中国杂技史	12993, 12999	中国诸神图集	10307
中国杂技艺术	12987, 12989	中国竹笛名曲荟萃	12272
中国早期反帝歌曲选辑	11610	中国竹工艺	10708
中国早期摄影作品选	8892	中国竹刻艺术	8656
中国早期摄影作品选(1840—1919)	8820	中国竹艺术	10697
中国早期无产阶级革命家的故事	6419	中国主要开放港口	8899
中国灶君神码	3053	中国著名碑帖选集	7740
中国造型	127, 10688	中国著名古典戏剧故事	6420
中国造型艺术辞典	133	中国著名国画家百人作品选	2294
中国战争画卷	6419	中国著名画集作品选：96 记事年历	2680
中国章草名帖精华	8421	中国著名画家马瑗国画作品集	2113
中国掌中艺术	13006	中国著名徽标形象释义	10388
中国沼气	5878	中国著名童话画库	6420
中国折纸大全	10700	中国著名艺术表演团体	351
中国浙江	8904, 8971	中国篆刻	8464, 8467
中国浙江衢州柯城	8906	中国篆刻大辞典	8467
中国珍石	10721	中国篆刻大字典	8465
中国筝艺大全	11337	中国篆刻技法	8478
中国正北方	8971	中国篆刻学	8461
中国正书大字典	8397	中国篆刻艺术	8458
中国之梦	335	中国篆书大字典	8356, 8361
中国之命运漫画集	3399	中国篆书名帖精华	8361, 8362
中国之诗	12178	中国装饰吉祥图案	10307
中国之塔	2880	中国装饰剪纸艺术	10704

中国历代图书总目·艺术卷

中国装饰纹样	10318	中华大地	9112
中国壮族女画家苏秀玲水彩画集	2966	中华大家唱	11506
中国紫砂	8664, 10656	中华大家唱(卡拉OK)曲库	11732, 11985
中国紫砂艺术	10656	中华大家唱卡拉OK金曲	11736
中国自然保护区——九寨沟	9078	中华大家唱卡拉OK曲库精选	11742
中国自然奇景大观	9128	中华当代翰墨艺术品精萃	2295
中国字画装裱	1065	中华雕刻史	8605, 8608
中国字快写法	7248	中华俄文习字帖	8593
中国宗教美术史	458	中华儿女多奇志	3017
中国宗教艺术大观	447	中华儿女多奇志 不爱红装爱武装	3754
中国宗教音乐	10919	中华儿女多奇志 不爱红装爱武装	1801
中国组曲	12188	中华风采	8899
中国最大的淡水湖鄱阳湖	8859	中华风貌	9112
中国最美丽的地方	9130	中华钢笔草书篆书之最	7543
中国最新工笔重彩佳作集	2344	中华钢笔行书之最	7543
中国最新流行交谊舞速成	12645	中华钢笔楷书之最	7544
中国左翼电影运动	13190	中华钢笔隶书之最	7544
中国左翼戏剧家联盟史料集	12779, 12780	中华歌王	12391
中韩美术书法交流展优秀作品集	1347	中华各民族大团圆万岁	2344
中韩南宋绘画之研究	847	中华各民族人物头饰艺术粘贴	10721
中韩南宗绘画之研究	578	中华工艺至美的陶瓷	414
中韩书法家作品宝典	8323	中华古词硬笔字帖	7588
中韩书画名家大师精品大典	1354	中华古都	9085
中和韶乐	10941	中华瑰宝	8863
中和之美	076	中华瑰宝知多少	122
中亨杯全国书画大展精品选	2318	中华国宝	256, 431
中华	8899	中华国宝百科大典	436
中华·迪斯科	11713	中华国宝大典	431
中华爱国将领画传	6476	中华国剧史	12769
中华百杰图传	6476, 6477	中华好	4337
中华百年史诗行草书法欣赏	7405	中华红歌星压台金曲大全	11742
中华成语故事	6420, 6421	中华花艺	10602
中华传统美德画集	6514	中华魂	11986
中华窗帘	10602	中华魂楹联书画墨迹选	8312
中华瓷器样本	10640	中华吉祥墨宝大字典	8353

书名索引

中华吉祥物大图典	10312	中华木刻集	2976
中华剪纸藏书票	10688	中华女儿	5052
中华巾帼	4584	中华女画家邀请展作品集	1326
中华金曲宝典	11988	中华平民教育促进会定县实验区戏剧研究委员	
中华京剧名段集粹	11877	会第一号报告	12747
中华经典名言选粹	7574	中华七体大字典	8344
中华景象	8866	中华漆饰艺术	10643, 10648
中华崛起日新月异	3362	中华奇女子	2400
中华口琴界	12185, 12186	中华旗袍	10362
中华口琴界纪念特刊	12487	中华青年钢笔书法协会书法家中国钢笔书法大	
中华揽胜	8892	赛获奖者爱国诗钢笔字帖	7425
中华乐学通论	10962	中华情歌 101 首	11985
中华历史名人纪念楹联	8341	中华全国电影艺术工作者协会章程	13173
中华六十景诗书画印集	2344	中华全国文学艺术工作者代表大会美术作品选	
中华绿色明珠	9127	集	276
中华漫画选刊	3517	中华全国文学艺术工作者代表大会艺术展览会	
中华美少年	2400	美术作品选集	276, 347
中华美术丛书	235, 236, 237, 238	中华人民共和国成立十周年纪念画册	8879
中华美术民俗	114	中华人民共和国第 6 届全国美术作品展览落选	
中华美术图集	246	作品选	307
中华美文钢笔行书	7560	中华人民共和国第三届国际摄影艺术展览作品	
中华民国国歌	12051	集	10136
中华民国美术史	261	中华人民共和国电影事业三十五年	13182
中华民间常用对联	8242	中华人民共和国国歌	4855, 11536, 11537, 11538
中华民间艺术大观	10707	中华人民共和国国歌	11537
中华民俗吉祥图	10342	中华人民共和国国歌, 国际歌	11537
中华民族大团结万岁	3362	中华人民共和国国歌歌词篆刻	8593
中华民族的保护神与繁衍之神	10683	中华人民共和国户口登记条例通俗图解	4919
中华民族魂歌曲总汇	11524	中华人民共和国婚姻法	3370, 6210
中华民族优秀传统文化丛书	269	中华人民共和国婚姻法图解	5525
中华名画	1501	中华人民共和国纪念币	10648
中华名家墨宝	1485	中华人民共和国继承法	3370
中华名人扇面大观	1640	中华人民共和国经济合同法	6210
中华名胜	9142	中华人民共和国矿产资源法宣传画	3386
中华魔术百变与解秘	12997	中华人民共和国明清工艺美术展览会在日本展	

中国历代图书总目·艺术卷

出	10196	中华书法大字库	8353
中华人民共和国全民所有制工业企业法宣传挂		中华书法史	7261
图	3374	中华书法篆刻大辞典	7159
中华人民共和国万岁	3098, 3108, 3132, 3151,	中华书画集萃	1354
	3203, 3215, 3216, 3231, 3267, 3294, 3324,	中华书局精印书画目录	1473
	3362, 3375	中华四季	9130, 9139
中华人民共和国万岁！	3159	中华颂	11539
中华人民共和国文化部、中国文学艺术界联合		中华颂歌百首	11535
会举办三年来全国群众歌曲评奖得奖歌		中华腾飞	8889
曲集	11575, 11576	中华娃喜迎香港回归书画大展精品集	6768
中华人民共和国文化部、中国文学艺术界联合		中华伟男子	2401
会联合举办三年来全国群众歌曲评奖得		中华文化集粹丛书	259
奖歌曲集	11576	中华文化精粹	1315
中华人民共和国宪法	3370	中华文化十万个为什么	274, 7405, 10978
中华人民共和国香港特别行政区基本法墨宝集		中华文明之光	274
	8312	中华五千年	6477, 6572
中华人民共和国刑法	3370, 6210	中华五千年经典故事连环画	6572, 6573
中华人民共和国治安管理处罚条例图解	4919,	中华五千年全国书画大奖赛作品集	2244
5525		中华五千年史演义	6596
中华少儿传统美德故事	6595, 6596	中华五千年文史连环画库	6421
中华少儿书法标准字范	8285	中华五千年文物集刊	396, 397, 398, 399, 400
中华少年精英百图	2398	中华五岳	4338
中华少年精英画传全书	6477	中华武术	4662, 9252, 9253, 9254
中华摄影文学	8904	中华武术放光彩	4507
中华圣地	9120	中华舞蹈志	12581
中华圣教经歌	12438	中华西洋花	10563
中华胜景	9120	中华戏剧	12845
中华胜境	2877	中华戏曲	12849, 12850
中华盛世·五喜夺魁	4762	中华戏曲武功	9254
中华诗书画三绝	1520	中华戏曲音乐院北平戏曲专科学校概况	13010
中华十字图案	10345	中华小英雄故事系列	6378
中华实用楹联硬笔字帖	7588	中华姓氏书法大辞典	7405
中华手工十字图案	10344, 10345	中华炎帝故乡印谱	8578
中华书法大典	8350	中华一日	8907
中华书法大字典	8354	中华艺术大观	249

书名索引

中华艺术史纲	247	中老年养生保健习字功	7574
中华艺术图录	215	中老年运动迪斯科	12646
中华艺术文化辞典	050	中乐秘笈	11292
中华艺术楹联硬笔字帖	7588	中乐寻源	10948, 10949
中华艺术之花	12728, 12729	中流砥柱	9292, 9293
中华音乐风采录	10914	中路梆子小宴	9946
中华音乐会	12390	中麓画品	742
中华英烈图	2318	中罗两党、两国人民的革命友谊和战斗团结万	
中华英模连环画画丛	6349	岁	9285
中华影业年鉴	13303	中美歌选	12353
中华硬笔书法精粹	7463	中美文化在戏剧中交流	13017
中华硬笔书法作品集	7603	中美院九七中国水墨画邀请展作品集	2295
中华硬笔之最	7544	中南风光	8869
中华杂技团	4884	中南歌曲选	11406
中华珍宝选粹	417	中南国画创作选集	1729
中华正气歌99首	11506	中南海	8887, 9065, 9865
中华之光	4662, 8853, 8901	中南海风光	9065, 9074, 9085, 9104, 9112, 9828
中华中老年健身舞	12601	中南海古迹楹联	7743
中级电子琴教程	11285	中南海新华门	9297
中级独奏口琴名曲集	12487	中南海迎春书画展作品选	2000
中级书法教本	7238	中南海珍藏画集	2229
中级书法教程	7388	中南海珍藏书法集	8273
中计脱靴	6171	中南海珍藏书画集	2190
中阶主义	484	中南两党、两国和两国人民友好关系史上新的	
中楷描临帖	8382	里程碑	9285
中楷字帖	8380, 8381, 8382	中南少数民族染织图案选集	10243
中堇菌	1663	中南土地改革的伟大胜利	8869
中老年迪斯科	12646, 12647	中尼友谊之路	11628
中老年迪斯科集锦	12647	中年硬笔书法	7433
中老年迪斯科健身舞	12601	中青年国画家	2295
中老年迪斯科舞图解	12669	中青年国画家作品精选	2113
中老年健身迪斯科	12601	中青年花鸟画家作品选	2505
中老年健身舞教学指导	12602	中青年画家插图作品集	6608
中老年人书法速成	7343	中青年人物画家作品选	2365
中老年舞蹈	12602	中青年山水画家作品选	2432

中青年书法家硬笔书法作品选	7512	中山纪念堂	9120
中青年现代中国画选	2033	中山狼	6403
中青年油画家百人作品	2826	中山狼图	1061
中秋佳色	4762	中山陵	9805
中秋节	5737	中山陵园	8890
中秋联句	1897	中山陵园风光	9851
中秋颂	4662	中山琴谱大观	12057
中秋月圆	4748	中山市长江游乐场	10106
中秋之夜	5052, 9069	中山先生墨迹选萃	8183
中日百人书法作品集	8242	中山先生史画十种	2587
中日编织工艺交流展	10365	中师美术课外活动指导	354
中日藏书票作品选	3043	中师书法教程	7160
中日电影演员沈丹萍和绀野美沙子	9579	中石钞读清照词	8301
中日儿童版画交流十年录	1215	中石夜读词抄	8210
中日钢笔书法精品集	7613	中世纪及文艺复兴早期绘画	6836
中日高僧书法选	7728	中式盘扣制作技法	10367
中日合同美术展画集	1929	中书楷诀	7196
中日两国电影演员在一起	9532	中苏名歌集	11392
中日两国电影演员在一起,中野良子、张金玲、		中苏人民的友谊万古长青	3114
栗原小卷	9532	中苏少年儿童图画选集	6745
中日青年友好联欢歌曲集	12380	中苏同盟力量大	5000
中日书潮名作展	8301	中苏团结世界和平	1754
中日书法百家墨迹精华	7668	中苏友好歌集	11396
中日书法交流展	8202	中苏友好歌选	12360, 12365
中日书法艺术比较	7311	中苏友好画史	4884
中日书法作品汇观	8301	中苏友好集体农庄	8876
中日双秀图	8844	中苏友好月	13235
中日现代美术通鉴	115	中苏友谊万古长青	3108
中日乡土玩具	1406	中苏友谊万岁	3098
中日音乐交流史	10978	中苏友谊之歌	11947
中日友好·源远流长	3362	中堂画	4748
中山	5704, 8890	中提琴独奏名曲集	12181
中山长江游乐场	9085	中提琴艺术史	11189
中山公园	9120	中途岛大海战	6210
中山公园桃花坞	10109	中途岛海战	6210

书名索引

中途岛之战	6349	中外雕塑名作欣赏	8610
中外爱情歌曲 100 首	12429	中外儿童动画集萃	7078
中外爱情歌曲 300 首	12430	中外儿童歌曲精选	12448
中外爱情名诗钢笔字帖	7487	中外儿童歌曲选	12444
中外爱情诗钢笔字帖	7442	中外儿童金曲 100 首	12447
中外爱情诗选钢笔字帖	7463	中外法制电影赏析	13140
中外爱情絮语精粹钢笔字帖	7512	中外飞机装饰图案	10781
中外爱语钢笔书法	7560	中外风景花鸟动物黑白装饰小画	10318
中外百兽画谱	1424	中外钢琴变奏曲选	12523
中外包装与外观设计大观	10756	中外钢琴名曲 11250, 11251, 11252,	12530
中外包装装潢选	10727	中外钢琴名曲精选	12530
中外兵器装饰图案	10781	中外钢琴曲选	12523
中外插图艺术	7061	中外歌咏入门	11031
中外插图艺术大观	7065	中外歌曲 250 首	12378
中外城市园林雕塑图选	8604	中外歌曲 300 首	12375
中外橱窗设计选	10741	中外歌曲精选	12392
中外床饰·窗帘精选	10781	中外歌曲选	12385
中外地纹装饰	10731	中外歌坛名家明星名曲经典	12389
中外电视剧主题歌选	12422	中外格言钢笔字帖	7603
中外电影·电视·抒情·流行歌曲集	12383	中外古典艺术鉴赏辞典	101
中外电影电视歌曲选	12420	中外国歌纵横谈	12384
中外电影电视新歌 200 首	12420	中外好歌金曲精选	12389
中外电影发展简史	13187	中外好歌精典大全	12390
中外电影荟萃	13113	中外合唱歌曲选	12432
中外电影集锦	13106	中外合唱名曲	12431
中外电影佳作赏析	13125	中外黑白木刻选	6920
中外电影简史	13185	中外画家谈素描	1109
中外电影节电影奖博览	13188	中外画选	6791
中外电影名连缀	13063	中外诙谐歌曲一百二十首	12382
中外电影名作	13126	中外火花	10736
中外电影史初论	13195	中外吉他独奏曲集	12483
中外电影史话	13189, 13199	中外吉他名曲选	12481
中外电影院经营大全	13283	中外纪录片比较	13298
中外电子琴曲 100 首	12557	中外建筑风光装饰图案	10781
中外雕塑比较研究	8603	中外舰船装饰图案	10781

中国历代图书总目·艺术卷

中外交谊舞伴奏伴唱流行金曲 100 首	12406	中外美术名作欣赏	534
中外节日图案集	10307	中外美术史	195
中外金曲	12386	中外美术史大事对照年表	182
中外金曲 120 首	12384	中外美术字	7638, 7644
中外金曲旋转舞台	12389	中外美术字 2000 例	7641
中外进行曲	12390	中外美术字大系	7647
中外经典儿童歌曲选	12448	中外美术字写法	7649
中外经典美术赏析	118	中外民歌 300 首	12412
中外经典音乐欣赏	10878	中外民间装饰大观	10741
中外酒标大观	10767	中外名歌 666 首	12385
中外居室情趣 1000 例	10760	中外名歌大全	12386, 12391
中外军旅名歌经典	12391	中外名歌大全 1000 首	12391
中外卡通图案 1100 例	6630	中外名歌金曲大全	12390
中外刊头新编	10754	中外名歌精选	12382, 12387
中外科学发明小故事	6553	中外名歌名曲欣赏	10867
中外科学家宣传画小辑	3338	中外名歌三百首	12400
中外科学巨匠	3530	中外名歌圣经	12410
中外老漫画	1249	中外名歌一百曲	12355
中外流行电影歌曲二百首	12420	中外名花	9313
中外流行电影名歌集	12413	中外名画	541
中外流行钢琴曲系列	12530	中外名画赏析	547
中外流行歌词精选	12409	中外名画欣赏	523, 535
中外流行歌曲	12404, 12409	中外名家小品精萃钢笔字帖	7560
中外流行歌曲 100 首	12403	中外名剧欣赏	12729
中外流行歌曲 200 首	12406	中外名片赏析	13157
中外流行歌曲 1000 首	12409	中外名曲 50 首欣赏	10883
中外流行歌曲精选	12409	中外名曲 100 首欣赏	10881
中外流行名歌荟萃	12409	中外名曲电子琴演奏	11289
中外马戏	4584	中外名曲口琴曲集	12512
中外漫画人物造型	6946	中外名曲赏析	10868, 10894
中外漫画形象大观 10000 例	6990	中外名曲欣赏	10867, 10873, 10894
中外漫画艺术大观	7003	中外名曲欣赏指南	10870
中外美术简史	185	中外名曲旋律辞典	12353
中外美术简史对览	188	中外名曲一百首	12479
中外美术交流史	212	中外名人格言钢笔字帖	7544

书名索引

中外名人名言	7544	中外少儿优秀合唱歌曲精选	12447
中外名人名言钢笔字帖	7463	中外少年儿童歌曲	12448
中外名人名言精选钢笔字帖	7544	中外少年儿童歌曲200首	12445
中外名人奇谋妙计	6553	中外少年儿童歌曲500首	12447
中外名人与音乐	10834	中外少年儿童歌曲大全	12448
中外名人座右铭钢笔字帖	7512	中外摄影参考	8689
中外名胜画中游	2886	中外摄影之最	8705
中外名诗钢笔字帖	7464	中外声乐曲选集	11135
中外名言钢笔习字帖	7464	中外实用美术字及装饰框	7641
中外名言钢笔字帖	7560	中外手风琴复调乐曲精选	12216
中外名著精彩描写钢笔书法	7442	中外书法家作品展览选集	8202
中外摩托车装饰图案	10781	中外书画家作品大观	204
中外木刻集	6914	中外抒情独唱名曲选	12429
中外男声四重唱曲50首	12430	中外抒情歌曲240首	12431
中外扑克魔术	13007	中外抒情歌曲300首	12428, 12429
中外扑克牌设计精选集	10771	中外抒情歌曲集锦	12430
中外汽车装饰图案1000例	10781	中外抒情歌曲选	12429
中外轻歌曲选	12382	中外抒情诗选钢笔字帖	7464
中外轻歌曲选集	12432	中外抒情小提琴名曲精选	12476
中外情歌精选	12432	中外坦克装饰图案	10781
中外人体摄影艺术欣赏	10142	中外陶瓷纹样	10736
中外人体水彩画选	6911	中外通俗电子琴曲101首	12556
中外人物肖像速写	2908	中外通俗钢琴曲集	12512
中外人物幽默画300幅	6943	中外通俗歌曲250首	11718
中外人物装饰画资料	10739	中外通俗歌曲大全	12406
中外萨克斯管独奏曲集	12458	中外通俗歌曲鉴赏辞典	10872
中外商标选萃	10741	中外通俗口琴曲选	12507
中外少儿电子琴曲精选	12557	中外通俗名曲赏析	10874
中外少儿钢琴曲精选	12536	中外童话故事	7544
中外少儿歌曲1300首	12448	中外童话精粹	6477
中外少儿歌舞精选	12658	中外童话音乐欣赏	10868
中外少儿流行歌曲钢琴伴奏曲谱	12524	中外童声合唱歌曲50首	12448
中外少儿名歌经典	12448	中外童声合唱歌曲精选	12447
中外少儿手风琴曲精选	12536	中外图案选	10733
中外少儿小提琴曲精选	12477	中外图案装饰风格	10731

中国历代图书总目·艺术卷

中外图案装饰纹样集萃	10781	中外影视剧金曲大观	12423
中外娃娃图案集	10278	中外影视口琴曲集	12512
中外文美术字体设计	7644, 7645	中外影视名曲选	12421
中外舞蹈思想教程	12573	中外影视名作辞典	13063
中外戏法图说	12999	中外影视新星	13218
中外戏剧美学比较简论	12705	中外影坛轶事	13313
中外戏剧名篇赏析	12733	中外影星	9010
中外新魔术	12996	中外优秀歌曲 260 首	12386
中外学校唱歌集	12353	中外优秀歌曲大全	12388, 12389
中外烟标鉴赏大全	10760	中外优秀歌曲集锦	12384
中外烟标套标集萃	10764	中外优秀合唱歌曲 100 首	12430
中外摇篮曲	12445	中外优秀口琴独奏重奏曲集	12512
中外摇篮曲选	12445	中外优秀口琴歌曲选	12503
中外艺术百科辞典	050	中外幽默画选	6939
中外艺术插花作品选	10602	中外油画名作赏析	1089
中外艺术创作心理学	019	中外幼儿歌曲集锦	12447
中外艺术辞典	167	中外幼儿歌曲精选 150 首	12446
中外艺术家的道德情操	084	中外幼儿歌舞集锦	12446
中外艺术精萃	115	中外寓言故事	7544
中外音乐家画像	3381	中外寓言名篇钢笔书法	7442
中外音乐交流史	10928	中外赠言贺辞精品	7588
中外音乐名作赏析	10874	中外智慧故事	6477
中外音乐名作欣赏	10879, 10883	中外著名爱国流行歌曲选	12409
中外音乐名作选析	10899	中外著名歌曲宝典	12391
中外音乐与名曲赏析	10894	中外著名歌星歌曲精选	12431
中外音乐作品欣赏	10871, 10881	中外著名科学家肖像挂图	3381
中外影剧	12689	中外著名科学家音乐家肖像画	6798
中外影视儿童歌曲 200 首	12445	中外著名流行歌曲总库	12409
中外影视歌曲 128 首	12423	中外著名民间歌曲集萃	12412
中外影视歌曲 200 首	12421	中外著名少年歌曲	12448
中外影视歌曲大观	12424	中外著名少年歌曲选	12446
中外影视歌曲画册	12420	中外著名抒情歌曲三百首	12352
中外影视歌曲精粹	12421	中外著名文学家木刻肖像选	3049
中外影视界	13316	中外著名幼儿歌曲集	12447
中外影视剧歌曲大观	11930	中外装饰画集	10736

书名索引

中外装饰人物图集	10746	中西造型艺术赏析	137
中外装饰图案资料	10736	中小学爱国主义教育影视片歌曲集	11929
中外装饰纹样设计大系	10760	中小学八孔竖笛实用教程	12161
中外装帧艺术论集	10739	中小学板报报头画集	10292
中外字体集粹	7652	中小学板报图案集	10307
中外字体设计	7642	中小学报头设计	10342
中晚唐五代书论	7374	中小学唱歌比赛会用歌曲	11365, 12354
中文美术字设计技法	7641	中小学唱歌教学法	11111
中文名歌五十曲	11364	中小学古诗词钢笔字帖	7561, 7613
中文艺术字	7645	中小学合唱歌曲选萃	11984
中文字体设计	7639	中小学黑板报设计	10327
中西比较戏剧研究	12698	中小学黑板报图案设计手册	10342
中西画集	1280, 6771	中小学京剧读本	12892
中西画论选解	482	中小学楷书·行书硬笔书法字帖	7512
中西画学纲要	471	中小学生百部爱国主义影视片观赏指南	13154
中西绘画构图之比较	558	中小学生板报图案集	10307
中西经典名曲欣赏	10894	中小学生常用成语钢笔字帖	7512
中西乐器大观园	11167	中小学生唱歌入门	11122
中西美术字谱	7626	中小学生钢笔楷书字帖	7512
中西美学艺术比较	067	中小学生钢笔字帖	7411, 7464, 7574
中西名曲欣赏	10874	中小学生钢笔字帖及练习方法	7411
中西图案画法	10238	中小学生钢笔字帖系列	7603
中西图案图集	10237	中小学生格言·警句·赠言硬笔书法	7561
中西舞蹈比较研究	12568	中小学生合唱曲集	12446
中西戏剧比较教程	12693	中小学生楷书字帖	8382, 8394
中西戏剧比较论稿	12695	中小学生毛笔字帖	8377, 8407, 8438
中西戏剧美学思想比较研究	12705	中小学生普及歌曲选	11507
中西艺术比较	031	中小学生墙报刊头资料集	10282
中西艺术的文化精神	531	中小学生日常行为规范钢笔字帖	7442
中西音乐大会	10949	中小学生书法入门	7295
中西音乐的研究与乐教探讨	10799	中小学生舞蹈基本训练	12583
中西音乐发达概况	10921	中小学生学古诗实用钢笔字帖	7574
中西音乐集	12453	中小学生学口琴	11259
中西音乐交流史稿	10926	中小学生学摄影	8751
中西音乐源流 谈古琴 古琴指法	10920	中小学生学写美术字	7645

中国历代图书总目·艺术卷

中小学生硬笔书法字帖	7442	中学生钢笔行书字帖	7512, 7561
中小学生作文精粹钢笔字帖	7561	中学生钢笔行书字帖：历代咏花诗选	7561
中小学师生简笔画	1130	中学生钢笔练字帖	7411
中小学实用板报图案集	10292	中学生钢笔书法	7589
中小学实用黑板报	10292	中学生钢笔书写技法	7488
中小学小报版式设计	10333	中学生钢笔正楷字帖	7488
中小学校"五爱"教育歌曲百首	11491	中学生钢笔字帖	7414, 7625
中小学校园歌曲集	11521	中学生歌曲100首	12446
中小学学生常用典故图画集	6279	中学生歌曲108首	11512
中小学学生钢笔字帖	7613	中学生歌曲200首	12446
中小学英语歌曲集	11484	中学生歌曲集	12038
中小学语文课文钢笔字帖	7512	中学生歌曲选	11486, 11495, 11524
中小学语文诗词百首隶书字帖	8370	中学生歌声	11473
中心的力量	138	中学生规范钢笔字帖	7544, 7613
中兴名将图	1598	中学生规范钢笔字帖 楷书	7561
中学爱国歌曲	11521	中学生合奏曲集	12329
中学毕业以后	3785	中学生漫画精选	3449, 3497
中学毕业证书	13260	中学生日常行为规范楷书帖	8389
中学电影观赏指南	13154	中学生摄影入门	8751
中学钢琴初级教程	11222	中学生实用钢笔字帖	7589
中学歌选	11395	中学生守则	3381
中学古代诗文三体钢笔字帖	7603	中学生守则图册	5737
中学古诗词钢笔行书字帖	7464	中学生文言故事连环画	6477
中学古诗钢笔字帖	7419	中学生习字帖	8342
中学古诗文钢笔字帖	7512	中学生喜爱的歌	11501
中学古文连环画	6020	中学生喜爱的歌123首	11484
中学教师进修高等师范专科美术教育专业教学大纲	488	中学生喜爱的流行歌曲	11713
中学教师进修高等师范专科音乐教育专业教学大纲	10824	中学生学摄影	8801
中学历史课文钢笔字帖	7487	中学生音乐欣赏基础	10874
中学摄影基础	8770	中学生英文歌曲集	12388
中学生成语钢笔字帖	7464	中学生英语歌曲	11475
中学生点播歌曲	11488	中学生英语歌曲选	11484
中学生钢笔行楷规范字帖	8434	中学生硬笔行书字帖	7603
		中学生硬笔楷书行书字帖	7603
		中学生优秀作文行书钢笔字帖	7513

书名索引

书名	编号	书名	编号
中学生周历：1986	10490	中央工艺美术学院设计作品选	10233
中学生自绘报头集	10229	中央工艺美术学院艺术设计	354
中学生字帖	8381, 8382, 8401	中央工艺美术学院艺术设计论集	10191
中学师范应用美术	351	中央工艺美术学院院藏珍品图录	10746, 10747
中学校歌集	11501	中央工艺美术学院装潢艺术设计系黑白画作品	
中学校园歌曲	11486, 11491	集	10569
中学校园革命歌曲20首	11724	中央工艺美术学院装潢艺术设计系师生作品集	
中学音乐教材	10791		10391
中学语文词语钢笔字帖	7442	中央广播艺术团	348
中学语文散文精选钢笔行书字帖	7575	中央国家机关书法美术摄影展览优秀作品集	
中学语文新编配曲古诗词	11495		342
中学语文新编配曲古诗词	11495	中央军事委员会主席邓小平检阅受阅部队	
中亚佛教艺术	455		9327
中亚各族文化艺术史	371	中央领导和洛阳人民在一起	8908
中亚古代艺术	372	中央领导在广东纪影	8859
中央电视台《小书画家》电视讲座节目少儿美术		中央陆军军官学校军歌集	11385
教材	1267	中央美术学院 浙江美术学院素描作品选集	
中央电视台春节联欢晚会十年金曲100首			2898
	11513	中央美术学院壁画系	356
中央电影局艺术处资料	13025, 13253	中央美术学院壁画系：1979—1999	6628
中央电影局艺术委员会资料	13174	中央美术学院壁画系教师优秀美术作品选	
中央电影企业股份有限公司出品目录	13290		353
中央电影企业股份有限公司章程	13173	中央美术学院陈列馆馆藏欧洲油画原作	6867
中央歌剧院院史文集	12783	中央美术学院雕塑系素描	2921
中央歌舞团民族器乐创作曲选	12248	中央美术学院雕塑艺术创作研究所雕塑五十年	
中央歌舞团团史	12672		8638
中央工艺美术学院99届设计作品集	10236,	中央美术学院附属中等美术学校色彩写生作品	
	10237	选	2954
中央工艺美术学院高考指南	10189	中央美术学院附属中等美术学校素描基础教程	
中央工艺美术学院染织·服装艺术设计系师生			1127
作品集	10363	中央美术学院附属中等美术学校素描作品集	
中央工艺美术学院入学考试专业试卷评析			2894
	10193	中央美术学院附中历届学生优秀作品选	1354
中央工艺美术学院入学考试专业试卷评析：素		中央美术学院附中学生生活速写集	2894
描、速写、色彩专业设计基础	492	中央美术学院附中学生习作	1324

中央美术学院老教授油画新作集	2817	中央音乐学院小提琴教学曲选	12169, 12170
中央美术学院青年教师油画选集	2810	中野良子	10148
中央美术学院四十年教师优秀作品选	1315	中音练声曲	12442
中央美术学院素描回顾作品集	2902	中印艺术因缘	172
中央美术学院油画师生作品选	2783	中印友谊	8628
中央美术学院中国画系教师作品集	2318	中英钢笔字帖	7464
中央美术学院中国画系教师作品选集	2170	中英书法艺术比较	7388
中央美术学院中国画系素描	2921	中英文对照钢笔字帖	7443
中央人民政府文化部、中国文学艺术界联合会		中英文美术字设计原理与应用	7654
举办三年来全国群众歌曲评奖得奖歌曲		中影三十五年	13183
集	11576	中庸	3441
中央人民政府文化部第一届全国民间音乐舞蹈		中游记	5618, 5619
会演大会演出节目说明	12559	中原·一代传统农民	8989
中央人民政府政务院关于加强电影工作的决定		中原霸主	5737
	13306	中原赤子张环礼	6421
中央实验话剧院	13019	中原大战	6279
中央实验话剧院建院三十周年纪念册	13017	中原父老	8987
中央苏区美术史	274	中原歌声	11560, 11650
中央苏区时期的歌曲	11574	中原女烈	5442
中央苏区文化艺术史	273	中原铁道	8702
中央文史研究馆馆员作品选集	1316	中原音韵	10933
中央音乐学院长笛教学曲选	12158	中岳少林	6171
中央音乐学院单簧管教学曲选	12157, 12158	中岳嵩高灵庙碑	7803
中央音乐学院第一次歌曲创作比赛获奖歌曲集		中岳嵩山	9069
	11413	中越人民并肩前进	12543
中央音乐学院海内外长号(业余)考级教程		中越人民共同战斗	11635
	11176	中越人民肩并肩	11628, 11635
中央音乐学院海内外单簧管(业余)考级教程		中越人民团结在一起战斗在一起胜利在一起	
	11174		3159
中央音乐学院海内外手风琴(业余)考级教程		中越人民友谊深	3754
	11260	中越团结万岁!	3152
中央音乐学院海内外圆号(业余)考级教程		中职书法基础教程	7388
	11174	中舟藏墨录	1063
中央音乐学院声乐教学曲选	11114, 11115	中州大地尽朝晖	9055
中央音乐学院双簧管教学曲选	12158	中州佛教音乐研究	10918

书名索引

中州歌声	11434, 11435, 11468	钟表脸谱	3518
中州古代篆刻选	8541	钟长生画选	2033
中州剧韵	11145	钟道泉国画选	1983
中州琴谱	12301	钟悫莱文集	13154
中州戏史录	12774	钟鼎猎篆大观	8358
中专钢笔字帖	7561	钟高娘娘	8815
中专键盘伴奏实践	11254	钟耕略	6801
中专学生书法基础练习册	7364	钟鼓管弦	11298
中专学生书法基础训练教程	7352	钟海宏水墨画册	2190
忠	10672	钟涵乡土小品油画	2817
忠诚	5442, 13253	钟家佐诗书	8242
忠诚党的教育事业	3314	钟开天线描集	2229
忠诚战士	5619	钟可大灵飞经	7847
忠肝义胆	4507	钟馗	1676, 1678, 1912, 2017, 4584, 4662, 4748,
忠惠风范	7745		6378
忠魂长存	6020	钟馗	2370, 2376, 2387, 2396
忠烈千秋	5737	钟馗百态	872
忠实的朋友	13257	钟馗百图	313
忠实伙伴	8853	钟馗打鬼	6421
忠实执行毛主席革命路线的好干部王庆云		钟馗嫁妹	4748, 9240, 9245
	5169	钟馗驱狐	6349
忠武王碑	7784	钟馗神威图	1983, 2000
忠义水浒传插图	2992	钟馗神威图	2387
忠义堂	2990, 3615	钟馗搜山图	2387
忠义堂帖	7914	钟馗图	1676
忠义佑民	4834	钟馗与蒲	6477
忠勇故事	4871	钟离岩	6379
忠于毛主席 忘我献青春	3190	钟楼	9990
忠于毛主席 忠于毛泽东思想 忠于毛主席的		钟楼谍影	6020
革命路线	10672	钟楼怪人	13287
忠于毛主席，是最高的党性	5157	钟楼红旗	5302
忠贞之心	5619	钟楼争夺战	6171
忠直的故事	5878, 6477	钟律陈数	11014
终南山下大寨花	5169	钟律书	11014
盅碗舞	4439, 9960	钟律通考	11010

中国历代图书总目·艺术卷

钟律纬	11018	任务	4050
钟茂成改田	5000	衷心拥护华主席	3294
钟鸣翠谷	2033	种地选好种 一垧顶两垧	3108
钟情	9363	种痘防病	1775
钟情者之歌	12430	种果得果	3667
钟球斋脸谱集	12832	种花生的故事	5190
钟嗣乾画集	2230	种花种草美化城乡环境	3355
钟山朝晖	1852	种花种树 美化环境	3345
钟山除害	6715	种活艺术的种子	079
钟山战歌	11683	种菊轩画谱	1607
钟绍京书法精选	7927	种梨	5619
钟绍京书法选	7906	种棉风波	5000
钟绍京小楷	7911	种田人就是能学好用好哲学	3178, 9269
钟绍京小楷习字帖	7911	种田为革命	3757
钟绍京小楷字帖	7862, 7863	种田为革命 握枪保江山	3769
钟绍憬墨迹	8323	种榆仙馆印存	8525
钟声	5737, 12145	种榆仙馆印谱	8506
钟声手书条幅	8114	种榆仙馆印选	8525
钟声震荡	5302	种玉山庄铁笔	8494
钟式震风景画选	2113	种植棉花机械化	4919
钟孝君书法作品选	8242	种子	5335
钟繇书宣示表	7803	种子队良种丰产	3713
钟繇小楷习字帖	7808	种子金灿灿	5244, 5271, 5272
钟以勤油画	2826	种子年年选 产量年年高	3122
钟艺兵艺术评论选	13165	种子选得好 产量年年高	3713
钟毅青摄影集	8990	种籽试验	3754
钟元常荐季直表	7784	仲姑乐论	11015
钟增亚中国画选集	2344	仲姑律学	11010
钟正川画集	2230	仲穆撄刻秦汉印存	8517
钟质夫画集	2535	仲夏	9387
钟质夫课徒画稿	985	仲夏夜之梦	7056
钟质夫没骨画小品	10556	仲夏夜之梦序曲	12542, 12544
衷心爱戴华主席	9986	仲夏之歌	11507
衷心培育接班人	3114	众峰秋色	4584
衷心拥护党中央华主席 加速实现新时期的总		众神的欢宴	6892

书名索引

众手浇开幸福花	11962	周波国画集	2190
众香国	12750	周补田画集	2826
众星捧月	9489	周仓	2662
众志成城	5302	周仓 关平	4662
重彩花鸟画选	1511	周仓 关平	4748, 4855
重大风云	6020	周沧米画集	2190
重大节日·纪念日报头题图集	10342	周昌谷草书三种	8260
重大节日·纪念日装饰图案	10333	周昌谷画集	1912
重大节日刊头·题花	10301	周昌谷画选	1884, 1954
重到延安景倍鲜 昔时栽树已参天 诸君莫问		周昌谷速写	2908
人何似 后约还须订十年	8166	周长忍书画集	2215
重得多和轻得多	6171	周成画集	2318
重得乔楷堂绘西浦图诗	1627	周澄山水画法	904
重耳流亡列国	5737	周澄山水画集	2486
重访井冈山	3017	周处除害	6020, 6172
重集草诀百韵	7220	周处除三害	5738, 6020
重金属吉他演奏教程	11204	周处改过	5878
重刊负米读书补图题咏	7146	周处斩蛟 李广射虎	4439
重刊书法雅言	7220	周处斩蛟 武松打虎	4439
重刻草书要领	7235	周春芽作品集	1402
重刻书法雅言	7220	周达书画辑	2000
重林翠翠	1864	周大风音乐教育文集	10842
重任	4003	周东申人体速写	2889
重任在肩	1811, 3866	周侗故事	6240
重校分部书法正传	7234	周恩来	6573, 13144, 13148
重校书法正传	7234	周恩来 朱德	6349
重要的一课	13244	周恩来邓颖超珍藏书画选	2344
重要一课	3754	周恩来的故事	7544
重忆长征史 继承革命志	3953	周恩来和邓颖超同志	4338
舟山	8943	周恩来画卷	6574
舟山锣鼓	12321	周恩来墨迹	8323
舟中曲	11542	周恩来青年时代诗词钢笔毛笔书法欣赏	8242
周碧初画集	2783, 2814	周恩来青少年时代	5443, 6379
周彬书画集	2244	周恩来诗、邓颖超信书法字帖	8260
周炳与区桃	9006	周恩来诗楷书帖	8396

中国历代图书总目·艺术卷

周恩来诗选	8343	周国瑾作品选	10836
周恩来诗选真行草隶篆五体字帖	8151	周国桢陶瓷艺术	10646
周恩来手迹大字典	8301	周国仲书法作品	8285
周恩来同志	1276, 3387, 4338	周海鹰书孙子兵法	8301
周恩来同志代表中国共产党中央委员会	9002	周红画集	1418
周恩来同志和陈毅同志在一起	2356	周鸿俊书法作品集	8285
周恩来同志青年时代在津革命活动	9002	周华君中国画集	2053
周恩来同志诗	8149	周怀民画集	2170, 2244
周恩来同志诗手迹	8146	周慧珺	8323
周恩来同志题词	8137	周慧珺行楷书千字文	8438
周恩来同志为共产主义光辉战斗的一生	8885	周慧珺行书字帖	8427
周恩来同志为共产主义事业光辉战斗的一生		周积寅美术文集	823
	9284	周加华作品集	1414
周恩来同志为共产主义事业光辉战斗的一生		周建夫人体素描	2886
	9284	周节之印存	8588
周恩来同志像	1275, 1276	周洁	9650, 9712
周恩来同志在长征路上	5443	周进与范进	5878
周恩来同志在长征中	5375	周京新课稿	718
周恩来同志在梅园新村	4003, 6601, 6602	周觉钧画集	2344
周恩来同志在重庆	6601	周觉钧山水画辑	2438
周恩来总理	2792, 9002, 10133	周君言钢笔画选	2915
周恩来总理为雷锋同志题词	8142	周凯画集	2318
周而复书琵琶行	8202	周凯及其武当纪游二十四图	2466
周昉	789	周兰嫂	5525
周昉簪花仕女图	1524	周老实	4919
周逢俊画集	2344	周栎园手辑名人画册	1700
周凤山先生墓志铭	8114	周栎园印人传	8517
周凤羽诗书画印集	2230	周临芥子园画传	1633
周服卿花卉	1564	周霖画集	1984
周刚画集	2344	周霖作品选	1794
周刚杀蜀	6021	周菱画集	1422
周公东征	5878	周抡园山水画集	2453
周公谨印说删	8456	周妹巧戏张三郎	6349
周公瑾印说	8450	周明	9650
周公瑕墨兰	1570	周明画集	2470

书名索引

周末	5080	周思聪	2344
周末的音名和乐调	11027	周思聪画集	2190, 2277
周末练字	7603	周思聪画人体	1278
周末恋爱角	13154	周思聪水墨画	2191
周牧山君山水精品	1640	周铁衡作品选集	2053
周牧山山水精品	1645	周王孙钟集联	8359
周慕莲谈艺录	12931	周卫国水彩画集	2960
周慕莲舞台艺术	12922	周卫油画创意	1079
周甫诗词书法选	8285	周文清藏北宋未断本圣教序	7784
周培源王蒂澂收藏古代书画选	1515	周湘山水画谱	1709
周鹏飞书毛泽东主席书体作品集	8260	周晓光山水画集	2449
周企何舞台艺术	12940	周孝女传	8030
周巧云	4955	周信芳唱腔选	11865
周轻鼎动物雕塑选	8631	周信芳评传	12893
周轻鼎谈动物雕塑	8620	周信芳文集	12877
周憇慎公遗墨	8114	周信芳舞台艺术	12868
周仁耍路	12929	周信芳戏剧散论	12867
周仁献嫂	8826	周信芳演出剧本唱腔集	11872
周三畏挂冠	6021	周信芳艺术评论集	12877
周三畏赠剑	5878	周信芳艺术评论集续编	12877
周山茨翁覃溪书曹宗丕碑传	8044	周信芳与麒派艺术	12891
周山书法	8301	周秀木遗墨	8114
周韶华[画集]	2215	周旭书画集	2244
周韶华国画选	1897	周璇歌曲100首	11927
周韶华画集	2033	周学勤葵乡风情摄影集	8912
周韶华画辑	1912	周延甲筝曲选	12320
周韶华画选	2318	周彦生花鸟画集	2171
周韶华世纪风画集	2295	周彦生画集	2535
周韶华水墨画选	2170	周彦生扇面画艺术	2556
周少白先生法书琴谱	12306	周爷爷关怀我们的成长	4338
周盛泉漫画集	3466	周爷爷教我打乒乓	4106
周石松牡丹画集	2539	周爷爷您太累了	4050
周氏阴骘文印谱	8512	周爷爷永远和我们在一起	4050
周叔弢先生捐献玺印选	8541	周也庄绘画集	2906
周淑芬画集	1402	周英戏剧与舞台美术论文集	12706

中国历代图书总目·艺术卷

周永家画集	2230, 2344	周总理和各族儿童	4050
周永家水墨画集	2278	周总理和海军战士在一起	4003
周永健书法作品	8243	周总理和少先队员	4106
周勇新疆风情速写	2894	周总理和王进喜同志亲切握手	9284
周幽王之死	5878	周总理和我们同甘苦	4003
周游世界	9253	周总理和我们在一起	4004
周于怀花鸟画册	2556	周总理和小刀会演员在一起	4004
周瑜 黄盖	4507	周总理和小演员	4050, 4439
周瑜挂帅	4246	周总理和亚非拉运动员在一起	4050
周瑜黄盖	4246	周总理和运动员在一起	4004
周玉玮油画作品选	2826	周总理回延安	4004
周月波画选	2458	周总理接见小演员	4440
周越墨迹研究	7374	周总理来到了训练场	4004
周泽闽钢笔画选	2898	周总理来我家	4050
周泽闽画集	2244	周总理请客	4507
周昭坎画集	1383	周总理诗	8146, 8156
周昭怡楷书帖	8384	周总理诗：樱花红陌上，柳叶绿池边，燕子声声	
周昭怡书法选	8211	哀，相思又一年	8183
周哲文从艺六十年	2295	周总理是我们的贴心人	3953
周哲文篆刻集	8571	周总理是我们贴心人	3953
周哲文篆刻选集	8563	周总理是咱贴心人	4004
周正油画	1402	周总理挽诗	8146
周之林画集	2191	周总理像	1273
周志龙画集	2318	周总理与"孩子剧团"	5375
周忠全创作歌曲集	11513	周总理与邓大姐	4338
周庄摄影作品选集	8968	周总理在大庆	4107
周子义油画集	2829	周总理在广东的故事	5619
周总理《春日偶成》一首	8151	周总理在海南岛参观华侨农场时与少先队员在	
周总理，你在哪里	11466	一起	9002
周总理的故事	5335, 5375, 5443	周总理在河南	5443
周总理的睡衣	1864	周总理在梅园新村	3953, 5375
周总理鼓励我们搞科研	4003	周总理在三八饭店	3579
周总理鼓励我们学大寨	3953	周总理在云南民族学院	5525
周总理和大庆职工家属演出队在一起	9284	周总理在重庆	5443
周总理和儿童在一起	4050	周总理战斗在红岩村	3324

书名索引

周总理战斗在重庆	4107, 5738	朱德同志	4338
周总理指挥我们唱大海航行靠舵手	1852	朱德同志光辉战斗的一生	8886
周作人金句漫画	3491	朱德同志和儿童	4338
粥棚脱险	9209	朱德同志和娃娃们	4338
纣师大败	6021	朱德同志诗《冀中战况》	8146
纣王宠妲己	5738	朱德同志题词	8137
纣王无道	5619	朱德同志像	1273, 1276
纣王自焚	5878	朱德同志在井冈山	5525
宙斯计划破灭记	6021	朱德同志在太行	4050
籀斯遗意印谱	8498	朱德委员长诗	8144
籀文夏小正	8356, 8358	朱德炘书法选	8260
朱白亭花鸟画集	2531	朱德爷爷种的大冬瓜	3615
朱柏庐先生治家格言	8026	朱德爷爷种的大南瓜	4171
朱宝善中国画选	2536	朱德元帅	4246, 4338, 4440, 4662, 5879
朱碧云	9579	朱德元帅的故事	6379
朱伯庐先生治家格言	8243	朱德元帅接见战斗英雄	4584
朱伯儒	4440, 5879	朱德源楷书实用字帖	8392
朱伯儒和少年儿童在一起	8817	朱德在井冈山	4050
朱补篁印谱	8494	朱德总司令的光辉一生	4440
朱灿称反王	5738	朱德总司令和孩子们	4338
朱陈鄱阳之战	6021	朱顶红	9346, 9557
朱晨光画集	6796	朱端钧的戏剧艺术	12910
朱称俊山水画集	2113	朱锷的设计作品	10391
朱成林油画作品选	2827	朱帆人物画集	2398
朱耷	789	朱帆舞台速写集	2882
朱耷行书千字文	8092	朱逢博演唱歌曲选	11969
朱耷书画合册	1652	朱福侠创作演出剧本集	12897
朱丹书法选集	8174	朱复戡草书千字文	8243
朱道平山水小品集	2449	朱复戡修补草诀歌	8243
朱德大元帅	4338	朱复戡篆刻	8564
朱德的故事	4440	朱复戡篆印墨迹	8581
朱德尔寻宝	5619	朱阁翠屏	4662
朱德群画展	1390	朱根华漫画	3518
朱德荣歌曲集	11713	朱工一钢琴教学论	11240
朱德诗书法字帖	8260	朱关田书历代咏物诗帖	8211

中国历代图书总目·艺术卷

朱光荣画选	2413	朱乃正水墨百图	2053
朱荷图	2645	朱乃正素描集	2898, 2915
朱荷鸳鸯	2621	朱乃正素描选	2867
朱恒画集	2458	朱乃正小型油画风景集	2812
朱辉水彩画	2960	朱奴儿	12055, 12057
朱家济行草四种	8437	朱诺	6851
朱家济行楷六种	8220	朱培钧画集	2113, 2319
朱家陆画集	2278	朱培钧兰谱	949
朱建安画集	2486	朱佩君国画选	1954
朱军长的草鞋	5526	朱朴存画集	2524, 2545
朱军长夜探红军医院	6021	朱其善书法集	8323
朱俊贤秦小松水彩世界	2949	朱琪敏	9712
朱铿画集	2545	朱屺瞻百岁画选	2171
朱葵	2487	朱屺瞻花卉册	2539
朱来喜忘本回头	5000	朱屺瞻画集	1897
朱老实	5108	朱屺瞻画集	2278
朱理诺 阿波罗	1152	朱屺瞻画选	1954
朱理亚诺	1152	朱屺瞻画语	483
朱力摄影集	8904	朱屺瞻画语录图释	831
朱立风摄影作品集	8917	朱屺瞻陆俨少国画精选	2017
朱立升画集	2470	朱屺瞻墨兰画卷	2513
朱丽欣	9762	朱屺瞻作品集	2344
朱亮臣家传	8114	朱青玉	9603
朱琳	12916	朱润斋连环画选《三国演义》百图	6021
朱琳画集	2556	朱砂莲	10026
朱买臣传	8119	朱砂玉兰	10038
朱曼殊画集	2319	朱砂痣联婚	6021
朱明德钢笔画选	2906	朱士杰画选	2798
朱鸣冈作品选集	3040	朱守道书法作品集	8302
朱铭雕刻	8632	朱松发, 朱宝善中国画选集	2453
朱铭木刻集	8646	朱天玲版画集	3053
朱铭十二生肖	8635	朱天民人像摄影作品选	8980
朱乃文百梅画选集	2536	朱全 雷横	5879
朱乃正 60 小书画	2262	朱为弼手札	8020
朱乃正画集	1391	朱维民油画素描集	1386

书名索引

朱伟油画作品选	2827	朱埕嶂国画	1277
朱委员长和儿童在一起	4050	朱膺画选	2785
朱文公论语集注草稿真迹	7954	朱颖人画集	2113, 2262
朱文侯画辑	1794	朱育莲虎画选	2580
朱卧庵藏书画目	1461	朱元璋	3530, 4909, 5619, 6021
朱锡林画集	2215	朱元璋演义	6574
朱熹	3381	朱元璋斩婿	5879
朱熹榜书千字文	8013	朱云风摄影艺术	8745
朱熹城南唱和诗卷	8012	朱照林雕塑作品选集	8636
朱熹名言	4840	朱者赤画集	1412
朱熹劝学诗	8183	朱振庚刻纸艺术	10704
朱熹与丽娘	8844	朱振庚速写集	2882
朱仙镇	4440, 5879	朱振周书法作品选	8230
朱仙镇大捷	5879	朱执信先生自书诗遗墨	8114
朱仙镇门神	1249	朱植人油画	2814
朱小彬	6021	朱志元画辑	2000
朱小星的童年	6021	朱重兴画集	2345
朱晓琳	9712	朱子大书法帖	7990
朱晓琳独唱歌曲选	11980	朱子鹤山水画集	2487
朱晓平摄影作品集	8985	朱子家训·描红	8285
朱新建画集	2113	朱子论语注稿墨迹	7954
朱新龙画集	2295	朱子书帖	7976
朱修立画集	2017	朱子颖潘莲巢山水花卉合册	1614
朱修立山水画选	2473	朱子治家格言	8273
朱修立扇面山水画集	2473	朱自清文学精品钢笔字帖	7544
朱秀坤花鸟画集	2539	朱总司令爱人民	4004
朱宣咸花鸟画选辑	2551	朱总司令的故事	5375, 5879
朱宣咸木刻版画集	3059	朱总司令钓鱼	4584
朱学德篆刻	8576	朱总司令和孩子们	4507
朱雪莲	9579	朱总司令在太行	4338
朱爷爷种的大冬瓜	2171	朱总与儿童	4662
朱贻德油画选	2820	朱祖德雕塑集	8636
朱以撒书唐诗小楷	8387	诛石厚	5023
朱亦秋作品选	2473	珠宝橱窗设计	10611
朱毅勇	2820	珠宝大奇案	6379

中国历代图书总目·艺术卷

珠宝雕刻法	8617	珠玑吟	2262
珠宝奇案	6649	珠江	8936
珠宝首饰	10661	珠江春晓	1801
珠宝舞	9975, 13113	珠江帆影	2729
珠宝要论	383	珠江十九世纪风貌	6785
珠顶红	10088	珠江新貌	4440
珠峰脚下气象新	3912	珠江之恋	12283
珠峰流云	9094	珠联璧合	4855
珠峰展红旗	3954	珠穆朗玛峰	2775
珠光	8844	珠穆朗玛之歌	13244
珠光异彩	2171	珠谱	383
珠海	8945, 9104	珠山歼敌	5443
珠海宾馆	9999	珠山歼匪	5244
珠海潮声	11521	珠算课	3785
珠海春秋	6308, 6309	珠塔联姻	9230
珠海风采——特区珠海市珠海宾馆	9074	珠塔姻缘	9227, 9946
珠海拱北	9878	珠影人与珠影的路	13286
珠海惊涛	6279	珠圆玉润	9400
珠海九州城	9866	诸彪画集	2345
珠海九洲城	9104, 9121, 9260, 9887	诸城书画精品集	1489
珠海九洲公园	9121	诸城相国真迹	8032
珠海美	3051	诸葛亮	4507, 4662, 5443
珠海枇杷苑	9866	诸葛亮成亲	13121
珠海市枇杷园	9104	诸葛亮出山	4440
珠海市珍珠港游乐场	10109	诸葛亮出师表	8386
珠海特区渡假村	9999	诸葛亮吊孝	11871
珠海香洲远眺	9839	诸葛亮渡泸水	5000
珠海新貌	9887	诸葛亮前出师表	8183
珠海渔女塑像	8661	诸葛亮前出师表楷书字帖	8243
珠海珍珠乐园	10111	诸葛亮前后出师表	8286
珠海之滨	9121	诸葛亮招亲	4246, 6172, 9245
珠红牡丹	10046	诸葛志润画集	2319
珠湖草堂图	1614	诸葛装神	5443
珠花媒	5738	诸侯反朝歌	5738
珠还合浦	5526	诸家藏画簿	1465

书名索引

诸家画说	777	猪八戒外传续集	6715
诸家书法	7220	猪八戒误进颠倒洞	5880
诸家中国美术史著选汇	261	猪八戒险越淤泥海	6515
诸家篆式法	8469	猪八戒新传	5443, 5526
诸乐三画辑	1929	猪八戒新三十六变	6478
诸乐三画选	1984	猪八戒星城奇遇记	6022
诸乐三书画篆刻集	2000, 8582	猪八戒学本领	5444, 5526
诸乐三篆刻集	8582	猪八戒学琴闹笑话	6515
诸闻韵作品	1717	猪八戒遇险铁鹫岭	6022
诸子百家格言硬笔书法	7488	猪八戒招祸狂犬谷	5738
诸子百家名言钢笔楷书字帖	7464	猪八戒招亲	4246, 4440, 13289
诸子名言	8230	猪八戒自封齐天佛	5619, 5620
麻痕记	4902, 12077	猪场风云	5244
麻砂冲	4004	猪场小景	1754
猪八戒	6649	猪场新兵	3866
猪八戒拜师学本领	5879	猪场新人	3912
猪八戒背媳妇	4507	猪场之春	4050
猪八戒别传	6309	猪多、肥多、粮多	3098
猪八戒吃西瓜	5443	猪多肥多，肥多粮多，粮多猪更多	3098
猪八戒出家	5619	猪多肥多粮多	3098, 3267
猪八戒出生记	5879	猪多肥多粮食多	3098
猪八戒传奇	6478	猪多粮多	3098, 3295
猪八戒闯祸霞云岭	6514	猪肥粮丰	1286
猪八戒管风管雨	6514	猪肥年丰	3579
猪八戒逛星城	6021	猪倌与场长	5001
猪八戒和老博士	6279	猪苗壮 人欢乐	4050
猪八戒路拾金元宝	5879	猪朋猴友	7026
猪八戒南极历险记	6421, 6422	猪舍风波	5108
猪八戒七十三变	6515	猪是百宝箱	3098
猪八戒奇遇鬼怪妖	5879	猪是农家宝肥是地里金人靠地来养苗靠粪来长	3098
猪八戒求学记	6715	猪是农家宝肥是田中金养猪能积肥利国又利民	3098
猪八戒娶媳妇	6649		3098
猪八戒太空历险	6478	猪为六畜之首	3099
猪八戒贪功除"妖魔"	5880	猪羊满圈	2558
猪八戒探山	5526		

中国历代图书总目·艺术卷

猪养田田养猪猪越多粮越丰	3099	竹林鸟语	2113
竹 940, 975, 986, 1548, 1668, 1672, 1678, 10026,		竹林七贤	3615
10038, 10076, 10081		竹林七贤外传	6349
竹 2498, 2502, 2505, 2508, 2510, 2512, 2513,		竹林情侣	4749
2551, 2612, 2633, 2645, 2667		竹林人家	9805
竹报平安	4749	竹林深处	8853, 8863, 9094
竹报平安福·花开富贵春	4762	竹林探幽	1775
竹报平安喜有余	2113	竹林消趣	2667
竹爆丰年	4663	竹林小憩	9805
竹爆幸福	4338	竹林新绿	2518
竹杯	10105	竹林新曲	4749
竹禅人印谱	8517	竹林幽径	9805
竹丛飞禽图	1897	竹楼新歌	3754
竹翠蝉鸣	2673	竹马旱船	4338
竹笛吹奏入门	11304	竹内栖风	6840, 6841
竹笛演奏技法	11305	竹排女工	9960
竹斗笠的秘密	5526	竹派	849, 850
竹簃旧藏名纸目录	1061	竹坡轩梅册	2973
竹风	9508	竹谱	927, 928, 1558, 1603
竹蜂战	5134	竹谱详录	926, 927
竹根印谱	8512	竹器名匠章水泉	4920
竹海打蛇	5302	竹堑玻璃艺术展	10659
竹海小哨兵	3866	竹堑憨子弟	12792
竹鹤图	4663	竹青	5620, 5880
竹鹤图轴	2607	竹趣	10680
竹鸡	1737	竹雀	1662
竹鸡图	2633	竹雀图	2516, 2645, 2667
竹劲兰芳	2171	竹人录	8656
竹菊	1864	竹山君隶书字帖	8260
竹刻艺术	8617	竹山小径	9828
竹兰石图	2612	竹石兰花	1672
竹嫩画膝	742, 743	竹石双猫	2645
竹篱笆内的春天	335	竹石图	1545, 1671, 1674, 1676, 1683
竹篱诗文集	2171	竹石图	2612, 2667
竹林计	4584	竹寿图	2113

书名索引

竹笋的秘密	5335	烛光颂	2191
竹藤	1491	主角	5272
竹亭翠影	9907	主课	3866, 5335, 5336, 5376, 8807
竹亭攀勒	8503	主流的召唤	335
竹窝琴谱	12306	主玛·于江线画集	2902
竹仙姑	4440	主奴联姻	9243
竹乡	9887	主人	1384, 5376
竹乡清宵	2000	主题及变奏曲	12194
竹雪轩印集	8520	主席来到我们家 问长问短把话拉	3579
竹叶菊	10038	主席来到我们家, 问长问短把话拉!	3579
竹艺	10712	主席著作随身带, 有空拿出学起来	1801
竹茵斋主人印谱	8512	主席走遍全国	1754, 1763, 1787, 1795, 1801
竹吟百咏	7513	主旋律	11754
竹影鹤姿	4440	主要的角色	13217
竹影集印	8518	煮酒论英雄	5080, 5444
竹影乱清风	8243	仁立	9400
竹影琴声	4339	仁立仕女	2357
竹影诗作及当代名家墨宝集	8323	助人为乐	3132, 3152, 3338
竹影透琦窗	8865	助手	8880
竹映朝晖	9851	助战	4440
竹园风云	5272	住的艺术	10575, 10586
竹云题跋	7699, 7700	住院	5336
竹云题跋初稿	7700	住宅与美化	10578
竹云题跋节抄	7700	注意安全促进生产持续"跃进"!	3099
竹韵	4866	注意矿井安全	3338
竹壮苗青	3866	注意饮食卫生 提高健康水平	3338
竹子花鸟	1912	注音"跃进"歌选	11598
逐浪	9445	注音农村宣传鼓动口号	4920
逐鹿中原	5880, 6022, 6309, 6379	注真三十二篆体金刚经	8354
逐鹿中原 励精图治	4749	驻马店地区戏曲志	12792
逐奕盈	5739	驻马店市戏曲志	12777
烛光	9472	柱顶红	9304
烛光里的妈妈	12385	桂山琴谱	12303
烛光情影	9650	柱子	10671
烛光颂	8324	柱子和小栓	5244

中国历代图书总目·艺术卷

祝	9388	祝君顺利	9479
祝春图	2645	祝君万事如意	8835
祝辞妙语书法字帖	7625	祝君幸福	8819, 8853, 9479, 9743
祝辞赠言签名钢笔字帖	7561	祝君走鸿运	2171
祝大年画集	1412	祝昆画集	2829
祝大年画选	1897	祝郎三杯酒	4584
祝大年线描	2295	祝妈妈	5023
祝福 5080, 5244, 5444, 5620, 9363, 9445, 9460,		祝你长寿	4107, 4441, 4507, 4663
9472, 13089		祝你成功	4051
祝福毛主席万寿无疆 11650, 11651, 11660, 11667		祝你吉祥如意	4805
祝福你 祖国	11535	祝你健康	3713, 5108
祝福您	8844	祝你康乐	4441
祝福屏	4834	祝你们幸福	5620
祝福庆寿	4749	祝你晚安	11542
祝福图	4246, 4440, 4663, 4749, 4834	祝您长寿	4171, 4247, 4441, 4584, 4663, 4749,
祝福图	2114		4834, 4866, 4867, 8836, 8845, 9400, 9446
祝福献寿	4663	祝您长寿	2172, 2645, 2662
祝福献寿	2171	祝您长寿·祝您幸福	2172
祝福献寿喜临门	4805	祝您大寿	4775
祝福主要唱腔选	11867	祝您多福	2171
祝富荣画集	2477	祝您好运	8844, 9460
祝贺肃南裕固族自治县成立十周年	3133	祝您猴年大吉	8853
祝贺英雄夺高产	3551	祝您吉祥如意	8844
祝嘉书法集	8341	祝您佳节快乐	8844
祝嘉书法书论	7323	祝您健康	4247, 9376, 9445
祝嘉书学论丛	7247	祝您健康·恭喜发财	2171
祝京兆法书	8044	祝您健康长寿	4247, 4339, 4507
祝酒歌	4246	祝您健康美术资料	10301
祝酒图	4004, 4584	祝您快乐	4749, 4763, 4775, 9023, 9400, 10529
祝君长寿	4663, 4805, 8819, 8844, 9354, 10643	祝您快乐	2053
祝君长寿	2171	祝您平安	9508
祝君健康	4663, 8818, 9479	祝您平安快乐	8844
祝君快乐	9460, 9479	祝您全家幸福	8844
祝君前程似锦	4775, 8826	祝您圣诞快乐	8853
祝君如意	9743	祝您顺风	8835, 9445

书名索引

祝您万事如意	8845
祝您万事如意	2114
祝您万事如意迎来充满希望的一年	8826
祝您幸福 4339, 4441, 8835, 8845, 9354, 9445, 9446	
祝您幸福	2662
祝您幸福长寿	2172
祝您幸运	4763, 8835, 8836, 9446
祝您一帆风顺	8845, 9460
祝寿双全	2172
祝寿图 1929, 1984, 2001, 4247, 4339, 4441, 4508, 4584, 4585, 4663, 4749, 4750, 4805, 4834	
祝寿图	2114, 2172, 2610, 2622, 2662, 2722
祝遂之书画篆刻集	2215
祝遂之印存	8578
祝相公与寇三娘	6349
祝英台	9003, 9220
祝愿	9469, 9472, 11521
祝愿歌	9388
祝愿图	4585
祝允明草书唐人诗卷	8062
祝允明楷书千字文	8092
祝允明墨迹大观	8098
祝允明书杜甫诗五首	8063
祝允明书法全集	8092
祝允明书法选	8086
祝允明书兰亭叙文徵明补图	8060
祝允明与《出师表》	7168
祝肇年戏曲论文选	12698
祝枝山草书杜甫诗	8107
祝枝山草书杜诗墨迹	8044
祝枝山草书古诗十九首	8050
祝枝山草书诗稿墨迹	8044
祝枝山草书真迹	8095
祝枝山赤壁赋	8048
祝枝山墨迹二首	8068
祝枝山千字文	8092
祝枝山手写正德兴宁志稿本	8059
祝枝山书法精选	8095
祝枝山书法屏	4867
祝枝山书法选	8102
祝枝山书唐诗	8072
祝枝山小楷习字帖	8088
祝枝山写赤壁赋墨宝	8079
祝遂之书画篆刻集	8243
祝庄访友	12107
祝祖国繁荣昌盛	3338
竹月楼琴谱	12301
著名爱国歌曲选	11481
著名电子琴练习曲精选	12239
著名歌唱家朱明瑛	9579
著名歌星——邓丽君	9011
著名歌星邓丽君	9010, 9628
著名歌星费翔歌曲集	11981
著名国画家专题技法	865
著名花鸟画家杜曼华	823
著名花鸟画家闵学林	823
著名花鸟画家朱颖人	823
著名晋剧表演艺术家程玉英舞台生活五十年	12933
著名京剧表演艺术家张君秋唱腔选集	11866
著名评剧演员筱俊亭唱腔选	11869
著名人物画家冯远	823
著名人物画家顾生岳	823
著名人物画家刘国辉	823
著名人物画家吴山明	824
著名山水画家孔仲起	824
著名山水画家童中焘	824
著名山水画家卓鹤君	824
著名书法家王鸿涛小楷字帖	8260

著名舞蹈家刀美兰	9557	抓革命 促生产 发展大好形势	3231
著名演员邓丽君	9683	抓革命 促生产 以实际行动夺回地震造成的	
铸件的凝固	13239	损失。	3267
铸台凯歌	5376	抓革命 促生产 抓样板 带全面——江苏省	
铸钟	4879	苏州专区	3152
筑路	5526, 5880	抓革命, 促生产, 促工作, 促战备	3172
筑起永恒的丰碑	8917	抓革命促生产乘胜前进 迎新春夺丰收万象更	
抓"狐狸"	5272	新	3954
抓"苏维埃"的故事	5001	抓革命勇当闯将 促生产誓做尖兵	3866
抓大事 促大干 千军万马战金山	9279	抓髻娃娃	10683
抓飞贼	3769	抓阶级斗争, 促农业"四化"	3912
抓纲学大庆生产日日新	3295	抓紧时间 做好反侵略战争准备	3248
抓纲治国	3954	抓紧抓细 常备不懈	3203
抓纲治国 大地回春	4004	抓来的老师	6172
抓纲治国 高歌猛进	4004	抓理论学习 促工农业生产	9279
抓纲治国 大干快上	3954	抓理论学习 促工业生产	3248
抓纲治国 前程似锦	3954	抓理论学习 走大寨道路	9279
抓纲治国 实现四化	3954	抓拍	8773
抓纲治国方向明 劳动竞赛争上游	3954	抓舌头	5190, 5620
抓纲治国年景好 五谷丰登气象新	4051	抓与摆的辩证	8688
抓纲治国气象万千	4005	抓住大地的生动	8802
抓纲治国气象新 百花齐放春满园	4005	专论邳县农民画	1250
抓纲治国实现四个现代化	4005	专题摄影	8785
抓纲治国万象更新	4005	专题摄影入门	8785
抓纲治国掀起学习毛主席著作新高潮	3295	专心学习	4107
抓纲治国绣山河	4005	专业底纹 108	10327
抓纲治国学大寨	8927	专业人像摄影范例	8802
抓纲治国展宏图	3314	专业摄影的奥秘	8802
抓革命 促生产	3163, 3248	专业摄影精华	10133
抓革命 促生产 把"四人帮"干扰破坏造成的		专业摄影年鉴	8758, 8777
损失夺回来	3295	专业图解人体摄影灯光	8792
抓革命 促生产 促工作 促备战	3203	专业音乐教育学导论	10836
抓革命 促生产 促工作 促战备	3231, 3267	专诸刺王僚	5880
抓革命 促生产 大力发展钢铁工业	3267	砖雕	8666
抓革命 促生产 夺取新的胜利	3190	砖塔铭字帖	7859

书名索引

转调法	11088	篆刻基础入门	8478
转动中的电影世界	13117	篆刻技法	8474, 8475
转换主义	198	篆刻技法入门	8477, 8480
转形期演剧纪程	12711	篆刻技巧入门奥秘	8478
转形质为性情	106	篆刻简解	8475
转移、坚持、奔袭	11859	篆刻教程	8478
转占农村立新功	3912	篆刻津梁	8468
转战	3912	篆刻美学	8465
转战陕北	1775, 4005, 5526, 5739	篆刻启蒙与技法	8475
转战太行	2775	篆刻起步	8468
转战途中	2935	篆刻器具常识	8463
赚它一千万	13154	篆刻浅谈	8459
篆法辨诀	7231, 7270	篆刻趣谈	8469
篆法辨诀	8357	篆刻入门	8457, 8473, 8474, 8475, 8476, 8478,
篆法初步	8356		8479
篆法点书辨诀	8457	篆刻入门基础	8467
篆法偏旁正讹歌	7220, 8021	篆刻入门与欣赏	8460
篆法求真	8364	篆刻十三略	8472
篆法入门	7288	篆刻述要	8462
篆法入门 篆法指南	7312	篆刻唐诗三百首	8461
篆法探源	8473	篆刻通论	8463
篆法正宗	7220	篆刻问答一百题	8469
篆法指南	8044, 8066, 8361	篆刻五十讲	8465
篆汇十集	8356	篆刻欣赏	8466
篆诀百韵歌	7239	篆刻欣赏常识	8463
篆刻	8477, 8479, 8480	篆刻学	8457, 8459, 8474, 8476
篆刻常用字字典	8468	篆刻学讲义	8456
篆刻初步	8460	篆刻学类要	8457
篆刻丛谈	8474	篆刻学类要注释	8476
篆刻刀法常识	8477	篆刻学习指南	8469
篆刻的临摹	8463	篆刻要略	8475
篆刻的形式美	8465	篆刻要言	8456
篆刻法	8476	篆刻艺术	8474, 8475, 8476, 8477
篆刻基础	8479	篆刻艺术的欣赏	8459
篆刻基础技法	8478	篆刻艺术赏析	8467, 8469

篆刻艺术与刻印技法	8478	篆书千字文	7952, 8366
篆刻艺术纵横谈	8477	篆书浅鉴	8362
篆刻印文常识	8463	篆书入门	7257, 7334
篆刻章法常识	8463	篆书诗词名句选	8260
篆刻鑛度	8469, 8470	篆书唐诗八十首	8260
篆刻之美	8466	篆书唐诗一百首	8366
篆刻直解	8464	篆书唐诗字帖	8362
篆刻指南	8467	篆书陶公庙碑	8052
篆刻篆书字典	8464	篆书五十种	8365
篆刻自修	8479	篆书小字典	8362
篆刻自学指导	8477	篆书艺术	8360
篆刻字典	8458, 8460, 8467	篆书与篆书笔法	7281
篆刻字汇	8461	篆书章法	7343
篆刻字形字典	8462	篆书赵之谦《峄山刻石》临写法	7406
篆隶	8357	篆书自学教程	7353
篆隶草行真	8324	篆书字典	8360
篆隶草书与篆刻基础	7406	篆文大观	8356, 8357
篆隶行草入门	7304	篆文汇编	8356
篆隶楷行草五体字典	8174	篆文论语	8060
篆隶书基础技法通讲	7352	篆文四书	8026
篆镂心得	8470	篆学测解	8452
篆势	7220	篆学丛书	8454, 8459, 8472, 8473
篆书	7406	篆学入门	8473
篆书·篆刻技法	8359	篆学琐著	8471, 8472
篆书《峄山碑》书法入门	7312	篆学一隅	8450
篆书的辨识与写法	8359	篆学指南	8472
篆书反形字汇编	8366	篆印发微	8453
篆书概论	8358	篆印心法	8470
篆书基础教程	7406	篆真字典	8364
篆书技法	8362	篆字编	8365
篆书技法百日通	8364	篆字汇	7146, 8355, 8359, 8365
篆书教程	8364	篆字千字文	8356
篆书李公庙碑	8052	篆字印汇	8593
篆书临范	8359	妆	9446, 9460
篆书偏旁歌诀	8357	庄巢阿先生临皇甫君碑	8034

书名索引

庄辉书法作品集	8341	装潢色彩搭配手册	10566
庄家忙	3667	装潢设计	10217, 10218, 10403
庄稼陶塑选	8661	装潢设计步骤	10403
庄稼陶塑选集	8664	装潢设计大百科	10751
庄景辉画集	2319	装潢设计基础	10397
庄浪县戏曲音乐选	12105	装潢设计教学	10394
庄名渠画集	2262	装潢设计透视法	10388
庄奴歌曲集	11517	装潢设计专业·设计	10403
庄氏吉他系列丛书	11203	装潢天地	10620
庄寿红画集	2215	装潢图案	10333
庄树鸿指画选	1898	装潢艺术	10368
庄廷伟作品集	8324	装潢艺术设计	10373, 10398
庄锡龙漫画选	3435	装潢志	1064, 1065
庄小尖书画集	2278	装璜美术	10372
庄学本少数民族摄影选	8886, 9326	装璜设计	10210
庄严的大门	5620	装配线上情谊深	2750
庄严的军旗	9400	装饰	10177, 10255, 10588
庄言画集	1383	装饰·变化	10282
庄言油画集	2829	装饰·图案	10282
庄因诗画	6607	装饰、设计表现技法 246 种	10566
庄玉君标徽设计集	10385	装饰 1000 例	10273
庄宅鬼影	6379	装饰阿拉伯数目字	7637
庄征作品集	1409	装饰百花	10302
庄子	3458	装饰报头	10307
庄子化蝶	6478	装饰壁画	6629
庄子说	3426, 3427	装饰材料及色彩搭配	10609
装裱艺术	1065	装饰插花	10591
装点居室 200 妙法	10591	装饰雕刻的形象和主题	8601
装点你的居室: 室内巧布置	10593	装饰雕塑	8620, 8624
装潢	10397	装饰雕塑设计	8624
装潢·包装·广告	10392	装饰雕塑艺术	8625
装潢美术	10370, 10371, 10372	装饰动物	10255, 10273, 10327
装潢美术设计基础	10371	装饰动物集	10273
装潢美术图形	10313, 10318	装饰动物木刻	8645
装潢美术字	7638	装饰动物图案集	10287

中国历代图书总目·艺术卷

装饰风光	10313	装饰人体	10307
装饰风景	10258, 10262, 10292, 10313	装饰人物	10223
装饰风景画	10273	装饰人物变体画	10333
装饰风景图案	10273	装饰人物画	10269
装饰工艺	10265, 10342	装饰人物画基础	630
装饰花卉	10288, 10292	装饰人物技法	10210
装饰画	10255, 10292, 10333	装饰人物艺术	10293
装饰画表现方法 40 例	10564	装饰色彩	10182, 10189
装饰画表现技法	1267	装饰色彩范画	2950
装饰画创作与赏析	10195	装饰色彩基础技法	10212
装饰画的形式美	10288	装饰色彩技法	10565
装饰画绘制技法	10212	装饰色彩入门	10569
装饰画基础教程	10568	装饰设计	10571
装饰画集	10268, 10278	装饰设计表现	10568
装饰画集趣	10278	装饰题花集	10302
装饰画技法	10293	装饰贴纸	8153
装饰画技法基础入门	10195	装饰图案	10262, 10308, 10319, 10322, 10334,
装饰画教学创意应用	10225		10342
装饰画设计	10195	装饰图案 500 例	10282
装饰画小集	10564	装饰图案构成	10210
装饰画资料	10240, 10252, 10313	装饰图案基础	10209
装饰绘画	10225, 10569, 10570	装饰图案集	10258, 10262, 10296, 10308, 10313
装饰绘画入门	10569	装饰图案集锦	10568
装饰绘画散论	10564	装饰图案设计与应用	10223
装饰绘画作品集	10296	装饰图案五百例	10288
装饰基础技法	10302	装饰图案小集	10278
装饰集锦	10262, 10269	装饰图案选	10282
装饰技法 100 例	10319	装饰图案选集	10302
装饰剪贴画设计与制作	10721	装饰图案艺术	10342
装饰剪纸图集	10707	装饰图册	10562
装饰结的创作	10781	装饰图例	10257
装饰美术	10569	装饰外文美术字	8595
装饰美术实用手册	10296	装饰纹样	10258, 10262, 10265
装饰美术字	7635, 7641	装饰纹样构成法	10213
装饰派艺术	10751	装饰纹样图典	10767

书名索引

装饰线描技法基础入门	1152	壮美山河入画图	4663
装饰小品	3383	壮人永跟毛泽东	11449
装饰小品集	10266, 10269	壮为写作	8202
装饰效果图技法	1261	壮乡歌声	11797
装饰学	10562, 12831, 12832	壮乡晨歌	8702
装饰艺术壁挂制作	10596	壮乡沐春风	6601
装饰艺术的世界	10566	壮乡心连北京城	2934
装饰艺术手册	10760	壮乡新歌	11794
装饰艺术文萃	10569	壮乡组曲滨海抒情	12209
装饰与陈设艺术	10605	壮游画会旅京画展特刊	1707
装饰与人类文化	10213	壮游图	1627
装饰与设计	10568	壮游万里话丹青	474
装饰之道	10566	壮志悲歌	6172
装饰资料集	10563	壮志歌	11513
装卸号子	12902	壮志绘新图	3912
装在罐头里的爸爸妈妈	6022	壮志凌云	2754, 3912, 3954, 5023, 8166, 9363
装帧	10374	壮志凌云栋梁材	4663
装帧集粹	10373	壮志满胸怀 山河重安排	3231
装置艺术研究	059	壮志屏	4750
壮别天涯	6022, 6172	壮志压倒千重山	5170, 5222
壮歌行	6172	壮志压倒万重山	2839
壮歌向着北京飞	11795	壮族	8893
壮家少年热爱毛主席	11683	壮族苗族侗族织锦	10278
壮锦献给毛主席	12344	壮族民歌集	11778
壮景小诗组曲	12160	壮族人民的好儿子	5444
壮剧艺术研究	12943	壮族人民歌唱毛主席	11667, 11678
壮剧艺术资料集	12931	壮族审美意识探源	074
壮丽的青春	5272	壮族舞蹈研究	12619
壮丽的新安江水电站夜景	3713	状元打更	8811
壮丽高原	8971	状元酒筹	1552
壮丽河山	7488	状元媒	9946
壮丽青春	5190	状元媒	2114
壮丽中华	9139, 9146	状元谱	12066
壮烈歌	11960	状元与乞丐	4339, 5620, 5739, 6022, 6172
壮烈千秋	5880	状元招亲	8863

中国历代图书总目·艺术卷

撞车成亲	5001	追踪"豺狼"	6574
追	6022	追踪独眼狼	6742
追报表	3867, 5244	追踪黑鱼精	6677
追捕	5620	追踪狐狸的人	5880
追捕"二王"	6022	追踪机器人	7035
追捕"黑牡丹"	6435	追踪纳粹"屠夫"	6241
追捕大王蛇	5880	追踪千里	5444
追捕金蝇子盗	6478	坠琴演奏基础	11311
追捕乾坤鼠	6172	谆谆教导	2776
追捕妖魔	6022	准备出击	3867
追捕淫贼华云龙	6172	准备好	11613
追车	5376	准备劳动与卫国	13240
追蛋	12081	准备上阵	3815
追匪记	5001	准备为实现第三个五年计划而奋斗	3152
追风骏马	5376	准备着，为共产主义事业而奋斗！	3099
追光的人	6022	准备着比赛场上争荣誉	3367
追韩信	5023, 5880	准噶尔雄风：国道216线工程素描	8859
追花夺蜜	5272	准时开车	4171
追回春来	11542	拙樗山房印似	8523
追击	6172	拙老人赤牍	8018, 8019
追蝌过山蛇	6210	拙政园	9859, 10514
追穷寇	5444	拙尊园画存录	1461
追求	5739, 5880, 8324, 9479	捉"鬼"记	6241
追求新知用于创造	3370	捉"狼"记	5080, 5336
追求有效抉择	13070	捉鳖记	5880
追杀	6173	捉恶狼	4909
追杀金枪手	6349	捉放曹	5080, 12077, 12086
追星族	11742	捉放曹的人物创造	12867
追寻逝去的音乐踪迹	10978	捉放地头蛇	5881
追鱼 3579, 3667, 4107, 4171, 4247, 4339, 4441,		捉狐狸	5336
4508, 5053, 5526, 6022, 9946, 9949, 10462		捉蝴蝶	4247
追鱼 黛玉 崔莺莺(西厢记)洛神	4051	捉黄鳝的故事	5302
追鱼 盗仙草 天仙配 柳毅传书	4107	捉空投特务	4920
追鱼记	4107	捉麻雀	8643
追踪	5272, 6173	捉迷藏	4247, 9343, 9376, 9427, 9446, 9539

书名索引

捉泥猪	3954	着魔王子	5614
捉舌头	5222	着色的血衣	1089
捉蟹	5272, 5376	着衣的玛哈	6889
捉熊	5376	着衣素描	2908
捉月	5739	着装的女模特儿	6908
捉贼放贼	5881	着装女妇人	6908
桌面人生	2908	啄木鸟大夫诊断	6664
涿拓兰亭十三跋	7776	濯足图	2645
涿拓米元章行书帖	7947	孜孜不倦	4171
茁壮	10490	孜孜育新苗	4441
茁壮成长	2754, 2863, 2866,	姿美珠明	8826
3786, 3815, 3867, 3912, 4107, 4171,		姿容	9754, 9767
5376, 9277, 9339, 9340, 9427		姿态美	060
卓别麟	5526	兹土有情	543
卓鹤君画集	2172	资金周转入门	6990
卓鹤君画选	2481	资治通鉴	6379
卓君庸用笔九法	7238	淄博	9354
卓君庸章草墨本	8118	淄博民间锣鼓	11349
卓君庸真草缩印	8412	淄博陶瓷艺术	10643
卓兰	5376	淄川风光揽胜	8962
卓玛找雨神	5739	淄砚录	1054, 1055
卓然画集	2584	滋蕙堂法帖题跋	7700, 7701
卓思乐	10195	子承父志	3011
卓瓦桑姆	5881	子楚诚心动阿宝	6349
卓文君	4171, 4902, 9023	子弟兵	4805
卓文君	2114	子弟兵的好妈妈	4339
卓文君听琴	4171	子弟兵的母亲	6023
卓文君听琴图	4339	子弟兵的母亲戎冠秀	4005, 5302
卓文君与司马相如	4247, 4508	子弟兵和老百姓	12154
卓雅摄影作品集	8983	子弟兵为人民 人民热爱子弟兵	3216
卓娅	5739, 5881	子衿花卉	1627
卓越的俄罗斯合唱团及其领导者	10981	子恺儿童漫画	3407
卓越风姿	9446	子恺风景画集	2429
卓越书法家聂根升作品选	8211	子恺画集	3391, 3392
浊水溪	4909, 6022	子恺近作漫画集	3397, 3398

中国历代图书总目·艺术卷

子恺漫画	3391, 3392	紫光阁功臣小像	1606
子恺漫画全集	3400, 3408	紫荷花	10020
子恺漫画选	3400, 3403, 3404	紫金庵古塑罗汉	395
子乐年丰	4750	紫金庵十八罗汉	3004
子龙蜡染	10357	紫金山	5881, 9065
子密木刻习作集	2979	紫金山上观瑰宝	4508
子南画集	2477	紫金山天文台	9990
子仕莲丰	4585	紫禁城	9132, 9984
子孙树的故事	6715	紫禁城帝后生活	8808, 8930
子孙万代	3667	紫禁城全景图	4855
子弹疑案	6211	紫禁城深	2646
子弹与勋章	5620	紫荆花馆印存月令	8518
子午莲	10026	紫荆蛟龙	6241, 6478
子牙出山	6173	紫鹃情辞试莽玉	5739
子牙东征	6173	紫凌宫	5001
子牙下山	5739	紫罗兰	10076
子夜	5881, 6023, 6173, 6553, 6574	紫眸少女	7131, 7132
子夜四时歌	11501	紫泥清韵	10657
子夜脱险	6173	紫气东来	4750, 4834, 9446
子夜之图	2976	紫曲河畔	5222
子鱼同欢	3615	紫砂	431, 10659
子鱼卧莲	4171	紫砂茶壶	412
子壮莲丰	2114	紫砂春华	10649
姊妹船	5001, 5080	紫砂风云	425
姊妹花店	5881, 6023	紫砂壶	431
姊妹俩	6173	紫砂壶鉴赏	10651
姊妹们的骄傲	3615	紫砂壶艺	10659
姊妹易嫁	4247, 4339, 5739, 5881, 9388	紫砂壶制作技法	10654
姊姊日记	3504	紫砂精壶品鉴	10653
秭归	6173	紫砂款识汇编	8547
梓潼阳戏	12944	紫砂器鉴赏与收藏	425
紫钗记	4585, 5881	紫砂赏玩	10653
紫钗奇梦	6023	紫砂陶器造型	10643
紫萼	9400	紫绶金章	2017
紫姑星	5001	紫藤	10066

书名索引

紫藤	2489, 2496, 2503, 2545, 2551, 2662	自己穿	4339, 4508
紫藤·牡丹	1754	自己的事情自己做	4172, 4339, 4508
紫藤八哥	1737	自己的事自己做	3099, 3713, 4247, 4508
紫藤画法	949	自己钉扣扣	4339
紫藤金鱼	3667	自己动手	4107, 4339, 4442, 10588
紫藤孔雀	2053	自己动手丰衣足食	3579
紫藤鲤鱼	1787	自己动手土法上马加速实现农业机械化	3203
紫藤凌霄	4441	自己动手装修房间	10588
紫藤蜜蜂	2487	自己动手做教具	3815
紫藤双燕	1864	自己搞室内设计	10576
紫藤燕子	1884	自己事自己做	1775, 4051, 4107
紫薇玉簪	1668	自己弹来自己唱	4172
紫燕迎春	1657	自己玩魔术入门	12996
紫阳遗墨	8044	自己洗	4172
紫玉兰	10038, 10046, 10052, 10088	自己造火箭	4172
紫玉兰	2622	自己织	4247
紫云活泼	2722	自救	12904
自称齐王	5881	自觉的哨兵	5190
自创造墨法	864	自觉遵守集体纪律	3363
自动曝光相机拍摄诀窍	8745	自力更生 奋发图强	3713
自动照相机摄影要领	8802	自力更生 艰苦奋斗	3203
自贡灯会	9975, 9978	自力更生 艰苦奋斗 加快社会主义建设	3216
自贡民间艺术、民特产品	10682		
自贡市文化艺术志	273	自力更生大办农村小水电——介绍兴办农村小	
自古英才出少年	6574	水电的几个典型	9272
自古英雄出少年	4750, 6403, 6515, 6553	自力更生的新成就	3754
自古英雄出少年精忠报国美名传	2172	自力更生奋发图强	3381
自古英雄多磨难；从来纨绔少伟男	8183	自力更生奋发图强 艰苦奋斗勤俭建国	3754
自豪吧，母亲！	5620	自力更生绘新图	5157
自豪的小海军	4663	自力更生是法宝 穷山沟变成米粮川	3152
自画象	6844	自力更生样样有	1852
自画像的描法	628	自力更生因地制宜加速实现农业机械化	3248
自话集	8324	自力更生造大船	2760, 3867
自绘卡通入门	1233	自力更生制成三百吨大平板车	8883
自己吃	4442	自力更生奏凯歌	3867, 5157

自力更生奏凯歌 艰苦奋斗创奇迹	3178	自卫战士和农民之歌	12415
自立艺苑书画选集	1362	自西祖东	10813
自满的马夫	5620	自习画谱大全	1424, 1425
自强不息	8166, 8211, 8220	自习昆曲津梁	12065
自强化开	318	自习摄影实技	8734
自然·空间·雕塑	8612	自相矛盾	6515
自然·想象·设计	10221	自修二胡基础教程	11308
自然·写生·林玉山	110	自修钢琴教程	11242
自然的沉思	8981	自修格言	8243
自然的旋律	10529	自修和声学	11073
自然风光的摄影技巧	8758	自叙帖	7927, 7936
自然风光摄影指南	8777	自选书法篆刻集	8324
自然光摄影	8765	自选速成钢笔字帖	7575
自然光与夜间摄影	8751	自学成材的华罗庚	6574
自然肌理写真	8917	自学电子琴演奏法	11281
自然界的世界之最	3481	自学二胡	11310
自然景象	6695	自学钢笔楷书"六化"微格教程	7575
自然卡通乐园	6728	自学摄影	8792
自然美	2881	自学摄影捷径	8726
自然美的摄影	8785	自学五线谱辅导讲座	11052
自然物摄影	8692	自学小魔术	12996
自然型插花入门	10609	自学演唱流行歌曲问答 105 例	11123
自然与画意	627	自学演唱通俗歌曲辅导	11124
自然之花	8904	自怡轩印集	8518
自然之美	9894	自怡悦斋书画录	1463
自然主义	10605	自怡悦斋印存	8537
自胜者强	8220	自由城	13262
自述帖	7936	自由领导人	6855
自说自画	831, 875, 3481	自由女神	8672
自私的巨人	6279	自由体操	9603, 9962
自题所画	770	自由作曲	11102
自卫歌声	11551	自幼习武的黄秋燕	9558
自卫还击保卫边疆美术作品选	288	自远堂琴谱	12304
自卫还击画辑	2866	自在容颜	453
自卫还击战	2866	自制电子闪光器	8683

书名索引

自制精品不求人	10720	宗教美术意象	453
字宝	7312, 7721, 7722	宗教艺术比较研究论纲	457
字的结构与章法	7281	宗教艺术鉴赏与收藏	457
字的艺术	7636	宗教艺术论	456
字法真传	8019	宗教音乐	10918
字格	7220	宗教与舞蹈	12574
字画	812, 818	宗教与艺术	464
字画指南	671	宗喀巴	4763
字娟人秀	7488	宗喀巴大师像	4763
字母事件	7075	宗喀巴应身像	4840
字体·标志·广告装饰	10767	宗其香中国画技法	859
字体·书籍·设计	7652	宗其香作品选	1754
字体创意与表现	7654	宗室觉罗八旗高等学堂丙午年图画范本	1606
字体美化与应用	7634	宗万华画虎	2586
字体设计	7649, 7652, 7654	宗泽	5023
字体设计基础	7645, 7652	宗泽赐宴	5882
字体图案	7634, 7649	宗泽交印	6023
字体艺术	7652	综合绘画	552
字体与字体设计	7654	综合利用大有文章可做	3216
字体组合	7649	综合摄影手册	8725
字通	7353, 7388	综合图案汇编	10251
字写端正	7433	综合治理盐碱地	5739
字形结构入门字谱	7353	综艺体	7645
字学	7639	综艺体字库	7649
字学大成	7220	棕和小鸡	1737
字学及书法	7244	棕桐奇缘	5882
字学心传	7220	棕桐树下	9539
字学新书摘抄	7662	棕褐小鸡	1754
字学新书摘钞	7194	总理爱看家乡戏	4750
字学臆参	7235	总理常在社员家	4051
字学源流	7198	总理和孩子	4340
宗保破神机	5881	总理教俺学科学	4051
宗工铁笔	8454, 8494	总理手书建国大纲	8132
宗教礼仪与古代艺术	457	总理遗墨	8114, 8118, 8120
宗教美术概论	450	总理走万家	4051

中国历代图书总目·艺术卷

总路钱的鲜花遍地开	11435	邹锡元书法	8243
总路线的光辉到处照	11435	邹小山花鸟草虫册	1635
总路线的威力大	11606	邹小山画册	1614
总路线放红光	11778	邹小山画说源流	674
总路线歌片	11598, 11599	邹小山诗画册	1635
总路线像明灯	11599	邹雅画集	1929
总路线新歌选	11599	邹一桂联芳谱花卉册	1646
总路线呀真正好	11599	邹毅摄影作品选集	8980
总任务鼓舞人心 新宪法家喻户晓	4005	邹喆山水册	1692
总任务光辉普照 新长征前程似锦	4051	邹志强楷、行、隶三体硬笔书法字帖	7603
总任务气壮山河 新时期春满人间	4051	走吧！快上课了	2927
总任务指出光明道	11696	走笔神州	2899
总司令和我们在一起	4051	走遍边寨情意深	3954
总体艺术	185	走出低谷	12911
总统的名字叫阴谋	6173	走出店门	3770
总字	8470	走出故乡的月亮	11521
纵横捭阖	3491	走出江南	818
纵横四海	7132, 7133	走出慕比乌斯情节	10848
纵横谈艺录	021	走大庆道路 创大庆业绩	3295
纵情歌唱毛主席	11693	走大庆道路，坚持向共产主义远大目标前进！	
纵谈传统戏	12727		3295
邹德忠书法集	8286	走大庆道路的马安	8926
邹公履帖	8023	走大庆道路铺海上"铁路"	3954
邹忌和齐威王	5621	走大庆的创业道路学大庆的严细作风	3295
邹建源画集	1409	走大寨道路 学大庆精神	3867
邹健东摄影集	8888	走大寨之路	3152, 3167
邹黎眉梅花残卷	1649	走到胜利	2776
邹黎眉梅花卷	1645	走风尘刀断钢鞭	6174
邹莉画选	2401	走钢索的老人	5621
邹明彩墨艺术	2345	走革命前辈的道路	3912
邹平	8893	走过的路	13190
邹容	5882	走鸿运 发大财	4846
邹涛金石书画集	2295	走进大师	6838
邹文正画集	2466	走进大自然	617
邹西池舞台艺术	12955	走进动物王国	1279

书名索引

走进故宫	9302	走亲戚	4442
走进荒原	8975	走上爸爸的岗位	5001
走进交响乐的圣殿	11276	走上母瑞山	5001
走进交响世界	11276	走上小舞台	12916
走进焦裕禄世界	13140	走上幸福大道	13239
走进科学世界	6596	走兽百图	1695
走进灵魂	6742	走兽画法	995
走进美术王国	492	走兽画技法	993
走进圣殿	10888	走兽四扇屏	2558
走进书法	7406	走兽图谱	10263, 10327
走进新时代	11755, 11757, 11758	走熟千家路	3770
走进新时代	11757	走苏联集体农庄的道路	10128
走进艺术殿堂	045	走苏联老大哥的路	9261
走进艺术之门	050	走苏联农民的道路	10132
走进音乐	10899	走五·七道路坚持继续革命	3267
走进音乐殿堂	10842	走西口	11788
走进音乐世界	10842	走向2000年的宝钢	8859
走近经典	119	走向创造的境界	043
走近林凡	824	走向大课堂	2840
走近美术	135	走向何处	590
走近前来	11542	走向荒原	8613
走狂飙	5739	走向辉煌	9247
走来的新娘子	3754, 5135	走向那里	4879
走姥姥家	3713	走向人间的维纳斯	073
走马	12345	走向深渊	5621, 5739, 5740
走马 旱天雷 饿马摇玲	12345	走向生活	5244
走马灯	12629	走向胜利	3912, 3913, 3954
走马看英法	3408	走向实用的美学	075
走马擒三将	6211	走向世界	6174
走麦罡	10450	走向文明	6309
走麦城	5444	走向现代	110
走毛主席指引的道路	4005	走向现代化的中国——国家重点建设项目影鉴	
走毛主席指引的路	3231		8702
走娘家	4508	走向现代艺术的四步	583
走农业合作化的道路	8873	走向小康: 宿县40年	8897

中国历代图书总目·艺术卷

走向新岸	13258	祖传秘方	5023
走向新雕塑	8622	祖裔张庆芳画集	2278
走向新空间	8639	祖国 母亲	3363
走向新世纪	2830, 8341	祖国 我对你说 你的未来灿烂辉煌	3363
走向艺术家之路	084	祖国 我对你说 我爱你的一山一水	3363
走向艺术真实之路	13033	祖国 我对你说 先烈在我心中	3363
走向艺术之路	020	祖国·统一·昌盛	3363
走向纵深	13068	祖国·艺术·人生	498
走雨	12599, 12610	祖国——我的母亲	9469
走雨舞	4107	祖国，慈祥的母亲	11484
走自己的路	2750	祖国，飞向您灿烂的未来	3325
奏定文朝礼典记	8030	祖国，您好！	3530
奏鸣曲集	12545	祖国，四海欢腾！	3325
租界巡捕房	6279	祖国，万紫千红！	3325
足本芥子园画谱全集	680	祖国，我爱您	9489
足迹	8908	祖国，向您致敬——庆祝中华人民共和国成立	
足尖上的梦幻	12671	三十周年	3325
足球	10522	祖国，早晨好！	3384
足球本来并不圆	9255	祖国,我的太阳	11507
足球精英	10529	祖国,我为您歌唱	11671, 11702
足球狂小子	6596	祖国啊 母亲	5376
足球小将	4247, 7133, 7134, 7135	祖国啊，我爱你	3355
足球小子	6715	祖国啊,我永远热爱您	11750
足球旋风儿	6574	祖国啊母亲	5336
足下留情	6023	祖国保卫者	3108, 3122, 3355
组合字体	8595	祖国必须强大	3325
组织民族乐队的初步知识	11292	祖国遍地开红花	3913
组织起来 从小干革命	8998	祖国遍地是阳光	3551
组织起来的手工业	8873	祖国遍开石油花 广交会上红烂漫	3867
组织起来无限好 集体生活幸福多	3099	祖国昌盛福大寿长	4805
组织起来走集体化道路	3099	祖国长青	3099
组织委员	5272, 5302	祖国充满党的阳光	11693
组字画	1709	祖国处处传喜讯	2114
祖冲之	3324, 5444, 6174	祖国处处红花开	3325
祖冲之	2368	祖国处处披新装	8885

书名索引

祖国处处是春天	4005	祖国的青海真可爱	11413
祖国处处是家乡	3114	祖国的首都——北京	3367
祖国处处是美景	4247, 4442	祖国的卫士	9743
祖国处处是我家	1831, 1840, 3363	祖国的卫士·人民的功臣	2114
祖国处处鲜花开	4340	祖国的未来	4663
祖国处处有亲人	3786, 3913, 5222	祖国的希望	4005
祖国处处有石油	3954, 3955	祖国的小海军	2396
祖国春常在	4051	祖国的笑容多么美	11524
祖国大地	3028	祖国的需要就是我们的志愿!	3133
祖国大地百花争艳	3325	祖国的早晨	2841, 3913, 4750, 11599, 12031
祖国大地春光万里	3955	祖国多美好	4442, 4585, 11609
祖国大地暖如春	3867	祖国繁荣庆丰年	4585
祖国大地欣欣向荣	3867	祖国繁荣山河似锦 东风浩荡大地皆春	3955
祖国大合唱	11936	祖国繁荣幸福来	4340, 4750
祖国大合唱	12425	祖国风光	4107, 4172, 4248, 4340, 9051, 9062,
祖国到处传捷报	11599		9074, 9094, 9095, 9104, 9866, 10462
祖国的宝岛——台湾	3325, 3339, 3367	祖国风光好 处处春耕忙	4172
祖国的保卫者	1286, 4442	祖国风光无限好	4248, 4805
祖国的春天	3325, 11699, 11736, 12035, 12041	祖国风光无限美	4442
祖国的东北	11940	祖国各地	9078
祖国的关怀	3913, 9287	祖国共天地同寿·江山与日月争辉	4763
祖国的海港	3713, 3815, 10424	祖国关怀着我们	8870
祖国的好儿子黄继光	5190	祖国海岸	5001
祖国的好山河寸土不让	3203	祖国好比金凤凰	4340
祖国的鸿雁	5053	祖国河山多壮丽	4340
祖国的花朵	2756, 2840, 3580, 4172, 4340, 4442,	祖国花朵	3667
	8808, 9007, 9524, 9651, 12034, 13240	祖国花朵岁岁平安	4664
祖国的花朵	3867	祖国建设 蒸蒸日上	3248
祖国的花朵多可爱	12155	祖国建设花怒放 提高警惕防虎狼	3754
祖国的花朵人民的希望	3314	祖国建设日日新	4108
祖国的骄傲	4750, 5445	祖国江山美	4248
祖国的蓝天	5244	祖国进行曲	12401, 12402
祖国的辽宁	8919	祖国恋	11481
祖国的明天	13239	祖国领海 不容侵犯 坚决、彻底、干净、全部	
祖国的南疆	9800	消灭来犯之敌	3152

中国历代图书总目·艺术卷

祖国名山	4248	祖国万岁	2114, 2172
祖国名胜	9095	祖国卫士	3374, 4751, 8853, 9603, 9651, 9730,
祖国明天多美好	4248		9747, 9762, 9767
祖国南北盛开大寨花	9284	祖国卫士 钢铁长城	4508
祖国南疆——文山风姿	9104	祖国卫士 钢铁长城	3381
祖国飘红旗	11466	祖国未来和我	4585
祖国强大的国防力量	3108, 3122	祖国我爱你	4172
祖国亲	4442	祖国向我们呼唤	11384
祖国情	11758	祖国新苗	5376
祖国三部曲	11987	祖国一片新面貌	12312
祖国山川	4172	祖国英雄颂	11475
祖国山川	2417	祖国永远是春天	11696
祖国山河	4442	祖国在建设中	2926
祖国山河处处美	4443	祖国在前进	11481
祖国山河美	4834	祖国在我们心中	4855
祖国山河一片红	3267, 3268	祖国在我心中	3381, 9011, 9291, 11724, 11758,
祖国山水	2867		13154
祖国神圣领土不容侵犯!	3178	祖国在心中	9479
祖国盛开大寨花	11678, 11693	祖国在召唤	1823
祖国四方放光芒	3667	祖国赞	11944
祖国四化谱新曲	3355	祖国之爱	11704, 11928
祖国四季	11981	祖国之春	1885, 4443, 12330
祖国送我上蓝天	4340	祖国之歌	11468
祖国颂 2994, 3580, 4172, 4248, 4443, 4751, 9489,		祖母画家吴李玉哥全集	1395
11568, 11582, 11606, 11696, 11752, 11758		祖孙四代	1795
祖国颂歌	11696, 11758	祖先·灵魂·生命	10237
祖国统一 民族团结	4443	祖莹藏火	5882
祖国万里好江山	11081	祖祖辈辈愿望要实现	1764
祖国万年青	4051, 4443	钻石之谜	6279
祖国万年青	2172, 2723	钻塔上的青春	5273
祖国万年青 江山千载美	4340	钻天峰	5336
祖国万岁	1755, 3114, 3133, 3325, 3339, 3363,	钻透万山寻宝藏	2756
	3367, 3375, 3381, 3713, 4248, 4340,	最初的日子	13254
	4443, 4508, 4585, 4664, 4751, 4859, 9489,	最初精拓爨龙颜碑	7784
	9987, 11606, 11758, 11948, 11989	最初拓本董美人	7893

书名索引

最初拓爨龙颜碑	7784	最后一幕	5527
最初拓礼器碑及碑阴	7755	最佳名曲选	11384
最初拓礼器碑阴	7755	最佳女演员吴玉芳	9628
最大的战斗力是用毛泽东思想武装起来的人		最佳女主角　李玲	9628
	3159	最佳日本包装设计	10781
最感人的文明先驱	7015	最佳商业手册设计	10388
最高的奖赏	13254	最坚决地支持世界人民反对美帝的斗争	3178
最高的荣誉	2745	最紧密地团结在华主席为首的党中央周围	3268
最高指示的模范执行者	5147	最紧密地团结在以华国锋同志为首的党中央	
最高指示的模范执行者刘英俊	5143	围	3268
最豪迈的世界探险	7015	最紧密地团结在以华国锋主席为首的党中央	
最好的歌儿献给党	11946	围	3268, 3295
最后八个人	5740	最紧密地团结在以华国锋主席为首的党中央周	
最后的搏斗	6309	围　坚决同王、张、江、姚"四人帮"反	
最后的贵族	13148	党集团斗争到底	3268
最后的决定	13253	最可爱的人	3374
最后的恐龙	6653, 6665, 6666	最录南唐五百字	8023
最后的莫希干人	7056	最美的歌献给毛主席	3815
最后的胜利	12900	最美的还是我们新疆	11820
最后的晚餐	076	最难解的历史谜题	7015
最后的香格里拉——稻城亚丁	9261	最奇妙的大千奇闻	7015
最后的选择	6023	最容易教，又最容易学的卡尔卡西吉他教本	
最后的一场比赛	4920		11192
最后的一拳	6023	最受欢迎的歌曲	11513
最后几秒钟	5001	最受欢迎金曲荟萃	11742
最后两位顾客	1831	最熟悉的歌曲	12239
最后一道工序	2738	最危险的猎物	5882
最后一朵红玫瑰	11495	最新100天速成钢笔字帖	7613
最后一幅肖像	5621	最新Q太郎系列	7087
最后一个皇妃	4775	最新版简易吉他名曲100首	12478
最后一个军礼	5882	最新包装设计实务	10376
最后一个莫西干人	6349	最新报刊插图500例	10334
最后一个太监	6174	最新报刊题图荟萃	10313
最后一颗子弹	5740	最新报刊装饰图案	10302
最后一课	5445, 5526, 5882	最新报头版式设计精萃	10334

中国历代图书总目·艺术卷

最新报头图案	10334	最新国际广告及包装设计精选200例	10741
最新报头图案集	10302, 10308	最新国际流行窗帘	10609
最新报头图案选	10302	最新国际社交舞	12668
最新爆榜金曲	11988	最新海派婚纱摄影	9034
最新壁报画	10269	最新黑板报报头资料	10334
最新标准交际舞步百种	12642	最新黑板报头精选集	10302
最新标准式交际舞	12641	最新黑板报头资料集	10296
最新彩色配色图鉴	151	最新黑猫警长	6671
最新彩色摄影百科全书	8724	最新花边图案精选	10257
最新插画表现法	1237	最新画汇	1426
最新常用六体钢笔字帖	7625	最新机器猫野比历险	7135
最新唱歌集	11369, 11933	最新吉他流行歌曲	12183
最新潮劲歌荟萃	11718	最新吉他速成法	11207
最新窗帘艺术	10609	最新吉他弹唱金曲	11204
最新店铺设计	10613	最新吉他弹唱流行金曲特殊技巧	11203
最新多用钢笔书法自学教程	7614	最新吉他弹唱曲目精选	12183
最新儿童工艺技巧	10697	最新吉他演奏技法	11195
最新发掘唐宋歌曲	12053	最新吉它流行金曲弹唱	11207
最新房地产广告实务	10398	最新吉它弹唱金曲	11742
最新服饰吊牌设计	10394	最新家庭卡拉OK歌集	11736
最新钢笔行草速成教材	7625	最新简笔画宝典	1134
最新钢笔行书速成教材	7625	最新交谊舞	12642
最新钢笔行书字帖	7575, 7589	最新节日、纪念日、宣传月图案手册	10342
最新钢笔楷书速成教材	7625	最新节日黑板报美术字	7653
最新钢笔楷书自学教程	7589	最新劲歌曲大放送	11750
最新钢笔书法章法精品	7626	最新京剧胡琴指南	12067
最新钢笔书法字典	7513	最新爵士乐和声编曲演奏法	11273
最新钢笔字速成法	7561, 7589	最新卡拉OK	11513
最新港台大陆金曲精粹	11724	最新卡拉OK大金曲	11501
最新港台卡拉OK金曲大追踪	11513	最新卡拉OK金榜流行歌曲选粹	11513
最新歌集	11732	最新卡拉OK金曲	11513
最新歌曲集	11732, 11933	最新卡拉OK演唱歌曲集	11732
最新工艺图案集	10237	最新卡通装饰图案集	10293
最新古典吉他艺术教本	12182	最新看图识字	4887
最新滚石金曲	11742	最新口琴吹奏法	11213

书名索引

最新镭射金曲选萃	11732	最新摄影入门	8734
最新立体图案法	123	最新摄影实用问答	8777
最新流行歌曲	11704	最新实用黑板报设计	10327
最新流行歌曲17首	11713	最新实用黑板报头图案集	10308
最新流行歌曲100首	11706, 11713, 11718	最新实用美术图案集	10313
最新流行歌曲吉他弹唱	11732	最新实用美术引导	10308
最新流行歌曲吉他弹唱100首	11725	最新实用美术字	7645
最新流行歌曲排行榜	11758	最新实用配色事典	147
最新流行歌曲专辑	11733	最新实用透视图法	555
最新流行盒带歌曲100首	11725	最新实用图案设计	10223
最新流行金曲歌词钢笔书法字帖	7575	最新实用艺术图案手册	10319
最新流行金曲排行榜	11759	最新实用装饰画集	10308
最新流行金曲专辑	11742	最新实用装饰美术字	7637
最新毛笔字速成法	7334	最新实用装饰图集	10313
最新美术设计图案	10313	最新世界儿童简笔画入门	1261
最新民间舞	12656	最新室内装饰分类指南	10744
最新民谣吉他精彩弹唱	11208	最新室内装饰艺术	10593
最新名歌金曲精选	11501	最新书法字典	7160
最新名曲解说全集	10861, 10862	最新书画谱	1466
最新平面设计基础	128	最新抒情歌曲	11475
最新企业黑板报美术字	7653	最新苏联名曲选	12356
最新企业形象视觉识别设计丛书	10751	最新苏联抒情歌曲100首	12431
最新铅笔画	1092	最新台港流行歌曲	11706
最新热门金曲	11507	最新台港排行榜名歌新曲	11736
最新人体线描引导	1120	最新童装图案	10293
最新人体装饰画引导	1120	最新透视图技法	144
最新三维立体画	1241	最新透视图实用技法大全	558
最新三维立体图画	1241	最新图案法	137
最新商标与图案设计	10741	最新图案设计丛书	10342
最新上榜超级劲歌	11742	最新图解现代交际舞	12666
最新上榜金曲	11750	最新外文美术字	8595
最新上榜劲歌	11513	最新五维立体图画	1241
最新上榜新歌速递	11742	最新舞艺速成	12643
最新摄影技法精编	8770	最新西法图画大全	599
最新摄影技术	8751	最新西洋花入门	10729

最新现代交际舞教程	12645	罪恶的牟二黑	5135
最新校园黑板报美术字	7653	罪恶的收租院	5170, 8630
最新袖珍口琴吹奏法	11214	罪恶调查科	6241
最新学生实用钢笔书法临摹字典	7544	罪恶小克星	6379
最新一笔画宝典	1134	罪恶与死亡	6211
最新音乐心理学荟萃	10832	罪与罚	7012, 7056
最新银坛名歌	12413	罪与罚图	6597
最新影视歌曲'91春节文艺晚会歌曲 卡拉OK		醉爱居印赏	8496
流行曲	11501	醉庵砚铭	1047
最新影视歌曲100首	12420, 12421	醉八仙	4248, 4443, 5621
最新影视盒带歌曲150首	11928	醉春	4775
最新影视盒带流行歌曲	11928	醉打蒋门神	5882
最新硬笔草书作品选	7589	醉打秦丞相	6211
最新硬笔书法速成教材	7614	醉打万珍楼	6174
最新幼儿打击乐教学集	11265	醉蝶	12055
最新幼儿故事大王	6478	醉高歌二十章	8243
最新幼儿园小学音乐教材	10791	醉果	2842
最新指示发表之前	3758	醉汉米尔	3430
最新中外名歌集	12355	醉经书馆印谱	8507
最新中小学墙报刊头资料集	10323	醉露天香	1955
最新中英美术字设计	7633	醉墨轩画稿	1269
最新绉纸造花法	10661	醉墨轩三种	661
最新字体设计引导	7645	醉墨轩书画录	770, 1461
最新最美的人	5157	醉墨轩题画诗草	770
最新最美的图画	3913	醉鸥墨君题语	743
最幸福的时刻	3770	醉僧除霸	6174, 6211
最勇敢的自然开拓	7015	醉神仙	6279
最珍贵的礼品	3616	醉石山房印存	8514
最真诚的爱心奉献	7015	醉石斋印存	8578
最震撼的科学发现	7015	醉苏斋画诀	661
最重大的创造发明	7016	醉陶1988——深掘之后	10649
最最新流行歌曲极品188首	11742	醉翁亭记	7981, 7997, 8221
罪恶的地主庄园	3122, 5080	醉戏柳眉儿	9246
罪恶的抉择	6174	醉香	2114
罪恶的录像	6023	醉心	8853

书名索引

醉怡情	11872	遵义颂	1864
醉艺斋画论随笔	719	遵义县戏曲志	12783
尊长爱幼树新风	3339	遵义英烈	6422
尊古斋古玉图录	414	昨日一瞬	8905
尊古斋瓦当文学	414	昨天	5081, 5621
尊古斋造像集拓	414	昨天的事情	3419
尊敬老人	3355	昨天的瞬间	9294
尊敬老师	3355, 3384	昨天的战争	5527, 5621, 6023
尊敬老师, 守纪律	3367	昨天是家庭妇女今天是生产能手	3099
尊敬师长 懂得礼貌	3339	昨夜星辰	11713
尊敬我们的老师	9291	左庵一得初录	1466
尊老爱幼福乐寿	4751	左传	6404
尊师爱生	3355	左夫刻印选集	8571
尊师爱生建立新型的师生关系	3314	左海艺葩	1354
尊师爱生树新风	3295	左汉桥书画集	2216
尊师敬长 勇敢聪慧	6478	左江第一届工农兵代表大会	2781
尊师宣传图片	3373	左格靖侯手札	8026
尊严与屈辱	8954	左齐左笔书法集	8243
尊重表演艺术	12821	左权民间歌曲选集	11783
遵化	8927	左权小花戏	12621
遵化——农业生产大幅度增长的旗帜	3152	左手反书《闲情赋》	7545
遵化新貌	8925	佐恩	6789, 6798, 6802
遵纪爱民	3067	佐恩铜版画	6924
遵守法纪 加强治安保卫	3345	佐临研究	12911
遵守社会秩序 讲究文明乘车	3339	佐罗	5527, 6629, 6649, 6664, 6665
遵守学校纪律 遵守公共秩序	3328	佐藤晃一	10767, 10782
遵王殉阵	5882	佐藤晃一的设计世界	10782
遵义	1811, 3913, 8922	作家的画梦	499
遵义杯全国书法大赛硬笔书法精选	7513	作家电影面面观	13106
遵义地区花灯音乐	12064	作家与音乐	10865
遵义会议的光芒	5376	作家之旅	8889
遵义会议会址	9323, 9324, 10100, 10101	作客之前	5445
遵义会议颂	11683	作品是怎样产生的	073
遵义会址学路线 天安门前唱颂歌	3867	作曲法	11068, 11074, 11092
遵义市美术作品选	1316	作曲法初步	11068

中国历代图书总目·艺术卷

作曲基本原理	11090	做个好孩子	4248
作曲基础教程	11095	做个有礼貌的好孩子	3616
作曲技法	11088，11089	做工农业大发展的促进派	3178，5170
作曲技法的演进	11096	做共产主义接班人	3714，3754
作曲技法探索	11094	做国家主人 当人民的公仆	3363
作曲技巧浅谈	11094	做航天飞机	4249
作曲家的困惑	10874	做好反侵略战争的准备	3232
作曲家论音乐	10924	做好红旗献英雄	3580
作曲家排行榜	10883，10884	做好食堂卫生预防肠道传染病	3099
作曲讲义	11072	做好事不声张	4443
作曲教程	11071	做荷包	3616
作曲浅谈	11083	做红花	3667
作曲入门	11068	做红色的劳动者 当革命的接班人	3754
作为文化的影像	13199	做红色接班人	3133，3295
作为文化史的艺术史	073	做花灯	3667
作为演出艺术的戏剧	12821	做花灯迎新春	3668
作为艺术的行为能指	050	做坚强革命后代永不忘本 续无产阶级家谱世	
作文钢笔字帖	7513	代相传	3754
作文教学法	7259	做间谍的小孩	5883
作文教战线上的红旗手	3099	做阶级斗争的闯将	3268
作文三字经钢笔字帖	7575	做军鞋	12639
坐飞船游太空	1775，4108	做雷锋这样的人	3216
坐轮椅的姑娘	5883	做了一件小公益	3668
坐山观虎斗	5081	做毛主席的好孩子	3616，3714
坐在台上看戏	12894	做毛主席的好战士	3714
坐姿男人体	6908	做农业生产的好后勤	3203
座右铭行书笺	8244	做贫下中农的知心人	3755
座右铭集锦	7561	做品德优秀的好学生	3114
做彩灯	4172	做群众的知心人	3714
做大庆式工人 办大庆式企业	3159	做人要做这样的	3770
做党的好孩子	3248，3249	做人要做这样的人	10419
做朵光荣花	4248	做社会主义的新愚公	3755
做革命接班人	3133	做实现农业现代化的生力军	3315
做革命人 接革命班	3913	做未来的主人	3370
做个飞翔的美梦	342	做无产阶级革命事业接班人	3216

书名索引

做限制资产阶级法权的促进派	3268	'94 宝丽金碟圣卡拉OK金曲	11742
做新长征的英勇突击队	3315	'94 秋季中国书画珍品广东拍卖会	316
做新世纪的主人	3389	'94 深圳美术馆	316
做一个红色小宣传员	3152	'94 新歌榜	11742
做一个人民的小勤务员	3123	'94 新铸联杯中国画·油画获奖作品集	2230
做一个探索无线电秘密的小尖兵	3099	'94 中国工笔画大展金牌获得者作品集	2244
做一颗红色的种子，到祖国最需要的地方生根、		'95 世界电影指南	13318
发芽、开花、结果！	3123, 3133	'95 戏剧表演教学荟萃	12823
做游戏	3551	'95 中国MTV大奖赛精品集	11522
做有道德的人	3355	'95 中国日本现代水墨画交流展作品集	2244
做有理想、有道德、有文化、守纪律的新一代		'95 中国水墨	2244
	3364	'95 中国艺术博览会	349
做有理想有道德有文化守纪律的新一代	3355	'95 中国艺术博览会图录	350
做有伟大革命志气的新一代	3099	'96 你最喜爱的歌	11750
做渔船模型	3714, 3755	'96 中国日本现代水墨画交流展作品集	2244
做知识主人	2115	'96 中国艺术博览会	350
做纸花的姑娘	5621	'97 北京工笔重彩画精品展作品集	2278
做遵纪守法的好少年	3370	'97 广州国际艺术博览会	350
做遵守新宪法的模范	3315	'97 河南青年书法家邀请展作品集	8302
		'97 江苏春联	4855
符号		'97 江苏年画	4855
π 之父祖冲之	6554	'97 沙孟海书学研讨会文集	7364
		'97 山东省少儿书画艺术大展作品集	6766
数字		'97 上海艺术博览会	211
'88 全球华人歌星演唱会专辑	12383	'97 香港回归中国百家艺术瓷画大展作品集	
'91 中国画艺术研讨会文论集	806		10656
'92 卡拉OK抒情名曲精选	11733	'97 香港回归祖国之日"松文杯"摄影大赛获奖	
'92 热门金曲大趋势	12385	作品集	8864
'93 爱心献歌迷	11737	'97 中国旅游年摄影作品集	8864
'93 博雅油画大赛获奖作品集	2813	'97 中国艺术博览会	350
'93 金曲	11737	'98（福州）亚太地区当代艺术邀请展作品集	
'93 劲曲	11737		205
'93 欧美流行金曲	12408	'98 全国中青年水彩画家提名展作品集	2960
'93 台湾室内设计工商年鉴	10591	'98 拳皇	6728
'93 中国西部民族风俗画大展获奖作品集	2230	'98 上海百家艺术精品展画集	1343

中国历代图书总目·艺术卷

条目	编号	条目	编号
'98 上海艺术博览会	211	[1989 年时装美]	9651
'98 松嫩长堤大阅兵	8912	[1989 年时装月历]	9651
'98 中国教师摄影艺术作品选集	8865	[1989 年世界风光]	10161
'98 中国首届少年儿童绘画书法艺术大展		[1991 年画中游]	9887
	6766	[1992 年挂历]	9460
'98 中国艺术博览会	350	[1996 年美术挂历]	9485
'99 澳门回归中国书画精品集	2319	1+1=3	5622
'99 北京大学生艺术节优秀作品	337	1—2—3—哆—咪—咪	9348
'99 北京首都艺术博览会	351	2×2	13258
'99 服饰与文化国际海报交流展作品集	10771	3D 魔幻炫丽	7145
'99 漫画星座	6715	3 小时人物速写与慢写	636
'99 青岛国际美术邀请展作品集	6836	3 小时人像素描写生与默写	1152
'99 全国书法名家作品邀请展作品集	8324	3 小时色彩风景写生与默写	1188
'99 上海市书法篆刻系列大展	8132, 8324, 8588	3 小时色彩静物写生与默写	1188
'99 上海艺术博览会	205	3 小时石膏像素描写生	1152
'99 炎帝杯国际书画大展精品集	2319	007 大破魔鬼党	6280
"007"号间谍	5621	07 海区的战斗	5337
"12 亿"大劫案	6422	007 银幕大观	13135
"305"电波	5740	8.75 毫米电影放映设备	13279
"714"遇险记	6174	9 号的秘密	5446
"1031"案件真象	5740	10.31 案件	5741
"3796"号逃犯	5621	10 集京剧电视连续剧《曹雪芹》	13140
《6.26 指示》是明灯	1804	12 次列车	5001
[1969 己西年月历]	10415	12 座摩天大厦突然失踪	6515
[1969 年月历]	10415	16 毫米电影放映机	13278
[1970 年年历]	10416	16 毫米电影放映机实习教材	13278
[1972 年年历]	1475, 2839, 9331, 9332, 9931,	16 毫米电影放映设备	13279
	9932, 10416, 10417	16 毫米影片剪接技术	13266
[1972 年月历]	10417	17 年电影集萃	13194
[1982 年美术挂历]	1477, 9346, 9532, 10133,	18—20 世纪钢琴奏鸣曲小奏鸣曲小曲集	
	10450, 10451, 10452, 10453		12524
[1982 年美术挂历]	2610	18 首长笛练习曲	12454
[1988：星]	9628	18 位著名越剧演员唱腔选	11873
[1988 年：妍]	10052	19、20 世纪罗马尼亚绘画选	6846
[1989 年时装]	9651	20-40 年代中国电影回顾	13181

书名索引

20 世纪百部好莱坞经典	13165	20 世纪中国美术教育	056
20 世纪的灵感	10989	20 世纪中国摄影文献	8865
20 世纪俄苏美术	373	20 世纪中国舞蹈	12579
20 世纪非洲美术	373	20 世纪中国戏剧舞台	12781
20 世纪国际书法精作博览	8286	20 世纪中国音乐	10971
20 世纪国际现代美术精品荟萃	6808	20 世纪中国音乐思考	10977
20 世纪国际现代美术精作博览	204	20 世纪中国著名歌曲 1000 首	11532
20 世纪国外人体摄影艺术	10152	20 世纪中华金曲 100 首	11507
20 世纪海盗	6241	20 世纪中华之歌精选	11532
20 世纪海战	6574	20 天革个命	13228
20 世纪黑镜头	10152	21 世纪	6943
20 世纪科学大师与科学大事	6553, 6554	21 世纪美术权威教程	619
20 世纪美国美术	373	21 世纪小小博士图库	6435
20 世纪美术辞典	029	21 世纪新潮美术字体设计	7645
20 世纪名家散文钢笔字帖	7513	21 世纪新潮商标企业形象设计	10754
20 世纪难忘名歌 300 首	11524	21 世纪新潮实用装饰图案设计	10566
20 世纪欧美非具象艺术	6811, 8675	21 世纪新潮数字字体设计	7645
20 世纪欧美具象艺术	6809, 8675	21 世纪新潮外文字体设计	8598
20 世纪日本美术	373	22 世纪大暴动	6677
20 世纪世界美术大系	185	23 号接头点	4936
20 世纪世界书法作品鉴赏	7364	24 首长笛练习曲, 作品 26 第 1 号	12454
20 世纪世界童话精粹	6478	24 首钢琴练习曲	12498, 12509
20 世纪世界未解之谜	6554	24 首歌曲集	11486
20 世纪外国摄影名家名作	8705, 8706	24 首随想曲	12462, 12464
20 世纪外国著名歌曲 1000 首	12391	30 年代优秀电影歌曲选	11911
20 世纪西方舞台设计新貌	12830	31 字钢笔字速成练习法	7562
20 世纪艺术边缘学科译丛	016	35mm 单镜反光机	8722
20 世纪艺术家	085	35 毫米电影放映机	13278
20 世纪艺术中的抽象和技巧	181	35 毫米电影放映机实习教材	13278
20 世纪印度美术	373	035 号图纸	5191
20 世纪英国艺术	374	38 度线上的怪物	6991
20 世纪中国大师画论书系	483	38 颗人头	6280
20 世纪中国儿童歌曲经典作品	12048	39 号案件	5081
20 世纪中国画	711	39 级台阶	5741
20 世纪中国美术	337	40 年金曲 100 首	11488

中国历代图书总目·艺术卷

40 首长笛练习曲,作品 75 号	12454	90 年代世界店面装饰设计 1200	10747
45 号地区	13249	90 年代世界流行影片	13165
48 小时摄影快易通	8785	90 跳动	11718
50 块银元	5135	90 亚运	8897
50 万法郎	5884	91 港台金曲	11725
51 号兵站	5024, 5053, 5081, 5377, 5445	91 金曲	11725
58 天钢笔字速成法	7514	91 书法博览	7161
60 年代美国中学的科学教学影片	13293	92 流行歌曲精华	11733
60 首钢琴练习曲	12498	93'排行榜金曲钢笔字帖	7514
60 首圆号练习曲	12454	93 国际艺术文化交流展	167
60 天速成钢笔字帖	7604	93 最新流行歌曲荟萃	11737
60 小时钢笔速成练习法	7562	94 个小希特勒	6175
62 首钢琴中高级乐曲集	12530	94 号公路血案	6280
65 号密件	5081	94 季选极品金曲	11987
67 谋害案	5446	95 年度写真精选年鉴	10146
078 号落网记	5377	97 日历活页歌选	11750
80 年代美国实用绘画	6798	97 上榜金曲	11752
80 年代热镜头	10149	98 好歌新曲 500 首	11529
80 年代室内设计精选	10562	99'上榜金曲	11755
80 年代"天王巨星"	13107	99 开启通道	2834
80 天环游地球	5884	99 偏旁部首铅笔字速成技巧	7614
84 集电视剧三国演义诞生记	13296	99 苹果店	11532
84 年农历 24 节气画	10469	99 天钢笔字速成练习法	7443, 7590, 7604
88'中国油画邀请展作品集	2800	99 天毛笔书法速成练习	7388, 7389
88 龙年金曲流行歌片	11486	99 天毛笔字速成练习法	7343
88 天钢笔楷书优选速成字帖	7545	100 部爱国主义教育优秀影视片歌曲精选	
89'电影、电视最新流行歌曲选	11926		11928
89'中国歌坛新潮	11713	100 部优秀爱国主义影视片故事荟萃	13296
89 抒情歌曲精选	12431	100 部优秀爱国主义影视片主题歌选编	11929
90 港台劲歌金曲	11713	100 歌颂中华歌曲集	11513
90 秒钟自学摄影课程	8777	100 个科学小魔术	12998
90 年代家庭美饰新潮	10227	100 花图案写生变化	10293, 10327
90 年代居室新潮	10582	100 偏旁部首钢笔字速成练习	7513
90 年代流行交谊舞	12665	100 体英文美术字	8594
90 年代热镜头	10149	102 边防站	5303

书名索引

书名	编号	书名	编号
105 岁的太爷爷	4936	1918 年	13249
120 斤重的"老鼠"	4909	1935 名歌选集	11369
120 首易唱古典吉他独奏曲	12478	1935 年的三毛	3497
135 相机摄影指南	8746	1945 年以后的现代视觉艺术	181
135 照相机的使用和拍摄技巧	8773	1945 年以来的设计	10203
200 集卡通连环画《西游记》	6682	1946 年中国现代歌曲	11361
240 体阿拉伯数目字	7632	1948 年青年夏令会诗歌选	12440
306 号案件	13249	1949—1979 板胡曲选	12283
365 个祝福钢笔字帖	7589	1949—1989 全国获奖少年儿童歌曲选	12040
365 科技万象卡通涂画画库	6671	1949—1979 中国音乐大事记	10964
365 首外国古今名曲欣赏	12383	1949—1984 年优秀群众歌曲 200 首	11709
365 夜故事精选	6422	1950 年的音乐运动	10954
365 夜笑话精选本	6435	1951 年华东美术作品选集	1355
365 夜知识童话精选本	6435	1952 年 -1957 年度农业科学教育电影目录	
400 金言钢笔字帖	7514		13291
416 首日常练习	12454	1953 年毛泽东同志和周恩来同志在最高国务会	
500 首钢琴初级教材集成	11240	议上	9291
518 案件	6025	1954 年西南区歌曲创作选集	11940
531 大捷	6175	1955—1957 苏联美术家作品展览会	363
603 号的秘密	5446	1955—1957 苏联美术家作品展览会选集	6779
714 班机	7016	1955 年创作歌曲选集	11940
747 事件	5884	1955 年的体育运动	9248
999 朵玫瑰花	11743	1955 年浙江省农业生产展览会画册	8918
1000 个小动物画集	2575	1956—1967 年全国农业发展纲要(修正草案)画	
1000 卡通动物变形画	1245	册	4910
1000 卡通动物画	6728	1956 年创作歌曲选集	11940
1000 卡通人物变形画	1245	1956 年到 1967 年全国农业发展纲要	4910
1000 卡通运输变形画	6728	1956 年到 1967 年全国农业发展纲要图解	
1000 万港元大劫案	6553		4910
1000 种插画·图案大百科	10308	1956 年全国青年集体舞创作比赛得奖集体舞选	
1870—1871 巴黎围城和巴黎公社时期的速写		集	12595
	6896	1956 年四川省群众歌曲创作得奖歌曲选集	
1901—1982 诺贝尔文学奖得主代表作全集	6310		11580
1908—1965 年中国音乐期刊目录	11356	1957 年创作歌曲集	11940
1917—1957 苏联优秀歌曲选	12367	1957 年创作歌选	11941

中国历代图书总目·艺术卷

1958 年创作歌曲选	11435	1968 年年历	10414, 10415
1958 年创作歌选	11416, 11417	1968 年月历	10231, 10415
1958 年儿童歌曲选	12010	1969 月历	10415, 10416
1958 年年画缩样	3531	1970（庚戌年）年历	10416
1959—1961 上海歌声选	11613	1970（农历庚戌年）	9929
1959 年初版新年画缩样	3530	1970（农历庚戌年）年历9150, 9151, 9330, 10416	
1959 年画缩样	3532	1970 年(阴历庚戌年）月建节气表	10416
1959 年辽宁省文艺汇演歌曲选	11435	1970 年年历	9151, 9330, 10416
1959 年元旦、春节推广歌曲	11417	1970 年月历	10416
1960 年画缩样	3532	1971 年月历9152, 9153, 9154, 9155, 9330, 10099,	
1960 年年画缩样	3532	10416	
1960 年全国职工文艺会演歌曲选	11445	1971 年月历(农历辛亥年）	2838, 2932, 9155,
1960 年全国职工文艺会演器乐曲选	12251	9156, 9330, 9331, 9929, 9930	
1960 年全国职工文艺会演舞蹈选	12591	1971 年月历(夏历辛亥年）	2838, 9930, 9931
1961 年电影胶片感光测定专业会议的决议		1971 年月历(阴历辛亥年）	9931
	13177	1971 年月历(阴历辛亥年）月建节气表	2839
1962 年节气表	10403	1971 年月历(阴历辛亥年）月建节气表	9931
1963 年国庆节推荐歌曲	11447	1972（农历壬子年）	3758
1963 年年历表	10405	1972 年年历	9332, 9333, 9933
1963 年庆祝"五一"国际劳动节推荐歌曲		1973—1974 参加全国美展作品	1291
	11447	1973（美术月历）	10417
1963 五一国际劳动节推荐歌曲	11447	1973 年半月历	10417
1964 年京剧现代戏观摩演出唱腔选集	11839	1973 年河南省美术、书法、摄影艺术作品展览	
1965 年"哈尔滨之夏"创作歌曲选	11636	中国画作品选	1823
1965 年(乙巳年）节气表	10410	1974（美术年历片）	10419
1965 年初版年画缩样	3714	1974（美术双月历）	10419
1965 年画贺年片缩样	6748	1974（美术月历）	9333, 10419
1965 年画缩样	3668, 3714	1974（美术月历片）	10419
1965 年门画年画缩样	3714	1974（农历甲寅年）年历	10419
1965 年摄影月历	9329	1974 年挂历	10420
1965 年双月历	10410	1974 年年历	9333
1965 五一国际劳动节推荐革命歌曲	11628	1974 年摄影月历	9333
1966 年画缩样	3755	1974 年小挂历	10420
1966 年节气表	10413	1974 年月历	10420
1966 年门画、年画缩样	3714	1975（美术挂历）	10421

书名索引

1975（美术双月历）	10422	1978 年年历	9339, 10428
1975（美术月历）	10422	1978 年摄影月历	9339
1975（农历乙卯年）（美术月历）	10422	1978 年戏剧月历	10428
1975（摄影）	9335	1978 年月历	10428
1975（双月历）	10422	1978 月历	9339
1975 年画缩样	3815	1979—1982 英文音乐期刊论文索引	10805
1975 年历(农历乙卯年）	10422	1979（农历己未年）挂历	10429
1975 年年历	10422	1979 年（己未年）年历	10429
1975 年全国年画少年儿童美术作品展览年画选集	3913	1979 年风光花卉摄影月历	10014
		1979 年挂历	9340, 9341, 10429, 10430
1975 年摄影月历	9334	1979 年国画月历	2600
1976（月历片）	10424	1979 年花卉历片	10014
1976 挂历	9335, 10424	1979 年画缩样	3955, 4005
1976 年挂历	10424, 10425	1979 年美术台式周历	10430
1976 年画缩样	3815, 3867, 3868	1979 年年历	10430
1976 年门画缩样	3816	1979 年年历画辑	10430
1976 年年画缩样	3815	1979 年摄影戏曲月历	9938
1976 年年历	10425	1979 年台历	10430
1976 年月历	10425	1979 年月历	9341, 10430
1977（挂历）	10425	1980 年儿童年历	10435
1977（美术挂历）	1275, 10425	1980 年儿童月历	10436
1977（美术月历）	10425	1980 年风光摄影月历	9794
1977（摄影挂历）	9337	1980 年挂历	9341, 10436, 10437
1977 年挂历	10425	1980 年国画月历	2604
1977 年画缩样	3868, 3913	1980 年画缩样	4005, 4006
1977 年门画缩样	3868	1980 年美术周历	10437
1977 年年历	10425, 10427	1980 年门画缩样	4006
1977 年小挂历	10425	1980 年年历	9341, 10437
1978—1998 改革之光中国新闻摄影精品集 9293		1980 年现代国画月历	2604
1978（农历戊午年）挂历	10427	1980 年月历	9341, 10437
1978 年大挂历	10427	1981-2 年挂历	10441
1978 年挂历	9339, 10427, 10428	1981（农历辛西年）挂历	10441
1978 年画缩样	3913, 3914	1981 江苏年画	4051
1978 年门画缩样	3914	1981 年"百花"挂历	10442
1978 年年画缩样	3914	1981 年(农历辛酉年）挂历	10441

中国历代图书总目·艺术卷

1981 年挂历	9343, 10442, 10443	1982 年年历：画	2610
1981 年挂历	2607	1982 年年历：棋	2610
1981 年国画挂历	2607	1982 年年历：琴	2610
1981 年画缩样	4051, 4052	1982 年年历：书	2610
1981 年历国画中国画缩样	2607	1982 年上海美术年刊	1364
1981 年门画缩样	4108	1982 年月历	9532, 10453
1981 年苗岭之声音乐节歌曲选集	11473	1982 年月历	2610
1981 年年历	10443	1983	2613, 10465
1981 年上海美术年刊	1364	1983—1992 十年袖珍月历	10463
1981 年摄影月历	9795	1983（"西域名媛"挂历）	9539
1981 年摄影周历	9343	1983（《艾里甫与赛乃木》电影剧照月历）	13107
1981 年时装挂历	9526	1983（《风光人物》挂历）	9539
1981 年台历	6783, 10133, 10444	1983（《风光人物》台历）	9539
1981 年台历	2607	1983（《小青青的天地》摄影挂历）	9348
1981 年舞蹈月历	10444	1983（澳大利亚风光·挂历）	9800
1981 年月历	2937, 6783, 9343	1983（芭蕾舞专辑）	9963
1981 年月历	2607	1983（冰上芭蕾）	9963
1981 世界名画挂历	10444	1983（彩色粉笔画体育挂历）	2939
1981 舞蹈挂历	10444	1983（插花艺术挂历）	10621
1981 亚洲设计家联展	10726	1983（电影挂历）	13107
1982—1986 全国少年歌曲评选获奖歌曲集		1983（儿童挂历）	10462
	12036	1983（风光挂历）	9800
1982（长白山风光挂历）	10453	1983（古装仕女·挂历）	9539
1982（简庆福摄影艺术）	9346	1983（挂历）	10462
1982（时装挂历）	9532	1983（癸亥年）	10463
1982（世界风光）	10453	1983（花卉摄影挂历）	10022
1982（台历）	10453	1983（花鸟虫鱼·摄影挂历）	10022
1982 湖南省美术作品展览图录	1363	1983（剧照挂历）	9946
1982 年风光摄影月历	9798	1983（美术挂历）	10463
1982 年画缩样	4108	1983（年画挂历）	4173
1982 年江苏年画	4108	1983（农历癸亥年）	10463
1982 年美术挂历	6784	1983（摄影挂历）	9348, 9349
1982 年门画、年画缩样	4108	1983（摄影台历）	9349
1982 年门画缩样	4108	1983（台历）	10463
1982 年年历	10453	1983（体育摄影挂历）	9963

书名索引

1983（外国风景油画专辑）	6882	1984（儿童·摄影）	9354
1983（外国油画年历）	6882	1984（儿童摄影）	9354
1983（舞蹈摄影挂历）	9946	1984（儿童月历）	10466
1983（戏曲月历）	9946	1984（风光挂历）	9805
1983（小挂历）	10463	1984（风光人物合成小挂历）	10467
1983（祖国风光）	9800	1984（风光摄影）	9805
1983［年历］	10463	1984（风光月历）	9805
1983 安徽年画	4173	1984（风景摄影）	9354
1983 年(挂历）	10463	1984（古典歌舞）	10467
1983 年(癸亥年）	9800	1984（挂历）	10467
1983 年(摄影挂历）	9349	1984（汉、德宏傣文对照）	10467
1983 年(摄影艺术）	9349	1984（汉、景颇文对照）	10467
1983 年儿童月历	10463	1984（花卉·摄影）	9307
1983 年风光摄影月历	9800	1984（花卉）	10467
1983 年挂历	10466	1984（农历甲子年）	10467
1983 年国画月历	2613	1984（人物花卉）	10467
1983 年花鸟画月历	2613	1984（人物摄影）	9547
1983 年画缩样	4173	1984（摄影艺术展览作品选）	9354
1983 年辽宁年画	4173	1984（诗词·摄影）	9354
1983 年年历	9800	1984（世界风光）	10467
1983 年上海美术年刊	1364	1984（书法挂历）	8156
1983 年台历	9800	1984（中国风光月历）	10467
1983 年为国争光挂历	9539	1984：《风光人物》合成挂历	10467
1983 年戏剧舞蹈月历	9946	1984：《诗情》台历	10467
1983 年月历	6785, 10463, 10464	1984：《万紫千红》挂历	10467
1983 年月历	2613	1984：北美风光	10467
1983 全国新闻摄影理论年会论文集	8726	1984：冰山奇观	10467
1983 浙江年画	4173	1984：陈少梅画金陵十二钗	2622
1984	2622	1984：傅抱石国画选	2622
1984（插花艺术）	10622	1984：古代人物画	2622
1984（电影名星摄影）	9547	1984：桂林山水摄影	9805
1984（电影新秀）	9547	1984：国画花卉	2622
1984（电影演员艺术人像月历）	9547	1984：花卉	10467
1984（动物·花鸟摄影）	10026	1984：花卉·油画	2841
1984（动物摄影月历）	10026	1984：花鸟画选	2622

中国历代图书总目·艺术卷

1984：画苑撷英	10468	1984年：中国画	2623
1984：黄山秀色	10468	1984年春节联欢晚会演唱歌曲集锦	11974
1984：漓江山水摄影	9806	1984年电影挂历(电影演员）	9547
1984：历代国画	2622	1984年风光挂历	10469
1984：历史人物·工笔画	2622	1984年古代花鸟画月历	2623
1984：旅游风光	9963	1984年画缩样	4249
1984：名胜古迹	10468	1984年历春联月历缩样	10469
1984：日本插花艺术	10727	1984年上海美术年刊	1364
1984：山水花卉扇画选	2622	1984年摄影周历	9355
1984：世界名画	6786	1984年时装挂历	9547
1984：世界名画挂历	6786	1984年双月历	10469
1984：书法挂历	8156	1984年滦溪风光挂历	10469
1984：台历	10468	1984年台历(动物摄影）	10026
1984：太湖行	10468	1984年台历(猫）	10469
1984：体育	10468	1984年台历(世界风光）	10469
1984：外国油画	6882	1984年台历(世界摄影名人名言）	10469
1984：文体新秀	10468	1984年月历	10469
1984：武术	10468	1984年月历(儿童摄影）	9548
1984：舞蹈双月挂历	10468	1984年月历(花卉）	10469
1984：西洋名画	6786	1984年月历(年画	10469
1984：戏曲小百花	10468	1984年月历(世界风光）	10469
1984：艺术体操	10468	1984年月历(意大利艺术名胜）	10469
1984：油画——世界女作家	2841	1984年月历(中国古代扇面画）	10469
1984：浙江山水画	2622	1984浙江年画	4249
1984：中外风光月历	10468	1985·1986（红楼群芳）	10476
1984［年历］	9354	1985—1986（花卉摄影挂历）	10031
1984风景年历(油画·水彩台历）	2841	1985—1986：摄影·世界风光	10155
1984福建年画	4249	1985（《银苑新秀》月历）	10473
1984历类缩样	10468	1985（《影坛新秀》月历）	10473
1984辽宁挂历	10468	1985（《祖国风光》摄影月历）	9815
1984辽宁挂历、单幅、年历卡	10469	1985（芭蕾舞剧照）	9966
1984辽宁年画	4249	1985（波斯猫与蝴蝶）	2633
1984年《中国插花艺术》小台历	10622	1985（地方戏剧挂历）	10473
1984年(世界风光）	10469	1985（第十二届世界大学生运动会专辑）	9966
1984年：电影演员	9547	1985（电影百花挂历）	10473

书名索引

1985（电影人物挂历）	9558	1985（年画挂历）	4341
1985（电影演员挂历）	9558	1985（农历乙丑年）	10474
1985（雕塑摄影挂历）	8631	1985（齐白石精作十二幅）	2634
1985（蝶花挂历）	2633	1985（清明上河图）	10474
1985（东方歌舞）	9952	1985（群芳争艳）	10031
1985（儿童、电影演员）	9558	1985（人物挂历）	9558
1985（儿童挂历）	10473	1985（人物摄影挂历）	9558
1985（儿童摄影月历）	9558	1985（山河美如画）	10475
1985（儿童文学挂历）	10473	1985（山水画选）	10475
1985（风光挂历）	10473	1985（摄影·艺术风光）	9815
1985（风光揽胜摄影挂历）	9815	1985（摄影儿童挂历）	9558
1985（风光日历）	10473	1985（摄影风光）	9815
1985（风光摄影·月历）	9815	1985（摄影挂历）	9363, 9364
1985（风光摄影挂历）	9815	1985（摄影花卉挂历）	10031
1985（服装）	10473	1985（摄影画历）	9364
1985（富贵花鸟月历）	2634	1985（摄影年历片）	9364
1985（故宫藏画）	10473	1985（摄影月历）	9364
1985（挂历）	10474	1985（诗意花卉挂历）	10475
1985（国画挂历）	2634	1985（时装挂历）	9558
1985（红楼群芳谱电视连续剧《红楼梦》演员剪		1985（世界风光）	10475
影）	9558	1985（世界风光挂历）	10475
1985（花卉）	10474	1985（世界名画·静物挂历）	10475
1985（花卉挂历）	10474	1985（世界名画）	6788
1985（花卉摄影挂历）	10031	1985（世界名画挂历）	6788
1985（江山如画摄影挂历）	9815	1985（仕女花卉）	4341
1985（江天楼阁图）	10474	1985（宋元名画）	10475
1985（锦绣山河·风光摄影）	9815	1985（苏绣·猫）	10475
1985（锦绣山河摄影挂历）	9815	1985（台历）	10475
1985（九寨沟风光）	10474	1985（体操·世界风光挂历）	10475
1985（剧照挂历）	9952	1985（体操摄影挂历）	9966
1985（零的突破——洛杉矶23届奥运会纪念专		1985（体育挂历）	10475
辑）	9966	1985（体育摄影挂历）	9966
1985（名胜风光挂历）	9815	1985（武林精英）	10476
1985（明信片·台历）	10474	1985（武术摄影挂历）	9966
1985（南京博物院藏画选）	10474	1985（舞蹈摄影挂历）	9966

中国历代图书总目·艺术卷

1985（舞台姐妹）	10476	1985：明清山水画选	2634
1985（西洋名画台历）	10476	1985：明清山水画选	2634
1985（西洋名画选·母爱）	10476	1985：盆景挂历	10622
1985（西洋名画月历）	10476	1985：摄影挂历	9376
1985（香扇）	2363	1985：外国摄影艺术作品集锦	10134
1985（校园风景）	10476	1985：中国画挂历	2634
1985（幸福童年）	9558	1985：中国画挂历	2634
1985（银幕外）	9558	1985 福建年画	4341
1985（影星）	9558	1985 江苏美术出版社单幅摄影年历缩样	10478
1985（油画挂历）	2842	1985 年（花卉月历）	10476
1985（元曲画意）	10476	1985 年：中国画挂历	2634
1985（园林风光）	10476	1985 年：中国画月历	2634
1985（越剧小百花）	9558	1985 年半月台历	10476
1985（云南民族舞蹈）	10476	1985 年电影演员月历	9558, 9559
1985（张大千国画年历）	2634	1985 年儿童摄影月历	9559
1985（郑板桥书画月历）	1672	1985 年儿童月历	10477
1985（中国风光）	9069	1985 年风光摄影月历	9816
1985（中国风光挂历）	9069	1985 年恭贺新禧月历	10477
1985（中国画月历）	2634	1985 年故宫藏画月历	10477
1985（中国历代人物画选月历）	10476	1985 年挂历	10477
1985（中国美术馆藏画选）	10476	1985 年国画月历	2635
1985（中国舞蹈挂历）	10476	1985 年花卉月历	10031
1985（中国影星月历）	9558	1985 年花鸟画月历	2635
1985（祖国风光挂历）	10476	1985 年画缩样	4443
1985（祖国风光摄影挂历）	9816	1985 年画苑撷英月历	10477
1985（祖国各地月历）	10476	1985 年年历	2842
1985：儿童画	6756	1985 年农历 24 节气画	10477
1985：国画双月挂历	2634	1985 年摄影周历	9364
1985：国画双月挂历	2634	1985 年时装挂历	9559
1985：国外风光挂历	10476	1985 年台历	9308, 10477
1985：国外艺术摄影	10134	1985 年唐寅山水画选月历	2635
1985：刘奎龄画选	2634	1985 年月历	9069, 9251, 9364
1985：刘奎龄画选	2634	1985 年月历	2635
1985：旅美掠影	9967	1985 年中国风光月历	10478
1985：美国风光	10155	1985 年中华武术月历	10477

书名索引

1985 全国新闻摄影理论年会论文集	8726	1986：国画——万事如意	2646
1985 时装挂历	9559	1986：国画挂历	2646
1986—1987：长江万里图	2647	1986：国外发型	10479
1986：巴黎时装	10155	1986：国外服式发式月历	10479
1986：芭蕾舞	9970	1986：国外掠影	10479
1986：丙寅虎年月历	10478	1986：红楼梦电视连续剧人物选	9580
1986：布娃娃的春夏秋冬	10105	1986：花卉	10479
1986：插花	10622	1986：花卉挂历	10479
1986：插花艺术	10622	1986：花卉摄影	9309
1986：大陆、港台电影明星	9579	1986：花鸟画挂历	2646
1986：电视连续剧红楼梦群芳谱	10478	1986：锦秀河山	10479
1986：电影百花	10478	1986：九寨秀色	10479
1986：电影演员	9579, 9580	1986：刘继卣动物画挂历	2646
1986：雕塑	10479	1986：猫	10479
1986：雕塑艺术	10479	1986：美的风姿	10479
1986：动物台历	10479	1986：美的使者	10480
1986：儿童	10479	1986：美的旋律	10480
1986：儿童挂历	10479	1986：美国风光	10480
1986：儿童月历	10479	1986：美国日本风光月历	9829
1986：风暴	10105	1986：民族挂历	10480
1986：风光挂历	10479	1986：名画欣赏	10480
1986：风光摄影	9828	1986：明清山水画选月历	2646
1986：风光摄影——春光如画	9828	1986：木兰辞画选月历	2647
1986：风光摄影——烟波江南	9828	1986：年古诗台历	10480
1986：风光摄影——祖国风光	9828	1986：年画……神话爱情故事	10480
1986：风景摄影	9828, 9829	1986：胖娃娃	10480
1986：歌唱演员	9580	1986：盆景艺术	10480, 10622
1986：工笔花鸟月历	2646	1986：屏幕新星	9580
1986：恭贺新禧	10479	1986：齐白石山水画	10480
1986：国画	2646	1986：钱万里花鸟摄影选	10039
1986：国画——故宫藏"海上四任精品"	2646	1986：青春美	10480
1986：国画——花鸟	2646	1986：上海时装月历	9580
1986：国画——墨彩云烟	2646	1986：摄影	6605, 10622
1986：国画——赏花图	2646	1986：摄影——楚天风光	9829
1986：国画——十万图册	2646	1986：摄影——电影演员	9580

中国历代图书总目·艺术卷

1986：摄影——儿童	9580	1986：外国影星	10156
1986：摄影——光与影	9376	1986：外国油画	6853
1986：摄影——国际时装	9580	1986：万紫千红	10481
1986：摄影——花卉	10039	1986：武术摄影	9970
1986：摄影——花园城市	9829	1986：西洋名画	10481
1986：摄影——时装·春衫	9580	1986：现代美国建筑风光	10481
1986：摄影——泰山	9829	1986：香港影星	9581
1986：摄影——影坛新秀	9581	1986：艺术摄影风光年历	9829
1986：摄影——中国风情	9376	1986：艺术体操月	10481
1986：摄影——祖国风光	9829	1986：艺苑真赏	10481
1986：摄影挂历	9376, 10134	1986：异国风姿	10481
1986：深圳游·影视明星	9581	1986：银幕新星	10481
1986：时装	9581	1986：影坛新秀	10481
1986：世界雕塑	10480	1986：影星	9581
1986：世界风光	10480	1986：油画挂历	2842
1986：世界风光摄影	10155	1986：油画肖像	2842
1986：世界妇女	10481	1986：游山玩水	10482
1986：世界名画	6789	1986：张大千蜀西纪游书画册	10482
1986：世界名画挂历	10481	1986：郑板桥书画	1674
1986：世界影星	10134	1986：中国风光摄影	9829
1986：室内陈设	10481	1986：中国历代名画	10482
1986：蜀中名女	10481	1986：珠海特区	9829
1986：台历	10481	1986：祖国风光	10482
1986：体育台历	10481	1986江西年画年历	10482
1986：外国电影明星	10134	1986教历	10482
1986：外国儿童	10481	1986年《在历史上的今天》知识台历	10482
1986：外国风光	10481	1986年灯笼儿童月历	10482
1986：外国风光人物	10481	1986年电影演员月历	9581
1986：外国风光摄影	10155	1986年儿童月历	9581
1986：外国名画	10481	1986年故宫藏画月历	10482
1986：外国名演员	9581	1986年国外风光月历	10156
1986：外国人像摄影	10155	1986年画 月历缩样	10482
1986：外国时装荟萃	10156	1986年家庭生活台历	10482
1986：外国时装集锦	9581	1986年健身台历	10482
1986：外国艺术摄影	10134	1986年历缩样	10482

书名索引

1986 年名胜台历	10482	1987：阿房宫图	2655
1986 年奇花异卉月历	10482	1987：八仙过海	10490
1986 年青春诗历	10482	1987：北美风光	9839
1986 年趣味智力台历	10482	1987：缤纷世界	9388
1986 年绒线时装摄影月历	9581	1987：波涛千里寄风流	10490
1986 年摄影风光月历	9829	1987：插花艺术	10623
1986 年摄影艺术欣赏月历	9377	1987：程十发山水画选	10490
1986 年摄影月历：新秀	9581	1987：楚天揽胜	9839
1986 年时装双月历	9581	1987：川味	10490
1986 年时装月历	9581	1987：春和景明	9839
1986 年世界名画月历：风景	10483	1987：大型电动玩具	10490
1986 年世界名画月历：人物	10483	1987：电影百花	10490
1986 年世界知识台历	10483	1987：电影新星	9603
1986 年室内装饰月历	10483	1987：电影演员	9603
1986 年唐诗影画半月台历	10483	1987：儿童	9603
1986 年外国儿童与动物月历	10483	1987：发式挂历	10490
1986 年外国摄影精选台历	10134	1987：饭店·酒家	9995
1986 年文科知识台历	10483	1987：仿唐舞月历	9972
1986 年文学典故台历	10483	1987：粉笔画	10490
1986 年笑话台历	10483	1987：风光	9839
1986 年演员月历	9581	1987：风光挂历	10490
1986 年艺术体操月历	9970	1987：风光如画	9839
1986 年语文知识台历	10483	1987：风光摄影	9839
1986 年月历：岭南花鸟画选	2647	1987：风光小品	10491
1986 年月历：世界风光	10483	1987：风华	9388, 9604
1986 年中国画《虎》	2647	1987：风景	9839
1986 年中国名胜台历	10483	1987：风景小品	10491
1986 年中华胜迹台历	10483	1987：福建风光	9839
1986 上海国画、摄影年历缩样	2655	1987：恭贺新禧	10491
1986 上海国画年画缩样	4443, 4508	1987：恭贺新禧——立体扇面摄影	9388
1986 中国风光挂历	10483	1987：古代人物画	2655
1987-1988 雕塑与环境台历	8632	1987：故宫藏画	10491
1987·首都话剧信息交流会发言汇编	12910	1987：挂历	10491
1987—1990 年趣味知识台历	10494	1987：关汉卿名剧选	10491
1987：《12 国邮票精选》多用系列挂历	10490	1987：光与影	9388

中国历代图书总目·艺术卷

1987：广东庭院	9995	1987：旧金山	9840
1987：广州新姿	9839	1987：可爱的小动物	2656
1987：桂林山水甲天下	10491	1987：乐府画意	10492
1987：国画——红楼十二金钗	2655	1987：历代名画选	10492
1987：国画——猫	2656	1987：历代名家书法	7667
1987：国画挂历	2655	1987：立体摄影	9972
1987：国画挂历	2655	1987：梁山伯与祝英台	10492
1987：国画挂历	2655	1987：刘海粟、张大千中国画	2656
1987：国画山水	2656	1987：猫、狗	10492
1987：国际时装	9604	1987：猫咪	10492
1987：国外城市雕塑	8671	1987：美的时代	9388
1987：国外风光	10157	1987：美的装饰	10623
1987：国外风光摄影佳作选	10157	1987：美国现代建筑内景	9996
1987：国外风情	10136	1987：美与活力	10492
1987：国外人像摄影艺术集锦	10156	1987：咪咪	10046
1987：海外风光	10491	1987：民族小歌手	9604
1987：河山锦绣	10491	1987：墨宝	10492
1987：红楼梦	13117	1987：霓裳花容	10492
1987：红楼梦金陵十二钗	10491	1987：霓裳仙姿	9604
1987：花灯艺术	10678	1987：欧洲掠影	9840
1987：花卉	10491	1987：盆景	10623
1987：花卉艺术	10623	1987：盆景艺术	10624
1987：华美挂历	10491	1987：青春	9604
1987：黄山天下奇	9839	1987：青春年华	9604
1987：黄胄笔意	10491	1987：青春足迹	9604
1987：济南风光	9839	1987：清明上河图	2656
1987：家庭法律常识台历	10491	1987：情侣	9604
1987：家庭记账日记	10492	1987：人物·时装·肖像	9604
1987：今天明天	9388	1987：日本行	9972
1987：金陵十二钗	2656	1987：少女与花	9604
1987：金色童年	9604	1987：摄影挂历	9388
1987：锦坛画廊	10492	1987：摄影台历——大地，你好	9388
1987：锦绣山河	9840	1987：时装	9604
1987：锦绣中华风光	9840	1987：世界风光	10157, 10158
1987：敬爱的元帅	10492	1987：世界建筑风光	10492
1987：静物摄影——姹紫嫣红	10046		

书名索引

1987：世界名画	10492, 10502	1987：新秀	9605
1987：世界名画精选	10492	1987：新影星	9605
1987：世界名画邮票	10493	1987：星光灿烂	9605
1987：世界名画邮票集锦	10493	1987：一帆风顺	10493
1987：世界名猫	10493	1987：伊斯兰历 1407—1408 年	10493
1987：世界现代建筑风光	10158	1987：艺术服装	9605
1987：世界著名雕塑	10493	1987：艺术摄影	9389
1987：书法挂历	10493	1987：艺术时装	9605
1987：书海拾珠	10493	1987：艺术体操	9972
1987：熟悉的朋友	10493	1987：艺苑精英	10493
1987：四川风光	9840	1987：艺苑真赏	10493
1987：四季风采	9840	1987：异国舞姿	9972
1987：宋元山水妙迹	2656	1987：银河星光	9605
1987：天下第一奇山	9840	1987：影星	9605
1987：田园风光	9840	1987：影星	9605
1987：童装	9605	1987：影星挂历	9605
1987：外国风情	10158	1987：羽毛艺术	10624
1987：外国季装集锦	10158	1987：园林风光	9840
1987：外国名画	6791	1987：云南风光	9840
1987：外国油画	6889	1987：张善孖，张大千画选	2656
1987：文物	9388	1987：浙江美术学院藏画选	10493
1987：无限风光	9840	1987：正气篇人物画	2656
1987：五彩四季	9840	1987：中国画——李可染作品选	2656
1987：舞蹈	9972	1987：中国历代名画	10493, 10502
1987：西湖诗画	10493	1987：中国历代女诗人	10493
1987：夏威夷	9840	1987：中国名胜	9840
1987：仙山神游	9388	1987：中国盆景	10624
1987：现代生活	9388	1987：中国山水画	10494
1987：现代生活	2656	1987：中国十大风景名胜	9840
1987：小动物	2656	1987：中国现代时装	9605
1987：新疆旅游月历	9972	1987：中外影星	9605
1987：新苗	9388	1987：自然美	9840
1987：新年快乐	10493	1987 江苏年画	4585
1987：新时装	9605	1987 江苏年画、春联	4508
1987：新星	9605	1987 江西年画	4509

中国历代图书总目·艺术卷

1987年《快乐》月历	10494	1987台历：大自然的诗	10495
1987年《世界城市雕塑》月历	10494	1987艺术台历	10495
1987年北京名胜月历	10494	1988：《锦绣江山》月历	10502
1987年长寿之道台历	10495	1988：《影星》月历	9628
1987年词曲台历	10494	1988：爱我中华	9400
1987年钢笔书法台历	10494	1988：爱新觉罗氏书画	10502
1987年挂历：三秦风光水彩画	2945	1988：八仙过海	10502
1987年广东年画	4585	1988：芭蕾舞	9975
1987年国宝月历	10494	1988：棒针时装月历	9628
1987年画风景画缩样	4509	1988：北京风光	9851
1987年画缩样	4509	1988：北京新貌	9851, 9866
1987年家庭教育台历	10494	1988：贝雕	8666
1987年家庭生活台历	10494	1988：壁画	10502
1987年军礼诗历	10494	1988：博古盆景	10626
1987年历史故事台历	10494	1988：插花	10624, 10626, 10627
1987年年历	10494	1988：插花艺术	10624, 10627
1987年气象月历	10494	1988：插花与少女	9628
1987年摄影艺术欣赏月历	9389	1988：长城	9853
1987年摄影周历	9389	1988：长江风光	9853
1987年生活小百科台历	10494	1988：朝鲜舞蹈	9975
1987年时装挂历	9605	1988：陈忠志中国画选	2662
1987年世界风光塑料双月历	10494	1988：春风江南	9851
1987年世界风光塑料月历	9841	1988：春华	10502
1987年世界名画月历	10494	1988：春艳	10502
1987年统计知识台历	10495	1988：瓷雕	8661
1987年外国水彩画月历	10495	1988：大师墨宝	2662
1987年文汇学生台历	10495	1988：电影明星	9629
1987年文汇知识台历	10495	1988：电影新秀	9629
1987年文科知识台历	10495	1988：电影演员	9629
1987年新诗日历	10495	1988：电影演员张琪	9629
1987年一日一菜台历	10495	1988：东山魁夷作品选	6796
1987年月历：珠光宝影	10495	1988：动物世界	10052
1987年中国风光月历	10495	1988：动物月历	10502
1987山西版年画缩样	4509	1988：敦煌舞	9975
1987山西版年历月历缩样	10495	1988：多姿	9629

书名索引

1988：儿童	9629	1988：海天情	9401
1988：儿童服装	9630	1988：海洋风光月历	10503
1988：法国时装	9630	1988：荷兰花卉	10052
1988：范曾画选	10502	1988：红楼梦人物	9630
1988：芳草	9400	1988：红楼梦人物画	10503
1988：芬芳	9400	1988：花灯艺术挂历	10503
1988：芬芳月历	10502	1988：花儿朵朵	10052
1988：风光览胜	9851	1988：花卉	10052
1988：风光摄影	9841, 9851, 9852, 9866	1988：花意	2662
1988：风光月历	10502	1988：花与少女	9630
1988：风景	9852	1988：华三川仕女人物画	10503
1988：风景·时装	9630	1988：画情诗意	10503
1988：风韵	9630	1988：环球行	9852
1988：佛像艺术	449	1988：环球影星	9630
1988：服装	9652	1988：黄秋园山水画	10503
1988：服装挂历	10502	1988：黄山风光摄影	9852
1988：港澳摄影艺术作品欣赏	9400	1988：黄逸宾画选	10503
1988：工笔仕女图	10502	1988：建筑雕塑艺术	10503
1988：恭贺新禧	10502	1988：健美	9975, 9978
1988：龚雪倩影	9630	1988：江南美景月历	10503
1988：古寺观壁画精萃	403	1988：江山多娇	9852, 10503
1988：故宫藏画	10502	1988：江山画意	2662
1988：挂历	9400, 10502	1988：江山颂	2662
1988：光照中华	9852	1988：巾帼灵秀	10503
1988：广东建设新貌	9400	1988：金花朵朵	10503
1988：广东建筑新貌	9400	1988：金色童年	9630
1988：郭味蕖花鸟画	2662	1988：金鱼	10503
1988：国宝	10503	1988：锦绣江山月历	10503
1988：国画挂历	2662, 2667	1988：锦绣山河	10503
1988：国际和平年全国青年摄影大奖赛作品选		1988：近代山水画集萃	10504
	10107	1988：京剧剧照	9956
1988：国外雕塑	10503	1988：静物摄影	10107
1988：海岸	9852	1988：九州方圆	9852
1988：海的遐想	9852	1988：巨匠名画邮票	10504
1988：海风	9852	1988：剧照挂历	9956

中国历代图书总目·艺术卷

1988：卡通画	6630	1988：名山大川	9852
1988：可爱的童装	9652	1988：名胜大观	9852
1988：快乐的儿童	9630	1988：名胜古刹	10504
1988：鲤鱼	10052	1988：明代绘画	10504
1988：历代名女	10504	1988：摩登家族	9401
1988：丽影	9630	1988：母爱	9630
1988：林中少女	9630	1988：穆青国外摄影作品	9987
1988：鳞莹世界	10046	1988：南极风光	9853
1988：岭南纪胜	10504	1988：女青年	9630
1988：刘心安画选	2667	1988：盆景	10627
1988：流行女装	10504	1988：盆景艺术	10627
1988：龙	10514	1988：齐白石画选	10504
1988：龙凤呈祥	2662	1988：齐白石绘画精品	2663
1988：龙坛风影月历	10504	1988：齐鲁大观	9853
1988：龙腾	2662	1988：奇趣的儿童世界	10504
1988：旅日台湾摄影家黄金树摄影作品选		1988：气象月历	10504
	9389	1988：千崖竞秀	10504
1988：旅游胜地	9975	1988：倩影	9630
1988：洛神赋画历	10504	1988：巧夺天工	9401
1988：马	10046	1988：青春	9631
1988：满园春色	9852	1988：青春年华	9631
1988：满园春色	2662	1988：青春友谊	9631, 9652
1988：猫	10053	1988：青春月历	9631
1988：猫、狗	10495	1988：情侣	9631
1988：猫咪	10053	1988：人物摄影	9631
1988：猫咪的一家	10053	1988：人像摄影	9631
1988：美	9401	1988：人像摄影艺术作品选	9631
1988：美国水彩画	10504	1988：任伯年精品	2663
1988：美丽的风景月历	10504	1988：日本名花苑	10053
1988：美丽的一刻·欢乐的一天·平安的一		1988：如意吉祥	10504
年·幸福到永远	9852	1988：三友迎春	10504
1988：美与生活	9401	1988：山川绣画	10505
1988：米老鼠与唐老鸭	7067	1988：山明水秀	9853
1988：苗苗	9630	1988：山山水水	2663
1988：民间传说人物画	10504	1988：山水画新作	10505

书名索引

1988：山水画选	10505	1988：天鹅之歌	10053
1988：上海儿童手帕月历	10505	1988：外国风光月历	10506
1988：上海时装	9631	1988：外国风景油画月历	6890
1988：上海手帕月历	10505	1988：外国女装	10506
1988：少年儿童	9606, 9631	1988：外国人像艺术	10506
1988：摄影艺术集锦	9401	1988：外国时装	9632
1988：深圳风光	9401	1988：外国邮票	10506
1988：生活艺术	9401	1988：万紫千红	9401
1988：诗情画意	9401	1988：文物	403
1988：十大名胜	9853	1988：无声的诗——摄影艺术	9401
1988：时装	9631, 9632	1988：武术	9976
1988：时装新潮	9632	1988：舞	9956, 9976
1988：时装月历	9632	1988：西湖天下景	9853
1988：世界大都市	9853	1988：西域风光	9853
1988：世界大观	9853	1988：仙苑情韵	10628
1988：世界帆船	10107	1988：鲜果	10107
1988：世界风光	10159, 10160, 10505	1988：鲜花盛开月历	10506
1988：世界名画	6890, 10505	1988：现代陈设·时装	9632
1988：世界名画月历	10505	1988：香港摄影艺术作品选	9401
1988：世界体坛明星	9632	1988：小动物	10053
1988：世界邮票集锦	10505	1988：小康之家	9401
1988：仕女画	10505	1988：小演员	9632
1988：室内装饰	10505, 10627	1988：新潮	9401
1988：首都博物馆藏画选	10506	1988：新年好	9401, 9632
1988：寿比南山不老松	10627	1988：新年如意	9632
1988：书法挂历	10506	1988：兴安山珍	9401
1988：丝韵	9632	1988：幸福儿童	9632
1988：四季春	10506	1988：徐悲鸿画猫精作选	10506
1988：四季平安	10506	1988：徐悲鸿画选	2663
1988：素描艺术	10506	1988：徐啸驰树脂布画选	10506
1988：台北故宫博物院藏画	10506	1988：旋律	10506
1988：台湾风光	9401	1988：雅室宜人	9997
1988：唐诗山水画意	10506	1988：演员	9632, 9652
1988：体育摄影	9976, 9978	1988：燕刚画猫	2573
1988：体育月历	9976	1988：杨萱庭书法	10506

中国历代图书总目·艺术卷

1988：伊斯兰历 1408-1409	10507	1988：中国美术馆藏画	10507
1988：艺林新星	9632	1988：中国名塔	9997
1988：艺术摄影	9401	1988：中国盆景	10628
1988：艺术摄影挂历	9402	1988：中国十大风景名胜	9866
1988：艺术时装	9633	1988：中国书画	2663
1988：艺术体操	9976	1988：中国台北故宫博物院藏历代山水画选	
1988：艺苑明珠	10507		1513
1988：艺苑新葩——青年演员马盛君	9633	1988：中国影星	9633
1988：艺苑珍品——王石谷山水册	1678	1988：中国园林	10507
1988：逸情	9853	1988：中华大地	9853
1988：银坛新星	9633	1988：中华佛像艺术	449
1988：银苑新星	9633, 10507	1988：中华五岳	9853
1988：迎春	9402	1988：中外名画	10507
1988：影视新花	9633	1988：中外时装	9634
1988：影视新星月历	10507	1988：中外影星	9634, 10160
1988：影坛新秀	9633	1988：中央美术学院藏画	10507
1988：影星	9633	1988：祝宝宝快乐	9634
1988：邮票	10507	1988：祝您快乐	9402
1988：邮谊永固	10507	1988：祝愿您新年愉快	9634
1988：鱼	10495	1988：壮游	9634
1988：园林美月历	10507	1988：自然风光月历	9853
1988：越剧红楼梦剧照	9957	1988：祖国风光	9853, 9854
1988：摘玫瑰的少女	10507	1988年比翼双飞	10507
1988：张大千、傅抱石、黄秋园国画作品选		1988年动物挂历	10507, 10508
	2663	1988年儿童记事粘贴月历	10508
1988：张大千画选	2663	1988年台北故宫博物院藏画	6840
1988：争艳	10053	1988年太行风情	10508
1988：郑永琦艺术摄影	9402	1988全国首届篆刻艺术展作品集	8565
1988：中国风光	9853, 10507	1989：《诗经》画意	10514
1988：中国古代名画	2663	1989：爱中华	9413
1988：中国古代名舞图	2663	1989：巴山蜀水	9866
1988：中国古神话	10507	1989：百年和合	9413
1988：中国画选	2663	1989：伴侣	9652
1988：中国历代发型	10107	1989：棒针时装	9652
1988：中国历代文化名人	2663	1989：插花	10628, 10629

书名索引

1989：插花精粹	10629	1989：恭贺新年	9414
1989：插花艺术	10629	1989：恭贺新禧	9414
1989：畅游世界	9978	1989：恭贺新禧插花	10629
1989：陈设时装	9652	1989：光与彩	9414
1989：春华秋实	10109	1989：桂林胜境	9867
1989：春芽	9413	1989：桂林游	9978
1989：春之韵	9866	1989：国画挂历	2668
1989：大西北风光	9866	1989：国外风光	10161
1989：戴安娜王妃时装	9652	1989：国外名画邮票	10515
1989：当代中国油画	2843	1989：国外摄影艺术	10138
1989：点染江山	9866	1989：国外时装	9653
1989：电影演员	9652	1989：国外室内装饰	10736
1989：雕塑艺术	8633	1989：国外现代风光	10161
1989：东方之珠	9866	1989：海花	9414
1989：儿童	9652, 9653	1989：海外花卉	10059
1989：儿童乐园	9413	1989：海之恋	9414
1989：范曾画选	2668	1989：和声	9414
1989：范曾作品选	2668	1989：红楼梦	13126
1989：方鄂秦装饰花卉选	10514	1989：红楼十二钗	10515
1989：芳草碧天	9866	1989：花卉	10059, 10515
1989：芳菲	9413	1989：花鸟画	2668
1989：芳华	9414	1989：花鸟画作品选	2668
1989：芳姿	9414	1989：花月春风	9867
1989：风采	9653	1989：花之恋	10059
1989：风光	9866	1989：黄胄作品选	2671
1989：风光少女	9653	1989：吉祥如意	9414
1989：风光摄影	9866	1989：集邮	10515
1989：风华	9414	1989：家庭美化	10629
1989：风景摄影	9866, 9867	1989：健美	9978
1989：风韵	9653	1989：健美风情	9978
1989：佛像	450	1989：健与美	9978
1989：服装	9653	1989：江山如画	10515
1989：福	9414	1989：伎	9414
1989：傅宝南画	10515	1989：锦绣三秦	9867
1989：工笔花鸟画选	2668	1989：锦绣山河	9867

中国历代图书总目·艺术卷

1989：锦绣中华	9867	1989：摩登家庭	10109
1989：景德镇陶瓷插花艺术	10629	1989：墨缘	10515
1989：景观	9867	1989：鸟语花香	2669, 2671
1989：靓女	9653	1989：盆景	10629
1989：菊颂	10515	1989：盆景插花艺术	10631
1989：卡通画	10515	1989：盆景萃珍	10629
1989：仡佬	9653	1989：屏芬	9415
1989：快乐童年	9653	1989：齐天大圣 72 变	10515
1989：揽胜	9867	1989：奇花异卉	10059
1989：浪花	9414	1989：绮丽风光	9867
1989：李可染山水画选	2671	1989：千山万水情	9415
1989：历代名画选	10515	1989：倩女	9654
1989：历代名姬图	2668	1989：倩女和鸟	9654
1989：丽人花作伴	9653	1989：倩影	9654
1989：岭南盆景	10629	1989：青春	9654
1989：刘海粟中国画	2668	1989：青春的旋律——青年电影演员张琪生活	
1989：龙凤呈祥	9415	照	9654
1989：楼阁大观	9998	1989：青春年华	9654
1989：吕厚民国外风光摄影作品	9867	1989：青岛风光	9415
1989：旅游风光	9978	1989：青海美	9415
1989：梅——历代名家精品	2669	1989：情	9654
1989：美的造型	9415	1989：情侣	9654
1989：美的装束	9653	1989：情趣	9427
1989：美加乐	9415	1989：情人	9683
1989：美容	9683	1989：庆贺新年	9415
1989：美容新潮	9654	1989：秋韵	9867
1989：美哉中华	9867	1989：群芳	9415
1989：魅力	9654	1989：群芳吐艳	10059
1989：蜜月	9654	1989：群星璀璨	9655
1989：妙界天然	9415	1989：人物摄影	9655
1989：名花异卉	10059	1989：人物摄影挂历	9655
1989：名画邮票	6891	1989：人像摄影	9655, 9683
1989：名人名画	10515	1989：日本和服	10736
1989：明星	9654	1989：日本影星	10161
1989：明星风采	9654	1989：日异月恒	9415

书名索引

1989：荣华富贵图	2669	1989：童趣	9656
1989：柔美	9415	1989：童心	9656
1989：山	9867	1989：外国风光	9868
1989：山川竞秀	9867	1989：外国名画	10516
1989：山川丽秀	9868	1989：外国情侣	9656
1989：山川云秀	9868	1989：外国人物摄影	10161
1989：山河颂	9868	1989：外国人物油画	6891
1989：山河秀	9868	1989：外国影星	10161
1989：山水恋	9868	1989：玩具	10109
1989：上海丝绸时装	9655	1989：万紫千红	10059
1989：神采	9415	1989：温馨	9416
1989：神河	10515	1989：我是一片云	13126
1989：神曲	9415	1989：无限风光	9868
1989：神韵	9415	1989：五彩世界	9416
1989：神州揽胜	9868	1989：舞	9978
1989：盛开的花朵	10059	1989：舞蹈	9978
1989：诗情画意	9415	1989：希望	9416
1989：时装	9655	1989：仙境世界	9869
1989：世界风光	9868, 10161	1989：现代家居	10629
1989：世界风情	9415	1989：现代家具	10630
1989：世界画廊	6891	1989：现代家庭装饰	10630
1989：世界美术	10515	1989：现代时装	9656
1989：世界名画	6891, 10515, 10516	1989：香港风光	9416
1989：世界人物名画	6798	1989：小天使	9656
1989：世界艺术名作	6891	1989：小屋新装	10630
1989：室内装饰	10629	1989：小小花朵	9416
1989：室内装饰月历	10629	1989：新潮	9416
1989：室有山林乐人同天地春	9415	1989：新潮时装	9656
1989：淑女图	2669	1989：新疆瓜果	10109
1989：丝路风光	9868	1989：新年快乐	9416
1989：四季丹青	9416	1989：新年如意	9416
1989：她在花中笑	9655	1989：新时代	9416
1989：陶塑	8662	1989：新星	9656
1989：体育时装	9655	1989：星	9656
1989：童年	9655	1989：星光	9656

中国历代图书总目·艺术卷

1989：幸福的天使	9656	1989：中国京剧脸谱年历	12881
1989：旋律	9416	1989：中国历代佳人	2669
1989：雅趣	9416	1989：中国名胜一百景	9869
1989：雅赏	10516	1989：中国盆景	10630
1989：妍	9416	1989：中国十大名胜	9869
1989：演员	9656	1989：中国时装	9657
1989：艳丽	9416	1989：中国仕女画	10516
1989：艺术时装	9656	1989：中国现代名人名画	10516
1989：艺苑花	10059	1989：中国艺术服饰	10516
1989：艺苑群芳月历	9657	1989：中国影星	9657, 9658
1989：异国风光	9869	1989：中华人民共和国邮票图谱	10516
1989：异国风情	9869	1989：祝您春节愉快健康长寿	9417
1989：异国风姿	9657	1989：祝您万事如意	9417
1989：银海群星	9657	1989：祝您幸福	9417
1989：银幕之星	9657	1989：茁壮成长	9658
1989：银苑新星	9657	1989：自然美态	9417
1989：莺歌燕舞	10516	1989：祖国风光	9869
1989：荧屏姐妹	9657	1989年范曾作品图录	2053
1989：影屏之花	9657	1989年画、挂历、年历、字画	10516
1989：影视新花	9657	1989年历月历缩样	10516
1989：影视新星	9657	1989年时装·盆景	9658
1989：影视演员	9657	1989天津杨柳青画社年画	4664
1989：影坛群星	9657	1989天津杨柳青画社年历	4664
1989：影坛新星	9657	1989艺术学院美术学系教授联展	1367
1989：影星	9657	1989朱仙镇年画	4664
1989：袁江山水画	1680	1990《摩托小姐》月历	10524
1989：云程万里	9869	1990："今日家庭"月历	10522
1989：韵	9416	1990：《春华》年历四条屏	10522
1989：赵半须扇画选	2669	1990：《芳韵》年历四条屏	9683
1989：争妍	10059	1990：爱的诗篇	9427
1989：郑板桥书画	1680	1990：爱神	9683
1989：稚趣	9657	1990：奥地利·德国风光	10162
1989：中国插花	10630	1990：宝宝	9684
1989：中国风光	9869	1990：宝宝月历	9684
1989：中国服装	9657	1990：碧海花	9427

书名索引

1990：波光丽影	9684	1990：风景摄影	9878
1990：彩云	9878	1990：风景这边独好	9879
1990：草原之春月历	10522	1990：风姿	9428
1990：插花艺术	10631	1990：港台影星	9684
1990：插花艺术月历	10631	1990：高级胶片挂历	10522
1990：插花与时装	10631	1990：高松图	2671
1990：穿在上海	9684	1990：恭贺新喜	9428
1990：春和景明	9878	1990：故宫名画选	10522
1990：春华	9878	1990：桂林风光	9428
1990：春华月历	10522	1990：国画花鸟	2671
1990：春色满园	9878	1990：国画花鸟挂历	2671
1990：春馨	9878	1990：国际流行室内装饰	10739
1990：春韵	9878	1990：国外室内装饰	10739
1990：春之歌	9878	1990：国外现代生活	9428
1990：大海情	9427	1990：海风	9879
1990：大吉大利	9427	1990：海外风采	9428
1990：当代风采	9427	1990：海外风光	9879
1990：当代红星	9684	1990：豪华	9428
1990：蝶恋花	10522	1990：湖畔情趣	9879
1990：东方神话	9427	1990：花好月圆	9428
1990：动物世界	10066	1990：花卉摄影艺术	10066
1990：动物月历	10522	1990：花容玉貌	9684
1990：儿童世界	9428	1990：花与果	10111
1990：儿童头像摄影	9684	1990：华堂飘香	9428
1990：发型与服饰	9684	1990：华夏风采	9879
1990：繁花似锦	10066	1990：华夏胜境月历	9879
1990：芳龄淑女	9684	1990：画情诗意	9879
1990：芳影	9684	1990：皇宫·国宝	9999
1990：芳韵	9428	1990：佳丽	9684
1990：芬芳	10066	1990：佳丽骏马	9684
1990：风采	9428	1990：家庭乐	9684
1990：风光	9878	1990：家庭美化	10631
1990：风光好	9878	1990：家庭装饰	10632
1990：风光摄影	9878	1990：健美	9979
1990：风景独好	9878	1990：健之美体育挂历	9979

中国历代图书总目·艺术卷

1990：江山多娇	9879	1990：美容美发新潮	10111
1990：江山秀丽	9879	1990：美在人间	9429
1990：结婚礼服摄影挂历	9684	1990：魅力	9429
1990：姐妹俩	9684	1990：迷你	9429
1990：今日世界	9428	1990：苗苗	9685
1990：今日新模特	9684	1990：名画鉴赏	2843
1990：金色童年	9685	1990：名盆胜景	10522
1990：锦绣山河	9879	1990：名山大川	9879
1990：锦绣中华	9879	1990：明星丽影	9685
1990：京华美	9879	1990：明星月历	9685
1990：晶雅月历	10522	1990：摩登家庭	9429
1990：靓女	9685	1990：摩登女郎	9685
1990：居室美	10632	1990：摩托车广告摄影	8994
1990：巨匠名画	6892	1990：摩托女郎	9685
1990：可爱的宠物	10066	1990：摩托情侣	9686
1990：历代佳人	9685	1990：墨海	10522
1990：丽人	9685	1990：母子情月历	9686
1990：丽人情思	9685	1990：南国情	9429
1990：丽人新装	9685	1990：鸟语花香	2671
1990：两情依依	9685	1990：女明星	9686
1990：聊斋群芳谱	9685	1990：欧洲之旅	9979
1990：流行家具新潮	10111	1990：盆景艺术	10632
1990：满园春色	9879	1990：盆艺品趣	10632
1990：猫咪	10066	1990：霹雳舞	9980
1990：美·爱	9428	1990：娉婷	9686
1990：美·首饰·发饰	9428	1990：齐山秀水甲天下	9879
1990：美的时装	9685	1990：倩影	9686
1990：美的世界	9428	1990：倩装	9686
1990：美国风情	10162	1990：青春	9686
1990：美好青春	9685	1990：青春的呼唤	9429
1990：美景如画	9879	1990：青春的诗	9429
1990：美居	9999	1990：青春挂历	10522
1990：美满家庭	9685	1990：青春活力	9686
1990：美美美	9428	1990：青春剪影	9686
1990：美女·服装·家俱	9428	1990：青春美	9686

书名索引

1990：青春年华	9686	1990：世界风光	10162
1990：青春倩影	9686	1990：世界风光月历	10523
1990：青春奏鸣曲	9429	1990：世界风光自然美景	10162
1990：情	9429	1990：世界风景	10162
1990：情侣月历	9686	1990：世界货币集锦	10111
1990：情趣	9429	1990：世界景观	10163
1990：群芳	9429	1990：世界"巨星"	10163
1990：群芳争妍	10066	1990：世界名都	10163
1990：群芳争艳	10066	1990：世界名画	10523
1990：群星	9686	1990：世界名画邮票欣赏	10523
1990：群星摄影	9686	1990：世界体育邮票	10523
1990：人间仙境	9879	1990：仕女图	9688
1990：人体绘画名作	10523	1990：书法条幅	10523
1990：人物摄影	9687	1990：双人舞	9980
1990：人物摄影挂历	9687	1990：水上芭蕾	9980
1990：山光水秀	9880	1990：四季如意	9880
1990：山明水秀	9880	1990：岁寒三友月历	10523
1990：上海服装新潮	9687	1990：唐畠国画	2671
1990：上海姑娘	9687	1990：天堂秀色	9880
1990：少女·鲜花	9687	1990：田园倩影	9688
1990：少女情怀	9687	1990：甜	9688
1990：少女与骏马	9687	1990：外国儿童	10163
1990：少女与马	9687	1990：外国发型	10163
1990：摄影艺术	9429	1990：外国人物	10163
1990：深圳风光	9429	1990：外国人物摄影	10163
1990：深圳风貌	9429	1990：外国人物油画	6892
1990：生活美	9430	1990：外国田园风光	10163
1990：生肖挂历	10523	1990：外国影星	10163
1990：诗画月历	10523	1990：玩具小熊	10523
1990：时装	9687	1990：万事如意	9430
1990：时装大趋势	9687	1990：万紫千红	10066
1990：时装模特	9687	1990：温馨世界	9430
1990：时装摄影	9688	1990：舞之星	9688
1990：时装新潮月历	9688	1990：西部情	9688
1990：时装月历	9688	1990：西方油画艺术欣赏	6892

中国历代图书总目·艺术卷

1990：西南风情	9688	1990：泳装新潮	9689
1990：喜气洋洋	9430	1990：泳装新姿	9689
1990：夏威夷之花	10163	1990：油画范本——人体肖像	2843
1990：夏之星	9430	1990：运动与美	9430
1990：鲜花与少女	9688	1990：争艳	10067
1990：现代花鸟画精选	2672	1990：稚趣	9689
1990：现代家庭	9688	1990：中国风光	9880
1990：现代居室	9999	1990：中国盆景	10632
1990：肖像艺术	9688	1990：中国七大古都	9880
1990：新潮	9688	1990：中国时装新潮	9689
1990：新春	9430	1990：中国现代名家画选	10524
1990：新居清丽	10524	1990：中国园林艺术	10111
1990：新秀	9688	1990：中华揽胜	9880
1990：星	9688	1990：中外风光精粹	9880
1990：星辰	9980	1990：中外名花插花	10632
1990：星光灿烂世界影星荟萃	9688	1990：祝您顺利	9430
1990：幸福家庭	9689	1990年《插花》月历	10632
1990：徐悲鸿国画精品选	2672	1990年《宠物》挂历	10524
1990：徐悲鸿画马	10524	1990年《世界风光》挂历	10524
1990：雅趣	9430	1990年《中国盆景》月历	10632
1990：严新书画	10524	1990年花鸟画月历	2672
1990：妍	9430	1990年画缩样	4763
1990：摇篮	9430	1990年年平安	10524
1990：彝族姑娘	9689	1990年任伯年画选月历	1682
1990：艺海拾贝·外国名画	10524	1990年月历：童趣	9689
1990：艺术画廊	2843	1990年装饰摄影挂历	10111
1990：异国风姿	10163	1990万事如意	10524
1990：银河	9980	1991，百首流行金曲	11725
1990：银河现代潮	9430	1991：《光与影》艺术	9887
1990：银幕之星	9689	1991：奥林匹克小姐	9712
1990：银星	9689	1991：宝宝乐	9712
1990：影视情侣	9689	1991：蓓蕾初绽	9447
1990：影坛群星	9689	1991：碧水秀川	9887
1990：影星	9689	1991：插花	10633
1990：泳装	10524	1991：插花艺术	10633

书名索引

1991：姹紫嫣红	10072	1991：俯瞰北京	9447
1991：城市之光	9888	1991：港台明星榜	9713
1991：驰骋	9980	1991：高山情	10529
1991：春	9888, 10529	1991：歌星	9713
1991：春潮	9447	1991：恭贺新喜	10112
1991：春花秋月	9981	1991：恭贺新禧	9713, 9888, 10072, 10112,
1991：春梦	10529		10164, 10529
1991：春秋芳姿	9447	1991：恭贺新禧	2673
1991：春意芳情	10529	1991：共和国的缔造者	9713
1991：大地诗	9888	1991：瓜果飘香	10112
1991：大上海	9447	1991：光·新星·影	10530
1991：带给您欢笑	9447	1991：国画：工笔花鸟	2673
1991：当代风采	9447	1991：国画佳作	2674
1991：调色板	9449	1991：国际摄影艺术欣赏	10142
1991：东方春韵	9447	1991：国际影星艺术摄影	10164
1991：东方女郎	9712	1991：国外风光	9888
1991：都市博揽	9888	1991：国外室内装饰	10530
1991：都市风光	9888	1991：国香人秀	9713
1991：多彩的世界	9447	1991：海天倩影	9713
1991：法国时装新潮	10164	1991：海外风光	9888
1991：繁花似锦	10529	1991：海外名画	10530
1991：芳姿	9447, 9712	1991：海之星	9447
1991：芬芳世界	10072	1991：含芳	10072
1991：风采	9447	1991：翰墨清芬	2674
1991：风翠	9447	1991：好运	9447
1991：风光	9888	1991：合美幸福	9713
1991：风光荟萃	9888	1991：和美	9447
1991：风光无限	9888	1991：胡笳十八拍图卷	2674
1991：风光宜人	9888	1991：花朵	10072
1991：风华	9713	1991：花卉·礼品	10112
1991：风流	9713	1991：花卉装饰	10072
1991：风韵	9713, 10529	1991：花容山色	9713
1991：凤舞莺鸣	10072	1991：花容月貌	9713
1991：芙蓉新姿	10072	1991：花香吐翠	10072
1991：福	9447	1991：花影婆娑	10072

中国历代图书总目·艺术卷

1991：花之魅	10072	1991：晶莹	9448
1991：花之情	10633	1991：精选游艇	10113
1991：花之舞	10072	1991：景趣	9889
1991：花中君子	10072	1991：竞芳	10073
1991：华容	9713	1991：靓	9715
1991：华屋丽人	9713	1991：靓女	9715
1991：画情诗意	10530	1991：靓妆	10113
1991：环球丽影	9713	1991：静	10530
1991：黄山	9888	1991：静物	10113
1991：黄山恋	9888	1991：居室	10000
1991：婚纱美女	9713	1991：骏马与少女	9714
1991：吉祥如意	10112, 10530	1991：卡通世界	10530
1991：集邮·时装	9713	1991：开心少女	9714
1991：佳景盈芳	9448	1991：可爱宠物	10073
1991：佳境情影	9714	1991：可爱的动物	10073, 10530
1991：佳丽图	9714	1991：可爱的家	10000
1991：佳侣美景	9714	1991：可爱儿童	9714
1991：佳骑	10072	1991：快乐天地	9448
1991：家俱美女	9714	1991：蓝天之歌	9448
1991：家庭乐	9714	1991：乐在其中	9448
1991：家庭装饰	10633	1991：礼花献亚运	10530
1991：江海之恋	9888	1991：李玲玉	9714
1991：江山多娇	9889	1991：历代名画选	2674
1991：江山如画	9889	1991：丽人	9714
1991：江涛拥翠	9889	1991：丽人新居	9714
1991：郊野风光	9889	1991：丽日南天	9889
1991：娇	9448	1991：丽影	9714
1991：娇妍	9448	1991：丽姿	9715
1991：今日深圳	9448	1991：丽姿情影	9715
1991：金色童年	9714, 10530	1991：恋歌	9715
1991：金童玉女	9714	1991：恋曲	9715
1991：锦车情深	10112	1991：凌波仙子	10073
1991：锦绣神州	9889	1991：领袖和人民心连心	9715
1991：锦绣中华	9889	1991：刘继卣作品集锦	2674
1991：菁影	9714	1991：绿色的诗	9889

书名索引

1991：绿水青山	9889	1991：倩女猫咪	9716
1991：美的生活	9448	1991：倩影	9716
1991：美发美容	10113	1991：青春	9716
1991：美化生活	9448, 9715	1991：青春风韵	9716
1991：美景佳人	10530	1991：青春美	9716
1991：魅力	9448	1991：青春少女	9716
1991：梦幻	9448	1991：青春之歌	9716
1991：梦幻年华	9715	1991：青山绿水	9889
1991：梦乡	9448	1991：情侣	9716
1991：咪咪	10073	1991：情趣	9449
1991：迷你	9715	1991：曲坛名流	9716
1991：蜜月	9715	1991：群芳竞艳	10530
1991：名城风光	9889	1991：群芳争艳	10073
1991：名牌轿车	10113	1991：群星灿烂	9716
1991：名盆珍禽	10633	1991：人间佳话	9958
1991：明清绘画精选	10530	1991：人物	9716
1991：明星	9715	1991：人物情	9716
1991：明星·美居	9715	1991：日本插花	10741
1991：摩登	9715	1991：如花似锦(绒编时装）	9716
1991：摩登家庭	9448	1991：如意	9449
1991：摩托佳丽	9715	1991：飒	9716
1991：墨萃	10530	1991：三峡风光	9889
1991：牧羊女	9715	1991：山河恋	9449
1991：南岛风情	9889	1991：山河美	9889
1991：南国情	9448	1991：山明水秀	9890
1991：霓裳曲	10530	1991：山水画	2674
1991：年华	9715	1991：上海时装新潮	9716
1991：鸟语花香	10073, 10530	1991：上海新姿	9449
1991：凝香	10073	1991：少女	9717
1991：女性世界	9715	1991：少女的梦	9717
1991：盆景	10633	1991：少女的生活	9717
1991：盆景艺术	10633	1991：少女花卉	9717
1991：盆艺品趣	10633	1991：少女花姿	9717
1991：奇妙世界	9889	1991：少女与小狗	9717
1991：绮丽	9448	1991：摄影挂历	9449

中国历代图书总目·艺术卷

1991：神采	9717	1991：外国幼儿世界	10165
1991：神怡	10530	1991：万事如意	9449
1991：神韵	9449	1991：万紫千红	10073
1991：神州大地	9890	1991：温馨之梦	9449
1991：神州画屏	9890	1991：五彩缤纷	9449
1991：生肖娃娃	9717	1991：舞	9981
1991：诗与景	9890	1991：夏威夷之花	10165
1991：时装	9717	1991：夏之风	9718
1991：时装潮	9717	1991：仙山琼阁	9890
1991：时装的魅力	9717	1991：鲜花与少女	9718
1991：时装毛衣	9717	1991：现代风韵	9718
1991：世界儿童	10164	1991：现代国画精粹	2674
1991：世界风光	10164, 10165	1991：现代家电	10113
1991：世界货币集锦	10531	1991：现代家庭	9449
1991：世界建筑	10001	1991：现代家庭装饰	10531
1991：世界旅游胜地	9981	1991：逍遥游	9449
1991：世界漫游	10165	1991：小宠物	10073
1991：世界名画	10531	1991：小明星	9718
1991：丝丽	9449	1991：小星星	9718
1991：四季缤纷	9890	1991：新潮马海毛编织精选	10359
1991：四季光耀	9890	1991：新春乐	10113
1991：四季十二彩	9890	1991：新春乐	2674
1991：四时佳果	9449	1991：新疆舞蹈	9981
1991：嗽叭吹夏	9449	1991：新年快乐	10113
1991：太白吟：李白诗意图	2674	1991：新年祝福	10113
1991：唐岱国画	2674	1991：新姿蓓蕾	9449
1991：体育	9981	1991：馨馨	9718
1991：体育之星	9717	1991：星光	9718
1991：天娇	9717	1991：星光灿烂	9718
1991：天姿	9717	1991：幸福伴侣	9718
1991：甜梦	9717	1991：幸福家庭	9718
1991：童趣	9717	1991：秀集雅博	9450
1991：外国风光	10165	1991：旋律与节奏	9450
1991：外国建筑	10001	1991：雅静	9450
1991：外国模特	10165	1991：雅趣	9450

书名索引

1991：雅韵	9450	1991：中国古画精选	10531
1991：亚太小姐	9718	1991：中国名胜	9890
1991：叶继红小姐专辑	9718	1991：中国时装	9719
1991：一代天娇	9718	1991：中国园林风光·盆景艺术欣赏	10634
1991：一帆风顺	9450	1991：中华颂	9450
1991：旖旎风景	10531	1991：祝君幸福	9450
1991：艺林精华	2843	1991：祝您合家欢乐	9450
1991：艺苑	9450	1991：醉人的海之风	9890
1991：艺术插花	10633	1991 江西年画	4775
1991：艺术的魅力	9450	1991 年春节晚会新歌金曲	11495
1991：艺术花篮	10113	1991 年画年历挂历缩样	10531
1991：艺术摄影	9450	1991 年画缩样	4763
1991：艺苑明珠	2843	1991 年最新版日本企业识别设计	10725
1991：异彩纷呈——流行饰品	10113	1991 台港"卡拉 OK"与"排行榜"金曲 200 首	
1991：异国风光	9890		11725
1991：银幕之星	9718	1992："皇家花园"今貌	9895
1991：英姿	9718	1992：92'现代壁挂挂历	10531
1991：影视群星	9718	1992：OK 生活	9460
1991：影坛碧玉	9718	1992：爱	9730
1991：影坛综观	9450	1992：爱的小屋	10001
1991：影星荟萃	9719	1992：爱情的故事	9958
1991：拥抱太阳	9450	1992：爱意浓浓	10532
1991：邮票上的今天	10531	1992：爱之岛	9895
1991：玉宇琼阁	10001	1992：百花园	10114
1991：郁香插花艺术	10634	1992：宝宝	9730
1991：园林	10113	1992：宝宝·妈妈·家庭	9730
1991：园林诗情	10531	1992：蓓蕾	10076
1991：苑芳	10073	1992：碧水峰翠	9895
1991：云南风光	9450	1992：冰城佳丽	9731
1991：韵	9450	1992：博古盆景	10634
1991：争奇斗艳	10073	1992：灿烂年华	9731
1991：稚蕾	9450	1992：插花	10634
1991：中国插花	10634	1992：插花荟萃	10634
1991：中国风光	9890	1992：插花艺术	10634
1991：中国古代雕塑艺术	10531	1992：长命百岁	9735

中国历代图书总目·艺术卷

1992：憧憬	9719	1992：飞驰	9461
1992：传神	10077	1992：飞翔的歌	10077
1992：春	9895	1992：芬芳	10077
1992：春	2675	1992：芬芳艺术插花	10634
1992：春畅	9895	1992：丰碑	9461
1992：春到人家	9895	1992：风采·全国名模集锦	9731
1992：春花	10077	1992：风姿态	10533
1992：春满华堂	9460	1992：富贵长春	2676
1992：春色满园	9895	1992：改革开放的总设计师	9731
1992：春天的梦	10532	1992：高山寄情	9895
1992：春燕展翅	9461	1992：更风流	9731
1992：春意芳情	10532	1992：宫廷艺术	10782
1992：春韵	9895	1992：恭贺新禧	9461
1992：纯情	10532	1992：古堡风光	9895
1992：纯情飘逸	9731	1992：古建风光	10001
1992：大地写真	10532	1992：古今名画集萃	10533
1992：大观园	10114	1992：故宫博物院藏画精选	10533
1992：大酒店	10001	1992：瓜果香甜	10114
1992：大空灵秀	9461	1992：冠军苗苗	9731
1992：大自然景融	9895	1992：光辉中华	2844
1992：当代花鸟画	2675	1992：光照神州	9461
1992：当代雅居	10001	1992：瑰丽	9461
1992：电视连续剧《西游记》	10532	1992：桂林山水	9896
1992：雕塑艺术	8635	1992：桂林山水情	9896
1992：蝶恋花	10077	1992：国际摄影艺术欣赏	10143
1992：东方风韵	9731	1992：国外风光	10165
1992：都市的风姿	9895	1992：海底奇观	9981
1992：都市风光	9895	1992：海底世界	9981
1992：都市丽人	9731	1992：海情	9461
1992：多姿	10532, 10634	1992：海外胜景	9896
1992：多姿多彩	9461	1992：海之花	9461
1992：芳菲	9461	1992：豪华居室	10001
1992：芳华	9461	1992：豪华游艇	10114
1992：芳香	9461	1992：好莱坞影星	10165
1992：芳姿	10533	1992：好莱坞之星	10166

书名索引

1992：好娃娃	9731	1992：佳丽硕果	9732
1992：合美幸福	9731	1992：佳影	10533
1992：红楼梦	2676	1992：家	10001
1992：猴年	2676	1992：家具	10533
1992：花卉	10077	1992：家庭乐	2844
1992：花明星集锦	10077	1992：江南佳丽	9732
1992：花鸟	2676	1992：江南名园	10533
1992：花情	10533	1992：江山多娇	9896
1992：花容月貌	9731	1992：江山如画	9896
1992：花仙子	9461	1992：娇客	9732
1992：花影丽人	10533	1992：今夜星辰	9462
1992：花园之国	9896	1992：金陵十二钗	9958
1992：花之恋	9462	1992：金色的梦	9462
1992：花之情	9462	1992：金色歌声	9462
1992：花之艺	10533	1992：金色童年	9732
1992：花中情	9462	1992：锦上添花	10077
1992：花姿	10077	1992：锦绣江南	9896
1992：华彩	9731	1992：锦绣山川	9896
1992：华宫淑女	9731	1992：锦绣中华	9896
1992：华堂丽影	9731	1992：精粹	9462
1992：华夏名媛	10533	1992：景趣	9897
1992：华夏胜景	9896	1992：靓女	9732
1992：画情诗意·唐诗十二景	9896	1992：靓女名车	10114
1992：欢欢	10077	1992：九寨金秋	9897
1992：环球风光	9896	1992：菊	10077
1992：环球旅行	9981	1992："巨星"风姿	9732
1992：黄山奇观	9896	1992："巨星"梦露	10166
1992：黄山奇松	9896	1992：开国元勋	9732
1992：黄山颂	9896	1992：看今朝	10533
1992：婚礼倩姿	9731	1992：可爱的宠物	10077
1992：婚纱艳服	9731	1992：可爱的宠物"猫"	10077
1992：伙伴	9462	1992：可爱的咪咪	10077
1992：吉祥如意	10634	1992：可爱猫咪	10077
1992：佳景	9896	1992：蓝天·白云	9897
1992：佳丽	9732	1992：乐万家	9462

中国历代图书总目·艺术卷

1992：立体的画	10635	1992：妙龄风采	9732
1992：丽猫	10533	1992：民族风采	10114
1992：丽人雅居	10001	1992：名车美女	10534
1992：丽影	9732	1992：名城佳丽	10534
1992：恋人曲	9732	1992：名船美女	10114
1992：领袖毛泽东	9732	1992：名画与集邮	10534
1992：旅游风景	9981	1992：名模风采	9732
1992：满园春色	10077	1992：名盆金鱼	10635
1992：漫游神州	9981	1992：名盆珍禽	10635
1992：漫游世界	9981	1992：名园佳盆	10534
1992：猫	10533	1992：明清山水精品	2676
1992：猫的遐想	10078	1992：明星	9732
1992：猫咪	10078	1992：鸣馨	9463
1992：猫趣	10533	1992：摩登家庭	10002
1992：猫戏蝶	10078	1992：摩登居室	10002
1992：美	9462, 10533	1992：摩登少女	9732
1992：美的世界	9462	1992：摩托女郎	9733
1992：美的韵律	9462	1992：男明星	9733
1992：美好家居	10002	1992：鸟语花香	10078
1992：美好家园	9462	1992：凝香叠翠	9897
1992：美化家庭	10533	1992：女界之光	9733
1992：美丽的大自然	9462	1992：欧洲风光	9897
1992：美丽芳香	9462	1992：潘新生国画专辑	2676
1992：美女居室	10534	1992：盆景	10635
1992：美人娇	9462	1992：盆景杰作	10635
1992：美韵	9462, 10534	1992：盆景精萃	10635
1992：美在人间	9463	1992：盆景艺术	10635
1992：美在自然中	9897	1992：飘香花四季	10078
1992：魅力	9463	1992：飘香四季	9463
1992：梦之花	10078	1992：娉婷	9733
1992：咪咪	10078, 10534	1992：娉婷丽影	9733
1992：咪咪世界	10078	1992：七彩	9897
1992：迷人的世界	9463	1992：齐开隽秀	10078
1992：蜜月行	9732	1992：奇葩异卉	10078
1992：妙境	9897	1992：汽车	10115

书名索引

1992：倩影	9733, 10534	1992：诗	9463
1992：倩影丽影	9733	1992：诗情画意	9463
1992：巧梳妆	9733	1992：时代风茂	9463
1992：俏女	10534	1992：时装丽人	9733
1992：青春	9733	1992：时装明星	9733
1992：青春的旋律	9463	1992：世界博览	9463
1992：青春少女	9733	1992：世界雕塑荟萃	8674
1992：清风	9897	1992：世界儿童	10166
1992：清风流水	9897	1992：世界风光	9121, 9897, 10165, 10166
1992：情趣	10534	1992：世界揽胜	10166
1992：群芳	9463	1992：世界美景	9897, 10166
1992：群芳吐艳	10078	1992：世界名画	6802, 10534, 10535
1992：群芳争艳	10078	1992：世界奇花	10535
1992：热带风光	9897	1992：世界影坛"巨星"	10535
1992：人物·名车·家具	10534	1992：世界真奇妙	10535
1992：人物风景	10534	1992：世界著名模特	10166
1992：人像摄影	9733	1992：世界自然风光	10166
1992：壬申吉祥	2676	1992：饰	9463
1992：任伯年扇面选	2676	1992：室雅情融	10002
1992：日本的庭园建筑	10166	1992：淑女风采	9734
1992：柔声轻诉	10534	1992：舒适的生活	9464
1992：如意	9463	1992：水仙花	10078
1992：如意编织	10360	1992：水仙花艺术	10078
1992：山河美	9897	1992：丝绸之路风光	9898
1992：山清水秀	9897	1992：思宝	10535
1992：山山水水总是情	9897	1992：四季盆景	10635
1992：山水花鸟集锦	2676	1992：四季飘香	9464
1992：山之魂	9897	1992：四季如诗	10535
1992：上海欢迎你——少女与雕塑	9897	1992：苏州园林	9898
1992：少年队	9733	1992：岁岁平安	9464
1992：少女情怀	9733	1992：唐伯虎祝枝山书画	10535
1992：少女与花卉	9733	1992：唐寅画	2676
1992：神驰	10534	1992：陶瓷艺术	10650
1992：神韵	9463	1992：天伦之乐	9734
1992：胜景玉饰	10234	1992：天姿	9464

中国历代图书总目·艺术卷

1992：甜蜜蜜	10535	1992：小天使	9464, 9734
1992：庭	10535	1992：心驰	9734
1992：庭园小景	10115	1992：心声	9734
1992：婷婷玉立	9734	1992：新春如意	10115
1992：外国风光	10166	1992：新家	10002
1992：外国皇宫	10167	1992：新年快乐	2676
1992：外国模特儿摄影艺术	10167	1992：新年快乐"猫"	10078
1992：婉风	9734	1992：新秀	9734
1992：万物皆春	2676	1992：馨	9464
1992：王中年山水画	10535	1992：星	9734
1992：未来影星	9734	1992：星辰	9981
1992：温馨	9464	1992：星朗	9464
1992：温馨居室	10002	1992：幸福家庭	9734
1992：温馨年华	9464	1992：幸福少女	9734
1992：温馨小屋	10002	1992：幸福童年	9734
1992：温馨之家	10002	1992：幸福之家	9735
1992：五彩缤纷·伞	10115	1992：雅风	9464
1992：五洲行	9898	1992：雅居乐	10002
1992：西藏风景	9898	1992：雅居情	10002
1992：西南风情	9898	1992：雅兰	9464
1992：西洋景	9898	1992：雅美	9464
1992：喜结良缘	9734	1992：雅趣	9465
1992：喜盈门	9734	1992：雅室情	10002
1992：夏意	9464	1992：雅艳留香	9465
1992：仙霞明珠	9464	1992：亚运之光	10002
1992：鲜花丽人	9734	1992：艳冠群芳	10078
1992：现代插花艺术	10635	1992：艳翎佳丽	9735
1992：现代家庭	9734	1992：窈窕淑女	9735
1992：现代生活	10535	1992：夜之媚	9981
1992：现代一流住宅	10002	1992：一代佳丽	9735
1992：现代中国画精品选	2676	1992：艺林拾萃	9465
1992：现代装饰画	10535	1992：艺术插花	10635
1992：翔	9464	1992：艺苑佳丽	10535
1992：潇洒世界	9464	1992：艺苑精华	9465
1992：小宝宝	9734	1992：异国风采	9465

书名索引

1992：异国风光	10167	1992：中国名模	9735, 9736
1992：异国风情	9465	1992：中国名园	10115
1992：逸居	10535	1992：中国明星	9736
1992：银幕天使	9735	1992：中国模特明星	9736
1992：银星	9735	1992：中国盆景插花艺术	10635
1992：英姿	10535	1992：中国著名模特	9736
1992："影后"	9735	1992：中华人民共和国邮票图谱	10536
1992：影视模特明星	9735	1992：中外钞票集锦	10167
1992：影坛影星	9735	1992：周恩来	9736
1992：影坛群芳	9735	1992：祝福	9465
1992：影星	9735	1992：祝君如意	9465
1992：影中人	9735	1992：祝你好运	9465
1992：影姿	9465	1992：祝您长寿	10635
1992：悠然乐韵	9465	1992：祝您幸福	9465
1992：友谊之花	10079	1992：追风	9465
1992：又见昨天	10535	1992：自然珍禽	10536
1992：鱼水情	9735	1992：自然之美	10536
1992：玉树临风	9465	1992：祖国的花朵	10536
1992：玉堂富贵	8666	1992 侯锦郎油画集	2810
1992：欲语含羞	9735	1992 年年历	9465
1992：云风凝座	9465	1992 中国画邀请展	2191
1992：在水一方	9465	1993'明星追踪	9031
1992：争艳	10079	1993：爱	10537
1992：郑爽风姿	10535	1993：爱美思	10537
1992：知心朋友	9719	1993：爱在人间	10537
1992：中国风光	9898	1993：爱之梦	10537
1992：中国古代绘画精品	10536	1993：奥林匹克风	10537
1992：中国画精选	2676	1993：霸王花	9743
1992：中国画选	2676	1993：宝宝乐	10537
1992：中国魂	9465	1993：奔驰	10537
1992：中国佳果	10115	1993：碧玉丽人	9743
1992：中国历代佳人	9735	1993：冰与火	10537
1992：中国历代名画	10536	1993：博雅集秀	10537
1992：中国历代名画	2676	1993：财神到	10537
1992：中国历代名画系列	10536	1993：插花	10636

中国历代图书总目·艺术卷

1993：插花艺术	10636	1993：海情	10538
1993：插花艺影	10636	1993：海外掠影	9901
1993：婵月	10537	1993：含芳	10538
1993：春之梦	10537	1993：好风光	10538
1993：丛中笑	10537	1993：好莱坞明星	10167
1993：大海·少女·骏马	10537	1993：和平天使	10539
1993：黛韵	9469	1993：黑白世界·亚当斯	10539
1993：淡妆浓抹	10537	1993：红楼梦	2677
1993：当代群星	10537	1993：花儿朵朵	10539
1993：雕塑艺术	8635	1993：花卉	10539
1993：蝶彩溢香	10081	1993：花卉集邮	10539
1993：蝶恋花	10081	1993：花季	10539
1993：豆蔻年华	10538	1993：花恋	10539
1993：都市情	10538	1993：花情	10539
1993：敦煌壁画	408	1993：花台	10539
1993：婀娜芳菲	10538	1993：花艺	10539
1993：儿童绘画	6761	1993：花与影星	9743
1993：儿童乐园	10538	1993：花苑莲梦	10539
1993：芳馨	10538	1993：花月春风	10539
1993：芳姿	10538	1993：花之乐	10539
1993：飞瀑沐玉	10538	1993：花之肖像	10539
1993：芬芳	10538	1993：花枝俏	10539
1993：丰收曲	10538	1993：华夏歌星	10539
1993：风华	10538	1993：华秀丽影	10539
1993：风流	10538	1993：华姿飘逸	10539
1993：风雅	10538	1993：画中游	10540
1993：风姿	10538	1993：环球游	10540
1993：福	9469	1993：幻雅	10540
1993：福	2677	1993：皇家园林	10540
1993：港台影星	9743	1993：黄山桂林	10540
1993：恭贺新喜	9469	1993：黄山寄情	10540
1993：共和国缔造者	10538	1993：吉祥如意	10540
1993：故宫藏画	2677	1993：纪念毛泽东诞辰100周年	10540
1993：光影	10538	1993：健美康乐	10540
1993：国际人像摄影艺术欣赏	10167	1993：江山多娇	10540

书名索引

1993：娇艳	10540	1993：鲁冰花	10542
1993：今日世界	10540	1993：玛丽连·梦露	10542
1993：金鸡报晓	10081, 10540	1993：满汉全席	10116
1993：金美梦	10540	1993：漫游名胜	10167
1993：金牌榜	10540	1993：漫游世界	10167
1993：金纱丽影	10540	1993：猫	10542
1993：锦绣河山	10540	1993：猫趣	10542
1993：锦绣中华	10541	1993：毛泽东	10542
1993：京华新姿	9901	1993：毛主席和人民心连心	10542
1993：景色醉仙	10541	1993：毛主席诗词墨迹	8230
1993：景韵	10541	1993：玫瑰小姐	10542
1993：敬爱的领袖毛泽东	9744	1993：美国风光	10542
1993：靓女	9744, 10541	1993：美满家庭	10542
1993：静趣	9469	1993：美韵	10636
1993：菊颂	10541	1993：梦丽纱	10542
1993：娟秀	10541	1993：梦双娇	9744
1993：绝色"影后"	9744	1993：梦似轻花	10542
1993：骏马倩姿	10541	1993：咪咪情	10542
1993：看今朝	10541	1993：咪咪之家	10542
1993：可爱宠物	10541	1993：名车博览	10542
1993：可爱的猫	10541	1993：名车佳丽	10116
1993：可爱儿童	10541	1993：名车靓女	10116
1993：空中小姐	10541	1993：名车美女	10116
1993：快乐伙伴	10541	1993：名车美人	10116
1993：旷野寄情	10541	1993：名车名模	10543
1993：闺室娇影	10541	1993：名画与集邮	10543
1993：揽胜	9901	1993：名盆佳卉	10543
1993：郎世宁绘画珍品	6841	1993：名盆珍蔺	10543
1993：浪漫季节	10541	1993：名园佳人	10543
1993：丽影	10541	1993：明星·家园	9744
1993：丽园盆景	10636	1993：明星名画	9744
1993：玲珑秀色	10541	1993：明星倩影	9744
1993：领袖风采	10542	1993：摩登	9469
1993：流光溢彩	10542	1993：摩登居室	10003
1993：柳态花容	10542	1993：摩托女郎	9744

中国历代图书总目·艺术卷

1993：墨宝	9469	1993：情意绵绵	10544
1993：墨韵	9469	1993：情知春柔	10544
1993：南北瓜果	10543	1993：琼花玉树	10544
1993：南国风情	10543	1993：秋歌	10544
1993：南国少女	10543	1993：群芳谱	10081
1993：牛仔布	10543	1993：群仙祝寿图	2677
1993：欧美时装	9744	1993：人杰地灵	9469
1993：盆景插花艺术	10636	1993：人民的好总理	10544
1993：盆景古诗	10636	1993：人民的好总理周恩来	10544
1993：七彩童年	10543	1993：任伯年国画精品	2677
1993：奇景胜观	9901	1993：柔情	10544
1993：气象月历	9469	1993：飒爽英姿	10544
1993：汽车女郎	10116	1993：山川如画	10545
1993：倩影	10543	1993：少女的梦	10545
1993：乔维新历史人物画	2677	1993：神力	10545
1993：俏俏女	10543	1993：神奇西藏	9901
1993：俏影	10543	1993：神州风采	10545
1993：俏装	10543	1993：十六岁的花季	10545
1993：秦惠浪乡情书画选	10543	1993：时尚	9744
1993：青春·时装	9744	1993：时装	9744
1993：青春风采	10543	1993：世界大都市	10545
1993：青春年华	10543	1993：世界风光	10545
1993：青春无季	10543	1993：世界风光装饰挂历	10167
1993：青春秀色	10543	1993：世界画坛巨匠·马蒂斯	10545
1993：青瓷叠翠	10544	1993：世界集邮珍品	10545
1993：青山秀水	10544	1993：世界美景	10545
1993：青竹幽香	10544	1993：世界名城	10546
1993：清明上河图	10544	1993：世界名画	10546
1993：清雅	10544	1993：世界名画珍藏本	10546
1993：情	10544	1993：世界人体名画精品	10546
1993：情怀	9469	1993：世界油画珍品	6892
1993：情侣天地	10544	1993：室内装饰	10546
1993：情侣与时装	9744	1993：淑女柔情	10546
1993：情趣	10544	1993：舒	10546
1993：情诗苑春	10544	1993：睡美人	10546

书名索引

1993：顺风豪华	10546	1993：小康之家	10548
1993：瞬间精华	9469	1993：晓花	10548
1993：四季彩丽	10546	1993：新潮	10548
1993：四季芬芳	10546	1993：新禧	10548
1993：四季飘香	10546	1993：馨	9469
1993：四季裙装	10546	1993：幸福童年	10548
1993：泰国建筑	10003	1993：秀发丽人	10548
1993：天赐玫宝	10546	1993：雅居	10548
1993：天津杨柳青画社藏画	2677	1993：雅趣	10548
1993：天使娇容	10546	1993：雅室情	10549
1993：天涯海角	10546	1993：炎黄艺术	2677
1993：天姿	10546	1993：炎黄艺术馆藏画选	1279
1993：童心	10547	1993：窈窕淑女	10549
1993：外面美世界	10547	1993：野山春趣	10549
1993：婉情	10547	1993：一代楷模周恩来	10549
1993：万事如意	10547	1993：一帆风顺	10549
1993：万紫千红	10547	1993：一花一木	10549
1993：伟大导师毛泽东	10547	1993：疑惑	9744
1993：伟大的领袖毛泽东	10547	1993：艺苑风采	10549
1993：伟大的情怀	10547	1993：艺苑明珠	10549
1993：温情	10547	1993：艺苑新花	10549
1993：温馨	10547	1993：影视倩影	9744
1993：温馨之家	10547	1993：影视新星	9744
1993：无尽的思念	10547	1993：影星	9744
1993：五彩世界	10547	1993：咏梅	10549
1993：五彩云	10547	1993：泳装	10549
1993：西部风光	10548	1993：优美旋律	10549
1993：希望	10548	1993：鱼水情	10549
1993：夏日浓情	10548	1993：玉翠吟	10549
1993：鲜美	10116	1993：玉堂富贵	10549
1993：现代中国花鸟画选	2677	1993：云山奇峰	10549
1993：香韵	10548	1993：珍盆奇景	10550
1993：小宠物	10548	1993：珍奇花卉	10550
1993：小福星	10548	1993：争艳	10550
1993：小姐	10548	1993：中国名胜	10550

中国历代图书总目·艺术卷

1993：中国清真寺	10550	1994：春之魅	9903
1993：中国影视明星	9744	1994：醇香	9473
1993：中国园林	10550	1994：大观园	9903
1993：中华绮迹	10550	1994：大明星巩俐	9747
1993：周游世界	10550	1994：大自然	9903
1993：周游中华	10550	1994：当代中国油画	2844
1993：祝君幸福	10550	1994：翟荣强国画精品选	2678
1993：自然和谐的美	10550	1994：东方风韵	9473
1993：自然旋律	10550	1994：都市风光	9903
1993：自然之魂	10550	1994：儿童挂历	9747
1993：祖国大家庭	10550	1994：发	10551
1993［年历］	10550	1994：发发发	9473
1993 年年历	9469	1994：芳姿	9748
1994、1995：咪咪情	10082	1994：飞翔	9473
1994、1995：青山碧水	9903	1994：芬芳	10082
1994：［宠物］	10082	1994：风雅颂	2844
1994：爱	9472	1994：风韵	9748
1994：爱犬	10082	1994：佛教艺术	455
1994：百年荣宝斋珍藏	2677	1994：富贵吉祥	9473
1994：比基尼	9747	1994：富贵猫	10082
1994：碧波叠翠	9903	1994：馥	10082
1994：碧波玉姿	9747	1994：港台"巨星"	9748
1994：编织异彩	9472	1994：港台明星	9748
1994：彩韵诗情	9473	1994：根艺	8646
1994：插花艺术	10636	1994：恭贺新喜	10116, 10117
1994：长安名家国画精萃	2678	1994：恭贺新喜	2677
1994：长江之源	9904	1994：古都寻梦	9903
1994：驰	9473	1994：挂历	10551
1994：宠物	10082	1994：观音	455
1994：船王	9747	1994：光彩	10551
1994：垂钓·艺术壁挂	10636	1994：瑰宝	8667
1994：垂蕊清露	10082	1994：国宝	412
1994：春	9903	1994：国际摄影艺术欣赏	10145
1994：春浓茗香	10116	1994：国际影侣	10167
1994：春意芳情	9473	1994：国际影星	10167

书名索引

1994：国外乡村别墅	10167	1994：娇艳	9473
1994：海风	9903	1994：巾帼英雄	9748
1994：海之恋	9903	1994：金秋韵	9904
1994：海之女	9748	1994：金纱玉女	9748
1994：豪华家居	10003	1994：金玉满堂	9473
1994：豪华居室	10003	1994：锦绣山川	9904
1994：好宝宝	9748	1994：锦绣中华	9901, 9904
1994：好莱坞"巨星"	10167	1994：近百年中国画精选	2677
1994：好莱坞影星	10167	1994：净土	9473
1994：好莱坞之星	10168	1994：九寨秀色	9904
1994：好运	9473	1994：九洲风光	9904
1994：好运来	9473	1994：菊诗情	9473
1994：荷	10082	1994："巨星"风采	9748
1994：红裙子飘起来	9748	1994：骏马倩姿	9749
1994：红星照耀中国	9748	1994：开门大发	9474
1994：红嘴唇	9748	1994：开心宠物	10083
1994：花蝴蝶·高级艺术壁挂	10551	1994：可爱的小宠物	10083
1994：花梦	9748	1994：浪	9904
1994：花鸟扇形艺术壁挂	2677	1994：黎明	9904
1994：花团锦簇	10082	1994：历代名画家系列	2678
1994：花仙子	9748	1994：历代山水画精品	2678
1994：花韵	10083	1994：猎咪	10083
1994：花枝俏	10083	1994：流光溢彩	9474
1994：华丽	9473	1994：马·高级艺术壁挂	10551
1994：华丽居室	10003	1994：猫趣	10083
1994：环球旅行	10168	1994：梅花·扇形艺术壁挂	10552
1994：火热的心声	9473	1994：美的韵律	9474
1994：吉祥挂历	10551	1994：美居博览	10003
1994：吉祥如意	9473	1994：美神	9749
1994：纪念毛泽东同志	9748	1994：魅	9474
1994：季季春	9903	1994：梦醒时分	9749
1994：佳人饰品	9748	1994：梦之旅	9474
1994：健与美	9982	1994：咪咪	10083
1994：江南水乡	9903	1994：名车靓女	9749
1994：江山多娇	9903	1994：名贵宠物	10083

中国历代图书总目·艺术卷

1994：名画精赏	2678	1994：日本料理	10117
1994：名家国画作品精选	2678	1994：荣华富贵	9474
1994：名模风采	9749	1994：柔娜	9749
1994：名模英姿	9749	1994：如意家庭	10003
1994：名盆珍宝	10636	1994：少女倩	9749
1994：名犬家族	10083	1994：神彩	9474
1994：名人雅趣	9474	1994：生命在于运动	9982
1994：名山丽苑	9904	1994：圣地	9474
1994：名园佳景	10117	1994：诗情画意	9474, 9475
1994：摩托明星	9749	1994：世界风光	10168
1994：南海风	9904	1994：世界名画	6892
1994：南巡风采	9988	1994：世界名画珍品	10552
1994：年年有余	10117	1994：世界人体名画珍品	6892
1994：鸟语花香	10083	1994：世界夜景	9983
1994：欧洲城堡	10003	1994：淑女情	9749
1994：盆景妙品	10636	1994：舒美雅	9475
1994：漂亮	9474	1994：水晶世界	10117
1994：泼水节	10117	1994：硕果名盆	10637
1994：前程万里	9474	1994：丝绸之路风光	9904
1994：倩女宠物	9749	1994：丝丝如意	9475
1994：倩女星梦	9749	1994：四季飘香	9475
1994：乔维新的中国画	2678	1994：松梅玉赞	10083
1994：亲亲如我	9474	1994：宋庆龄	9749
1994：亲情	9749	1994：桃园梦境	9904
1994：清风秋月	9904	1994：天趣	9749
1994：清流荡舟·香木壁挂	10636	1994：天姿	9475
1994：清韵	9474	1994：恬梦	9749
1994：情	9474	1994：万事如意	9475
1994：情人岛	9904	1994：汪汪与咪咪	10083
1994：情思	9749	1994：王胜利油画作品	2844
1994：秋阳	9904	1994：未来希望	9750
1994：趣	9474	1994：温馨	9475
1994：群芳	9474	1994：温馨梦	9475
1994：群峰荟翠·香木壁挂	10637	1994：毋忘我	10083
1994：群仙祝寿图	2678	1994：五彩梦	9750

书名索引

1994：喜	9475	1994：珍禽宠物	10083
1994：现代豪华居室	10003	1994：正芳年	9750
1994：现代丽人	9750	1994：中国瓜果	10117
1994：乡情	9475	1994：中国佳果	10117
1994：香妞	9750	1994：中华大地	9904
1994：祥和如意	9475	1994：中华集粹	9476
1994：小伙伴	9475	1994：中华美景	9904
1994：小倩	9750	1994：中外漫画精品	10552
1994：心中的歌	9750	1994：竹·高级艺术壁挂	10552
1994：新春如意	10117	1994：竹叶·香木壁挂	10552
1994：新居乐	10003	1994：自然风光	9905
1994：新奇儿童挂历	10552	1994：自然美景	9905
1994：新上海	9475	1994：昨夜星辰	9751
1994：星光曲	9475	1994年：国画画册	2678
1994：幸运狗	10083	1994 中国霸王花	9751
1994：秀丽风光	9904	1995：爱的伴侣	9479
1994：雅丽	9475	1995：爱心	9479
1994：艳妆丽人	9750	1995：白领丽人	9754
1994：一代军戎	9750	1995：碧波玉姿	9754
1994：一帆风顺	9475	1995：碧玉瑰宝	10118
1994：一路平安	9475	1995：缤纷天地	9479
1994：一笑倾城	9750	1995：财运亨通	9479
1994：艺术插花	10637	1995：春风丽人	9754
1994：熠熠星辉	9750	1995：春天的祝愿	9479
1994：银海星韵	9750	1995：纯真	9754
1994："影后"	9750	1995：大地风情	9479
1994：影坛往事	9750	1995：大富贵	9479
1994：泳装	9750	1995：东方雅韵	9480
1994：油画精品	2844	1995：东方之珠	9907
1994：鱼趣横生	10083	1995：东南亚之旅	9983
1994：鱼水情	9750	1995：董兆惠西北风情画	10552
1994：园林大观	10117	1995：动物世界	10086
1994：园中佳丽	9750	1995：发财	9480
1994：袁江竹苞松茂图	2678	1995：繁花似锦	10086
1994：韵与美	9475	1995：芳馨	9480

1995：芳溢流香	9480	1995：吉祥大发	9480
1995：芬芳	9480	1995：吉祥花	10086
1995：风行	9480	1995：健与美	9983
1995：风流女侠	9755	1995：江山多娇	9907
1995：风雅	9480	1995：娇媚	9755
1995：风韵	9480	1995：姐妹花	9755
1995：富贵吉祥	9480	1995：今日家庭	9480
1995：富贵猫	10086	1995：金杯名盆	10637
1995：港台之星	9755	1995：金童玉女	9755
1995：港星风流	9755	1995：精品屋	9480
1995：宫廷藏画精选	2678	1995：靓	9755
1995：恭喜发财	9480, 10552	1995："巨星"璀璨	9755
1995：共和国仪仗兵	9755	1995："巨星"名车	9755
1995：姑苏风情	9907	1995：科海明星	9755
1995：贵族风韵	9755	1995：临潼	9910
1995：贵族之家	10004	1995：玲珑	8667
1995：国画	2678	1995：路路发	9480
1995：国际摄影艺术欣赏	10146	1995：猫趣	10086
1995：国外都市风光	10168	1995：猫神	10086
1995：豪华居室	10004	1995：美丽的城市	9907
1995：豪华摩托	10118	1995：美雅	9480
1995：豪装玉影	10168	1995：美在人间	9756
1995：好莱坞华裔明星邬君梅	9755	1995：梦幻童年	9756
1995：好莱坞艳星	10168	1995：梦忆	9756
1995：好莱坞"影后"	10168	1995：梦中人	9756
1995：好莱坞之星	10168	1995：咪咪	10086
1995：花容月貌	9755	1995：迷	9480
1995：花絮	9755	1995：名车霸王	10118
1995：花艺	9755	1995：名车倩影	9756
1995：花之魅	10086	1995：名都名城	9907
1995：花之韵	9755	1995：名画邮票	10118
1995：华丽家居	10004	1995：名家艺术	2679
1995：华丽居室	10004	1995：名流	9756
1995：欢乐家庭	9755	1995：名盆佳景	10637
1995：皇室公主	10168	1995：鸣翠	10086

书名索引

1995：摩托女	9756	1995：星星知我心	9757
1995：宁馨儿	9756	1995：熊猫	10086
1995：盆景萃珍	10637	1995：雅君	9481
1995：披金挂银	9756	1995：雅趣	9481
1995：青春健美	9983	1995：雅韵	9481
1995：青春年华	9756	1995：野韵	9481
1995：清竹风雅	10118	1995：夜上海	9983
1995：情洒申城	9756	1995：一帆风顺	9481
1995：情依依	9756	1995：一路发	9481
1995：全家福	9756	1995：怡趣	9481
1995：人面桃花一港台女星	9756	1995：旖旎风光	9907
1995：山川情	9907	1995：溢香	9481
1995：山水盆景	9907	1995：溢影	9482
1995：世界风光	10168	1995：银海之星	9757
1995：世界风景	10169	1995：银幕之星	9757
1995：世界名画精品	6808	1995：银星	9482
1995：世界人体名画	6808	1995：影视红星	9757
1995：世界之星	9481	1995：园林情	10118
1995：四季发	9481	1995：源源流长	9907
1995：四季平安	9481	1995：月曼清流	9482
1995：四季情韵	9907	1995：云裳花客	9757
1995：童真雅趣	9756	1995：韵	9482
1995：王文摄影书法精品	8261	1995：中国国家公园风光	9907
1995：旺旺	9481	1995：中国名菊	10086
1995：温馨	9481	1995：中国盆景	10637
1995：温馨优雅	9481	1995：中国影星	9757
1995：稀世珍宝	414	1995：中国元帅	9757
1995：香港红星	9756	1995：中华风采	9482
1995：小康之家	10004	1995：猪年大吉	9482
1995：小猫咪	10086	1995：祝您长寿	9482
1995：新潮	9481	1995：自然风光	9907
1995：新年快乐	10118	1995：自然美境	9907
1995：星	9756	1995年高级艺术壁挂	10593, 10594
1995：星辰	9756	1995年扇型艺术壁挂	10594
1995：星梦	9757	1995年香木壁挂	10594

中国历代图书总目·艺术卷

1995 全国第二届刻字艺术展作品集	8465	1996：韩美林画选	2679
1996—1997：天然画卷	9911	1996：寒梅	10553
1996：傲骨	10088	1996：豪门别墅	10005
1996：八骏图	10552	1996：豪门名居	10005
1996：百福	10552	1996：好莱坞	10169
1996：百猫图	10088	1996：合家欢	9485
1996：奔马	10553	1996：荷花鸳鸯	10088
1996：财源通宝	9485	1996：红玫瑰	10088
1996：灿烂星光	9762	1996：红梅	10553
1996：插花艺术	10637	1996：花开富贵	10088
1996：陈逸飞油画作品选	2844	1996：花仙	9485
1996：宠贵	9485	1996：花园别墅	10005
1996：春	9910	1996：花之韵	10088
1996：大都市掠影	9910	1996：华彩	9485
1996：大师名画	2679	1996：华贵新装	9763
1996：大写意	2679	1996：华山	9910
1996：典雅居室	10005	1996：华山揽胜	9910
1996：东方十大名星	9762	1996：环球览胜	10169
1996：东方之珠	9910	1996：黄山奇松	9910
1996：都市丽影	9763	1996：吉庆	9485
1996：都市田园	9910	1996：吉祥如意	9485
1996：都市之光	9910	1996：纪念孙中山先生诞辰 130 周年	9485
1996：繁华	9910	1996：江山多娇	9910
1996：飞瀑迎春	9910	1996：将军竹	2679
1996：冯倩工笔绘画	2679	1996：娇艳	10088
1996：服饰之花	9763	1996：锦绣前程	2679
1996：富贵家庭	9485	1996：锦绣中华	9910
1996：港台明星	9763	1996：京城豪居	10005
1996：恭贺新喜	10119	1996：晶彩	9486
1996：恭贺新喜	2679	1996：靓女	9763
1996：恭贺新禧	10119, 10553	1996："巨星"风采	10169
1996：古堡风情	9910	1996："巨星"风韵	10169
1996：国际摄影艺术欣赏	10147	1996：绝代佳人	2679
1996：国外都市风光	9910	1996：可爱的宠物	10089
1996：国外自然风光	10169	1996：历代名画	2679

书名索引

1996：丽人	9763	1996：秋菊	10553
1996：林芝览胜 度假探秘	9983	1996：群仙祝寿图	2680
1996：刘斯奋人物画选	2679	1996：人间仙境	10553
1996：罗国士画选	2679	1996：如意家庭	9486
1996：马骏十二生肖图	2679	1996：如意祥和	2680
1996：猫	10089	1996：三国演义人物	2680
1996：猫蝶富贵	10089	1996：山高水长	2680
1996：梦归好莱坞	10169	1996：山光水色	9911
1996：米奇老鼠与朋友卡通月历	10553	1996：山花烂漫	10089
1996：名画风光变幻挂历	10553	1996：山明水秀	9911
1996：名画精萃	2679	1996：神驰	9486
1996：名盆名花	2679	1996：神游山水	9911
1996：鸣翠	10089	1996：胜境	9911
1996：摩登家居	10637	1996：诗情	9486
1996：莫建成莫晓松花鸟作品选	2679	1996：诗情画意	9911
1996：墨竹	10553	1996：世界殿堂艺术	10169
1996：鸟语花香	10089	1996：世界风光	9911, 10169
1996：凝香	10119	1996：世界宫殿	10169
1996：牛仔风采	10169	1996：世界名车	10120, 10169
1996：欧洲人体油画	2844	1996：世界名画	6892
1996：盆景艺术	10637	1996：世界名画	2680
1996：鹏程万里	2679	1996：世界名胜	9911
1996：飘香	10120	1996：世界铜版画精品	10553
1996：平安有余	10553	1996：世界之旅	9983
1996：瓶兰	10089	1996：仕女图	2680
1996：奇卉呈祥	10089	1996：顺风得利	9486
1996：倩影	9763	1996：宋人名笔	2680
1996：俏丽风采	9763	1996：庭院别墅	10005
1996：沁园春	8273	1996：童年岁月	9763
1996：青海风光	9911	1996：万事如意	9486
1996：清风	9486	1996：王国文书法选	10553
1996：清风细竹	10553	1996：为人民服务	9486
1996：清宫山水	2680	1996：温雅	9486
1996：清雅	9486	1996：武强民间年画	10553
1996：情	2844	1996：雾里看花	10089

1996：虾	10553	1997：1953年毛泽东同志和周恩来同志在最高	
1996：蜊	9763	国务会议上	9988
1996：现代居室	10005	1997：安顺龙宫	10006
1996：现代时装	9763	1997：百合花	10091
1996：现代一流住宅	10005	1997：百花颂	2681
1996：小宠物变幻挂历	10554	1997：百花仙女	2681
1996：小芳	9763	1997：北京钓鱼台国宾馆	9913
1996：小花咪	10089	1997：北京中央电视塔	9913
1996：小天使	9763	1997：别墅风情	2681
1996：小星星	9763	1997：别墅名车	10006
1996：心和百福	9486	1997：财通四海	9489
1996：新春如意	10120	1997：财源流长	9489
1996：新世界	9486	1997：彩色的梦	2957
1996：星光灿烂	9763	1997：藏画精选	2681
1996：扬帆世界	10120	1997：插花	10637
1996：一帆风顺	9486	1997：超霸	9489
1996：伊人情	9763	1997：超越时空	9489
1996：银海"巨星"	9764	1997：车霸别墅	9490
1996：迎客松	10554	1997：车魂	9490
1996：影韵	9486	1997：城市风光	9913
1996：云南民族	9764	1997：乘风破浪	9490
1996：韵	9486	1997：驰	9490
1996：招财进宝	9486	1997：宠物情趣	2681
1996：中国民居	10005	1997：春	9913
1996：中国名画仿真宣纸挂历	10554	1997：春水	9913
1996：中国名画家真迹	10554	1997：纯情	9767
1996：钟馗图	2680	1997：慈爱	9767
1996：竹菊	10554	1997：萃珍	9490
1996：祝福	9486	1997：翠影	9490
1996年池坊中日亲善花展专辑	10599	1997：大地恩赐	9490
1997、1998：邢春来画虎	2681	1997：大富贵牡丹	2681
1997：'97回归香港风光	9913	1997：大自然	9913
1997：《恭贺新禧》吉祥周历	10554	1997：丁绍光作品	2681
1997：[挂历]	10554	1997：东方明珠——庆回归	9913
1997：[摄影挂历]	9489	1997：东方星云	9490

书名索引

1997：都市潮	9490	1997：国庆之夜	9984
1997：都市大观	9914	1997：海南东坡书院	10120
1997：都市风采	9914	1997：海峡两岸藏画精品选	2682
1997：都市风光	9914	1997：涵江文化	10554
1997：都市景观	9914	1997：翰墨真集	2682
1997：多彩的世界	9914	1997：杭州曲院风荷	9914
1997：发财猫	10091	1997：豪华居室	10006
1997：繁花似锦变幻挂历	10554	1997：豪宅	10006
1997：风帆金鱼变幻挂历	10554	1997：好时光	9490
1997：风光独好	9914	1997：鹤寿富贵	10091
1997：风华正茂	9767	1997：红枫银瀑	9914
1997：风情	9499	1997：红星风采	9491
1997：风韵	9767	1997：红星风韵	9491
1997：风姿韵彩	9490	1997：红星闪闪	9491
1997：风月合鸣	9490	1997：红樱桃	10121
1997：福	2681	1997：湖光山色	9914
1997：福、富、寿、喜立体挂历	10554	1997：花之韵	10091
1997：福到春来	9490	1997：欢乐之家	9768
1997：富贵长春	2681	1997：环球揽胜	9984
1997：富贵大吉图	2681	1997：环球旅行	9984
1997：富贵家庭	9490	1997：环球游	9984
1997：富贵猫	10091	1997：皇家园林	10121
1997：富豪美景	9490	1997：回归	9491
1997：富豪山庄	10006	1997：吉祥宠物	10091
1997：港台红星	9767	1997：吉祥富贵	2682
1997：港台之星	9767	1997：吉祥国画	2682
1997：高风亮节	9490	1997：纪念毛泽东同志	9768
1997：宫廷藏画	2681	1997：佳丽风韵	9768
1997：恭贺新喜	9490	1997：江派画风	2682
1997：共和国元帅	9768	1997：江山多娇	9914
1997：古代山水真迹	2681	1997：江苏美术出版社艺术挂历	10554
1997：瑰宝	2682	1997：交相辉映	9491
1997：贵州风雨桥	9914	1997：今日世界	9491
1997：国画挂历	2682	1997：金牛	2682
1997：国画精选吉祥周历	2682	1997：金牛大吉	2682

中国历代图书总目·艺术卷

1997：金秋菊韵	10091	1997：美化家庭	10007
1997：金鱼	10091	1997：美丽的巴音郭楞	9914
1997：金玉满堂	9491	1997：美玉盆景	10637
1997：晶莹	9491	1997：魅	9491
1997：景灿	9499	1997：梦之境	9491
1997：靓	9768	1997：梦之情	9491
1997：靓彩	9491	1997：妙韵	9491
1997：九洲大地	9914	1997：名车集锦	10121
1997：居室典范	10006	1997：名车佳人	10121
1997：菊	10091	1997：名车丽人	10121
1997："巨星影后"	9768	1997：名城风光	9914
1997：绝代佳人	9768	1997：名城风流	9492
1997：绝代影星	9768	1997：名画	2683
1997：可爱宠物	10091	1997：名流华屋	10007
1997：浪漫情怀	9491	1997：名流家俱	10121
1997：漓江风光	9914	1997：名门之家	9492
1997：历代佳人	2682	1997：名模丽影	9768
1997：丽人	9768	1997：名人雅趣	9492
1997：丽人行	9768	1997：名塔奇观	9915
1997：丽姿	9491	1997：明星风采	9769
1997：莲年有余	2682	1997：鸣翠	9492
1997：恋情	2682	1997：摩登居室	10007
1997：两小无猜	9768	1997：摩托之旅	10121
1997：凌波闹春	9491	1997：墨宝	2683
1997：陆俨少作品精萃	2682	1997：母爱	9770
1997：绿色伊甸园	2682	1997：母子情深	9770
1997：绿色之旅	2682	1997：牡丹	10554
1997：猫来富贵	10092	1997：南国风光	9915
1997：猫咪	10091	1997：嫩	9492
1997：毛泽东	9768	1997：年年富裕	9492
1997：毛泽东故居(中南海)藏画	2683	1997：牛年大吉	2683
1997：毛泽东同志在含鄱口	9768	1997：欧陆情怀	9915
1997：毛泽东同志在天安门城楼	9988	1997：欧美风光	9915
1997：玫瑰人生	9491	1997：盼回归	9492
1997：美的居室	2683	1997：媲美	9492

书名索引

1997：溥心畲国画艺术精品	2683	1997：诗	9493
1997：齐白石、徐悲鸿名画之二	2683	1997：石斛兰	10091
1997：齐白石国画挂历	2683	1997：时代风	9493
1997：奇峰如画	9915	1997：时尚家居	10638
1997：奇观异景	9915	1997：时尚家庭	10007
1997：千姿百态	9492	1997：时装倩影	9769
1997：牵牛花	10091	1997：世界车王	10121
1997：倩影	9769	1997：世界大观	10169
1997：桥	10007	1997：世界风光	9915, 9917
1997：俏影	9769	1997：世界风情	10148, 10169
1997：青春彩照	9769	1997：世界名都	9915
1997：青春潮	9492	1997：世界名画	6893
1997：青春魅力	9769	1997：世界名画撷珍	10554
1997：青春梦	9492	1997：世界名家名画	6893
1997：青春年华	9492	1997：世界名犬	10092
1997：青春之旅	9492	1997：世界名扇	2684
1997：青岛风貌	9915	1997：世界十大名车	10121
1997：青山秀水	9915	1997：世界十大名城	9915
1997：倾城国色	2683	1997：世界十大名胜	9915
1997：清	9492	1997：世界铜版画精品选	10555
1997：清风雅韵	9492	1997：手绘艺术挂历	10555
1997：清明上河	2683	1997：属您拥有	9493
1997：群芳	9492	1997：水韵风情	2684
1997：群星争辉	9493	1997：四季飘香	9493
1997：人间仙境	9915	1997：四季青	9493
1997：人寿年丰	9493	1997：四季如意	9493
1997：任伯年	2683	1997：四季写真	9916
1997：如花似玉	9769	1997：四季绚丽	9916
1997：瑞雪迎春	2684	1997：四君图	10092
1997：山水寄怀	9915	1997：四美争艳	9769
1997：山水盆艺	10637	1997：塔里木风景线	9916
1997：山水情	2684	1997：唐伯虎墨宝	2684
1997：深圳西丽湖	9915	1997：天长地久	9493
1997：深圳香密湖	9915	1997：天骄宠物	10092
1997：神杯	10121	1997：天趣	9493

中国历代图书总目·艺术卷

1997：天涯共此时	9493	1997：星光闪耀	9495
1997：天真活泼	9493	1997：星河现今灿	9495
1997：田原之旅	9984	1997：性灵遐想	9495
1997：恬静	9493	1997：雄奇壮美	9495
1997：庭园青幽	9493	1997：徐悲鸿名画欣赏	2684
1997：童年	9493	1997：绚丽	9495
1997：童年的梦	9493	1997：雅居	9495
1997：童真	9494	1997：延年益寿	9495
1997：万年青	9494	1997：夜来香	9495
1997：王者风范	9494	1997：一代风流	9495
1997：温馨居室	10638	1997：一代天娇	9495
1997：温馨乐园	9494	1997：艺术壁挂	10638
1997：温馨之家	10638	1997：忆江南	9495
1997：温馨祝福	9494	1997：异国景观	10170
1997：我的家	10638	1997：迎春接福	9496
1997：西方神话传说油画作品选	6893	1997：迎春接福	2684
1997：稀世珍宝	9494	1997：映山红	10092
1997：夏威夷市内广场	9916	1997：永恒的辉煌	9496
1997：鲜	9494	1997：油画名作	2844
1997：现代之家	10638	1997：于非国画精选	2684
1997：香车丽影	9494	1997：玉宇彩虹	9496
1997：香港	9494	1997：郁金香	10092
1997：香港——东方之珠回归	9494	1997：月季花	10092
1997：香港——再创辉煌	9494	1997：月朦胧	9496
1997：香港风光	9916	1997：韵律	9496
1997：香港回归	10555	1997：张大千画选	2684
1997：香港回归祖国功载千秋	9499	1997：张大千作品精选	2684
1997：潇洒人生	9494	1997：中国画精品	2684
1997：小城故事	9494	1997：中国画名画精品	2684
1997：小姐妹	9769	1997：中国画名家作品	2684
1997：心心相印	9495	1997：中国历代名画欣赏	2684
1997：新潮时装	9769	1997：中国名画宣纸挂历	6841
1997：新感觉	9495	1997：中国名家书法	10555
1997：新年好	9495	1997：中国盆景	10638
1997：星光灿烂	9495	1997：中国山水	9916

书名索引

1997：中华黄山	9916	1998：白牡丹	10092
1997：重归自然	9916	1998：白雪石、丁绍光作品选	2685
1997：周末休闲游	9496	1998：白雪石作品欣赏	2685
1997：竹报平安	2685	1998：百花颂	2685
1997：竹石若仙	10638	1998：百骏图	6842
1997：竹韵春风	10092	1998：版画艺术	3059
1997：祝福	9496	1998：奔驰	10121
1997：祝你平安	9497	1998：本命年	2685
1997：祝你一生平安	9497	1998：滨海之都	9917
1997：祝您万事如意	9497	1998：财神虎	2685
1997：自然风光	9916	1998：彩云	9917
1997：自然风光：一九九七香港回归纪念		1998：藏画精选	2686
	9916	1998：藏族民间绘画艺术	1372
1997：自然胜景	9916	1998：超级赛车	10122
1997：自然旋律	9916	1998：超越时空	9500
1997：自然之歌	9916	1998：车王称霸	9500
1997年池坊中日亲善花展专辑	10600	1998：车王子	9500
1998-1999：沈阳地区单位企业信息图	10558	1998：成功典范	9500
1998—1999年度CD唱片选购指南	10894	1998：城市风光	9917
1998、1999：人体生命三节律预测	10556	1998：驰风	9500
1998：'98北京国安足球队	9984	1998：宠物	10092
1998："福"字灯	9499	1998：出水芙蓉	9500
1998：[国画挂历]	2685	1998：春	9917
1998：[摄影挂历]	9499	1998：春归大地	2686
1998：OK	10556	1998：春和景明	2686
1998：爱	9499	1998：春晖	2686
1998：爱的天地	9499	1998：春意	9500
1998：爱我中华	9499	1998：春韵	2957
1998：爱之河	9499	1998：纯	9770
1998：澳门	9499	1998：纯情	9770
1998：澳门·99回归	9499	1998：纯真	9771
1998：澳门邮票精品	10121	1998：村姑	9771
1998：八仙醉酒	2685	1998：大中四季虎	2686
1998：巴黎之春	9917	1998：淡妆浓抹	9771
1998：白龙湖风光	9917	1998：邓小平	9771

中国历代图书总目·艺术卷

1998：地球与生命	9500	1998：高洁凌云	9501
1998：电影名星许晴	9771	1998：高洁图	9501
1998：调色板	2957	1998：恭贺新喜	10122
1998：蝶恋名花	10092	1998：恭贺新禧	10122
1998：东方猫王	10092	1998：恭贺新禧	2686
1998：东方明珠	9500, 9917	1998：龚学渊像画	2686
1998：东南亚	9917	1998：共度平安	9501
1998：动物世界	10093	1998：共聚天伦	9771
1998：动物天地	10093	1998：故宫墨宝	2686
1998：都市	9918	1998：瓜果飘香	10122
1998：都市风采	9918	1998：关山月名画欣赏	2686
1998：都市新貌	9918	1998：关则驹油画精品选	2844
1998：发财	9500	1998：皈依自然	9918
1998：法国漫游	9918	1998：瑰宝	2687
1998：芳韵	9500	1998：郭石夫花鸟集	2687
1998：飞向世界	9500	1998：国宝精萃	2687
1998：飞游香港	9918	1998：国画宝藏	2687
1998：芬芳	9500	1998：国色天香	2687
1998：风采	9500	1998：国外时装	10170
1998：风驰	9500	1998：海港神韵	10122
1998：风虎云龙	2686	1998：海外风光	9918
1998：风景如画	9918	1998：韩熙载夜宴图	2687
1998：风景线	9918	1998：行乐图	2687
1998：风情	9771	1998：豪车	10122
1998：风姿	9501	1998：豪车别墅	10122
1998：福	9501	1998：豪华家室	10007
1998：福	2686	1998：豪华靓车	10122
1998：福虎	2686	1998：豪华名车	10122
1998：福建地图挂历	10556	1998：豪居名车	10122
1998：福居	10007	1998：豪门家居	10007
1998：傅抱石画集	2686	1998：好莱坞"巨星"	10170
1998：富贵吉祥	9501, 10556	1998：好莱坞影星	10170
1998：富贵庄园	10007	1998：好人一生平安	9771
1998：港澳	9984	1998：荷花之美	10093
1998：港澳游	9984	1998：衡水历史经典揽胜	2687

书名索引

1998：红玫瑰	9771	1998：花艺	10638
1998：红苹果	10122	1998：花影	10093
1998：红樱桃	9501	1998：花园别墅	10007
1998：虎	10093, 10556	1998：花月	10093
1998：虎	2687	1998：花韵芬芳	10093
1998：虎·妹子	9771	1998：花中王	10093
1998：虎画艺术	2687	1998：花竹影	10094
1998：虎年大发	9501	1998：华丽居室	10007
1998：虎年大发	2687	1998：华夏城乡游	9984
1998：虎年大吉	10556	1998：华夏揽胜	9918
1998：虎年大吉	2687, 2688	1998：华夏园林	10122
1998：虎年大旺	2688	1998：画意诗情	9501
1998：虎年大威	2688	1998：画苑珍赏	2689
1998：虎年福寿	10556	1998：欢欢咪咪	10094
1998：虎年洪运	2688	1998：欢乐时光	9771
1998：虎年鸿福	2688	1998：欢乐永驻你我	10557
1998：虎年鸿运	9501	1998：环球珍禽	10094
1998：虎年吉祥	2688	1998：皇家婚纱	9771
1998：虎年腾飞	2688	1998：黄果树大瀑布	9918
1998：虎年通胜	2688	1998：黄河虎口	9918
1998：虎妞	10093	1998：黄河石	10122
1998：虎啸吉祥	2688	1998：黄秋园作品集锦	2689
1998：虎啸龙吟	2688	1998：黄胄作品欣赏	2689
1998：虎啸年华	2688	1998：回归	9501
1998：虎缘	2688	1998：回归大自然	9918
1998：花蝶	10093	1998：回归自然	9918
1998：花都	9501	1998：回家	9501
1998：花花	9501	1998：回忆童年	9771
1998：花季	9771	1998：吉祥猫	10094
1998：花季风	9501	1998：吉祥周历	2689
1998：花开富贵	10093	1998：佳景天成	9918
1998：花开富贵	2688	1998：家	10007
1998：花鸟写真	2689	1998：家家乐	9501
1998：花鸟怡情	2689	1998：建筑艺术	10007, 10008
1998：花团锦簇	2689	1998：江南忆	9919

中国历代图书总目·艺术卷

1998：江山锦绣	9919	1998：李苦禅花鸟集锦	2689
1998：江山如画	9919	1998：李正东国画选	2689
1998：娇	9501	1998：丽人	9772
1998：娇媚	10557	1998：丽人行	9772
1998：娇容	9771	1998：琳琅珠玉	10235
1998：轿王	9502	1998：领袖毛泽东	9772
1998：金达莱	10094	1998：刘海粟大师绘画精品	10557
1998：金色的童年	9771	1998：刘奎龄国画艺术撷珍	2689
1998：金色童年	9772	1998：流光溢彩	9502
1998：金玉满堂	9502	1998：流水妙韵	10122
1998：近代名家国画精萃	2689	1998：鎏金戏水	9502
1998：京九辉煌	9502	1998：龙飞凤舞	7589
1998：经典名车	10123	1998：绿苑鹤鸣	10094
1998：静	9502	1998：猫咪	10094
1998：静物	10122	1998：猫趣	10094
1998：九方徽人国画精选	2689	1998：毛泽东书法艺术	8302
1998：九九女儿红	9502	1998：毛泽东在天安门城楼上	9988
1998：旧京风情	2689	1998：玫瑰秀	10094
1998：居艺	10639	1998：美的风景线	9919
1998："巨星"风采	9772	1998：美好的祝愿	9502
1998：绝代"影后"	9772	1998：美景家园	9502
1998：军中诗情	9502	1998：美景靓车	10122
1998：可爱宠物	10094	1998：美酒飘香	10123
1998：可爱的中国	9502	1998：美居新潮	10008
1998：渴望	9502	1998：美丽的新加坡	10170
1998：空姐	9772	1998：美丽家舍	10008
1998：苦禅大师写意	2689	1998：魅的写真	9502
1998：快乐	9502	1998：魅力	9502
1998：快乐精灵	9502	1998：梦境	9919
1998：兰	10094	1998：梦中景	9919
1998：兰花	10094	1998：梦中人	9772
1998：郎世宁花鸟画精品	6842	1998：咪咪	10094
1998：廊桥遗梦	13160	1998：咪咪情	10094
1998：篱笆女人狗	13160	1998：妙香雅宜	9503
1998：李苦禅花卉集	2689	1998：名车	9503, 10123

书名索引

1998：名车丽景	10170	1998：齐白石	2690
1998：名车胜景	10170	1998：齐白石人物精选	2690
1998：名画精萃	2689, 2690	1998：齐白石作品选	2690
1998：名画欣赏	2845	1998：奇花异卉	10095
1998：名家工笔画	2690	1998：千秋正气	9772
1998：名家墨宝	2690	1998：惬意	9503
1998：名骏	10094	1998：亲密的朋友	9503
1998：名盆胜景	10639	1998：亲密战友	10557
1998：名犬	10094	1998：亲情之乐	9773
1998：名犬图	10094	1998：青春无悔	9773
1998：名人邮票	10123	1998：青青河边草	9919
1998：明清藏画选	2690	1998：清风	1690
1998：明星风采	9772	1998：清明上河图	2690
1998：明珠	9772	1998：情满三峡	9503
1998：模特"巨星"	9772	1998：情系神州	2691
1998：摩登	9772	1998：情系雨花	2691
1998：摩托倩女	9772	1998：庆回归	9503
1998：莫奈等世界著名油画家油画精品选	6893	1998：趣	9503
1998：墨宝	2690	1998：群星	9773
1998：墨彩大观	2690	1998：人物摄影	9773
1998：墨韵	10557	1998：人之初	9773
1998：母子情	9772	1998：柔媚	10557
1998：年年有余	10123	1998：赛风采	9503
1998：鸟语花香	10095	1998：赛娜	9503
1998：鸟语花香	2690	1998：三峡情	9919
1998：宁夏	9503	1998：色彩华章	10557
1998：牛仔情	9772	1998：山高水长	9919
1998：欧洲风景油画选	6893	1998：山河颂	9919
1998：欧洲风情	2845	1998：山清水秀	2691
1998：欧洲漫游	9984	1998：山水	9503
1998：潘天寿作品选	2690	1998：山水情	10557
1998：盆景艺术	10639	1998：神趣	9503
1998：平安吉祥	9503	1998：神州大地	2845
1998：平安之家	9503	1998：诗情画意	2691
1998：七彩世界	10557	1998：诗韵	9503

1998：时代风采	9504	1998：唐伯虎名画精选	2691
1998：时代风情	9504	1998：唐伯虎墨宝	2691
1998：时空佳丽	9773	1998：唐寅画	2691
1998：时尚	9504	1998：天真活泼	9773
1998：时装名模	9773	1998：天姿	9504
1998：世纪伟人	9773	1998：天姿国色	9773
1998：世纪伟人邓小平	9773	1998：田世光花鸟画精选	2691
1998：世界风光	9919, 10170	1998：田野风光	9920
1998：世界各国国情	10557	1998：甜美人生	9773
1998：世界建筑艺术	10170	1998：甜蜜蜜	9773
1998：世界经典名画欣赏	2691	1998：庭院	10123
1998：世界梦圆	9504	1998：童趣	9773
1998：世界名车	10123, 10170	1998：童真天趣	9774
1998：世界名狗	10170	1998：统一大业	9504
1998：世界名画	6893	1998：万国邮珍	10171
1998：世界名画撷珍	10557	1998：王雪涛墨宝	2691
1998：世界名猫	10095	1998：往日情怀	9504
1998：世界名犬	10095	1998：威虎山	9958
1998：世界名胜	10170	1998：威震五岳	2691
1998：世界体坛"巨星"	10171	1998：巍巍中华	9504
1998：世界珍希邮票	10171	1998：温馨	9504
1998：世界之窗	10171	1998：温馨居室	10639
1998：世界自然遗产·九寨、黄龙	9919	1998：温馨小屋	10639
1998：兽中之王	10095	1998：我爱我家	9504
1998：舒适之家	10008	1998：我的家	9504
1998：谁知芳心	9773	1998：我家宝宝	9774
1998：水彩风景	10557	1998：我们的总设计师——邓小平	9774
1998：水彩静物	2957	1998：我是妞妞	9774
1998：水长流 情长存	9919	1998：我要当海军	9774
1998：水长情在	9919	1998：无限风光	9920
1998：水之韵	9919	1998：五彩梦	9504
1998：丝丝柔情	9504	1998：五彩瀑布	9920
1998：四季十二彩	9919	1998：五十年不变	3386
1998：四君子	10095	1998：五洲风情	9920
1998：唐伯虎	2691	1998：西部风光	9920

书名索引

1998：希望之桥	9504	1998：星星梦	9774
1998：喜临门	2691	1998：星之梦	9774
1998：喜洋洋	9774	1998：雄风	2692
1998：喜盈门	9774	1998：雄风永在	9505
1998：喜盈盈	9504	1998：秀色可餐	9505
1998：戏剧脸谱	12836	1998：徐悲鸿	2692
1998：仙鹤	10095	1998：绚丽	9505
1998：现代艺术装饰画	10557	1998：绚丽	2692
1998：香港	9504, 9505	1998：雅	9505
1998：香港今昔	9505	1998：雅居典范	10008
1998：香港寅	9505	1998：雅趣	10558
1998：香港昨天·今天·明天	9505	1998：雅趣——陈军画猫	2692
1998：祥和	2693	1998：雅舍	10008
1998：萧淑芳花卉	2691	1998：雅室靓	10008
1998：小宝贝	9774	1998：雅室情	10008
1998：小城春秋	9505	1998：亚洲明珠	9920
1998：小猫咪	10095	1998：艳星	9774
1998：小妹妹	9774	1998：杨永雄山水画	2692
1998：小咪咪	10095	1998：杨永雄作品选	2692
1998：小妞	9774	1998：样样红	9505
1998：小天使	9774	1998：野生动物	10095
1998：小小摄影家	9774	1998：一代楷模周恩来	9775
1998：写意四君子	2691	1998：一代名流	9775
1998：心灵的轨迹	2691	1998：一代伟人	9775
1998：心灵的世界	2692	1998：一代伟人邓小平	9775
1998：新·马·泰	9984	1998：一帆风顺	9505
1998：新潮	9505	1998：一路风顺	9505
1998：新潮别墅	10008	1998：一路顺发	9506
1998：新春延禧	2692	1998：一片情	9506
1998：新航线	9505	1998：一世情缘	9775
1998：新加坡风光	9920	1998：衣食住行	9506
1998：新视野	9505	1998：依依故人情	9775
1998：新西湖集锦	9920	1998：艺海扬帆	9506
1998：馨香	9505	1998：艺海之花	9506
1998：星光灿烂	9774	1998：艺术画廊	2845

中国历代图书总目·艺术卷

1998：艺术建筑	10008	1998：招财进宝	10558
1998：艺术奇葩	10558	1998：真心英雄	9775
1998：艺术人体	2692	1998：中国芭蕾	9984
1998：艺苑芳华	9506	1998：中国当代著名画家作品精选	1279
1998：异域采风	9920	1998：中国港湾——香港	9507
1998：异域古风	10171	1998：中国古代名画真迹	2693
1998：逸韵	2694	1998：中国古代仕女图	2693
1998：音缘	9506	1998：中国画名作写真	2693
1998：银海风流	9506	1998：中国集邮	10123
1998：银海星辰	9506	1998：中国记协成立六十周年纪念	2693
1998：银梦	9775	1998：中国近代名画选	2693
1998：银幕之星	9775	1998：中国历代文人	2693
1998：银屏星座	9506	1998：中国民间剪纸艺术精品	10707
1998：寅虎	2692	1998：中国名画——人物	2693
1998：寅虎年	2692	1998：中国名画——山水	2693
1998：莺歌燕舞	2692	1998：中国盆景	10639
1998：迎客松	9920	1998：中国人民的儿子——邓小平	9775
1998：影视新秀	9775	1998：中国书法大师精品	7672
1998：影坛之光	9775	1998：中国铁路	10123
1998：影星陈红	9775	1998：中国影星	9775
1998：影星世界	9775	1998：中国邮票	10123
1998：拥抱明珠	9506	1998：中国早期油画家油画精品选	2845
1998：雍正游乐图	2692	1998：中华山水	9920
1998：永远	9506	1998：中华之光	9507
1998：咏梅	2692	1998：忠实小伙伴	9507
1998：优雅	9506	1998：钟馗图	2693
1998：悠闲	9506	1998：众望所归	9507
1998：油画大师	6893	1998：竹报平安	2693
1998：油画肖像	2845	1998：竹风	9920
1998：郁金香	10095	1998：祝君幸福	9507
1998：袁江大师画选	2692	1998：祝你好运	9507
1998：圆梦园	9506	1998：壮丽河山	9920
1998：源源流长	9506	1998：紫罗兰	10095
1998：张大千画选	2693	1998：自然风	9507
1998：张大千墨宝	2693	1998：自然风光	9920

书名索引

1998：自然景观	9920	1999：本命年	2694
1998：自然美景	9921	1999：笔墨抒怀	2694
1998：自然奇观	9921	1999：笔墨写春秋	2694
1998：走四方	9507	1999：笔中情	2694
1998：走游香港	9985	1999：毕加索艺术	6893
1998：足坛虎将	9775	1999：别墅	10008
1998：祖国统一——功在千秋	9507	1999：并蒂莲	10096
1998 力挽狂澜	8910	1999：并非遥远的梦	9509
1998 年池坊中日亲善花展专辑	10603	1999：不夜城	9923
1998 中国水灾	9293	1999：步步高	9509
1998 周历：世界名车集锦	10123	1999：彩梦	9509
1999—2000：方来法师唐卡名画精品选	6766	1999：彩韵抒情	2960
1999—2000：双桂——献出我们的爱	9516	1999：插花艺术	10639
1999：'99《同庆》澳门邮票精品	10123	1999：长安画派真迹	2700
1999：'99 澳门回归	9508	1999：超豪摩托	10123
1999："八一军旗红"	9508	1999：超级"巨星"	9777
1999：99 报平安	2694	1999：超时空	9509
1999：BABY	9776	1999：车霸	9509
1999：NBA	9508	1999：车王名模	9509
1999：爱的承诺	9508	1999：车王世界	9509
1999：爱和平	9508	1999：车王子	9509
1999：爱拼才会赢	9985	1999：陈之佛墨缘	2694
1999：爱情从这里开始	9508	1999：城市花园	9923
1999：爱之旅	9508	1999：乘风万里	9509
1999：安居乐业	9508	1999：叱咤风云	9509
1999：安乐窝	9508	1999：叱咤篮坛	9985
1999：傲雪迎春	2694	1999：宠物	10096
1999：澳门	9508, 9509	1999：宠物名车	10096
1999：澳门风光	9509	1999：窗景	9509
1999：澳门新貌	9509	1999：春满乾坤	2694
1999：澳门邮票精品	10123	1999：春色关不住	9510
1999：八大山人——朱耷画选	2694	1999：春天的诗	2845
1999：北京妞	9776	1999：春天的童话	9510
1999：贝贝	2694	1999：春晓	9510
1999：奔驰	9509	1999：春苑	2694

1999：纯情	9777	1999：流光溢彩	9510
1999：巅峰	9510	1999：流水依翠	9510
1999：峨嵋仙山瑞雪	9923	1999：陆放版画	3061
1999：繁花	10096	1999：绿色家园	9511
1999：芳馨	9510	1999：绿茵"巨星"	9777
1999：粉衣少女	9923	1999：绿茵天骄	9777
1999：风采	9510	1999：路之骄	9510
1999：公鸡	10096	1999：李建艺术	9510
1999：恭禧发财	9510	1999：妈妈的吻	9511
1999：瓜果飘香	10123	1999：满室生香	9511
1999：乖娃娃	9777	1999：猫趣	10096
1999：海花	9510	1999：玫瑰缘	9511
1999：海南风光	9923	1999：梅	2695
1999：海南丽日	9923	1999：梅兰竹菊	10096
1999：红梅翠竹	10096	1999：梅颂	9511
1999：鸿福满堂	9510	1999：美的家园	9511
1999：花艺	10639	1999：美的瞬间	9511
1999：黄山云涛	9923	1999：美国风光画选	2478
1999：火烈鸟	10096	1999：美家居	10008
1999：节日天安门	10008	1999：美居	10008
1999：靓居	10008	1999：美丽	9511
1999：靓丽	9777	1999：美丽大自然	9923
1999：靓妹	9777	1999：美丽俄罗斯	10171
1999：军威	9777	1999：美在自然	9923
1999：浪漫之旅	9985	1999：妹力四射	9511
1999：李可染作品选	2694	1999：魅力	9511
1999：李苦禅作品选	2695	1999：梦境	9511
1999：历代名家桂兔图	2695	1999：梦里情怀	9511
1999：历代山水画集锦	2695	1999：梦玫瑰	10096
1999：历史的选择	9510	1999：梦忆江南	2845
1999：丽影	9510	1999：梦之歌	2695
1999：莲心	2695	1999：梦之旅	9511
1999：林间小路	9923	1999：咪咪	10096
1999：领先一步	9510	1999：妙笔生花	2960
1999：刘炳森书画	2695	1999：妙墨古香	9511

书名索引

1999：名车极品	10124	1999：摩托世界	10124
1999：名车丽人	9777	1999：墨宝	2696
1999：名车美景	10124	1999：墨笔生华	2696
1999：名车少女	9777	1999：墨彩	2697
1999：名车望族	10124	1999：墨粹	2697
1999：名城博览	9923	1999：墨典	2697
1999：名城靓车	10124	1999：墨趣	2697
1999：名城名车	10124	1999：墨瑞	2697
1999：名城胜景	9923	1999：墨言	2697
1999：名画集锦	2845, 6829	1999：墨怡	2697
1999：名画精品	2695	1999：墨艺	2697
1999：名画盆景	10639	1999：墨意	2697
1999：名画乡村情	2845	1999：墨致	2697
1999：名画映青春	2845	1999：母子情深	9511, 9512
1999：名家翰墨	2695	1999：南海风	9924
1999：名家花鸟画珍品	2695	1999：年年有余	9512
1999：名家经典	2695, 2696	1999：鸟世界	10097
1999：名家精品	2696	1999：鸟语花香	2697
1999：名家墨迹	2696	1999：您好！澳门	9512
1999：名家山水	2696	1999：牛仔情	9777
1999：名家水彩仿真	2960	1999：欧陆胜景	9924
1999：名流豪宅	10009	1999：欧美风光	10171
1999：名流家居	10009	1999：欧洲古典油画精选	6893
1999：名门之家	9511	1999：欧洲建筑艺术	10009
1999：名盆飞瀑	10639	1999：欧洲人体油画精选	6893
1999：名犬世界	10096	1999：潘天寿	2697
1999：名山胜景	9923	1999：潘天寿画集	2697
1999：名师大作	2696	1999：潘天寿墨迹	2697
1999：名园流芳	10124	1999：拼搏	9777
1999：名园美景	10124	1999：瓶花	2698
1999：明清墨迹	2696	1999：葡萄美酒	10124
1999：明天的太阳	9777	1999：齐白石花鸟画精选	2698
1999：摩登家庭	10009	1999：齐白石扇面	2698
1999：摩登居室	10009	1999：绮丽风光	9924
1999：摩登雅室	10009	1999：千百媚	9777

中国历代图书总目·艺术卷

1999：前程似锦	9512	1999：山青水绿	2698
1999：前程万里	9512	1999：山水画	2698
1999：巧夺天工	10236	1999：山恬水韵	9924
1999：俏佳人	9777	1999：神女玉兔	2698
1999：亲情	9777	1999：神犬	10097
1999：沁香	10097	1999：神山仙水——兔年好运	9924
1999：青藏高原罗高湖	9924	1999：神怡	9512
1999：青春靓丽	9777	1999：神姿	9512
1999：青春美发	10124	1999：生命 生活 自然	2698
1999：青梅竹马	9778	1999：生命金杯——法兰西之梦	9512
1999：青年歌手蒋中一	9778	1999：师生情	9778
1999：青年演员蒋勤勤	9778	1999：诗情	9512
1999：清·山水画	2698	1999：时尚	9513
1999：清纯	9778	1999：时尚人家	10009
1999：清新	9512	1999：时尚雅居	10009
1999：清雅	9512	1999：世纪风	9513
1999：清竹风雅	10097	1999：世纪行	9513
1999：情	9512	1999：世纪"巨星"	9778
1999：情	2698	1999：世纪梦想——大上海	9513
1999：情侣	9778	1999：世纪名车	10124
1999：情侣世界	9778	1999：世纪西湖情	9924
1999：情浓艺术馆	10124	1999：世界大都会	10171
1999：情之韵	4867	1999：世界风光	9924，10171
1999：请您欣赏	9512	1999：世界名堡	10009
1999：秋韵	9924	1999：世界名车	10124
1999：群兔图	2698	1999：世界名狗	10097
1999：日升月恒	9512	1999：世界名画	2845，6893
1999：柔情	9778	1999：世界名家水彩作品	10558
1999：如意	9512	1999：世界名景	9924
1999：如意吉祥	10558	1999：世界名桥	10009
1999：瑞雪兆丰年	2698	1999：世界名胜	9924
1999：三个小海军	9778	1999：世界现代兵器	10124
1999：山高水长	9924	1999：世界之旅	9985
1999：山魂	2698	1999：世界壮观	10171
1999：山涧清流	9924	1999：世外桃源	9924

书名索引

1999：仕女图	2698	1999：兔年大福	10558
1999：舒适之家	9513	1999：兔年大吉	10558
1999：水彩花卉	2961	1999：兔年好运	9513
1999：水乡	2845, 10558	1999：兔年吉祥	2699
1999：水乡情	9924	1999：兔年快乐	9513
1999：水韵	9924	1999：兔年生辉	9513
1999：水之歌	9925	1999：兔在民间	10559
1999：顺风千里	9513	1999：娃娃天地	9779
1999：顺风顺水	9513	1999：万里春	9925
1999：顺风万里	9513	1999：万事如意	9513
1999：四季风	9925	1999：万事胜意	9513
1999：四季飘香	2698	1999：王雪涛墨彩	2699
1999：四季写真	9925	1999：往日情怀	9779
1999：苏州园林	10124	1999：望子成龙	9779
1999：岁岁吉祥	10558	1999：伟大的母爱	9779
1999：岁月留痕	2699	1999：温情	9779
1999：台北故宫藏画精选	2699	1999：温馨	9513
1999：唐伯虎画选	2699	1999：温馨家居	10009
1999：唐伯虎墨宝	2699	1999：温馨问候	9514
1999：唐伯虎山水画精选	2699	1999：温馨雅室	10009
1999：天长地久 999	9778	1999：温馨之家	10009
1999：天鹅湖	9959	1999：我爱您祖国	9514
1999：天然风光	9925	1999：我的祖国	9925
1999：天使在人间	9778	1999：吴昌硕墨情	2699
1999：天天向上	9778	1999：吴昌硕作品集	2699
1999：天真	9778	1999：五十周年庆典	9988
1999：田园牧歌	9925	1999：西泠石伽画集	2699
1999：庭院深深	10009	1999：西欧建筑艺术	10009
1999：童年	9778	1999：西欧时装	9779
1999：童趣	9778	1999：西域神韵	9925
1999：童心	9779	1999：喜妹	9779
1999：童谣	9513	1999：喜迎澳门回归	9514
1999：童真	9779	1999：喜盈盈	9514
1999：童真童乐	9779	1999：遐想	9779
1999：兔年呈祥	2699	1999：仙境春晓	2699

中国历代图书总目·艺术卷

1999：仙美云秀	2699	1999：许日丰画选	2700
1999：娴静	9779	1999：雅风	9514
1999：冼励强水彩仿真	10559	1999：雅居	10010
1999：现代家庭	10010	1999：雅室	10010
1999：现代居室	10010	1999：雅室兰香	10097
1999：现代名楼	10010	1999：亚当斯黑白摄影艺术	10171
1999：现代之家	10010	1999：延边敦东足球队	9780
1999：乡妹子	9779	1999：艳鹰	10171
1999：乡情	2845	1999：扬州八怪墨宝	2700
1999：相恋	9779	1999：杨春华水墨丹青——古风	2700
1999：相知有缘	9779	1999：杨云龙水彩画选	2846
1999：香港	9514	1999：野生动物	10097
1999：香江名伶	9780	1999：一路平安	9514
1999：向日葵	10097	1999：艺	9514, 10559
1999：小海军	9780	1999：艺术大师林风眠	10559
1999：小伙伴	9514	1999：艺术大师潘天寿	2700
1999：小精灵	9514	1999：艺坛"巨星"	9780
1999：小小少年	9780	1999：异国风光	9925, 10171
1999：小小摄影家	9780	1999：银屏伉俪	9780
1999：小小奏鸣曲	9514	1999：银屏新星高燕	9780
1999：谢楚余绘画艺术	2845	1999：英姿	9514
1999：谢楚余油画艺术	2845	1999：迎春	9514
1999：心上人	2699	1999：影坛新花辛苹	9780
1999：心想事成	2700	1999：雍容华步	9514
1999：心心相印	9780	1999：永恒的爱	9515
1999：心雨	9514	1999：永恒的瞬间	9515
1999：新概念	10124	1999：咏梅	2700
1999：新旅程	9514	1999：优美如歌	9515
1999：新年好	10125	1999：优雅	9515
1999：新年快乐	10125	1999：幽境	9925
1999：馨香	10097	1999：油画仿真古典名画	2846
1999：星星	9780	1999：油画精品	2846
1999：幸福家庭	9780	1999：渔	9925
1999：秀色迷人	9514	1999：虞美人	10097
1999：徐悲鸿墨韵	2700	1999：玉兔呈祥	6716

书名索引

1999：玉兔生辉	9515	1999：中国山水画精品	2701
1999：玉兔仙风	10097	1999：中国胜景	9925
1999：玉兔仙风	2700	1999：中国书法宝典	7672
1999：玉姿	9515	1999：中国香功	9515
1999：郁金香	10097	1999：中国写意画大师——吴昌硕	2701
1999：御藏真迹	6842	1999：中国影星	9781
1999：园林锦绣	10125	1999：中国邮票精选图录	10125
1999：原野	9515	1999：中华黄山松	9925
1999：源远流长	9925	1999：中华盆景	10639
1999：远古的呼唤	9515	1999：众望所归	9515
1999：月亮湾湾	9925	1999：周逢俊水墨画作品集	2701
1999：云南大理三塔	9925	1999：珠围翠绕	10559
1999：韵	2700	1999：竹	2701
1999：在海一方	9515	1999：竹情诗意	10097
1999：张大千墨宝	2700	1999：祝您平安	9515
1999：张克让水彩画精选	2700	1999：自然风	9515
1999：珍禽	10097	1999：自然风光	9925
1999：真情	9780	1999：自然景观	9926
1999：真情流露	9780	1999：自然美	9926
1999：真情难拒	9780	1999：自然美景	9926
1999：真情真心	9780	1999：自然之恋	9926
1999：只生一个好幸福又吉祥	8865	1999：自然之韵	9926
1999：至尊名车	10125	1999：走进非洲	9926
1999：中国宫廷画大师	6842	1999：走进自然	9926
1999：中国古代仕女图	2701	1999：足坛"巨星"	9781
1999：中国画	2701	1999：祖国颂	3387
1999：中国画大师刘凌沧精品选	2701	1999：祖国万岁	2846, 3387, 9293, 9515
1999：中国画风	2701	1999：祖国卫士	9781
1999：中国画巨匠墨宝	2701	1999：昨夜星辰	9515
1999：中国历代名画精选	2701	1999 中国当代美术家邀请展	1347
1999：中国历代名家画选	2701	2000：一帘幽梦	9782
1999：中国历代童戏图	2701	2000：20 世纪中国五大家	2702
1999：中国名家国画精品选	2701	2000：2000 时速	10125
1999：中国名扇	2701	2000：爱的天地	9516
1999：中国山水	2701	2000：澳门风光——情归故都	9516

中国历代图书总目·艺术卷

2000：白石精品	2702	2000：纯	2703
2000：板桥画竹	2702	2000：慈母情	9781
2000：奔向新世纪	9516	2000：璀璨的明珠——澳门风光	9516
2000：本命年	2702	2000：翠竹名扇	2703
2000：笔墨丹青	2702	2000：大地情怀	9516
2000：笔墨走千秋	2702	2000：大地之韵	9516
2000：笔韵	2702	2000：大都名车	10125
2000：财源广进	10559	2000：大都市	9927
2000：财源之尽	9516	2000：大海的祝福	9516
2000：彩虹仙子	9781	2000：大千名品	2703
2000：彩墨留香	2702	2000：大洋洲行	9985
2000：灿烂永远	9516	2000：大自然	9927
2000：长相依	9522	2000：丹枫	9516
2000：超级模特	9781	2000：地久天长	9516
2000：车魂	10125	2000：丁绍光艺术	1279
2000：车王	10125	2000：东方佛光	9516
2000：车之光	10125	2000：东方美神	2703
2000：城市之光	9926	2000：东方明珠	10010
2000：乘龙观音	10559	2000：东方墨韵	2703
2000：宠物	10097, 10098	2000：东方神韵	2703
2000：仇英	2702	2000：东方腾龙	2703
2000：春	9926	2000：都市风采	9927
2000：春的梦	9926	2000：都市风光	9927
2000：春华秋韵	2703	2000：都市一秀	9516
2000：春江花月夜	2703	2000：多彩世界	9516
2000：春满华堂	9516	2000：俄罗斯风景油画	6893
2000：春满人间	2846	2000：法国风情	2846
2000：春满小楼	10010	2000：凡高艺术	6893
2000：春天的日记	9926	2000：范曾康宁画选	2703
2000：春天寄语	2703	2000：梵高	6894
2000：春天有约	9926	2000：飞瀑迎祥	9927
2000：春夏秋冬	9926	2000：芬芳年华	9781
2000：春意浓	2703	2000：风华正茂	9781
2000：春之歌	9926	2000：冯大中国画精品选	2702
2000：春之韵	2703	2000：富贵	2703

书名索引

2000：富贵第一春	2703	2000：虎气神威	2704
2000：富贵花香	2703	2000：花彩	10098
2000：富贵吉祥	2703	2000：花季	9781
2000：富贵满堂	9517	2000：花开盛世	10098
2000：富贵天成	2703	2000：花开新世纪	10098
2000：高青贵精品选	2704	2000：花鸟摄英	2704
2000：高山云海	2704	2000：花神	10559
2000：高原的风	2846	2000：花信风	10125
2000：恭贺新禧	10559	2000：花之俏	10098
2000：古堡情怀	9927	2000：花之艺	10098
2000：古风无价	10010	2000：华夏胜景	9927
2000：古画珍品	2704	2000：欢乐宠物	10098
2000：故宫藏历代山水名画	2704	2000：还珠格格	13165
2000：故宫精藏：中国清代著名山水画	2704	2000：环球	9927
2000：乖宝宝	9781	2000：环球都市	9927
2000：光辉历程·祖国万岁	9517	2000：环球风光	9927
2000：归	9517	2000：环球览胜	10171
2000：国色天香	10098	2000：皇家墨宝	2704
2000：海外名犬	10171	2000：黄龙·九寨沟	9927
2000：海韵	9927	2000：黄天登山水画选	2704
2000：海之歌	2846	2000：激情车王	10171
2000：翰墨集锦	2704	2000：佳丽	9781
2000：翰墨情怀	2704	2000：家居至尊	9517
2000：豪华居室	10639	2000：家园	9517
2000：豪门	9517	2000：家之艺	10639
2000：豪宅	10010	2000：剪纸艺术	10559
2000：好运	9517	2000：建筑经典	10010
2000：好运长留	9517	2000：建筑艺术	10010
2000：好运相伴	9516	2000：江南情怀	2846
2000：荷趣	2704	2000：江南仙境	2705
2000：贺岁猫	2704	2000：江山如此多娇	2705
2000：鹤寿长春	2704	2000：姐妹花	9782
2000：红楼梦	2704	2000：金龙呈祥	2705
2000：红梅报春	2704	2000：金龙吉祥	4867
2000：湖畔家园	10010	2000：金龙集庆	2705

中国历代图书总目·艺术卷

2000：金龙腾飞	9517	2000：龙凤呈祥	2705
2000：金色童年	9782	2000：龙年步步高	9517, 10559
2000：锦绣河山	2705	2000：龙年大吉	10559
2000：锦绣前程	9782	2000：龙年大吉	2705
2000：京华墨韵	2705	2000：龙年鸿运	10559
2000：京华墨韵一梅	2705	2000：龙年鸿运	2705
2000：京剧脸谱	12895	2000：龙年吉庆	10559
2000：京剧人物	9782	2000：龙年吉庆	2706
2000：经典家居	10010	2000：龙年吉祥	10560
2000：经典居室	10010	2000：龙年吉祥	2706
2000：经典名车	10172	2000：龙年腾飞	10560
2000：经典艺术	2846	2000：龙世纪	2706
2000：经典油画	2846	2000：龙腾	9517
2000：景象如梦	9927	2000：龙腾虎跃	2706
2000：静物油画	2846	2000：龙兴华夏	9518
2000：菊意浓	2705	2000：龙之传奇	10560
2000：卡通挂历	10559	2000：龙之魂	2706
2000：开心	9782	2000：龙字精品	10560
2000：可爱的伙伴	9517	2000：绿色的情思	2846
2000：克里姆特	6894	2000：绿色家苑	2846
2000：跨越2000	9517	2000：迈向21世纪——香港	9518
2000：快乐小伙伴	9782	2000：麦绑莱勒版画	6926
2000：兰	10098	2000：满园春色	10098
2000：兰韵	10098	2000：猫来富	10098
2000：兰竹圣手郑板桥	2705	2000：猫咪	10098
2000：郎世宁画选	6843	2000：玫瑰季节	2846
2000：郎世宁真迹	6843	2000：玫瑰情	10098
2000：浪漫童真	9782	2000：梅兰菊竹	2706
2000：浪漫之侣	9782	2000：梅韵麟风	2706
2000：丽人风韵	9782	2000：美的瞬间	9518
2000：两岸风光	9927	2000：美国风光画选	2706
2000：刘海粟	2705	2000：美好家庭	9518
2000：流光溢彩	9517	2000：美好生活	9518
2000：流水之诗	9927	2000：美景大自然	9927
2000：龙的故乡	9517	2000：美景佳人	9782

书名索引

2000：美境	9518	2000：墨情悠悠	2707
2000：美饰	9518	2000：墨泉	2707
2000：美在世博园	10125	2000：墨瑞	2707
2000：美之梦	9518	2000：墨颂	2707
2000：魅力永恒	9518	2000：墨欣	2707
2000：梦境	9518	2000：墨煊	2707
2000：梦里水乡	9518	2000：墨颖	2707
2000：梦园仙境	9518	2000：墨源	2707
2000：梦苑	9518	2000：母爱	2846
2000：梦之境	2706	2000：母子情	9782
2000：梦中情	9518	2000：母子情深	9781
2000：咪咪世界	10098	2000：牡丹颂	2847
2000：泌：当代水彩画艺术	2706	2000：你是我的贝贝	9519
2000：名车别墅	9518	2000：鸟语花香	2708
2000：名车胜景	9518	2000：凝思	2847
2000：名车世界	10125	2000：农家小唱	2708
2000：名城之旅	9985	2000：农民月历	9519
2000：名家墨迹	2706	2000：欧陆风	9519
2000：名家山水	2706	2000：欧美胜景	10172
2000：名盆景观	10639	2000：欧美油画经典	6894
2000：名人·墨宝	2706	2000：欧洲经典水彩画	10560
2000：名人名画	10560	2000：欧洲人体油画	6894
2000：名园美景	9927	2000：欧洲印象	2708
2000：名园诗韵	9928	2000：盆景画意	10639
2000：明清花鸟画精品	2707	2000：盆景艺术	10639
2000：明清山水画珍品	2707	2000：拼搏	9519
2000：明星风采	9782	2000：齐白石	2708
2000：莫奈	6894	2000：齐白石大师墨宝	2708
2000：墨宝	2707	2000：齐白石墨迹	2708
2000：墨池	2707	2000：奇珍风韵	9519
2000：墨川	2707	2000：千秋大业	9519
2000：墨慧	2707	2000：千禧龙	9519
2000：墨林	2707	2000：千禧龙年看上海	9928
2000：墨梅	2707	2000：千禧梅	2708
2000：墨清	2707	2000：倩	9519

中国历代图书总目·艺术卷

2000：聆听大自然	9928	2000：少女情怀	9782
2000：青春年华	2847	2000：神龙献瑞	2709
2000：青春颂	9519	2000：神骑女郎	9782
2000：清代山水佳作选	2708	2000：神曲	9520
2000：清明上河图	2708	2000：生命与自然	9928
2000：清心养气图	10560	2000：生命之旅	9520
2000：清新	9519	2000：生命之美	9520
2000：清馨	9519	2000：诗情	10560
2000：清馨世界	2708	2000：诗韵	2709
2000：清音	2708	2000：十二国色	2709
2000：清韵美姿	9519	2000：十二生肖	10560
2000：情归故里	9519	2000：时代风流	9520
2000：情思	9519	2000：时尚	9520
2000：趣味猫	10098	2000：时尚别墅	10010
2000：泉	9928	2000：时尚居室	10011
2000：群仙祝寿图	2708	2000：时装·青春年华	9782
2000：人与自然	9519	2000：世纪春	2709
2000：仁者多寿	10560	2000：世纪飞跃	9520
2000：任伯年	2708, 2709	2000：世纪风	9520
2000：任伯年群仙祝寿图	2709	2000：世纪花香	10099
2000：日升月恒	9519	2000：世纪家园	9520
2000：如花似玉	9520	2000：世纪巨龙	2709
2000：瑞龙献珠	2709	2000：世纪乐章	9521
2000：瑞雪兆丰年	9520	2000：世纪名城	9521
2000：山川揽胜	9928	2000：世纪顺风	9521
2000：山高水长	9520	2000：世纪祥龙	9521
2000：山河颂	9520	2000：世纪新居	10639
2000：山林回旋曲	9520	2000：世纪之帆	9521
2000：山神	9520	2000：世纪之旅	9985
2000：山水画	2709	2000：世纪之婴	9783
2000：山水情	9520	2000：世界绘画珍品	6894
2000：山水情	2709	2000：世界名画	6894
2000：山水情深	2709	2000：世界名桥	10011
2000：上海·新世纪	9520	2000：世界奇景	9928
2000：上海寻梦	9520	2000：世界摄影巨匠亚当斯作品选	10152

书名索引

2000：世界遗产在中国	10125	2000：童趣	9783
2000：世界园艺	10125	2000：娃娃乐	2710
2000：世界园艺博览	10125	2000：外国摄影精品	10152
2000：世界园艺博览园	10126	2000：王安庭百猫画选	2710
2000：世界珍禽	10099	2000：往事依稀	9521
2000：世界之窗	10126	2000：微风	9521
2000：世界自然遗产——九寨沟·黄龙	9928	2000：温馨居室	10011
2000：世外桃园	9521	2000：温馨之家	10011
2000：书画珍赏	10560	2000：文徵明	2710
2000：树？生命？明天	9521	2000：我的家	10011
2000：水彩精英	2964	2000：我心永恒	9521
2000：水墨丹青	2709	2000：吴昌硕	2710
2000：水乡	2709	2000：吴湖帆山水精品	2710
2000：水乡梦	2709	2000：西画藏珍	6894
2000：水秀山青	2709	2000：喜庆龙年	2710
2000：顺风顺水	9521	2000：喜盈盈	9783
2000：四季歌	10560	2000：现代都市	9928
2000：四季流泉	9521	2000：现代家居	10011
2000：四季情	9521	2000：现代家庭	10011
2000：速度之旅	9521	2000：现代名车	10126
2000：台湾四季珍果	10126	2000：乡间漫步	2710
2000：太空行	10126	2000：乡情	10561
2000：太空娃娃	10561	2000：香飘万里	2710
2000：唐伯虎	2710	2000：祥龙赐福	10561
2000：唐伯虎画宝	2710	2000：祥龙富贵	1279
2000：唐伯虎墨宝	2710	2000：祥龙吉庆	2710
2000：天地风韵	2710	2000：祥龙献瑞	9521
2000：天津往事	9521	2000：潇洒	9522
2000：天天伴你	9521	2000：小伙伴们	9522
2000：田野的清风	10561	2000：小康之家	10011
2000：田园风光	9928	2000：小天使	9783
2000：恬	2710	2000：小小运动员	9783
2000：童年	9783	2000：写春秋	2847
2000：童年的梦	9783	2000：写意画大师吴昌硕	2710
2000：童年日记	9783	2000：心韵	9522

中国历代图书总目·艺术卷

2000：新潮雅室	10011	2000：油画风景	2847
2000：新上海印象	10561	2000：油画精品	2847
2000：新世纪大都会——城市之光	9928	2000：油画世界	2847
2000：新世纪家园	10011	2000：鱼跃龙门	2711
2000：馨	9522	2000：玉女	9783
2000：幸福童年	9783	2000：郁金香	10099
2000：休闲情趣	9522	2000：园林风光	9929
2000：旭日东升	9928	2000：原野	2847, 9522
2000：寻梦园	9522	2000：原野暮色	2847
2000：雅	2710	2000：月夜静悄悄	10561
2000：雅豪	9522	2000：在海一方	9522
2000：雅居	10011	2000：张大千	2711
2000：雅鲁藏布江大峡谷	9928	2000：张大千墨神	2711
2000：雅趣	2711	2000：张大千真迹	2711
2000：雅赏	9522	2000：招财七彩龙	10561
2000：雅室	10011	2000：招财神龙	2711
2000：雅室生辉	10011	2000：郑板桥	2711
2000：阳光之家	10011	2000：知足常乐弥勒佛	10561
2000：野生动物园	10099	2000：中国传世书法	10561
2000：一帆风顺	9517, 9522	2000：中国瓷器	10659
2000：一帆风顺一路发	9517	2000：中国大阅兵	9988
2000：一路顺风	9518	2000：中国当代工笔画艺术	2711
2000：依依故人情	9783	2000：中国当代水彩艺术	2711
2000：艺之居	10011	2000：中国当代油画艺术	2847
2000：忆童年	9783	2000：中国红木家俱	10126
2000：异域美景	9928	2000：中国画大师墨迹	2711
2000：意浓浓	9783	2000：中国画一名家经典	2711
2000：迎接新世纪——上海新景观	9928	2000：中国剪纸艺术	10561
2000：盈盈	9783	2000：中国历代帝皇鉴藏精品	2711
2000：影星魅力	9783	2000：中国历代书法欣赏	7388
2000：拥抱自然	9928	2000：中国龙	9522
2000：拥有	9522	2000：中国名画	2711
2000：雍容华贵	9522	2000：中国山水画大师何海霞	2711
2000：泳坛之娇	9783	2000：中国市花	2711
2000：幽梦花香	10099	2000：中国园林	10126

书名索引

书名	页码	书名	页码
2000：中国园艺	10126	5000 基本汉字标准钢笔正楷字帖	7465
2000：中华泰山	9929	5000 最常用词钢笔行书速成字帖	7604
2000：竹风花语	10099	6000 常用成语钢笔字帖	7589
2000：祝福	2711	6000 常用汉字三体钢笔字帖	7604
2000：壮丽山河	9929	7000 通用汉字钢笔楷行书字帖	7545
2000：壮丽山河	2712	7000 通用汉字楷行草钢笔字帖	7590
2000：自然风光	9929	7000 通用字钢笔字帖	7614
2000：自然景观	9929	9233 军列	5337
2000：自然美录	9929	10000 种插画、图案大百科	10282
2000：自然神曲	9929	1400000 美元的遗产	6241
2000：自然神韵	9929		
2000：自然有约	9929	**字母**	
2000：自然之韵	9929	"A·P"案件侦破记	6023
2000：足坛精英	9783	A·P 案件	5885
2001 电音世代	11290	A·亚当斯论摄影	8690
2021 车厢	5303	APPLE Ⅱ的音乐世界	11162
3500 常用汉字钢笔描红册	7514	A 大调第七交响乐,作品第 92 号	12550
3500 常用汉字硬笔书法规范字帖	7562	A 大调第五小提琴协奏曲 KV219	12466
3500 常用字钢笔行楷字帖	7433	A 小调大提琴协奏曲	12467
3500 常用字钢笔行书字帖	7465	A 小调第四交响乐,作品第 63 号	12550
3500 常用字钢笔楷书行书字帖	7545	A 小调小提琴·钢琴双重协奏曲,作品第 102 号	
3500 常用字钢笔楷书字帖	7443		12550
3500 常用字钢笔五体字帖	7465, 7545	A 小调小提琴协奏曲	12467
3500 常用字钢笔正楷行书字帖	7465	A 字密令	5741
3500 常用字钢笔正楷字帖	7425	BEYOND 乐队金曲弹唱	11755
3500 常用字行书钢笔字帖	7443	BJW 探长智斗大力丸	6665
3500 常用字楷书钢笔字帖	7488	BP 之谜	5741
3500 常用字实用书体钢笔字帖	7562	B 小调大提琴协奏曲	12467
3500 常用字四体钢笔字帖	7443, 7545	《C—3》之谜	6024, 6025
3500 常用字索查字帖	8261, 8313, 8324	CCTV 节目主持人的艺术和风采	13086
3500 常用字硬笔五体字帖	7604	CD 碟片选购指南	10884
5000 常用汉字钢笔三体字帖	7465	CD 古典名曲 100 选	12353
5000 常用汉字三体多用字帖	7614	CD 流浪记	10895
5000 基本汉字标准钢笔行草字帖	7465	CD 天书	10895
5000 基本汉字标准钢笔行楷字帖	7465	China46 中国当代艺术	337

中国历代图书总目·艺术卷

条目	编号	条目	编号
CIS 的包装设计	10392	F 大调第八交响乐，作品第 93 号	12550
CIS 的报刊广告	10760	F 大调小提琴浪漫曲，作品 50 号	12468
CIS 的标志设计	10760	F 大调小提琴协奏曲	12164
CIS 的户外广告	10760	G 大调小提琴浪漫曲	12465
CIS 的网页广告	10394	G 大调协奏曲	12454
CI 设计	10394, 10398	INTERNET 艺术网站精粹	211
CI 设计指南	10392	IQ 博士幽默	6991
CI 识别手册	10392	IQ 博士与机器娃娃	6634
CI 知识入门	10388	JOKER TIME	6422
CI 字体设计	10394	K 岛脱险记	6212
CorelDRAW 8 美术设计与范例	134	M.C. 埃舍尔的魔镜	526
C 大调长笛、竖琴二重协奏曲	12550	MIDI 爱好者手册	11287
C 大调第一交响乐，作品第 21 号	12550	MP3：上网找歌、听歌、录歌	11163
C 大调钢琴协奏曲 KV503	12503	MP3 豪放 Winamp	11163
C 大调交响曲	12492	MSG 捷径练字法	7364
C 大调弦乐小夜曲	12550	MTV 中国风	11747
C 大调小奏鸣曲	12489	MUSIC TV 摄影	8865
《Do Re Mi》标准键电子琴电视教材	11281	OK! 阿丽莎	7135
Do Re Mi 儿童电子琴电视教材	11279	OK！巴顿	6241, 6242
D 大调长笛协奏曲 KV314	12455	OK，永恒的艺术家	075
D 大调双重小提琴协奏曲	12463	OK 大王	11129
D 大调小提琴协奏曲，作品第 77 号	12467	OK 舞会舞	12644
D 大调小提琴协奏曲 KV211	12468	OZ 国历险记	6634, 6635, 6636, 6649, 6650
D 大调小夜曲	12549	OZ 王国历险记	6636, 6650
D 小调第一钢琴协奏曲第一组曲	12498	POP 广告	10385
D 小调交响乐	12545	POP 广告 600 选	10372
D 小调双重小提琴协奏曲	12465	POP 广告插画图案精选 5000 点	10371
D 小调小提琴协奏曲	12468	POP 广告画入门	10376
E·T·外星人	6241	POP 广告绘法	10372
ESPRIT	10376	POP 广告技法书体图鉴	7638
ET 外星人	7032	POP 广告设计艺术	10383
E 大调小提琴协奏曲	12463	POP 广告实战	10373
E 小调第四交响乐，作品第 98 号	12550	POP 美工图案大补帖	10334
Fido Dido：弗到 D 度漫画集	6946	POP 应用表现	10379
F 大调第八交响乐	12547	POP 正体字学	7650

书名索引

P 城不速客	6280	The Copy Book——全球 32 位顶尖广告文案的
Q 版水浒	6701	写作之道 10392
Q 太郎	7078, 7079	TOP 名家漫画选集 6963
R4 之谜	5622	TURBO C 音乐编程指南 11098
SAP 飞禽走兽图集	10313	TV 风景线：电视与电视文 13060
SAP 民间美术图集	10700	V8 摄影入门 8792
SD 电光人	6614	VCD 藏碟宝典 13165
SOS 飞碟入侵	7075	VI 设计 10760
TA TA	5825	Y 先生画传 3466
TATA 之谜	5622, 5741	Z 作战计划 6280